법으로 본 한국은행

사랑하고 존경하는 부모님께 이 책을 올립니다.

법으로 본 한국은행

The Bank of Korea in the Act

차현진 지음

율곡출판사

들어가는 글

1.

중앙은행은 현대 거시경제학의 중요한 연구대상이다. 하지만 중앙은행에 대한 관심이 오래된 것은 아니다. 애덤 스미스는 『국부론』(1776년)에서 이웃 나라인 네덜란드의 암스테르담은행을 그토록 부러워하면서도 중앙은행(central bank)이라는 개념을 갖지 않았다. 중앙은행을 본격적으로 다룬 월터 베젓의 『롬바르드 스트리트』(1873년)에서도 통화정책(monetary policy)이라는 말은 쓰이지 않았다. 중앙은행과 통화정책이라는 말이 만들어지고 관심이 모이기 시작한 것은 금본위제도가 끝난 20세기 초다. 이후 1970년대 초 브래튼우즈 체제가 붕괴되고 변동환율제도의 시대로 들어서면서 통화정책의 영역이 더 넓어졌다. 그리고 21세기 들어 맞이한 글로벌 금융위기 수습과정에서 중앙은행들의 존재감과 통화정책의 위력이 한층 뚜렷해졌다.

그러나 세상 사람들이 떠올리는 중앙은행은 허구에 가깝다. 어느 나라에나 중앙은행이 하나씩 있지만 그 사회에서 차지하는 중앙은행의 존립양식과 기능은 조금씩 다르다. 예를 들어 한국, 영국, 일본의 중앙은행은 법인이지만, 미국(Board of Governors), 중국, 싱가포르, 홍콩, 사우디아라비아 등의 중앙은행은 정부기관이다. 유럽중앙은행(ECB)에 통화정책을 넘긴 독일과 프랑스 등의 중앙은행들은 은행감독 업무에 치중한다. 홍콩통화청(HKMA)은 이름과 달리 화폐를 발행하지 않으며, 홍콩 달러화는 3개 민간 상업은행이 발행한다. 이처럼 다양한 형태로 존재하는 중앙은행들을 경제학 교과서는 하나로 뭉뚱그려 설명한다. 어느 나라에도 없는 가공의 모습이다.

현실 속에서 살아 움직이는 중앙은행을 정확히 이해하려면 경제학 교과서뿐만 아니라 각국의 법을 살펴야 한다. 특정 중앙은행의 존재양식(*modus essendi*)과 행동양식(*modus vivendi*)은 결국 중앙은행법으로 규정되기 때문이다. 그래서 필자는 한국은행 중견간부가 되려면 적어도 한국은행법 시험을 통과해야 한다고 믿는다. 행정 관료가 되려면 행정법 시험을 통과해야 하는 것과 같은 이치다.

2.

그런데 한국은행법을 이해하는 데는 두 가지 장애물이 있다. 첫째, 한국은행법 자체가 상당히 부실하다. 논리적으로 모호하거나 상충되는 부분이 많다. 법률을 개정할 때마다 논란을 거듭하다가 마지막에 타협과 절충 속에서 급하게 처리했기 때문이다. 이런 문제는 국내외 다른 법률들도 조금씩 갖고 있지만 한국은행법은 그 정도가 심하다. 그리고 일반 국민들은 한국은행과 직접 거래하지 않기 때문에 그 부작용을 체감하지 못한다. 그러다 보니 한국은행법은 외환이나 금융감독 등 다른 금융 관련법에 비해 논리적 완결성이 낮고 개선은 더디다. 외국의 중앙은행법과는 비교가 되지 않을 정도로 엉성하다.

둘째, 교재가 부실하다. 한국은행의 공식 출판물인 『한국은행법 해설』을 포함해서 우리나라의 법률서적들은 대개 국회를 통과한 각종 실정법을 충실히 해설하는 데 그치고 있다. 1줄짜리 법조문을 10줄로 장황하게 늘려 부연하는 식이다. 실정법의 테두리 안에서 머무는 것을 목표로 하는 이런 접근방식은 실체적 진실을 이해하는 데 별로 도움이 되지 않는다고 보인다.

그러면 한국은행법은 어떻게 이해해야 하는가? 한국은행법을 이해하려면 실정법의 울타리를 넘어서 법률의 취지와 합목적성까지 탐구해야 한다. 현행법을 해석할 때 단어의 뜻이나 문구만 따지지 않고 "이 조문이 왜 이래야 하는가?" 라는 비판적 질문에서 출발하는 것이다. 철학에서는 이런 접근을 인식론(epistemology)이라고 한다. 인식론은 생각에 관한 생각(thoughts on thought)이며, 쉽게 말해서 "나는 왜 이렇게 생각하는가?" 라는 물음에서 출발하는 학문이다. 그런 질문으로 세상을 바라보면, 당연하던 것들 속에 담긴 부조리와 개선방향이 보인다.

감히 말하건대 이 책은 한국은행법에 관한 인식론적 접근을 추구한다. 그런 점에서 이 책은 한국은행법의 해설서가 아닌 비판서다. 그래서 자연스럽게 대안을 담고 있다. 단어풀이에 치우쳐 있는 기존의 법률서적에 익숙한 사람들은 이 책의 접근을 생소하거나 거북하게 느낄 수 있을 것이다. 논리적 완결성에 몰두한 나머지 형식논리에 치우쳤다거나, 주장이 지나치게 파격적이라는 비판이 나올 수 있다. 필자가 충분히 예상하고 각오하는 바이다.

3.

인식론적 입장에서 원고를 쓰면서 세 가지 원칙을 세웠다.

첫째, 필자의 철학이나 주장을 객관적 사실과 엄격히 구분했다. "한국은행법은 마땅히 이래야 한다" 또는 "한국은행법은 당연히 이렇게 운용되어야 한다"라는 필자의 철학과 주장을 펼치는 것은, 인식론이 아닌 가치론적(axiological) 접근이다. 그래서 필자가 바람직하다고 생각하는 한국은행의 행동규범, 즉 필자의 가치론은 본문과 분리하여 [보론]에 담았다. 따라서 이 책의 [보론]은 한국은행법 자체보다는 한국은행법의 운용과 관련한 필자의 주관적 견해다. 한국은행의 동료와 후배들이 그 부분을 읽을 때는 조금 거북하게 느낄 수 있다. 그러나 부디 필자의 충정을 이해해 주기 바란다. 반면, 본문의 설명과 대안들은 현행 한국은행법에 잠재된 논리적 모순과 모호성을 해소하는 데 초점을 맞추고 있다.

둘째, 현행 한국은행법뿐만 아니라 과거의 한국은행법과 주요국 중앙은행법, 나아가 관련된 국내 관련법까지 두루 살폈다. 한국은행법은 하늘에서 뚝 떨어진 것이 아니라 국내외의 통화정책 운용경험과 법률 환경을 바탕으로 점진적으로 진화해 왔으며, 앞으로도 그럴 것이다. 그러므로 현행법의 논리구조(선험)뿐만 아니라 그 진화과정(경험)을 함께 탐구해야 한국은행법을 제대로 이해할 수 있다. "내용 없는 형식은 공허하고, 형식 없는 내용은 맹목적이다[1]"라는 칸트의 말처럼 형식과 내용, 선험과 경험은 반드시 병행되어야 한다고 믿는다.

셋째, 확증편향(confirmation bias)을 지양했다. 과거 한국은행법 개정논란이 있을 때 정부와 한국은행 양측은 각자 자기의 입맛에 맞는 외국사례와 증거만 골라오는 경향이 있었다. 이런 접근방식은 이미 갖고 있는 믿음을 굳건하게 확인하는 과정일 뿐, 논리의 타당성이나 설득력과는 거리가 멀다. 이런 오류를 인식론에서는 '참호 파기(entrenchment)'라고 한다. 진실을 향해 앞으로 전진해야 하는데, 제자리에서 구덩이만 파고 있다는 뜻이다. 필자는 과거와 외국의 사례를 조사할 때 참호 파기를 특히 조심했다.

---

1. "Thoughts without content are empty, intuitions without concepts are blind."

4.

이 책은 모순덩어리다. 한국은행이 하는 일을 알고 싶어서 한국은행법을 읽지만, 결국은 한국은행법의 개선방향을 찾는다. 나그네가 길을 가다가 나침반을 나무라는 격이다. 그러나 이런 모순은 역사 공부도 마찬가지다. 과거를 알기 위해서 기록을 뒤지지만, 결국 우리는 우리의 철학으로 과거를 평가하게 된다. 판단의 기준을 판단하는 것이다(그것이 인식론이다).

이 책의 제목을 영어로 표현하면 "The Bank of Korea in the Act" 이다. 여기서 Act는 한국은행법을 말하지만, 그 밖에 행동, 실천이라는 의미도 있다. 성경의 「사도행전(Acts)」, 영화 "시스터 액트(Sister Act)" 에서 Act가 바로 행동, 실천이라는 의미다. 현행범이 체포될 때도 'caught in the act' 라고 쓴다. 그러므로 "The Bank of Korea in the Act" 는 "(결함이 많은) 법률 속에 갇혀 있는 한국은행" 이라는 뜻과 "(현장에서) 행동하는 한국은행" 이라는 뜻, 이렇게 두 가지 뜻을 가진다. 하나는 부정적 · 수동적이고, 하나는 긍정적 · 능동적이다. 어떤 쪽으로 바라볼지는 독자들에게 달려 있다.

우리나라에서 법률을 다루는 사람들은 한국은행법이 외국의 중앙은행법은 물론이고 국내의 다른 법률에 비해서 완성도가 많이 떨어지는 법률이라는 것을 알았으면 좋겠다. 그래서 한국은행법의 완성도를 높여주기를 희망한다. 그러나 통화정책을 다루는 사람들은 그때까지 기다리지 말고 현행법에 담긴 취지라도 살려서 합리적으로 정책을 수행하기를 희망한다. 그런 변화가 있다면, 지금보다 더 적극적이고 국민경제에 더 많이 기여하는 한국은행이 될 것이다.

이 책은 법률에 관한 학술서가 아니다. 한국은행법에 법학이론을 보태는 것은 필자의 능력 밖이다. 이 책은 한국은행법을 읽으면서 필자가 항상 품었던 "나는 무엇을 아는가?" 라는 화두의 결론이다. 이런 태도는 철학자 몽테뉴가 "나는 무엇을 아는가(Que sais-ju?)" 라는 화두를 품고 『수상록(Essais)』(1580년)을 쓴 것과 똑같다. 이 책이 한국은행에 근무하거나 관심 있는 사람들에게 "나는 한국은행에 대해서 무엇을 아는가?" 라고 자문(自問)하는 도구가 되기를 바란다. 필자가 지난 35년을 그렇게 해 왔듯이.

2020년 2월

著者 識

차 례

제4장 한국은행의 업무

제6장 정부 등과의 관계

제7장 회계 등

제8장 보 칙

[참고 차례]

제1편

제2편

[그림 차례]

[표 차례]

제1장 한국은행법의 의미

제2장 한국은행법의 특징과 한계

THE BANK OF KOREA IN THE ACT

한국은행법의 의미, 특징 그리고 한계

The Bank of Korea in the Act
part one

제1장 한국은행법의 의미

한국은행법이 우리 역사에서 최초의 중앙은행법은 아니다. 최초의 중앙은행법은 1903년 3월 24일 제정된 '중앙은행조례(대한제국 칙령 제8호)' 다. 고종 황제가 탁지부 고문관으로 영입한 러시아의 알렉세예프(Karl Alexeieff)의 제안에 따라 금본위제도에 관한 '태환금권조례' 와 함께 선포한 법률이다.[1]

두 번째 중앙은행법은 1909년 7월 31일 제정된 '한국은행조례(한국통감부 고시 제78호)' 다. 이 조례는 식민통치를 눈앞에 두고 일본 정부가 작성한 뒤 소네 아라스케(曾禰荒助) 한국통감의 이름으로 발표했고, 이를 근거로 11월 11일 (구)한국은행이 설립되었다. 이 은행은 일제강점기가 시작된 이후 슬그머니 조선은행으로 이름이 바뀌었다. 이를 위해서 일본의 제국의회는 1911년 3월 29일 조선은행법(일본국 법률 제48호)을 제정하고 '한국은행조례' 를 이 법으로 대체했다(시행일은 8월 15일).[2] 조선은행법은 일본의 법률인 동시에 우리 역사의 세 번째 중앙은행법이었다.

현재의 한국은행법은 네 번째 중앙은행법이다.[3] 이 법은 그 이전 세 번의 중앙은행법

1. 그러나 일본의 방해로 중앙은행은 설립되지 않았다. 대한중앙은행은 총재(심상훈)와 부총재(이용익)가 임명되고 정관까지만 작성되다가 러일전쟁과 더불어 설립이 중단되었다.
2. 한국은행조례와 조선은행법은 이름만 다를 뿐 내용은 거의 같다. 유일한 차이는 정부다. 한국은행조례에서 정부는 대한제국 정부를, 조선은행법에서 정부는 일본 정부를 의미했다.
3. 엄밀히 말하면 우리 민족의 네 번째 중앙은행법은 '북조선중앙은행법' 이다. 소련 극동군이 1945년 9월 23일 평안남도 인민정치위원회 위원장 조만식의 이름으로 발표했다. 그러나 북조선중앙은행은 서류상으로만 존재하는 북조선인민위원회의 하부 조직일 뿐, 1947년 12월 6일 화폐개혁을 단행할 때까지 아무 일도 하지 않았다(그래서 남한에서는 이 은행이 1947년 12월 설립된 것으로 알려졌다).

   소련군이 유명무실한 중앙은행 설립을 서두른 것은 북조선에서 화폐공급의 주도권을 장악하기 위해서였다. 당시 북조선은 일본인들의 탈출과 지주계급의 남하 등으로 급격한 통화량 감소와 신용공황을 겪고 있었는데, 소련군이 화폐남발을 통해 경제권을 장악하고 농민들의 환심을 사려고 했던 것이다. 어찌되었건 자본주의를 지향하는 남조선이 북조선보다 중앙은행 설립에서 뒤진 것은 아이러니다.

과 크게 다르다. 이전의 대한중앙은행, (구)한국은행과 조선은행의 경우 주주는 거의 대부분 민간인이었으며, 30～50년의 영업기간이 정해져 있었다. 그에 비해 한국은행은 영업기간이 따로 정해지지 않았으며, 100% 정부 출자로 설립되었다. 영속성을 가진 국가 차원의 조직으로 출범한 것이다.

한국은행법은 1950년 4월 21일 개최된 국회 본회의에 102명의 국회의원들이 참석하여 찬성 78표, 반대 6표(기권 18)로 가결된 후 5월 5일 법률 제138호로 공포되었다.[4] 본회의 참석자 수 102명은 당시 국회법(구법 제51조)상의 의결정족수, 즉 재적의원 200명의 과반수 100명을 가까스로 넘는 수준이었다. 참석자가 이렇게 적었던 것은 5월 30일 치러질 제2대 국회의원 선거를 위해 상당수가 선거구로 귀향했기 때문이다. 이 날도 김도연 재무장관의 독촉으로 국회 본회의가 힘들게 소집되어서 한국은행법과 은행법만 통과시키고 곧바로 종료되었다. 이처럼 한국은행법은 1948년 5월부터 2년 동안 활동했던 제헌의회가 파장 분위기 속에서 거의 마지막에 통과시킨 법률이다.[5]

흔히 한국은행을 일제강점기의 조선은행과 비교하지만, 일제강점기에는 중앙은행이라는 개념이 매우 옅었다. 그래서 조선은행의 정체성에 관해서는 일본 내에서도 논란이 많았다.[6] 조선총독부는 조선은행을 식민지 조선의 중앙은행으로 보고 총독부에게 감독 권한이 있다고 주장했지만, 본국의 대장성은 일본의 특별법으로 설립된 특수은행으로 보아 대장성이 감독해야 한다고 주장했다. 실제로 조선은행은 만주에서는 요코하마 정금은행(横浜正金銀行)과 외국환업무를 경쟁하고 한반도 안에서는 조선식산은행과 개인과 기업을 상대로 여·수신업무를 경쟁했다(그래서 1925년 이후 조선은행은 대장성의 감독을 받았다).

그런 환경 속에서 미국을 모델로 삼아 근대적 중앙은행인 한국은행이 설립된 것은 매우 이례적인 사건이다.[7] 이는 한국은행 직원들의 노력 때문만은 아니다. 거기에는 미국

4. 실제로는 제헌의회가 164번째로 통과시킨 법률이다. 법률번호가 실제와 다른 것은 건국 초기에 국회 행정이 엉망이었기 때문이다(자세한 내용은 11쪽의 '건국 초기의 법률'을 참조하라).

5. 제헌의회는 1950년 5월 5일 한국은행법과 은행법을 통과시킨 뒤 5월 8일 마지막 본회의를 열어 국립극장설치법 등 5개 법률을 일괄 통과시키고 5월 30일 해산하였다. 제헌의회는 모두 170개의 법률안을 처리했다.

6. 조명근(2011), 「일제의 국책금융기관 조선은행 연구」, 고려대학교 박사학위 논문.

7. 1950년 5월 5일 한국은행법이 공포된 이후 5월 23일 대통령령 제359호인 '한국은행법시행령'과 대법원규

의 외교정책과 이승만 정부의 근대화 노력이 함께 작용했다. 따라서 한국은행법의 의미를 정확히 파악하려면 대한민국 정부 수립 당시를 국제적 관점에서 살펴야 한다.

조선은행과 한국은행의 비교

	조선은행(1945년)	현재의 한국은행
설립목적	없 음	물가안정 및 금융안정
존립기간	50년	없 음
자본금	1천만원(1주당 100원, 10만 주)	없 음
주주 구성	정부(3만 주) 및 제국신민	–
지배구조	주주총회 및 총재, 부총재, 이사 3인, 감사 2인	금융통화위원회(7인) 및 총재, 부총재, 부총재보 5인, 감사 1인
임명절차	총재 · 부총재는 정부가 임명 이사는 주주 중에서 주주총회를 거쳐 대장대신이 임명 감사는 주주 중에서 주주총회에서 선임	금융통화위원회 위원(총재 · 부총재 포함)은 대통령이 임명 부총재보는 총재가 임명 감사는 대통령이 임명
업무	발권, 영리기업 및 개인을 상대로 한 여 · 수신, 보호예수, 신탁업무 및 유가증권 매입, 대장대신의 명령에 의한 업무	발권, 상업은행을 상대로 한 여 · 수신, 유가증권 매매, 외국환업무 등

칙 제1호인 '한국은행등기처리규칙'이 공포되었다. 6월 5일에는 총재를 비롯한 한국은행 금융통화위원회 위원 7인이 임명되었다. 금융통화위원회는 임명된 당일 회의를 열고 한국은행정관과 업무개시일, 조직 등을 의결하였다. 이어서 6월 6일 정부가 자본금 15억원과 적립금 3억원을 납입했다. 6월 7일과 6월 9일에는 제2차 및 제3차 금융통화위원회 회의가 개최되어 각종 규정과 수석부총재, 부총재, 은행감독부장, 감사 등 임원과 고급간부를 임명하였다. 이런 과정을 거친 끝에 한국은행은 1950년 6월 12일 업무를 시작했다.

한국은행법은 대통령과 재무장관의 주도로 제정된 최초의 금융법이다.

중국은 오랜 기간에 걸쳐 모든 분야에서 우리나라에 많은 영향을 미쳤다. 그러나 19세기 후반 이후 중국은 화폐와 중앙은행 제도 면에서 더 이상 한국의 모델이 되지 못했다. 1928년 국민당 정부가 '중앙은행조례'를 통해 자본금 2천만 위안의 '중화민국중앙은행'을 설립했으나, 이 은행은 한반도의 조선은행보다도 출발이 늦었고 위상도 미미했다. 중국은행, 교통은행, 중국농민은행과 함께 4대 발권은행의 하나였을 뿐이며, 상인과 개인을 상대로 상업은행 업무도 수행했다. 더욱이 1949년 한국은행법 제정이 추진되던 무렵에는 중국의 내전이 막바지에 이르러 '중화민국중앙은행'은 정상적인 업무가 불가능했다. 마오쩌뚱의 공산정부 역시 근대적 중앙은행 설립은 꿈도 꾸지 못했다. 공산정부가 설립한 '중국인민은행'이 근대식 중앙은행의 성격을 갖춘 것은 1979년에 이르러서다.

일본의 경우 메이지유신 직후 일본은행을 설립했지만 태평양전쟁을 치르면서 일본은행은 전쟁의 도구로 전락했다. 그런데 일본 정부는 제2차 세계대전 패전 직후 미국의 태평양 최고사령부가 금융시스템의 전면적 개편을 요구하자 그 요구에 강력하게 저항하며, 구 시스템을 고집했다. 그 결과 1942년 군국주의 아래에서 형성된 구시대적 중앙은행 체제가 패전 이후에도 거의 고쳐지지 않았다. 태평양 최고사령부와 협의를 거쳐 일본은행법이 약간 수정되었지만, 민간(45%) 주주와 대장대신(재무장관)의 발권한도 결정권은 여전히 남아 있었다. 지급준비제도의 운영 권한이 일본 정부에 있고 대장대신이 일본은행에 실무만 위임하는 형식도 그대로 유지되었다. 한마디로 말해서 일본은행을 정부의 지휘를 받는 특수은행으로 유지하겠다는 것이 패전 후 일본 정부의 생각이었다.

일본과 달리 한국은 상당히 능동적으로 미국의 제도를 흡수했다. 해방 직후 미국은 남한에 대한 경제원조가 한시적이라고 생각했다. 신탁통치가 끝나면 곧 철수하려고 했다. 그런데 남한에 단독정부가 출범하고 주한미군을 철수하는 단계에 이르자 생각을 바꿨다. 냉전체제가 가시화되면서 장차 한국에 대한 지원도 항구적이 될 것으로 보고 지속가능한 경제체제를 구축키로 한 것이다. 그래서 원조규모를 5억 달러에서 7억 달러로 대폭 늘리고 원조 담당기관도 육군부 산하의 GARIOA(점령지구 행정구호 원조처)에서 국무부 산하 ECA(Economic Cooperation Administration, 경제협력처)로 전환했다. 유럽의 마셜 플랜 모델을 한국에 적용키로 한 것이다.

그런데 유럽에서와 달리 한국에서는 미국 정부가 한국의 각종 정책에 깊숙이 개입했다. 당시 한국은 아무 기반이 없는 최빈 신생국이라서 미국이 시시콜콜 간섭할 수밖에 없다고 본 것이다. 1948년 12월 10일 체결된 한미원조협정에는 한국 정부가 원조의 조건을 이행하지 않는다고 인정할 경우 미국이 원조의 일부 또는 전부를 폐지한다는 조건(제9조)이 있었는데, 이 조건에 따라 ECA 한국지부는 원조자금을 미국의 대한(對韓)정책에서 지렛대로 활용했다.

1949년 초 ECA 한국지부는 한미원조협정을 상기시키면서 우리 정부에게 중앙은행 설립을 제안했다.[8] 행정부에서 독립된 미국식 중앙은행을 설립토록 하여 통화증발을 통한 산업화정책 추구를 어렵게 하려는 목적이었다. 이는 1년 뒤인 1950년 3월 발표한 '경제안정 15원칙', 즉 재정 · 통화의 긴축을 통해 무역적자 폭을 축소하려던 계획과 같은 맥락이었다.

ECA와 접촉한 김도연 재무장관은 미국의 중앙은행, 즉 연방준비제도에 대해서 누구보다도 잘 알고 있었다. 그는 일제강점기에 독립운동을 하다가 미국으로 도피하여 경제학을 공부했는데, 그가 공부한 아메리칸대학교가 워싱턴 D.C.의 연방준비위원회 건물과 가까웠다.[9] 김도연은 당시 최대 현안이었던 인플레이션 퇴치를 위해서 미국식 중앙은행을 만드는 것이 결코 나쁘지 않다고 생각했다.

그는 1948년 초 미 연준 국제국 소속 타마냐(Frank M. Tamagna) 박사를 만났다. 타마냐는 미국 태평양 최고사령부의 요청으로 일본의 중앙은행 제도 개편을 돕기 위해서

---

8. 미국식 중앙은행 설립을 제안했던 사람은 ECA 한국 지부장 아서 번스(Arthur C. Bunce)였다. 그는 1920년대 말 기독교청년회(YMCA)의 초청으로 선교를 위해 조선에 들어와 6년간 함흥 지역에서 살았을 정도로 한국에 애정과 관심이 많았다. 그는 한국에서의 경험을 계기로 농경제학 박사학위를 취득한 뒤 미 연준에 들어가 일제 하 조선의 농촌 현실을 연구했다. 그리고 1949년 1월 ECA 남한 책임자로 다시 한국에 왔으며, 이 무렵 이승만 대통령에게 중앙은행 설립을 제안했다.

9. 김도연 재무장관은 경제학 박사학위 취득 후 연희전문학교에서 경제학을 가르쳤다. 그는 *IS-LM* 모형 등 서양의 주류 경제학을 우리나라에 처음 소개한 사람 중 하나다. 그의 행적에 관해서는 『연세대학교 상과대학 100주년 기념집』(김학은 교수 편)을 참조하라.

일본에 왔다가 우연히 한국에 들렀는데, 김도연 장관과는 아메리칸대학교 동문이었다. 그때 김도연 장관은 미 연준이 외국의 중앙은행법 제정을 무료로 돕는다는 정보를 입수했다. 그래서 이승만 대통령에게 ECA의 제안을 보고하면서 미 연준 직원을 초청하는 방안을 곁들여 건의했다.

이승만 대통령은 김도연 장관의 건의를 선뜻 받아들였다. 군사 · 외교 분야에서 ECA가 요구하는 내용들에 비해 미국식 중앙은행의 설립은 훨씬 부담이 적은 데다가 이승만 자신도 미국식 중앙은행 제도를 만들고 싶었기 때문이다. 이승만의 모교인 프린스턴대학교 총장 출신으로 훗날 대통령이 된 우드로 윌슨(Woodrow Wilson)의 가장 대표적인 업적이 미 연준법 제정이다. 그래서 이승만 자신도 비슷한 일을 하고 싶었다. 또한 이승만의 박사논문 지도교수인 에드워드 엘리어트(Edward Elliott)는 훗날 샌프란시스코 연준의 초대 이사를 지내기도 했다.[10]

이승만 대통령이 미 연준 직원 초청을 허락하자 김도연 재무장관은 미 연준 의장에게 직원 파견을 요청하는 편지를 썼다. 그 편지에서 김도연 장관은 한국의 경제사정이 어려워 자문료는 줄 수 없지만, 조선은행으로 하여금 숙식을 제공토록 하겠다는 구차한 설명을 보탰다. 이 요청서한에 따라 파견된 사람이 뉴욕 연준 소속의 블룸필드(Arthur I. Bloomfield)와 젠센(John P. Jensen)이었다. 그들은 1949년 9월 초 인천항에 도착하여 1950년 2월 4일 한국은행법과 은행법 초안과 함께 최종 보고서를 김도연 재무장관에게 제출했다. 두 법안은 1950년 5월 5일 법률 제138호와 제139호로 제정되었다.

돌이켜보건대 한국은행법과 은행법은 외국인의 도움으로 제정된 법률이다. 대한민국헌법도 외국인 전문가(독일계 미국인 Ernst Frankel)의 도움을 받았지만, 그 도움은 유진오 등이 작성한 법률안을 마지막에 감수하는 정도였다. 그에 비해 한국은행법과 은행법은 법률의 초안부터 외국인이 작성했다. 대한제국 시절 러시아의 도움으로 제정된 '중앙은행조례'를 시작으로 일제강점기 직전의 '(구)한국은행조례'와 일제강점기의 조선은행

10. 1945년 12월 연희전문학교 경제과 교수였던 최순주가 조선은행 이사에 임명된 것도 이승만이 중앙은행에 호감이 많았기 때문이다. 최순주는 미국 박사인 데다가 이승만의 수양사위라서 미 군정 시기에는 원하는 자리 어디건 갈 수 있는 상황이었다. 그런데 이승만은 미 군정청과 매우 가까운 언더우드(연희전문학교 명예총장)에게 부탁하여 미 군정청 산하의 조선은행 이사로 최순주를 추천했다.

법 그리고 한국은행법에 이르기까지 우리나라의 중앙은행법이 네 차례 모두 외국인의 도움으로 제정되었다는 것은 세계적으로도 매우 이례적이다.[11]

또한 한국은행법은 대한민국 최초의 금융법이다. 한국은행법을 통과시키기 전 제헌 국회는 국가 운영에 필수적인 법률들을 부지런히 제정했다. 그중에서 조세(57개)와 행정(33개) 분야가 압도적으로 많았고, 경제 일반(29개), 국제(15개), 사법(11개), 군사(6개) 등이 뒤를 이었다. 하지만 금융에 관해서는 정부 수립 이후 2년 동안 아무 법률도 만들지 않았다. 과거 일본이 만든 법으로 현상을 유지하는 데 급급했다. 그런 상태에서 제정된 한국은행법은 최초의 금융법이자 화폐와 은행감독 제도에 관한 법률이기도 했다.

결론적으로 한국은행법의 출발점은 ECA 한국지부의 권고였다. 김도연 재무장관은 그 권고를 실현시키기 위해서 외국인을 무료로 초빙하는 아이디어를 내놓았고 이승만 대통령은 제헌의회가 해산되기 전에 한국은행법을 처리하도록 국회를 독촉했다. 한국은행법은 조선은행 직원들이 아닌, 대통령과 재무장관의 노력으로 제정된 법이다.

중요한 사실은, 일본이 과거의 금융시스템을 지키기에 급급했던 것과 달리 한국은 대통령이 나서서 미국의 선진적 금융시스템을 전향적으로 받아들이려고 했다는 점이다. 지금도 한국은행법의 개선방향을 검토하는 데 일본은행법은 거의 도움이 되지 않는다.

건국 초기의 법률(한국은행법 제정까지)

법령명	법령 종류	공포 번호	공포일자	시행일자	기타
대한민국헌법	헌법	제1호	1948. 7. 17.	1948. 7. 17.	제정
정부조직법	법률	제1호	1948. 7. 17.	1948. 7. 17.	제정
사면법	법률	제2호	1948. 8. 30.	1948. 8. 30.	제정
반민족행위처벌법	법률	제3호	1948. 9. 22.	1948. 9. 22.	제정
연호에관한법률	법률	제4호	1948. 9. 25.	1948. 9. 25.	제정
국회법	법률	제5호	1948. 10. 2.	1948. 10. 2.	제정
한글전용에관한법률	법률	제6호	1948. 10. 9.	1948. 10. 9.	제정
양곡매입법	법률	제7호	1948. 10. 9.	1948. 10. 9.	제정

11. 그래서 우리나라의 환경과 제도에 맞도록 한국은행법을 계속 정비해 나가는 노력이 필요하다. 이 책의 집필 의도도 그런 점을 부각하는 데 있다.

지방행정에관한임시조처법	법률	제8호	1948. 11. 17.	1948. 11. 17.	제정
국군조직법	법률	제9호	1948. 11. 30.	1948. 11. 30.	제정
임시우편단속법	법률	제11호	1948. 12. 1.	1948. 12. 1.	제정
국가보안법	법률	제10호	1948. 12. 1.	1948. 12. 1.	제정
심계원법	법률	제12호	1948. 12. 4.	1948. 12. 4.	제정
반민족행위특별조사기관조직법	법률	제14호	1948. 12. 7.	1948. 12. 7.	제정
반민족행위특별재판부부속기관조직법	법률	제15호	1948. 12. 7.	1948. 12. 7.	제정
반민족행위처벌법	법률	제13호	1948. 12. 7.	1948. 12. 28.	일부 개정
국적법	법률	제16호	1948. 12. 20.	1948. 12. 20.	제정
국회의원선거법	법률	제17호	1948. 12. 23.	1948. 12. 23.	일부 개정
인구조사법	법률	제18호	1949. 1. 27.	1949. 2. 17.	제정
세관관서설치법	법률	제19호	1949. 2. 9.	1949. 2. 9.	제정
지방전매관서설치법	법률	제21호	1949. 2. 15.	1949. 2. 15.	제정
지방교통관서설치법	법률	제20호	1949. 2. 15.	1949. 2. 15.	제정
정부조직법	법률	제22호	1949. 3. 25.	1949. 4. 15.	일부 개정
국회의원보수에관한법률	법률	제23호	1949. 3. 31.	1949. 3. 31.	제정
어업에관한임시조치법	법률	제24호	1949. 4. 28.	1949. 4. 28.	제정
통상우편물의종류및요금에관한법률	법률	제26호	1949. 4. 30.	1949. 4. 30.	제정
대한적십자사조직법	법률	제25호	1949. 4. 30.	1949. 4. 30.	제정
내무부지방토목관서설치법	법률	제27호	1949. 5. 2.	1949. 5. 2.	제정
우편연금의연액에관한법률	법률	제28호	1949. 5. 12.	1949. 5. 12.	제정
국민생명보험의보험금액에관한법률	법률	제29호	1949. 5. 12.	1949. 5. 12.	제정
소득세및사업세결정에대한임시조치에관한법률	법률	제30호	1949. 5. 31.	1949. 5. 31.	제정
농지개혁법	법률	제31호	1949. 6. 21.	1949. 6. 21.	제정
지방행정에관한임시조처법	법률	제32호	1949. 7. 4.	1949. 8. 15.	타법 폐지
지방자치법	법률	제32호	1949. 7. 4.	1949. 8. 15.	제정
소득세법	법률	제33호	1949. 7. 15.	1949. 7. 15.	제정
반민족행위처벌법	법률	제34호	1949. 7. 20.	1949. 7. 20.	일부 개정
식량임시긴급조치법	법률	제35호	1949. 7. 22.	1949. 7. 22.	제정
귀속재산임시조치법	법률	제36호	1949. 7. 22.	1949. 7. 22.	제정

축우도살제한법	법률	제37호	1949. 7. 26.	1949. 7. 26.	제정
국회법	법률	제38호	1949. 7. 29.	1949. 7. 29.	일부 개정
지방세무관서설치법	법률	제39호	1949. 8. 3.	1949. 8. 3.	제정
국회의원보궐선거임시조치법	법률	제40호	1949. 8. 3.	1949. 8. 3.	제정
병역법	법률	제41호	1949. 8. 6.	1949. 8. 6.	제정
지방세에관한임시조치법	법률	제42호	1949. 8. 9.	1949. 8. 15.	제정
임시조세조치법	법률	제43호	1949. 8. 10.	1949. 8. 10.	제정
국가공무원법	법률	제44호	1949. 8. 12.	1949. 8. 12.	제정
후생복표발행법	법률	제45호	1949. 8. 13.	1949. 8. 13.	제정
후생복표금특별회계법	법률	제46호	1949. 8. 13.	1949. 8. 13.	제정
지방체신관서설치법	법률	제47호	1949. 8. 13.	1949. 8. 13.	제정
영업세법	법률	제48호	1949. 8. 13.	1949. 8. 13.	제정
농산물검사법	법률	제49호	1949. 8. 13.	1949. 8. 13.	제정
어업에관한임시조치법	법률	제50호	1949. 8. 16.	1949. 8. 16.	일부 개정
법원조직법	법률	제51호	1949. 9. 26.	1949. 8. 15.	제정
유흥음식세법	법률	제52호	1949. 10. 1.	1949. 10. 1.	제정
국경일에관한법률	법률	제53호	1949. 10. 1.	1949. 10. 1.	제정
반민족행위특별조사기관조직법급반민족행위특별재판부부속기관조직법폐지에관한법률	법률	제55호	1949. 10. 4.	1949. 10. 4.	일괄 폐지
반민족행위특별조사기관조직법	법률	제55호	1949. 10. 4.	1949. 10. 4.	타법 폐지
반민족행위특별재판부부속기관조직법	법률	제55호	1949. 10. 4.	1949. 10. 4.	타법 폐지
반민족행위처벌법	법률	제54호	1949. 10. 4.	1949. 10. 4.	일부 개정
대한해운공사법	법률	제56호	1949. 10. 8.	1949. 10. 8.	제정
대한조선공사법	법률	제57호	1949. 10. 10.	1949. 10. 10.	제정
국유재산처분에관한임시조치법	법률	제58호	1949. 10. 10.	1949. 10. 10.	제정
조선특별행위세령	법률	제59호	1949. 10. 18.	1949. 10. 18.	타법 폐지
조선이익배당세령 · 조선법인자본세령및조선특별행위세령폐지에관한법률	법률	제59호	1949. 10. 18.	1949. 10. 18.	일괄 폐지
조선이익배당세령	법률	제59호	1949. 10. 18.	1949. 10. 18.	타법 폐지
조선법인자본세령	법률	제59호	1949. 10. 18.	1949. 10. 18.	타법 폐지

주세법	법률	제60호	1949. 10. 21.	1949. 10. 21.	제정
조선입장세령	법률	제61호	1949. 10. 21.	1949. 10. 21.	타법 폐지
입장세법	법률	제61호	1949. 10. 21.	1949. 10. 21.	제정
변호사법	법률	제63호	1949. 11. 7.	1949. 11. 7.	제정
법인세법	법률	제62호	1949. 11. 7.	1949. 11. 7.	제정
어업에관한임시조치법	법률	제64호	1949. 11. 12.	1949. 11. 12.	일부 개정
조선에입국또는출국자이동의관리급기록에관한건	법률	제65호	1949. 11. 17.	1950. 1. 6.	타법 폐지
외국인의입국출국과등록에관한법률	법률	제65호	1949. 11. 17.	1950. 1. 7.	제정
식량임시긴급조치법	법률	제66호	1949. 11. 17.	1949. 11. 17.	일부 개정
남조선출입국자에관한취체	법률	제65호	1949. 11. 17.	1950. 1. 7.	타법 폐지
관세법	법률	제67호	1949. 11. 23.	1949. 11. 23.	제정
재외국민등록법	법률	제70호	1949. 11. 24.	1949. 11. 24.	제정
기부통제법	법률	제68호	1949. 11. 24.	1949. 11. 24.	제정
계엄법	법률	제69호	1949. 11. 24.	1949. 11. 24.	제정
상표법	법률	제71호	1949. 11. 28.	1949. 11. 28.	제정
외자구매처임시설치법	법률	제72호	1949. 12. 10.	1949. 12. 10.	제정
지방자치법	법률	제73호	1949. 12. 15.	1950. 1. 5.	일부 개정
헌병과국군정보기관의수사한계에관한법률	법률	제80호	1949. 12. 19.	1949. 12. 19.	제정
임시외자관리청설치법	법률	제79호	1949. 12. 19.	1949. 12. 19.	제정
세입보전국채법	법률	제76호	1949. 12. 19.	1949. 12. 19.	제정
반민족행위재판기관임시조직법	법률	제78호	1949. 12. 19.	1949. 12. 19.	제정
귀속재산처리법	법률	제74호	1949. 12. 19.	1949. 12. 19.	제정
국채법	법률	제75호	1949. 12. 19.	1949. 12. 19.	제정
국채금특별회계법	법률	제77호	1949. 12. 19.	1949. 12. 19.	제정
국가보안법	법률	제85호	1949. 12. 19.	1950. 1. 9.	전부 개정
청량음료세법	법률	제83호	1949. 12. 20.	1949. 12. 20.	제정
조선청량음료세령	법률	제83호	1949. 12. 20.	1949. 12. 20.	타법 폐지
국세징수법	법률	제82호	1949. 12. 20.	1949. 12. 20.	제정
검찰청법	법률	제81호	1949. 12. 20.	1949. 12. 20.	제정

지방세법	법률	제84호	1949. 12. 22.	1949. 11. 1.	제정
교육법	법률	제86호	1949. 12. 31.	1949. 12. 31.	제정
조선마권세령	법률	제92호	1950. 2. 9.	1950. 2. 9.	타법 폐지
전매사업특별회계법	법률	제90호	1950. 2. 9.	1949. 1. 1.	제정
외자특별회계법	법률	제88호	1950. 2. 9.	1949. 1. 1.	제정
영림관서설치법	법률	제91호	1950. 2. 9.	1950. 2. 9.	제정
방송사업특별회계법	법률	제89호	1950. 2. 9.	1949. 1. 1.	제정
마권세법	법률	제92호	1950. 2. 9.	1950. 2. 9.	제정
기부통제법	법률	제87호	1950. 2. 9.	1950. 2. 9.	일부 개정
통신사업특별회계법	법률	제95호	1950. 2. 13.	1949. 1. 1.	제정
신한주식회사의해산	법률	제93호	1950. 2. 13.	1950. 3. 6.	타법 폐지
귀속농지관리특별회계법	법률	제93호	1950. 2. 13.	1950. 3. 6.	제정
국민생명보험과우편연금특별회계법	법률	제96호	1950. 2. 13.	1949. 1. 1.	제정
교통사업특별회계법	법률	제94호	1950. 2. 13.	1949. 1. 1.	제정
추곡수집령	법률	제97호	1950. 2. 16.	1950. 2. 16.	타법 폐지
양곡매입법	법률	제97호	1950. 2. 16.	1950. 2. 16.	타법 폐지
양곡도정설비허가의건	법률	제97호	1950. 2. 16.	1950. 2. 16.	타법 폐지
양곡관리법	법률	제97호	1950. 2. 16.	1950. 2. 16.	제정
식량임시긴급조치법	법률	제97호	1950. 2. 16.	1950. 2. 16.	타법 폐지
귀속재산처리특별회계법	법률	제98호	1950. 2. 16.	1949. 1. 1.	제정
헌법위원회법	법률	제100호	1950. 2. 21.	1950. 2. 21.	제정
탄핵재판소법	법률	제101호	1950. 2. 21.	1950. 2. 21.	제정
통행세법	법률	제99호	1950. 2. 24.	1950. 2. 24.	제정
조선통행세령	법률	제99호	1950. 2. 24.	1950. 2. 24.	타법 폐지
행형법	법률	제105호	1950. 3. 2.	1950. 3. 18.	제정
해군기지법	법률	제102호	1950. 3. 2.	1950. 3. 2.	제정
우편저금운용법	법률	제106호	1950. 3. 2.	1950. 3. 2.	제정
방어해면법	법률	제104호	1950. 3. 2.	1950. 3. 2.	제정
선박관리법	법률	제117호	1950. 3. 3.	1950. 12. 1.	제정
국가공무원법	법률	제103호	1950. 3. 3.	1950. 3. 3.	일부 개정
대한민국재외공관설치법	법률	제107호	1950. 3. 9.	1950. 3. 9.	제정

조선전기와사세령	법률	제111호	1950. 3. 10.	1950. 3. 1.	타법 폐지
조선인지세령	법률	제110호	1950. 3. 10.	1950. 3. 10.	타법 폐지
전기까스세법	법률	제111호	1950. 3. 10.	1950. 3. 1.	제정
인지세법	법률	제110호	1950. 3. 10.	1950. 3. 10.	제정
수산물검사법	법률	제116호	1950. 3. 10.	1950. 3. 10.	제정
면허세법	법률	제109호	1950. 3. 10.	1950. 3. 10.	제정
농지개혁법	법률	제108호	1950. 3. 10.	1950. 3. 10.	일부 개정
교육법	법률	제118호	1950. 3. 10.	1950. 3. 10.	일부 개정
계리사법	법률	제112호	1950. 3. 10.	1950. 3. 10.	제정
지방교통관서설치법	법률	제115호	1950. 3. 22.	1950. 3. 22.	일부 개정
조선상속세령	법률	제114호	1950. 3. 22.	1950. 3. 22.	타법 폐지
상속세법	법률	제114호	1950. 3. 22.	1950. 3. 22.	제정
법원재난에기인한민형사사건임시조치법	법률	제113호	1950. 3. 22.	1950. 3. 22.	제정
증여세법	법률	제123호	1950. 4. 8.	1950. 4. 8.	제정
국유재산처분에관한임시조치법	법률	제122호	1950. 4. 8.	1950. 4. 8.	타법 폐지
국유재산법	법률	제122호	1950. 4. 8.	1950. 4. 8.	제정
구왕궁재산처분법	법률	제119호	1950. 4. 8.	1950. 4. 8.	제정
간이소청절차에의한귀속해제결정의확인에관한법률	법률	제120호	1950. 4. 8.	1950. 4. 29.	제정
지방방송국설치법	법률	제125호	1950. 4. 10.	1950. 4. 10.	제정
조선물품세령	법률	제124호	1950. 4. 10.	1950. 4. 10.	타법 폐지
석유제품의물품세	법률	제124호	1950. 4. 10.	1950. 4. 10.	타법 폐지
물품세법	법률	제124호	1950. 4. 10.	1950. 4. 10.	제정
국회의원선거법	법률	제121호	1950. 4. 12.	1950. 4. 12.	폐지제정
국회의원보궐선거임시조치법	법률	제121호	1950. 4. 12.	1950. 4. 12.	타법 폐지
재해부흥조합법	법률	제126호	1950. 4. 13.	1950. 4. 13.	제정
군사원호법	법률	제127호	1950. 4. 14.	1950. 6. 1.	제정
노동의보호, 언론출판등의등기	법률	제131호	1950. 4. 21.	1950. 4. 21.	일부 개정
군정법령폐지에관한법률	법률	제130호	1950. 4. 21.	1950. 4. 21.	폐지
국내재산도피방지법	법률	제129호	1950. 4. 21.	1950. 4. 21.	제정

국가보안법	법률	제128호	1950. 4. 21.	1950. 5. 12.	일부 개정
주세법	법률	제132호	1950. 4. 28.	1950. 4. 28.	일부 개정
통상우편물의종류및요금에관한법률	법률	제136호	1950. 5. 1.	1950. 5. 1.	일부 개정
직물세법	법률	제133호	1950. 5. 1.	1950. 5. 1.	제정
조선직물세령	법률	제133호	1950. 5. 1.	1950. 5. 1.	타법 폐지
영업세법	법률	제135호	1950. 5. 1.	1950. 5. 1.	일부 개정
소득세법	법률	제134호	1950. 5. 1.	1950. 5. 1.	일부 개정
대한석탄공사법	법률	제137호	1950. 5. 4.	1950. 5. 4.	제정
한국은행법	법률	제138호	1950. 5. 5.	1950. 5. 26.	제정
은행법	법률	제139호	1950. 5. 5.	1950. 5. 5.	제정
어업에관한임시조치법	법률	제144호	1950. 5. 8.	1950. 5. 8.	일부 개정
양곡관리특별회계법	법률	제140호	1950. 5. 8.	1950. 4. 1.	제정
국립극장특별회계법	법률	제143호	1950. 5. 8.	1950. 5. 8.	제정
국립극장설치법	법률	제142호	1950. 5. 8.	1950. 5. 8.	제정
국고금단수계산법	법률	제141호	1950. 5. 8.	1950. 5. 8.	제정
한국은행설립에관한건	대통령령	제350호	1950. 5. 11.	1950. 5. 11.	제정
한국은행법시행령	대통령령	제359호	1950. 5. 23.	1950. 5. 23.	제정
한국은행등기처리규칙	대법원 규칙	제1호	1950. 5. 23.	1950. 5. 23.	제정
비상사태하의범죄처벌에관한특별조치령	대통령 긴급명령	제1호	1950. 6. 25.	1950. 6. 25.	제정
금융기관예금등지불에관한특별조치령	대통령 긴급명령	제2호	1950. 6. 28.	1950. 6. 28.	제정

미 연준이 한국은행법 제정을 지원한 것은 글로벌 전략 중 하나였다.

잘 알려진 것처럼, 미국은 중앙은행 제도 면에서 상당히 후발주자에 속한다. 미국은 건국 직후 두 차례에 걸쳐 중앙은행을 설립했으나 1836년부터는 중앙은행을 두지 않았다. 지금의 연방준비제도는 건국한 지 100년이 훨씬 넘은 1914년에 출범하였다.

연방준비제도 설립의 계기는 1907년 금융위기(panic of 1907)였다. 뉴욕 맨해튼에서 세 번째로 컸던 신탁회사가 두 사람의 주가조작으로 파산하면서 미국 금융시스템 전체를 마비시킨 희대의 사건이다. 금융위기가 터지자 정치권에서는 최종대부자 기능을 가진 중앙은행 설립 필요성에 공감하고 상 · 하원 의원 각 9인씩으로 구성된 통화위원회(National Monetary Commission)를 구성했다. 그러나 여야의 생각이 크게 달랐다. 통화위원회는 유럽의 중앙은행법과 역사를 수년에 걸쳐 낱낱이 검토하고 88개나 되는 보고서를 완성했지만, 하원을 장악한 민주당이 중앙은행 설립에 거부감을 보여 논의가 제자리를 걸었다.[12] 결국 1912년 대통령 선거에서 당선된 우드로 윌슨이 민주당 의원들을 달래서 설득한 뒤 1913년 말에 이르러서야 간신히 미 연방준비법(Federal Reserve Act)이 제정되었다.

국제정치학을 전공한 우드로 윌슨 대통령은 국제연맹(League of Nations) 설립의 주역이었으며, 국제주의자였다. 그는 제1차 세계대전 이후 피폐해진 유럽 각국의 복구와 각 대륙의 후진국들을 돕는 것이 미국의 국익과 직결된다고 믿었다. 특히 금본위제도를 조속히 복원하는 것은 금 보유량 세계 1위로 올라선 미국이 영국을 제치고 세계 경제의 중심이 되는 데 필수적인 작업이라고 확신했다. 그래서 독일, 프랑스, 이탈리아, 벨기에, 헝가리 등 유럽 국가뿐만이 아니라 신생국의 경제정책을 자문하고 금본위제도 복원을 돕기 위해서 미국의 전문가들을 적극 파견했다.

---

12. 오늘날의 미 연준을 설립하기 전 상 · 하원 합동 통화위원회가 13년에 걸쳐 작성한 88개 보고서는 다음의 웹사이트에서 확인할 수 있다.
https://fraser.stlouisfed.org/search.php?q=monetary%20commission&partialfields=series:5292 series:1493

초창기의 미 연준은 국내외적으로 존재감이 크지 않았다. 그래서 윌슨 대통령은 외국에 경제정책을 자문할 때 자신이 총장으로 있었던 프린스턴대학교의 케머러(Edwin Kemmerer) 교수 등 주로 대학교수나 법률가, 외교관들을 파견했다. 여기에 미 연준 직원들은 포함되지 않았다. 이들 전문가들이 방문한 나라에는 멕시코, 과테말라, 콜롬비아, 칠레, 에콰도르, 볼리비아, 페루 등 중남미 국가뿐만 아니라 남아프리카공화국, 페르시아, 터키, 중국, 필리핀 등 아프리카, 중동, 아시아 국가들도 있었다.[13]

이러한 일은 제2차 세계대전이 끝난 뒤에도 반복되었다. 하지만 그 사이에 중요한 변화가 있었다. 우선 미 연준의 명성과 인적 자원이 눈에 띄게 개선되었다. 국무부와 재무부는 물론 마셜 플랜에 따라 유럽 각국에 설치된 해외 경제협력처는 외국에 경제고문단을 파견할 때 금융 분야는 미 연준이 자문해 주기를 요구했다. 독일과 일본 등 패전국에 주둔한 군정청(Military Government)과 신생 독립국 정부는 미 연준에 직접 직원 파견을 부탁하기도 했다.

또 다른 변화는 국제사회에서 중앙은행의 위상이었다. 금본위제도가 폐기되면서 불태환화폐를 발행하게 된 중앙은행은 그 정치적 중립성이 중요한 화두가 되었다. 따라서 미 연준이 국무부, 재무부 등 행정부가 이끄는 경제고문단 활동에 동참하게 되면 국내외적으로 정치적 중립성이 훼손된 것으로 해석될 여지가 있었다.

더구나 1948년 여름에 이르러서는 이른바 '적색 공포(Red Scare)'의 영향으로 하원에 '비미국적 활동 위원회(House Un-American Acitivities Committee)'가 구성되어 민주당 정부의 외교정책에 제동을 걸었다. 공화당 초선의원 리차드 닉슨(훗날 대통령) 등이 참여한 이 위원회는 민주당 정부의 주요 공직자들이 공산주의자와 접촉하여 국익을 해친 사례들을 조사한다면서 그들을 '빨갱이'로 몰았다. 매카시 선풍의 출발이었다.

국제연합(UN) 창설에 기여한 국무부 관리 알저 히스(Alger Hiss), 국제통화기금(IMF) 창설의 주역이었던 재무부 차관보 화이트(Harry Dexter White) 등 명망 있는 공직자들도 이 위원회의 청문회에 소환되거나 훗날 재판을 받았다. 대통령 보좌관과 연준 의장 고문을 지낸 로츨린 커리(Lauchlin Currie)는 해외에 있다가 귀국이 영구 거절되었다(미국 시민

---

13. Adams, Mildred, "Sick Nations Take the American Cure," *The New York Times*, 1928년 12월 9일자 제3면 기사.

이었던 커리는 1993년 외국에서 사망했다).[14]

상황이 이렇게 돌아가니 1949년 한국 정부로부터 한국은행법과 은행법 제정을 위한 직원 파견을 요청받았을 때 미 연준의 고민은 컸다. 외국의 정부나 해외 군정청과 접촉해서 단독으로 직원을 파견하는 것은 의회의 반감을 사고, 나아가 연방정부의 외교정책 체계에도 혼선을 줄 수도 있었다. 하지만 미 연준은 마지막으로 한 번만 더 돕기로 결정했다. 남북으로 분단되어 공산세력과 대치하는 한국을 어떤 형태로든 지원하는 것은 미국 정부의 이익과 부합한다는 판단에서였다. 또한 중앙은행 간 협력을 증진하는 것은 장차 미 연준의 위상 제고에도 도움이 될 것이 분명했다. 아울러 한국의 은행감독체계가 정비되어 은행들이 건전해지면 한국계 은행들의 미국 현지법인을 미 연준이 감독할 때 도움이 된다는 점도 고려했다.[15]

이런 판단에서 미 연준은 한국에 직원 2명을 파견했다. 그것은 제2차 세계대전의 종전과 더불어 계속해 오던 기술지원의 마지막이었다.[16] 이후 미 연준은 1990년 베를린 장벽이 붕괴된 뒤 동구권 국가들이 서구 금융시스템을 받아들일 때도 적극 간여하지 않았다. 미 연준이 외국의 중앙은행 제도 개편에 다시 간여한 것은 2003년 이라크의 후세인 정권이 축출된 뒤였다.[17]

결론적으로 한국은행법은 20세기에 미 연준의 기술지원을 받아 제정된 마지막 중앙은행법이다. 그것은 공산세력과 대치하는 한국을 지원하여 건전한 통화신용정책의 기반을 만드는 것이 미 행정부와 연준의 이익에 부합한다는 판단에서 이루어진 일이다. 이렇게 시작된 두 중앙은행 간의 우정은 훗날 글로벌 금융위기로 한국 경제가 다시 어려워졌

14. 커리는 프랭클린 루스벨트 대통령의 보좌관으로서 1935년 미 연준법 개정작업에 참여했으며, 미국의 통화량과 통화승수를 계산하는 등 학문적 업적이 뛰어난 학자였다. 하지만 그의 부인이 콜롬비아 출신이라는 이유로 공산주의에 협력했을 것이라는 의심을 받았다.

15. Young, Ralph A.(1950), "System Policy in Providing Technical Assistance in the Foreign Area", February 28, 1950, 미국 연방준비위원회 내부 문서.

16. 한국보다 한 달 늦게 팔레스타인에도 미 연준 직원이 파견되었다(뉴욕 연준 소속 Charles A. Coombs, 1949년 10~12월). 그러나 이는 국제연합(UN) 경제조사단의 일원으로 파견된 경우라서 한국 정부와 직접 접촉하여 직원을 보낸 것과 상황이 다르다.

17. 보스턴 연준 조사부의 푸트(Chrisopher L. Foote) 박사가 2003~2004년 중 이라크에 파견되어 새로운 중앙은행법 제정작업에 참여했다.

을 때 한국은행과 미 연준이 통화스와프 계약을 맺는 것으로 이어졌다.[18]

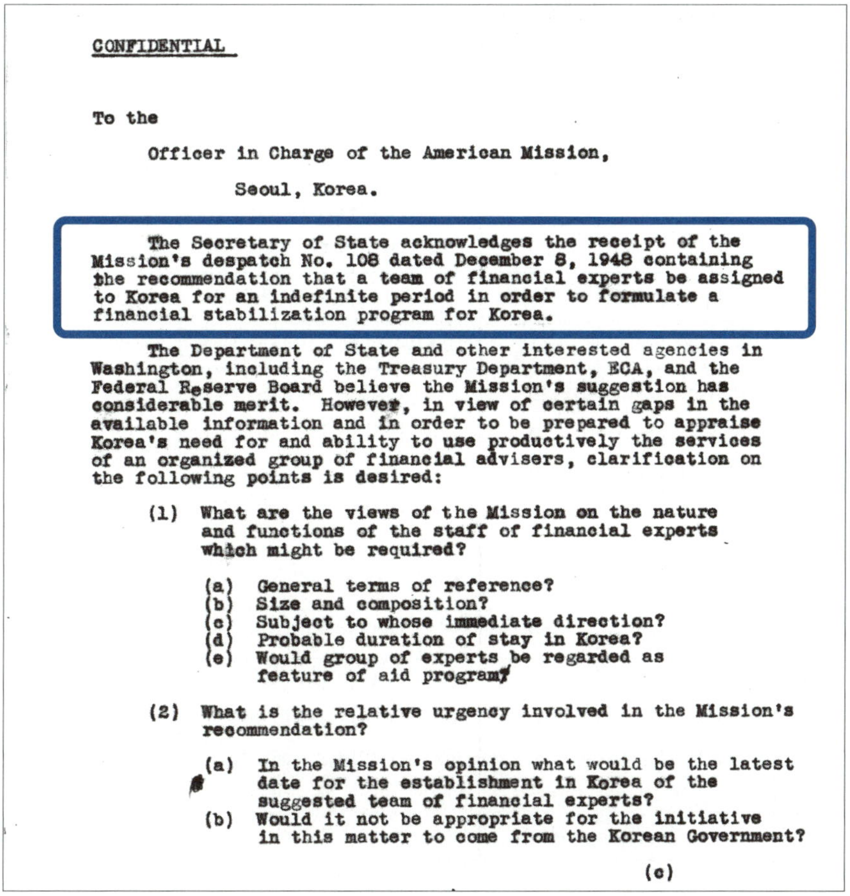

CONFIDENTIAL

To the

Officer in Charge of the American Mission,

Seoul, Korea.

The Secretary of State acknowledges the receipt of the Mission's despatch No. 108 dated December 8, 1948 containing the recommendation that a team of financial experts be assigned to Korea for an indefinite period in order to formulate a financial stabilization program for Korea.

The Department of State and other interested agencies in Washington, including the Treasury Department, ECA, and the Federal Reserve Board believe the Mission's suggestion has considerable merit. However, in view of certain gaps in the available information and in order to be prepared to appraise Korea's need for and ability to use productively the services of an organized group of financial advisers, clarification on the following points is desired:

(1) What are the views of the Mission on the nature and functions of the staff of financial experts which might be required?

(a) General terms of reference?
(b) Size and composition?
(c) Subject to whose immediate direction?
(d) Probable duration of stay in Korea?
(e) Would group of experts be regarded as feature of aid program?

(2) What is the relative urgency involved in the Mission's recommendation?

(a) In the Mission's opinion what would be the latest date for the establishment in Korea of the suggested team of financial experts?
(b) Would it not be appropriate for the initiative in this matter to come from the Korean Government?

(c)

▲ **1949년 1월 미국 국무부가 재무부에 보낸 공문의 일부** 이 공문에서 국무부는 전쟁 직후 일본의 환율정책을 자문했던 영 미션(Young Mission, 1948년)과 필리핀 경제정책을 자문했던 합동위원회(Philippine-American Joint Finance Commission, 1945 ~ 1949년) 등의 사례로 볼 때 한국에도 재무부, 경제협력처(ECA), 연방준비위원회(Fed) 등의 직원으로 구성된 자문단을 파견해야 한다고 강조했다. 그러나 당시 미국에는 매카시 선풍이 불기 시작했고, 한국은 일본과 필리핀에 비해서 너무 미미한 국가라서 결국 뉴욕 연준 소속 직원 2명만 한국에 파견하는 것으로 축소되었다. 그럼에도 불구하고 그 계획은 미국 국무부의 글로벌 전략의 하나임에는 틀림없었다.

---

18. 필자는 미 연준 직원들을 만날 때마다 과거의 역사를 상기시키며, "어려울 때 친구가 진짜 친구"라는 미국의 속담을 강조했다. 2008년 10월 한미 통화스와프 계약이 체결되었는데, 이는 미 연준의 국제국장(Nathan Sheets, 현 재무부 차관보)이 필자와의 대화를 기억했기 때문일지도 모른다.

제2차 세계대전 이후 미 연준이 단독으로 기술지원한 사례(시간순)

국가	파견자(소속)	기간	기술지원 내용
온두라스	Robert Triffin(위원회)	1943년 6~7월	금융제도 전반 지도
파라과이	Robert Triffin(위원회) Pray Hammond(위원회) Philip Eckert(클리블랜드) David L. Grove(위원회)	1943년 8~11월 1944년 7~12월 1944년 12월 1945년 8~11월 1944년 4~7월	통화 · 금융 전반 지도
코스타리카	Philip S. Eckert(클리블랜드)	1944년 4~7월	농업신용제도 지도
이란	Norris O. Johnson(뉴욕)	1944년 12월~1945년 11월	경제 전반 지도
필리핀	Glenn Goodman(위원회) John Exter(위원회) Howard D. Crosse(뉴욕) David L. Grove(위원회) John Exter(위원회) David L. Grove(위원회)	1945년 4~9월 1947년 1~7월 〃 1948년 1~4월 〃 1948년 11월~1949년 11월	은행제도 선진화 지원 중앙은행법 제정 지원 통화신용정책 지도
이탈리아	Frank M. Tamagna(뉴욕)	1945년 8~10월	경제 전반 지도
과테말라	Robert Triffin(위원회) David L. Grove(위원회) John H. Adler(뉴욕) Ernest C. Olson(위원회) Eugene Schlesinger(뉴욕)	1945년 8~9월 1946년 8~12월 1949년 8~9월 〃 〃	중앙은행법 제정 지원 〃 〃 〃 재정정책 지도
쿠바	Henry C. Wallich(뉴욕)	1945년 10월, 1949년 4월	중앙은행법 제정 지원 중앙은행 업무 지도
도미니카공화국	Henry C. Wallich(뉴욕) Robert Triffin(위원회)	1945~1947년 1945~1946년	중앙은행법 제정 지원 은행제도 개편 지원
중국	Frank M. Tamagna(뉴욕)	1946년 7~11월	장개석 정부 재정 지도
에쿠아도르	David L. Grove(위원회)	1947년 5~7월	중앙은행법 제정 지원
엘살바도르	Henry C. Wallich(뉴욕) John H. Adler(뉴욕) Henry C. Wallich(뉴욕)	1948년 3월 〃 1949년 5월	재정정책 지도 〃 통화 · 금융제도 지도
아이티	M. R. Wilkes(위원회) Glenn Goodman(위원회) Arthur Gustavson(시카고) G. Harold Snead(리치몬드)	1948년 3~5월	중앙은행 감사 지원

브라질	Herold V. Roelse(뉴욕) Arthur B. Hersey(위원회) Philip J. Glaessner(뉴욕)	1948년 8월~1949년 2월	경제정책 지도
실론(스리랑카)	John Exter(위원회)	1948년 12월~1950년 6월	중앙은행법 제정 지원
멕시코	Henry C. Wallich(뉴욕)	1949년 3월	경제교육(강의)
한국	Arthur Bloomfield(뉴욕) John P. Jensen(뉴욕)	1949년 9월~1950년 3월	중앙은행법 제정 지원

자료 : "System Policy in providing Technical Assistance in the Foreign Area", 1950월 2월 28일, 미국 연방준비위원회 내부 문서(한국은행법 · 은행법 제정을 위한 기술 자문을 종료하면서 의장에게 보고한 내부 보고서).

한국은행법은 대일(對日)청구권의 근거 중 하나다.

조선은행은 (구)한국은행의 자산과 부채를 그대로 인수했다(조선은행법 제43조). 심지어 임원과 직원도 승계하였으며, 설립등기는 생략했다. 그에 비해서 한국은행은 조선은행의 자산과 부채를 그대로 인수하지 않고 일부만 취사선택했다. 따라서 임원과 직원도 그대로 승계되지 않았다. 한국은행은 명실상부한 중앙은행으로서 상업은행 기능을 수행하지 않기 때문이었다. 그때까지 일반 기업이나 개인을 상대로 조선은행이 취급해 왔던 예금과 대출업무 그리고 담당직원들은 상업은행으로 분리(spin-off)되었다.[19] 반면, 조선은행이 수행하지 않았던 외국환업무와 은행감독업무는 한국은행이 새롭게 수행하게 되었다.[20] 그래서 한국은행은 별도의 설립등기절차를 밟았다.

한국은행은 조선은행의 자산·부채 그리고 직원 중 일부만 인수했기 때문에 설립과정에서 법률적·회계적 문제가 생길 수밖에 없었다. 또한 조선은행의 해체는 외교적으로도 상당히 복잡한 문제였다. 조선우선주식회사(오늘날 한진해운(주)의 전신)나 조선중공업주식회사(오늘날 한진중공업(주)의 전신) 등 일제강점기의 중요 기업과 달리 조선은행은 서울에 본점이 있으면서도 조선총독부령이 아닌 일본의 국내법, 즉 제국의회가 제정한 '조선은행법'을 통해 설립되었기 때문이다. 일본 법률에 따라 설립된 일본인 소유의 기업을 한국 정부가 해체하고 한국은행이 인수하는 데는 외교적 분쟁이 생길 수밖에 없다.

최초의 한국은행법은 법률적·회계적·외교적 쟁점을 지혜롭게 해결해 나가는 실

19. 이에 따라 박숙희 영업부장(훗날 농업협동조합중앙회 회장)과 부하 직원들은 신설된 상공은행으로 옮겼다. 일제강점기에는 모든 직원들의 선망의 대상이었던 이들이 조선은행을 떠나 일개 상업은행 직원이 되자 상당히 반발했다. 그래서 구용서 총재는 이들의 반발을 무마하고 달래는 데 며칠을 소비했다. 한국은행의 법적 설립일은 6월 6일(정부의 출자금 납입일)이지만, 실제 영업은 6월 12일부터 시작된 데는 이런 사정이 있었다.

20. 외국환업무는 미 군정청의 하부기구로 설립된 조선환금은행을 외국부로 흡수(최초의 법률 제39조)하면서 시작했다. 이때 한국은행은 조선환금은행의 기존 인력을 흡수했다. 반면, 정부가 수행하던 은행감독업무를 이양(제109조)받아 은행감독부를 신설(제28조)할 때는 기존 공무원을 흡수하지 않았다. 그것이 은행감독업무를 둘러싸고 재무부와 한국은행이 간헐적으로 충돌하는 사태의 근본 원인이다.

마리가 되어야 했다. 하지만 정부는 법률을 제정할 때 세심함이 부족했다. 한국은행은 조선은행 해체를 무성의하게 진행했다. 그로 인해서 한국은행은 물론 우리 국민이 상당한 불이익을 겪었다.

조선은행의 해산과정

해방 직후 남조선에 있던 조선은행의 모든 자산과 부채는 소위 "적산(敵産) 몰수조치"에 따라 미 군정청에 귀속되었다(군정법령 제33호, 1945년 12월 6일). 미 군정청은 이를 1948년 8월 대한한국 정부에게 이관하고, 정부는 1950년 6월 한국은행 출범과 더불어 이를 다시 한국은행에 넘겼다. 이후 한국은행은 정부로부터 물려받은 조선은행의 자산과 부채 때문에 민간인에게 끊임없이 시달렸다.

한국은행이 조선은행 때문에 끊임없이 소송에 시달린 근본 원인은 조선은행 청산절차가 엉성한 데 있었다. 30여 년을 발권기관으로 기능해 왔던 조선은행을 해체하려면 최소한 '조선은행법 폐지에 관한 법률'을 제정하고 정부의 개입을 통해 체계적으로 청산절차를 진행해야 했다.[21] 그래야만 정부로부터 인수한 조선은행의 자산과 부채 때문에 한국은행이 불필요한 민사상 재판에 끌려가지 않는다.

그런데 국회와 정부는 한국은행법 제정을 통해 조선은행을 폐지하는 편법을 동원했다. 그러다 보니 조선은행과 관련한 법률적 문제들이 제대로 차단되지 못한 채 한국은행으로 이어졌다. 예를 들어 한국에 거주하는 과거의 조선은행 주주들은 정부가 아닌 한국은행에게 보상을 요구했다. 창씨개명 때문에 일본인으로 오해받아 미 군정청에 조선은행 주식을 억울하게 징발당했다는 이유였다.

일제강점기에 조선은행이 소유했던 각종 주식들은 비록 한국은행이 소유권을 갖지만 현실적으로는 정부가 주주라는 점도 골칫거리였다. 민간인들이 정부에 불만이 있으

21. 우리나라에서 기존 법률을 폐지하는 법률은 1949년 10월 제정된 반민특위 폐지법('반민족행위특별조사기관조직법 및 반민족행위특별재판부부속기관조직법 폐지에 관한 법률', 법률 제55호)이 처음이다. 소위 '반민특위법'이란 같은 국민에게 징벌을 내리기 위한 특별법이다. 그에 비해서 일본에게 배상금을 요구하는 특별법(가칭 '조선은행법 폐지에 관한 법률')을 국회나 정부가 만들지 않은 것은 대단히 유감스럽다.

면서도 한국은행을 상대로 소송을 제기했다. 이병철 삼성물산 회장이 그랬다. 그는 1957년 정부의 은행민영화, 즉 정부 소유 상업은행 주식의 매각(귀속주 불하조치) 당시 상공·신탁은행 주식을 인수하여 한일은행의 대주주가 되었다. 그러나 5.16 군사정변 직후 소위 "부정축재자"로 지목되어 해당 주식을 전액 국가에 헌납했다. 그러다가 마음을 바꿔 주식반환 소송을 제기했는데, 이때 한국은행을 피고로 지목했다. 정부를 상대로 직접 소송하기가 부담스러우므로 1957년 주식매매 계약의 당사자였던 한국은행을 상대로 삼은 것이다.

이런 현상은 1981년에 중단되었다. 새로운 정부 출범을 계기로 과거사 문제를 일괄 처리키로 함에 따라 1982년 한국은행은 "조선은행청산위원회"를 해체했다. 그리고 관련 소송에서 해방되었다. 한마디로 말해서 조선은행의 해체는 상당히 어설펐다.

한편, 해방 직후 조선은행의 해체에 가장 적극성을 보인 것은 미국이었다. 조선은행은 태평양전쟁의 시작과 함께 일본 군부의 요구에 따라 만주와 중국 내륙에서 전쟁자금을 공급했던 '군수시설'이었기 때문이다. 미국 태평양 최고사령부는 "식민지 지배와 전쟁에 동원된 각종 군수시설들을 비군사화하고 민주화한다"라는 원칙을 세우고, 조선은행 해체작업을 서둘렀다.

일제강점기의 조선은행은 다국적 기업이었다. 1944년 말 당시 한반도에는 17개 영업점만 두었던 반면, 일본에 8개, 중국에 39개, 미국에 2개(뉴욕, 런던)의 지점을 두고 있었다. 인원 면에서도 조선에 1,200여 명이 있었던 반면, 중국에 1,000명, 만주에 200명 그리고 일본에 30명이 근무했다.

이런 상황에서 일본에 주둔하던 미국 태평양 최고사령부는 1945년 10월 4일 조선은행을 포함한 1천여 개 일본 기업을 '군수시설'로 지정하고 청산을 명령했다(SCAPIN 163). 당시 남조선에서 미 군정청이 진행했던 "적산몰수조치"도 그런 맥락이었다. 이때 일본 정부는 일본은행을 특수청산인으로 지정하고, 조선은행 부총재 출신의 호시노 키요지(星野 喜代治)를 그들의 군수시설, 즉 '폐쇄기업'의 청산책임자로 임명했다. 당시 일본의 청산작업은 상당히 체계적이고 용이주도했다.

패전 당시 1천여 개 폐쇄기업들의 장부가액은 1,500억 엔에 이르러 한 번에 정리하기가 벅찼다. 그래서 호시노 키요지는 1957년까지 세 차례에 걸쳐 점진적으로 청산을 진행했다. 일본 국적의 조선은행 주주와 채권자들에게는 40억 엔을 보상했다.[22] 그러나 일본 정부는 조선은행의 실질자산과 실질부채를 정확히 평가하지는 않고 장부상 기록만으로 조선은행을 흑자기업으로 간주했다. 그리고는 일본 정부가 40억 엔만큼 한국 정부에게 받을 돈이 있다고 생각했다. 한일 간 갈등요소가 되기에 충분했다.

최초 한국은행법의 의미

최초의 한국은행법은 조선은행과 한국은행 간의 자산·부채 양도와 관련하여 다음과 같은 경과규정을 두었다.

> **제118조** ① 한국은행은 영업개시일에 조선은행의 은행권, 소액은행권, 사불수형의 발행부채와 재무부장관과 조선은행 총재가 합의한 기타 일정한 부채를 인수한다.
> ② 조선은행은 전항의 부채인수를 고려하여 한국은행이 양수할 수 있는 모든 자산을 한국은행에게 양도하여야 한다.
> ③ 한국은행은 양도받은 자산을 초과하여 인수한 부채액을 정부대상금계정으로 처리할 수 있다.
>
> **제119조** 한국은행이 조선은행으로부터 계승한 자산, 부채로서 본법의 요구하는 바에 부합되지 아니하는 것은 금융통화위원회의 정하는 바에 의하여 지체 없이 한국은행장부에서 제거되어야 한다.

이 경과규정에 따르면 한국은행이 출범하기 위해서는 세 가지 절차를 밟아야 한다. 재무부장관과 조선은행 총재 간 합의(제118조 제1항), 조선은행 총재와 한국은행 총재 간의 확인(제2항) 그리고 재무부장관과 한국은행 총재 간의 대출계약 체결(제3항)이다. 관련되는 사람이 3인(재무부장관, 조선은행 총재, 한국은행 총재)이고, 그들 간에 각각 합의, 확

22. 조선은행사연구회, 『朝鮮銀行史』, 동양경제신보사, 1987년, 963쪽. 남한을 제외한 일본, 중국, 만주, 미국 등의 조선은행의 자산과 부채는 쇼와흥성(주)을 거쳐 일본부동산은행(현재의 일본채권신용은행)으로 이관되었다. 따라서 북한이 만일 일본과 수교한다면 북한에 있던 조선은행의 자산과 부채는 일본채권신용은행을 상대로 청산절차를 밟게 된다.

인, 대출 등의 법률행위가 필요했다.

제118조 제1항은 한국은행이 조선은행 부채의 전부가 아닌 일부만 계승토록 규정한다. 즉, 일반 기업이나 개인으로부터의 예금 등은 배제하고 조선은행권 및 사불수형(仕拂手形, 지급어음) 그리고 금융기관으로부터의 예금 등 중앙은행 기능과 관련한 조선은행의 부채만 한국은행이 계승토록 한다. 그럼으로써 한국은행은 중앙은행의 성격을 갖게 된다.

나머지 제118조 제2항, 제3항 그리고 제119조의 취지는 한국은행의 부채가 반드시 자산과 상응토록 하는 데 있다. 즉, 한국은행이 조선은행으로부터 인수한 자산총액이 부채총액에 미치지 못할 때는 일차적으로 정부가 이를 보전하며, 사후적으로라도 문제가 발견될 때는 금융통화위원회가 이를 정정한다. 이런 장치를 통해 한국은행의 재무건전성이 보장된다.

그러나 한국은행이 조선은행의 자산과 부채 중 일부만 계승한다면 나머지를 계승할 기관이 필요하다. 그 점이 핵심인데 법률에서는 다루지 않았다. 당시 재무부는 한국은행의 출범에 맞추어 '상공(商工)은행'이라는 상업은행을 신설했다. 그리고 한국은행이 인수하지 않은 조선은행의 자산과 부채는 상공은행이 인수토록 했다.

오늘날 상공은행을 기억하는 사람은 아무도 없다. 상공은행은 영업부진에 허덕이다가 한국전쟁이 끝난 뒤인 1954년 한국신탁은행에 합병되어 한국흥업은행(훗날 한일은행)의 일부가 되었다. 상공은행의 실패는 처음부터 예정되어 있었다. 태평양전쟁이 시작된 이후 조선은행의 영업은 비정상적이었고 1943년부터는 결산도 하지 않았기 때문에 조선은행의 회계장부에는 상당한 부실이 숨겨져 있었다.

그런 사실은 공공연한 비밀이었지만, 상공은행은 조선은행으로부터 인계받은 자산과 부채의 건전성을 확인할 기회도 없이 출범했다. 결국 상공은행은 조선은행의 부실자산을 흡수하는 배드뱅크(bad bank)였다. 한국은행에 남은 과거 조선은행 직원들의 도덕해이가 상공은행을 배드뱅크로 만들었다. 정부가 의도하지 않은 결과였다.

법률 집행상의 흠결

최초의 한국은행법 제118조 제1항에서는 부채의 양수도와 관련해 재무부장관이 조선은행 총재와 합의토록 했다. 이는 조선은행 직원들이 자산과 부채의 내역을 꼼꼼히 실사(due diligence)해 한국은행에 양도할 것과 상공은행에 양도할 것을 구분한 뒤 재무부의 확인을 받으라는 취지다. 그런 관점에서 보면 조선은행의 부실을 제대로 확인하지 않고 상공은행으로 이관한 책임은 전적으로 구용서 총재를 비롯한 한국은행 임직원에게 있다.

조선은행 직원들은 장차 출범할 상공은행을 대신하여 신의성실 원칙에 입각해서 자산과 부채를 세밀히 살폈어야 했다. 그런데 조선은행 직원들은 새로운 중앙은행의 출범에 들뜬 나머지 그렇게 하지 않았다. 약 2주일에 거쳐서 본점과 8개 지점에서 결산을 진행했으나, 엄밀한 실사를 생략한 채 통상적인 업무인계서를 작성하는 수준에서 끝냈다. 한국은행에 남아 있을 직원의 입장에서 보면 자산과 부채를 양도하는 사람과 양수하는 사람이 동일인(구용서)이라서 열심히 일할 유인도 없었다. 그 결과 조선은행의 해체를 위한 재무검증은 수박 겉핥기식으로 끝났다.

그로 인해서 제118조 제1항에서 규정한 재무부장관과 조선은행 총재와의 합의도 부실덩어리로 끝났다. 1950년 6월 9일 체결된 양 기관장의 합의서는 아무 실효성이 없는 통과의례였다. 조선은행과 한국은행이 자산과 부채를 6월 11일자로 넘긴다는 것만 밝혔을 뿐, 금액도 확정되지 않았고 인계의 기준도 제시되지 않았다. 그나마 법률의 내용과도 다르게 일을 처리했다. 법률에는 부채의 범위만 명시토록 했는데, 실제 합의서에는 자산까지 포함되었다. 재무부가 조선은행이 가져온 서류를 제대로 확인도 하지 않고 도장만 찍어준 것으로 보인다.

끝으로 제118조 제3항에 따른 재무부장관과 한국은행 총재와의 대출계약은 체결되지도 않았다. 한국은행이 재무부에 보고하기를, 조선은행으로부터 양도받은 자산과 부채가 일치하여 부족함이 없다고 한 때문이다. 이는 당시 조선은행 직원들이 내부적으로 약 4억원 정도의 부실이 있다고 평가한 것과 상충된다.[23]

---

23. Bloomfield, Arthur I. and John P. Jensen(1950), "Recommendations Regarding Central Banking in Korea."

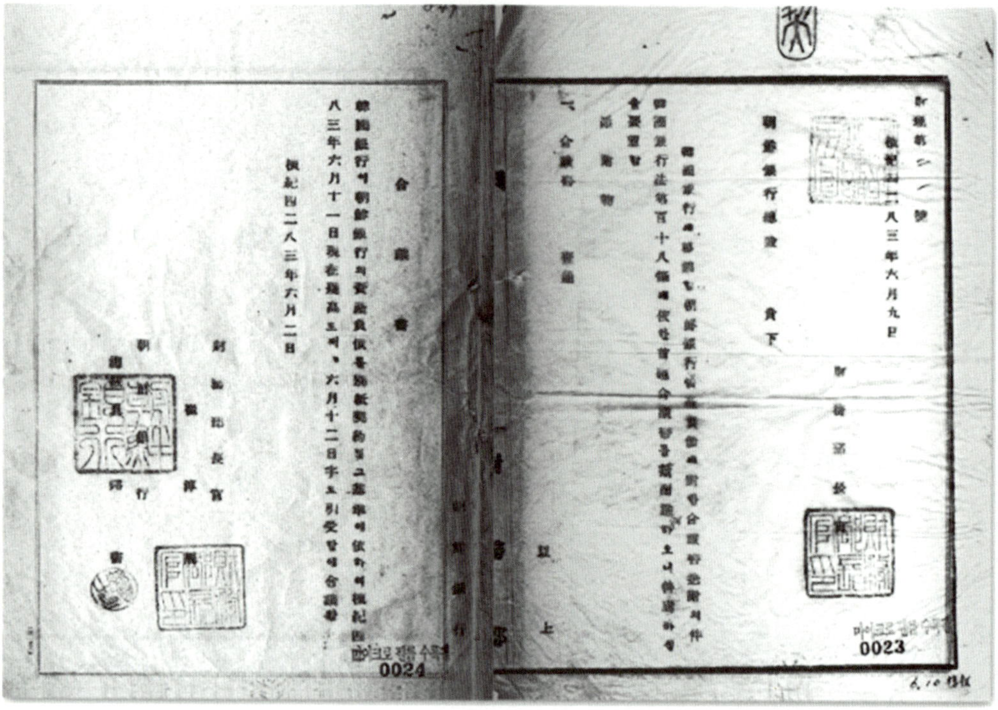

▲ **최순주 재무부장관과 구용서 조선은행 총재 간의 합의서** 단 3줄로 된 이 합의서에는 1950년 6월 11일 자로 조선은행의 부채와 자산을 인계한다는 내용이 담겼다.

당시 4억원을 정부에 대출한 것으로 처리하면 국가채무가 늘어난다. 그것이 부담스러웠던 정부와 한국은행은 모종의 분식회계를 감행했다. 정부와 조선은행은 조선은행에 마치 3억원의 적립금이 있었던 것으로 간주한 뒤 그 적립금을 정부가 한국은행에 이관하는 방식을 취했다(최초의 한국은행법 제4조). 그래서 한국은행은 정부가 출자한 납입자본금 15억원과 가상의 적립금 3억원을 합하여 총 18억원으로 출범했다.

그래도 1억원이 부족했다. 한국은행은 그 1억원을, 대한민국 정부가 아닌 조선은행에 대출하는 형식을 취했다.[24] 해체될 운명의 조선은행에 한국은행이 대출하는 것은 유령기업이나 부도기업에 대출하는 것과 다르지 않았다. 그런데도 정부는 그것을 눈감아 주었다. 그런 배경 때문에 정부와 한국은행 간의 대출계약은 오랫동안 체결되지 않았

---

24. 소위 "조선은행 특별계정"이라는 특별계정을 설치하고 장기간에 걸쳐 상각처리했다. Bloomfield, Arthur I.(1953), "Report and Recommendations on Banking in South Korea", 53쪽.

다.[25] 한마디로 말해서 정부와 한국은행은 최초의 한국은행법의 제118조와 제119조에 담긴 취지를 완전히 무시했으며, 필요한 절차를 따르는 데 나태했다.

결 론

일제강점기 중 조선은행이 북조선, 중국, 만주, 일본 등지에서 보유했던 자산을 해방 이후 한국 정부가 회수하는 것은 불가능했다. 반면 북조선, 중국, 만주, 몽고, 남양군도 등 많은 지역에서 유통되었던 조선은행권이나 예금 등 조선은행의 채무는 외국인과 내국인이 민사재판을 통해 얼마든지 상환을 요구할 수 있었다.[26] 한국은행이 인수할 조선은행 부채의 범위와 규모를 재무부장관이 확정토록 한 것(최초의 한국은행법 제118조 제1항)은 그런 법률적 · 재무적 불확실성을 제거하기 위한 장치였다. 한일 국교 정상화 이후 정부 간 합의에 따라 조선은행의 채권 · 채무를 청산하는 것을 전제로 하는 입법조치였다.

한편 조선은행은 태평양전쟁 이후 공식적으로 결산을 하지 않았으며, 일본인으로 구성된 주주총회에 간단한 영업보고서만 제출했다. 조선은행의 손실이 드러나면 일본의 전쟁 수행에 지장을 준다는 이유였다.[27] 해방 이후에도 조선은행의 관리는 엉망이었다. 법률적으로는 조선은행이 1945년 말까지도 일본의 관리하에 있었는데, 그때 부실이 급격히 늘었다.[28] 패전 직전인 1945년 8월 14일의 조선은행권 발행액은 48.4억원이었지만, 이후 한 달 동안에만 화폐발행액이 80% 가까이 늘어났다(1945년 9월 30일 현재 화폐발행액이 86.8억원을 기록했다). 한반도와 중국, 만주 등에 거주하던 일본인들의 철수를 돕기 위해서 조선은행의 일본인 간부들이 예금인출을 독려하고 무담보 대출을 실시한 결과다.

---

25. 한국은행과 정부 간의 대출계약은 한국은행이 설립된 지 2년 반이 지난 1953년 1월 29일 체결되었다. 한국전쟁이 끝나갈 무렵 대정부 대출금의 이자를 계산하기 위해서였다.
26. Bloomfield, Arthur I.(1953), "Report and Recommendations on Banking in South Korea", 53쪽.
27. 1945년 3월 현재 조선은행의 자본금은 5천만원, 이익금 9백만원, 배당준비금 1.7백만원이었으나 상당한 분식회계였을 것이라고 추정된다.
28. 일본이 조선은행의 영업망을 공식적으로 철수시킨 것은 경성 본점 10월 15일, 부산 · 대구 12월 10일, 여수 8월 31일, 목포 11월 26일, 광주 11월 25일, 군산 11월 10일, 대전 11월 30일, 인천 11월 15일, 해주 10월 2일, 평양 8월 25일, 진남포 8월 28일, 신의주 · 원산 8월 30일, 함흥 8월 25일, 청진 8월 1일, 나진 8월 10일 등이다(「조선은행사」 721쪽).

그나마 그 기록은 공식적인 기록일 뿐이다. 서울 본점에서 근무하던 조선은행의 일본인 간부들은 조선은행권 원판(printing plate)을 빼돌려 주변의 인쇄소(조선정판사)에서 불법으로 화폐를 발행하고 유통시키기까지 했다. 당시 불법으로 발행된 금액은 확인조차 불가능하다. 사정이 이러하니 1950년 한국은행의 출범 당시 조선은행의 자산건전성은 대단히 의심스러울 수밖에 없다. 반드시 정밀한 실사가 필요했다.

그러나 1950년 조선은행 직원들은 조선은행의 재무상황을 면밀하게 평가하지 않고 신설되는 상공은행에 모든 부실을 떠넘겼다. 그리고 곧 한국전쟁이 발발하여 과거 기록이 전부 소실되었다. 그 바람에 일본을 상대로 요구할 수 있는 청구권, 즉 부실이 상당히 축소되었다. 한국의 나태와 부주의가 일본을 도와준 셈이다.

5.16 군사정변 이후 한국 정부는 정일권 국무총리를 의장으로 하는 "대일청구권 자금관리위원회"를 구성하고 과거 조선은행의 자산과 부채 등에 관한 세부 내역을 파악코자 했다. 하지만 기록이 없어서 성과를 거두지 못했다. 해방 직후 조선은행 직원들이 대강 파악했던 일본 국채 및 일본은행권 등 21억 엔(약 2억 달러)의 기록을 다시 확인하는 수준에서 멈췄다.

1965년 한일 국교 정상화 당시 대일청구권(對日請求權) 규모를 계산할 때 한국이 일본에게 요구한 청구권의 유형은 현물반환(약탈 문화재, 억류선박 등)과 인적 피해(체불임금, 사망위로금 등) 보상과 확정채권(일본 국채 등) 청구 등 세 가지였다. 이중 협의가 가장 쉬운 것은 확정채권이었다(위안부나 강제노동 등 인적 피해의 일부는 아직도 분쟁 중이다). 확정채권의 상당 부분은 조선은행이 보유하고 있었다. 이런 배경 때문에 대일청구권과 국교정상화를 위해 일본과 접촉할 때 조선은행 또는 한국은행 관계자들이 항상 실무대표단에 포함되었다.[29]

하지만 한국은행은 정작 자신이 관리하던 조선은행의 자산과 부채를 제대로 파악하지 않았다. 그래서 1965년 한일 간 국교가 정상화될 때 대일청구권은 무상원조 3억 달

29. 예를 들어 조선은행 이사 출신의 장기영 한국은행 부총재는 한국전쟁이 한창이던 1951년 3월 일본과의 강화조약 초안 작성에 참가하였으며, 1953년 5월 제3차 한일회담에서는 청구권 분야 분과위원회 수석대표를 맡았다. 5.16 군사정변 이후 진행된 1961년 가을 실무접촉 때에도 김유택 초대 경제기획원 원장과 배의환 주일대표부 수석대표 등 과거 한국은행 총재를 역임했던 인물들이 중요한 역할을 담당했다.

대일민간청구권총괄표

(단위 : 円)

종 류 별	신고대상금액	민간주주 지분 22.966%
일본은행권	105,739,061.90	24,284,032.95
일본정부 국채	177,827,225.08	40,839,800.51
일본국 저축권	845	194.06
일본국정부보증사채	1,774,200	407,462.77
일본국공법인사채	176,953	40,639.02
재일재산청산잉여금	1,806,661,987	414,917,991.93
합 계	2,092,180,271.98	480,490,121.24

주 정부지분을 제외한 민간주주 지분 비율은 22.966%임
조선은행 주주일람표 별첨

▲ **한국은행이 정리한 대일 민간 청구권 내역** 조선은행이 한국은행에 자산 · 부채를 양도할 때 한국은행 직원들이 파악한 대일(對日) 확정채권 규모는 21억 엔(약 1.3억 미 달러) 정도였다. 여기에는 화폐 발행액에 상응하는 대출채권의 부실 여부는 감안되지 않았다.

러, 정부 차관(유상) 2억 달러, 민간 차관 1억 달러 등 6억 달러로 확정되었다. 이제는 돌이킬 수 없지만, 만일 한국은행이 조선은행의 재무상황을 정확히 평가했다면 결과는 달라졌을 것이다.[30]

정부의 은행이자 발권기관으로서 한국은행의 회계는 국가 경제의 근간이다. 그 중요성은 아무리 강조해도 지나치지 않는다. 헌법(제99조)에 따라 감사원이 대통령과 국회에 제출하는 보고서에는 한국은행 결산서가 포함된다(감사원법 제41조). 중앙은행인 한국은행의 회계기록은 이처럼 중요하다. 한국은행 출범과 조선은행 폐지 당시의 실수와 나태가 두 번 다시 있어서는 안 된다. 그것은 국민과 역사에 대한 중대한 범죄다.

---

30. 한국은행이 조선은행으로부터 인계받은 자산에 부실이 발견될 경우 금융통화위원회가 사후적으로도 이를 말소(write-off)할 수 있었다(최초의 한국은행법 제119조). 만일 추가적인 자산말소가 있었다면 이는 한일 외교협상 때 청구권의 중요한 근거가 된다. 하지만 1965년 한일 간 국교가 정상화될 때까지 자산말소 조치는 없었다. 기록이 부실하고 관심도 없었던 탓이다.

제2장 한국은행법의 특징과 한계

1940년대에 미 연준은 유럽과 중남미 그리고 아시아의 신생국을 상대로 미국의 금융제도를 전파했다. 기술지원이라는 이름으로 그런 일을 할 때 직원들 가운데서도 상당히 우수한 인력을 파견했다. 대표적인 예가 로버트 트리핀(Robert Triffin)이다. 그는 '트리핀의 딜레마'로 유명하다. 1971년 미국이 브레튼우즈 체제의 폐기를 공식 선언하기 전에 이미 그 체제의 논리적 한계를 지적한 예언이다.

트리핀은 워싱턴 D.C.의 미 연방준비위원회 국제부에서 근무하면서 온두라스, 파라과이, 과테말라 등 중남미 국가에 자주 파견되어 중앙은행법 제정을 도왔다. 그는 훗날 유럽통화제도(EMS) 출범에도 기여했다. 그의 도움으로 제정된 중앙은행법들은 상당히 현실적이고, 완성도가 높은 것으로 알려져 있다.

트리핀이 주로 중남미 국가들을 도울 때 같은 부서의 다른 동료들도 흩어져서 중국, 일본, 필리핀 등 아시아 국가들을 도왔다. 존 엑스터(John Exter)는 아시아 경제에 해박하여 훗날 스리랑카중앙은행의 초대 총재(1950~1953)로 근무하기도 했다(미 연준의 기술지원실적에 관해서는 22쪽을 참조하라).

한국은행법도 그런 흐름의 연장에 있다. 뉴욕 연준 조사부의 블룸필드(Arthur I. Bloomfield) 국제수지과장과 젠센(John P. Jensen) 감사실 부과장이 방한하여 한국은행법 초안을 작성했다. 블룸필드는 훗날 미국 펜실베이니아대학교 교수가 되어 훌륭한 논문들을 많이 남겼다. 블룸필드는 국제금융 관련 연구에서 상당한 업적을 남겼기 때문에 그의 흔적이 남아 있는 한국은행법은 외국의 학계도 주목한다.[1]

---

1. Tamagna, Frank M.(1952), "Reviewed Work(s): Banking Reform in South Korea by Arthur I. Bloomfield; John P. Jensen," *The Journal of Political Economy*, Vol. 60, No. 1., pp. 86~87.
Alacevich, Michele and Pier Francesco Asso(2009), "Money Doctoring after World War Ⅱ : Arthur

그러나 블룸필드는 한국에 오기 전까지 한국 경제에 관해서 아는 바가 전혀 없었다. 다른 나라에 대한 자문경험도 없었다. 젠센 역시 한국은커녕 외국 경제상황조차도 아는 바가 없는 회계와 은행감독 실무자에 불과했다.

실정을 잘 모르는 외국인 1～2명이 6개월가량 연구하는 정도로는 좋은 중앙은행법이 만들어지기 힘들다. 따라서 블룸필드와 젠센이 단기에 작성한 한국은행법은 법률적으로나 경제적인 측면에서 한계가 있을 수밖에 없다. 미 군정청 법률자문위원으로 한국에 남아 있던 프랭켈(Ernst Frankel) 박사가 한국은행법 초안을 한번 훑어보고도 즉각 법률적 문제점들을 다수 찾아낼 정도였다.

그런 점에서 1950년 제정된 한국은행법은 그다지 완성도가 높은 법률은 아니었다. 일본과 필리핀은 물론, 온두라스, 파라과이, 과테말라 등 중남미 국가의 중앙은행법보다도 논리적으로 열등한 점이 많았다. 이후 70여 년간 수차례의 개정이 있었지만 여전히 개선할 부분이 많다. 한국은행법의 부족한 부분을 개선하는 것은 한국은행 직원들을 포함한 21세기의 입법가와 금융전문가들이 할 일이다.

I. Bloomfield and the Federal Reserve Missions to South Korea," *History of Political Economy*, Vol. 41(2) : pp. 249～270 등.

한국은행법은 미 연준법 이외에 일본은행법과 필리핀중앙은행법의 영향을 받았다.

한국은행법의 초안을 만든 사람이 미 연준 소속 직원이었으므로 미 연준법의 영향이 많은 것은 당연하다. 예를 들어 금융통화위원회는 통화신용정책뿐만 아니라 한국은행의 운영에 관한 사항도 심의·의결하는데, 이는 미 연준의 영향이다.[2] 대부분의 유럽 중앙은행들은 내부 경영을 담당하는 이사회가 별도로 있다(중앙은행의 경영담당 이사회에 관해서는 207쪽을 참조하라).

한국은행 여신의 만기가 1년 이내로 제한(현행 한국은행법 제64조)되는 것도 미 연준법에 담긴 진성어음주의(real bills doctrine)의 영향이다. 이는 설비자금보다는 운전자금 공급에 충실토록 하는 데 그 취지가 있다. 과거 조선은행법과 현재의 일본은행법에는 여신의 만기를 1년으로 제한하는 규정이 없다. 아울러 '공개시장(제68조)' 이라는 표현도 미 연준법의 영향이다. 대부분의 중앙은행법은 보통 '채권의 매매' 로 표현할 뿐 '공개시장' 이라는 조건을 담지 않는다.

그러나 한국은행법이 미 연준법의 영향만 받은 것은 아니다. 기존의 조선은행법과 일본은행법도 많이 참고했다. 세계적으로 거의 사례를 찾기 어려운 금융통화위원회 위원 추천방식의 경우 1949년 개정된 일본은행법(제13조의 4)을 거의 그대로 베낀 것이다. 심지어 잘못된 내용을 고치지 않고 그대로 흉내 낸 것도 있다. 예를 들어 현행 한국은행법 제84조(환거래계약)는 1882년 제정된 '일본은행조례(제2조)' 와 1911년 제정된 조선은행법(제2조)을 참고한 것이다. 이들 법률의 해당 조항은 메이지유신 당시 일본의 법률가들이 유럽 은행들의 환업무를 제대로 이해하지 못한 데서 나온 실수로서, 다른 중앙은행법에는 비슷한 내용이 없다.

끝으로 필리핀중앙은행법도 한국은행법에 간접적인 영향을 미쳤다. 제2차 세계대전 직후 필리핀은 일본과 함께 아시아에서 미국의 가장 중요한 우방이었으므로 미국 정부와 연준은 필리핀중앙은행법 개정에 상당히 신경을 썼다. 당시 필리핀 경제 자문단에

2. 1997년 이전에는 금융통화운영위원회와 별도로 여신만 담당하는 융자위원회가 있었는데, 이것 역시 미 연준법에서 연방준비위원회와 별도로 연방공개시장위원회(FOMC)를 둔 것을 모방한 것이다.

참여한 6인의 연준 직원들은 아시아 컨설팅 경험이 풍부한 베테랑들이었다. 트루먼 대통령은 이들의 업적을 담은 특별보고서를 의회에 제출하여 칭찬하기도 했다.

외국 컨설팅 경험이 전혀 없던 블룸필드는 여러 선배 · 동료들이 참여하여 약간 먼저 개정한 필리핀중앙은행법을 크게 참조했다. 한국은행법에서 채권 발행을 허용(제69조)하고 지급준비의무를 위반하는 데 과태금을 부과(제60조)하는 것은 미 연준법에는 없고 필리핀중앙은행법에만 있는 내용이다. 총재의 국무회의 참석(제90조), 금융통화위원회 회의 시 외부인의 열석발언 허용(제91조) 등도 필리핀중앙은행법의 영향이다.

결론적으로 한국은행법의 취지와 맥락을 이해하려면 미 연준법뿐만 아니라 조선은행법, 일본은행법, 필리핀중앙은행법 등도 두루 참고해야 한다. 중앙은행 제도가 인류의 공통적 경험을 통해 수렴해 가는 경향이 있는 점을 감안할 때 현행 한국은행법의 조문만 해석하는 것으로는 한국은행의 업무를 충분히 파악할 수 없다.

용어의 정의(definition)가 대단히 부실하다.

모든 학문의 으뜸인 철학은 정의(definition)를 정확히 다루는 데서 출발한다. 예를 들어 비트겐슈타인의 『청색책(Blue Book)』은 "낱말의 의미란 무엇인가(What is the meaning of a word)?" 라는 질문으로 시작한다. 낱말은 모든 생각의 출발점이기 때문이다. 아리스토텔레스의 『오르가논(Organon)』은 6권으로 된 방대한 책인데, 그중 제1권이 범주론(Categories)이다. 개념과 개념의 경계와 관계를 분명히 설정해야 모든 논의가 가능하기 때문이다. 수학과 과학 등에서도 용어의 정의는 학문의 출발점이다.

용어의 정의는 법률에서도 대단히 중요하다. 대다수 우리나라의 법률에서 제1조는 해당 법률의 목적을 선언하고, 제2조는 각종 용어의 정의를 다룬다. 이에 비해서 한국은행법은 용어의 정의가 대단히 부실하다. 제1조부터 제10조에는 통화신용정책, 물가안정, 금융안정, 조화, 중립, 자율, 자주 등 추상적이며, 가치지향적인 단어들이 불필요할 정도로 많이 나열되어 있지만 용어의 정의는 없다. 중요한 단어일수록 그 의미를 상식에 맡기고 있다. 그 점에서는 마치 헌법과 비슷하다.

현행 한국은행법에서 용어의 정의로 볼 수 있는 것은 단 두 개다. "금융기관(제11조 제1항)" 과 "정부투자기관(제77조 제2항)" 이 그것이다. 외국의 중앙은행법은 물론 국내 다른 법에서도 유사한 사례를 찾기 힘들 정도로 단출하다. 용어가 정확히 정의되지 않는다는 것은 이 법을 해석하는 데 어려움이 많음을 시사한다. 일찍이 미 군정청 법률고문이었던 프랭켈 박사가 최초의 한국은행법 초안을 보고 그런 예언을 했다.

미 군정청 소속 프랭켈 박사는 성문법(成文法)과 합리주의(rationalism)가 지배하는 독일문화권 출신이었다. 그는 블룸필드가 보내온 한국은행법 초안을 보고 용어의 정의가 부족하다는 점을 지적했다. 그리고 국회의 입법의도가 행정부 등에 의해 크게 훼손될 수 있음을 경고했다(1950년 1월 30일자 자문답신서). 한국은 일본과 마찬가지로 관료의 힘이 강하다는 점을 염두에 둔 충고였다.

하지만 블룸필드 일행은 논리학이나 법학을 전공하지 않아서 프랭켈의 자문답신서에 담긴 충고의 의미를 충분히 이해하지 못했다. 거기에 더해서 그들이 귀국할 시간도 얼

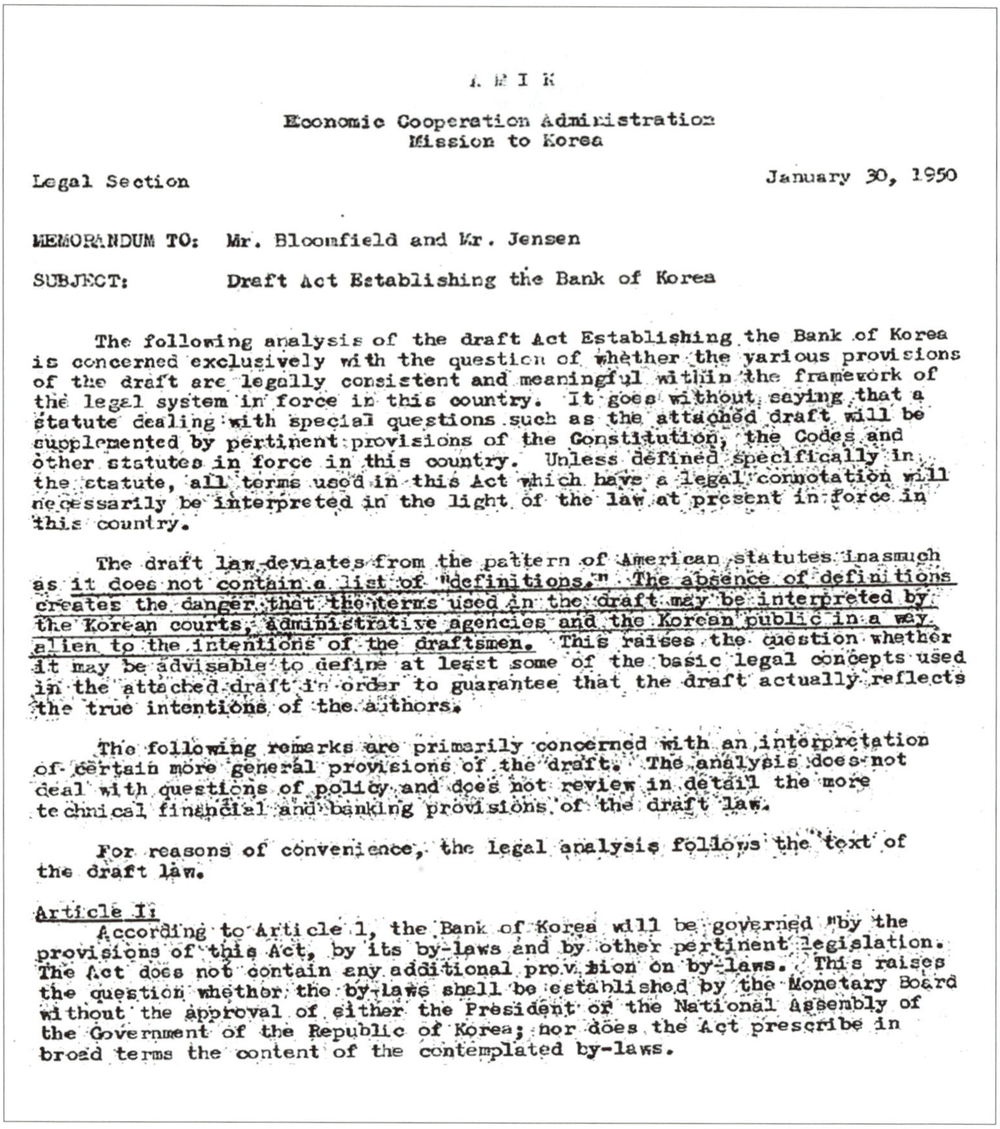

A E I K

Economic Cooperation Administration
Mission to Korea

Legal Section January 30, 1950

MEMORANDUM TO: Mr. Bloomfield and Mr. Jensen

SUBJECT: Draft Act Establishing the Bank of Korea

The following analysis of the draft Act Establishing the Bank of Korea is concerned exclusively with the question of whether the various provisions of the draft are legally consistent and meaningful within the framework of the legal system in force in this country. It goes without saying that a statute dealing with special questions such as the attached draft will be supplemented by pertinent provisions of the Constitution, the Codes and other statutes in force in this country. Unless defined specifically in the statute, all terms used in this Act which have a legal connotation will necessarily be interpreted in the light of the law at present in force in this country.

The draft law deviates from the pattern of American statutes inasmuch as it does not contain a list of "definitions." The absence of definitions creates the danger that the terms used in the draft may be interpreted by the Korean courts, administrative agencies and the Korean public in a way alien to the intentions of the draftsmen. This raises the question whether it may be advisable to define at least some of the basic legal concepts used in the attached draft in order to guarantee that the draft actually reflects the true intentions of the authors.

The following remarks are primarily concerned with an interpretation of certain more general provisions of the draft. The analysis does not deal with questions of policy and does not review in detail the more technical financial and banking provisions of the draft law.

For reasons of convenience, the legal analysis follows the text of the draft law.

Article I:
According to Article 1, the Bank of Korea will be governed "by the provisions of this Act, by its by-laws and by other pertinent legislation. The Act does not contain any additional provision on by-laws. This raises the question whether the by-laws shall be established by the Monetary Board without the approval of either the President or the National Assembly of the Government of the Republic of Korea; nor does the Act prescribe in broad terms the content of the contemplated by-laws.

▲ **한국은행법 제정 당시 법학박사인 미 군정청 프랭켈 법률고문이 블룸필드에게 보낸 자문답신서** 한국은행법에는 용어의 정의가 크게 부족하여 논란이 예상된다고 우려했다.

마 남지 않았다. 결국 블룸필드 일행은 프랭켈 박사가 제기한 몇 가지 구체적 지적사항만 법률안에 반영하고 용어의 정의가 부실하다는 근본적인 문제는 해결하지 않았다.

프랭켈의 예언은 적중했다. 한국은행법에서 용어의 정의가 상당히 불충분하다 보니 다른 법률이 한국은행법에 영향을 미치는 경우가 많다. 예를 들어 상호저축은행법(제36

조), 새마을금고법(제6조), 신용협동조합법(제6조)에서는 각각의 중앙회를 한국은행법상 "금융기관"으로 본다고 선언한다. 그렇지만 이들 중앙회가 수입한 "예탁금"은 한국은행법상 "예금"이 아니라는 이유로 지급준비의무는 적용받지 않는다. 결국 각 중앙회는 한국은행법에서 자신들의 영업에 필요한 내용(한국은행과의 예금거래)만 추출해서 기회주의적으로 이용한다. 한국은행법에 "예금"에 관한 정의가 누락되어 행정부가 만든 다른 특별법에게 지배당하는 것이다. 선진국 중앙은행법 중 가장 열악하다고 평가되는 일본은행법도 이런 식으로 운영되지는 않는다.[3]

2009년 정부의 발의로 제정된 정책금융공사법은 난폭할 정도로 비논리적이다. 정부가 출자(15조원)한 정책금융공사가 한국은행법의 적용을 받는 "금융기관"이 아니라고 규정(구법 제2조 제3항)하면서도 한국은행이 여신할 때는 금융기관(제38조 제1항)에 해당한다는 자기모순적인 내용을 담았다. 정부가 자신의 필요에 맞추어 한국은행법을 게리맨더링(Gerrymandering) 하는 것이다(결국 이 법은 2014년 폐지되었다).

결론적으로 한국은행법은 국내의 어떤 법에 비해서도 용어의 정의가 부실하다. 법률 전문가가 아닌 외국의 경제학자가 초안을 만들었기 때문이다. 한국은행법에서 정의가 부실한 탓에 행정부는 다른 법률을 통해 한국은행법의 취지를 잠식하거나 한국은행법을 임의로 해석하는 방법으로 중앙은행 제도에 영향을 미치고 있다. 블룸필드가 미처 생각지 못한 부작용이다. 보다 충실한 용어의 정의를 통해 한국은행법의 논리적 완성도를 높이는 것은 우리나라 중앙은행 제도의 발전을 위해 대단히 중요한 과제다.

3. 일본은 비은행 금융기관도 지급준비의무도 있으며, 그 때문에 일본은행과 예금거래를 한다.

은행권(banknote)은 금본위제도 시절 상업은행(bank)들이 금화와 교환을 약속하는 약속어음(note)에서 비롯되었다. 예를 들어 대한제국 시절 일본 제일은행이 한반도에서 발행한 제일은행권은 금화와의 교환을 보장하는 약속어음이었다.

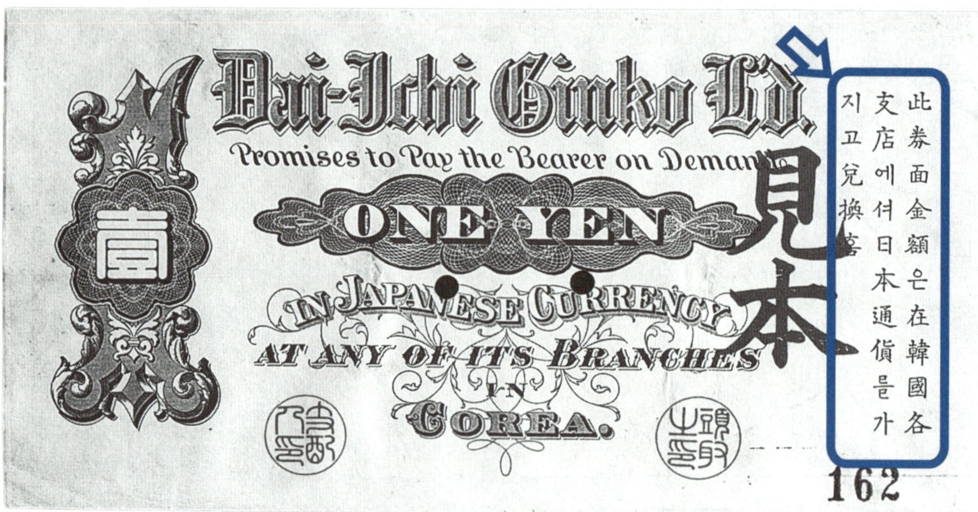

▲ **1901~1908년 대한제국에서 유통된 일본 제일은행권** 금태환이 보장된 일본은행권과 교환을 약속한다는 뜻이 적혀 있다는 점에서 법률적으로는 약속어음이다.

오늘날에도 일부 국가에서는 은행권을 약속어음의 형식으로 발행한다. 하지만 약속어음은 은행뿐만 아니라 일반 기업들도 얼마든지 발행할 수 있다. 중앙은행의 입장에서는 약속어음의 발행이 수신과 여신, 매매 등에 비해서 더 특별한 일도 아니다. 따라서 상

▲ **발행일이 적혀 있는 과거의 영란은행권**(상)**과 지급을 약속하는 문장이 담긴 최근의 스코틀랜드은행권**(하)
둘 다 약속어음의 형식을 취하고 있다.

당수 중앙은행법들은 약속어음의 발행, 즉 발권업무를 별로 중요하게 다루지 않는다.

예를 들어 최초의 영란은행법(1694년)에서는 은행권 발행이 언급조차 되지 않았다.[4] 1913년 제정된 미 연준법에서도 발권업무(제16장)는 여신(제13장 A), 공개시장조작(제14장), 정부예금(제15장) 등보다 뒤에서 설명된다. 이는 스웨덴도 마찬가지다. 스웨덴의 헌법에서 릭스방크의 발권업무(제9장 제14조)는 통화신용정책(제13조)보다 뒤에 위치한다. 스웨덴릭스방크법에서도 발권업무(제5장)는 통화신용정책(제1장)보다 한참 뒤에서 언급된다. 유럽중앙은행법에서도 은행권 발행은 유럽중앙은행의 기능과 업무(제17조, functions and operations)에 포함되지 않는다. 은행권의 발행은 유럽연합(European Union ; EU)의 권한이며, 유럽중앙은행은 그 권한 아래서 필요한 작업만 수행할 뿐이다(제16조).

심지어 메이지유신 직후 제정된 '일본은행조례(1882년)'에서는 발권업무가 중앙은행의 독자적 기능에 포함되지도 않았다. 즉, 일본은행권의 발행(제14조)을 일반 업무(제11조)와 구분한 뒤 발권에 관해서는 정부의 결정을 따르도록 했다. 일본 정부는 '태환은행권조례(1884년)'를 통해 일본은행권의 발행한도를 정했다.[5]

일제강점기의 조선은행법도 당시 일본은행조례를 그대로 따랐다. 즉, 은행권(제5장)을 영업(제4장) 뒤에 배치하고 조선은행권의 발행에 관해서는 조선총독부가 아닌 일본 대장성의 지시를 받도록 했다. 조선은행권의 발행을 조선은행의 고유업무가 아니라 일본 정부의 위임업무로 본 것이다.

한국은행법은 조선은행법이나 일본은행법과 크게 다르다. 은행권 발행(제47조)은 한국은행의 여러 업무 중에서도 첫 번째 업무(제4장 제1절)에 해당한다. 한국은행이 설립된 후에도 한동안 과거의 조선은행권을 계속 화폐로 쓰면서 한국은행권을 발행하지도 않았던 상황(최초의 한국은행법 제117조)을 감안하면, 이렇게 발권업무만 강조하는 것은 역설에 가까웠다.

이는 초대 총재 구용서의 영향이다. 구용서는 1925년 조선은행에 입행하여 도쿄에

---

4. 영란은행법에서 은행권 발행업무를 다룬 것은 1844년부터다. 이때 영란은행에 발권독점권(금태환을 보장하는 약속어음의 독점발행권)이 부여되었다.

5. 현재의 일본은행법에서도 일본은행권(제5장)은 일반 업무(제4장)와 구분된다.

서 근무하면서 주로 발권업무를 담당했다. 당시에는 조선은행권을 일본 오사카의 대장성 인쇄국에서 생산했는데, 그는 인쇄를 주문하고 검수하여 조선으로 수송하는 일을 맡았다. 그래서 1945년 해방 직후 귀국할 때도 미군 군용기에 조선은행권을 싣고 왔다(당시 그의 직위는 대리였다). 구용서가 조선은행의 마지막 총재와 한국은행의 초대 총재가 된 것은 발권분야에서 그의 전문성과 공로가 감안된 결과였다. 구용서는 한국은행법에서도 자신의 전공분야에 가까운 발권업무가 부각되기를 희망했다.

해방 직후 중앙은행의 자격을 두고 벌어진 경쟁에서 조선은행이 조선식산은행을 제친 이유도 발권기관이라는 점 때문이었다. 그러므로 조선은행 출신 직원들에게 발권업무는 한국은행의 으뜸가는 일이 아닐 수 없었다. 이런 배경을 바탕으로 한국은행법에서는 발권업무가 유달리 강조된다. 그에 비해서 환업무(지급결제업무)는 상대적으로 소홀하게 다뤄진다.

환업무(지급결제업무)가 상당히 소홀히 다뤄진다.

19세기 후반 서양의 은행제도를 도입할 당시 일본의 위정자들은 은행업에 관한 지식이 부족했다. 처음에는 무작정 미국을 좇아 상업은행만 설립(1872년)했다가 뒤늦게 중앙은행이 필요하다는 것을 알고 부랴부랴 일본은행(1882년)을 설립할 정도였다.

일본은 일찍이 포르투갈이나 네덜란드 등 서양과 무역을 하면서 외국환의 환전에는 어느 정도 익숙했다. 그러나 송금(送金)과 추심(推尋) 등 국내에서의 자금이동(내국환업무)에 관해서는 익숙하지 않았다. 정경유착을 통해 바쿠후(幕府) 정권을 뒷받침했던 10대 환전상(주닌료가에, 十人兩替)들이 지역의 경제 패권을 나누어 장악한 탓에 지역 간 송금과 추심 활동이 적었기 때문이다. 그래서 일본인들은 오늘날에도 환업무 또는 결제(settlement)에 관한 이해가 낮은 편이다.

유감스럽게도 일본과 일본은행법의 영향으로 한국은행법도 송금이나 추심 등 내국환업무에 관한 서술은 상당히 서툴다. 예를 들어 2003년 한국은행법 개정 시 '지급결제업무(제81조)'가 추가되었지만, 엄격히 말해서 그 조에는 '지급결제업무'라고 할 수 있는 것이 거의 없다. 한국은행이 지급결제업무에 관한 규정을 제정하거나 지급결제업무를 주제로 타 기관에 자료와 개선을 요구하는 것은 지급결제업무가 아니다. 이는 전형적인 규제행위일 뿐이다. 상업은행의 업무에 관한 감독규정을 제정하거나 자료와 개선을 요구하는 금융감독당국(금융위원회)의 활동을 '은행업'이라고 하지 않는 것과 마찬가지다.

지급결제업무는 한국은행이 지급준비금을 이용하여 상업은행 간 채권 · 채무를 청산하거나 타 지역으로 자금을 송금하는 등의 업무인데, 현행 한국은행법에는 이런 사실이 숨겨져 있다.[6] 그래서 한국은행법을 해석할 때 지급결제업무에 관해서는 특히 많은 주의가 필요하다. 법률 자체에 상당한 개선이 필요하다(자세한 내용은 제81조 설명에서 다룬다).

6. 한국은행의 지급결제업무는 제54조와 제84조 등 엉뚱한 곳에 그 근거가 있다.

수차례 개정되는 과정에서 대체로 한국은행의 기능이 축소되었다.

어느 나라에서나 중앙은행법은 자주 개정되지 않는다. 한국은행법은 1950년 제정된 이후 2019년 말까지 총 24회 개정되었지만, 그중 13회는 은행법 등 다른 법률을 개정할 때 한국은행법의 관련 내용을 수정하는 방식으로 추진되었다. 한국은행법에만 초점을 맞춰 개정된 것은 69년 동안 11회뿐이다.[7]

그래서 한국은행 내부에서는 한국은행법의 개정에 대해서 "제○차 개정"이라는 표현을 쓴다. "제○차 개정"이라는 표현은 이 법이 헌법만큼이나 개정되지 않았던 사정을 반영한다. 또한 한국은행 직원들도 내심 이 법이 개정되지 않기를 바라왔던 정서를 반영한다.

2000년 이전에는 대체로 정부가 한국은행법을 개정하려는 입장이었고, 한국은행은 현상유지를 원했다. 한국은행법의 개정은 항상 은행감독기능 분리가 핵심 쟁점이었기 때문이다. 은행감독기능 분리는 1955년 재무부가 공식적으로 추진의사를 표명한 후 기회가 있을 때마다 집요하게 추진해 오다가 1997년 말 결국 실현되었다.

은행감독기능이 아니더라도 한국은행법은 외국환업무가 축소되거나 경영의 자율성이 제약되는 등 한국은행 입장에서 불리하게 개정될 때가 많았다. 그런 개정은 전부 정부가 주도했다. 제2선 지급준비자산 제도와 통화안정계정 등 강력한 통화신용정책수단을 추가한 1978년의 개정도 정부가 주도하고, 한국은행은 이를 수수방관할 정도였다.

반면, 한국은행이 먼저 법률 개정 의사를 표시한 경우는 극히 드물었다. 아주 예외적으로 2003년과 2011년의 개정은 정부의 반대에도 불구하고 한국은행이 먼저 법률 개정에 시동을 걸거나 적극적 찬성의사를 밝혀 실현되었다. 정부 고위직을 경험했던 박승 총재(2003년)와 김중수 총재(2011년)가 법률 개정을 강력하게 추진한 결과다.[8]

한마디로 말해서 한국은행 직원들은 한국은행법에 대해서 "제○차 개정"이라고 부

7. 이런 기록은 다른 법률에 비해 적은 편이다. '농업협동조합법'은 1957년 제정된 이후 마흔 번 이상 빈번히 개정되었고, '금융위원회의 설치 등에 관한 법률'도 1997년 말 제정되어 20년간 여덟 번이나 개정되었다.

8. 그 두 번의 한국은행법 개정에 필자가 깊숙이 간여했다. 그 이력을 매우 소중하고 자랑스럽게 생각한다.

르며, 이 법이 헌법처럼 개정하기 힘들다고 스스로 최면을 걸거나 개악(改惡)되지 않기를 바라왔다. 이런 소극적 · 수비적 자세는 바람직하지 않다. 한국은행법은 고칠 수 없거나 남이 고쳐주는 것이라는 태도를 유지하는 한, 통화신용정책의 유효성과 효율성을 기대하기 힘들다. 금융환경의 변화에 따라 금융감독에 관한 법률이 수시로 개정되어 왔듯이 통화신용정책의 효율성 제고를 위해서는 환경변화에 따라 한국은행법도 수시로 유연하게 개정되어야 한다. 그래서 한국은행법에 관한 비판적 해석과 대안의 연구가 필요하다.

참고 2-1

한국은행법 개정 추이와 주요 개정 내용

I. 1962년

1962년의 한국은행법 개정은 5.16 군사정변 직후 정부가 금융시스템에 대한 장악력을 높이기 위해서 추진되었다. 의욕적인 경제개발계획을 위해서 중앙은행의 독립성은 다소 유보하고 행정부의 통제력을 높이는 것이 골자였다. 한국은행의 업무뿐만 아니라 지배구조, 재무구조, 임직원의 위상과 조직 등 전면적인 변화가 수반되었다. 그런데도 한국은행과는 아무 협의 없이 추진되었다.

한국은행의 지배구조 면에서는 금융통화위원회의 위원 수를 7인에서 9인으로 확대하고 정부측 인사(재무부장관 및 각 부 장관 추천위원)의 수를 3인에서 6인으로 늘렸다. 또한 금융통화위원회를 금융통화운영위원회로 고치고, 동 운영위원회의 의결사항에 대해서 정부가 재의까지 요구할 수 있도록 했다.

한국은행의 재무구조 면에서는 정부의 납입자본금 1,500만환(圜)을 회수[1]하고, 법정적립금 적립비율을 순이익금의 100분의 15에서 100분의 5[2]로 낮췄다. 이러한 변화가 정부의 재정수지를 개선시키는 효과는 극히 미미했지만 한국은행의 재무적 독립성(financial independence)은 충분히 낮추었다. 이후 정부는 한국은행에 영업이익이 생기면 한국은행의 태도를 보아가며 '선심 쓰듯' 임의적립금을 승인했다(당시 법률에서는 특정 목적의 적립금만 허용했으므로 정부가 임의적립금을 승인한 것은 엄격히 말해서 법률의 취지에서 벗어난 것이었다).

1962년의 개정은 한국은행 내부 경영에도 상당한 영향을 미쳤다. 우선 감사(監事)의 임명권자를 금융통화위원회에서 재무부장관으로 조정하고, 그 역할을 "한국은행 경리"의 감사와 검사에서 "한국은행의 업무 전반"을 상시 감사하는 것으로 확대했다. 거기에 더하여 재무부도 한국은행의 업무수행에 대하여 매년 1회 이상 검사(업무검사)하도록 했다. 한국은행의 내부 경영을 강하게 압박한 것이다.

또한 한국은행 임직원의 위상에도 변화가 생겼다. 종전에는 금융통화위원회 위원(대리위원 포함) 및 은행감독부장만 국가공무원의 신분을 가졌으나, 법률 개정을 통해 부총재, 감사, 이사 및 직원까지 국가공무원에 준하는 신분을 부여했다. 아울러 수석부총재를 부총재로 격하하고, 부총재는 이사로 변경했다. 이로 인해 한국은행 종사자들의 책임성은 커졌지만, 전반적으로 신분보장

---

1) 당시 한국은행이 보유하고 있던 적립금까지 회수하지는 않았다.

2) 다만, 법정적립금의 적립한도는 5억원에서 20억원(200억환)으로 4배 인상했다. 이는 한국은행법 제정 이후 한국전쟁을 거치면서 겪은 극심한 인플레이션을 감안한 조치였다.

이 취약해졌다. 즉, 과거에 부총재는 임기가 없는 고급 직원이었지만 법률 개정에 따라 임기가 3년으로 제한되었다.

한국은행의 업무도 대폭 변경되었다. 외국부의 설치근거(최초의 한국은행법 제105조)를 삭제하고 외국환업무는 "재무부장관의 허가를 받아" 수행한다는 점을 명문화했다. 일본은행법을 참고하여 한국은행의 외국환업무를 중앙은행의 고유업무가 아닌 부수업무 정도로 낮춘 것이다. 반면, 여신업무에서는 한국은행이 인수할 수 있는 채권에 정부보증채권을 추가했다. 경제부흥에 필요한 한국산업은행채권(정부보증)의 수요기반을 한국은행에까지 확대하기 위해서였다.

다만, 은행감독 조직과 업무는 크게 확장되었다. 즉, 은행감독부는 은행감독원으로 확대되었고, 부원장 직위가 신설되었다. 금융기관의 임직원이 한국은행법 기타 법령 또는 금융통화운영위원회의 규정 · 명령 또는 지시를 위반함으로써 금융질서를 문란하게 하는 등의 경우에는 당해 금융기관 임직원에 대해 은행감독원장의 문책요구권이 신설되었다. 이는 장차 은행감독기능과 조직을 분리하기 위한 사전작업이었다.

II. 1963년

1963년은 제1차 경제개발 5개년 계획의 두 번째 해로서 당시 정부는 고도성장을 뒷받침하기 위한 법률들을 매우 왕성하게 제 · 개정했다. 예산회계법, 외환관리법, 외자도입촉진법, 증권거래법, 기업예산회계법 등이 그해 대폭 개정되었으며, '국제금융기구에의 가입조치에 관한 법률'이 제정되었다. 한국은행법도 그런 배경에서 1년 만에 다시 개정되었다.

당초 정부는 은행감독기능을 분리하려고 했다. 이는 1950년 한국은행법 설립 당시부터 재무부가 추구해 왔던 것이며, 이승만 정부 시절인 1955년 이미 이에 관한 법률 개정안까지 내부적으로 작성해 두고 있었다.[3] 그러나 한국은행 총재(김유택)가 적극적으로 반대의사를 표명하자 개정이 보류되었다가, 5.16 군사정변 이후 정부가 이를 다시 추진했다. 1962년에는 일차적으로 한국은행의 저항을 낮추는 데 초점을 맞춰 한국은행법을 고치고 은행감독조직을 확대하는 선에서 그쳤다.

그러나 1963년 은행감독기능 분리에 초점을 맞추어 막상 한국은행법 개정을 추진하자 한국은행이 예상과 달리 매우 강력하게 반대했다. 1962년 개정 때는 총재(유창순)가 별다른 의견을 개진하지 않았으나 1963년에는 민병도 총재가 기자회견을 열고 중도사퇴를 선언하면서 법률 개정에 저항했다. 이를 계기로 여론이 크게 기울자 재무부는 은행감독기능 분리를 사실상 포기하고 매우 사소한 것만 개정했다.

---

3) 이 점에 관해서는 필자의 졸저 『중앙은행 별곡』(인물과사상사, 2016년)을 참조하라.

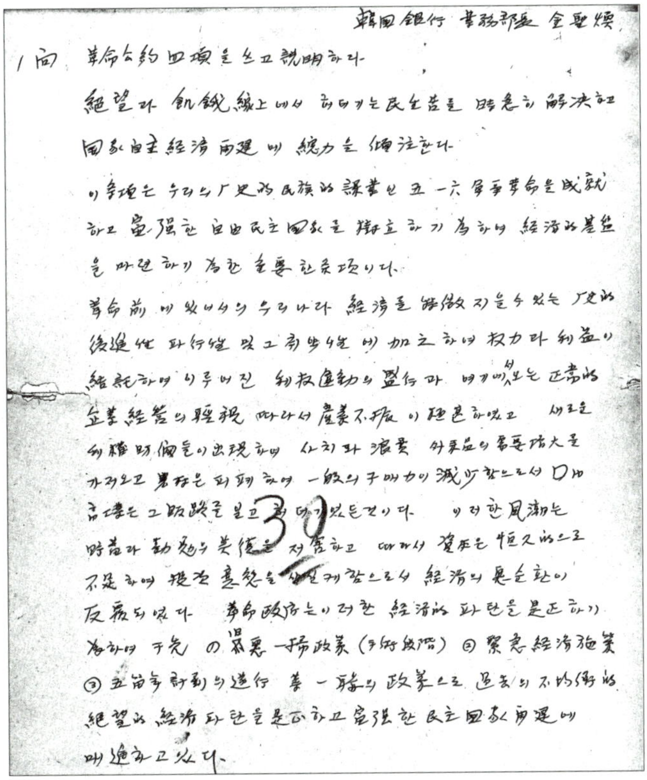
韓國銀行 業務部長 金聖煥

▲ **'군사혁명공약 시험' 답안지** 5.16 군사정변 직후 군사정부는 전 금융기관 임원들을 한국은행 강당에 소집시킨 뒤 혁명공약에 대한 협조의사를 필기시험을 통해서 확인했다(한국은행 인사부장이 모든 금융기관 임원의 답안지를 채점했다). 당시 사회분위기가 이러했으므로 중앙은행의 독립성을 크게 위축시키는 한국은행법 개정안에 대해서 한국은행 임직원들은 일체 의사를 밝힐 수 없었다. 사진은 혁명공약 제4호("절망과 기아선상에서 허덕이는 민생고를 시급히 해결하고 국가자유경제 재건에 총력을 경주한다")의 당위성과 자신의 각오를 묻는 질문에 대한 당시 한국은행 업무부장 김성환의 답안지. 정부를 향해 적극 협조의사를 밝힌 김성환은 이후 한국은행 총재에 임명되어 중임(8년)했다.

1963년의 개정은 표면적으로 정부형태의 변화를 이유로 삼았다. 즉, 내각책임제에서 다시 대통령제로 전환되는 제5차 개헌의 시행(1963년 12월 17일)에 맞추어 '내각수반'을 '대통령'으로, '각의'를 '국무회의'로, '각령'을 '대통령령'으로 문구를 수정했다.[4] 그런 점에서 현실적으로 큰

4) 1963년의 법률 개정의 의미는 크지 않지만 한국은행의 조직문화에는 큰 영향을 미쳤다. 정부의 은행감독기능 분리 의도를 막은 한국은행은 크게 안도하면서 이때부터 한국은행법을 고수하는 것이 최선이라는 수비적 인식을 갖게 되었다.

의미는 없다.

그러나 한국은행의 내부 경영과 조직에 대한 정부의 영향력은 더욱 강화되었다. 1962년 제정되어 1963년부터 시행된 '정부투자기관예산회계법'(제2조)에서 한국은행을 정부투자기관에 포함시켜 여타 정부투자기관과 함께 한국은행의 예산을 정부가 직접 통제했다. 1962년의 한국은행법 개정을 통해 정부가 한국은행의 납입자본금을 전액 회수했으므로 한국은행을 정부투자기관으로 규정한 것은 명백한 모순[5]이었으나, 군사정부 시절이라서 이를 문제 삼기 어려웠다.

결국 한국은행은 한국은행법이 아닌 타법에 의해 예산을 통제받게 되었다. 정부가 작성한 예산편성지침에 따라 한국은행이 사업계획서와 자금계획서 등과 함께 예산안을 재무부에 제출하면 재무부가 동 예산안을 심사하고 경제기획원장관이 다시 조정한 다음 국무회의에서 이를 의결했다.

III. 1968년

1968년 개정은 매우 특이하다. 특정 기관, 즉 농업협동조합중앙회와 농업협동조합을 위해서 개정되었기 때문이다. 농업과 농민에 대한 정치적 배려 차원에서 농업협동조합중앙회와 농업협동조합에는 여타 금융기관(상업은행)보다 낮은 지급준비율을 적용하는 것이 주요 개정내용이었다.

대한제국 시절 우리나라 경제의 절대적 비중을 차지하는 농업에 대한 금융지원을 위하여 농공은행(1906년), 금융조합(1907년), 동양척식주식회사(1908년) 등이 설립되었다. 이중 농공은행은 금융조합에 대한 일종의 중앙은행 역할을 했는데, 이 은행은 조선식산은행(1918년)을 거쳐 한국산업은행(1954년)으로 전환되었다. 한국산업은행은 농업이 아닌 공업부문 지원기관이므로 농공은행의 지원을 받아왔던 금융조합은 영업이 크게 수축했다. 이러한 가운데 동양척식주식회사는 신한공사(1946년)를 거쳐 정부 수립 이후 농림부로 흡수되었다.

결국 농업금융은 해방 이후 크게 위축되고, 농어촌 고리채 문제 등 농촌경제의 핍박과 농민의 생활수준 악화가 심각한 사회문제로 대두되었다. 이에 이승만 정부는 미국의 자문을 얻어 농업협동조합 설립을 추진하였다. 이는 대한제국 시절부터 유지되어온 기존의 금융조합(대한금융조합연합회) 시스템을 해체하는 것을 전제로 했는데, 그 방법을 두고 정부 내에서 의견이 충돌했다.

농림부는 농업협동조합이 금융기능(신용사업)을 포괄하기를 바랐지만, 재무부는 금융기능은 분리한 채 농민을 위한 생산 · 구매 · 판매 등 경제사업만 담당할 것을 주장했다. 재무부가 농업협동조합의 금융기능을 반대한 이유는, 농민에 대한 대출이 본격화되면 재무건전성이 악화되어 농

---

5) 5.16 군사정변 직후 제정된 이 법은 정부투자기관의 이사회 기능을 무력화한다는 근본적인 문제가 있었다. 그래서 1984년 '정부투자기관 관리기본법'으로 대체되었다. 정부투자기관의 예산을 사전통제하지 않고 사후평가하는 것이 그 취지였다.

협 전체가 부실해진다는 데 있었지만, 사실은 금융에 관한 사항을 농림부에 양보하지 않으려는 것이 실질적인 이유였다. 결국 1958년 농업협동조합(농림부 산하)과 농업은행(재무부 산하)이 분리되어 각기 설립되었고 기존의 대한금융조합연합회와 그 회원 조합은 농업은행으로 흡수되었다.

그러나 농업협동조합과 농업은행으로 이원화된 구조에서는 양 기관 모두 영업기반이 취약하고 내부적으로도 불안정할 수밖에 없었다. 또한 농협협동조합과 농업은행이 3.15 부정선거에도 동원되었다는 사실이 4.19 혁명 직후 드러나 농협중앙회 회장이 사임하고 농업은행장(박숙희)은 구속되는 사태까지 발생했다. 이를 계기로 양 기관을 통합하자는 농림부의 주장이 다시 힘을 얻어 1961년 8월 농업협동조합이 농업은행을 흡수 · 합병했다.

그러나 농업협동조합은 1961년 출범 이후 1968년까지 7년간 농협중앙회 회장이 5번이나 바뀔 정도로 조직이 불안했다. 신용사업 기반도 취약하여 자금조달의 상당 부분을 한국은행에 의존했다.[6] 이런 가운데 제1차 경제개발 5개년 계획과 더불어 고도성장이 시작되면서 농업과 농촌은 더 위축되었다. 1967년의 제7대 국회의원 선거에서는 농촌지역에서 민심 이반이 뚜렷해졌다. 이를 의식한 정부는 농업과 농민을 우대하는 정책의 하나로서 농업협동조합의 사업기반 확충을 도모했다.[7] 그 일환으로 1968년 한국은행법 개정을 추진했다. 명약관화한 정치적 목적의 개정이었다.

한국은행 설립 당시 지급준비율은 모든 예금에 대해서 10%로 설정되었다가 1957년부터 요구불예금과 저축성예금의 지급준비율이 차등 적용되었다. 그런데 제1차 경제개발 5개년 계획의 성공적 추진과 더불어 인플레이션 압력이 커지자 지급준비율도 상향 조정하는 것이 불가피해졌다. 1965년부터 요구불예금에 대한 지급준비율이 20%에 이르고, 1966년에는 35%까지 이르렀다.[8] 이는 수신기반이 취약한 농업협동조합중앙회와 그 회원에게 상당한 부담이 될 수 있었다. 그런 점을 감안하여 농업협동조합중앙회와 회원 조합에게만 지급준비율을 차등할 수 있도록 한국은행법을 개정했다.[9]

---

6) 『한국금융 30년사』(재무부, 1978)에 따르면 1965년 말 현재 농업협동조합중앙회가 한국은행으로부터 차입한 자금은 163억원(37%)으로 다른 자금조달 수단인 정부차입금(147억원)과 예금수입(106억원)을 압도했다. 한국은행 입장에서 보면, 총대출금 212억원의 77%가 농업협동조합중앙회에 집중되었다("한국은행 연차보고서"(1965)).

7) 당시 재무부는 시중은행에게 수신자금의 일정액을 농협에 예치(농업자예금)토록 지도하였다.

8) 같은 기간 중 저축성예금에 대한 지급준비율도 10~25%까지 상승하였다.

9) 아울러 1978년에는 수산업협동조합중앙회(1962년 설립)와 그 회원에게도 지급준비율을 차등 적용할 수 있도록 다시 개정되었다.

Ⅳ. 1978년(1977년 법률 개정, 1978년 1월 시행)

1970년대에 들어와 고도성장이 이어지면서 산업구조가 크게 변하고, 경상수지 흑자로 인해 해외부문으로부터의 물가상승 압력도 커졌다. 또한 금융산업과 금융기관 규모의 팽창과 더불어 은행감독업무도 늘어났다. 이런 배경에서 실시된 1978년의 개정은 통화신용정책수단을 확대하고 은행감독원의 조직과 권한을 확대하는 것이 목표였다.

통화신용정책과 관련해서는 우선 예금지급준비율의 하한(100분의 10)을 폐지하고 상한(100분의 50)을 도입했다. 또한 재할인대상 어음을 종전의 농산물 · 축산물 · 광산물 · 수산물의 생산, 가공 이외에 임산물의 생산, 가공단계에서 발행되는 어음과 건설 기타 용역(서비스업)에 관한 어음까지 확대하였다. 농 · 수 · 축산업 이외에 임산업에 대한 지원이 필요한 데다가 우리 경제에서 서비스업(40% 이상)과 건설업(7.2%) 비중이 확대된 때문이다.[10)]

그러나 1978년 개정의 핵심은 인플레이션 억제를 위한 강제적 통화관리수단을 마련하는 것이었다. '지급준비자산'이 그 예다. 이는 금융기관이 예금지급준비금과는 별도로 지급준비자산을 보유토록 하는 것인데, 다른 나라에서는 유래를 찾기 힘들다. 요구불예금에 대한 지급준비율이 1975년 이후 20%를 초과했으나 경상수지 흑자폭 확대에 따른 해외부문의 통화공급 압력을 억제하는 데 한계가 있어서 보완수단으로 도입되었다(지금까지 시행된 적은 없다).

또한 통화안정계정의 법률적 근거를 마련했다. 통화안정계정은 1967년 재무부장관이 금융통화운영위원회의 의장인 상태에서 정부 주도로 도입되었으나, 법적 근거가 없었다. 따라서 전형적인 관치금융(官治金融)이라는 비판이 따랐는데, 이를 해결하고자 1978년에 이르러 한국은행법에 그 근거를 마련했다.

이와 함께 한국은행 은행감독 조직과 기능도 확대했다. 우선 은행감독원에 원장, 부원장 이외에 3인 이내의 부원장보를 둘 수 있도록 했다. 또한 은행감독원장의 권한을 강화했다. 금융기관에 대한 검사로 금융기관 직원들의 비위사실이 드러났을 때 종전에는 은행감독원장이 검사보고서를 통하여 금융통화운영위원회에 필요한 조치를 건의했으나, 법률 개정을 통해 은행감독원장이 직접 필요조치를 취할 수 있게 하였다.

다만, 은행감독원에 대한 총재의 통제력을 확보하기 위해서 은행감독원 직원의 임면절차를 변

---

10) 한국은행 여신대상에 서비스업과 건설업을 추가한 것은 한국은행법에서 여전히 진성어음주의(real bills doctrine)가 유지되는 것을 시사한다. 서비스업과 건설업에 유동성을 공급할 때 담보대출이 아니라 해당 업계에서 발행한 상업어음을 재할인하는 방법을 원칙으로 했기 때문이다. 참고로 1997년 이전의 한국은행법(제69조 제1호)은 할인 · 재할인 · 인수 · 매매할 수 있는 어음의 범위를 일일이 열거하고 있으며, 여기에는 융통어음이 포함되지 않았다. 진성어음주의의 특징이다.

경했다. 즉, 과거에는 총재가 은행감독원장과 협의하여 금융통화운영위원회에 은행감독원 직원을 추천했으나, 이를 원장의 추천으로 총재의 제청에 의하여 금융통화운영위원회가 임면토록 했다.[11)]

끝으로 인플레이션을 감안해서 한국은행 법정적립금의 명목한도를 폐지했다. 그 대신 법정적립비율을 매년 순이익금의 100분의 5에서 100분의 10으로 인상하여 법정적립금이 인플레이션에 따라 계속 증가할 수 있도록 했다.

V. 1982년

1982년의 법률 개정은 새로 집권한 정부가 정치적 불안정 속에서도 경제의 안정성장 기반을 이루려는 목적으로 추진하였다. 당시 한국은행법뿐만 아니라 경제와 관련한 법률들이 광범위하게 제 · 개정되었다. 1981년 3월 출범한 신정부는 먼저 정부부처와 각계 전문가로 구성된 "성장발전저해요인개선심의위원회"를 구성하고 행정 · 예산 · 조세 등 각 분야별로 경제발전을 저해하는 각종 제도의 개선을 추구했다. 이 중 경제분야의 과제로서는 은행 민영화와 공평과세를 위한 세제개혁 등이 선정되었다.

당시까지 주요 상업은행 주식의 대부분은 정부가 보유해 왔다.[12)] 그로 인해 금융자원 배분의 왜곡이 지속되고 경제 전반의 효율성이 저하된다는 지적에 따라 신정부는 한일은행(1981년 5월), 서울신탁은행(1982년 8월), 제일은행(1982년 9월), 조흥은행(1983년 3월)의 순으로 정부 소유 시중은행 주식을 매각했다(은행민영화).

다른 한편으로는 공평과세의 취지에서 조세제도 개선이 추진되었다. 당시 고소득층의 탈세와 불성실 납세에 대한 비판 여론이 비등한 가운데 소득세 누진구조의 개선과 각종 예외의 축소가 개선과제로 지적되었다. 그 일환으로 한국은행을 포함한 공공기관에 예외를 두지 않기로 했다. 한국은행은 설립 이래 한국은행법(구법 제110조)과 조세감면규제법(구법 제4조 제1항 제1호)에 의해 법인세 등이 면제되어 왔는데 1982년 양 법에서 면제조항을 삭제한 것이다.[13)]

---

11) 법률이 이렇게 개정된 데는 한국은행 안의 역학관계가 작용했다. 당시 은행감독원장(조진희)은 국세청 징수국장과 감사원 감사위원을 지낸 비금융인이라서 이질감이 컸고 조직 장악력도 약했다. 따라서 한국은행 총재(김성환)가 은행감독원장에 대한 견제를 높여야 한다는 데 은행 안팎의 공감대가 형성되었다. 또한 재무부와의 인적 유대관계도 크게 작용했다. 한국은행 조사부에서 각별히 친하게 지내 왔던 남덕우 경제기획원장관(1974~1978년)과 김성환 한국은행 총재(1970~1978년)가 각각 장관과 총재직을 이례적으로 장기간 재임하는 바람에 한국은행이 요구하는 내용을 법률 개정안에 담기가 쉬웠다.

12) 1961년 10월 제정된 '부정축재환수절차법'에 따라 '부정축재자'가 소유한 은행 주식이 국고로 귀속된 결과다.

13) 다만, 개정된 '조세감면규제법'에서는 한국은행 등 공공법인에게 일반법인보다는 낮은 세율을 적용했

한국은행법도 이런 분위기 속에서 개정되었지만, 개정의 폭은 미미했다. 우선 시 · 군 농업협동조합을 한국은행법 적용대상에서 제외하였다. 이는 농업협동조합법의 개정으로 시 · 군 농업협동조합의 법인격이 소멸된 것을 반영한 결과다. 아울러 농업협동조합과 수산업협동조합의 영업환경이 개선됨에 따라 이들 기관에게 낮은 수준의 예금지급준비율을 적용할 수 있도록 한 예외조항도 삭제했다. 한편, 1981년 '축산업협동조합법'에 의해 설립된 축산업협동조합중앙회의 신용사업부문은 은행법상 금융기관에 해당하기 때문에 한국은행의 여 · 수신 대상기관에 추가되었다. 끝으로 금융통화운영위원회 위원의 결격사유를 완화하여 공무원인 국공립대학 교원도 위원으로 임명될 수 있도록 했다.

한국은행의 자주성은 소폭 개선되었다. 1963년 이후 한국은행 예산은 '정부투자기관예산회계법'에 따라 재무부의 심의를 거쳐 경제기획원이 조정하고 국무회의가 의결하였으나, 1981년 2월 동법에서 한국은행이 삭제되었다. 따라서 한국은행 예산은 종전처럼 금융통화운영위원회가 의결하게 되었다.[14)]

VI. 1998년(1997년 법률 개정, 1998년 4월 시행)

1997년 말 개정된 한국은행법(1998년 4월 시행)은 종전의 법률을 전면 개정한 것이며, 현행 법률의 토대를 이룬다. 15년 만에 단행된 당시 개정은 외환보유액 급감에 따라 금융시장이 마비되는 특수한 사정 속에서 추진되었다. 한국은행의 자주성과 통화신용정책의 중립성을 강화하는 대신 한국은행에서 은행감독기능을 분리하는 것이 주된 내용이었다. 당시 개정은 1980년대 후반부터 세 차례에 걸쳐 10년간 부침해 왔던 한국은행법 개정논의를 매듭지었다는 데 의미가 있다.

가. 경 위

1980년대 후반의 한국은행법 개정논의는 한국은행에서 출발하였다. 1987년 '6.29 선언'을 계기로 사회 각 분야에서 민주화 요구가 폭발하는 가운데 정치권에서는 개헌논의가 급속하게 진행되었다. 이런 상황에서 1987년 7월 28일 한국은행 부산지점 직원들이 중앙은행의 중립성을

다. 하지만 1999년부터는 일반법인과 법인세율이 같아졌다.

14) '정부투자기관예산회계법'에서 한국은행만을 집어내어 삭제하는 법률 개정이 가능했던 것은 당시 경제부총리(경제기획원장관)가 한국은행 출신이었기 때문이다. 일제강점기에 조선은행에 입행했던 신병현 장관은 조사부 금융재정과장으로서 한국은행법 제정작업에 참여하여 1950년 한국은행법 국문 초안을 다듬었고, 그 공로로 해외 연수생으로 선발되어 미국에서 경제학 석사학위를 취득했다. 그리고 대통령 경제 담당 특별보좌관을 거쳐 한국은행 총재를 역임했다. 그는 한국은행의 자율성 회복에 누구보다도 관심이 많았다.

헌법에 반영할 것을 주장하는 성명서를 발표하자 정치권에서도 관심을 갖기 시작했다.

하지만 당시 개헌일정에 쫓기던 여야 4당은 한국은행을 헌법기관으로 만들기보다는 한국은행법을 개정키로 합의했다(1987년 8월 31일). 그런데 이듬해 11월 야 3당과 정부가 각각 마련한 한국은행법 개정안은 기대에 미치지 못했다. 이에 한국은행 총재(김건)가 양 안 모두에 반대하고 한국은행 직원들은 "중앙은행 독립성보장 추진위원회"를 구성하여 국민들을 상대로 직접 서명운동을 전개했다. 그러자 야 3당은 합의안을 철회하고 각자 개정안을 국회에 발의하는 난맥상이 이어졌다. 여야 합의안이 만들어지지 않자 재무부는 1989년 8월 독자적으로 법률 개정안을 만들었으나 기존 법률과 다를 것이 없어서 법률 개정이 사실상 무의미했다.[15] 결국 금융통화위원회가 나서서 동 개정안이 "중앙은행의 중립성과 자율성을 오히려 약화시킬 우려가 없지 않을 것"이라는 의견과 함께 "한국은행법의 개정은 장기적으로 신중히 연구하는 것이 바람직하다"라는 입장을 전달했다. 이로써 1980년대의 한국은행법 개정논의는 중단되었다.

1990년대 들어서는 한국은행법 개정 논의가 한국은행을 떠나 학계의 촉구로 재개되었다. 1992년 대통령 선거 당시 여당의 대선공약이었던 '중앙은행의 독립성 보장'이 제대로 이행되지 않는 모습이 보이자 1994년 5월 경제학자 41인이 중앙은행 독립을 촉구하는 성명서를 발표했다. 이에 대해 정부가 법률 개정 논의를 통해 국력을 낭비할 여유가 없으니 관행 개선으로 갈음하자는 입장을 밝히자 1995년 2월 경제학자 1,054인이 다시 서명운동을 벌여 한국은행의 독립성 확보를 촉구했다.

1980년대 후반과는 달리 한국은행법 개정과 중립적 통화신용정책에 대한 요구와 공감대가 상당한 수준에 이르자 정부는 충격요법을 동원했다. 당시 3개 금융감독기구(은행 · 증권 · 보험)를 통폐합하는 것을 골자로 하는 법률 개정안을 발표한 것이다. 이에 대한 반대의견이 많을 것임이 명약관화했으므로 정부는 금융통화운영위원회의 자문도 생략한 채 바로 국회에 동 개정안을 제출했다.

동 개정안은 한국은행의 독립성 강화와 상당히 거리가 있었지만 정부는 법률안 처리에 강한 의지를 밝혔다. 이에 대해 당시 총재(김명호)는 "충분한 시간을 갖고 각계각층의 충분한 의견수렴 과정을 거칠 것"을 제안하면서 정부안에 대해서 완곡하게 반대했다(1995년 3월). 그 결과 학계에서 촉발시킨 두 번째 개정논의도 결론 없이 끝났다.

세 번째 한국은행법 개정논의는 2년 뒤 정부 주도로 시작되었다. 한보철강의 부도가 가시화되던 1997년 1월 7일 김영삼 대통령은 연두 기자회견을 통해 금융부문의 낙후성을 지적하고 금융

15) 재무부가 만든 법률개정안에는 금융통화위원회 안건에 대한 재무부의 사전협의권, 은행감독에 관한 일반 지시권, 한국은행 예산승인권 등이 포함되어 있어 주요 선진국의 중앙은행법과 크게 달랐다.

규제 혁파와 금융산업 재편계획을 시사했다. 이를 계기로 구성된 금융개혁위원회는 5월 중앙은행과 금융감독 제도 개편방안을 마련하여 대통령에게 보고했다. 그러나 동 방안은 소위 '4자 합의'[16]를 통해 대폭 수정되어 1990년대 초반까지 정부가 고수해 오던 입장에 다시 가까워졌다.

당시 한국은행은 총재가 합의한 방안에 대해 직원 명의로 강경한 반대입장을 밝혔으며, 금융통화운영위원회도 수정을 촉구했다(8월 7일). 여기에 감독기관 노조와 민주노총, 전국교수협의회 등도 가세하여 한국은행법 개정이 사회적 쟁점으로 부상했다. 그러나 정부는 금융통화운영위원회의 자문 답신을 감안하지 않고 해당 법률안을 국회에 제출했다.

이후 한국은행 직원들은 국회 앞 청원서를 제출하고 여러 차례 성명서와 대국민 호소문을 발표하는 등 법률안 통과를 저지하려고 노력했다. 전직 총재들까지 성명서를 통해 법률안에 반대의견을 표명했다. 이런 분위기 속에서 한국은행법 개정은 여타 쟁점 법안들과 함께 대통령 선거 이후로 연기되는 듯 했다. 그러나 12월 3일 한국 정부가 IMF에 구제금융을 신청하는 것을 계기로 급반전되었다. 국회는 쟁점법안의 신속 처리를 통해 구조조정 의지를 보인다는 차원에서 12월 29일 한국은행법 개정안을 전격적으로 통과시켰다.[17]

1998년의 개정은 금융통화운영위원회나 학계 등의 의견을 수렴하는 절차가 생략된 채 비밀리에 급속히 추진되었다. 그 결과 주요국의 중앙은행법과 상당히 다르거나 논리적으로 어색하고 모순되는 내용들이 상당히 많다. 이 책에서 한국은행법의 문제점으로 지적하는 대부분이 1998년에 개정된 부분들이다.

나. 주요 내용

1998년 개정의 가장 큰 특징은 한국은행의 기능과 지배구조의 변화다.

종전에 한국은행이 추구하던 목적 중에서 "은행 · 신용제도의 건전화", 즉 은행감독기능이 삭제되고 물가안정만 남았다. 그를 달성하기 위해서 한국은행은 "정부와 협의하여" 매년 물가안정

---

16) 강경식 재정경제원장관, 이경식 한국은행 총재, 김인호 대통령경제수석비서관, 박용성 금융개혁위원회 위원장.

17) 1980 ~ 1990년대 중 한국은행법 개정에 관한 정부의 입장은 확고했다. 사회 분위기에 맞추어 그때그때 대응방식은 달랐으나, 은행감독기구 분리라는 목표에는 변함이 없었다.
그에 비해 한국은행의 대응은 한심할 정도로 미숙했다. 직원들이 설명서를 발표하면 총재가 무마하고, 직원들이 법률 개정을 요구하면 금융통화위원회가 개정 보류를 주장하고, 학자들이 법률 개정을 촉구하면 총재가 보류를 제안했다. 나아가 직원들이 동의하지 않는 법률안을 총재가 혼자서 찬성하기도 했다. 한국은행 내부에서 한국은행법에 대한 비판적 해석과 개정의 우선순위에 관한 합의가 매우 부족했기 때문이다. 이 책을 집필하는 목적은 그런 반성에 기초한다.

목표를 정하도록 하였다. 과거 통화량을 중간 목표로 채택할 때는 정부와의 협의절차가 없었는데, 이를 의무화한 것이다. 대신 재정경제원장관의 업무검사권을 폐지하여 한국은행 운영의 자주성을 소폭 개선했다.

통화신용정책을 결정하는 회의기구는 선진국 수준으로 개선했다. 우선 금융통화운영위원회의 명칭을 1961년 이전처럼 "금융통화위원회"로 환원하고 위원 수를 9인에서 7인으로 축소했다. 위원 전원을 상임으로 하고 임기는 3년에서 4년으로 연장했다. 무엇보다도 의장을 기획재정부 장관에서 한국은행 총재로 조정했다. 이에 따라 재정경제원장관의 금융통화위원회 회의소집권 및 의안제안권이 폐지되었다(다만, 재의요구권은 남겨두었다). 종전에는 한국은행정관을 금융통화위원회가 심의·의결한 후에도 정부(재정경제원장관)가 이를 승인하였으나 정부의 승인절차를 폐지했다.

반면 한국은행 내부에서 기관 운영에 관한 금융통화위원회의 업무 영역은 현저히 축소되었다. 과거에는 금융통화운영위원회가 한국은행의 업무·운영·관리를 지시·감독했으나, 개정된 법률에서는 "정책결정기구"로서 열거된 사항들만 심의·의결하도록 했다. 따라서 종전에는 원칙적으로 금융통화운영위원회가 한국은행 직원의 임면권을 가졌으나, 개정된 법률에서는 한국은행의 모든 직원을 총재가 임면하도록 하였다. 부총재 및 부총재보의 임명절차도 과거에는 총재의 추천에 의하여 금융통화운영위원회가 임명하였지만, 개정된 법률에서는 총재가 직접 임명토록 하였다. 감사의 임명에서도 금융통화운영위원회의 동의절차를 폐지하고 재정경제원장관의 추천으로 대통령이 임명하도록 하였다.

한편, 은행감독기능과 조직의 분리에 따라 상업은행을 상대로 한 증인 출석·의견 진술·개선·징계 등의 요구 및 명령 권한과 금융기관에 대한 직접 검사가 폐지되었다. 대신 금융기관(상업은행)에 대한 자료제출 요구와 금융감독원에 대한 검사의 요구 또는 공동검사 근거를 신설하였다. 통화신용정책에 관해서도 소폭의 변화가 있었지만, 큰 의미를 갖지는 않았다. 예를 들어 긴급여신의 이유로 "전산정보처리조직의 장애 기타 우발적 사고 등의 경우"를 추가하였으며, 융자위원회를 폐지했는데 이는 현실적으로 아무 영향을 미치지 않았다.

통화신용정책에 관한 개정 내용 중에는 오류도 있었다. 종전에는 여신대상 증권의 범위를 진성어음(상업어음)으로 엄격히 제한했으나, 개정된 법률에서는 대상증권이 금융기관이 취득한 모든 증권(융통어음 포함)으로 확대했다. 이런 변경은 진성어음주의(real bills doctrine)를 폐기했다는 오해를 유발한다는 점에서 중대한 실수였다(제64조의 설명에서 자세히 다룬다).

Ⅶ. 2003년

2003년의 법률 개정은 1998년 한국은행법이 전면 개정된 이후 나타난 몇 가지 미흡한 점을 보완하기 위해서 추진되었다. 최초로 의원입법의 방식으로 발의되고, 한국은행의 자율성을 높이는 방향으로 개정되었으며, 1998년과 달리 정부와 한국은행이 합의해서 추진했다는 점에서 의의가 있다.

동 법률 개정의 가장 주된 변화는 금융통화위원회의 구성이다. 한국은행 부총재가 금융통화위원회 당연직 위원에 포함되고, 그 임명권자를 총재에서 대통령으로 격상했다. 물가안정목표는 매년 정하는 대신 중기 단위로 정하도록 하여 통화신용정책을 중장기적인 시계에서 운용토록 하였다. 지급결제업무에서는 각종 지급결제망 운영기관과 감독기관에 대한 자료 제출과 운용기준의 개선 등을 요구할 수 있는 근거를 마련했다. 또한 한국은행이 금융기관에 대한 검사 및 공동검사를 요구한 경우 금융감독원이 이에 "지체 없이" 응하도록 명문화했다.

이와 함께 한국은행 내부 경영의 자율성과 책임성도 보강했다. 종전에는 한국은행의 모든 경비예산을 재정경제부장관이 승인했지만, 장관의 승인 범위를 급여성 경비 등 일부로 축소했다. 그리고 한국은행이 통화신용정책 수행상황에 관하여 국회에 보고하여야 하는 횟수를 매년 1회 이상에서 2회 이상으로 늘렸다.

Ⅷ. 2011년

2011년 개정은 글로벌 금융위기 이후 전 세계적으로 금융규제의 필요성에 관한 인식이 크게 달라지고 금융안정에 관한 중앙은행의 역할과 책임성이 강화된 것과 보조를 맞추었다는 데 의의가 있다. 그런데 금융안정에 관한 한국은행의 역할을 금융감독원의 검사권 축소로 이해한 금융감독원의 반대로 4년여의 시간이 소요되었다. 그 과정에서 국회 기획재정위원회에서 개정안을 두 차례나 의결하는 진기록을 남기기도 했다. 2011년 상호저축은행 감독 부실 문제로 금융감독원에 대한 여론이 크게 악화된 것이 전환점이 되었다.

2011년 개정의 가장 중요한 변화는 한국은행의 설립목적에 금융안정 책무를 명시한 것이다. 즉, 한국은행이 물가안정과 함께 금융안정에 유의하도록 규정하였다. 또한 매년 2회 이상 거시금융안정상황에 대한 평가보고서를 작성하여 국회에 제출토록 했다.

아울러 통화신용정책 운용에서도 효율성과 편의성을 높였다. 한국은행이 자료 제출을 요구할 수 있는 금융기관의 범위를 '금융산업의 구조개선에 관한 법률' 제2조에 따른 금융기관 중 자산규모 등을 고려하여 대통령령으로 정하는 기관까지 확대하였다. 또한 한국은행 적격담보증권의 범위를 금융통화위원회가 탄력적으로 조정토록 하고, 긴급여신 및 영리기업여신의 실행요건을 완화하는 등 한국은행이 금융위기 상황에서 금융안정 기능을 효율적으로 수행할 수 있도록 하였다. 이와 함께 지급준비금 적립대상 채무를 예금채무 이외로 확대할 수 있는 가능성을 마련하고, 지급준비금 계산기간을 반월에서 월별로 변경하는 등 선택의 폭을 확대했다. 한국은행이 위 · 변조된 한국은행권을 집중하여 관리토록 하고, 주화 훼손행위 금지 및 처벌 조항을 신설하여 화폐관리의 편의성도 높였다.

한편, 한국은행 자산 거의 대부분이 외화자산으로 구성되어 환율변동에 취약한 점을 감안하여 순이익금의 법정적립비율을 10%에서 30%로 상향조정하였다. 이와 동시에 통화신용정책의 투명성과 한국은행의 책임성을 강화하기 위해서 4년 이상 경과한 금융통화위원회 의결서 및 의사록 전문을 국회에 제출하는 근거를 마련하고, 한국은행의 결산서는 외부감사를 받도록 하였다.

Ⅸ. 2012년

2012년의 법률 개정은 2010년 이후 의원입법 형태로 발의된 다수의 개정안을 통합한 것인데, 가장 주된 변화는 한국은행 총재의 임명절차다. 종전에는 한국은행 총재 임명 시 국무회의 심의를 거쳤으나 거기에 국회 인사청문절차를 추가했다. 이로써 한국은행 총재는 국회 인사청문절차를 거치는 61인 중 유일하게 공무원이 아니었다(이후 한국방송공사 사장이 추가되었다).

이 밖에 한국은행법에 현행 화폐단위(명칭)인 '원'의 근거와 각종 기념화폐의 발행근거를 신설하였다. 또한 한국은행 총재가 외화표시 자산 운용과 관련된 주요 계획에 관하여 금융통화위원회의 의견을 듣도록 명시하고, 급여성 경비 등 한국은행 예산 중 일부는 기획재정부장관의 사전승인 후 지체 없이 국회 소관 상임위원회에 보고토록 하였다.

Ⅹ. 2016년

2016년의 개정은 법률적으로 거의 의미가 없다. 법률의 내용이 아니라 표현에 초점을 맞추어 개정되었기 때문이다. 법률의 한글화와 맞춤법 준수, 어려운 용어 순화, 정확하고 자연스러운 법문장 구성, 간결화 · 명확화가 목적이었다. 개정의 주체도 주무부처(기획재정부)나 국회가 아닌 법제처였다.

주무부처도 아닌 법제처가 언어 감각 또는 느낌만 갖고 자의적으로 단어를 바꾸는 것은 적절치 않았다. 그러다 보니 실수도 있었다. 종전에는 총재가 한국은행 업무를 '통할(govern)'하였으나 2016년 개정에서 이를 '총괄(aggregate)'하는 것으로 바꿨는데(제34조 제1항), 두 말의 뜻은 전혀 다르다. 총재의 업무와 위상에 의도하지 않은 변화가 생긴 것이다. '통할'을 '총괄'로 바꾼 것이 한글화, 맞춤법 준수, 어려운 용어의 순화, 간결화 · 명확화라고 보기 어렵다. '통할'이라는 단어는 헌법(제86조)에도 있을 정도로 특별히 어려운 어휘가 아니며, '총괄'이 '통할'보다 더 쉬운 말이라고 볼 근거도 없다.

XI. 2018년

2018년의 개정은 금융통화위원회 위원들이 일시에 대폭 교체되는 것을 막는 데 목적이 있었다. 개정의 목적이 단순하고, 그 폭이 가장 좁았다는 특징이 있다.

1997년 이전에는 법률적으로 금융통화위원회 위원에 공석이 생길 수 없었다. 임기만료 30일 전에 임명권자(대통령)가 그 후임을 정해야 했기 때문이다(구법 제13조). 그런데 1998년 법률을 급하게 전면 개정하는 과정에서 그 내용이 삭제되었으며, 그 결과 2010년부터 금융통화위원회 위원의 공석이 생기고, 한꺼번에 3명이 임명되는 사태가 발생했다.

이는 통화신용정책의 연속성과 금융통화위원회 위원의 전문성 확보 면에서 바람직하지 않다. 대통령이 다수를 동시에 임명하는 것은 통화신용정책의 중립성과 위원 임기보장 취지에도 어긋난다. 이를 해결하기 위해서 임기만료 시 후임자를 바로 임명토록 하는 유인장치를 마련하였다(제15조 제2항).

제1장 총 칙

제2장 금융통화위원회

제3장 집행기관 및 감사

제4장 한국은행의 업무

제5장 금융기관 검사 요구 등

제6장 정부 등과의 관계

제7장 회계 등

제8장 보 칙

THE BANK OF KOREA IN THE AC

한국은행법 해설

The Bank of Korea in the Act
part two

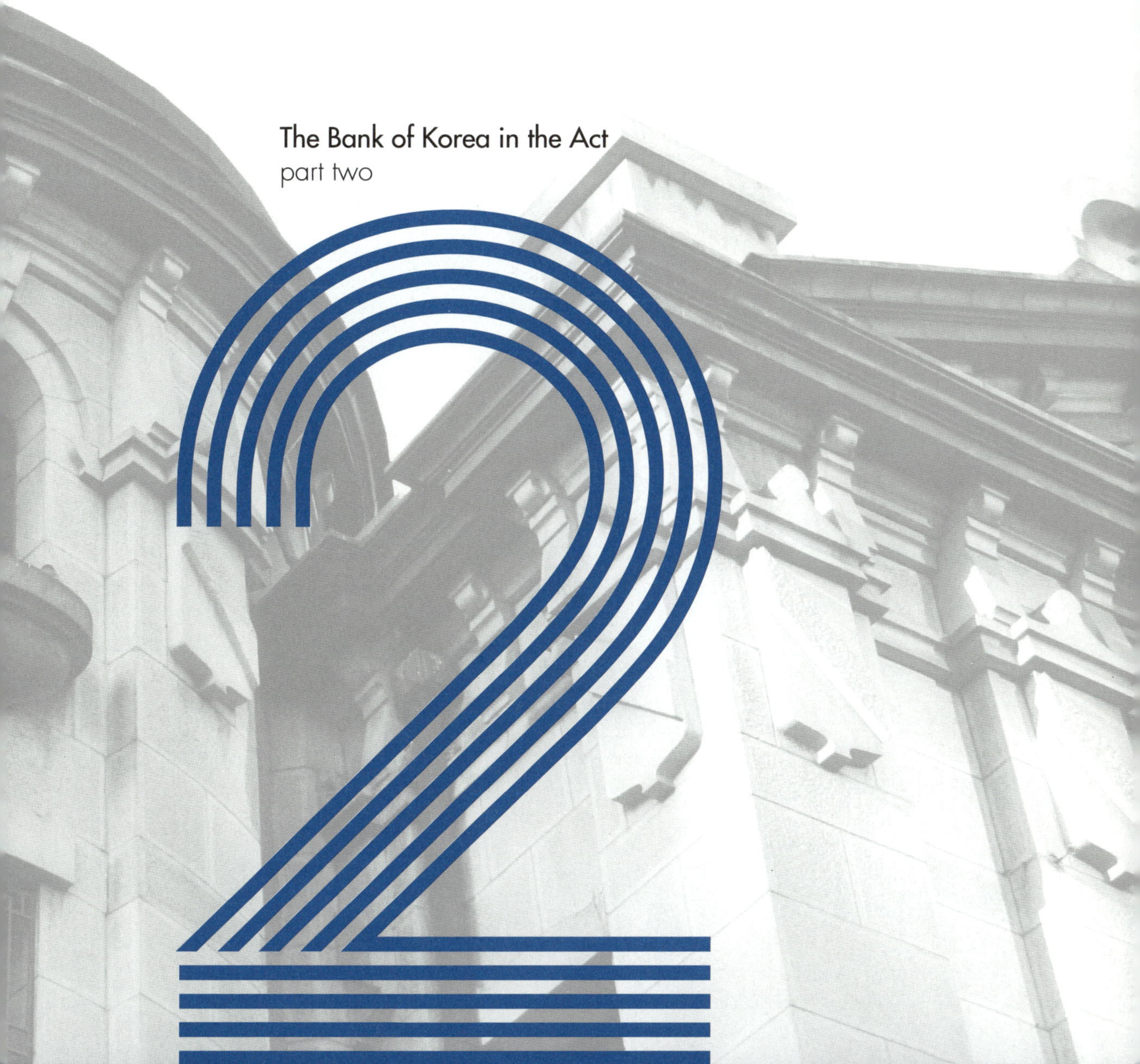

2

제1장 총 칙

제1장에서 제3장까지는 한국은행의 존재양식(*modus essendi*, way of being)을 규정한다. 특히 제1장은 한국은행의 설립목적과 법인격 등 가장 기본적인 사항들을 다룬다.

1997년 이전의 한국은행법에서는 제1장(설립과 목적)이 단 3개 조에 불과했다. 자본금에 관한 제2장을 포함하더라도 6개의 조문이 전부였다. 그런데 현행 법률의 제1장은 그 두 배에 가까운 11개 조문으로 늘어났다. 이는 1998년 은행감독업무가 삭제된 것의 반작용이다. 즉, 한국은행의 업무 범위 축소를 책임성 강화라는 명분을 내세워 관념적인 내용들로 보충한 것이다. 하지만 1998년 추가된 조항(제3조~제6조)들의 상당 부분은 공허한 미사여구가 많아 축소가 가능하다.

제11조는 한국은행법이 적용되는 범위를 정한다는 점에서 중요하다. 시대와 경제발전 정도에 따라 새로운 금융기관과 금융산업이 계속 등장하고 금융제도가 변화하지만, 한국은행법은 상업은행과의 거래를 기본으로 한다. 거의 모든 중앙은행법들이 이런 원칙을 따르고 있다. 20세기 들어 공개시장조작(open market operation)을 통해 비은행 금융기관과의 매매거래가 늘었지만, 여 · 수신 업무에서는 상업은행만을 상대로 하는 것이 중앙은행 업무의 기본이다.[1]

그런데 법률의 운용을 위해서는 법률의 적용 범위뿐만 아니라 법률에서 쓰이는 단어의 뜻을 분명하게 정의해야 한다. 제1편에서 설명한 것처럼 한국은행법은 주요국의 중앙은행법 그리고 국내외 다른 법률에 비해서 용어의 정의가 상당히 부실하다. 그 점을 개선하는 것이 국회의 숙제다.

1. 다만, 지급준비의무를 폐지한 영국은 상업은행하고만 거래하는 원칙을 파기했다. 법률상 영란은행은 IT업체 등과 예금거래를 할 수 있다.

제1조(목적)

① 이 법은 한국은행을 설립하고 효율적인 통화신용정책의 수립과 집행을 통하여 물가안정을 도모함으로써 국민경제의 건전한 발전에 이바지함을 목적으로 한다.

② 한국은행은 통화신용정책을 수행 때는 금융안정에 유의하여야 한다.

※ 이 조와 함께 읽어야 할 부분 : 제47조, 제81조

이 조는 보통 목적조항이라고 불리는데 한국은행법이 지향하는 이념이나 가치를 3단계 구조로 설명한다. 국민경제의 건전한 발전이 최상위 목표이고 물가안정과 금융안정이 차상위 목표이며, 통화신용정책은 최하위 개념이다. 즉, 통화신용정책은 한국은행이 최상위 목표와 차상위 목표를 달성해 나가는 수단이다.

결론부터 말하자면 이 조에서 통화신용정책이라는 말이 꼭 들어갈 필요는 없다. 통화신용정책이라는 말을 삭제하는 것이 오히려 이 조를 둘러싼 불필요한 혼란을 막을 수 있다. 1997년 이전의 법률에서도 한국은행 설립에 통화신용정책이라는 개념을 동원하지 않았다. 아울러 이 법의 의미로 볼 때 발권(한국은행권의 발행)과 지급결제제도에 관한 내용을 여기서 다룰 필요가 있다.

통화신용정책

현행 한국은행법에서 통화신용정책은 영어의 'monetary policy'와 다르다. 통화신용정책은 최초의 한국은행법 영문 초안에서 쓰인 monetary policy(통화정책)와 credit policy(신용정책)를 합한 개념이다(통화신용정책이라는 말의 변천에 관해서는 〈참고 1-1〉을 참조하라).

신용정책은 한국은행법 이외에 대만중앙은행법(제6조)과 필리핀중앙은행법(제81조) 등 일부 아시아계 중앙은행법에서만 쓰인다.[2] 유럽중앙은행법[3]에서는 여신업무(credit

2. 다만, 신용정책의 개념은 나라마다 다소 다르다. 필리핀중앙은행법의 신용정책은 유럽중앙은행법의 여신업무에 해당한다. 대만중앙은행법에서 신용정책은 상업은행의 대출조건과 기한, 담보비율, 최고대출한도 등의 관

operation)라는 말을 쓰지만, 이는 통화정책과 대등한 개념이 아니라 통화정책의 하위개념이다. 즉, 유럽중앙은행법에는 신용정책(credit policy)이라는 개념이 없다.

참고 1-1

통화신용정책이라는 말의 진화과정

한 · 중 · 일 3개국은 영어 'monetary policy'를 각기 다르게 표현한다. 중국인민은행법(제1조)은 '화폐정책'이라고 표현하고, 일본은행법(제1~3조, 제15조 등)은 '통화와 금융의 조절'이라고 표현한다.[1)]

한국은행법에서 통화신용정책이라는 표현을 쓰는 것은 필리핀중앙은행법의 영향이다. 미국 재무부와 연준의 도움을 받아 1948년 개정된 필리핀중앙은행법에는 'monetary policy' 대신 'monetary, credit and exchange policies'라는 표현을 썼고, 이것을 그대로 수입해 와 한국은행법에도 '통화, 신용, 외환에 관한 정책(구법 제7조, 제36조, 제43조)'이라고 표현했다. 통화정책, 신용정책, 외환정책을 구분하고 대등하게 취급한 것이다.

그런데 초창기의 한국은행 실무진은 용어에 큰 주의를 기울이지 않았다. 1951년 발간된 『조사월보』[2)]와 연차보고서(5쪽) 그리고 1952년 연차보고서(102쪽)에서는 '통화'를 빼고 '신용정책'이라는 표현만 썼다. 나아가 신용정책과 외환정책을 묶어서 '금융정책'이라는 국적불명의 표현을 쓰기도 했다.[3)] 한국전쟁 중의 혼란이 용어의 선택에서도 나타났다고 할 수 있다.

한편 한국전쟁이 끝난 1953년 연차보고서(29쪽)에는 '신용 및 통화정책'이라는 표현을 통해 신용을 통화보다 우선했다. 학계와 일반인들이 '통화정책'이라고 하는데도 불구하고 한국은행 내

1) 일본에서는 정부가 하는 일은 정책이라고 부르는 반면, 일본은행이 하는 일은 정책이라고 하지 않는다. 일본은행을 정부보다 낮추어 보려는 관존민비(官尊民卑)적 태도다. 일본의 이런 태도는 "재정학'과 '화폐금융론'이라는 번역에서도 엿보인다. 정부의 일을 연구하는 것은 학문(재정학)으로 보고, 민간의 일을 연구하는 것은 주장(화폐금융론) 정도로 취급하는 것이다.

2) 「신용정책의 회고」(12월호), 집필자 미상.

3) 현행 '금융위원회 설치 등에 관한 법률'에서는 '금융정책(제3조 제1항)'이라는 용어가 쓰인다. 금융시장 및 금융기관의 점검과 금융제도에 관한 법률입안이라는 의미다. 참고로 영어권에서는 financial policy라고 할 때 보통 기업의 재무정책을 말한다.

리를 의미한다. 참고로 대만중앙은행법에서는 화폐정책과 금융정책이라는 말도 쓰는데, 화폐정책은 은행권의 발행에 관한 의사결정(발권업무)이고 금융정책은 그 의미가 모호하다.

3. The Statute of the European System of Central Banks and of the European Central Bank

부에서 신용을 강조한 것은 당시 금융시장이 사실상 존재하지 않아 직접규제에 의존했기 때문이다. 좀 더 권위적인 표현을 통해 규제당국으로서의 이미지를 보이려던 것으로 보인다. 그러다가 1958년 연차보고서(42쪽)에서 '통화신용에 관한 정책'이라는 말이 처음 쓰였다. 통화를 신용에 우선한 것이다. 이러한 인식변화를 반영하여 1962년 개정된 법률에서는 '통화신용의 운영관리에 관한 정책(제7조)의 수립'이라는 표현으로 살짝 고쳐졌다. 최종적으로 1998년에 이르러 법률에서 '통화신용정책'이라는 단어가 만들어졌다.

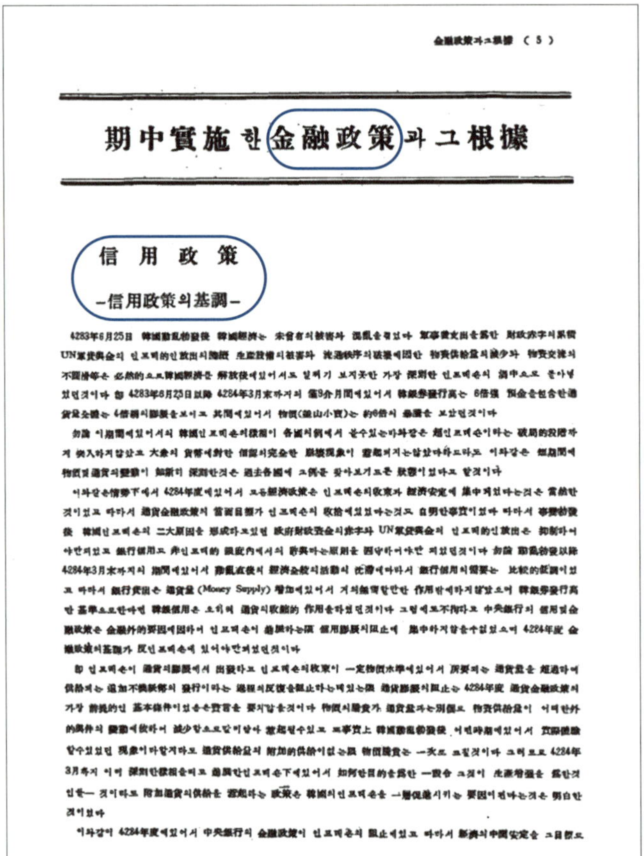

金融政策과그根據 (5)

期中實施한金融政策과 그根據

信用政策

-信用政策의基調-

▲ 통화정책 대신 금융정책과 신용정책이라는 말을 쓴 1951년 한국은행 연차보고서

최초의 한국은행법에서는 통화정책과 신용정책의 차이를 명확히 제시하지 않았다. 그럼에도 불구하고 몇 가지 기준을 통해 두 정책을 구분해 볼 수 있다. 우선 통화정책과

신용정책을 그 관리대상에 따라 나눌 수 있다. 즉, 통화정책은 통화(money, 은행의 부채)를 조절하는 활동이고, 신용정책은 신용(credit, 은행의 자산)을 조절하는 활동이라고 정의하는 것이다. 이런 기준을 따를 경우 신용정책은 중앙은행의 대출규모, 만기, 적격여신의 범위 등을 조절하는 활동이다. 그러나 중앙은행이 대출규모(자산)를 조절하면 통화량(부채)도 동시에 바뀐다. 이른바 복식부기의 원리에 의해 자산(차변)과 부채(대변)는 함께 변동하기 때문이다. 따라서 "통화정책은 통화관리, 신용정책은 신용관리" 식으로 구분하는 것은 공허하다.

통화정책과 신용정책은 그 속성과 빈도에 따라 구분할 수도 있다. 한국은행법 제4장은 한국은행의 업무를 다루는데, 이 중 예금, 대출, 증권 매매 등은 상거래 계약에 근거하여 상시적으로 수행된다. 반면, 금융기관에 대한 여 · 수신 최고금리의 제한, 대출의 최장기간 · 담보 · 금액의 통제, 대출사전승인제도의 운영 등은 상거래가 아닌 금융기관에 대한 규제활동이며, 매우 드물게 수행 · 변경된다. 이와 같은 구분 속에서 중앙은행의 통상적인 상거래 활동은 통화정책이고, 이례적으로 수행되는 각종 규제행위는 신용정책이라고 정의할 수 있다. 대만중앙은행법이 이런 분류를 따르고 있다.

그러나 이 기준을 따르더라도 통화정책과 신용정책의 경계는 불분명하다. 예를 들어 대출최고금리와 수신최고금리의 제한(미 연준의 Regulation Q)은 금융기관에 대한 규제라는 점에서 신용정책에 해당하지만 1980년대 이전에는 통화정책으로 인식되었다. 현재도 지급준비율 조절은 금융기관에 대한 영업규제이지만 보통 통화정책이라고 본다.

끝으로 통화정책과 신용정책을 양적 조절과 질적 조절로 구분할 수도 있다. 1950년 최초의 연차보고서(7쪽)에서 한국은행의 업무를 "금융기관 여신량의 통제와 여신의 성격과 종류의 통제" 라고 구분한 것이 그 예다. 즉, 통화정책은 양적 조절이고, 신용정책은 질적 조절이라고 본 것이다. 하지만 담보물의 범위를 조절하는 것은 질적 조절(여신조건의 변경)인 동시에 양적 조절(여신량의 변화)을 목적으로 한다. 따라서 이 기준에도 한계가 있다.

이상과 같이 어떤 기준을 적용하더라도 통화정책과 신용정책을 엄격히 구분하기는 어렵다. 중요한 것은 중앙은행의 업무에는 금융기관 규제 또는 질적 조절활동도 포함된다는 점이다. 규제수단 또는 질적 조절활동을 어떻게 평가하고 얼마나 동원하는지는 시대와 경제상황에 따라 달라진다.

참고로 19세기까지는 어음의 조건이나 만기를 조절하는 질적 관리가 양적 관리보다 훨씬 중요하게 다뤄졌다. 예를 들어 영란은행은 1746년부터 1822년까지 76년간 네 명의 총재가 바뀌는 동안 단 한 번도 금리를 조절하지 않았고, 프랑스은행도 1820년부터 1847년까지 27년간 금리조절이 없었다. 산업혁명이 진행되고 있던 경제구조의 대변혁기에 중앙은행들은 신용정책, 즉 질적 관리로 버틴 것이다. 그러나 20세기 들어서는 통화주의(monetarism)의 확산과 함께 질적 관리의 비중이 크게 낮아졌다. 대신 대출량과 금리의 조절, 공개시장조작 그리고 지급준비율의 변경 등 수량화할 수 있는 수단들이 이용되었다. 경제학계에서도 양적 조절수단들을 비중 있게 다루었다.

하지만 21세기에 들어서 다시 질적 관리의 중요성이 부각되었다. 글로벌 금융위기 이후 통화량이나 금리 등의 조절만으로는 금융안정을 달성할 수 없다는 반성과 함께 금융기관의 여신활동을 통제하는 주택담보인정비율(LTV)이나 총부채상환비율(DTI)의 조절이 유용한 정책수단으로 주목받기 시작했다. 다만, 규제 완화를 추구하는 신자유주의 기조가 오래 지속되면서 통화정책은 양적 관리에 치중하는 것이라는 인식이 확고해졌다. 그래서 LTV와 DTI 등의 규제는 기존의 통화정책과 구분하여 거시건전성정책(macro-prudential policy)이라고 부른다. 하지만 한국은행법의 관점에서는 거시건전성정책이 여전히 통화신용정책(monetary and credit policy)에 포함된다.

물가안정

두말할 필요도 없이 물가안정은 통화신용정책의 최우선 목표다. 하지만 한국은행이 통화신용정책만 수행하는 것은 아니다. 한국은행의 업무 중에서 외국환업무나 출자와 출연은 통화신용정책이 아니다.[4] 따라서 물가안정이 통화신용정책에만 국한된 목표라면 한국은행이 출자 · 출연을 하거나 외국환업무를 수행할 때는 물가안정을 고려할 이유가 없다. 즉, 정부가 공익을 위해 설립한 기간에 출자나 출연을 요청한다면 물가안정보다 상

4. 출자와 출연은 통화신용정책이 아니라 '한국은행의 예 · 결산에 관한 사항'으로서 의결된다. 이 점은 제28조에서 다시 설명한다.

위목표인 "국민경제의 건전한 발전" 을 고려해서 정부의 요청을 적극 수용하는 것이 바람직하다는 결론을 내릴 수 있게 된다. 외환시장개입 요청도 마찬가지다. 상당한 논란이 따를 수 있고 불편한 결론이다.

미 연준법에서도 물가안정은 통화정책에 국한된 목표[5]지만, 한국과 같은 문제가 생기지 않는다. 외국환어음의 매매 등 외국환업무도 통화정책에 포함(미 연준법 제13조 10, 제14조)되는 데다가 미 연준이 타 기관에 출자 · 출연하는 경우가 없기 때문이다. 과거 한국은행법에서도 이런 문제는 생기지 않았다. 제1장에서 '통화신용정책' 이라는 매개물을 동원하지 않았기 때문이다. 1997년 이전의 한국은행법은 다음과 같다.

제1조 이 법에 의하여 한국은행을 설립한다.

제3조 한국은행의 주요목적은 다음과 같다.

1. 국민경제 발전을 위한 통화가치의 안정
2. 은행, 신용제도의 건전화와 그 기능향상에 의한 경제발전과 국가자원의 유효한 이용의 도모

즉, 1997년 이전에는 물가안정이 통화신용정책만의 목표가 아니라 한국은행의 존재이유였으며, 한국은행은 무슨 일을 하든지 '통화가치의 안정' 을 우선해야 했다. 그런 점에서 과거의 한국은행법이 현행법보다 오히려 물가안정을 더 중요하게 취급했다고 할 수 있다. 상당한 역설이다.

금융안정

이 조의 제1항은 물가안정을 다루고, 제2항은 금융안정을 다룬다. 그런데 물가안정은 '도모' 하고, 금융안정은 '유의' 하도록 규정되어 두 목표가 대등한 위치에 있지 않다.

---

5. 미 연준법은 통화신용정책의 목표(Section 2A, Monetary Policy Objectives)로 "고용극대화, 물가안정 및 장기금리의 안정(maximum employment, stable prices, and moderate long-term interest rates)"을 규정하고 있다.

이와 같이 두 목표 사이에 차등화(priortization)를 한 것은 물가안정과 금융안정을 병렬적으로 둘 경우 의미론적 모호성(semantic ambiguity)과 문법적 모호성(syntactic ambiguity)이 생기기 때문이다(필자가 정부와 협의하여 그렇게 만들었다).

의미론적 모호성이란, 물가안정에 비해 금융안정의 개념이 뚜렷하지 않은 데서 생기는 논리적 오류다. 통화량과 인플레이션 간의 관계에 대한 분석의 역사는 400년이 훨씬 넘는다.[6] 이에 비해 금융안정은 비교적 최근에 등장하여 그 개념이 모호하고 측정수단도 마땅치 않다. 오늘날 여러 나라 중앙은행들과 학자들이 금융안정의 정도를 나타내는 금융상황지수(financial condition index)를 개발하여 발표하지만 그 유용성은 아직 확인되지 않았으며, 이론적 뒷받침도 취약하다. 몇몇 경제통계들을 결합하여 만든 새로운 통계량을 과거의 경제상황에 적용한 뒤 유용하다고 주장하는 정도다. 연금술사가 이것저것 섞어 금과 비슷한 물질들을 만들어 보려고 시도하는 것과 비슷하다.

그러다 보니 글로벌 금융위기 이후 주요국 중앙은행들이 적극적으로 유동성을 공급(양적완화)한 것이 금융안정에 기여했다는 주장과 또 다른 금융위기를 키운 것에 불과하다는 주장이 공존하고 있는 실정이다. 금융안정이 이처럼 모호한 개념이기 때문에 물가안정과 대등하게 놓기에 부족한 면이 있다.

문법적 모호성이란, 우리가 어머니에게서 배운 자연언어(natural language)의 한계에서 비롯된다. 미 연준이 추구하는 통화정책의 목표(연준법 Section 2A)는 "고용극대화, 물가안정 그리고 장기금리의 안정"이다. 유래 없는 불황 속에서 1977년 고용극대화라는 목표를 추가할 때 미국 의회는 미 연준이 물가안정과 고용극대화를 동시에 추구하도록 요구했다.

---

6. 16세기에 이르러 프러시아의 코페르니쿠스(Nicolaus Copernicus)와 프랑스의 보뎅(Jean Baudin) 등이 오늘날의 화폐수량설과 비슷한 주장을 제시한 이후 많은 사람들이 통화량에 관심을 갖기 시작했다. 그래서 오늘날에는 통화량과 물가가 정(正)의 관계에 있다는 사실이 상식처럼 통한다.
   물가안정 여부(물가지수)를 측정하는 방법들도 아주 잘 발달해 있다. 17세기에 이르러 영국의 본(Rice Vaughan)이라는 경제학자가 300년 동안의 물가변동을 수치로 환산(『화폐론(A Discourse of Coin and Coinage)』(1675년). 곡물, 가축 등 몇 개의 품목을 기준으로 시산했다)한 바 있으며, 20세기에 이르러서는 독일의 파쉐(Hermann Paasche)와 라스파이레스(Étienne Laspeyres)가 물가수준 측정에 관한 이론을 완성했다. 오늘날 거의 모든 나라들이 이들의 이론을 토대로 각종 물가지수를 산출하고 있다(실제로는 거의 대부분 라스파이레스지수를 활용한다).

그러나 경제목표 사이에는 항상 트레이드오프(trade-off) 관계가 있으며, 여러 개의 목표를 동시에 달성하는 것은 불가능하다. 결국 1980년대 초 미 연준은 물가안정을 위해서 장기금리의 안정과 고용극대화를 유보했다. 이후 미 연준은 두 개 목표(dual mandates) 중 어느 하나를 선택하여 추구하는 것으로 이해된다. 즉, 미 연준법상의 'and(교집합)'가 현실에서는 'or(합집합)'로 운용된다. 이를 문법적 모호성이라고 한다.

한편, 2000대 초반은 세계적으로 높은 성장률 속에 낮은 인플레이션이 계속되는 대

○ 다만 **물가안정과 금융안정을 상호독립적이며 대등한 목표로 볼 것인지는 아직까지 의견이 접근하지 않은 상태**

- 상호독립적이며 대등하다면 **적어도 단기적으로는 물가안정과 금융안정간 상충가능성이 제기되므로 우선순위 설정 필요성이 다시 대두**(대등하지 않다고 보면 불필요)

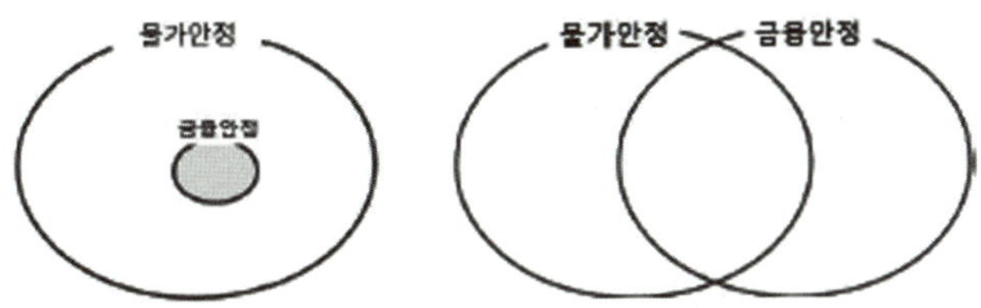

A. 금융안정을 물가안정의 특수한 상태로 보는 견해

B. 물가안정과 금융안정을 상호독립적 관계로 보는 견해

글로벌 금융위기 이후의 패러다임

□ 그러나 어떤 견해를 따르더라도 **물가는 안정되었으나 금융안정은 저해될 개연성이 크다는 점을 인정한다면 한은법에 금융안정 기능을 추가할 필요**

⇒ 이 경우 통화신용정책이 추구하는 것은 **물가안정과 금융안정의 교집합(and)**이며 물가·성장 등 상충적 목표를 추구하는 경우의 **합집합(or)** 개념과는 해석이 달라짐

▲ **2010년 한국은행법 개정 논의 당시 제1조에 금융안정을 추가하는 것에 반대하는 국민경제자문회의에게 필자가 제출한 자료** 이 자료를 토대로 논의하면서 '금융안정에 유의한다'는 문장이 탄생했다.

안정기(Great Moderation)였다. 글로벌 금융위기는 그런 표면적 안정 속에서 잉태되었다는 것이 정책당국과 경제학자들의 공통된 견해다. 글로벌 금융위기 이후 세계 각국이 깨달은 점은, 중앙은행들이 당장의 수치가 보여주는 물가안정에 안심하지 말고 금융안정 여부를 부단히 경계하고 대비해야 한다는 점이다.

이런 국제적 흐름 속에서 우리나라 국회는 한국은행에게 물가안정과 금융안정을 함께 도모할 것을 요구했다. 하지만 한국은행법에서 "물가안정과 금융안정을 도모함으로써"라고 표현할 경우 미 연준처럼 물가안정과 금융안정 중 어느 하나만 충족하면 되는 것으로 이해될 가능성도 있다. 그것은 입법 취지와 정반대의 결과다.

그래서 필자는 국회에서 발의된 각종 개정안을 토대로 정부와 오랜 협의를 거쳐 현재와 같이 수정했다. 현행법 제1조는 이중구조를 가지며, 미 연준법 2A나 일본은행법 제1조보다는 논리적 완결성이 높다. 즉, 통화신용정책의 목표는 일차적으로 물가안정을 도모하는 것이며, 이어서 금융안정을 도모(A and then B)하는 순서(sequencing)를 갖추고 있는데, 그럼으로써 입법 의도가 한층 분명하게 드러난다.[7]

결 론

현행 제1조는 중대한 결함을 갖고 있다. 물가안정은 한국은행이 수행하는 여러 업무 중 통화신용정책에만 한정된 목표로 해석되어 한국은행의 출자 · 출연, 외환시장개입 등이 효과적으로 제어되지 않을 수 있다. 이런 문제점은 한국은행의 설립을 다루는 제1조에서 굳이 통화신용정책이라는 매개물을 동원한 데서 발생한다.

참고로 영란은행법, 유럽중앙은행(ECB)법, 스웨덴릭스방크법, 일본은행법, 덴마크중앙은행법 등에서는 제1조에서 통화신용정책을 언급하지 않는다. 통화신용정책이라는 매개물을 통해 중앙은행의 설립을 서술하는 것은 현행 한국은행법 이외에 중국인민은행

7. 예를 들어 "책을 읽고 자러 갔다(A and B)"와 "자러 가서 책을 읽었다(B and A)"는 그 의미가 전혀 다르다. 이때 "책을 읽었고, 이어서 자러 갔다(A and then B)"라고 사건의 순서를 밝히면 그 뜻이 분명해진다. 한국은행법은 두 목표 간의 우선순위 또는 서열이 분명하다. 2011년 한국은행법 제1조에 금융안정이 추가된 이후 물가안정이 덜 중요하게 다뤄진다는 일련의 주장은 전부 틀렸다고 해도 과언이 아니다.

법(제1조), 스위스중앙은행법(제5조) 및 터키중앙은행법(제4조) 등 소수에 불과하다.

통화신용정책은 중앙은행의 역사 속에서 응고된 침전물이다. 즉, 각국 중앙은행들이 수행해 온 다양한 업무 중 거시경제적으로 의미 있다고 인식되는 활동들을 추출한 것이 통화신용정책이다. 이에 비해 금융안정이나 거시건전성정책 등 최근 부각되는 개념들은 변화하는 금융환경에 맞추어 중앙은행의 업무영역에 새롭게 추가되고 있는 첨가물이다.

침전물로 첨가물을 설명하는 것은 불가능하다. 역사적 산물인 통화신용정책의 프리즘으로만 중앙은행의 존재 이유를 설명하게 되면 중앙은행은 새로운 업무를 수행할 수 없다. 기존의 시각만 고집하면 최종대부자 기능이건, 지준부리(interest on reserves)건, 양적완화(quantitative easing)건, 오퍼레이션 트위스트(operation twist)건, 포워드 가이던스(forward guidance)건, 당면한 금융위기를 극복하기 위해 시도되는 모든 '비전통적 통화신용정책' 들을 포기하게 된다.

결론적으로 통화신용정책은 역사적 침전물이라서 중앙은행의 전향적 사고와 선제적 행동을 방해한다(이 점에 관해서는 78쪽의 [보론]을 참조하라). 따라서 1997년 이전의 법률처럼 이 조에서는 통화신용정책이라는 개념을 동원하지 않는 것이 바람직하다고 보인다.

반면, 제1조에 추가할 것도 있다. 바로 화폐의 발행과 지급결제제도의 운용이다. 금본위제도를 거치지 않은 우리나라에서는 한국은행법이 화폐법(coinage act)을 겸하고 있다. 또한 한국은행의 지급준비금 관리와 분리된 지급결제제도는 무의미하다(이는 제81조에서 설명한다). 화폐 발행과 지급결제제도 운영에서 한국은행은 독보적인 위치를 차지하고 있으므로 이를 한국은행법에서 명시적으로 다룰 필요가 있다.

이 조에 대한 필자의 생각은 다음과 같다.

〈필자의 제안〉

제1조(목적)

① 이 법에 의해 한국은행을 설립한다.

② 한국은행은 국민경제의 건전한 발전을 위해 다음과 같은 목적을 추구한다.

1. 한국은행권과 주화의 발행[8]
2. 물가안정과 이를 지키는 범위 내에서 금융안정의 도모
3. 지급결제제도의 효율성과 안전성[9]

[보론]

통화신용정책의 바람직한 수행방식과 내용은 경제상황에 따라 달라진다. 따라서 주어진 법률 안에서 중앙은행이 수행할 수 있는 업무의 범위와 경계를 평소에 잘 확인해두는 것은 대단히 중요하다. 미 연준은 법률상 활용할 수 있는 정책수단들을 평소 면밀히 점검함으로써 글로벌 금융위기 초기에 파격적인 조치들을 신속하고 과감하게 실행할 수 있었다.[10] 연준의 명성과 위상은 이런 법률 실력에 기초한다.

한국은행도 법률상 주어진 기능을 유감없이 발휘하려면 정례적 · 반복적으로 실시되는 정책금리의 조정에만 초점을 맞춰서는 안 된다. 법률이 허용하는 통화신용정책의 영역에 대한 관심과 연구가 필요하다. 필요하면 법률의 개정까지 요구할 준비

---

8. 제1편과 제47조에서 설명하는 바와 같이 우리나라에는 화폐법이 따로 제정되어 있지 않다. 한국은행법이 화폐 발행의 근거가 된다. 이런 점을 분명히 하기 위해서 화폐 발행을 한국은행의 첫 번째 목적으로 설정하였다(불태환화폐 제도에서는 화폐와 분리된 중앙은행은 생각할 수 없다). 이는 일본은행법(제1조)과 멕시코중앙은행법(제2조) 등을 참고한 것이다.
9. 이 호는 현행 한은법 제81조에 담긴 취지를 부각시킨 것이다. 자세한 내용은 제81조의 설명을 참조하라.
10. Small, David H. and James A. Clouse(2004), "The Scope of Monetary Policy Actions Authorized Under the Federal Reserve Act," *Finance and Economics Discussion Series* 2004-40, Board of Governors.

가 되어 있어야 한다. 따라서 현행 법조문의 검토 이외에 과거와 미래를 아우르는 정책적 상상력이 필요하다.

1980년대 이전의 한국은행은 '통화정책'[11] 대신에 '통화신용정책'이라는 말을 자주 쓰면서 신용정책을 중시했다. 그런데 현재는 신용조절에 별로 신경을 쓰지 않는다. LTV와 DTI 규제가 좋은 예다. 우리나라에서는 LTV와 DTI 규제를 금융위원회가 담당하고 있고, 그것을 당연하다고 인식한다. 글로벌 금융위기 이전인 2007년 금융위원회가 '은행업감독규정'을 통해 LTV와 DTI 규제를 먼저 시작했기 때문이다.[12] 그때 한국은행은 금리조절 등 양적 조절에만 관심을 쏟으면서 신용정책에 무관심했다. 전통적 통화신용정책의 울타리에 갇혀 한국은행법을 폭넓게 시각으로 해석하지 못한 것이다. 그 결과 한국은행법(제28조 제16호, 제17호)에 포함되는 LTV와 DTI 규제, 즉 비전통적 통화신용정책을 한국은행 스스로 포기한 셈이 되었다.

통화신용정책은 발권업무와 달리 독점성이 보장되지 않는다. 우리나라에서는 금융위원회도 통화신용정책의 일부를 담당한다. LTV와 DTI 규제는 보통 거시건전성정책이나 감독업무라고 하지만 통화신용정책과 영역이 중첩된다. 한국은행 스스로 한국은행법에 쓰인 통화신용정책의 범위를 유지 · 확장하기 위해 노력하지 않으면, 기관 간 정책경쟁 속에서 한국은행의 입지가 축소되기 쉽다. 대한민국 국회가 한국은행에 부여한 기능은 통화신용정책이지, 통화정책이 아니라는 점을 명심할 필요가 있다.

11. 한국은행의 기록을 살펴보면 통화정책이라는 말은 『1947～1959년의 기간에 있어서 4개 후진국가의 인프레에 대한 통화정책』(조사부, 1959년)이라는 자료에서 처음으로 쓰였다. 두 번째로 쓰인 것은 1960년대에 이르러 『경제성장의 증진과 통화정책의 효율화를 위한 금융시장의 역할』(조사부 조사자료 C-20호, 1965년 8월)이라는 자료에서였다. 이처럼 1960년대까지는 통화정책이라는 표현의 사용빈도가 낮았다.

12. 금융위원회, "주택담보대출관련 리스크관리 강화대책의 감독규정화"(2007년 7월 20일 보도자료).

제2조(법인격)

한국은행은 무자본 특수법인으로 한다.

※ 이 조와 함께 읽어야 할 부분 : 제7장

이 조는 한국은행의 존재형식에 관한 규정이다. 한국은행은 설립 당시 15억원의 납입자본금이 있었지만 1962년 정부로 회수되었다. 이로써 한국은행은 소위 '무자본 특수법인'이 되었고, 이것이 한국은행의 중요한 특징이라고 알려져 있다.

그러나 납입자본금은 그다지 중요하지 않다. 납입자본금은 중앙은행의 필요조건도, 충분조건도 아니다. 거의 대부분의 중앙은행들은 납입자본금을 갖고 있는 반면, 중앙은행이 아닌 금융감독원이나 예금보험공사 등은 납입자본금이 없다. 정부와 가계 그리고 교황청도 납입자본금이 없다.

그러므로 이 조의 핵심어는 '무자본'이 아니라 '법인'이다. 그렇다면 이 조에서는 한국은행이 어떤 종류의 법인인지가 함께 선언되어야 한다. 즉, 한국은행이 영리법인인지 비영리법인인지를 밝혀야 한다. 아울러 한국은행이 법인으로서 할 수 있는 일과 할 수 없는 일이 무엇인지도 분명히 해야 한다.

법 인

법인(legal person)이란, 자연인 이외의 권리와 의무의 주체를 말한다(민법 제34조). 오늘날 대부분의 중앙은행들은 법인의 형태를 취하고 있다. 일본이나 스위스에서는 중앙은행 주식이 증권거래소에 상장되어 있기도 하다. 그러나 중앙은행이 반드시 법인이어야 하는 것은 아니다. 미국의 연방준비위원회(Board of Governors)와 중국인민은행, 홍콩통화청(HKMA), 사우디아라비아통화청(SAMA) 등은 법인이 아닌 정부부처다.

반면, 싱가포르 통화청(MAS)은 통화당국(monetary authority)이라는 이름에도 불구하고 법률적으로는 법인이다(싱가포르중앙은행법 제3조(1)). 독일의 분데스방크도 법인인 동시에 정부조직이다(독일연방은행법 제1조). 최고의 역사를 가진 스웨덴릭스방크도 자본금을 보유(릭스방크법 제10장 제1조)하는 법인이면서 헌법기구(동법 제1장 제1조)다. 이들 기관은 법인이 정책을 결정한다.

그런데 우리나라에서는 법인이 정책을 다룰 수 없다는 생각이 강했다. 일본의 영향으로 한때 관방주의(cameralism)가 지배했던 흔적이다. 관방주의는 공무원이 국가의 발전과 운영을 주도해야 한다는 19세기 후반의 이념으로 모든 조직을 공무원 조직과 민간 조직으로 엄격하게 나눈다. 그래서 일본은행법은 아직도 일본은행이 하는 일에 '정책'이라는 말을 허용하지 않는다. 일본의 영향을 받은 우리나라 법학계에서도 한국은행법을 제정할 때 통화신용정책을 수행하는 한국은행이 법인이 될 수 있는지가 큰 쟁점거리였다. 한국은행이 정책을 수행하려면 법인격을 포기해야 한다고 보는 사람들이 있었다(일제강점기에 일본대학교에서 법학을 공부했던 신태익 제2대 법제처장이 그런 의견을 주장했다).

만일 한국은행에 법인격이 부여되지 않는다면 한국은행은 행정법상 영조물(營造物)에 해당된다. 영조물이란, 공공의 복리를 위해서 정부가 설립한 각종 시설이나 기구이며, 국립도서관이 그 예다. 영조물은 법인격이 없기 때문에 소송의 당사자가 될 수 없다. 그래서 그것을 관리하는 주무관청이 소송을 진행하게 된다.

만일 한국은행에 법인격이 부여되지 않는다면 통화신용정책의 법률적 책임은 재무부에게 부여된다(한국은행은 소송에 필요한 모든 자료와 정보를 정부에 제공할 뿐이다). 그래서 한국은행은 재무부의 지휘를 받게 된다. 한국은행법 초안을 만든 블룸필드 박사 일행은 그런 점을 고려해서 한국은행을 영조물이 아닌 영조물법인(영조물 + 법인)으로 설치할 것을 계획했었다.

그러나 1950년 당시에는 영조물법인(법인격을 가진 영조물)의 예를 찾기가 어려웠고 외국의 중앙은행 제도에 관해서도 정부 관료들이 아는 바가 없었다.[13] 그래서 재무부는 한국은행법 초안에서 한국은행의 법인격을 삭제하려고 했다. 이런 사실을 안 블룸필드 일행은 크게 당황했다. 그리고 법무부장관, 법제처장, 재무부장관 등에게 항의서한을 보내 한국은행을 정부부처의 하나로 만들려는 시도를 강력하게 비판했다.[14] 그 결과 한국

13. 당시 공익성을 띤 법인은 대한해운공사, 대한조선공사, 대한석탄공사 등 3개가 있었으나 이들 기관은 한국은행과 달리 정책을 수립하는 것이 아니라 독점영리사업을 영위했다.

14. "I must interpose serious objections(1950년 4월 10일자 서한)." 편지를 쓴 당사자인 젠센 씨는 다음날인

Bank of Korea 2 January 30, 1950

The clause "by other pertinent legislation" gives rise to the question whether it is contemplated that the pertinent provisions of the Civil and the Commercial Code shall be applicable to the Bank of Korea. According to Article 33 of the Civil Code, "No juridical person can come into existence otherwise than in accordance with this Code or other laws." The Civil Code deals with associations and foundations related to public interests; the Commercial Code deals with profit-making associations. Japanese-Korean law provides in addition for the establishment of juridical persons under special law. Such associations were called under Japanese law Kuminai under special laws. Special laws whose object is the organization of special companies were, for instance, the laws concerning the Bank of Japan and the laws concerning the Yokohama Specie Bank (See Civil Code Annotated, p. 33). In order to clarify this point it may be advisable to insert the following provision in Article 1, "The Bank of Korea shall be organized as a juridical person under special law."

Article 2:
It is suggested to replace the word, "headquarters" with the word "domicile" or "seat."

Article 5:
According to Article 7 of the Constitution of the Republic of Korea, "The duly ratified and published treaties and the generally recognized rules of International Law shall be valid as a binding constituent part of the Law of Korea." In view of Article 7 of the Constitution, Article 5 appears superfluous. The term "ratify" as used in Article 5 seems to indicate that the Bank shall be subject only to International Monetary and Banking Agreements which were ratified by the Constitution and not to executive agreements related to monetary and banking matters. It is suggested to insert into Article 1 the words, "including duly ratified international agreements relating to monetary and banking matters," and to eliminate Article 5.

Article 9(b):
The draft provides that the "Governor shall be appointed for a term of four years by the President of the Republic of Korea." According to Article 72(11) of the Constitution, the "appointment and removal of judges of the Supreme Court, procurator general, the head of the Board of Audit, the President of the International University, Ambassadors, Ministers, the high ranking officers in the national military force, the Chief of Staff and other public officials and the managers of important national enterprises designated by law shall be appointed by the President with the approval of the State Council." In view of the great importance of the Bank of Korea, it does not seem advisable to exclude the managers of the Bank of Korea from the quoted provision of the Constitution. It is recommended, therefore, to provide that the Governor of the Bank of Korea shall be appointed by the President of the Republic of Korea with the consent of the State Council.

▲ **한국은행법 제정 당시 미 군정청 에른스트 프랭켈 법률고문의 검토의견** 법률에서 명시적으로 법인격을 부여하지 않으면 한국은행이 민법상의 조합처럼 된다고 경고하면서 한국은행법 제1조에서 반드시 법인격을 부여해야 한다고 권고했다. 이 권고에 따라 최초의 한국은행법 제1조 제2항에 "한국은행은 법인으로서 모든 권리를 행사하며 모든 의무를 부담한다"는 내용을 담았다.

4월 11일 뉴욕 연준 본부로 보내는 편지에 더욱 격렬한 표현을 썼다. 즉, "표현이 거칠어서 죄송하지만(the language in my letter may seem rather blunt), 이와 같이 웃기는 법안(ridiculous draft)이 만들어지는 것은 재무부 관리들이 원안을 조작(hidden ball play)하기 때문"이라고 기록했다.

은행의 법인격을 인정하는 규정이 복구되어 현행 법률의 제2조로 남게 되었다. 이런 역사적 배경을 고려할 때 제2조는 한국은행의 독립성과 정체성에 관한 첫 번째 논쟁의 산물이었다고 할 수 있다.

결론적으로 오늘날 중앙은행들이 대부분 법인의 형태를 취하는 것은 영란은행에서 출발한 역사적 흔적일 뿐이다(이 점에 관해서는 〈참고 1-2〉를 참고하라). '한국은행은 법인으로 한다'라는 이 조의 의미는 중앙은행의 존재형식에서 글로벌 스탠다드를 따른다는 데 있다. 정말 중요한 것은, 중앙은행이 법인인지 여부가 아니라 중앙은행이 정책결정과 내부 경영에서 자주성을 충분히 갖추고 있는지(즉, 외부의 영향을 받는지) 여부다.

참고 1-2 법인 개념의 진화와 중앙은행

오늘날에는 법인이라는 말이 매우 자연스럽지만 식민지 개척이 본격화되기 전에는 유럽에서도 생소했던 개념이다. 인공물은 권리와 의무의 주체가 될 수 없다는 생각이 지배했기 때문이다. 이미 주식회사가 보편화된 19세기 초에도 영국의 덜로우(Edward Thurlow) 대법관은 "법인은 처벌할 육체도, 비난할 영혼도 없다"라며 법인격이라는 개념에 대해서 회의적인 견해를 밝힐 정도였다.[1]

식민지 개척 이전에는 서로 잘 아는 사람들끼리 회사를 세우는 것이 일반적이었다. 그러다 보니 보통 가족기업이나 합명회사(partnership)의 형태를 취했다. 즉, 소유와 경영이 일치하는 가운데 투자자(사원)가 회사의 업무에 관하여 무한책임(unlimited liability)을 지는 구조였다. 투자자가 회사를 무한책임지기 때문에 개인(투자자)과 회사 간의 구분이 무의미했다. 회사의 파산은 곧 개인의 파산이었다. 당연히 회사가 성장하는 데 한계가 있었다.

이런 상황은 콜럼버스의 신대륙 발견 이후 달라졌다. 식민지 개척이 국운을 건 국책사업으로 인식되면서 국책사업 추진을 위한 투자금 모집에 통치자들이 발 벗고 나섰다. 통치자들은 다수가 돈을 모아 세운 대기업에 식민지 개발독점권이라는 특혜를 부여했다. 영국은 1600년, 네덜란드는 1602년 각각 동인도회사(East India Company)를 세웠고 이 회사에게는 특별히 자연인과 똑같은 법인격을 부여했다.[2]

1) "Corporations have neither bodies to be punished, nor soul to be condemned."

2) 영국은 상인들이 사모방식으로 자본금을 모았고, 네덜란드는 공모발행(public offering) 방식으로 자본

비록 회사에 인격이 부여되더라도 경영에 따른 책임을 회사라는 인공물에 지울 수는 없다. 그래서 영국 동인도회사의 공식 명칭은 "동인도로 진출하는 런던상인들의 회사와 총독(the Governor and Company of Merchants of London trading into the East Indies)"이었다. 동인도회사의 법인격을 인정하면서도 투자자의 일부가 회사 운영에 관하여 무한책임을 진다는 점에서 오늘날 합자회사(limited partnership)였다.

영란은행도 그런 연장선에서 설립되었다. 영란은행(1694년)의 경우 왕명에 따라 두 번째로 허가된 합자회사였으며, 그 이름은 "영란은행 총재와 그 회사(the Governor and Company of the Bank of England)"였다. "서태지와 아이들"에서 서태지가 빠질 수 없듯이, "영란은행 총재와 그 회사"에서도 총재가 빠질 수 없다. 총재는 무한책임사원으로서 영란은행 경영에 무한책임을 지도록 했다.[3)]

이후 산업혁명이 본격화되고 회사들 규모가 커지면서 소유와 경영을 분리하고 주주의 책임을 투자자금 범위 내로 제한할 필요성이 더욱 커졌다. 더욱이 1866년 금융공황을 계기로 영란은행의 최종대부자 기능이 확대됨에 따라 영란은행의 소유와 경영을 분리하는 것이 당연한 일로 간주되었다. 그럼으로써 영란은행은 사실상의 유한회사(limited liability company), 즉 유한책임사원으로만 구성된 조직으로 전환되었다. 그러나 공식적으로 소유와 경영이 분리된 것은 제2차 세계대전 직후인 1946년이었다. 당시 경기불황의 주범으로 몰린 영란은행은 노동당 정부에 의해서 국유화되었고 그때 이름도 'The Governor and Company of'는 뺀 '영란은행(Bank of England)'으로 바뀌었다. 현재 영란은행은 정부가 100% 지분을 보유하는 유한회사다.[4)]

한편, 미국에서는 중앙은행의 법인격 문제가 최초의 헌법 논쟁으로 발전하기도 했다. 건국 초

금을 모았다. 오늘날의 관점에서 보면 영국의 동인도회사는 합자회사, 네덜란드의 동인도회사는 주식회사였다.

3) 영란은행 설립 당시 영업기간은 12년으로 제한되어 있었다. 그리고 국가경제에서 차지하는 영란은행의 중요성을 감안해 8명의 영란은행 임원들은 반드시 주주이어야 할 것과 총재는 그들 가운데 호선하도록 하였다. 그래야 돈이 많은 사람들이 경영의 결과에 무한히 책임을 질 수 있다고 보았기 때문이다. 초기의 영란은행이 최종대부자 역할을 수행하는 데 소극적이었던 것도 이런 지배구조 때문이었다.

4) 귀족들이 세운 영란은행은 영국 사회에서 정쟁의 대상이었다. 명예혁명 이후 토리당과 현재의 보수당은 영란은행의 설립 당시부터 이 은행에 호의적인 반면, 휘그당과 현재의 노동당은 이 은행에 적대적 입장을 취해 왔다. 예를 들어 보수당의 처칠 수상은 영란은행의 권고를 받고 금본위제도를 시행했으며, 노동당의 애틀리 수상은 금본위제도 때문에 실업이 늘어난 점을 이유로 영란은행을 국유화했다. 또한 1998년 영란은행의 은행감독 권한 폐지는 노동당 블레어 수상이 보수당 대처 수상의 경제정책 실패를 문제 삼아서 내린 결정이었으며, 20년 뒤인 2008년에는 보수당의 캐머런 수상이 노동당의 경제실정을 비판하면서 다시 영란은행에 감독기능을 부여했다.

기에는 오늘날 연방정부에 해당하는 대륙회의(Continental Congress)가 북미은행(1781년), 뉴욕은행(1781년), 메사추세츠은행(1784년) 등 민간은행의 설립을 인가했지만 1787년 제정된 헌법에서는 법인의 설립허가권을 주정부가 갖도록 했다. 따라서 연방정부는 법인인 중앙은행을 설립할 수 없다는 것이 당시 토마스 제퍼슨 국무장관을 포함한 반대파들의 주장이었다. 이런 논쟁 때문에 최초의 중앙은행(Bank of the United States) 설립은 1791년까지 늦추어졌으며, 그나마 20년만 영업하다가 1811년 폐업했다. 오늘날의 미 연준이 1914년이 되어서야 설립된 것도 건국초기의 이런 헌법 논쟁에 기인한다.[5)]

결론적으로 중앙은행은 법인 개념의 진화와 깊은 관련이 있다.

5) 미국 건국과정에서 중앙은행을 둘러싼 헌법 논쟁은 필자가 해설한 『머니 맨』(청림출판사, 2008년)을 참조하라.

무자본

1950년 설립 당시 한국은행의 자본금은 15억圓이었다. 당시 자본금 15억圓이 적정한지를 설명하는 객관적 근거는 없었지만 정부는 그 정도면 충분하다고 생각했다. 법률을 만드는 블룸필드 일행도 한국은행은 발권기관이기 때문에 15억圓보다 더 많은 자본금을 갖추는 것은 과시욕(window dressing purposes) 또는 기분 문제(psychological reason)에 지나지 않는다고 보았다.[15]

결국 1962년 한국은행법 개정 시 자본금에 관한 조항이 삭제되었다. 이때도 정부는 그 이유를 밝히지 않았다. 다만, 당시 정부가 한국은행에서 회수한 1,500만환(圜)의 납입자본금[16]은 정부 예산의 1%대에 불과하여 한국은행의 납입자본금을 회수한 조치가 재정수지를 개선하려는 것은 아니었다.

한국은행에서 납입자본금을 회수한 것은 두 가지 측면에서 설명할 수 있다. 첫 번째

15. A. I. Bloomfield & J. P. Jenson, "Reports and Recommendations on Monetary Policy and Banking in Korea," reprinted by the Bank of Korea, 1965, p. 7.

16. 설립 당시 한국은행의 자본금은 15억원(圓)이었으나 1953년 100 대 1의 비율로 화폐개혁이 실시됨에 따라 1962년 5월 당시에는 자본금이 1,500만환(圜)이었다.

는 논리적 모순의 극복이다. 금본위제도 하에서는 중앙은행 설립 이전에도 금화나 은화가 있었고, 중앙은행이 그 금화나 은화로 자본금을 확보하고 대출업무를 수행했다. 그러나 불태환화폐 제도에서는 중앙은행이 있어야 화폐 발행이 가능하다. 그러므로 중앙은행이 불태환화폐로 자본을 조달하는 것 자체가 모순이다. 즉, 불태환화폐 제도에서는 중앙은행이 납입자본금을 가질 수 없다(토지와 건물 등 현물자본만 보유할 수 있다).

그럼에도 불구하고 1950년 한국은행이 설립될 때 정부가 15억圓의 자본금을 납입한 것은 그 이전에 이미 발행된 조선은행권을 화폐로 인정했기 때문이다. 발권기관인 한국은행을 설립하면서 일제강점기의 조선은행권을 대한민국의 화폐로 인정한 것은 궁여지책이자 모순이었다. 따라서 1962년 한국은행의 자본금을 폐지한 것은 설립 당시의 논리적 모순을 바로잡는 조치로 볼 수 있다.[17]

한국은행에서 납입자본금을 회수한 두 번째 이유는 중앙은행의 영속성 때문이다. 파산가능성이 있는 기업은 자본금이 있어야 설립되며, 납입자본금까지 잠식되면 파산한다. 이에 비해 정부, 가계[18] 그리고 교황청 등은 영속성을 전제로 하기 때문에 별도의 납입자본금이 필요 없다. 중앙은행도 파산 가능성을 고려할 이유가 없으므로 정부와 마찬가지로 납입자본금을 갖출 이유가 없다. 실제로 칠레, 이스라엘, 태국 등 일부 국가의 중앙은행은 자본잠식상태가 장기간 지속되고 있지만 정부와 중앙은행이 아무 조치를 취하지 않고 있는데, 이는 중앙은행의 자본금이 존립의 필수조건이 아니기 때문이다.

한편, 한국은행은 납입자본금(paid-in capital)은 없지만 광의의 자본(capital)을 보유한다. 한국은행은 매년 영업활동의 결과로 발생하는 순이익금 중 30% 이상을 각종 적립금(reserve)으로 보유한다(납입자본금과 자본 그리고 이익금 처분의 관계에 대해서는 〈참고 1-3〉을 참고하라). 이렇게 해서 축적된 적립금이 2018년 말 현재 15조원을 상회한다. 이는 한국은행 자산 총액의 3.1%이며 G20 국가 중앙은행 중에서는 상당히 높은 수준이다.[19]

---

17. 정부가 자본금을 회수한 뒤 남는 것은 정부가 제공했던 한국은행 본 · 지점의 부동산이다. 따라서 한국은행은 납입자본금은 없더라도 정부의 현물출자분은 있다고 보는 것이 정확하다.

18. 가족과 가계는 다르다. 가족(family)은 사망, 혼인, 분가 등의 이유로 소멸되지만 가족들의 집합인 가계(household)는 영속적이다.

19. 그러나 한국은행의 외화자산 비중이 90%를 넘기 때문에 한국은행의 손익은 환율 및 국내외 금리차에 대단히 민감하다. 그런 점에서 충분한 준비금이 필요하다. 이 점은 제99조 설명에서 다룬다.

참고 1-3

납입자본금, 자본 그리고 이익금 처분의 관계

매년 영업 결과에 따라 발생하는 법정적립금과 임의적립금이 한국은행의 자본이다. 따라서 한국은행의 자본을 설명하는 제2조는 예산 · 회계(제98조), 이익금 처분(제99조), 손실보전(제100조) 등과 불가분의 관계에 있다. 이런 점을 감안하여 1997년 이전의 한국은행법에서는 납입자본금과 이익금 처분, 적립금, 손실보전 등을 나란히 서술했다.

그런데 1998년 한국은행법 개정을 통해 제1장에 납입자본금이 없다는 사실만 남기고 자본과 관련된 여타 사항(제7장)은 법률의 후반부에 배치되었다. 이렇게 납입자본금과 적립금이 분리된 서술구조는 세계 어느 나라의 중앙은행법에서도 찾아보기 힘들다. 이는 1998년 한국은행법 개정을 주도했던 사람들이 회계원리나 자본의 개념을 제대로 알지 못했던 결과라고 보인다. 한국은행법의 논리적 완결성을 위해서는 제7장을 제1장과 다시 결합해야 한다. 이 점은 제7장에서 다시 검토한다.

특 수

'특수법인'은 한국은행을 설명하는 표현 중에서 최악이다. 특별법에 의하여 설립된 기관을 특수법인이라고 하는데, 우리나라에서는 금융감독원, 예금보험공사, 한국산업은행, 한국투자공사 등이 여기에 해당한다.

결국 '특수법인'이라는 말은 해당기관의 특징을 설명하는 것이 아니라 해당 법률의 특징을 설명한다. 그러므로 한국은행법이라는 특별법에 "한국은행은 특수법인이다"라는 문장을 싣는 것은 "한국은행법은 특별법이다"라고 규정하는 것과 같은, 맥 빠진 자기진술(self-referring)이다. 자기진술이 갖는 순환논리의 오류를 피하려면 한국은행법에서 '특수'라는 말을 삭제하여야 한다.[20]

이 조에서 '특수'라는 말을 대신해야 할 것은 '비영리(non-profit)'라는 말이다. 대

20. 자기진술의 전형적인 예로 "이 문장은 아홉 글자다"를 들 수 있다. 100% 맞는 말이지만 어떠한 새로운 정보도 제공하지 않으므로 아무 의미가 없다. 자기진술은 동어반복(tautology)이라고도 한다. 금융분야의 특별법들에는 "~는 특수법인으로 한다"라는 자기진술적 표현 또는 동어반복이 유난히 많다. 금융문제를 다루는 행정부 공무원들은 법률을 다룰 때 좀 더 세심한 주의를 기울일 필요가 있다.

다수 외국의 중앙은행과 달리 한국은행은 법인세와 지방세를 납부하는데, 이는 과세당국이 한국은행을 영리법인으로 보기 때문이다(영리기업에 대해서는 제103조의 설명을 참조하라). 병원법인, 학교법인, 종교단체 등은 그 공익성 때문에 법인세가 면제되는데 한국은행인 이들 기관보다도 공익성이 적다고 오해받는 것이다. 이런 문제를 해결하려면 한국은행이 비영리법인이라는 점을 분명하게 선언할 필요가 있다(한국은행에 대한 과세문제는 550쪽을 참조하라).

이 조에 대한 필자의 생각은 다음과 같다.

〈필자의 제안〉

제2조(법인격과 자본금 등)

① **한국은행은 비영리법인이다. 다만, 자본금은 없다.**[21]

② **한국은행은 주된 사무소를 서울특별시에 두며, 업무수행상 필요하다고 인정할 때에는 정관(定款)으로 정하는 바에 따라 지사무소(支事務所) 및 대리점을 둘 수 있다.**[22]

③ **한국은행은 이 법의 목적을 달성하는 데 현저한 지장을 초래하거나 다른 법률에서 금지하지 않는 한 법인으로서 업무를 수행하는 데 제한을 받지 않는다. 다만, 대통령령으로 그 범위를 제한할 수 있다.**[23]

---

21. 현재도 한국은행은 자본금(paid-in capital)은 없지만 자본(capital)은 있다.

22. 현행 법률 제7조를 여기로 옮겼다. 그 이유에 대해서는 제7조 설명을 참조하라.

23. 이 호는 미 연준법(Section 4. §4. General corporate powers)을 참고했다. 한국은행은 현행 한국은행법에 명시적으로 열거되지 않은 건물 임대, 연수시설 운영과 대여, 출판물과 기념품 등의 판매, 외국 중앙은행을 상대로 한 보호예수(custody) 등 다양한 업무를 수행하고 있다. 제2호는 이에 관한 포괄적 법적 근거다. 다만, 한국은행의 업무가 과도하게 확대되는 것은 대통령령으로 제한할 필요가 있다.

제3조(한국은행의 중립성)
한국은행의 통화신용정책은 중립적으로 수립되고 자율적으로 집행되도록 하여야 하며, 한국은행의 자주성은 존중되어야 한다.

※ 이 조와 함께 읽어야 할 부분 : 제4조, 제91조, 제92조

1998년 추가된 이 조는 중립성, 자율성 그리고 자주성 등 많은 가치들을 천명한다. 결론부터 말하자면, 자주성 하나만으로도 충분하므로 나머지는 삭제해도 무방하다.

중립성과 자율성

1998년 개정 시 은행감독기능이 폐지되는 대신 한국은행 총재가 금융통화위원회 의장직을 맡게 되었다. 이런 변화에 대해서 당시 정부는 통화신용정책의 연결고리가 없어지는 것을 염려했지만, 반대로 한국은행은 여전히 정부의 영향을 받지 않을까 걱정했다. 이런 상황에서 중립성, 자율성 그리고 자주성이라는 이념들이 대폭 추가되었다.

한국은행법에서 이런저런 비슷한 개념과 가치들을 나열하는 것보다는, 하나라도 제대로 준수하는 것이 중요하다. 이 조에서는 자율성과 자주성을 천명하고 있으나 이를 유지하기 위한 조건은 전혀 고려되지 않는다. 예를 들어 정부 인사의 금융통화위원회 참석과 열석발언권(제91조)이나 재의요구권(제92조)은 이 조의 자율성과 자주성과 상충된다. 다른 나라의 중앙은행법에서는 찾아보기 어려운 각종 견제장치들을 그대로 두고서 통화신용정책의 자율성과 한국은행의 자주성만 강조하는 것은 위선이자 모순이다.

듣기 좋은 가치들이 많이 서술된다고 좋은 법이 되는 것은 아니다. 참고로 일본은행법은 중립성과 자율성을 따로 언급하지 않은 채 자주성(제3조 제1항, 제5조 제2항)만 강조한다. 유럽중앙은행 정관(제7조)에서도 기관의 자주성만 언급한다.[24] 중앙은행의 자

24. "유럽중앙은행은 그 권한을 행사하고 임무와 의무를 수행함에 있어서 유럽연합의 기관, 기구, 각급관서, 회원국 정부나 그 밖의 기관의 지시를 구하거나 받지 아니한다." 한편, 유럽중앙은행법(제7조)에서는 독립성(independence)이라는 표현을 쓰는데, 이는 한국은행법의 자주성(autonomy)과 다르지 않다.

주성만으로도 통화신용정책의 중립성과 자율성이 충분히 달성된다고 보는 것이다.

자주성

이 조에서 말하는 '한국은행의 자주성' 은 통화신용정책뿐만 아니라 내부 운영의 자주성을 포괄한다. 즉, 금융통화위원회가 심의 · 의결하는 '한국은행의 운영에 관한 사항(제29조)' 이 자주성을 가져야 함을 의미한다. 이는 한국사회에서 큰 의미를 갖는다.

우리나라에는 공익을 위해 설립된 공공기관들이 많다(다른 나라도 마찬가지다). 그리고 정부는 매년 '공공기관' 의 범위를 지정한다. 정부가 지정하는 공공기관은 시장형 공기업, 준시장형 공기업, 기금관리형 준정부기관, 위탁집행형 준정부기관 등 다양한 기준에 따라 300여 개에 이르고 있다. 이들 공공기관은 각각의 설립법에 따라 이사회 등 고유한 지휘체계를 갖지만 정부는 '공공기관의 운영에 관한 법률' 을 통해 "공공기관운영위원회" 를 따로 운영하고 있다. 주로 정부 인사로 운영되는 이 운영위원회는 "자율경영 및 책임경영체제의 확립과 경영을 합리화하고 운영의 투명성을 제고하기 위하여" 공공기관의 내부 경영에 관한 사항을 심의한다. 그럼으로써 해당 기관의 자주성은 위축되는 것이 사실이다.

만일 한국은행도 정부에 의해 공공기관으로 지정된다면 여타 법인들과 마찬가지로 내부 경영에 통제를 받게 된다. 그럴수록 금융통화위원회의 영역은 축소된다. 그런데 이 조는 한국은행의 자주성을 선언함으로써 한국은행이 원칙적으로 '공공기관의 운영에 관한 법률' 에서 배제된다. 그런 점에서 이 조는 매우 의미가 크다.[25]

이 조에 대한 필자의 생각은 다음과 같다.

---

25. 다만, 한국은행은 자주성을 보장받는 만큼 업무운영의 공공성과 투명성 유지에 더욱 노력해야 한다. 한국은행이 '공공감사에 관한 법률' 에 따라 감사원 감사를 받으며, 이와 함께 국회의 국정감사와 기획재정부의 업무감사 등을 받는 것은 공공성과 투명성 차원에서 의미가 있다.

〈필자의 제안〉

제3조(자주성)

한국은행은 이 법과 타 법에서 부여된 업무를 수행할 때 정부나 그 밖의 기관의 지시를 구하거나 받지 아니한다. 정부나 그 밖의 기관은 이 원칙을 존중하고, 한국은행이 그 업무를 수행하는 데 영향력을 행사하지 않아야 한다.[26]

26. 유럽중앙은행 정관, 독일 분데스방크법, 스위스국립은행법, 일본은행법 등을 참고했다. 이들 중앙은행법에서는 중앙은행의 자주성만을 강조하고, 통화신용정책의 중립성과 자율성은 별도로 언급하지 않는다.

제4조(정부정책과의 조화 등)
① 한국은행의 통화신용정책은 물가안정을 해치지 아니하는 범위에서 정부의 경제 정책과 조화를 이룰 수 있도록 하여야 한다.
② 한국은행은 통화신용정책을 수행할 때에는 시장기능을 중시하여야 한다.

※ 이 조와 함께 읽어야 할 부분 : 제3조, 제6조, 제65조, 제80조, 제90조, 제91조, 제92조

이 조는 1998년 신설되었다. 이 조의 핵심어는 정부정책과 조화(제1항)와 시장기능(제2항)이다. 정부정책과의 조화는 일부 중앙은행법에서도 다루기 때문에 무방하지만, 시장기능 중시는 삭제하는 것이 바람직하다. 외국에 유사한 사례가 없고, 논리적 혼란을 준다.

정부정책과의 조화

한국은행법에 규정된 국민경제의 건전한 발전은 한국은행만 추구하는 것이 아니다.

외국 중앙은행법 중 정부정책과의 조화를 강조하는 사례

중앙은행법	내용
일본은행법 (제4조)	일본은행은 통화 및 금융의 조절이 경제정책의 일환이라는 사실에 입각하여 정부 경제정책의 기본방향과 조화를 이루도록 항상 정부와 연락을 긴밀히 하고 충분한 의사소통을 도모하여야 한다.
영란은행법 (제11조)	통화정책과 관련하여 영란은행의 목적은 다음과 같다. (a) 물가안정의 유지 (b) 그러한 전제 하에 성장과 고용에 대한 목표를 포함한 정부의 경제정책 지원
독일연방은행법 (제12조)	독일연방은행은 이 법에 의하여 부여된 권한을 행사함에 연방정부의 지시를 받지 아니한다. 독일연방은행은 유럽중앙은행제도의 구성부분으로서 그 임무에 부합하는 범위 내에서 연방정부의 일반 경제정책을 지원한다.
유럽중앙은행 정관 (제2조)	유럽중앙은행제도의 주된 목적은 물가안정의 유지이다. 유럽중앙은행제도는 물가안정의 목적에 위배되지 아니하는 범위 내에서 유럽연합의 목표달성에 기여하기 위하여 유럽연합의 일반 경제정책을 지원한다.

정부도 재정정책을 통해 국민경제의 건전한 발전을 추구하고 있다. 공통의 목표를 추구하는 통화신용정책과 정부정책은 조화를 이루는 것이 당연하다. 다만, 정부의 재정정책이 통화신용정책과 조화를 이루라는 법률은 전 세계적으로 찾아보기 어렵다. 재정정책은 행정부가 집행하지만, 의회가 의결하기 때문이다.[27]

한편, 미 연방준비위원회, 스웨덴릭스방크, 홍콩통화청(HKMA)처럼 중앙은행이 정부조직인 경우에는 정부정책과의 조화가 중앙은행법에 별도로 언급되지 않는다. 한 정부조직이 타 정부조직의 정책과 조화를 추구할 것을 법률로써 주문하는 것은 어색하기 때문이다. 독일연방은행법(제12조)은 "유럽중앙은행제도의 구성부분으로서 그 임무에 부합하는 범위 내에서 연방정부의 일반 경제정책을 지원한다" 라는 규정을 두고 있지만 그에 앞서서 "연방정부의 지시를 받지 아니한다" 라는 점을 선언한다.

결국 정부정책과의 조화는 중앙은행이 정부조직이 아닐 경우에만 성립하는 책무다.[28] 정부조직이 아닌 중앙은행에게 정부정책과의 조화를 요구하는 관행은 소련에서 시작되었다. 볼셰비키 혁명의 지도자 레닌은 은행업을 자본주의 국가와 투쟁하기 위한 혁명의 수단이자 필요악으로 간주했다. 그의 명령에 따라 1921년 설립된 중앙은행(Gosbank)은 모든 금융기관을 통폐합한 독점은행이자 정부의 지휘를 받는 국영기업이었다. 공산당은 그 중앙은행에게 정부의 지시를 따르라는 의무를 부여했다.

독일과 일본은 제2차 세계대전을 준비하면서 이를 모방했다. 히틀러가 의회를 거치지 않고 1939년 직접 개정한 라이히스방크법(서문)에는 "라이히스방크는 정부가 정한 목표를 달성하기 위해 업무를 수행한다" 라고 규정되었다. 태평양전쟁이 시작된 직후인 1942년 개정된 일본은행법(제2조)도 "일본은행은 오로지 국가목적의 달성을 사명으로 운영되어야 한다" 라고 규정했다. 제2차 세계대전 패전 이후 독일과 일본은 중앙은행법을 미국의 권고에 따라 개정했다. 이때 '정부정책과의 조화' 라는 표현이 탄생했다.

결론적으로 1998년 한국은행법 개정 시 추가된 '정부정책과의 조화' 는 결국 러시아

27. 그래서 재정정책은 통화정책과 달리 만드는 것(to make)이 아니라 돌출되는 것(to happen)이라는 평을 듣는다.

28. 물론 중앙은행이 정부조직이 아니더라도 정부정책과의 조화가 반드시 요구되는 것은 아니다. 인도, 필리핀, 인도네시아, 칠레, 브라질 등 아시아와 중남미 중앙은행들은 정부조직이 아니지만 해당 법률에서 정부정책과의 조화가 따로 언급되지 않는다.

의 공산정부와 전체주의 국가였던 독일과 일본에서 유래된 것이다. 그래서 별로 내세울 만 하지 않다. 또한 이 조가 없더라도 한국은행에는 정부를 의식할 수밖에 없는 장치들이 많다. 물가안정목표 설정에 관한 대정부 협의(제6조 제1항), 한국은행 총재에 대한 정부의 국무회의 출석 요구(제90조 제2항), 기획재정부차관과 금융위원회 부위원장의 금융통화위원회 회의 열석 및 발언(제91조), 금융통화위원회 의결에 대한 기획재정부장관의 재의요구권 및 금융통화위원회 재의결 시 대통령의 최종결정권(제92조), 기획재정부장관과 금융감독위원회와의 자료 협조 요청(제94조) 등이 그 예이다.

나아가 2011년 9월의 개정에서는 금융통화위원회가 금융기관에 대한 긴급여신을 의결하거나 영리기업에 대한 여신을 하는 경우 정부의 의견을 청취하도록 하였다(제65조 제4항, 제80조 제3항). 외국의 중앙은행법에 없는 이런 여러 가지 장치를 운용하면서 별도로 정부정책과의 조화를 강조하는 것은 과도한 면이 있다. 이 조의 제1항은 관련된 다른 조항들과 종합적으로 조정할 필요가 있다(앞으로 각 해당 조에서 이 문제를 점검한다).[29]

시장기능의 중시

시장기능을 중시하라는 제2항은 1998년 추가되었다. 그런데 외국의 중앙은행법에서는 유사한 내용을 찾기 힘들다. 다른 조와 상충하는 면도 있다. 따라서 삭제하는 것이 타당하다.

---

29. 머스그레이브(Richard Musgrave)에 따르면, 중앙은행을 포함한 광의의 정부가 취하는 정책은 크게 세 가지로 분류된다. 자원배분(allocation), 소득재분배(redistribution) 그리고 경제안정(stabilisation)이다. 이 중 자원배분과 소득재분배는 필연적으로 이해상충의 문제가 발생하므로 중앙은행이 담당하는 것이 적절치 않다. 선거에 책임을 지는 행정부가 담당해야 한다. 선거에 책임을 지지 않는 중앙은행은 물가안정과 금융안정 등 경제시스템의 안정에만 기여할 수 있을 뿐이다. 그런데 이 조 제1항처럼 중앙은행이 정부의 경제정책과 조화를 이루도록 하는 것은 중앙은행을 자원배분과 소득재분배 정책에 강제로 노출시킨다. 그래서 이익집단과 정치권의 압력을 받도록 만든다. 특히 글로벌 금융위기 이후 전 세계적으로 물가는 안정되고, 필립스곡선은 수평화되면서 물가와 경제안정에 관한 중앙은행의 역할이 의심을 받음에 따라 정치적 압력이 커졌다. 중앙은행이 경제안정에 별로 기여하지 못하면, 차라리 정부의 경제정책(자원배분과 소득재분배)에라도 협조하라는 유권자들의 요구다. 이 조 제1항(그리고 외국의 중앙은행법에서 이와 비슷한 규정)은 향후 중앙은행의 정체성이나 독립성과 관련하여 상당한 논란거리가 될 수 있다. 이에 관해서는 *Unelected Power*(Paul Tucker, 2018, Princeton University Press)를 참조하라.

중앙은행이 시장기능을 중시하는 것에 반대되는 것은 금융시장과 금융기관을 규제하는 것이다. 금융시장 상황이 여의치 않거나 금융산업이 발달하지 않아서 시장기능을 활용할 수 없을 때는 규제에 의존하게 된다. 과거 한국은행도 자금에 대한 초과수요와 금융시장의 미발달로 인하여 금융기관의 여 · 수신금리 규제나 금융기관의 자금운용 직접 통제에 상당히 의존하였다. 하지만 1980년대 후반부터 금리자유화의 본격적인 추진과 함께 꾸준히 통화신용정책 수단을 간접규제로 전환하여 현재는 규제라고 볼 수 있는 것이 거의 없다.

흥미로운 사실은 1997년 이전의 한국은행법은 시장기능을 그다지 중요하게 생각하지 않았다는 점이다. 과거 법률 제97조는 오히려 시장기능과는 거리가 먼, 명백히 규제에 해당하는 활동을 강조했다.

제97조 통화량과 물가의 변칙적 변동에 대처함에 있어서 한국은행은 이 법에 의하여 부여된 통제수단 중 금융통화운영위원회가 가장 적당하다고 인정하는 수단을 행사할 수 있으며 그 수단에는 다음의 권한이 포함된다.

1. 각 금융기관이 유지하여야 하는 최저예금지불준비율의 변경
2. 한국은행의 금융기관에 대한 재할인 기타 여신이율의 변경
3. 공개시장에 있어서의 국채 또는 정부보증증권의 매매
4. 한국은행통화안정증권의 발행 · 매출 · 환매 및 상환과 한국은행통화안정계정의 설치 · 운용
5. 금융기관의 한국은행에 대한 융자신청의 거부
6. 일정한 기간 내의 금융기관의 대출과 투자의 최고한도 또는 대출과 투자의 분류별 최고제한의 결정, 대출과 투자의 증가율 또는 대출과 투자의 분류별 증가율에 대한 제한
7. 금융기관이 행하는 대출의 최장기한, 담보의 종류와 그에 대한 대출금액의 결정
8. 금융기관의 대출 기타 여신업무에 대한 이자 또는 기타 요금의 최고율의 변경
9. 심각한 통화수축기에 있어서의 상업공업 또는 기타 영리기업에 여신의 실시
10. 금융기관에 대한 국고금예수의 인허 또는 국고예금의 한국은행에의 이체명령
11. 금융기관에 대하여 일정한 금액을 초과하는 융자신청의 사전 승인을 위한 금융통화운영위원회에의 서류제출 요구

과거 한국은행법 제97조의 제10호와 제11호를 제외한 나머지는 현행 법률 제28조의 제15~19호로 그대로 남아 있다. 이것들은 시장기능과 거리가 멀다. 또한 1998년 이후 신설된 제28조의 제10, 11, 13, 14호 역시 시장기능과는 무관하다.

따라서 시장기능을 중시하게 되면 결국 현행 법률에서 제28조 제10, 11, 13, 14, 15, 16, 17, 18, 19호의 동원을 포기할 수밖에 없다. 실제로 한국은행은 금융기관의 담보인정비율(LTV)과 총부채상환비율(DTI)에 관한 규제를 스스로 포기했다.[30] '시장기능 중시'라는 신자유주의적 신기루 또는 선입견의 결과다.

2008년 시작된 글로벌 금융위기를 계기로 거시건전성정책의 중요성이 강조되면서 어느 정도의 규제가 필요하다는 인식이 확산되었다. '시장기능 중시'라는 선언이 폐지될 때 좀 더 선제적이고 적극적인 통화신용정책이 가능할 것으로 보인다.

이 조에 대한 필자의 생각은 다음과 같다.

〈필자의 제안〉

제4조(정부정책과의 조화)

한국은행은[31] 물가안정을 해치지 아니하는 범위에서 정부의 경제정책과 조화를 이룰 수 있도록 하여야 한다.

② (삭 제)

30. LTV와 DTI 규제는 부동산 가격이 급등했던 2000년 투기지역의 부동산 가격 안정을 위해서 건설교통부가 정책수단으로 처음 도입했으나 현재는 금융위원회의 금융기관 재무건전성 관리수단으로 자리 잡았다. 한편 현행 한국은행법 제28조에서는 금융통화위원회가 "금융기관 대출의 최장기한 및 담보의 종류에 대한 제한(제17호)"을 할 수 있다. 이 규정에 근거하여 금융통화위원회는 상업은행의 대출과 담보에 대해 다양한 제한(예 : 2억원 이상의 가계대출에 대해서는 담보가액의 70%만 담보물로 인정)을 둘 수 있다. 이는 현행 은행업감독규정에 의한 LTV 비율규제와 동일한 효과를 가진다.

31. 현행법의 문법적 오류를 바로잡았다(1998년 정부 주도로 개정된 한국은행법에는 이런 식의 오류가 무수히 많다). 무생물인 통화신용정책에게 의무를 부여하는 것은 어색하다. "하여야 한다"라는 명령문의 주어는 인격체(한국은행)가 될 수밖에 없다. 앞에서 소개한 일본은행법, 영란은행법, 독일연방은행법, 유럽중앙은행 정관도 정부정책과의 조화를 선언하는 문장은 모두 중앙은행을 주어로 한다.

제5조(한국은행의 공공성·투명성)
한국은행은 업무를 수행하고 기관을 운영할 때에는 공공성과 투명성을 확보하도록 노력하여야 한다.

※ 이 조와 함께 읽어야 할 부분 : 제6조

제1조가 한국은행이 지향하는 목표(mandate)를 다루는 데 비해 이 조는 그 목표를 달성하는 과정에서 지켜야 하는 방법론을 다룬다. 그런 점에서 이 조는 한국은행의 조직가치(corporate value)에 해당한다고 할 수 있다. 다시 말해서, 조직구성원들이 따라야 할 업무수행의 원칙이다. 민간조직에서는 조직가치를 대표이사와 직원들이 토론을 통해 결정하지만 한국은행과 같은 공공기관은 법률로 지정하기도 한다.

결론부터 말하자면 이 조에서 제시하는 조직가치는 다소 엉성하다. 비슷한 시기에 개정된 일본은행법을 어설프게 모방한 결과다. 불필요한 내용들은 제거할 필요가 있다. 그리고 공공성은 공정성(fairness)으로 대체하는 것이 타당하다.

공공성

이 법에서 말하는 공공성이란, 다른 말로 말해서 공익(public interest)이다. 그런데 한국은행이 공익을 위해 설립된 기관임은 제1조를 통해 분명하게 드러난다. 이 밖에 한국은행의 지배구조, 업무수행과 기관 운영에서도 공익이 강조되고 있다. 금융통화위원회 위원을 대통령이 임명(제13조)하고 순이익금을 정부에 납입(제99조)하며, 영리기업의 소유나 운영을 금지(제103조)하는 것이 그 예다. 그런 점에서 이 조에서 공익, 즉 공공성을 다시 다루는 것은 불필요하다.

공공성을 과도할 정도로 강조하는 것은 우리나라 법률의 특징이다. 예를 들어 '금융위원회의 설치 등에 관한 법률(제2조)'이나 방송법(제46조)에서는 금융위원회, 금융감독원, 한국방송통신공사의 공공성을 강조한다. 하지만 공공성과 공익에도 기회비용이 있다. 예를 들어 공익이 과도하게 강조될 경우 다수를 위해서 소수가 희생될 수 있다는 전체주의 또는 공리주의(utilitarianism)가 싹튼다. 소수에 대한 다수의 횡포가 시작되는 것이다. 따라서 공공성을 강조한다면, 그에 상응하여 공정성(fairness)의 가치도 강조하여야 한다.[32] 한국은행의 공공성은 다른 조에서 충분히 강조되고 있으므로, 이 조에서는 공정성을 다루는 것이 균형 차원에서 타당하다고 보인다.

투명성

투명성은 일본은행법에서도 다룬다. 다만, 일본은행법(제3조 제2항)에서 투명성이란 정책의 수립과 집행에 관한 투명성만을 말하는데 한국은행법에서는 기관 운영(경영)의 투명성까지 요구한다.[33]

1998년 추가된 기관 운영의 투명성은 일종의 사족이다.[34] 투명성과 관련하여 한국은행은 예산 중 일부(급여성 경비 등)를 기획재정부장관의 승인을 받아 편성하며, 그 결과는 즉시 국회 소관상임위원회로 보고(제98조 제1항)한다. 또한 해당 회계연도 개시 60일 전까지 기획재정부장관에게 예산서를 제출(제2항)한다. 회계연도가 끝나면 외부감사를 받은 결산서를 정부와 국회(기획재정위원회)에 제출(제98조 제4항)하고 3개월 이내에 업무상태를 기술한 연차보고서를 정부에 제출하고 공표한다. 감사는 매년 종합감사보고서를 정부에 제출(제45조 제1항)한다. 그 정도면 충분하다. 외국의 중앙은행들도 비슷한 장치들을 두고 있지만 기관 운영의 투명성을 따로 강조하지는 않는다.

---

32. 공익과 공정이 충돌하는 경우는 흔하다. 청년실업 문제가 심각한 상황에서 청년들의 신생 벤처기업에 금융자원을 투입하는 정책이 공익에는 부합하지만 기존 중견기업이 보기에는 공정하지 않다.

33. 한국은행의 정책의 수립과 집행에 관해서는 투명성 확보 장치가 충분하다. 정부와 협의하여 물가안정목표를 정하는 것(제6조 제1항), 매년 통화신용정책 운영방향을 공표하는 것(제6조 제2항), 금융통화위원회가 의사록을 공개하는 것(제24조 제2항), 매년 2회 이상 통화신용정책 수행상황에 대한 보고서를 국회에 제출하고 총재가 국회에 출석하여 답변하는 것(제96조), 국회(기획재정위원회)가 요구할 경우 금융통화위위원회 의결서, 의사록 등을 비공개로 제출하는 것(제24조 제3항) 등이 그 예다.

34. 과거에는 한국은행법에 매월 20일 이내에 전월 말 현재 종합대차대조표를 공고(구법 제42조)토록 하는 내용도 있었으나 1998년 삭제되었다. 결산을 거치지 않은 종합대차대조표를 자주 공고한다고 투명성이 높아지는 것은 아니기 때문이다. 그럼에도 불구하고 한국은행은 회계규정에 따라 여전히 매월 관보를 통해 대차대조표를 공고하고 있다.

공공성과 마찬가지로 투명성에도 기회비용이 따른다. 공공성을 지나치게 강조하면 공정성을 잃듯이, 투명성을 지나치게 강조하면 업무수행에 위축이 따른다. 직원들이 창의적이고 적극적으로 업무를 수행하기보다는 보신주의로 흐를 위험이 있고, 업무수행 방식이 변질될 수도 있다.[35]

결론적으로 한국은행법에서 기관 운영(내부 경영)의 투명성 장치는 충분하며, 다른 법률로도 얼마든지 규율할 수 있다. 중요한 것은 통화신용정책 결정과정의 투명성이다. 그것이 제6조의 정신이다. 따라서 이 조의 투명성을 정책결정의 투명성으로 국한한다면, 제6조와도 병합할 수 있다.

이 조에 대한 필자의 생각은 다음과 같다.

〈필자의 제안〉

제5조(공정성 · 투명성)[36]

① **한국은행은 그 정책수립과 업무수행에서 공정성과 투명성을 확보하도록 노력하여야 한다.**

35. 투명성이 지나치게 강조되어 직원들의 행태가 바뀌는 예로서 공공기관 공사계약을 들 수 있다. 공공기관들은 관계법률에 따라 일정 규모 이상의 계약은 반드시 공개경쟁입찰을 거쳐야 한다. 그러나 공개경쟁입찰은 본질적으로 가격경쟁으로 흐르기 때문에 결과가 부실해질 확률이 높다. 이런 점 때문에 많은 경우 계약을 쪼개서 수의계약을 맺음으로써 공개경쟁입찰을 피하는 것이 현실이다. 지나친 투명성 강조는 더 나쁜 결과를 만들 수 있다.

36. 공공성을 공정성으로 대체하였다.

제6조(통화신용정책 운영방향의 수립 등)

① 한국은행은 정부와 협의하여 물가안정목표를 정한다.

② 한국은행은 매년 통화신용정책 운영방향을 수립하여 공표하여야 한다.

③ 한국은행은 제1항에 따른 물가안정목표를 달성하기 위하여 최선을 다하여야 한다.

※ 이 조와 함께 읽어야 할 부분 : 제5조, 제28조, 제29조

이 조는 1998년 한국은행법 개정 당시 가장 중요하게 다뤄진 부분이며, 물가안정목표 운영방식을 천명하는 데 의의가 있다. 결론부터 말하자면, 이 조의 취지는 통화신용정책의 투명성 또는 예측가능성을 높이는 데 있으므로 제5조와 병합하는 것이 자연스럽다.

아울러 물가안정목표를 운영하는 방식에서 몇 가지 개선이 필요하다. 우선 정부와 협의하는 절차는 삭제하는 것이 바람직하다. 또한 이 조에서는 매년 통화신용정책 운영방향을 수립 · 공표토록 하는데 이것도 폐지하는 것이 타당하다. 1997년 이전 한국은행은 매년 통화증가율의 목표 수준을 공표했으나, 이는 당시 통화량이 중간목표(intermediate target)였기 때문이다. 중간목표 자체가 없는 물가안정목표방식에서는 연간 정책운영방향을 발표하는 것이 난센스이며, 시대착오적이다. 소위 물가안정목표방식을 운용하고 있는 외국의 중앙은행들도 연간 정책운영방향은 발표하지 않는다.

물가안정목표

모든 중앙은행이 물가안정을 최우선 목표로 삼지만, 그 목표를 달성하는 방식은 시대에 따라 변해 왔다. 한국은행도 세계적 추세 또는 유행을 따라 통화신용정책 운용방식을 여러 차례 변경했다(이에 관해서는 〈참고 1-4〉을 참조하라). 현재의 물가안정목표방식(inflation targeting)[37]은 1998년 한국은행법 개정과 함께 도입되었다. 그 이전의 환율목

37. inflation targeting을 '물가안정목표제도'라고 번역하기도 하는데, 이는 적절치 못한 표현이다. 한국은행이 선택할 수 있는 통화신용정책 운용 스타일 중 하나의 옵션이라는 점에서 '물가안정목표방식'이 정확한 표현이다.

표방식이나 통화량목표방식은 한국은행법에 특별히 명문화되지 않았던 것과 비교된다. 참고로 영국, 스웨덴, 멕시코, 호주 등도 물가안정목표방식을 운용하고 있으나, 이를 법률에서 규정하지는 않는다. 중앙은행들이 스스로 결정한 결과다.

참고 1-4 통화신용정책 운용방식의 변천

브래튼우즈 체제 출범 이후 1960년대까지는 전 세계가 금태환을 보장하는 가운데 미 달러화와 일정 수준의 환율을 유지하는 것을 목표로 통화신용정책을 운용했다. 당시의 국제통화질서를 금환본위제도(gold exchange standard)라 하며, 당시의 통화신용정책 운용방식을 환율목표방식(exchange rate targeting)이라 한다. 물가수준이 환율을 결정한다는 구매력평가이론(purchasing power parity theory)을 거꾸로 이용하여 각국 중앙은행들은 환율안정을 통해 물가안정을 추구했다.

금환본위제도나 환율목표방식의 중심에는 미국이 '금 1온스당 35달러로 무한 교환'의 약속을 지킨다는 국제통화기금(IMF) 협정문 정신이 있었다. 그러나 미국의 만성적인 무역적자와 재정적자로 인해 미 달러화가 과잉 공급됨으로써 전 세계가 점진적으로 인플레이션에 노출되었다. 결국 1971년 무역적자를 견디지 못한 미국 스스로 금태환 약속을 파기했다. 이를 계기로 각국 정책당국과 학계는 자국의 통화량을 직접 조절하여 물가안정을 도모하는 쪽으로 의견을 모았다. 1975년 미국, 독일, 캐나다가, 1976년 영국이 각각 통화량 공급목표 수준을 발표한 이래 많은 나라가 뒤를 이었다.[1] 이처럼 통화신용정책 운용에서 통화량 증가율을 중시했던 1970~1980년대의 방식을 통화량목표방식(monetary targeting)라고 한다. 한국은행도 환율목표를 지켜 오다가 1979년 통화량(M2)을 중심통화지표로 삼고 그 증가율 목표치를 발표한 이래 이 방식을 1996년까지 유지하였다. 1997년에는 M2의 움직임이 매우 불안정하여 'M2+MCT'를 중심통화지표로 삼아 목표 수준을 정하기도 했다.

물가안정목표방식(inflation targeting)는 한국은행이 채택한 세 번째 운용체제다. 금융혁신의 결과로 각국의 통화수요가 불안정해짐에 따라 중간목표로 활용했던 통화량을 배제하고 금리조절

1) 환율목표방식에서는 중앙은행이 목표 수준을 결정하는 것이 아니라 각국 정부가 정한다(따라서 환율정책이 통화신용정책보다 우위에 있었다). 이에 비해 1970~1980년대의 통화량목표방식은 각국 중앙은행들이 목표 수준을 자율적으로 채택했다. 중앙은행과 통화신용정책에 관심이 쏠린 것은 이때부터라고 할 수 있다.

을 통해 인플레이션 수준을 직접 목표하는 것이 골자다.[2)]

한국은행은 뉴질랜드(1990년), 캐나다(1991년), 영국(1992년), 스웨덴(1993년) 등 일부 국가에서 물가안정목표방식을 채택한 것을 보고 1998년 이를 채택했다. 이후 체코(1998년), 멕시코 · 브라질(1999년), 태국(2000년), 필리핀(2002년), 인도네시아(2005년) 등 많은 나라들이 뒤를 이었다. 현재 물가안정목표방식을 채택하고 있는 나라는 20개가 넘는다.

2) 통화량은 통계적 개념이므로 중앙은행이 이를 직접 통제할 수 없다. 그래서 중앙은행 입장에서는 통화량이 중간목표가 될 수밖에 없다. 이에 비해 물가안정목표방식에서는 중간목표가 없다. 중앙은행이 여신, 수신, 채권 매매의 금리수준을 조절하여 최종 목표인 물가수준과 성장률을 직접 겨냥하는 것을 추구한다.

뉴질랜드는 1990년 세계 최초로 물가안정목표방식을 채택할 때 뉴질랜드중앙은행법을 개정하고 정부와 물가안정목표 수준을 협의하도록 명문화했다. 1970～1980년대의 통화량목표방식에서 목표 수준을 자율적으로 정했던 것과는 크게 대비되었다. 뉴질랜드가 정책운용방식의 변경을 위해서 법률까지 개정한 이유는 뉴질랜드중앙은행에는 통화정책위원회가 없고 총재가 단독으로 통화정책을 결정하기 때문이다. 즉, 임기가 보장된 총재 개인의 책임성을 강화하기 위해서 총재가 재임기간 중 달성해야 할 물가안정목표 수준을 재무장관과 총재가 협의하여 결정토록 한다(법 제9조 제1항). 총재와 협의한 물가안정목표 수준은 계약서에 담아 의회에 사본을 제출한다(제9조 제5항(c)). 총재가 이를 지키지 못한 경우에는 정해진 절차에 따라 의회와 정부에게 소명토록 한다.[38]

이후 캐나다, 브라질, 터키 등도 뉴질랜드의 사례를 참고하여 중앙은행이 물가안정목표 수준을 정부와 협의토록 하고 있다. 그런데 이런 나라에서는 정부의 영향력이 대단

38. 1998년 한국은행법 개정 시 정부도 뉴질랜드의 사례를 도입하고자 했다. 즉, 1997년 8월 정부가 국회에 제출한 한국은행법 개정안에는 "중앙은행은 제1항의 규정에 의한 물가안정목표의 달성에 대하여 책임을 진다"라고 서술되어 있었다. 물가안정목표방식을 통화신용정책의 효율성을 위한 장치가 아니라 금융통화위원회 의장직을 총재가 수행하게 된 데 대한 정부의 견제장치로 도입하려던 것이다.

그러나 국회 심의과정에서 정부가 제출한 조문은 기각되었다. 그 책임의 내용이 불분명하다는 점, 정부정책과의 조화를 이루도록 한 규정과 상충될 수 있다는 점, 목표 이탈 시 한국은행의 책임을 가릴 객관적 판정기준이 없다는 점, 정부가 물가안정목표를 의도적으로 높게 설정하여 이 제도가 오용될 가능성이 있다는 점 등이 지적된 것이다. 그래서 현재와 같은 선언적 규정으로 바뀌었다.

RESERVE BANK OF NEW ZEALAND

POLICY TARGETS AGREEMENT

This agreement between the Minister of Finance and the Governor of the Reserve Bank of New Zealand (the Bank) is made under section 9 of the Reserve Bank of New Zealand Act 1989 (the Act). The Minister and the Governor agree as follows:

1. Price stability

a) Under Section 8 of the Act the Reserve Bank is required to conduct monetary policy with the goal of maintaining a stable general level of prices.

b) The Government's economic objective is to promote a growing, open and competitive economy as the best means of delivering permanently higher incomes and living standards for New Zealanders. Price stability plays an important part in supporting this objective.

2. Policy target

a) In pursuing the objective of a stable general level of prices, the Bank shall monitor prices as measured by a range of price indices. The price stability target will be defined in terms of the All Groups Consumers Price Index (CPI), as published by Statistics New Zealand.

b) For the purpose of this agreement, the policy target shall be to keep future CPI inflation outcomes between 1 per cent and 3 per cent on average over the medium term.

3. Inflation variations around target

a) For a variety of reasons, the actual annual rate of CPI inflation will vary around the medium-term trend of inflation, which is the focus of the policy target. Amongst these reasons, there is a range of events whose impact would normally be temporary. Such events include, for example, shifts in the aggregate price level as a result of exceptional movements in the prices of commodities traded in world markets, changes in indirect taxes, significant government policy changes that directly affect prices, or a natural disaster affecting a major part of the economy.

b) When disturbances of the kind described in clause 3(a) arise, the Bank will respond consistent with meeting its medium-term target.

4. Communication, implementation and accountability

a) On occasions when the annual rate of inflation is outside the medium-term target range, or when such occasions are projected, the Bank shall explain in Policy Statements made under section 15 of the Act why such outcomes have occurred, or are projected to occur, and what measures it has taken, or proposes to take, to ensure that inflation outcomes remain consistent with the medium-term target.

b) In pursuing its price stability objective, the Bank shall implement monetary policy in a sustainable, consistent and transparent manner and shall seek to avoid unnecessary instability in output, interest rates and the exchange rate.

c) The Bank shall be fully accountable for its judgements and actions in implementing monetary policy.

Hon Bill English	Dr Alan E Bollard
Minister of Finance	Governor
	Reserve Bank of New Zealard

Dated at Wellington this 18th day of December 2008

▲ **물가안정목표 수준에 관한 뉴질랜드 재무부장관과 중앙은행 총재 간의 계약** 장관이나 총재가 바뀔 때마다 새로 계약을 체결(지금까지 12회)하지만, 목표 구간이 2~3%포인트로 넓게 설정되는 데다가 중기(2~3년)로 평가되므로 구속력은 상당히 낮다.

히 강하여 정부가 중앙은행에 대하여 사전적 지시권 또는 의견제시권(directive)을 가진다.[39] 이들 나라에서는 정부가 중앙은행과 물가안정목표 수준을 협의하는 것이 정부의 사전적 지시권 또는 의견제시권에 해당한다.

우리나라의 경우 기획재정부장관은 한국은행에 대해서 사전적 지시권이 없으며, 재의요구권만 갖는다(한국은행법 제89조). 따라서 현행 한국은행법 체계에서 한국은행이 물가안정목표 수준을 정하기 위해서 정부와 사전 협의하는 것은 논리적으로 적절치 않다. 제3조에서 정한 통화신용정책의 자율성 및 한국은행의 자주성과 상충한다.

특히 1998년 개정된 법률에서는 한국은행이 물가안정목표 수준을 정부와 매년 협의토록 했다. 그러나 통화신용정책이 물가에 영향을 미치기까지 상당한 시차가 있고, 우리나라의 경제구조 특성상 물가가 대외요인의 영향을 많이 받기 때문에 연간 단위로 목표 수준을 설정하는 것은 상당한 무리가 있었고 무의미했다. 그래서 매년 목표 수준을 정할 때마다 적지 않은 진통과 마찰이 생겼다. 결국 2003년 '매년' 이라는 조건이 삭제되어 현재는 물가안정목표가 중기(3년 단위) 단위로 설정되고 있다.[40] 그러나 근원적으로는 정부와의 협의절차 자체의 존폐를 검토할 필요가 있다.

통화신용정책 운영방향

물가안정목표방식을 채택한 중앙은행들은 금리조절을 주된 정책수단으로 삼는다. 그런데 가격변수인 금리에 대해서는 연간계획을 세울 수 없다. 이는 전기와 철도 요금의 연간계획을 세우는 것과 마찬가지로 황당한 일이다(가격은 대내외 여건이 바뀔 때 조정된다). 통화정책에 관한 연간계획은 통화량목표방식에서나 가능한 일이었다. 한국은행을 제외하면 물가안정목표방식을 채택하면서 '연간 정책운영방향' 을 수립하는 경우는

39. 캐나다은행법 제14조 제2항, 브라질중앙은행법 제4조 제5항, 터키중앙은행법 제16조.

40. 한국은행은 1998년 물가안정목표방식 채택과 동시에 소비자물가지수(CPI)를 기준으로 삼았다. 소비자물가지수는 일반 국민에게 친숙하기는 하지만 유가 및 농산물 가격에 의해 급등락하는 단점이 있다. 이런 점을 감안하여 2000년부터는 이들 품목을 제외한 근원인플레이션(core inflation)을 기준으로 채택했다. 그러다가 2007년부터는 외국의 사례를 좇아서 다시 소비자물가지수로 환원하였다.

없다.[41]

참고로 현재 한국은행이 발표하는 "연간 통화신용정책 운영방향"은 통화신용정책이 아니다. 통화신용정책이란, 한국은행이 수행하는 수신, 여신, 채권 매매 등에 관한 구체적인 의사결정이다. 이에 비해 연간 통화신용정책 운영방향은 그에 관한 계획이라서 통화신용정책이 될 수 없다(여행계획이 여행이 아닌 것과 같다). 따라서 한국은행이 발표하는 "연간 통화신용정책 운영방향"은 한국은행법상 통화신용정책(제28조)이 아니라 '한국은행의 운영에 관한 사항(제29조)'에 가깝다. 그렇다면 이 조의 제2항은 기관 운영의 투명성을 다루는 제5조에서 다루는 것이 훨씬 자연스럽다.

결 론

물가안정목표방식을 법률로 규정하는 것은 불필요하다. 유로 지역(1999년 1월), 스위스(2000년 1월), 미국(2012년 1월), 일본(2012년 2월)의 중앙은행들은 법률에 명시되어 있지 않음에도 불구하고 사실상의 물가안정목표방식을 운용하고 있다. 즉, 글로벌 금융위기 이후 포워드 가이던스(forward guidance)의 일환으로서 소비자물가지수 등의 중기 목표 수준을 공개적으로 발표하고 있다. 중요한 것은 통화신용정책의 투명성과 예측가능성을 높이는 것인데 이것을 법률로 강제해야 하는 것은 아니다.

돌이켜 보건대, 물가안정목표방식은 통화량목표방식의 대체물이다. 통화량목표방식을 채택할 때 한국은행법을 개정하지 않았듯이 한국은행이 물가안정목표방식을 채택하더라도 이를 법률에 담을 필요는 없다. 아울러 정부와 목표를 협의토록 하거나 매년 정책운영방향을 공표토록 하는 것은 지양해야 한다. 중앙은행의 자주성 면에서 외국의 관행과 제도를 참조할 필요가 있다.

이 조에 대한 필자의 생각은 다음과 같다.

41. 이 조에서 표현된 '정책운영방향'은 문법에도 맞지 않는다. 기관이나 제도는 운영(manage)하지만 정책이나 자금은 운용(execute, 집행)한다고 하는 것이 정확하다. 따라서 '정책운용방향'이 올바른 표현이다.

〈필자의 제안〉

제5조(공정성 · 투명성)

① 한국은행은 그 정책수립과 업무수행에서 공정성과 투명성을 확보하도록 노력하여야 한다.

② 한국은행은 통화신용정책 수립을 통해 달성하고자 하는 물가안정목표 수준을 사전에 공표하여야 한다.[42]

42. 물가안정목표방식은 통화신용정책의 투명성과 예측가능성을 높이기 위한 것이라는 점에서 제5조와 병합하였다.

제7조(사무소)
한국은행은 주된 사무소를 서울특별시에 두며, 업무수행상 필요하다고 인정할 때에는 정관(定款)으로 정하는 바에 따라 지사무소(支事務所) 및 대리점을 둘 수 있다.

※ 이 조와 함께 읽어야 할 부분 : 제2조, 제71조

이 조는 한국은행의 물리적 위치에 관한 규정이다. 국가는 영토가 있어야 하듯이 법인은 설립목적 달성을 위한 사무소가 있어야 한다. 그러므로 사무소의 위치를 다루는 이 조는 법인임을 선언한 제2조에서 다루는 것이 자연스럽다(제7, 8, 9조 모두 제2조와 관련된다).

주된 사무소

비송사건절차법(제60조)에서는 "법인의 사무소 소재지를 관할하는 지방법원, 그 지원 또는 등기소"가 법인등기를 담당하도록 하고 있다. 법원은 설립등기를 위한 신청서류의 하나로 정관을 요구한다(제63조). 그리고 상법(제289조 등)에서는 정관에 반드시 담아야 할 내용의 하나로 '본점의 소재지'를 꼽고 있다. 자산유동화를 위해 일시적으로 설치되었다가 해산되는 서류상의 회사, 즉 유동화전문회사(SPV)도 사무소의 소재지를 밝혀야 한다.[43]

따라서 일반 법인과 거의 대부분의 공사들은 주된 사무소의 소재지를 정관에서 정하지만 금융감독원(금융위원회의 설치등에 관한 법률 제25조)과 예금보험공사(예금자보호법 제15조의 2) 등 일부 특수법인의 경우에는 설립근거법에서 사무소의 위치를 지정한다. 한국은행법에서도 한국은행의 주된 사무소를 서울특별시에 두도록 하고 있다. 외국의 중앙은행법에서도 사무소에 관한 규정을 두는 것이 일반적이다.[44] 미국의 연방준비위원회

43. '자산유동화에 관한 법률' 제4조.

44. 중앙은행이 반드시 수도에 있어야 하는 것은 아니다. 브라질중앙은행(BCB)의 본점은 수도 브라질리아에 있는 반면, 호주준비은행(RBA)의 본점은 수도 캔버라가 아닌 시드니에 있고, 스위스국립은행(SNB)은 행정수

는 법인이 아님에도 불구하고 연준법에서 "그 사무소를 워싱턴 D.C.에 두고, 그 건물은 반드시 하나이어야 하며, 그 운영경비는 지역 연준이 자본금에 비례하여 부담한다"라고 규정한다(미 연준법 Section 10. 3). 이는 재무부나 연방증권위원회(SEC) 등 여타 연방정부 조직들의 사무소 위치가 법률로 규정되지 않는 것과 비교된다. 이는 미국이 유럽의 중앙은행법을 참고한 결과다.[45]

한편, 한국은행의 주된 사무소를 서울특별시에 두도록 하는 규정이 과거에는 제2조에 있었으나 1998년 제7조로 옮겨졌다. 논리적으로 볼 때, 과거처럼 이 조는 제2조(법인격)와 병합하는 것이 자연스럽다.

지사무소

민법(제50조)에서는 사무소를 '주사무소'와 '분사무소'로 구분하는 반면, 상법(제10조)에서는 영리법인이 사용하는 영업소를 '본점'과 '지점'으로 구분한다. 1998년 이전의 한국은행법(구법 제2조)에서는 상법에 따라서 본점과 지점이라는 표현을 사용했으나 1998년 법률 개정 시 민법과 상법을 섞어서 '주된 사무소'와 '지사무소'라는 말로 대체하였다.[46]

과거 상법에서는 지점 소재지를 정관의 '절대적 기재사항'으로 규정했다(구 상법 제179조 등). 그래서 한국은행법시행령에서도 국내지점과 해외사무소의 소재지를 한국은행정관에 기재토록 했다(구 한국은행법시행령 제4조). 당시 한국은행정관의 승인 권한은 정부에 있었으므로 당시 정부는 결과적으로 한국은행의 지점 및 국외사무소 설립과 폐지

도 베른과 경제중심지 취리히에 2개의 본점을 두고 있다. 한국은행도 필요한 경우 스위스처럼 기능을 분할하여 서울과 부산(예 : 외자운용원) 등으로 복수의 본점을 둘 수도 있다.

45. 홍콩 통화청(HKMA)이나 사우디아라비아 통화청(SAMA) 등은 정부조직이라서 설립법에 사무소 위치가 별도로 규정되어 있지 않다. 미 연방준비위원회와 스웨덴릭스방크는 정부조직임에도 불구하고 중앙은행의 전통에 따라 주된 사무소의 위치가 설립법에 명시되어 있다.

46. 참고로 금융통화위원회가 정한 '조직 및 정원에 관한 규정'에서는 '주된 사무소'를 '본부'로, '지사무소'를 '지역본부'라고 부른다. 이와는 별도로 법원이 관장하는 등기부에는 한국은행의 본부와 지역본부가 각각 '주사무소'와 '분사무소'로 기재되어 있다. 한마디로 말해서 한국은행법, 금융통화위원회 규정, 비송사건절차법이 제각기 다른 용어를 쓴다. 그러나 용어의 비통일성이 문제가 되지는 않는다.

에까지 간여했다. 그러나 1996년 상법이 개정되어 법인의 지점과 해외사무소 소재지가 정관의 '절대적 기재사항'에서 삭제되었다. 이를 계기로 한국은행법시행령(1998년)에서도 지점과 해외사무소의 소재지를 한국은행정관의 절대적 기재사항에서 삭제했다. 현재 한국은행은 필요에 따라 국내외 지사무소의 개폐를 자주적으로 결정한다.

대리점

한국은행이 사무소에서 직접 수행하는 것이 부적당하거나 사무소에서 전부 처리하는 것이 곤란한 업무에 대해서는 대리점을 이용할 수 있다. 대리점은 대리상(代理商)의 영업소인데, 대리상은 특정 상인으로부터 독립되어 있으면서도 그 상인을 위하여 그의 영업부류에 속하는 거래를 상시적으로 대리 또는 중개하는 사람을 말한다(상법 제87조).[47] 현재 한국은행은 한국은행법과 한국은행정관(제4조 제2항)에 따라 한국은행의 국고금 출납에 관한 사무를 대행하는 대리점(국고대리점)을 두고 있다. 과거에는 국채와 통화안정증권의 위탁매출 사무에 대해서도 대리점을 두었으나 이용실적이 없어서 1999년 4월 관련 근거를 폐지하였다.

한편, 지역본부나 해외사무소와 달리 국고대리점에 대해서는 금융통화위원회가 설치 및 폐지를 직접 결정하지 않고 한국은행 총재에게 위임했다('국고금 취급규정'). 지역본부나 해외사무소와 달리 대리점은 상법상 등기가 면제되기 때문이다. 이에 따라 한국은행 총재는 금융기관(상업은행 이외에 새마을금고 · 신용협동조합 · 저축은행 등 서민금융기관들을 포함한다)들과 '국고수납대리점계약'을 체결하고 이들 금융기관을 국고수납대리점으로 운용한다.

이 조에 대한 필자의 생각은 다음과 같다.

47. 자문 또는 고문 변호사와 회계사 등은 개별적 위임사무만 처리하기 때문에 대리상이 아니다.

〈필자의 제안〉

제2조(법인격과 자본금 등)[48]

② **한국은행은 주된 사무소를 서울특별시에 두며, 업무수행상 필요하다고 인정할 때에는 정관**(定款)**으로 정하는 바에 따라 지사무소**(支事務所) **및 대리점을 둘 수 있다.**

[보론]

한국은행의 국고금취급(제71조)과 관련한 대리점의 운용은 한국은행법뿐만 아니라 국고금관리법의 규정을 따른다. 그런데 그 하위법규인 '국고금관리법 시행규칙'(기획재정부)에서는 한국은행이 국고대리점을 '지정(제92조 제1항 제1호)' 할 수 있다고 규정하고 있다. 그보다 더 하위법규인 '국고금 취급규정(한국은행)' 에서도 한국은행이 국고대리점을 '지정' 한다고 규정한다. 그러나 '지정' 이라는 말은 적절치 않다.

모든 대리점계약은 상법상 위임계약이다. 따라서 외국은행 국내지점 등 국고대리점 업무를 희망하지 않는 금융기관들은 한국은행과 국고수납대리점계약 체결을 얼마든지 거부할 수 있다. 그런 점에서 '지정' 이라는 말을 함부로 쓰는 현재의 기획재정부와 한국은행의 규정들은 논란의 여지가 있다.

만일 금융기관에게 수지타산이 맞지 않는 국고금 출납의 협조를 강제하려면 한국은행법(제71조)에 반드시 그 근거를 마련해야 한다. 1997년 이전의 한국은행법(제77조 제2항, 제3항)이 그러했다(이 점에 관해서는 제71조의 설명을 참조하라).

48. 사무소의 위치는 법인격과 관계되므로 제2조로 옮겼다.

제8조(정관)

① 한국은행의 정관에는 다음 각 호의 사항이 포함되어야 한다.

1. 목적
2. 명칭
3. 사무소 · 지사무소 및 대리점에 관한 사항
4. 집행간부 및 직원에 관한 사항
5. 업무와 그 집행에 관한 사항
6. 예산 및 회계에 관한 사항
7. 공고 및 공표의 방법
8. 그 밖에 대통령령으로 정하는 사항

② 한국은행은 제12조에 따른 금융통화위원회의 심의 · 의결을 거쳐 정관을 변경할 수 있다.

※ 이 조와 함께 읽어야 할 부분 : 제2조, 제32조, 제43조, 제45조

이 조는 한국은행정관의 기재사항과 변경절차에 관한 규정이다. 정부조직에는 정관이 없는 반면, 법인에게는 정관이 설립등기를 위한 필수조건이다. 따라서 이 조는 한국은행이 법인임을 선언한 제2조와 매우 밀접한 관련이 있다.

결론부터 말하자면, 이 조는 두 가지 결정적 결함을 갖고 있다. 첫째, 정관에 담아야 할 내용들과 변경절차 등 지극히 기술적인 면에 초점을 맞추면서 진짜 중요한 사항, 즉 정관의 효력을 언급하지 않는다. 이는 최초의 한국은행법부터 계속되고 있는 결함이다.

둘째, 정관에 담아야 할 중요 사항에 금융통화위원회와 감사가 빠졌다. 1997년 이전에는 한국은행법에 정관에서 반드시 다루어야 할 사항(절대적 기재사항)이 언급되지 않아 한국은행법시행령(제40조)에서 이를 다뤘다. 그때는 금융통화위원회와 감사가 있었다. 그런데 1998년 법률시행령에 있던 내용을 법률로 격상시키면서 빠졌다(후술하는 바와 같이 상당히 고의성이 있다). 금융통화위원회 위원과 감사는 한국은행 운영에서 대단히 중요한 위치에 있다. 따라서 한국은행정관의 절대적 기재사항이 되어야 한다.

정관의 효력

법인은 정관(articles of incorporation)에 의해 운영된다. 그러나 법인의 정관이 법률에 우선할 수는 없다. 그래서 민법(제34조)에서는 "법인은 법률의 규정에 좇아 정관으로 정한 목적의 범위 내에서 권리와 의무의 주체가 된다"라고 규정한다. 즉, 각종 법률과 법시행령 밑에 정관이 위치하고, 법인은 그 세 법규의 지배를 받는다. 이런 관계는 특별법에 의해 설립된 특수법인도 마찬가지다. 국내 대부분의 특별법에서는 해당 기관이 "이 법 및 이 법에 따른 명령과 정관으로 정하는 바에 따라 운영한다"는 규정을 두고 있다.[49]

외국은 다소 사정이 다르다. 영란은행법(Part I), 캐나다은행법(Constitution of the Bank), 호주중앙은행법(Part 2), 뉴질랜드중앙은행법(Part 1) 등 영연방 국가의 중앙은행법은 정관의 내용까지 다룬다. 그럼으로써 중앙은행 정관이 법률의 효력을 가지며, 행정부가 담당하는 법시행령은 중앙은행 정관에 효력을 미치지 않는다.[50]

국내외 법률들을 고려할 때 한국은행정관과 법시행령 간의 관계도 명확히 정하는 것이 바람직하다. 그런데 현행 법률에는 정관에 담을 내용과 변경절차만 있을 뿐, 정관의 효력과 위상에 관한 내용이 없다. 일종의 입법 미비다(비교적 최근에 제정된 한국투자공사법도 똑같은 문제를 갖고 있다). 이는 1950년 최초의 법률을 제정할 때 참고했던 일본은행법, 조선은행법 그리고 필리핀중앙은행법 등에 동일한 입법 미비가 있었기 때문이다.

한국은행법시행령이 한국은행정관에 우선한다는 것이 다수설이다. 그러나 여기에도 이론의 여지가 있다. 한국은행정관은 금융통화위원회 규정보다 상위법규다. 그런데 현행 '한국은행통화안정증권법(제8조)'에서는 "이 법 시행에 필요한 사항은 금융통화위원회 규정으로 정한다"고 규정되어 있다. 이는 금융통화위원회의 규정이 법시행령의

---

49. 한국산업은행법 제2조, 중소기업은행법 제3조, 한국수출입은행법 제2조, 예금자보호법 제4조, 한국주택금융공사법 제3조 등.

50. 독일 분데스방크의 경우 이사회가 정관(organizational statute)을 정하지만(분데스방크법 제4조 1), 이 은행은 설립등기가 면제(제29조 3)되기 때문에 그 정관이 별다른 의미를 갖지 않는다. 그리고 법시행령이 정관보다 우선한다.

효력을 갖는다는 것을 의미한다.[51] 이처럼 금융통화위원회 규정이 법시행령의 효력이 있다면, 그 상위법규인 한국은행정관은 한국은행법시행령에 우선한다는 결론에 이르게 된다. 법규의 서열에 혼란이 생기는 것이다. 이런 문제를 해결하기 위해서는 이 조에서 정관의 일반적 효력을 명문화하는 것이 바람직하다. 즉, 국내의 여타 법률과 마찬가지로 "한국은행은 이 법 및 이 법에 따른 시행령과 정관으로 정하는 바에 따라 운영한다"는 규정을 두는 것이다.

기재사항

정관의 내용은 절대적 기재사항과 임의적 기재사항으로 나뉜다. 절대적 기재사항은 정관에 반드시 담아야 하는 사항을 말한다. 일반 법인의 경우 자본금 총액과 1주당 가격이 정관의 절대적 기재사항에 해당하는데, 한국은행은 납입자본금이 없으므로 해당되지 않는다.[52] 현재 한국은행법에서 규정하는 절대적 기재사항은 7개이며, 이는 일반 법인(상법 제289조)에 비해 2개 더 많다. '업무와 그 집행에 관한 사항(제1항 제5호)'과 '예산 및 회계에 관한 사항(제7호)'이 그것이다. 중앙은행의 특수성을 감안한 것이라고 판단된다.

그런데 제1항 제8호의 '기타 대통령령이 정하는 사항'은 부적절하다. 대통령령을 통해 정부가 한국은행정관에 영향을 미치는 것은 정부의 정관변경 승인권을 폐지한 1998년 법률 개정의 취지와 상충하기 때문이다. 따라서 삭제해야 한다.

절대적 기재사항에 추가할 것도 있다. 바로 '금융통화위원회에 관한 사항'이다. 금융통화위원회는 한국은행의 정책과 경영의 중요사항을 심의 · 의결하며 위원들은 한국은행에 상근한다. 1997년 이전에는 '금융통화위원회에 관한 사항'이 절대적 기재사항에 포함되어 있었는데 1998년 법률 개정 시 특별한 이유도 없이 누락되었다.

---

51. 따라서 한국은행통화안정증권법에서는 금융통화위원회를 일종의 행정위원회로 보고 있다. 그렇다면, 금융통화위원회 위원의 신분을 공무원으로 하는 것이 자연스럽다. 이 점에 관해서는 제13조의 설명을 참조하라.

52. 반대로 일반 법인이 아닌 한국은행의 정관에만 적용되는 절대적 기재사항도 있었다. 사업연도(회계연도)는 상법상 절대적 기재사항이 아니나 1997년 이전의 한국은행법시행령에서는 이를 절대적 기재사항으로 규정했다.

그 누락은 상당히 고의적이었다고 판단된다. 정부는 과거 한국은행의 독립성 문제가 불거질 때마다 "금융통화운영위원회는 한국은행 밖의 외부기관이며, 행정위원회" 라는 이유로 독립성 강화 주장에 반대해 왔다. 그러나 정부가 정한 한국은행법시행령(제4조 제4호)에는 한국은행정관의 절대적 기재사항으로서 "금융통화운영위원회에 관한 사항"이 포함되어 있었다. 금융통화운영위원회가 한국은행의 내부기구라는 점을 기획재정부 스스로 인정한 것이다.

한국은행법 개정을 둘러싼 논란 과정에서 정부는 논리적 모순에 빠진 것을 깨달았다. 그래서 기획재정부 실무진들은 1997년 말 법률을 개정할 때 한국은행정관에 담아야 할 절대적 기재사항에서 금융통화위원회를 슬그머니 삭제했다.[53] 금융통화위원회를 한국은행과 분리함으로써 금융통화위원회와 한국은행의 관계를 금융위원회와 금융감독원의 관계와 비슷하게 만들려고 시도한 것이다. 참고로 금융감독원은 금융위원회의 지도 · 감독을 받지만 금융위원회는 금융감독원의 외부기관이다. 그래서 금융감독원정관의 절대적 기재사항에 금융위원회는 포함되지 않는다.[54]

일반 법인의 경우 중요한 의사결정기구가 누락된 부실한 정관은 설립등기가 어려울 뿐만 아니라 설립등기의 효력도 갖기 어렵다. 그래서 한국산업은행, 한국수출입은행, 중소기업은행, 예금보험공사 등 특수법인의 경우 운영위원회와 이사회 등 내부의 중요 의사결정기구는 정관의 절대적 기재사항이다. 그런 점을 감안할 때 금융통화위원회가 빠진 현재 이 조는 큰 결함을 갖고 있다.

한편, 현재는 한국은행 감사도 절대적 기재사항이 아니다. 따라서 법원 등기부에 감사를 등재할 필요가 없다. 그러나 상법에서는 감사[55]가 정관의 절대적 기재사항(제311조 제2항 제8호)이며, 법원 등기부에 등재토록 하고 있다. 한국산업은행법(제10조), 한국수출입은행법(제8조), 예금자보호법(제11조) 등의 특별법에서도 감사는 '임원'에 해당하기 때문에 등기된다. 이런 점을 감안할 때 한국은행 감사도 한국은행정관의 절대적 기재

53. 따라서 1997년 이전에는 금융통화운영위원회 위원도 법원에 등기했으나 1998년부터 등기대상에서 제외되었다. 한국은행의 중요 의사결정자로서 법원에 등기하는 사람 중에서 금융통화위원회 위원이 빠진 것은 위원들을 식객(食客)으로 보는 것과 다름없다.

54. '금융위원회의 설치 등에 관한 법률' 제26조.

55. 감사는 임원(상법 제312조)이기는 하지만 집행임원은 아니다.

사항이 되는 것이 마땅하다.[56] 참고로 1998년 이전에는 감사가 한국은행정관의 절대적 기재사항이었다(구 한국은행법시행령 제4조 제1항).

정관의 변경

주식회사 정관의 변경은 주주총회가 결의(상법 제433조)한다. 한국은행의 경우 1998년까지는 정관의 변경을 정부가 승인했다(구법 제7조 제6항). 그러나 현재는 금융통화위원회가 의결한다.[57] 1998년 정관변경 승인권을 조정하는 과정이 매끄러웠던 것은 아니다. 1998년 개정된 한국은행법(부칙 제6조)에서는 법률 개정 이후 최초로 개정되는 한국은행정관만큼은 재정경제원장관이 '인가' 하도록 하였다. 굳이 그런 조항을 남긴 것은 한국은행의 정관변경 승인 권한을 끝까지 놓치고 싶지 않았던 재정경제원의 미련으로 보인다.

그럼에도 불구하고 재정경제원의 의도는 달성되지 않았다. 금융통화위원회가 1998년 4월 9일 한국은행정관을 개정했고, 새로운 정관은 그날부터 시행되었다(한국은행정관 부칙 제1조). 재정경제원이 인가할 시간을 주지 않은 것이다. 재정경제원은 4월 18일에 이르러서야 한국은행정관을 받아보고 이미 시행되고 있는 정관을 사후적으로 인가했다. 결과적으로 정부가 의도했던 "한국은행정관에 대한 마지막 승인" 은 실패로 끝났다.[58]

이 조에 대한 필자의 생각은 다음과 같다.

---

56. 그럼에도 불구하고 감사는 현재 한국은행정관에 포함되어 있다. '한국은행법시행령'(제2조 제1호 제5항)에서 감사를 정관에 담도록 했기 때문이다. 한국은행 감사는 한국은행정관의 절대적 기재사항이 아닌 임의적 기재사항에 해당하며, 정부가 법률시행령을 통해서 여전히 한국은행정관에 영향을 미치고 있다. 이는 1998년 법률 개정의 근본 취지에 어긋난다.

57. 그런 점에서 본다면 금융통화위원회를 주주총회에 비유할 수 있다. 그러나 금융통화위원회는 총재 등 집행기관의 임명권이 없고 위원들이 감사를 통해 소송을 당할 수도 있다. 그런 점에서 금융통화위원회는 주주총회와 크게 다르다. 이 점에 관해서는 제2장 설명에서 다룬다.

58. 이 과정을 보면 마치 금융통화위원회가 정부를 골탕먹인 것처럼 보인다. 하지만 새로운 정관의 의결이 늦어진 것은 정부(대통령)의 사정 때문이었다. 새로운 한국은행법이 1998년 4월 1일부터 발효되므로, 당시 김대중 대통령은 금융통화위원회 위원들을 4월 1일자로 임명했다. 따라서 새로운 위원들이 새로운 정관을 심의 · 의결하여 정부에 제출하는 데 시간이 걸렸다.

〈필자의 제안〉

제8조(정관)

① 한국은행은 이 법 및 이 법에 따른 시행령과 정관으로 정하는 바에 따라 운영한다.

② 한국은행의 정관에는 다음 각 호의 사항이 포함되어야 한다.

1. 목적
2. 명칭
3. 사무소 · 지사무소 및 대리점에 관한 사항
4. 금융통화위원회에 관한 사항
5. 총재, 부총재, 부총재보, 감사 및 직원에 관한 사항[59]
6. 업무와 그 집행에 관한 사항
7. 예산 및 회계에 관한 사항
8. 공고 및 공표의 방법

③ 한국은행은 제12조에 따른 금융통화위원회의 심의 · 의결을 거쳐 정관을 변경할 수 있다.[60]

[보론]

1998년 한국은행정관에 대한 정부의 승인권이 폐지되고 금융통화위원회 위원들이 상근하면서 한국은행의 조직과 업무 운영원칙을 정하는 정관의 변경이 훨씬 드물어졌다. 1997년 이전에는 한국은행정관이 연 1.4회 정도 개정(총 31회)되었으나, 1998년 이후 연 0.3회로 대폭 감소했다(지금까지 총 6회).

정관은 법인의 목표와 조직의 운영원리를 밝히고 있다는 점에서 자주 개정되는

59. 현행법에서 집행간부로 기술된 것을 총재 · 부총재 · 부총재보로 바꾼 것에 대해서는 제32조의 설명을 참조하라.

60. 정관의 변경을 위한 의결정족수는 일반 규정 변경의 경우보다 엄격해야 한다. 이에 관해서는 제29조의 설명(필자의 제안)을 참조하라.

것이 바람직한 것은 아니다. 그러나 정관이 경영환경의 변화를 따르지 못하는 경우 조직의 운영원리나 업무절차도 구태의연해질 수 있다. 그런 점에서 한국은행정관의 개정은 보다 유연한 자세로 접근할 필요가 있다고 보인다(기획협력국장을 경험한 필자가 보기에는 현재의 한국은행정관에는 개선이 필요하거나 누락된 사항이 상당히 많다).

제9조(등기)

① 한국은행은 대통령령이 정하는 바에 의하여 등기하여야 한다.

② 한국은행은 주된 사무소의 소재지에서 설립등기를 함으로써 성립한다.

③ 한국은행은 등기를 하여야 하는 사항에 관하여는 그 등기를 한 후가 아니면 제3자에 대항할 수 없다.

※ 이 조와 함께 읽어야 할 부분 : 제2조

이 조는 한국은행의 설립등기에 관한 규정이다. 설립등기는 제2조(법인격)에서 파생되는 것이며, 그런 점에서 이 조는 제7조, 제8조와는 형제 관계에 있다고 할 수 있다.[61] 그런데 이 조는 제3조에서 규정하는 한국은행의 자주성을 저해하는 면이 있다. 정부가 법시행령을 통해 한국은행의 등기에까지 간여하기 때문이다. 정부가 법률을 통해 중앙은행의 등기절차에 관해서 간섭하는 것은 외국에서 찾아보기 힘들다.

등 기

설립등기의 의미와 효력은 민법과 상법에 명시되어 있다(설립등기의 의미에 관해서는 〈참고 1-5〉를 참조하라). 일반적으로 법인은 등기를 통해 성립하고, 등기를 통해 제3자에게 대항한다. 이 조는 민·상법에서 규정하는 그런 내용을 그대로 반복하고 있다. 그런 점에서 이 조는 필요가 없다. 굳이 이 조를 둔다면 "상업등기의 일반 원칙을 따른다"라는 점을 밝히는 것으로 충분하다.

참고로 중앙은행이 행정관청(예 : 중국, 홍콩, 사우디아라비아, 싱가포르)이거나, 헌법기관(예 : 스웨덴, 핀란드, 러시아)인 경우에는 당연히 중앙은행법에서 설립등기를 다루지 않는다. 영국, 프랑스, 스페인, 스위스 등 중앙은행이 법인의 형태를 취하는 나라에서도 법률에서 설립등기를 잘 다루지 않는다. 독일연방은행법(제29조 제3항)과 이탈리아중앙은

61. 법인의 설립등기 시 반드시 정관을 첨부(비송사건절차법 제63조)하여야 하고, 정관에는 주된 사무소를 기재해야 한다(상법 제289호). 그러므로 법인-정관-등기-주된 사무소(본점)는 불가분의 관계에 있다.

참고 1-5

설립등기의 의미와 효력

모든 인간은 천부인권(天賦人權)을 가지며, 출생하기 전부터도 권리(상속)의 주체가 된다. 법률에서는 이를 자연법사상이라고 하고, 자연인으로서 갖는 권리를 자연권(自然權)이라고 한다. 영국의 존 로크, 프랑스의 루소 등이 제창한 자연법사상은 영국, 미국, 프랑스에서 벌어진 시민혁명의 원동력이 되었으며, 오늘날에는 각국의 헌법 등을 통해 실정법으로도 확립되어 있다. 우리나라의 헌법(제10조)도 "모든 국민은 인간으로서의 존엄과 가치를 가지며, 행복을 추구할 권리를 가진다. 국가는 개인이 가지는 불가침의 기본적 인권을 확인하고 이를 보장할 의무를 진다"라고 선언하고 있다.

자연인과 달리 법인은 권리의 주체가 되기 위해서 그 존재나 내용을 제3자에게 알려야 한다. 이를 설립등기라고 한다. 우리나라의 민법(제33조)은 "법인은 그 주된 사무소의 소재지에서 설립등기를 함으로써 성립한다"라고 규정하고 있다.

설립등기는 등기(registration)의 한 유형이며, 등기의 대상은 법률로 정한다. 일반적으로 개인들끼리의 채권 · 채무와 같은 대인적 권리(對人的 權利)는 등기하지 않는다. 당사자 간의 문제이기 때문이다. 그러나 법인, 부동산 및 중요한 동산(예 : 자동차), 친족권(가족관계) 등의 존재는 등기가 필요하다. 등기를 한다는 것은 세상을 향하여, 즉 "제3자가 대항하지 못하도록" 권리(對世的 權利)를 확정하는 것이다.

행법(제1조)은 중앙은행이 법인이지만 설립등기를 면제한다는 특별규정을 두고 있다.

최초의 한국은행법은 설립등기를 언급하지 않았다. 등기가 설립의 필수조건이 아니었기 때문이다. 즉, 일반회사들은 설립등기를 마쳐야 성립(상법 제172조)하는 데 비해서 한국은행의 설립일은 등기와 상관없이 대통령령으로 정하도록 했다(최초 한국은행법 제111조). 이에 한국은행법시행령(구 시행령 제6조)에서는 정부가 출자를 완료한 날을 설립일로 본다고 밝혔다.[62] 그런데도 정부는 한국은행법시행령에서 한국은행의 등기에 관한 사항을 규정했다. 시간낭비일 뿐만 아니라 근거도 없었다.

62. 그러므로 법률상 한국은행 설립일은 6월 6일이다. 현재 한국은행이 창립일이라고 생각하고 있는 6월 12일은 조선은행 영업부 직원들을 퇴출시키고 창립기념식을 거행한 날이다.

1950년 제정된 한국은행법시행령은 특별법에 의해 설립된 기관(특수법인)에 관한 우리나라 최초의 시행령이다.[63] 그 시행령은 총 29개 조로 이루어졌고, 그중 절반이 설립등기에 관한 것이었다. 그 내용은 민법과 '비송사건수속법'(오늘날의 비송사건절차법)에 있는 뻔한 내용, 즉 법원 등기소 직원들이 하는 일을 시시콜콜 그대로 묘사한 업무 매뉴얼 수준이었다. 하지만 문제가 있었다. 상위법규인 한국은행법에 한국은행의 등기에 관한 사항을 행정부가 정한다는 내용이 없었기 때문이다.

거기에 더하여 최초의 한국은행법시행령에서는 '등기'에 관한 이해가 크게 잘못되었다. 재무부는 등기 사무를 법원이 담당한다는 사실을 모르고 이를 행정부의 사무로 착각했다. "등기한 사항은 재판소에서 지체 없이 공고하여야 한다"(최초의 법시행령 제13조) 또는 "각 등기소에는 한국은행 등기부를 비치하여야 한다"(제14조)와 같은 규정이 그 예다. 이는 삼권분립의 원칙을 위배한 것이다.[64]

법원은 삼권분립의 원칙도 무시한 한국은행법시행령을 인정하지 않는다. 그래서 1950년 한국은행이 설립등기를 신청하자 대법원은 재무부의 법시행령을 무시하고 '한국은행등기처리규칙'(1950년 5월 23일)을 따로 제정했다. 우리나라 최초의 대법원 규칙(제1호)이었다. 단 4개 조로 이루어진 대법원 규칙은 아주 간단했다. '상업등기취급규칙'의 예를 따라서(제1조) 각 지방법원장들이 한국은행등기부를 따로 작성(제4조)하라는 것이었다.

이 규칙에 따라 6월 16일 서울중앙지방법원 상업등기소(오늘날의 중부등기소)에 한국은행의 설립등기가 완성되었다. 한국은행 지점들도 해당 지역 등기소를 통해 비슷한 절차를 마치고 영업을 시작했다.[65] 결론적으로 한국은행법과 한국은행법시행령 중 설립등

---

63. 한국은행법 이전에 대한해운공사법, 대한조선공사법, 대한석탄공사법 등이 제정되었지만 주무부처가 바빠서 미처 관련법의 시행령은 마련하지 못했다.

64. 이런 실수는 현재도 계속되고 있다. 기획재정부가 작성한 한국은행법시행령(제6조 제2항)에는 여전히 "각 등기소에는 한국은행 등기부를 비치하여야 한다" 등의 내용이 남아 있다.

65. 이후 대법원은 각종 특별법이 제정될 때마다 한국은행의 사례를 참고하여 해당 특별법인의 설립등기에 관한 규칙을 매번 새로 제정했다. 이는 매우 번거로운 일이었다. 결국 대법원은 1973년 '특수법인등기처리규칙'(대법원규칙 제514호)을 제정하면서 '한국은행등기처리규칙' 등 기존의 등기처리규칙을 일괄해서 폐지하였다. 이후 '특수법인등기처리규칙'은 '민법법인 및 특수법인 등기규칙'으로 대체되어 지금까지 이어져 오고 있다.

기에 관한 내용은 법원의 등기업무에 효력을 미친 적이 한 번도 없었다. 즉, 이 조는 무의미하다.

결 론

현행 한국은행법 제9조 제1항과 제3항은 민법과 대법원의 '민법법인 및 특수법인 등기규칙'에서 규정하는 내용과 똑같다. 이 조가 없더라도 한국은행 등기의 효력과 절차는 달라지지 않는다. 사법부의 업무영역인 등기절차를 다른 법률에서 다루는 것은 삼권분립의 원칙에 위배된다. 이런 원칙의 위배는 한국은행법뿐만 아니라 '금융위원회의 설치 등에 관한 법률'(제27조), 한국산업은행법(제6조), 중소기업은행법(제7조), 한국수출입은행법(제6조), 한국주택금융공사법(제7조) 등에서도 자주 관찰된다.

우리나라에서 이런 일이 벌어지는 것은 일본의 영향 때문이다. 일본은행법(제12조)[66]을 포함하여 일본의 많은 법률에는 특별법인의 등기에 관한 사항이 시시콜콜 규정되어 있다. 다른 나라에서는 결코 찾아볼 수 없는 무소불위(無所不爲) 정부의 만기친람(萬機親覽)이다. 우리나라가 일본의 이런 후진적 측면까지 모방할 필요는 없다.

이 조에 대한 필자의 생각은 다음과 같다. 필자의 제안대로 수정될 경우 한국은행법 시행령은 크게 간소화될 것이다.

〈필자의 제안〉

제9조(등기)

한국은행은 상업등기의 일반 규칙을 따른다.[67]

66. "일본은행은 정령이 정하는 바에 따라 등기를 하여야 한다."

67. 한국은행법이 특별법이기는 하지만 등기에 관해서는 상법을 적용한다는 선언이다. 이로써 기획재정부가 한국은행법시행령을 통해 등기에 관한 사항을 시시콜콜 관리하는 수고는 사라진다.

제10조(유사명칭의 사용금지)

한국은행이 아닌 자는 한국은행 또는 이와 유사한 명칭을 사용하지 못한다.

※ 이 조와 함께 읽어야 할 부분 : 제105조

이 조는 한국은행과 유사명칭 사용을 금지하는 규정이다. 결론부터 말하자면, 이 조는 특별히 손볼 것이 없다. 한국은행뿐만 아니라 대부분의 특수법인들은 유사명칭 사용을 금지하는 규정을 두고 있다.[68] 이는 특수법인의 사회적 기능과 중요성 등을 고려하여 오해와 혼란을 막으려는, 매우 자연스러운 장치다.

유사명칭 사용을 금지한 것은 대한석탄공사법(1950년 5월, 법률 제137호)이 최초였다. 그 이전에 제정된 대한해운공사법(1949년 10월), 대한조선공사법(1949년 10월)은 유사명칭 사용 가능성을 생각하지 못했다. 한국은행법(제138호)과 은행법(제139호)은 대한석탄공사법보다 하루 늦게 제정되었지만 유사명칭 사용을 금지하는 규정을 담지 않았다. 한국조폐공사법(1951년 9월) 및 한국산업은행법(1953년 12월) 등 다른 특별법의 제·개정 과정에서 유사명칭 사용금지 규정이 유행처럼 추가될 때도 한국은행법과 은행법은 이를 따르지 않았다.

한국은행법과 은행법에 유사명칭 사용에 관한 금지조항이 없었던 것은 그럴 필요성이 적었기 때문이다. 즉, 한국은행과 상업은행은 국민 모두가 너무나 잘 알고 있어서 그 이름이 도용될 가능성이 매우 적었다. 만일 제3자가 유사명칭을 사용하여 재산상의 손해를 보거나 명예가 훼손되면 손해배상을 청구할 수도 있다(민법 제750조 및 제751조).

결국 1998년에 이르러서야 한국은행법과 은행법에 유사명칭 사용을 금지하는 조항이 신설되었다. 이 조는 유사명칭 사용 시 민사소송에 더하여 벌금까지 부과할 수 있는 근거를 마련했다는 데 의미가 있다. 제105조에 따라 유사명칭을 사용한 자에게는 1년 이하의 징역 또는 1천만원 이하의 벌금에 처한다. 그런 점에서 제3조는 제105조와 형제다.

---

68. 한국산업은행법 제7조, 한국수출입은행법 제7조, 금융위원회의 설치 등에 관한 법률 제28조, 예금자보호법 제7조, 금융기관부실자산 등의 효율적 처리 및 한국자산관리공사의 설립에 관한 법률 제13조 등.

제11조(금융기관의 범위)

① 이 법에서 "금융기관"이라 함은 '은행법' 제2조에 따른 은행과 금융지주회사법에 의한 은행지주회사를 말한다.

② (삭제)

③ 보험회사와 상호저축은행업무 또는 신탁업무만을 하는 회사는 금융기관으로 보지 아니한다.

※ 이 조와 함께 읽어야 할 부분 : 제55조, 제77조, 제81조

이 조는 용어의 정의(definition)에 해당한다. 한국은행법에서 용어의 정의는 이 조와 제77조 제2항(정부대행기관), 두 개뿐이다. 국내의 다른 특별법이나 외국의 중앙은행법에 비하면 놀랄 정도로 단출하다.

그나마 이 조의 제3항은 엉뚱하다. 보험회사, 상호저축은행, 신탁회사는 금융기관이 아니라는 사실을 환기시키지만 외국의 중앙은행법에서는 이런 식의 접근을 찾아보기 힘들다(반례가 많다고 설명이 충실해지지 않는다). 그리고 실효성도 없다. 다른 법률에서 이런 저런 이유를 들어 상호저축은행이나 신탁회사에게 은행업의 일부(전부가 아닌)를 허용하면 제3항은 무력해진다. 실제로 그런 일이 발생하고 있으며, 한국은행은 상당히 많은 비은행 기관들과 여 · 수신 거래를 하고 있다.

이 조의 목적은 한국은행의 여 · 수신 거래대상을 제한하는 데 있다.[69] 그것이 흔들릴 경우 중앙은행의 정체성이 흔들린다. 그러므로 이 조를 통해 은행과 비은행의 구분이 확고해지도록 하는 것은 대단히 중요한 입법과제다. 다만, 이 조의 제1항은 은행법 제2조에 크게 의존하고 있다. 따라서 은행법과 한국은행법을 함께 엮어서 은행업을 정확하게 재정의해야 한다.

---

69. 이 조에서 밝힌 정의가 영향을 미치는 범위는 한국은행의 여 · 수신 및 자료제출 요구, 공동검사 등이다. 한국은행이 통상적 법인으로서 수행하는 각종 매매(공개시장조작)와 임대차 계약, 위임계약(대리점계약 포함), 경제교육 등은 이 조의 적용을 받지 않는다.

은 행

은행법(제2조 제1항 제1호)에 따르면 은행업이란 "예금, 유가증권 또는 그 밖의 채무증서를 발행하여 불특정 다수인으로부터 채무를 부담함으로써 조달한 자금을 대출하는 업" 이다. 이 규정은 은행업의 몇 가지 피상적 속성(property)을 묘사했을 뿐, 본질(essence)을 설명하지 못한다. 실제로 상호저축은행, 신용협동조합, 새마을금고들도 은행들과 매우 비슷한 일을 하고 있어 구분하기 어렵다. 그래서 이 조의 제3항에 이르러 보험회사, 상호저축은행, 신탁회사는 은행이 아니라는 설명이 추가된다. 은행업만의 특징을 파악하는 데 실패한 데서 오는 사후적 친절이다.

결론부터 말하자면, 은행업의 특징은 자금의 운용(여신)이 아닌 조달(수신)에 있다. 그런데도 은행법에서는 은행의 자금조달원을 "예금, 유가증권 또는(or) 그 밖의 채무증서" 라고 서술함으로써 은행이 반드시 예금을 취급할 필요는 없다는 오해를 만든다. 즉, 금융투자업자처럼 유가증권이나 채무증서를 통해 불특정 다수인으로부터 자금을 조달하여 그것으로 대출을 하는 사업도 은행업으로 볼 수 있는 여지가 생긴다.

은행업의 특징은 수신 중에서도 예금에 있다.[70] 예금은 여타 금융상품과 달리 인출지시서(draft)를 통해서 예금주가 지급을 명령할 수 있는 원천 또는 수단이다. 그리고 예금이 그런 기능을 수행할 수 있는 이유는 중앙은행과의 관계 때문이다. 즉, 예금은 중앙은행에 예치된 지급준비금을 기반으로 전국 어디서나 즉각 인출될 수 있다. 이에 비해서 어음이나 단기채권 등에 투자하는 금융상품은 해당 투자자산을 매각한 뒤 그 매각대금을 회수하는 절차를 따르기 때문에 인출하는 데 적어도 하루 이상이 걸린다. 그런 점에서 은행업과 예금 그리고 중앙은행(지급준비금)은 불가분의 관계에 있다. 한국은행법과 은행업에서 은행업을 정의할 때는 이런 사실이 분명하게 드러나야 하는데 현재는 그러하지 못하다.[71]

---

70. 참고로 영국의 은행법(Article 2, "interpretation of bank")에서는 "은행은 예금을 수취하는 기관(In this part "bank" means a uk institution......to carry on the regulated activity of accepting deposits)"이라고 정의한다. 금융선진국답게 은행업의 정의가 매우 명료하다.

71. 예금은 "고객한테서 받은 투자금(receipt)"이 아니라 "고객의 인출요구가 있을 때까지 갖고 있는 보관물(deposit)"을 뜻한다. 따라서 보험회사, 상호저축은행, 신탁회사 등이 중앙은행에 지급준비금을 예치하지 않는 이상 이들의 수신상품은 "예금"이 될 수 없으며, 이들 기관의 업무는 은행업이 아니다.

은행지주회사

일반적으로 지주회사는 다른 회사의 주식이나 지분을 보유하여 그 회사를 지배 · 관리하는 것을 주된 사업으로 하는 회사를 말한다. 지주회사는 카르텔, 임원 교차임명, 순환출자 등 초기 자본주의의 폐해를 심각하게 경험한 선진국들이 회사 간의 출자와 지배관계를 투명하게 하고 감시하기 위해서 도입한 개념이다. 우리나라에서는 외환위기 직후인 1999년 '독점규제 및 공정거래에 관한 법률' 개정을 통해 그 개념이 도입되었다. "대기업의 지배구조 개선을 통한 기업의 구조조정을 촉진" 하는 것이 목적이었다.

은행지주회사는 은행을 소유하는 지주회사를 말한다. 은행의 모회사가 다른 업종에 함부로 진출하는 것을 막기 위해서 1956년 미국(Bank Holding Company Act)에서 처음 고안된 개념이다. 그런데 우리나라의 은행지주회사는 그 도입배경과 목적이 미국과 크게 다르다. 은행 모회사의 출자를 제한하고 감시하려는 것이 아니라 오히려 그 반대에 가깝다. 2000년 제정된 우리나라의 '금융지주회사법' 은 은행의 대형화 · 겸업화를 도모하기 위해서 계열회사 간 출자와 업무확대를 일부 허용하는 것이 목적이었다.

다만, 우리나라에서도 은행지주회사를 포함한 모든 금융지주회사들의 업무 범위는 엄격하게 제한된다. 모회사와 자회사 간의 이해상충을 방지하기 위해서 은행지주회사는 자회사의 경영관리업무와 그에 부수하는 일부 업무만 허용된다. 또한 영리목적의 다른 업무도 영위할 수 없다(금융지주회사법 제15조). 따라서 한국은행과 예금 · 대출 · 공개시장조작 등 자금거래가 원천적으로 불가능하다.

그럼에도 불구하고 한국은행법에서는 은행지주회사를 '금융기관', 즉 상업은행과 똑같이 취급한다. 따라서 한국은행은 은행지주회사를 상대로 자료 제출을 요구(한국은행법 제87조)하거나 공동검사를 실시(제88조)할 수 있다. 이는 은행지주회사의 자산과 자본금 규모가 매우 커서 금융산업에서 매우 중요한 위치를 차지하기 때문이다.[72] 주요국 중앙은행들도 은행지주회사에게 자료 제출을 요구하거나 검사 등을 실시한다.

72. 한국은행과 여신과 대출거래를 하지 않는 은행지주회사에 대하여 금융시스템상 중요하다는 이유로 한국은행이 검사 및 공동검사를 요구할 수 있다면 지배력이 큰 대형 금융투자회사나 보험회사에 대하여 한국은행이 검사 · 공동검사를 요구하는 것도 생각해 볼 수 있다.

보험회사

보험회사가 금융기관(상업은행)이 아니라는 사실은 너무나 당연해서 따로 강조할 필요가 없다. 외국의 중앙은행법에도 보험회사에 관하여 따로 서술하지 않는다. 그런데도 한국은행법에서는 이 당연한 사실이 특별히 언급되는데, 이는 법률 제정 당시 보험회사가 저축기관으로 오해되었던 흔적이다.

우리나라의 보험업은 일본강점기인 1929년 조선총독부 체신국이 '조선간이생명보험' 업무를 취급하면서 시작되었다. 조선총독부 체신국 서무과에 보험계를 설치하고, 서대문우편국에서 최초의 보험계약을 취급했다. 이때 보험은 종신보험과 양로보험 등 생명보험이었다. 생명보험 가입자는 중일전쟁(1937년)과 태평양전쟁(1941년)을 거치면서 급격히 확대되었다. 조선총독부 체신국이 전시자금 조달수단으로 보험모집을 장려 · 확산하면서 가입자들에게 생명보험을 저축수단이라고 소개했기 때문이다. 1945년 해방 당시에는 일본인을 제외한 조선인 보험계약만 1,120만 건에 달했다.[73]

해방과 동시에 일본계 보험회사는 모두 철수하였으나 손해보험 수요는 늘었다. 상업은행들이 대출하면서 담보물에 대한 화재보험을 요구했기 때문이다. 그래서 미 군정청은 일본의 보험업법에 의존하여 생명보험사와 손해보험사들의 설립을 인가했다.

이후 대한민국 정부가 수립되고 미 군정청이 철수함에 따라 1962년 보험업법이 제정될 때까지 보험회사는 법률적으로 애매한 존재가 되었다.[74] 그래서 한국은행법과 은행법을 제정할 때 보험회사의 위상을 분명히 정할 필요가 있었다. 즉, 많은 국민들이 저축기관으로 오해하고 있는 보험회사는 은행이 아니라는 설명이 필요했다(구법 제4조).

이제는 보험산업이 성장하여 은행과 차이를 구분하지 못하는 사람이 없다. 따라서 한국은행법과 은행법에서 보험회사를 언급하는 것이 시대착오적이다.

---

73. 1945년 일본의 패망 이후 일본계 보험회사 지점들이 전부 철수했다. 이들 보험회사가 취급했던 보험계약은 한 · 일 국교 정상화를 통해 대일배상 청구권의 일부로 처리되었다.

74. 미 군정청은 별도의 법률 없이 특허로서 설립을 인가했다. 시간적 제약 등에 따른 불가피한 조치였다고 보인다.

상호저축은행

상호저축은행의 뿌리는 무진회사(無盡會社)다. 무진회사는 우리나라 고유의 자생적 지역 모임인 '계(契)'가 기업 형태로 발전한 것인데, 일제강점기 후반에 이르러서는 크게 성업하여 대표적인 서민금융기관으로 자리 잡았다. 하지만 무진회사는 법적 근거가 없이 자유롭게 설립되는 데다가 영세하여 도산하는 경우가 빈번했다.[75]

무진회사의 도산으로 인한 사회적 문제가 끊이지 않자 정부는 1972년 '상호신용금고법'을 통해서 무진회사의 명칭을 상호신용금고로 바꾸고 허가제도를 도입했다. 그 이후 상호신용금고의 사고가 줄어들고 인식도 개선되자 2001년에는 이 법이 '상호저축은행법'으로 변경되었다. 은행업과의 차별을 어느 정도 좁히려는 시도였다.

무진회사이건, 상호신용금고이건, 상호저축은행이건, 여·수신업무를 취급한다는 점에서는 은행과 다를 바가 없다. 그래서 스위스를 비롯한 대부분의 유럽 국가들은 서민금융기관을 은행과 구분하지 않는다. 미국도 1970년대까지는 지역 주민과 소상공인을 상대로 하는 저축대부조합(Savings & Loans)을 은행으로 취급하지 않았으나, 1980년 통화관리법(Monetary Control Act) 제정 이후 은행과 동일하게 취급한다. 미국의 저축대부조합은 지급준비의무가 있으며, 은행과 함께 예금취급기관(depository institutions)이라고 불린다.

일본도 상업은행과 서민금융기관의 차이를 두지 않는다. 일본은행은 예금자보험 부보기관 전부에게 여신할 수 있으며, '준비예금제도에 관한 법률'(제2조)에 따라 은행뿐만 아니라 신용금고, 신용금고연합회, 농림중앙금고, 상공종합중앙금고(주) 등 다양한 서민금융기관들으로부터 지급준비금을 예치받는다.

이에 비해서 우리나라에서는 상호저축은행과 은행을 엄격히 구별하고 있으며, 상호저축은행에는 지급준비의무를 부여하지 않는다. 그렇다면 한국은행법과 은행법에서 굳이 상호저축은행을 언급할 이유도 없다. 언급하면 오히려 혼란이 생긴다.

---

75. 거의 대부분이 영세성을 면치 못했지만 예외적으로 성공한 무진회사도 있었다. 1961년 최대 무진회사인 한국무진주식회사와 중앙무진주식회사가 합병하여 한국국민은행으로 전환되었고, 이것이 다시 국민은행으로 성장하여 지금에 이르고 있다.

신탁회사

신탁회사는 수수료(신탁보수)를 목적으로 금전이나 유가증권, 부동산 등을 신탁재산으로 받아 이를 운영한 뒤 수익을 신탁자에게 반환하는 것을 업으로 하는 회사다. 금융에 관한 전문성이 요구되기 때문에 은행과 금융투자업자, 보험회사들이 일부 신탁업무를 겸영하고 있다.[76] 신탁업무를 겸영하지 않고 전업으로 영위하는 회사(신탁전업회사)는 현재 11개이며, 전부 부동산신탁회사다(2018년 4월 3개사가 추가로 부동산신탁업 예비인가를 받았다).[77]

우리나라의 신탁업무는 1910년 일본계 회사인 토우혼(騰本)합자회사가 금전신탁업무를 시작하면서부터 시작되었다. 이후 업체 수가 크게 늘어나자 조선총독부는 1931년 '조선신탁업령'을 제정하여 회사 수를 5개로 정비했다. 그리고 1933년에는 다시 5개 회사를 조선신탁주식회사 하나로 통폐합하였다. 이 회사는 독점기업이었음에도 불구하고 해방 직후 높은 인플레이션과 정치 · 사회적 혼란 속에 존폐가 위태로웠다. 그래서 미 군정청은 1946년 5월 은행업 겸영을 허가했지만 그것으로도 영업은 개선되지 않았다. 결국 1950년 4월 재무부는 이 회사를 한국신탁은행으로 승격시켰다. 이 조치로 한국신탁은행은 한국은행으로부터 상당한 대출을 받게 되었다.[78]

경영상태가 부실해서 파산해야 할 신탁회사를 오히려 은행으로 격상한 것은 당시 정부의 고육지책이었다. 그런 일이 재발하면 도덕해이를 초래하는 것이 자명했다. 그런 염려에서 "앞으로는 신탁업무만을 영업하는 회사를 금융기관으로 보지 않겠다"라는 정부의 의지를 한국은행법에 담았다. 일종의 노파심이었다. 다행히도 그 이후 지금까지 금전신탁 전문회사는 하나도 설립되지 않았다. 이런 점들을 감안할 때 이 조에서 신탁업무만을 영위하는 회사를 따로 언급할 필요는 없다.

---

76. 은행법 제28조(은행법시행령 제18조의 2 제2항 제8호) 및 '자본시장과 금융투자업에 관한 법률' 제6조 등.
77. 금전이나 유가증권에 대한 신탁전문회사는 보통 집합투자회사 또는 투자일임회사 등 다른 명칭으로 불린다.
78. 1950년 4월 출범한 한국신탁은행은 경영이 어려워져서 결국 1954년 조선상호은행과 합병해 한국흥업은행이 되었다가 1960년 한일은행으로 전환되었다.

결 론

중앙은행이 무원칙하게 예금을 받거나 대출을 하면 중앙은행의 정체성은 물론 금융산업과 통화신용정책에도 혼란이 생긴다. 특혜 시비도 생길 수 있다. 그런 점에 비추어 볼 때 한국은행의 여 · 수신 거래대상기관을 분명한 기준을 통해서 제한하는 것은 대단히 중요하다.

그러나 이 조(그리고 은행법 제6조)는 실망스러울 정도로 조잡하다. 수신업무를 수행하지도 않아 은행과 혼동할 염려가 전혀 없는 보험회사나 신탁전문회사는 언급한 반면, 정작 '서민의 은행'으로 불리며, 은행과 비슷하다고 이해되는 신용협동조합과 새마을금고는 언급이 없다. 일부 여 · 수신 기능이 있는 금융투자회사, 여신전문금융회사(신용카드사), 벤쳐캐피탈회사, 대부업자 등도 언급하지 않는다(현행 한국은행법에서 누락된 금융기관의 성격에 관해서는 〈참고 1-6〉을 참조하라).

특정 기관이 은행인지 여부는 금융위원회가 판단한다(은행법 제7조).[79] 하지만 은행업이 과연 어떤 것인지는 그 뚜렷한 기준이 없다. 따라서 금융위원회의 판단은 자의적일 수 있다. 또한 현재의 한국은행법으로는 다른 법률에서 어떤 기관을 "은행법상의 금융기관으로 본다"라고만 규정하면 해당 기관은 한국은행과 여 · 수신 거래의 자격을 갖는다. 상호저축은행, 신용협동조합, 새마을금고 중앙회가 그 예다. 이들 기관은 은행으로서의 의무(지급준비금 보유)는 피하면서 편익(한국은행과 예금거래)만 취한다. 한국은행법의 취지가 다른 법률로 인해 흔들리는 것이다.

이런 상황을 해결하려면 은행법과 한국은행법에서 은행과 비은행 금융기관의 차이를 분명하게 제시할 필요가 있다. 물론 그 차이는 예금에 있다. 상업은행의 수표 발행 및 추심(collection)업무는 고객의 예금을 근거로 수행되며, 예금은 한국은행 지급준비금과 필연적으로 연계된다. 따라서 한국은행법과 은행법에서는 예금에 초점을 맞추어 은

---

79. 1997년 이전에는 은행업의 범위를 한국은행 은행감독원장이 결정했다(구 은행법 제5조 제1항). 은행업은 금융통화운영위원회가 인가(구 은행법 제9조)하는데, 은행업의 여부는 금융통화운영위원회의 지시 · 감독을 받는 은행감독원장이 판단하는 것은 논리적으로 모순이 있었다. 그래서 현재는 은행업 인가와 은행업 여부 판단을 금융위원회가 모두 담당한다.

행업을 새로 정의해야 한다(예금에 관해서는 제55조와 제81조에서 상세히 다룬다).

예금은 한국은행, 상업은행뿐만 아니라 예금자보호제도와도 관계되므로 그 범위를 두고 기관 간 이견이 생기기 쉽다. 따라서 이견을 해결하는 방안까지 한국은행법과 은행법에 담아야 한다. 참고로 미 연준 등 주요국 중앙은행법은 예금을 정의하거나 예금의 정의에 대한 분쟁이 생겼을 때 이를 해결하는 권한을 중앙은행에 부여하고 있다.

이 조에 관한 필자의 생각은 다음과 같다.

〈필자의 제안〉

제11조(정의)

① 이 법에서 "금융기관"이라 함은 다음 각 호와 같으며 타 법률에 의해 이를 변경할 수 없다.[80]

1. 예금의 수취(기타 채무증서의 발행을 포함한다)를 통해 조달한 자금을 대출하는 것을 업으로 하는 법인[81]

2. '금융지주회사법' 제2조에 따른 은행지주회사

② 제1항에서 "예금"이라 함은 그 명칭과 목적에 관계없이 불특정 다수인으로부터 채무를 부담함으로써 조달한 금전으로서 적금 및 부금 등을 포함한다. "예금"의 범위에 관해서는 금융위원회 및 '예금자보호법'에 의한 예금보험위원회와 협의를 거쳐 금융통화위원회가 결정한다.[82]

80. 조세특례제한법 제3조 제1항을 참고하였다. 타 법을 통해 금융기관의 범위가 달라지는 것을 막기 위해서다. 이 호의 정의에 따라 보험회사, 신용협동조합중앙회나 새마을금고중앙회는 "금융기관"의 범위에서 당연히 제외된다.

81. 예금의 취급을 은행업의 기본으로 규정하였다. 이런 내용은 은행법에도 담아야 통일성을 유지할 수 있다.

82. 예금에 관한 미 연준법 규정(Section 19, (b)1.F)과 과거 한국은행은행감독원의 결정내용을 참고하였다.

[보론]

보험회사를 금융기관으로 보지 않는다는 이 조의 규정에도 불구하고 한국은행은 현재 10개가 넘은 보험회사들과 예금거래를 하고 있다. 국회가 한국은행법을 통해 명시적이고 적극적으로 보험회사와의 예금거래를 금지했음에도 금융통화위원회가 이를 무시하는 것이다.

한국은행이 보험회사와 예금거래를 하는 이유는 발행시장에서 국채와 통화안정증권을 이들 기관에 매각하기 위해서다. 그러나 유가증권의 매매거래는 굳이 예금계약이 없더라도 충분히 가능하다. 유가증권 매매를 이유로 한국은행이 예금거래를 하는 것은 해당 보험회사에 특혜를 제공하는 것에 불과하다. 글로벌 금융위기 전 미 연준은 프라이머리 딜러(primary dealer)와 유가증권 매매거래를 하면서도 예금계좌는 일체 허용하지 않았다(다만, 글로벌 금융위기 이후에는 모든 프라이머리 딜러들이 은행업 허가를 갖고 있다).

농업협동조합중앙회와 수산업협동조합중앙회와의 예금거래도 마찬가지다. 양 협동조합중앙회가 수행했던 신용사업은 2014년 각각 농협은행과 수협은행으로 분리되었다. 현재 양 협동조합중앙회는 경제사업만 수행하기 때문에 이들을 은행법상의 금융기관, 즉 은행으로 볼 이유가 없다. 그런데도 한국은행은 여전히 이들 협동조합중앙회와 예금거래를 하고 있다. 과거에 거래를 했다는 우정과 추억 때문이다.

한국은행은 금융기관 이외의 자와 예금거래를 금지한 제79조의 의미를 되돌아볼 필요가 있다. 주요 선진국 중앙은행들은 법적 강제성이 없는데도 한국은행이 비은행 금융기관과 예금거래를 한다는 사실에 경악한다. 적어도 예금거래만 볼 때 한국은행은 조선은행 수준을 크게 벗어나지 않았다고 보인다. 예금고객이 많을수록 바람직하다고 보는 것이다.

참고 1-6 한국은행법에서 언급되지 않은 여·수신 취급기관

상호금융업

조합원만을 상대로 하는 여·수신 업무를 상호금융업이라고 한다. 우리나라에서는 일제강점기에 '금융조합령'에 의해 설립된 금융조합과 그 결사체인 대한금융조합연합회가 그 예다. 대한금융조합연합회와 그 회원은 여러모로 은행과 비슷했기 때문에 최초의 한국은행법(제10조 제2항)에서는 이를 1개의 금융기관으로 보았다.

대한금융조합연합회는 1957년 농업협동조합중앙회로 전환되었고, 1962년에는 수산업협동조합이 출범했다. 이를 계기로 1962년 개정된 한국은행법에서는 전국적인 영업망을 가진 농업·수산업 협동조합중앙회와 그 회원조합을 각각 하나의 금융기관으로 보는 규정을 두었다. 1980년 축산업협동조합법이 제정되자 한국은행법(1982년)에 축산업협동조합중앙회와 그 회원조합도 1개의 금융기관으로 간주한다는 규정이 추가되었다.

농업·수산업·축산업 협동조합은 여·수신 업무(신용사업)에 더해서 물건의 제조·가공·판매·수출과 물자의 공동구입·제조·가공·공급(경제사업)까지 담당했다. 은행이라면 명백히 금지되는 업무였다. 그럼에도 불구하고 이들의 신용사업 부문은 한국은행법상 금융기관이라는 조항을 통해 한국은행의 대출을 받았다. 동시에 금융통화운영위원회의 규정은 적용받지 않았다(예: 구 농업협동조합법 제16조). 이는 명백한 논리적 모순이었다. 그로 인해서 공정성이 저해되는 것은 명약관화했다.

이런 논란 속에서 2000년 농업협동조합과 축산업협동조합이 통합되고 개별 단위조합(중앙회의 회원)은 금융기관의 범위에서 제외되었다. 또한 2012년에는 농업협동조합이 두 개의 지주회사로 분리되었다. 신용사업 부문은 중앙회에서 분리되어 농협은행으로 독립했고, 농협은행은 한국은행법과 은행법의 적용을 받게 되었다.[1] 2016년에는 수산업협동조합법 개정을 통해 수협은행도 수산업협동조합에서 분리·독립했다. 이로써 한국은행법과 은행법에서 상호금융업에 관한 예외가 비로소 사라졌다. 이제 농업협동중앙회와 수산업협동조합중앙회는 더 이상 한국은행법상 "금융기관"이 아니다.[2]

1) 당시 농업협동조합법 개정안을 준비하던 정부는 새로 출범하는 농협은행에 금융통화위원회의 규정을 계속 배제하는 조항을 두려고 했는데, 필자의 지적에 따라 삭제되었다.

2) 그럼에도 불구하고 한국은행은 양 협동조합중앙회와 여전히 예금거래를 하고 있다. 이는 한국은행의 타성이라고밖에 설명할 수 없다. 이 점에 관해서는 앞쪽(131쪽)의 [보론]을 참조하라.

특수은행

특수은행은 은행법이 아닌 특별법을 통해 설립된 은행이다. 정부는 특수은행에 대해 한국은행법과 은행법의 적용을 배제하는 입장을 취해 왔다. 한국은행법에 따라 금융통화운영위원회가 설립인가를 하지 않았기 때문에 한국은행법에 의한 규정과 감독 대상이 아니라는 이유였다. 그밖에 특수은행장에는 주로 정부 출신 인사가 임명되는 점도 고려했다. 1990년대까지 특수은행의 여 · 수신 금리수준과 업무 범위 그리고 감독은 전적으로 정부가 담당했다.

그런데 외환위기를 계기로 상당수 특수은행들이 합병되거나 일반 은행으로 전환되었다. 현재는 한국산업은행, 한국수출입은행, 중소기업은행, 농협은행 및 수협은행 등 5개 기관만이 특별법을 통해 운영되고 있다. 이들 특수은행은 한국은행법과 은행법의 적용을 받는 정도가 각기 다르다. 예를 들어 가장 나중에 설립된 농협은행(2012년)과 수협은행(2016년)은 한국은행법을 그대로 적용받는다. 즉, 예외가 없다.

반면, 한국산업은행의 경우 1954년 중요 산업자금의 공급 · 관리를 목적으로 설립되었기 때문에 2008년 이전에는 원칙적으로 한국은행법과 은행법을 적용받지 않았다(구 한국산업은행법 제2조).[3] 지급준비의무(구 한국은행법 제54조 내지 제63조)와 수신금리 규제(구 한국은행법 제65조)만 한국은행법이 적용되었다. 그러나 현재는 원칙적으로 한국은행법과 은행업의 적용을 받으며, 업무 범위 및 부수업무 등 일부만 예외를 인정받고 있다(한국산업은행법 제3조 제1항).

한국수출입은행은 미국의 수출입은행(EXIM)을 모델로 하여 "수출입, 해외투자 및 해외자원개발 등 대외 경제협력에 필요한 금융을 공급"하기 위해서 1969년 설립된 기관이다. 이 기관은 정부 등으로부터의 차입금과 채권 발행을 통해 자금을 조달하는 대신 불특정 다수인으로부터 예금을 수입하지 않기 때문에 은행법 제2조에 따른 은행으로는 보기 어렵다. 이런 이유에서 한국은행법과 은행법이 전혀 적용되지 않으며(한국수출입은행법 제2조), 한국은행은 이 은행과 예금이나 대출 거래를 하지 않는다.[4] 다만, 영리기업이 아니기 때문에 한국은행이 한국수출입은행에 출자하는 것은 가능하다(한국수출입은행법 제4조). 참고로 한국수출입은행에 대한 한국은행의 출자는 정부에 대한 한국은행의 대출과 마찬가지로 통화신용정책이 아니다.[5]

---

3) 1953년 설립된 한국산업은행은 설립을 논의하는 단계에서부터 한국은행법 적용을 배제하고 재무부 이재국이 업무내용과 방법을 직접 통제하는 방향으로 검토되었다. 이는 한국은행법이 무력화되는 결과를 가져올 수 있기 때문에 한국은행은 그 법안에 상당히 반대했다. 한국산업은행법은 그 이후 제정된 많은 특별법들이 한국은행법 적용을 배제하는 출발점이 되었다.

4) 2014년 이전의 한국수출입은행법(제19조)에는 한국은행으로부터 차입할 수 있는 근거가 있었다. 하지만 특별히 한국은행이 대출할 이유가 없었다. 그래서 이 조항은 사문화되었다가 2014년 삭제되었다.

5) 한국수출입은행에 대한 출자는 한국은행법상 '한국은행의 운영에 관한 사항(제29조)'으로 의결되었다.

중소기업은행은 '중소기업자의 원활한 경제활동 지원 및 경제적 지위 향상'을 목적으로 1961년 설립되었다. 이 은행은 채권 발행에 크게 의존하지만 기본적으로 일반 은행과 업무내용이 동일하다. 자금 운용에서도 중소기업자에 대한 대출과 어음할인의 비중이 높지만, 그 밖에는 일반 은행과 큰 차이가 없다(중소기업은행법 제33조). 따라서 원칙적으로는 한국은행법과 은행법의 적용을 받는다.[6)]

신용협동조합과 새마을금고

신용협동조합과 새마을금고는 행정구역, 경제권, 생활권 또는 직장 · 단체 등을 중심으로 조합원 또는 회원 상호 간의 공동이익을 목적으로 설립된 기관이다. 상호저축은행과 함께 서민금융기구라고 불리지만 법적 성격은 약간 다르다. 상호저축은행은 영리법인[7)]인 반면, 신용협동조합과 새마을금고는 비영리법인[8)]이다.

신용협동조합과 새마을금고는 외환위기 때까지 충분한 감독을 받지 않았다. 현재도 새마을금고는 그 설립인가와 감독을 행정안전부가 담당한다. 설립이 통제되지 않고 감독도 부실했던 상호저축은행이 일반 상업은행과 차별되는 것처럼 신용협동조합과 새마을금고도 일반 상업은행과 차별되는 것이 불가피하다. 따라서 한국은행이 신용협동조합과 새마을금고를 상대로 여 · 수신 거래를 하는 것은 적절하지 않다.

하지만 2010년 개정된 신용협동조합법과 새마을금고법에서는 "중앙회는 내국환업무에 한하여 은행법 제2조 및 한국은행법 제11조에 따른 하나의 금융기관으로 본다"라고 규정했다.[9)] 해당 법률에도 불구하고 한국은행은 자율적 판단에 따라 얼마든지 수신을 거절할 수 있다. 한국은행이 모든 종류의 금융기관과 거래할 의무가 있는 것은 아니다.

---

6) 한국은행법 적용에서 중소기업은행에 대한 유일한 예외는 지급준비율이다. 즉, 한국은행은 모든 은행에 일률적으로 지급준비율을 적용(한국은행법 제56조 제2항)하는데, 중소기업은행법에서는 이를 배제(제52조 제1항)하는 조항을 두고 있다. 그럼에도 불구하고 금융통화위원회의 '금융기관 지급준비규정'은 중소기업은행에 대한 특칙을 두고 있지 않다.

7) 상호저축은행법 제11조 제1항.

8) 신용협동조합법 제2조 제1호 및 새마을금고법 제2조 제1항.

9) 신용협동조합법 제6조 제3항 및 새마을금고법 제6조 제1항.

제2장 금융통화위원회

제2장은 금융통화위원회의 존재양식(*modus essendi*, way of being)과 운영방식(*modus operandi*, way of operation)을 다룬다. 한국은행 안의 합의제 의결기구는 시대에 따라 그 명칭과 기능, 위상이 상당히 변화했다. 설립 당시 금융통화위원회였던 이름은 1962년 금융통화운영위원회로 바뀌었다가 1998년 원래의 이름으로 환원되었다.

금융통화위원회라는 명칭은 원래 이 위원회에 은행감독기능 또는 규제 권한이 있음을 강조하기 위한 것이었다(이 점에 관해서는 〈참고 2-1〉을 참조하라). 그런데 1998년 한국은행의 은행감독기능이 삭제되었으므로 그때 금융통화위원회는 '통화위원회' 또는 '통화신용위원회' 라고 명칭이 변경될 수도 있었다. 그러나 2011년 통화신용정책에 "금융안정에 유의해야 한다" 라는 새로운 임무가 부여됨으로써 '금융' 이라는 단어를 위원회의 명칭에 그대로 두는 것이 과히 어색하지 않게 되었다.

1998년을 계기로 금융통화위원회의 업무 영역도 크게 달라졌다. 과거에는 통화신용의 운영관리에 관한 정책의 수립 이외에 금융기관 감독, 즉 "은행 및 신용제도의 건전화와 그 기능 향상(구법 제3조 제2호)"을 목적으로 은행감독원에게 "모든 금융기관의 감독과 정기검사를 지시(제28조 제2항)" 했다. 또한 "한국은행의 업무, 운영, 관리에 관한 지시감독" 하는 기능을 가졌다(제7조 제2항). 이에 기초하여 인사권도 보유했다. 즉, 대통령이 임명하는 은행감독원장(제29조 제2항)과 재정경제원장관이 임명하는 감사(제23조 제3항)에 대해서는 추천권을, 총재가 추천하는 부총재 · 이사(제23조 제2항)와 은행감독원장의 추천으로 총재가 제청하는 부원장 · 부원장보(제29조 제3항)에 대해서는 임명권을 각각 가졌다. 이 밖에도 한국은행 집행부서(제7조 제4항), 은행감독원(제29조 제7항) 및 감사실(제27조의 3 제3항) 소속 직원(고급직원)에 대한 임면권까지 가졌다.

그러나 1997년 말 한국은행법 개정으로 금융통화위원회의 이러한 기능과 위상이 크게 바뀌었다. 이제는 금융기관 감독을 담당하지 않는다. 또한 한국은행의 업무, 운영, 관리에 관해 지시감독도 하지 않는다. 따라서 총재, 부총재, 부총재보, 감사 등의 임명에도 관계할 수 없다. 이는 주식회사의 주주총회가 대표이사를 포함한 이사, 집행임원, 감사를 언제든지 해임할 수 있는 것과 다르다. 과거와 달리 1998년 개정된 법률(제12조)에 굳이 '정책결정기구' 라는 수식어(epithet)이 붙은 이유는 이 때문이라고 보인다.

참고 2-1

"금융통화위원회" 라는 명칭의 의미

최초의 한국은행법 영문 초안에서 제시된 명칭인 'Monetary Board'는 "통화(정책)위원회" 또는 "통화신용(정책)위원회" 로 번역하는 것이 자연스럽다. 영문 초안에는 없던 '금융'이라는 단어가 한글로 바뀌면서 금융통화위원회의 이름에 들어가게 된 것은 일본은행의 정책위원회와 차별하려는 시도 때문이다. 한국은행 금융통화위원회는 일본은행 정책위원회와 달리 은행감독기능을 수행한다는 점을 '금융'이라는 단어를 통해 강조하고자 한 것이다.

전후 일본을 점령한 연합군 최고사령부(SCAP)는 일본 정부를 향해 기존 전시동원령의 해체(demobilization)와 금융의 민주화(democratization)를 요구했다. 이에 대장성은 금융전문가들로 구성된 장관 자문기구인 '통화신용위원회'를 설치하는 방안을 제시했다(1947년 11월).[1] 그러나 연합군은 금융의 민주화를 위해서는 반드시 독립성을 갖춘 합의제 의결기구인 '금융위원회(Board of Banking and Finance)'를 설치해야 한다고 주장했다(1948년 5월). 연합군이 제시한 금융위원회는 미 연방준비제도를 그대로 모방한 것으로서, 7인으로 구성되며 통화정책과 금융기관 감독을 담당하는 상설기구였다(이 방안에 따르면 일본은행은 이 위원회의 지시를 집행하는 집행기관이다. 오늘날 금융위원회와 금융감독원의 관계와 같다).

이후 연합군과 대장성은 상당한 토론을 거쳐 일본은행 안에 합의제 의결기구를 두되, 감독기능은 갖지 않는 것으로 타협했다.[2] 그리고 그 위원회의 명칭을 '정책위원회'로 확정했다. 다만 정

1) 대장성(1948), 『新金融制度の研究』, 12～13쪽.

2) 이때 만들어진 타협안이 일본은행의 검사업무다(구법 제13조의 3 제9호). 일본은행은 당좌예금거래계약의 부대조건으로 상업은행에게 자료 제출을 요구하고 검사를 실시한다. 상업은행들이 일본은행과 예금거래를 하는 특혜를 누리는 대신에 자발적으로 조사를 받는다는 것이 골자다.
특이하게도 계약에 의한 금융기관 검사는 정책위원회의 결정사항이면서도 일본은행의 공식 업무에는 포함되지 않았다(현재의 한국은행법과 똑같다). 다만 1998년 일본은행법을 개정하면서 "계약관계에 의한 금융기관의 검사"라는 말이 고사(考査)로 바뀌고 일본은행의 업무 중 하나(제44조)로 인정되었다.

책위원회는 이름(고유명사)일 뿐, 정작 그 위원회가 하는 일에는 정책이라는 표현을 쓰지 않았다(이는 현재의 일본은행법도 마찬가지다. 관존민비(官尊民卑)의 전통 때문에 일본은행법에는 '정책' 이라는 말이 없다).

한국은행법 제정작업에 참가했던 조선은행의 신병현 조사부 금융재정과장(훗날 부총리, 한국은행 총재)과 김정렴 참사(훗날 재무 · 상공부장관) 등은 한국의 미 군정청을 통해서 일본의 각종 자료를 입수하여 이런 진행상황을 잘 알고 있었다. 그래서 정부를 자극하지 않으면서 한국은행법을 일본은행법과 차별화하는 방법을 찾았다.

첫째, 한국은행 안에 설치되는 의결기구(금융통화위원회)의 명칭에는 '정책'이라는 말을 넣지 않았다. 대신 그 의결기구가 결정하는 일에는 예외 없이 '정책'이라는 단어를 붙였다. 일본은행법과 접근방식이 반대였다.

둘째, 위원회의 명칭에 '금융'이라는 말을 넣었다. 일본은행 정책위원회와 달리 한국은행의 위원회는 감독업무까지 담당하기 때문이다. 즉, 한국은행 금융통화위원회야말로 종전 직후 일본의 연합군 최고사령부가 도입하려던 '금융위원회'에 가깝다는 점을 부각시키고자 했다.

결론적으로 금융통화위원회는 금리와 대출 결정 이외에 금융규제와 감독을 관장하는 회의체로 출범했다. 규제수단의 활용을 두려워하면서 정책금리의 조절과 같은 계량적 정책수단에만 안주한다면, 금융통화위원회는 그냥 통화위원회로 고쳐 부르는 것이 합당하다.

제1절 금융통화위원회의 구성

금융통화위원회는 한국은행의 의사결정기구다. 그런데 1980～1990년대 중 한국은행법 개정 논의과정에서 금융통화운영위원회가 한국은행의 내부기관이 아니라 정부조직법에 따른 행정위원회라는 주장이 제기되기도 했다(이 점에 관해서는 〈참고 2－2〉를 참고하라). 현재는 그런 주장이 성립할 수 없다. 금융통화위원회 위원 전원이 한국은행에 상근하고 총재가 금융통화위원회 의장을 겸임하기 때문이다. 다만, 금융통화위원회를 여전히 한국은행과 다른 별개의 조직인 것처럼 묘사하는 표현들이 군데군데 남아 있다. 이런 표현들을 적절히 바꾸는 것이 과제다.

참고 2－2 금융통화(운영)위원회의 법적 성격

중앙은행에 위원회를 "두는" 것은 중앙은행의 역사가 깊은 선진국뿐 아니라 제2차 세계대전 후 신생국들도 채택하고 있는 보편적 원칙이다. 통화신용정책의 중요성에 비추어 이를 특정인에게 맡길 수 없다는 판단 때문이다. 오늘날 위원회를 두지 않는 중앙은행은 뉴질랜드중앙은행 정도에 불과하다(뉴질랜드중앙은행은 총재 한 사람이 통화신용정책을 결정한다).

그런데 과거 금융통화위원회 의장을 누가 맡느냐를 두고 정부와 한국은행이 크게 대립할 때 정부는 금융통화(운영)위원회를 "둔다"라는 한국은행법의 표현을 이상하게 해석했다. 즉, 금융통화(운영)위원회를 "둔다"라는 표현은 회의를 한국은행에서 개최한다는 의미에 불과하다면서 금융통화(운영)위원회는 한국은행 밖에 있는 행정위원회라고 강변했다.[1] 그러니 한국은행 총재는 금융통화(운영)위원회 의장 자격이 없다는 것이 정부의 결론이었다.

금융통화(운영)위원회가 행정위원회에 속한다면, 그 설립근거는 한국은행법이 아닌 정부조직법에서 규정하는 것이 상식이다. 또한 금융통화(운영)위원회가 행정위원회라면, 그 물리적 개최장소를 법률로 규정하는 것은 매우 부자연스럽다. 상법에서조차 주주총회를 회사 안에서 개최하라는 '장소규정'은 없다. 정부조직법에서도 특정 행정부처의 소재지를 세종시에 둔다는 언급이 없다. 그런 점에서 금융통화(운영)위원회가 한국은행에 '설치'되었다는 것이 회의 개최장소를 의미한다는 정부의 주장은 코미디였다.

1) 강만수 저, 『현장에서 본 한국경제 30년』(삼성경제연구소), 232쪽. 이하에서 제시되는 정부 측 견해는 주로 이 책에서 인용하였다.

제12조(설치)
한국은행에 정책결정기구로서 금융통화위원회를 둔다.

이 조는 금융통화위원회의 존립근거다. 결론부터 말하자면 이 조는 특별히 수정할 내용이 없다.

현행법에서 금융통화위원회에 붙은 '정책결정기구' 라는 수식어(epithet)의 의미는 세 가지 측면에서 생각할 수 있다. 첫 번째는 대외적 책임의 면제다. 과거 금융통화(운영)위원회 위원은 상근하지 않았으므로 한국은행의 구체적인 업무수행 결과를 책임질 수 없었다. 국회 상임위원회도 금융통화(운영)위원회 위원들을 증인으로 소환하거나 자료 제출을 요구하지 않았으며, 감사원이 한국은행을 감사할 때는 총재를 비롯한 집행기관이 책임을 부담했다. 그런데 1998년부터 위원이 상근하기 때문에 책임 범위를 분명히 할 필요가 생겼다.

그런데 금융통화위원회가 담당하는 통화신용정책의 결정은 사법적 심판대상이 아니다(2004년 5월 대법원은 외환위기를 초래한 경제정책의 법적 책임이 강경식 부총리와 김인호 경제수석에게 없다고 판결했다). 그리고 한국은행의 내부 경영은 총재(집행기구)가 책임을 진다. 이 점 때문에 금융통화위원회의 위상을 '정책결정기구' 라고 한정했다고 볼 수 있다. 정책결정기구는 뒤에서 언급하는 집행기관에 대비되는 개념이다.

두 번째는 인사권의 삭제다. 1997년 이전에는 금융통화(운영)위원회가 통화신용정책을 수립할 뿐만 아니라 한국은행의 업무 · 운영 · 관리에 관한 지시감독을 했다(구법 제7조 제2항). 그래서 통상 금융통화(운영)위원회를 보통 '한국은행의 최고의사결정기구' 라고 불렀으며, 위원들은 법원에 등기를 했다(구 한국은행법시행령 제6호).

당시 금융통화(운영)위원회는 대통령이 임명하는 은행감독원장(제29조 제2항)과 재정경제원장관이 임명하는 감사(제23조 제3항)에 대한 추천권을 가졌다. 또한 총재가 추천한 부총재와 이사(제23조 제2항) 그리고 은행감독원장의 추천으로 총재가 제청하는 부원장과 부원장보(제29조 제3항)에 대한 임명권을 가졌다. 이 밖에도 한국은행 집행부서(제7조 제4항), 은행감독원(제29조 제7항) 및 감사실(제27조의 3 제3항) 소속 직원(고급

직원)에 대한 임면권까지 보유했다. 그러나 1997년 말 이러한 권한이 모두 삭제되었다.[1] '정책결정기구' 라는 수식어는 이런 변화를 확인시켜 준다.

세 번째는 업무의 전문화다. 과거에는 금융통화위원회가 한국은행의 인사이동 등 내부 경영에 관하여 심의 · 의결하는 경우가 많았다. 연간 처리한 의안을 보면 통화신용정책보다 내부 경영에 관한 사항이 압도적으로 많았다. 1998년의 법률 개정 시 '정책결정기구' 라는 표현을 굳이 넣은 것은 과거의 운영방식에서 벗어나 통화신용정책에 집중토록 하는 데 목적이 있다고 보인다.

금융위원회, 감사원의 감사위원회의, 방송통신위원회, 공정거래위원회 등의 행정위원회도 대외적 효력을 가지는 정책 문제에 집중한다. 조직 및 기구에 관한 사항이나 소속 직원의 보수기준에 관한 사항은 행정안전부가 통제하기 때문이다. 이에 비해서 금융통화위원회는 한국은행의 예 · 결산뿐만 아니라 정관, 조직 · 기구, 직원의 보수기준 등 한국은행 내부 경영의 모든 중요사항을 의결한다. 한국은행의 자주성(제3조)을 위해서 금융통화위원회에 대단히 넓은 권한을 부여한 데 따른 부수적 결과다. 그러나 금융통화위원회의 권한이 지나치게 넓으면 견제와 균형의 원리가 작동하지 않을 수 있다.

참고로 국회가 제정하는 법률이 지나치게 구체적이고 개별적인 경우를 '처분적 입법(예를 들어 고속도로를 닦되 자신의 지역구를 통과하라는 조건을 붙이는 경우)' 이라고 한다. 처분적 입법은 입법부가 행정부 기능을 침해하여 삼권분립의 정신에 위배된다고 비판받는다. 마찬가지로 금융통화위원회가 내부 경영에 지나치게 개입하여 의결내용이 '처분적 의결' 에 가까워지면 총재의 업무영역을 침해할 수 있다.

'정책결정기구' 라는 수식어는 한국은행 운영과 관련하여 금융통화위원회와 총재가 서로 금도(襟度)를 지키라는 국회의 주문이다. 그 금도는 현실적으로 한국은행정관을 통해서 확정된다. 그런 점에서 한국은행의 운영에 관한 원칙을 정하는 한국은행정관이 대단히 중요하다.

---

1. 통화신용정책 면에서는 금융통화위원회의 위상이 과거와 크게 다르지 않다. 따라서 총재 부재 시 의장대행 규정도 그대로 둘 필요가 있다. 1998년 이전에는 부총재가 의장대행을 맡았다. 이 문제는 제14조 설명에서 다루기로 한다.

제13조(구성)

① 금융통화위원회는 다음의 7명의 위원으로 구성한다.

1. 한국은행 총재
2. 한국은행 부총재
3. 기획재정부장관이 추천하는 위원 1명
4. 한국은행 총재가 추천하는 위원 1명
5. 금융위원회 委員長이 추천하는 위원 1명
6. 대한상공회의소 회장이 추천하는 위원 1명
7. 사단법인 전국은행연합회 회장이 추천하는 위원 1명

② 한국은행 총재(이하 "총재" 라 한다)는 금융통화위원회 의장(이하 "의장" 이라 한다)을 겸임한다.

③ 제1항 제3호부터 제7호까지의 위원은 금융 · 경제 또는 산업에 관하여 풍부한 경험이 있거나 탁월한 지식을 가진 사람으로서 대통령령으로 정하는 바에 따라 추천기관의 추천을 받아 대통령이 임명한다.

④ 금융통화위원회 위원(이하 "위원" 이라 한다)은 상임으로 한다.

※ 이 조와 함께 읽어야 할 부분 : 제14조, 제17조, 제19조, 제20조, 제106조

이 조는 금융통화위원회의 구성과 임명절차 등에 관한 규정이다. 제1항은 금융통화위원회 위원의 추천절차를 다루는데, 이는 현재 한국은행법에만 있는 특징이다.

결론부터 말하자면, 이 조에서는 두 가지 개선이 필요하다. 첫째, 추천절차는 삭제하여야 한다. 추천절차는 일본에서 고안되었으나, 일본도 1997년 이를 폐지하였다. 둘째, 금융통화위원회 위원의 신분을 분명히 할 필요가 있다. 금융통화위원회 위원은 공무원 신분을 가진다는 표현이 1998년 법률 개정 시 삭제되었는데, 이를 복원할 필요가 있다. 금융통화위원회 위원의 공무원 신분을 복원하더라도 현실적 변화는 없다. 그러나 이 법과 법시행령에서 금융통화위원회 위원의 자격 · 의무 · 벌칙 등을 다루는 규정들은 훨씬 간결해진다.

구 성

한국과 일본을 제외하면 금융통화위원회 위원을 몇 개 기관이 추천하는 방식은 세계적으로 사례를 찾기 어렵다. 위원 추천방식은 패전 후 일본 정부가 연합군 최고사령부(SCAP)와 타협하여 도입한 것을 우리나라가 수입했다.

패전 직후 연합군 최고사령부가 과감한 금융제도 개편을 요구하자 일본의 대장성은 "금융제도연구회"라는 일종의 테스크포스를 구성하고 서양의 경제시스템을 연구했다. 이때 "통화신용위원회"라는 통화정책 자문기구를 두는 것을 구상했다. 이 방안에 따르면 통화신용위원회는 총리, 경제안정본부장관, 대장대신, 일본은행 총재, 금융계 대표 3인, 산업계 대표 2인, 학계 2인 등 11인으로 구성된다. 이후 여러 차례의 논의단계를 거쳐 이 위원회가 일본은행 정책위원회로 확정되었다. 1949년 11월 개정된 일본은행법에서 정책위원회는 3인의 당연직(총재, 대장성 대표, 경제기획청 대표)과 4인의 추천위원(시중은행대표 1인, 지방은행대표 1인, 상공업대표 1인, 농업대표 1인)으로 구성되었다.[2]

당시 일본은 산업국가였기 때문에 민간의 각종 협회가 잘 발달해 있었다. 따라서 이들 협회가 정책위원회 위원을 직접 추천할 수 있었다(다만, 민간 이익단체가 추천한 4인의 추천위원은 의회의 동의를 받도록 했다). 이에 비해 한국의 경제사정은 훨씬 열악했다. 미국의 원조물품을 배분하는 정부가 실물경제에 절대적인 영향력을 갖고 있었고 민간부문에서는 농업 이외에 산업이라는 것이 없었으며 산업별 협회도 없었다. 통화신용정책의 중립성을 위해서는 금융통화위원회 구성에 정부의 영향력을 낮출 필요가 있었으나 현실이 이를 따를 수 없었던 것이다. 그래서 블룸필드는 일본은행법을 참고한 뒤 금융통화위원회 추천위원을 여러 부처의 장관이 직접 추천하도록 했다. 결국 주무장관의 추천절차는 금융통화위원회 위원 구성의 다양성에 관한 상징[3]에 불과했다. 그래서 일본과 달리 국회의 동의절차는 삭제했다.[4]

---

2. 단, 당연직 3인 중 정부대표 2인은 회의에 참가만 하고 의결권은 없었다(구 일본은행법 제13조의 8).
3. 참고로 1997년 이전에는 각 추천기관이 배수로 추천토록 하는 규정(구법 제8조 제2항)이 있었는데, 1997년 말 법률 개정 시 삭제되었다.
4. 한편, 블룸필드는 통화신용정책의 공공성을 감안할 때 정부 측 추천위원이 과반수를 차지하는 것을 중요하게 생각했다. 그의 생각에 따르면, 재무부장관과 농림부장관 추천위원, 기획처경제위원회(경제기획원) 추천위원

결론적으로 현행 위원 추천절차는 한국전쟁 직전 대단히 열악한 남한의 경제상황 속에서 블룸필드가 고육지책으로 채택한 것이다. 블룸필드 박사 자신은 이런 구성이 한시적인 조치라고 생각했다. 이런 점을 종합적으로 고려할 때 추천절차는 이제 폐지하는 것이 타당하다. 괄목할 만한 경제성장과 구조변화 속에서도 건국 직후에 임시방편으로 만든 추천절차를 그대로 남겨두는 것은 1950년대의 미봉책으로 21세기를 버티는 것임을 명심할 필요가 있다.

금융통화(운영)위원회 구성의 변화

구분	위원 수	위원 수	
		당연직 위원	임명직 위원
제정 한국은행법	7인	2인 (재무부장관, 한국은행 총재)	5인(금융기관 추천 2인, 대한상공회의소 추천 1인, 농림부장관 추천 1인, 기획처경제위원회 추천 1인)
1962년 개정	9인	(위와 같음)	7인(경제기획원장관 추천 1인, 금융기관 추천 2인, 농림부장관 추천 2인, 상공부장관 추천 2인)
1998년 개정	7인	1인 (한국은행 총재)	6인(재정경제원장관 추천 1인, 한국은행 총재 추천 1인, 금융감독위원회 추천 1인, 대한상공회의소 추천 1인, 전국은행연합회 추천 1인, 한국증권업협회 추천 1인)
2003년 개정	7인	2인 (한국은행 총재, 한국은행 부총재)	5인(재정경제원장관 추천 1인, 한국은행 총재 추천 1인, 금융감독위원회 추천 1인, 대한상공회의소 추천 1인, 전국은행연합회 추천 1인)

의 장

제2항은 의장에 관하여 규정한다. 1997년 이전에는 금융통화(운영)위원회 의장이 재정경제원장관이었는데, 이는 세계적으로 유래가 없는 일이었다. 미 연준의 경우 1914년 설립 이후 1935년까지 재무장관과 통화청장(Comptroller of the Currency)이 당연직 연준위원으로 참가했지만, 그들이 의장은 아니었다. 제2차 세계대전 이후 미 연준 직원

뿐만 아니라 한국은행 총재도 정부 측 인사에 속했다.

들이 조언하여 설립된 필리핀, 실론(스리랑카), 온두라스, 파라과이 등 일부 신생국 중앙은행에서도 정부 인사가 통화신용정책 결정기구에 참여했지만, 의장을 맡지는 않았다.

그런 점에 비추어 볼 때 1997년 이전 금융통화(운영)위원회의 구성은 세계적인 조류와 크게 벗어나 있었다.[5] 그럼에도 불구하고 정부는 "통화신용정책의 수립에 대한 최소한의 연결장치"로서 금융통화위원회 의장직을 주장했으며, 이 점이 오랫동안 정부와 한국은행 사이에서 갈등요소로 작용했다. 그 갈등은 1998년 법률 개정을 통해 해소되었다.

그런데 그 위치가 잘못되었다. 현행 한국은행법에서 금융통화위원회 의장을 규정하는 것은 제14조다. 그러므로 이 조의 제2항은 제14조로 옮기는 것이 자연스럽다. 과거 재무부장관이 의장을 겸직했을 때도 의장에 관한 조(구법 제9조)는 위원회의 구성에 관한 조와 분리되어 있었다. 금융통화위원회 의장에 관한 조가 따로 있는데 굳이 이 조에서 한국은행 총재가 의장임을 기술하는 것은, 의장직을 내놓는 정부의 감정적 조치였다고 보인다.

자격, 근무형태 및 신분

1997년 이전에는 금융통화위원회 위원의 자격에 관한 규정이 없었으나 1998년 추가되었다. 이는 과거 한국은행법(제23조 제1항)에서 총재의 자격조건, 즉 "고결한 인격과 금융에 대한 탁월한 경험을 가진 자"[6]라는 표현을 참고한 것이다. 법조문으로서는 의미를 갖기 어려운 수사(修辭)라고 보인다.[7]

---

5. 이는 해방 직후 조선은행 안팎의 사정에 기인한다. 조선은행 출신의 구용서 총재는 주로 발권분야에 근무했던 경력 때문에 금융통화위원회 의장까지는 기대하지 않았다. 조선은행 직원들도 조선은행이 중앙은행이 되는 데만 관심이 쏠려 금융통화위원회 의장에는 별 생각이 없었다. 이에 비해 당시 재무장관이었던 최순주는 이승만 대통령의 사위(수양딸의 남편)였을 정도로 금융계의 영향력이 컸다. 그래서 재무장관이 금융통화위원회 의장을 맡는 것이 좋겠다는 생각이 자연스럽게 자리 잡았다.

6. 블룸필드 박사의 원문을 정확히 번역하자면 "풍부한 경험과 책임감이 있는 자(man with integrity and experiences)"이다. 그런데 당시 조선은행에서 한국은행법 제정작업에 참가했던 신병현 조사부 금융재정과장(후일 한국은행 총재 역임)이 다소 문학적 기질을 발휘하여 창작했다. 총재의 자격을 미화하여 번역한 신병현 과장은 이 법에 의해 최초로 임명된 구용서 총재에게 발탁되어 비서실장(문서과장)으로 임명되었다.

7. 과거 정부는 당시 한국은행법의 총재 자격을 두고 "어떤 중앙은행법에도 없는 문학적 표현으로 총재를 미화한다"면서 냉소적인 입장을 보였다. 그런데 1998년 법률 개정 시에는 정부가 비판해왔던 문제적 표현을 없

1997년 이전에는 총재 이외의 위원들이 한국은행에 상근하지 않았다. 그러나 1998년부터는 외국의 사례를 참고하여 전원이 상근한다. 우리나라에서는 위원 전원이 상근하는 경우가 드물다. 금융통화위원회와 감사위원회(감사원), 방송통신위원회만이 전원 상근하며, 금융위원회, 공정거래위원회, 선거관리위원회 등은 위원 일부만 상근한다. 외국 중앙은행의 사례를 따를 것인가, 국내 다른 법률을 따를 것인가는 정답이 없는 문제라서 항상 많은 논란이 따른다.

한편 1997년 이전에는 비상근인 금융통화위원회 위원이 국가공무원의 신분을 가졌다(구법 제8조 제3항). 이는 1950년 한국은행법 제정과정에서 위헌 지적이 있었기 때문이다. 금융통화(운영)위원회의 의결사항 중에는 최저지급준비율의 결정과 지급준비금 부족에 대한 과태금 부과 등 행정행위로 볼 만한 요소가 많다. 그런데 우리나라의 법학계에서는 타 기관을 강제하는 행정행위는 공무원만 할 수 있다고 보는 견해가 지배적이었다. 그래서 금융통화위원회 위원이 공무원의 신분을 갖는다는 규정을 두었다(자세한 내용은 제20조를 참조하라).

그런데 정부는 1998년 법률 개정 시 해당 조문을 삭제했다. 위원이 한국은행에 상근하지 않을 때는 국가공무원의 신분을 가질 수 있지만, 상근하면 국가공무원이 될 수 없다고 본 것이다. 국가공무원 여부가 업무의 내용이 아니라 근무장소와 시간에 따라 결정된다는 것은 황당한 논리다.[8] 그럼에도 불구하고 실질적인 변화는 없었다. 금융통화위원회 위원은 결격사유를 따질 때 국가공무원법 제33조[9]가 적용(한국은행법 제17조 제2호)되는 동시에 정치활동이 금지된다(제19조). 또한 직무와 관련한 벌칙의 적용에서는 공무원으로 의제(제106조)된다.

애기는커녕 모든 금융통화위원회 위원들에게 적용했다. 일인(一人) 미화를 집단 미화로 바꾼 것이다.

8. 1998년 금융통화위원회 위원이 공무원 신분을 갖는다는 조항이 삭제된 것은 당시 법률 개정을 주도했던 강만수 차관의 독특한 행정법 철학이 작용했다. 그는 금융통화위원회는 합의제 행정기구이고 민간기구인 한국은행과는 무관한 조직이라고 주장했었다. 그의 행정철학에 따르면, 법인인 한국은행에 상근하는 한 금융통화위원회 위원은 결코 공무원 신분을 가질 수 없다. 그래서 금융통화위원회 위원이 공무원 신분을 갖는다는 조항을 의도적으로 삭제했다.

9. 금치산 또는 한정치산자, 파산선고를 받은 자, 금고 이상의 실형을 선고받은 자, 법원의 판결 등에 따라 자격이 상실된 자는 임명될 수 없다.

결국 금융통화위원회 위원 자신에게는 전혀 달라지는 것이 없는데 법률만 복잡해졌다. 과거처럼 "국가공무원의 신분을 갖는다" 라는 조항만 있다면 위원의 자격, 의무, 벌칙 등에 관한 별도의 규정은 불필요하다. 예를 들어 이 조에서 금융통화위원회 위원을 국가공무원 신분으로 인정하면, 제19호, 제20조는 삭제할 수 있다.[10] 일본은행법(제30조)에서도 일본은행의 역원(심의위원, 총재, 부총재, 감사, 이사)은 물론 직원까지 공무원의 신분을 갖는 것으로 규정하면서 다른 규정을 따로 두지 않는다.

이 조에 대한 필자의 생각은 다음과 같다.

〈필자의 제안〉

제13조(구성)

① **금융통화위원회는 <u>한국은행 총재, 한국은행 부총재와 대통령이 임명하는 위원 5명으로 구성한다.</u>**[11]

② **<u>금융통화위원회 위원</u>**(이하 "위원"이라 한다)**은 <u>상임으로 하며, 국가공무원의 신분을 가진다.</u>**[12]

---

10. 한국은행은 법인인 동시에 행정청에 속한다. 행정절차법(제2조)에 따르면, 행정청에는 국가나 지방자치단체 이외에 법령에 따라 행정 권한을 가진 기관이 포함되며, 한국은행이 그에 속한다. 그러므로 금융통화위원회 위원뿐만 아니라 행정행위에 종사하는 한국은행 직원들도 넓은 의미의 공무원이다(공무원 연금클럽의 회원, 즉 공무원 연금을 받는 국가공무원이 아닐 뿐이다). 금융통화위원회 위원과 한국은행 직원들이 벌칙 적용에서 공무원으로 의제(제106조)되는 것도 그 때문이다. 그러므로 1997년 이전처럼 금융통화위원회 위원, 한국은행 임원 · 직원을 공무원으로 본다는 규정만 두면 많은 규정들이 훨씬 깔끔해진다.

11. 기관장을 당연직 위원으로 기술하는 방법은 '금융위원회의 설치 등에 관한 법률' 등을 참고했다.

12. 현행 법률에서 총재의 의장 겸임에 관한 사항은 제14조로 이관하는 것이 타당하다고 보인다. 그리고 금통위원의 임명자격도 법률에 담을 이유가 없는 문학적 수사에 불과하므로 삭제하는 것이 타당하다.

제14조(의장)

① 의장은 금융통화위원회를 대표하며, 금융통화위원회의 회의를 주관하고 그 사무를 총괄한다.

② 의장이 부득이한 사유로 직무를 수행할 수 없을 때에는 금융통화위원회가 미리 정한 위원이 의장의 직무를 대행한다.

※ 이 조와 함께 읽어야 할 부분 : 제13조, 제36조

이 조는 금융통화위원회 의장에 관한 규정이다. 결론부터 말하자면 이 조는 논리적으로 불완전하다. 불필요한 설명도 있고 필요한데 누락된 내용도 있다.

의장의 역할

사회자는 사회를 맡은 사람이고 연주자는 연주하는 사람이듯이, 의장(chairman)은 자리(chair)에 앉아서 회의를 주관하고 관련 사무를 총괄하는 사람이다. 이런 상식적인 내용까지 굳이 법률에 담을 필요는 없다.[13] 그래서 1997년 이전의 한국은행법에서는 의장의 역할을 따로 규정하지 않았다. 상법(제408조의 2 제4항)에서도 이사회에 의장을 둘 것만 규정할 뿐, 의장의 역할은 따로 설명하지 않는다. 감사원법(제11조)에서도 감사원장이 감사위원회의의 의장이라는 점만 규정할 뿐, 의장의 직무를 따로 규정하지 않는다.

다만 회의를 주관하는 등의 상식적 역할 이외에 별도의 역할이나 권한이 있을 때는 이를 법률에 명시한다. 예를 들어 상법(제366조의 2 제3항)에는 주주총회 의장이 "고의로 의사진행을 방해하기 위한 발언 · 행동을 하는 등 현저히 질서를 문란하게 하는 자에 대하여 그 발언의 정지 또는 퇴장을 명할 수 있다"라는 규정을 두고 있다. 주주총회에서 소액투자자가 의사진행을 방해하는 데 대한 방어권을 의장에게 법률로 특별히 부여하는

---

13. 칸트에 따르면, 주어 자체에 이미 술어가 포함되어 있는 명제를 선험적 명제(a *priori* proposition)라고 한다(『순수이성비판』). 삼각형은 꼭지점이 세 개이고, 삼륜차는 바퀴가 세 개라는 문장이 선험적 명제에 해당한다. 선험적 명제는 법률에 담을 필요가 없다. 참고로 한국은행법 제45조에서 "감사는 감사한다"는 문장도 전형적인 선험적 명제다(따라서 수정해야 한다).

것이다.

이 조에서는 금융통화위원회 의장이 "회의를 주관하고 그 사무를 총괄" 하는 상식적 역할 이외에 "금융통화위원회를 대표" 한다고 규정한다. 이는 금융위원회, 공정거래위원회, 방송통신위원회 등의 관련 법에서 각 위원장들이 해당 위원회를 대표한다는 규정을 참고한 것이다.[14] 하지만 금융통화위원회와 달리 금융위원회, 공정거래위원회, 방송통신위원회는 독립된 행정기구다. 따라서 이들 위원장이 위원회를 대표한다는 뜻은, 기관장으로서 해당 기관을 관리하고 경영에 책임을 진다는 뜻이다.

이에 비해서 금융통화위원회는 법인에 소속된 정책결정기구로서 집행을 담당하지 않으며, 법률행위의 주체가 아니다. 따라서 의장이 금융통화위원회를 대표할 만한 일은 생각하기 힘들다(그래서 1997년 이전의 법률에는 그런 표현이 없었다).

총재는 한국은행을 대표한다(제34조). 거기에 더하여 "금융통화위원회를 대표" 한다는 것은, 금융통화위원회를 한국은행과 분리된 조직으로 보려는 시도에 지나지 않는다. 결론적으로 이 조 제1항에서 "의장은 금융통화위원회를 대표하며" 라는 문구는 대단히 잘못된 문장이다.[15] 삭제하는 것이 바람직하다.

직무대행

과거 재무부장관이 금융통화(운영)위원회 의장을 겸임할 때는 장관이 회의를 참석하지 못하는 경우가 많으므로 의장의 직무대행에 관한 원칙이 반드시 필요했다(구법 제9조). 유사시 의장은 한국은행 총재, 재무부차관, 한국은행 부총재의 순서를 밟도록 했다. 재무부차관이나 한국은행 부총재는 금융통화위원회 위원도 아니었는데도 의장을 대행했다.

이런 점을 감안하면 한국은행 총재가 회의에 참석할 수 없는 사정이 생길 때 부총재가 의장을 대행하는 것이 자연스럽다. 그런데도 현재는 의장대행의 순서를 금융통화위

14. '금융위원회의 설치 등에 관한 법률' 제5조 제1항, '독점규제 및 공정거래에 관한 법률' 제38조, '방송통신위원회의 설치 및 운영에 관한 법률' 제6조 제1항.

15. 한국은행 설립 초기에 정부가 작성한 한국은행정관(제7조)에도 "금융통화위원회는 한국은행 총재가 대표한다" 라는 규정이 있었다. 하지만 재무부장관이 금융통화위원회 의장인데, 총재가 위원회를 대표하는 것은 법리적 모순이었다. 정부는 그 실수를 깨닫고 1962년 정관에서 그 표현을 삭제했다.

원회 위원끼리 정하도록 한다. 이는 마치 대통령 유고 시 대통령 권한대행을 법률에서 정하지 않고, 현직 국무위원들끼리 상의해서 정하는 것과 비슷하다. 대단히 어색하다.

참고로 금융위원회의 설치 등에 관한 법률(제5조 제2항), 독점규제 및 공정거래에 관한 법률(제38조 제3항), 방송통신위원회의 설치 및 운영에 관한 법률(제6조 제4항) 등에는 의장대행의 순서가 구체적으로 기술되어 있다. 다만, 감사원은 예외다. 감사원법(제4조 제3항)에는 원장 유고 시 "감사위원으로 최장기간 재직한 감사위원이 그 직무를 대행한다" 라고 규정하고 있다. 감사원에는 부원장이 없기 때문이다.

한국은행에는 부총재가 있으므로 부총재가 의장대행을 맡는 것이 자연스럽다. 의장대행은 현장에서 회의를 진행하는 것 이외에 회의 전후로 안건의 부의와 통보, 회의 종료 후 의결서 및 의사록을 작성하는 등의 회의 사무를 총괄한다. 이런 행정업무는 집행을 담당하는 부총재가 맡는 것이 당연하며, 다른 위원이 이를 맡아 한국은행 직원을 지휘하는 것은 조직운영 원리에 맞지 않는다. 외국의 중앙은행들도 부총재가 정책결정기구의 일차적 의장대행이다.

이 조에 대한 필자의 생각은 다음과 같다.

〈필자의 제안〉

제14조(의장)

① **한국은행 총재**(이하 "총재" 라 한다)**는 금융통화위원회 의장**(이하 "의장" 이라 한다)**을 겸임한다.**[16]

② **총재가 부득이한 이유로 직무를 수행할 수 없을 때에는 한국은행 부총재**(이하 "부총재" 라 한다)**가 의장이 되고, 총재 · 부총재가 모두 부득이한 이유로 직무를 수행할 수 없을 때는 금융통화위원회가 미리 정한 위원이 의장이 된다.**

16. 현행 법률 제13조 제2항을 이관했다. 그것이 논리적으로 자연스럽다.

제15조(위원의 임기)

① 제13조 제1항 제3호부터 제7호까지의 위원의 임기는 4년으로 하며, 연임할 수 있다.

② 제13조 제1항 제3호부터 제7호까지의 위원 중 전임(前任)위원의 임기만료 즉시 임명되지 아니한 위원의 경우(전임위원과 추천기관이 같은 경우를 말한다) 제1항의 임기는 전임위원의 임기만료 즉시 개시된 것으로 본다.

※ 이 조와 함께 읽어야 할 부분 : 제16조, 제33조, 제36조

이 조는 금융통화위원회 위원들의 임기(제1항)와 기산(起算)시점(제2항)을 규정한다. 제2항은 제16조에서 설명하는 교차임명제도(staggering)의 취지를 살리기 위해서 2018년 추가되었다.

결론부터 말하자면 이 조는 난삽하다. 임기보장과 임기기산에서 총재와 부총재를 예외로 둘 이유가 없고 제2항에서 정한 방법보다도 교차임명제도의 효과를 얻을 수 있는 훨씬 쉬운 방법이 있다. 현재의 제2항은 미 연준법을 무비판적으로 모방한 결과인데, 우리나라 실정에서는 비효율적이다. 그보다는 1997년 이전의 한국은행법으로 돌아가는 것이 훨씬 효과적이다.

연임제한

위원의 임기는 시대에 따라 변해 왔다. 최초의 한국은행법에서 한국은행 총재와 대한상공회의소, 농림부장관, 기획처경제위원회 추천위원들의 임기는 4년, 금융기관 추천위원의 임기는 1년이었다(의장인 재무부장관의 경우 정해진 임기가 없었다). 이후 1962년 법률 개정을 통해 총재는 4년, 여타 추천위원들의 임기는 3년으로 조정되었고, 1998년 법률 개정 시 총재를 포함한 모든 위원들의 임기가 4년으로 단일화되었다. 2003년 부총재가 당연직 위원이 되면서 현재는 부총재의 임기만 3년이다.

금융통화위원회 위원들의 임기가 여러 차례 바뀌었음에도 불구하고 중임 또는 연임

은 항상 허용되었다. 다만, 현행 법률에서 총재와 부총재는 다른 위원들과 달리 연임이 1회로 제한(제33조 제2항, 제36조 제2항)된다. 이것은 논리적으로 이해하기 어렵다. 미국의 윌리엄 마틴, 폴 볼커, 앨런 그린스펀 그리고 독일의 할마르 샤흐트 등과 같이 장기간 근무하며 괄목할 만한 업적을 남긴 총재의 출현을 근본적으로 막으려는 뜻이 아니라면 여타 위원과 달리 총재와 부총재의 연임 횟수만 제한하는 것은 비논리적이다.

한편, 중임과 연임은 그 의미가 다르다. 특히 부정문에서는 그 효과가 완전히 달라지므로 표현에 주의하여야 한다.[17] 그런데 한국은행법 개정과정에서는 그 차이를 크게 의식하지 않았다. 최초의 한국은행법에서는 연임이라는 표현을 썼다가 1962년 개정 시 중임으로 수정했고, 1998년 개정 시 다시 연임이라는 표현으로 변경되었다. 따라서 김성환 총재(1970～1978년)는 중임했으며, 이주열 총재(2014년～)는 연임했다.

중임과 연임은 사회적 쓰임새도 다르다. 대통령(헌법 제70조), 대법원장(제105조), 감사원장(제98조), 검찰총장(검찰청법 제12조), 경찰청장(경찰법 제11조) 등 특별히 중요한 직책에는 중임이라는 표현을 쓰고, 여타 임명직에는 연임이라는 단어를 쓰는 경향이 있다. 그런 점에서 과거 금융통화위원회 위원과 총재에게 중임이라는 말을 쓰다가 1998년 이후 연임이라는 표현으로 대체된 것은 그 격이 낮춰진 것이라고 해석할 수 있다. 금융위원회, 공정거래위원회, 방송통신위원회 등의 사례를 감안한 결과라고 보인다.

---

17. 연임이 허용되면 중임도 허용된 것이고, 중임이 허용되면 연임도 허용된 것이다(연임 허용 ≡ 중임 허용). 그러나 부정문에서는 의미가 달라진다(연임 불가 ≠ 중임 불가). 예를 들어 러시아 헌법은 대통령의 2회 연임을 허용하지 않지만(3선 금지), 중임은 허용한다. 그래서 푸틴 대통령은 1회 연임 후 4년간 쉬었다가 다시 출마하여 현재에 이르고 있다. 그는 3선 금지를 우회하여 4선까지도 성공(3회 중임)했다.
일반적으로 p = q라면, not p = not q다. 예를 들어 "꼭지점이 3개인 폐곡선은 삼각형이다"가 맞는 말이라면, "꼭지점이 3개가 아닌 폐곡선은 삼각형이 아니다"도 맞다. 그런데 '연임 허용 = 중임 허용(p = q)'이면서 '연임 불가 ≠ 중임 불가(not p ≠ not q)'라는 사실은 논리적으로 역설에 해당한다. 이런 역설을 현대 논리학에서는 '까마귀의 역설(raven paradox)'이라고 한다.

임기의 기산

외환위기 와중에 급하게 추진된 1998년 한국은행법 개정에서 중대한 오류가 발생했다. 금융통화위원회 위원의 임명 시기에 관한 강제조항이 삭제된 것이다. 과거의 한국은행법에서는 총재와 위원의 임기만료 30일 전에 후임자를 임명(구법 제13조 제1항)토록 했다.[18] 이는 금융통화위원회의 결원을 막고 임기에 앞서 충분한 준비를 하도록 하기 위한 장치이며, 임명권자인 대통령을 향한 국회의 요구였다.

그런데 1998년 이 조문이 이유도 없이 삭제되었다. 그 바람에 결원 상태가 빈번히 발생했다. 결원 상태가 지속되다가 2012년 4월에는 4인의 위원이 한꺼번에 임명되었다. 이는 통화신용정책의 연속성과 전문성 유지를 위해서 좋지 않은 결과였다. 위원회의 과반수를 현직 대통령이 한 번에 임명하는 것은 위원회 제도의 취지에도 어긋나는 일이었다.

결국 2018년 3월 여러 명의 위원이 동시에 교체되는 일이 없도록 보완장치가 마련되었다. 그런데 그 방법이 매우 특이했다. 위원의 임기기산 시점을 전임 위원의 임기만료 직후로 함으로써 대통령이 임명을 늦추면 해당 위원의 실질 임기가 4년보다 단축되도록 하는 방법을 택했다. 미 연준법이 이런 방식을 채택하고 있다.[19]

미국에서는 대통령이 임명하는 연방공무원 중 상원 인사청문회를 거쳐야 하는 자리가 1,200~1,400명 정도에 이르는 것으로 알려져 있다. 그러므로 대통령이 지명하더라도 의회 일정상 취임 시기가 상당히 늦어지는 경우가 흔하다. 그럼에도 불구하고 연방준비위원회 위원의 임기가 동시에 시작하여 동시에 끝나는 일이 없도록 하기 위해서 위원의 임기를 대통령의 지명이나 취임일이 아닌, 전임자의 임기종료일에 맞추고 있다. 이 방식을 통해 임기 14년의 연방준비위원회 위원(총 7인)들은 정확히 2년에 1명씩 교체된다.

---

18. "임기가 만료되기 30일 전에 그 후임자를 임명하여야 한다"라는 과거 한국은행법 조문은 오류라고 보인다. 임기가 시작되기 전에 후임자를 발표하는 것은 '임명(appoint)'이 아니라 '지명(nominate)'이다.

19. Federal Reserve Act, Section 10 §2. "Upon the expiration of the term of any appointive member of the Federal Reserve Board in office on the date of enactment of the Banking Act of 1935, the President shall <u>fix the term of the successor to such member</u> at not to exceed fourteen years, as designated by the President <u>at the time of nomination,</u> (이하 생략) "

그러나 이런 방법이 결원을 막는 데 효과적이지는 않다. 연준 위원 1～2명이 늘 결원 상태에 있다.

금융통화위원회 위원은 인사청문회를 거치지 않으므로 미 연준식 임기기산 방법을 따를 이유가 없다. 금융통화위원회 위원의 결원과 임기집중을 막는 더 효과적인 방법은 1997년 이전의 방식을 따르는 것이다. 즉, 대통령이 임기 전에 반드시 후임자를 지명하도록 하는 것이다. 1997년 이전에는 이 방법 덕분에 위원의 결원이 없었다. 4.19 혁명과 5.16 군사정변 때만 예외였다.

현재의 방송법(제47조)과 한국교육방송공사법(제10조)이 과거 한국은행법과 비슷한 규정을 두고 있다. 즉, 위원회 위원의 임기가 만료되기 전에 대통령이 반드시 후임자를 지명토록 한다. 이런 방법에 비해서 현재의 한국은행법은 금융통화위원회 위원들의 결원 사태를 막는 데 그다지 효과적이지 않다. 그런 점에서 2018년의 개정은 현명하지 못했다.

이 조에 대한 필자의 생각은 다음과 같다.

〈필자의 제안〉

제15조(위원의 임기)

① **부총재를 제외한 위원의 임기는 4년으로 하며, 모든 위원은 연임할 수 있다.**[20]

② **위원의 임기가 만료되는 때에는 늦어도 그 임기가 만료되기 30일 전에 그 후임자를 지명하여야 한다.**[21]

20. 총재, 부총재와 다른 위원 간 연임 횟수에 관한 차이를 없앴다.

21. 교차임명제도의 효과가 발휘될 수 있도록 1997년 이전 법률의 내용을 복원하였다.

第16条(보궐위원의 임기)

第13条 第1항 第3호부터 第7호까지의 위원에 결원이 생겼을 때에는 새로 임명하며, 새로 임명된 위원의 임기는 전임자 임기의 남은 기간으로 한다.

※ 이 조와 함께 읽어야 할 부분 : 第15条, 第18条, 第33条, 第36条

이 조는 금융통화위원회 위원의 결원이 생겼을 때 후임자, 즉 보궐위원의 임기기산에 관한 규정이다. 따라서 임기를 규정하는 제15조와는 쌍둥이라고 할 수 있다.

결론부터 말하자면, 이 조에는 두 가지 문제가 있다. 첫째, 위치가 적절하지 않다. 보궐위원의 임기를 제한하는 중요한 이유 중 하나는 위원의 신분을 보장하는 데 있다.[22] 그런 점을 감안하면, 이 조는 위원의 신분보장에 관한 제18조와 병합하는 것이 자연스럽다.

둘째, 이 조에서 당연직 위원인 총재와 부총재를 배제한 것은 치명적인 결함이다. 대부분의 중앙은행법에서는 총재의 임기기산에 예외를 두지 않는다. 한국은행법도 과거에는 이 조에서 총재가 제외되지 않았으나 1998년 추가되었다. 47년간 잘못 유지되어 왔던 한국은행법시행령의 내용을 명문화한 결과인데, 국제 관행에서 크게 어긋난다.

총재 임기에 관한 관행

최초의 한국은행법에서는 7인의 금융통화위원회 위원의 임기가 1년, 3년, 4년 등으로 차등화되었다. 그러나 결원이 생겼을 때 후임자의 임기를 전임자의 잔여임기로 제한하는 점에서는 차이가 없었다. 그러므로 1951년 12월 초대 총재 구용서가 중도 퇴임할 때 후임 총재의 임기는 잔여임기인 2년 6개월이었다. 여기에 대해서는 이론이 있을 수 없었다. 하지만 정부는 그렇게 처리하지 않았다. 법무부의 실수로 총재의 임기를 법률과 다르게 적용했다.

당시 한국은행 총재의 경질은 형식적으로 구용서 총재가 사임하는 형식을 취했지만,

22. 이 밖에 여러 위원들의 임기가 동시화(synchronize)되는 것을 막는 목적도 있는데, 이 목적은 제15조 제2항을 통해 충분히 달성된다.

내용상으로는 문책성 인사였다. 도쿄 지점의 외환관리업무가 방만하다는 책임을 물어 이승만 대통령은 구용서 총재의 사표를 요구했다. 그러나 좀 더 깊이 살펴보면, 대통령의 사퇴 요구는 정치적 난국을 돌파하기 위한 전열정비였다. 1950년 5월 제2대 국회의원 선거를 통해서 여소야대 국회가 출범한 데 이어서 여당 내에서도 대통령의 국정 운영방향을 비판하며 이탈하는 사람이 생겼다. 이에 대통령은 대통령 직선제를 골자로 하는 개헌안을 발표하고 이를 추진할 새로운 정당(자유당)을 조직했다. 임시수도 부산에서 무리하게 진행되는 이런 움직임에 대하여 여론은 냉담했다. 이승만 대통령은 여론의 관심을 돌려보려는 의도에서 자유당 창당 직후 느닷없이 한국은행 총재를 경질했다.[23]

구용서 총재의 후임은 김유택 수석부총재였다. 그러자 한국은행에서는 '부하가 상사를 밀어내고 총재에 올랐다' 는 뒷말이 많았다. 그리고 구용서 총재를 따르는 사람들은 "신임 총재의 임기는 구용서 총재의 잔여임기" 라며, 신임 총재에게 거부감을 보였다.[24] 그러자 김유택 총재는 자신을 둘러싼 시비를 잠재우기 위해서 정공법을 썼다. 재무부장관에게 자신의 임기를 확실하게 답변해 달라고 질의서를 보낸 것이다. 재무부는 한국은행법의 주무부처임에도 불구하고 답변을 피했다.[25] 그리고 슬쩍 법무부로 공을 넘겼다. 법무부는 재무부의 유권해석 요청을 받자 "한국은행 총재의 임기는 임명일로부터 4년" 이라는 답변을 보냈다(1952년 3월 5일).

당시 법무부장관의 공문에는 한국은행법(구법 제12조)[26]을 뒤집을 만한 논리와 근거가 전혀 제시되지 않았다. 그럼에도 불구하고 그 공문이 계기가 되어 이후 한국은행의 총재가 중도 퇴임할 때마다 후임 총재의 임기는 항상 새로 기산하는 관행이 형성되었다. 그런 관행이 10년 정도 쌓이자, 재무부는 1962년 마침내 한국은행정관을 개정하고 "한국

23. 그런 시도에도 불구하고 대통령이 제안한 개헌안은 압도적인 표차로 부결되었다. 그래서 정국이 더 경색되었다.

24. 당시 상황에 관해서는 자세한 내용은 필자의 『중앙은행 별곡』(인물과사상사, 2017년)을 참조하라.

25. 당시 재무부가 즉답을 피한 것은 백두진 재무부장관이 조선은행 이사 출신이었기 때문이다. 당시 정황상 이승만 대통령에게 구용서 총재(장기영 이사 포함)의 경질을 권유했던 사람은 백두진 재무부장관이었을 것이다. 과거 조선은행의 선배인 구용서를 경질하는 것으로도 모자라서 후배였던 신임 총재에게도 영향력을 미친다는 비판을 들을 수도 있어서 답변을 피했다고 보인다.

26. "금융통화위원회 위원에 궐원이 생길 때에는 궐원된 위원의 임명과 동일한 방법으로 신위원을 임명한다. 단 신위원의 임기는 궐원된 위원의 잔임기간으로 한다."

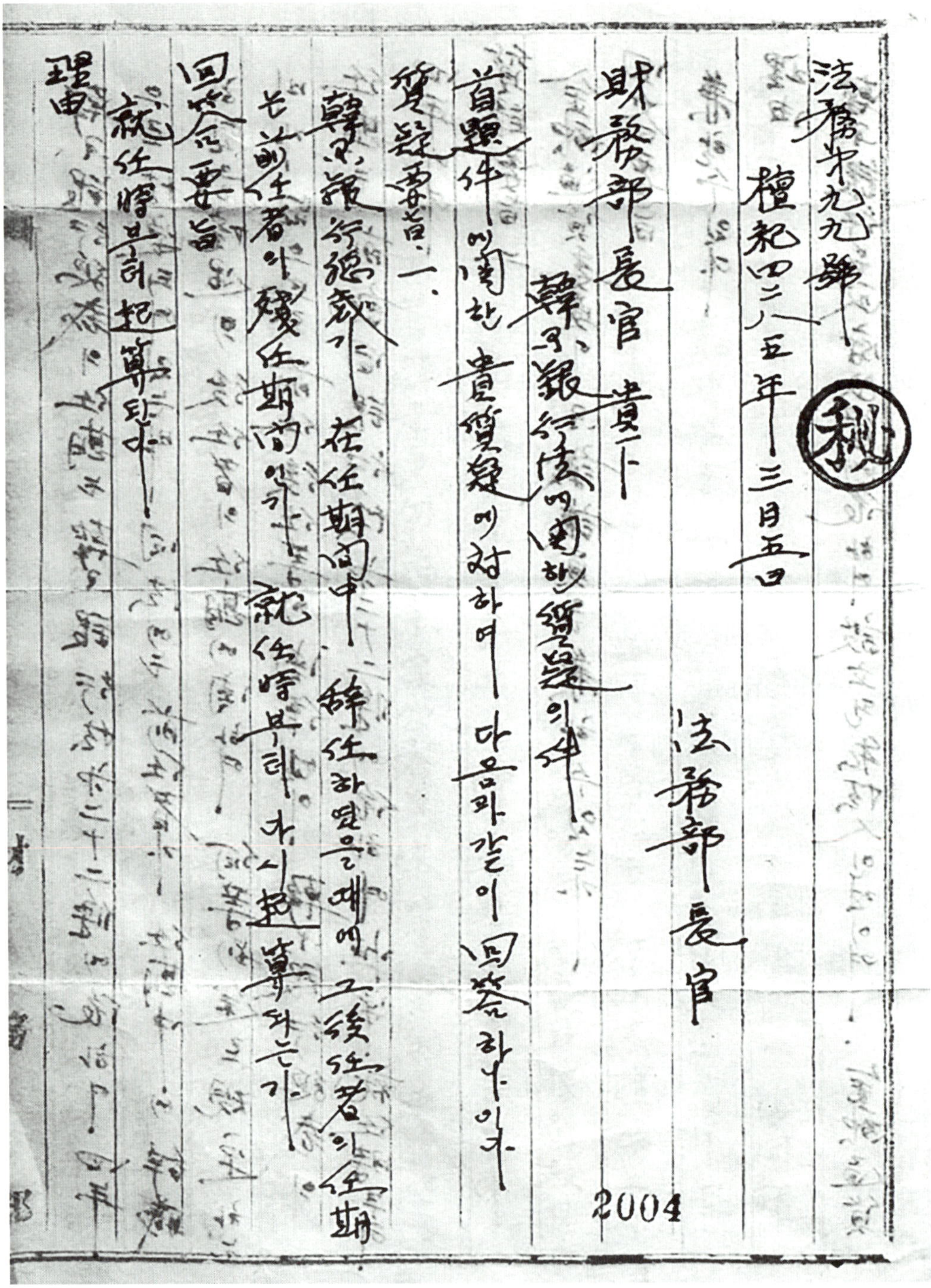

法務宋九九號
檀紀四二八五年 三月五日
財務部長官 貴下
法務部長官
韓國銀行法에 關한 質疑의 件
首題件에 關한 貴質疑에 對하여 다음과 같이 回答하나이다
質疑要旨. 一、
韓國銀行總裁가 在任期間中 辭任하였을 때에 그後任者의 任期는 前任者의 殘任期間인가 就任時부터 다시 起算되는가
回答要旨
就任時부터 起算됨
理由

2004

▲ **한국은행 총재의 임기기산에 관한 행정 해석** 당시 김유택 총재는 "한국은행 총재의 임기는 무조건 4년"이라는 법무부장관의 답을 얻고 매우 만족했다.

은행 총재의 임기는 임명일로부터 기산한다(구 정관 제16조 제2항)" 라는 규정을 슬쩍 추가했다.

하지만 상위법규인 한국은행법을 한국은행정관으로 뒤집는 것은 분명 위법이었다. 한국은행이나 국회가 보고도 못 본 척 했을 뿐이다. 이 점이 부담스러웠던 기획재정부는 1998년 한국은행법을 개정할 때 총재는 여타 위원과 달리 잔여임기 개념을 적용하지 않는다는 점을 이 조에 담았다(2003년에는 부총재도 잔여임기 개념을 적용하지 않는 내용을 추가했다). 이로써 임기기산에서 '당연직' 인 총재(부총재)는 여타 위원들과 다르다는 점이 명문화되었다.

기관장의 임기기산

공정거래위원장과 금융위원장은 두 개의 신분을 갖는다. 기관장(해당 위원회 의장) 그리고 해당 위원회의 위원이라는 신분이다. 한국은행 총재도 마찬가지다. 그러나 공정거래위원장, 금융위원장 또는 한국은행 총재의 임명장에는 기관장 직위만 표시될 뿐, 관련 위원회 위원을 겸하여 임명한다는 사실이 따로 적히지 않는다. 기관장으로 임명되면 나머지 신분은 자동적으로 부여되는 것으로 이해되는 것이다.

이런 관행을 보통 "大는 小를 포함한다" 라는 말로 설명한다. 일종의 상식이다. 그러나 그 상식은 2006년 우리 사회에서 파기되었다. 헌법재판소장과 헌법재판관의 신분이 병행하느냐를 두고 정치적 논쟁이 벌어졌던, 소위 "전효숙 헌법재판소장 임명 파동" 이 그 계기였다(이 점에 관해서는 〈참고 2-3〉을 참조하라). 그 파동을 거치면서 우리나라에서는 "大는 小를 포함한다" 라는 상식이 더 이상 통하지 않는 것이 분명해졌다.

한국은행 안에서는 "大는 小를 포함한다" 라는 상식이 훨씬 일찍 파기되었다. 1951년 12월 임명된 김유택 한국은행 총재는 금융통화위원회 위원이었음에도 불구하고 전임자의 잔여임기(2년 6개월)를 물려받지 않았다. 법무부장관의 공문(1951년), 한국은행정관(1962년), 그리고 한국은행법(1998년) 등 세 차례에 걸쳐서 "大는 小를 포함한다" 라는 일반적 상식이 부정되었다.

흥미롭게도 "大는 小를 포함한다" 라는 논리를 파기한 조진만 법무부장관에게는 오

참고 2-3

2006년 헌법재판소장 임명 파동의 전말

2006년 8월 노무현 대통령은 헌법재판소장 후보자로 전효숙 헌법재판관을 지명했다. 이미 3년간 헌법재판관으로 지냈던 당사자는 헌법재판소장의 임기기산에 관한 법리적 시비를 차단하기 위해서 일단 사표를 제출했다.[1] 그러나 이것 때문에 문제가 오히려 커졌다.

당시 야당은 헌법재판소장과 헌법재판소 재판관은 별개의 신분이라고 주장하면서 전효숙 후보자에 대해서 '헌법재판소장 후보자 청문회(국회 인사청문특별위원회)'와 '헌법재판관 후보자 청문회(법제사법위원회)'가 두 번 개최되어야 한다고 주장했다. 이에 대해 여당은 "헌재소장 임명 속에는 헌법재판관 임명까지 포함되어 있는 것이다. 大는 小를 포함하는 것이고, 헌법재판소장의 임명 자체가 헌법재판관의 임명을 의미한다"라고 주장하며, 청문회는 하나로 충분하다고 반박했다.[2] 여야의 팽팽한 공방과 대립은 수개월간 계속되었다.

결국 전효숙 후보자가 후보직을 사퇴하고, 여야는 그해 12월 국회법 개정에 합의했다. 헌법재판소장 후보자와 헌법재판관 후보자 청문회를 하나로 대체하는 것이 골자였다.[3] 당시 사태의 교훈은 한 사람이 두 신분을 가질 때 그 두 신분을 하나로 보기 위해서는 명문화된 근거가 필요하며, "大가 小를 포함한다"라는 상식은 통하지 않는다는 것이다.

---

1) 헌법에는 헌법재판소 재판관의 임기가 6년이라는 규정만 있다. 따라서 이미 헌법재판소 재판관으로 3년을 근무한 전효숙 후보자가 소장으로 임명되는 경우 그 임기가 3년인지, 6년인지 모호한 점이 있었다.

2) 제262회 국회 헌법재판소장임명동의 및 헌법재판소재판관 선출에 관한 인사청문회특별위원회 회의록(2006년 9월 6일). 열린우리당 최재천 의원 발언.

3) 국회법 제65조의 2(인사청문회) 제5항 "헌법재판소 재판관 후보자가 헌법재판소장 후보자를 겸하는 경우 제2항 제1호의 규정에 불구하고 제1항의 규정에 따른 인사청문특별위원회의 인사청문회를 연다. 이 경우 제2항의 규정에 따른 소관상임위원회의 인사청문회를 겸하는 것으로 본다."

히려 "小가 大를 포함한다"라는 논리가 적용되었다. 조진만 법무부장관은 5.16 군사정변 직후 대법원장에 임명되어 제3대, 제4대 대법원장을 역임했다(1961년 7월 ~ 1968년 10월). 당시 헌법과 법률(법원조직법 제15조)에는 대법원장의 임기가 따로 명시되지 않았다. 5년의 임기를 가진 대법관 중 대통령이 대법원장을 임명하는 형식을 취했기 때문이다(그러므로 대법관이 대법원장의 필요조건이다). 조진만 대법관은 대법관으로 근무하던 중 잔여임기 2년 3개월을 제3대 대법원장으로 근무하고, 이어서 대법관 겸 제4대 대법원장으로 5년을 근무했다. 그의 대법원장 근무기간은 "小가 大를 포함한다" 라는 논리로만 설명이 가능하다.[27]

결 론

보궐위원의 임기를 전임자의 잔여임기로 두는 것은 신분보장의 효과를 강화하기 위해서다. 임기 도중 궐석이 생겼을 때 후임자의 임기가 항상 새로 시작된다면, 임명권자가 임기 중 교체를 시도할 유인이 크다. 검찰총장이나 금융위원장에게는 임기가 있음에도 불구하고 재임기간이 그다지 길지 않은데, 이는 궐위가 생겼을 때 후임자의 임기가 항상 새로 시작하기 때문이다. 즉, 임기직에 잔여임기 개념이 적용되지 않으면 임기제의 취지가 크게 후퇴한다.

한국은행 총재도 마찬가지다. 잔여임기 개념이 적용되지 않음으로써 임기 중 교체의 가능성이 언제나 열려 있다. 1951년 김유택 신임 총재를 여타 위원과 차별하여 그 임기를 4년으로 만드는 것, 즉 "大는 小를 포함한다" 라는 상식을 유보하는 것이 당사자에게 유리하다고 생각했다. 그러나 긴 안목에서 보면 그것은 큰 실수였다. 대통령의 입장에서 총재 경질의 장애물이 사라져서 김유택 총재 자신도 훗날 대통령으로부터 사표 제출을 요구받았다.[28]

경험적으로 보면, 1990년대 임명된 3인 총재(조순, 김명호, 이경식)는 항상 임기 4년으로 출발했으나 재임기간이 평균 2년을 넘지 못했다. 반면, 같은 기간 중 임명된 13인의 금융통화위원회 위원들은 전원이 3년의 임기를 채웠다. 그중 일부는 연임되기도 했다. 이런 차이는 보궐위원의 임기기산 방법에 기인한다. 위원의 중도퇴임 시에는 후임자가

27. 그런 점에서 2006년의 "전효숙 헌법재판소장 임명 파동"은 충분히 법리 논쟁의 가치와 의의가 있었다고 보인다. 기관장의 임기를 두고 "大가 小를 포함하느냐, 小가 大를 포함하느냐"라는 질문은 관행으로 미룰 것이 아니라 법률로 해결해야 할 숙제다. 그런 숙제의 해결과정에서 선진국으로 발돋움하게 된다.

28. 1956년 대통령 · 부통령 선거 당시 김유택 총재는 중앙선거관리위원회 위원이었다(명예직이라서 겸직이 허용되었다). 그런데 당시 투표 결과 여당의 이기붕 부통령 후보가 야당의 장면 후보에게 뒤지는 것이 확실해지자 정부는 마지막 남은 대구 지역의 개표를 중단하고 결과를 조작하려고 했다. 그때 김유택 위원이 이의를 제기하여 사흘 만에 개표가 재개되고 이기붕 후보의 패배가 확정되었다. 이때 김유택 총재는 여당에게 비협조적인 인물로 낙인찍혔다.

전임자의 잔여임기를 물려받아 교체유인이 적었던 반면, 한국은행 총재의 중도 교체에는 걸림돌이 없었다. 이처럼 잔여임기가 적용되어야 오히려 근무기간이 늘어나는 것이다. 잔여임기가 적용된 조진만 대법원장도 결과적으로 7년 3개월이나 근무했다.

1990년대에도 금융통화운영위원회 위원들의 신분보장, 즉 자신의 의사에 반하여 해임되지 않는다는 취지의 규정(구법 제15조)은 있었다. 그러나 총재는 임기기산 면에서 예외로 취급되었기 때문에 신분보장 면에서도 예외라는 생각이 자리 잡았다. 이런 구조는 현재도 마찬가지다. 이 조에서 총재(부총재)가 예외로 취급되기 때문에 제18조(신분보장)에서도 총재(부총재)는 예외가 될 수 있다.

결론적으로 총재(부총재)와 여타 위원을 구별하는 이 조는, 중앙은행법으로서 대단히 심각한 결함이다. 연임 횟수의 제한을 포함하여 총재와 부총재에게 예외를 둘 필요가 없다. 대부분의 중앙은행법에서는 임기기산에 관하여 총재(부총재)에게 예외를 두지 않는다. 내각책임제를 따르는 일본조차 일본은행 총재와 부총재에게 잔여임기 개념을 적용한다.

임기가 있는 공직에 잔여임기 개념을 적용하지 않는 것은 우리나라의 헌법체계와도 맞지 않는다(정치체계와 임기기산에 관해서는 〈참고 2-4〉를 참조하라). 금융위원회와 공정거래위원회 등 상당수 위원회는 위원장(기관장)과 위원 모두에게 전임자의 잔여임기를 적용하지 않는다. 그러므로 이들에게 임기라는 개념은 허울뿐이다. 기관장(의장)과 이사(위원) 모두에게 잔여임기를 적용하는 기관은 한국방송공사(KBS) 사장뿐이다.[29] 통화신용정책의 중립성을 추구하는 한국은행법은 방송의 중립성을 추구하는 방송법보다 기관장의 신분보장 면에서 열등하다.

---

29. 방송법 제47조(이사의 임기) ② 이사의 결원이 있을 때에는 ... (중략) ... 보궐이사를 임명하여야 하며, 보궐이사의 임기는 전임자의 잔임기간으로 한다.

참고 2-4 정치체계와 공직자의 임기기산

임기가 정해진 공직에 결원이 생겼을 때 후임자의 임기를 계산하는 방법은 선출직과 임기직이 다르다. 선거를 통해 취임하는 선출직의 경우 어느 나라에서나 후임자가 전임자의 잔여임기만을 채우는 것이 원칙이다.[1] 그리고 선출직이 아닌 임명직에 결원이 생겼을 때 후임자의 임기는 의원내각제(내각책임제)냐 대통령제냐에 따라 다르다.

의원내각제도에서는 임명직의 임기가 전임자와 상관없이 새로 기산되는 것이 일반적이다. 임명권자인 수상 자신에게 공식 임기가 없기 때문이다.[2] 임명권자인 수상에게 임기가 없는데, 그가 임명한 공직에 잔여임기를 적용하는 것은 논리적으로 모순이다. 그래서 영국, 독일, 캐나다, 호주, 뉴질랜드의 중앙은행들은 정책위원회 위원 등의 결원 시 후임자의 임기는 새로 기산된다.[3]

대통령제도에서는 사정이 다르다. 원칙적으로 입법부와 행정부는 서로 다른 선거절차를 통해 구성된다. 그리고 모든 인사권의 최정점에 있는 대통령의 임기에는 불확실성이 없다.[4] 즉, 대통령에게도 '잔여임기'라는 개념을 적용할 수 있고, 대통령이 임명하는 임기직에 궐위가 생겼을 때도 후임자의 임기는 전임자의 잔여임기로 제한되는 것이 일반적이다.

대통령은 자신의 의사를 관철시키기 위해서 언제든지 임기직을 교체하려는 욕구를 갖게 된다. 따라서 임명직의 잔여임기는 대통령의 인사권에 대한 견제수단이다. 미국, 프랑스, 브라질, 아르헨티나, 칠레, 콜롬비아, 필리핀, 스위스, 체코 등의 중앙은행법에서는 정책위원회 위원 결원 시 후임자에게는 '전임자의 잔여임기'를 적용한다.

---

1) 대통령은 예외다. 현행 헌법상 대통령이 궐위(闕位)된 때 그 자격을 상실한 날로부터 60일 이내에 후임자를 선거하고, 이때 임기는 새로 시작한다(헌법 제68조 제2항). 하지만 미국 등 대부분의 대통령제도를 채택하고 있는 나라에서는 대통령의 궐위 시에도 후임자가 전임자의 잔여임기를 물려받는다. 우리나라도 유신 헌법(제45조 제3항)에서는 후임 대통령이 전임 대통령의 잔여임기를 재임하는 것으로 규정되었다.

2) 의원내각제도에서는 의회(입법부)가 내각(행정부)을 견제하는 수단으로 불신임을 결의할 수 있다. 그렇게 되면 내각은 당장 퇴진해야 한다. 수상은 이러한 견제에 대해 의회해산권으로 맞선다. 내각불신임과 의회해산의 가능성이 항상 열려 있는 수상에게 잔여임기는 무의미하다.

3) 이는 일반회사 임원의 임기와 마찬가지다. 사장이나 이사 등 일반법인의 임원들은 회사와 '위임계약'을 맺고 근무하는데, 어떤 사정으로 회사 임원에 결원이 생겼을 때 새로 임명되는 후임자의 임기는 회사가 먼저 맺었던 위임계약과는 무관하게 새로 기산된다.

4) 이렇게 보면 국가원수의 임기에 불확실성이 적은 대통령제가 더 나은 제도로 보인다. 그러나 정치학자 후안 린츠(Juan José Linz)는 대통령제도가 더 불안하다고 본다. 국민의 대표가 행정부와 입법부에 독립적으로 존재하여 항상 대립하기 때문이다. 이를 민주주의의 이원적 법통성(dual democratic legitimacy)이라고 한다. 우리나라의 대통령 탄핵이 그 예다.

대통령제를 취하는 우리나라에서 한국은행 금융통화위원회를 비롯한 금융위원회, 방송통신위원회, 노동위원회 등의 위원에게 잔여임기 개념을 적용하는 것도 이런 이유 때문이다. 그런데 한국은행 총재에게는 잔여임기를 적용하지 않는 것은 논리적 이유를 찾기 어렵다.

이 조와 관련한 필자의 생각은 다음과 같다.

〈필자의 제안〉

제18조(위원의 신분보장 등)[30]

② 위원에 결원이 생겼을 때에는 새로 임명하며, 새로 임명된 위원의 임기는 전임자 임기의 남은 기간으로 한다.

30. 현재의 제16조를 제18조로 옮기는 것이 타당하다. 보궐위원의 임기를 전임자의 잔여임기로 제한하는 취지 중 하나가 위원의 신분보장에 있기 때문이다.

제17조(위원의 결격사유)
다음 각 호의 어느 하나에 해당하는 사람은 위원이 될 수 없다.
1. 대한민국 국민이 아닌 사람
2. '국가공무원법' 제33조 각 호의 어느 하나에 해당하는 사람

※ 이 조와 함께 읽어야 할 부분 : 제19조, 제20조

이 조는 다른 법률[31]에서와 마찬가지로 공직자의 결격사유를 다룬다. 구 한국은행법 제14조에서 규정했던 결격사유 중에서 정치활동과 겸직의 금지에 관한 내용이 독립(제19조, 제20조)됨에 따라 현재는 그 나머지만 남았다. 결론부터 말하자면, '대한민국 국민' 이라는 자격은 다소 완화할 필요가 있다.

국 민

대한민국 국민이 아닌 자는 금융통화위원회 위원이 될 수 없다. 이는 대한민국 국적을 가진 사람이 아니면 외교관이 될 수 없는 것과 같은 취지다(외무공무원법 제9조 제2항).

그러나 외국에서는 통화신용정책 전문가를 채용하는 데 국적을 따지지 않는다. 외국인이나 이중국적자들로 인해서 해당 국가 통화신용정책이 후퇴하거나 중립성이 훼손된다고 보지 않기 때문이다. 영란은행은 미 연준 부의장을 역임한 사람(도날드 칸)을 금융정책위원회(Financial Policy Committee)의 위원으로 임명했다. 카니 영란은행 총재는 원래 캐나다 시민(캐나다은행 총재)이었지만, 캐머런 영국 수상이 그를 영란은행 총재로 임명하기 위해서 영국 국적을 부여했다(카니는 이중국적자가 되었다). 스탠리 피셔도 이중국적을 갖고 있어서 이스라엘 국민의 자격으로 중앙은행 총재를 역임한 뒤 미국인의 자격으로 연방준비위원회 부의장을 역임했다.

한국은행 총재 중에도 이중국적자가 있었다. 1960년 4.19 혁명 직후 집권한 민주당 정부는 호놀룰루에서 거주하는 배의환 하와이 한인교민회장을 한국은행 총재로 임명하

31. 공직선거법(제18조, 제19조), 국가공무원법(제33조), 외무공무원법(제9조 제2항), 지방공무원법(제31조) 등.

였다(금융인이었던 그가 이승만 대통령 체제에 반대하여 오래 전에 이민을 떠났던 경력이 감안되었다). 그는 해외에 오래 체류했기 때문에 총재로 부임하기 위해서 급히 귀국할 때 한국 여권을 찾지 못했다. 그래서 미국 시민권자의 자격으로 입국했다.[32] 당시 금융계에 기반이 없었던 배의환의 임명에 대해서는 여론은 물론 여당 일각에서도 반대하는 사람들이 많았다. 그들은 한국은행 총재가 미국 여권으로 입국한 사실을 물고 늘어졌다. 결국 배의환 총재는 취임 3개월 만에 사임하여 지금까지 최단임 총재로 기록되고 있다.

하지만 배의환 총재는 훗날 주일대표부 대표로 임명되었다. 당시 우리나라는 일본과 수교하지 않았는데, 배의환 대표는 미수교국인 일본을 상대로 대일청구권 문제를 협상했다. 1960년 6월 일각에서 제기하였던 대한민국 국적 보유 여부나 그의 이중국적 문제는 한국은행 총재직과 외교공무원직 수행에 전혀 장애가 아니었다는 것을 증명한 셈이다.

1960년대에 비해 개방성과 국제화가 크게 진전된 최근에는 공무원의 임용 시에도 국적에 대한 기준이 완화되는 추세에 있다. 국가공무원법(제26조의 3 제1항)에 따르면 국가안보 및 보안 · 기밀에 관계되는 분야를 제외하면 국가기관의 장이 외국인을 공무원으로 임용할 수 있다. 국내외의 이런 사례로 볼 때 금융통화위원회 위원의 자격으로서 대한민국 국적은 어느 정도 그 예외를 인정할 필요가 있다고 판단된다.

결격사유와 금지행위

현행 한국은행법은 금융통화위원회 위원의 결격사유(제17조)와 금지행위(제19조)를 구분하고 있다. 굳이 구분한다면 결격사유는 위원으로 임명되기 이전의 사전적 제한이고, 금지행위는 사후적 제한이다. 이런 구분이 논리적으로는 틀리지 않지만, 현실적으로는 무의미하다. 그래서 1997년 이전의 한국은행법에서는 사전과 사후의 구분을 두

32. 배의환 총재는 일제강점기에 조선은행에 근무하다가 미국에서 수학하였으며, 해방 직후에는 미 군정청 간부로 활동하다가 금융조합연합회장(오늘날의 농업협동조합중앙회장)을 역임했다. 그러나 이승만 대통령과 사이가 좋지 않아 정부 수립 직후 도미한 뒤 10년간 귀국하지 않었다. 그는 4.19 혁명 직후 정부의 요청으로 서둘러 귀국하려고 했는데, 이때는 여권조차 찾기가 어려웠다. 결국 미국 시민권자로 귀국하였는데, 이것이 알려지면서 자격 시비가 불거졌다.

지 않았다. 즉, 실격조건(구법 제14조)을 열거하고 여기에 해당할 때 즉시 해임(제15조)하는 방식을 취했다. 법률의 간결성 면에서 과거의 한국은행법이 현행법보다 우수하다고 보인다.

이 조에 관한 필자의 생각은 다음과 같다.

〈필자의 제안〉

제17조(위원의 결격사유)

다음 각 호의 어느 하나에 해당하는 사람은 위원이 될 수 없다.

1. 대한민국 국민이 아닌 사람. 다만, 대통령이 인정하는 경우는 예외로 한다.[33]

2. 국회의원, 지방의회의원 또는 정당에 가입한 사람[34]

3. 국가공무원 또는 지방공무원. 다만, 교육공무원법[35] **제8조 규정에 의한 교수 등은 그러하지 아니한다.**

33. 보통 외국인의 경우 국적법에 따라 자격시험을 통해 국적이 부여되지만, 대통령이 예외를 둘 수 있다. 히딩크 감독을 포함한 운동선수들이 그렇다. 금융통화위원회 위원을 임명할 때도 이런 방법을 채택할 수 있을 것이다.

34. 현행 한국은행법 제19조의 내용을 이관했다. 다만, 정치운동에 관한 내용은 반영하지 않았다. 이에 관해서는 제19조에서 설명한다.

35. 제2호와 제3호는 과거의 한국은행법을 참조하였으며, 금융통화위원회 위원이 공무원 신분을 갖는다는 점을 전제로 한다. 대다수 국·공립대학의 교수 등(교수, 부교수, 조교수, 조교)은 공무원이기 때문에 이들이 사립대학교 교원과 마찬가지로 금융통화위원회 위원으로 활동하기 위해서는 예외적인 조치가 필요하다.

제18조(위원의 신분보장 등)

① 위원은 다음 각 호의 어느 하나에 해당하는 경우를 제외하고는 임기 중 그 의사(意思)에 반하여 해임되지 아니한다.

1. 제17조 각 호의 어느 하나에 해당하는 경우
2. 심신의 장애로 인하여 직무를 수행할 수 없게 된 경우
3. 이 법에 따른 직무상의 의무를 위반하여 위원으로서의 직무 수행이 부적당하게 된 경우

② 위원이 제1항의 사유로 해임되는 경우 해임되기 전에 위원으로서 한 행위는 그 효력을 상실하지 아니한다.

※ 이 조와 함께 읽어야 할 부분 : 제16조, 제17조

이 조는 위원으로서 활동할 수 없는 사유를 열거한다. 열거된 이유에 해당하지 않으면 위원은 정해진 임기까지 신분이 보장된다. 그래서 이 조를 통상 신분보장 규정이라고 한다.[36]

하지만 이 조의 제1항 제3호는 실효성도 없고 입법 취지를 스스로 파괴한다(거듭하는 말이지만, 이런 논리적 모호성은 1998년 법률 개정 시 유난히 늘어났다). "직무 수행이 부적당하게 된 경우"를 누가 판정하는지 분명치 않기 때문이다. 현실적으로 한국은행 내부에서 위원의 직무 수행의 부적격을 판별하기는 어렵다. 임명권자가 그 수준을 판별한다면 이 조는 오히려 신분을 보장하지 않는 근거가 된다. 그런 점에서 제1항 제3호는 독소조항이며, 삭제하는 것이 타당하다.

제1항 제3호가 가장 관건이 되는 사람은 부총재다. 여타 위원에 비해서 부총재는 총재를 보좌(제37조)하는 의무가 있다. 총재보좌는 당연직 위원이 아닌 집행기관에 속한 사람으로서 갖는 의무지만 "이 법에 따른 직무상의 의무"임에는 틀림없다. 그러므로 만

36. 1997년 이전에는 신분보장이 더욱 확실했다. 해임사유가 발생하더라도 금융통화위원회가 따로 판정하는 절차를 거쳐 해임하고, 금융통화위원회가 판정을 미룰 경우에 한해서 대통령이 해임할 수 있었다(구법 제15조, 제16조). 대통령의 해임이 부당하다고 생각되면, 금융통화위원회가 집단으로 판정을 유보하여 반대의사를 표시할 수 있는 기회를 부여한 것이다.

일 부총재가 총재의 지시를 만족스럽게 수행하지 않거나 금융통화위원회 회의 시 총재와 다르게 표결을 할 경우 그것이 직무상의 의무를 위반한 것인지 논란이 생긴다(이 문제는 제36조에서 다룬다).[37]

한편, 금융통화위원회 위원이 해임되더라도 그 이전의 의결은 유효하다. 해임 전에 관여한 행위를 소급하여 무효로 할 경우 법률관계의 안정성이 현저하게 침해되기 때문이다.

이 조에 대한 필자의 생각은 다음과 같다.

〈필자의 제안〉

제18조(위원의 신분보장 등)

① 위원은 다음 각 호의 어느 하나에 해당하는 경우를 제외하고는 임기 중 그 의사(意思)에 반하여 해임되지 아니한다.

1. 제17조 각 호의 어느 하나에 해당하는 경우
2. 심신의 장애로 인하여 직무를 수행할 수 없게 된 경우
3. (삭 제)

② 위원에 결원이 생겼을 때에는 새로 임명하며, 새로 임명된 위원의 임기는 전임자 임기의 남은 기간으로 한다.

③ 위원이 제1항의 사유로 해임되는 경우 해임되기 전에 위원으로서 한 행위는 그 효력을 상실하지 아니한다.

---

37. 2003년 이전에는 총재가 부총재를 임명했다. 따라서 부총재의 업무수행이 만족스럽지 못하면 총재가 즉각 부총재를 해임할 수 있었다.

제19조(정치활동의 금지)
위원은 '정당법' 제22조에도 불구하고 정당에 가입할 수 없으며, 정치운동에 관여할 수 없다.

※ 이 조와 함께 읽어야 할 부분 : 제17조

이 조는 위원의 정치활동을 금지하는 규정이다. 과거에는 위원이 국가공무원의 신분(구법 제8조 제3항)을 가졌기 때문에 이 조에 해당하는 규정을 따로 만들 필요가 없었으나, 1998년 국가공무원 신분에 관한 규정이 삭제되면서 현재의 조문이 신설되었다.

결론부터 말하자면, 위원의 정치활동을 금지하는 데는 과거의 방법이 효과적이다. 즉, 국가공무원의 신분을 부여하고 그로써 정치활동을 금지시키는 방법이 훨씬 간결하다.

정치활동

중앙은행의 정치적 중립은 대단히 중요하다. 그것을 지키지 못할 경우 중앙은행을 정부조직이 아닌 독립된 법인으로 둘 이유가 없다. 하지만 중앙은행 근무자도 유권자이기 때문에 정치적 의견은 가질 수 있다. 외국에서는 중앙은행 근무자가 오히려 정치활동의 중심에 서기도 했다.

제2차 세계대전 이전 독일의 중앙은행이었던 라이히스방크(Reichsbank)의 할마르 샤흐트(Hjalmar Schacht) 총재는 보수정당의 발기인으로도 활동할 정도로 정치활동에 적극적이었고, 히틀러 정부에서는 나치당 명예당원직도 수락했다. 그래서 전후 뉘른베르크에서 전범재판을 받았지만, 바이마르공화국 당시의 초인플레이션을 수습하고 경제부흥을 일으킨 인물로서 지금까지도 높이 추앙받고 있다. 마리너 에클스(Marriner Eccles) 미 연준 의장의 경우 1935년 연준법을 개정하여 오늘날의 연준이 있도록 만든 인물인데, 프랭클린 루스벨트 대통령 후보의 재정후원자로서 선거운동을 적극 도왔다.

중앙은행 정책결정기구 구성원들이 어느 정도까지 정치적 견해 표명이 가능한지는 사회에 따라, 시대에 따라 그 판단기준이 달라진다. 다만, 정책을 결정하는 동안에는 최소한 정당가입 정도는 금지할 필요가 있다. 그것이 1997년 이전 한국은행법의 취지였다.[38]

그런데 현행법에서는 정당가입뿐만 아니라 '정치운동'을 포괄적으로 금지하고 있다. 현행 국가공무원법(제65조)이나 지방공무원법(제57조)에서는 정치운동을 자세히 예시하고 있다. 정당 기타 정치단체 결성에 관여하는 일(창당작업), 선거에서 특정 정당 또는 특정인의 지지나 반대를 하기 위하여 권유운동을 하는 일, 각종 서명운동을 기도·주재하거나 권유하는 일, 문서 또는 도서를 공공시설 등에 게시하는 일, 기부금을 모집하는 일, 공공자금을 이용하는 일, 타인에게 정당 기타 정치단체에 가입 또는 탈퇴를 권유하는 일, 타인에게 정치적 행위의 보상 또는 보복으로 이익 또는 불이익을 약속하는 일 등을 정치운동으로 보고 있다.

그럼에도 불구하고 '정치운동'의 경계는 여전히 모호하다. 예를 들어 1960년대 초 한일 국교 정상화 문제를 두고 국론이 분열되었을 때 사립대학 교수들이 한일협정비준에 대해 집단성명을 발표한 일이나 1980년대 초 국립대학 교수들이 '민주회복국민회의'를 발족하는 내용의 국민선언을 채택하고 서명한 일을 정치활동으로 보느냐, 헌법상 시민권 행사로 보느냐는 동시대인 사이에서도 생각이 크게 갈린다. 당사자들은 정치활동이 아니라고 주장했지만, 당시 법원은 한일협정 비준반대 성명발표(대법원 1967.1.24., 선고 66다2282 판결)와 민주회복국민회의의 국민선언(대법원 1981.12.22., 선고 80누499 판결)을 정치활동으로 보아 당사자들에게 불이익을 주었다.

이처럼 '정치운동'에 관해서는 뚜렷한 기준이 없으므로 이를 한국은행법에 담는 것은 실효성 없이 논란만 야기할 우려가 있다. 따라서 '정치운동에 관여'라는 모호한 표현은 삭제하는 것이 바람직하다.

---

38. 구법 제14조 제3호(정당가입 금지).

결 론

만일 금융통화위원회 위원의 정치운동을 효과적으로 금지시키려면 한국은행법이 아닌 공직선거법부터 개정할 필요가 있다. 현행 공직선거법(제53조)에는 국회의원 선거 등 각종 공직선거에 입후보하는 경우 선거일 전 90일[39]까지 그 직을 그만두어야 하는 직책들이 규정되어 있다. 여기에는 '한국은행의 상근 임원', 즉 총재, 부총재, 부총재보 및 감사가 포함된다.[40] 그러나 금융통화위원회 위원은 포함되지 않는다.

현행 공직선거법에서 금융통화위원회 위원이 누락된 것은 이 법의 전신인 '공직선거 및 선거부정방지법'이 제정될 때 금융통화운영위원회 위원은 국가공무원 신분이었기 때문이다. 그래서 그 법에서 금융통화운영위원회 위원을 별도로 열거할 필요가 없었다. 그러나 현재는 금융통화위원회 위원은 국가공무원이 아니므로 위원들도 공직선거법에 추가되어야 한다(1998년 한국은행법 개정을 담당했던 실무자들이 타 법과의 관계를 면밀히 고려하지 않았다고 보인다). 물론 금융통화위원회 위원을 의식하여 '공직선거 및 선거부정방지법'을 고치는 것은 쉽지 않다. 그래서 더 쉬운 방법을 찾아야 한다. 한국은행법에서 금융통화위원회 위원이 국가공무원 신분을 갖도록 하는 것이다.

이 조에 관한 필자의 생각은 다음과 같다(제13조에 금융통화위원회 위원이 국가공무원 신분을 갖는다는 선언이 추가되는 것을 전제로 한다).

〈필자의 제안〉

제19조(정치활동의 금지) **(삭 제)**

39. 비례대표 국회의원 선거와 비례대표 지방의회의원 선거 및 보궐선거 등에서는 후보자등록신청 전까지.

40. 1997년 이전의 한국은행법에서는 임원(구법 제112조의 2)이라는 말이 쓰였다. 상근하는 사람 중 직원에 상대되는 사람을 의미했기 때문에 여기에는 감사가 포함되었다. 그러나 현행법에서는 임원이라는 말이 쓰이지 않는다.

제20조(겸직 등의 금지)

위원은 재직 중 다음 각 호의 어느 하나에 해당하는 직(職)을 겸하거나 영리를 목적으로 하는 사업을 해서는 아니 된다.

1. 국회의원 또는 지방의회의원의 직
2. 국가공무원 또는 지방공무원의 직
3. 그밖에 보수를 받는 직

※ 이 조와 함께 읽어야 할 부분 : 제13조, 제40조

이 조는 1998년 신설되었다. 이 조에서 금지하는 행위는 국가공무원에게도 금지된 행위다. 따라서 1997년 이전처럼 금융통화위원회 위원이 공무원 신분을 갖는다는 규정(구법 제8조 제3항)이 있으면 이 조는 필요 없다.

금융통화위원회 위원이 공무원 신분을 갖는 것은 헌법과의 마찰을 피하기 위해서도 필요하다. 금융통화위원회는 최저지급준비율의 결정, 금융기관 여 · 수신 최고이율의 제한, 대출의 최장기간 및 담보의 종류 제한, 금융기관 대출과 투자의 최고한도 제한, 극심한 통화팽창기에 금융기관 대출의 사전 승인 등 상당히 많은 규제를 다룬다. 민간인이 이런 행정규제를 결정하는 것은 헌법에서 금지하는 자력구제에 해당할 수 있다. 그래서 우리나라 헌법을 자문했던 미 군정청 소속 프랭켈 법률자문관은 금융통화위원회 위원에게 반드시 공무원 신분을 부여해야 한다고 조언[41]했다(최초의 한국은행법에 반영되었다).

"국가공무원 신분을 갖는다" 라는 것은 정부조직법상 국가공무원의 신분이 되어 국회로부터 정원을 통제받거나 공무원연금을 받는 것을 의미하지 않는다. 직무의 공공성이 높기 때문에 처벌 등에서 국가공무원과 똑같이 취급된다는 의미다. 따라서 금융통화위원회 위원에게 공무원 신분을 부여하더라도 현재와 크게 달라지는 점은 없다.[42]

---

41. "Accordingly, the members of the Monetary Board are deemed to be public officials in the meaning of Korean law. ... (중략) ... It is further recommended to clarify the basic question under review by inserting a provision in Article 9 to the effect that the members of the Monetary Board shall have the status and rank of public officials."

42. 금융통화위원회 위원이 공무원이라는 사실은 형사적 처벌 시 결정적 영향을 미친다. 4.19 혁명 직후 상당수 시중 은행장들이 3.15 부정선거에 관계되었다는 사실이 밝혀졌으나 형사책임을 추궁당한 것은 박숙희 농업

한편, 이 조 제3호에서는 '그 밖에 보수를 받는 직'을 일체 금지하고 있다. 이는 국가공무원보다도 훨씬 엄격한 제한이다. 국가공무원은 국공립 대학교 교수처럼 여러 경로를 통해 소정의 사례를 받는 경우가 상당히 많다. 그래서 "직무 능률을 떨어뜨리거나, 공무에 대하여 부당한 영향을 끼치거나, 국가의 이익과 상반되는 이익을 취득하거나, 정부에 불명예스러운 영향을 끼칠 우려가 있는 경우"가 아니라면 소속기관 장의 사전허가를 받아 단기뿐만 아니라 장기 겸직도 할 수 있다(국가공무원 복무규정 제25조 및 제26조).

이 조의 제3호는 지나치게 비현실적일 뿐만 아니라 법리적 마찰까지 생긴다. 총재와 부총재의 경우 법률에 따라 보수를 받는 직무를 수행할 가능성이 많은데, 이 조에서는 그것마저 금지하기 때문이다.

제3호는 총재 이외의 금융통화위원회 위원들이 상근하지 않았던 시절 한국은행 안에서 형성된 불문율을 1998년 명문화한 것이다. 그 불문율은 초대 금융통화위원회 위원(농림부장관 추천)이었던 윤보선 위원 때문에 생겼다. 그는 1950년 11월 제2대 대한적십자사 총재로 임명되었는데, 대한적십자사 총재는 명예직이라서 금융통화위원회가 겸직을 승인했다.[43] 이때부터 비상근인 위원은 보수를 받지 않는 명예직만 겸직할 수 있다는 불문율이 생겼다. 그리고 1998년 그 불문율이 법률로 명문화되었다. 공무원도 겸직이 허용되는 시대에 시대착오적 입법이었다.

결론적으로 위원들의 겸직에 관해서는 1997년 이전의 한국은행법이 적절한 해결책으로 보인다. 금융통화위원회 위원이 공무원의 신분을 가질 경우 국가공무원 정도의 겸직과 보수 취득이 허용된다.

이 조에 관한 필자의 생각은 다음과 같다.

〈필자의 제안〉

제20조(겸직 등의 금지) (삭 제)

은행장뿐이었다. 그가 금융통화위원회 위원, 즉 국가공무원이었기 때문이다.

43. 금융통화위원회 위원의 임명권자는 대통령인데, 위원의 겸직을 임명권자가 아닌 다른 위원들이 의결로써 승인한 것은 황당하다. 한국은행법이 엉뚱하게 운용된 사례의 하나다.

제2절 금융통화위원회의 운영

제1절이 금융통화위원회의 구성을 다루는 데 비해서 제2절은 활동을 다룬다. 제1절이 하드웨어에 관한 것이라면, 제2절은 소프트웨어에 관한 것이라고 할 수 있다.

제2절은 금융통화위원회의 운영에 관한 기본원칙이라서 최초의 한국은행법 내용이 그대로 유지되어 왔으나 1998년 약간의 변화가 생겼다. 비상시 금융통화위원회의 운영을 중단하는 것을 총재의 권한(구법 제26조)이 아닌 금융통화위원회 운영(제26조)으로 옮기고, 제27조를 추가했다. 그러나 제27조(회의 운영)는 그 내용상 제21조(회의)와 병합하는 것이 타당하다고 보인다.

제21조(회의)

① 금융통화위원회의 회의는 의장이 필요하다고 인정하는 경우 또는 위원 2명 이상이 요구하는 경우에 의장이 소집한다.

② 금융통화위원회의 회의는 이 법에 특별한 규정이 있는 경우를 제외하고는 위원 5명 이상의 출석과 출석위원 과반수의 찬성으로 의결한다.

③ 위원은 2명 이상의 찬성으로 의안을 발의할 수 있다. 다만, 의장은 단독으로 의안을 발의할 수 있다.

※ 이 조와 함께 읽어야 할 부분 : 제27조

이 조는 금융통화위원회 회의 운영 중에서도 회의 소집에 초점을 맞추고 있다. 그 맥락으로 볼 때는 제목을 '회의 운영'으로 바꾸고 제27조와 합하는 것이 자연스럽다. 제27조에서 다루는 회의 운영이란, 회의를 소집하기 위해서 의안을 사전에 배포하고, 회의 후에는 그 결과를 기록하고 참석자들에게 확인을 받는 절차들이다. 따라서 제27조의 회의 운영은 이 조에서 다루는 회의 소집과 불가분의 관계에 있다.

회의 소집(의안 발의)

친목회가 아닌 이상 안건도 없이 회의가 소집되지는 않는다. 따라서 회의 소집과 의안 발의는 결국 같은 말이다. 즉, 이 조의 제1항과 제3항은 중복된다. 대부분의 의결기구는 보통 의장이 단독으로 회의를 소집(의안 발의)하는 권한을 갖는 가운데, 여타 위원들에게도 회의소집(의안 발의) 권한을 부여한다.

한국은행법에서 의장 이외의 위원이 회의를 소집할 수 있는 조건은 계속 완화되어 왔다. 최초의 한국은행법(제17조)에서는 재무부장관이 의장을 맡는 가운데 7인의 정위원과 함께 7인의 대리위원이 금융통화위원회를 구성했다. 이런 구성 하에서 단독 회의소집권은 재무부장관과 한국은행 총재 등 2인의 정위원과 2인의 대리위원(재무부차관, 한국은행 수석부총재)에게만 부여되었다.[44] 여타 5인의 정위원들은 전체 위원의 과반수인 4인

44. 1997년 이전 법률의 문맥으로 볼 때 재무부차관과 한국은행 부총재가 단독으로 회의를 소집할 수 있는 경

이상이 요구해야만 회의를 소집할 수 있었다.

이후 1962년 금융통화위원회 대리위원이 폐지되고 구성원이 9인으로 확대되면서 회의를 단독으로 소집할 수 있는 권한은 재무부장관과 한국은행 총재에게만 부여되었다. 그리고 여타 7인의 위원들 중에서 과반수인 5인 이상이 요구해야만 회의를 소집할 수 있었다. 그러다가 1998년 위원수가 7인으로 다시 축소되는 가운데 전원 상근하는 체제로 전환되면서 의장(한국은행 총재)은 단독으로, 여타 6인의 위원은 2인 이상의 요구로 회의를 소집할 수 있도록 조건이 크게 완화되었다.

의안의 처리과정

의안(bill)이란, 의결의 대상이다. 우리나라 법률에서는 엄격하게 구분하고 있지 않으나 보통 의안은 '발의[45]-부의-상정-심의-의결'의 5단계를 거친다. 이 중 발의(proposal)는 회의 소집을 목적으로 의안을 제안하는 행위이며, 부의(submission)는 의장 또는 의장대행이 이를 모든 위원에게 통지하고 회의를 소집하는 일이다. 상정(introduction)은 회의 현장에서 의안 심의를 시작하는 것이며, 심의(discussion)는 참석자 간 의견을 교환하는 행위를 말한다. 심의가 끝나면 의결(voting)로 부의된 안건에 대한 결론을 내린다.

발의와 부의는 다르다. 그러나 의장에게 단독 발의권(회의소집권)을 부여하는 경우에는 '발의 = 부의'가 되어 회의 소집과 운영이 원활해진다. 대부분의 의결기구가 의장에게 단독 발의권(회의소집권)을 부여하는 것은 이 때문이다. 의장이 아닌 다수의 위원이 회의 소집을 요구할 때는 발의와 부의가 분리된다. 즉, 발의는 다수 위원이, 부의는 의장이 맡는다.

한편, 금융통화위원회는 의결만 하는 것 이외에 총재(제26조)와 감사(제45조)로부터 보고도 받는다. 위원들 입장에서는 이를 청취(hearing)라고 한다. 보고(청취)안건에 대해서는 발의와 부의가 없으며, 회의 현장에서 의장이 상정하여 보고내용을 청취한 뒤 이를

우는 재무부장관과 한국은행 총재가 모두 사고가 있을 때로 국한되었다고 보인다.

45. 1997년 이전 한국은행법에서는 발의 대신 제의(提議)라는 용어를 사용했다.

접수(채택)하는 것으로 종료된다. 즉, 보고는 '상정 – 심의(청취) – 접수'의 3단계 과정만 밟는다.

다만, 보고가 일방적으로 완료되는 것은 아니다. 현행 한국은행법에는 명확하게 나타나지 않지만 금융통화위원회 위원들이 보고내용에 만족하지 않을 경우 접수를 거부하고 다시 보고하도록 할 수 있다(다만, 이런 결정을 의결로 정하지는 않는다). 따라서 총재와 감사는 의안과 보고의 건을 구분하지 않고 성실하게 회의자료를 작성하여 설명하여야 한다. 그래서 '금융통화위원회 회의규정'(제3조)에서는 의결과 보고(청취)를 구분하지 않고 안건(agenda)이라는 말을 쓰고 있다.

의결방법

회의기구마다 의결조건은 다르다. 주식회사 이사회는 이사 과반수의 출석과 출석이사 과반수로 결의한다(상법 제391조). 금융위원회도 재적위원 과반수의 출석과 출석위원 과반수의 찬성으로 의결한다.[46] 이에 비해 공정거래위원회와 방송통신위원회는 출석인원에 관계없이 재적위원 과반수의 찬성이 있어야 의결한다.[47]

박근혜 대통령 탄핵심판을 통해 잘 알려진 헌법재판소의 의결조건은 상당히 엄격하다. 총 9인의 헌법재판관 중 7인 이상의 출석과 출석인원 과반수의 찬성으로 의결한다(헌법재판소법 제16조). 대법원의 대법관회의는 총 14인의 대법관 중 3분의 2 이상의 출석과 출석인원 과반수의 찬성으로 의결한다(법원조직법 제16조).

금융통화위원회의 의결조건도 엄격한 편에 속한다. 최초의 한국은행법에서는 7인의 정위원 중 6인 이상의 위원이 출석하여 출석위원의 과반수로 가결되었다. 이후 1962년 법률 개정에서는 금융통화운영위원회 정원이 9인으로 늘어나면서 7인 이상의 위원이 출석하여 출석위원의 과반수로 가결되는 것으로 조정되었다(오늘날 헌법재판소와 같다). 그리고 1998년 법률 개정에서 5인 이상의 출석과 출석위원 과반수로 의결하는 것으로 다시 변경되었다.

---

46. '금융위원회의 설치 등에 관한 법률' 제11조.

47. '독점규제 및 공정거래에 관한 법률' 제42조 및 '방송통신위원회의 설치 및 운영에 관한 법률' 제13조.

현재 금융통화위원회의 의결조건은 외국 중앙은행과 대체로 비슷한 수준이지만, 회의문화는 상당히 다르다. 외국 중앙은행에 비해 한국은행 금융통화위원회는 토론이 활발하지 않으며, 만장일치로 의결하는 경우가 많다. 그래서 소수의견은 매우 이례적으로 인식된다. 이런 관행이 형성된 것은 간접적으로 유교문화의 영향 때문이지만, 직접적으로는 한국전쟁 때 회의진행 방식에 기인한다.

당시 재무부장관은 당연직 의장임에도 불구하고 통상 회의에 참석하지 않았다(대리위원인 재무부차관도 참석하지 않았다). 농림부장관이 추천한 윤보선(훗날 대통령) 위원은 임기(1950.6.5.~1953.6.4.) 도중 제2대 대한적십자사 총재로 취임(1950년 11월)해서 나머지 2년 반의 임기 내내 출석률이 매우 저조했다.[48] 결국 회의에 참석하는 위원은 5명인 경우가 대부분이었다. 당시에는 금융통화위원회 위원 6인 이상이 참석해야 했으므로 농림수산부장관이 추천한 대리위원이 윤보선 위원을 대리하여 참석했으며, 그는 발언하지 않은 채 의안에 찬성만 했다. 게다가 임시수도가 있었던 부산의 교통사정이 열악하여 회의도 12시에 시작하여 간단한 설명을 듣고 의결을 마친 다음 점심식사를 끝으로 헤어졌다. 이런 회의문화 속에서 위원 간의 결속력은 매우 강해졌지만, 소수 의견을 금기시하는 정서가 형성되었다. 회의 진행의 신속성을 위해서 논의의 다양성이 희생된 것이다.

한편, 1997년 이전에는 의결 시 찬반이 동수일 때 의장이 결정토록 하는 캐스팅 보트(casting vote) 제도가 있었다(구법 제17조 제2항). 캐스팅 보트 제도는 찬반이 동수가 될 경우를 감안한 해결책이다. 그래서 보통은 의결하는 사람이 짝수일 때 둔다. 예를 들어 헌법재판소장(헌법재판관은 총 9인)은 캐스팅 보트가 없는 반면, 대법원장(대법관은 총 14인)은 캐스팅 보트를 가진다. 101명으로 구성된 미국 상원에서는 의장인 부통령에게 의결권이 없으나 100명(50개 주에서 각 2인)의 의원들이 찬반 동수일 때에 한해서 의결권, 즉 캐스팅 보트를 가진다.

과거 금융통화위원회는 7인 또는 9인으로 운영되었지만 의장인 재무부장관이 회의에 참석하지 않는 것이 관행이었다. 따라서 6인 또는 8인이 참석한 상태에서 한국은행 총재가 의장대행을 맡게 되므로 캐스팅 보트가 필요했다. 하지만 1998년 한국은행 총재

48. 당시에는 금융통화위원회 위원이 비상근이었으며, 비영리단체인 대한적십자사 총재나 대학 교수 등 상근직에 취임하는 것이 위원의 결격사유가 아니었다.

가 의장을 맡으면서 캐스팅 보트 제도는 자연스럽게 폐지되었다. 현재 외국의 중앙은행 중에는 스위스중앙은행(SNB) 이사회 등 일부에서만 캐스팅 보트 제도가 유지된다.

기 타

의결과 관련하여 현행 한국은행법에 명문화되지 않은 것들이 있다. 무기명 투표와 서면결의 여부다. 이 중 무기명 투표는 법률 취지에 어긋난다고 판단된다. 국회에서는 무기명 투표로 의결하기도 하지만, 한국은행법에는 금융통화위원회가 의결 후 의결서를 작성하여 의결에 참여한 위원이 기명하고 날인 또는 서명한다는 점(제24조), 금융통화위원회가 고의 또는 중대한 과실로 인하여 한국은행에 손해를 끼친 때에는 당해 회의에 출석한 모든 위원이 한국은행에 대하여 연대하여 손해배상책임을 진다는 점(제25조 제1항) 등이 명문화되어 있으므로 무기명 투표를 채택하기 어렵다.[49]

한편, 의결하는 방법에는 서면결의도 있다. 서면결의는 회의에 참석하는 사람들이 한 장소에 모여 의결하지 않아도 된다는 장점이 있어서 사소한 의안을 다룰 때는 편리하다. 미 연방준비위원회와 유럽중앙은행 등은 위원들의 출장이 잦기 때문에 일부 경미한 사항은 서면으로 의결하기도 한다(의장이 서면결의를 조건으로 부의하고 통보한다).

그러나 중요한 의사결정을 서면결의로 다루는 것은 자연스럽지 않다. 일반회사의 경우 이사회에 출석하여 토의하고 의결하는 것이 이사들의 임무이므로 전화나 서면에 의한 결의는 불가능하다는 것이 다수설이다.[50] 다만, 금융통화위원회 위원 전원이 상임이라는 점(제13조 제4항)으로 볼 때 금융통화위원회 회의는 동일한 장소와 시간에 진행하는 것이 원칙으로 보인다. 그럼에도 불구하고 서면결의 자체가 금지되는 것으로 보이지는 않는다.

---

49. 이 밖에 금융통화위원회는 의결사항에 대하여 명백히 반대의사를 표시한 위원이 있는 때에는 의결서와 의사록에 이를 기재(정관 제11조 제2항, 금융통화위원회 회의 운영규정 제11조 제2항)하도록 규정되어 있어 무기명 투표의 가능성을 배제하고 있다.

50. 다만, 이사의 전부 또는 일부가 동영상 및 음성을 동시에 송·수신하는 통신수단에 의하여 결의에 참가할 수 있으며, 이 경우 당해 이사는 이사회에 직접 출석한 것으로 본다(상법 제391조 제2항).

이 조에 관한 필자의 생각은 다음과 같다.

〈필자의 제안〉

제21조(회의 운영)

① 금융통화위원회의 회의는 의장이 필요하다고 인정하는 경우 또는 위원 2명 이상이 요구하는 경우에 의장이 소집한다.

② 금융통화위원회의 회의는 이 법에 특별한 규정이 있는 경우를 제외하고는 위원 5명 이상의 출석과 출석위원 과반수의 찬성으로 의결한다.

③ 위원은 2명 이상의 찬성으로 의안을 발의할 수 있다. 다만, 의장은 단독으로 의안을 발의할 수 있다.

④ 금융통화위원회의 회의 운영에 관하여 필요한 사항은 금융통화위원회의 규정으로 정한다.[51]

51. 현행법 제27조와 합병하되, 외국 중앙은행 및 국내 타 법을 참고하여 회의 운영규칙 제정에 관한 금융통화위원회의 자율성을 강화했다.

제22조(출석 발언 등)

① 한국은행 부총재보는 금융통화위원회의 회의에 출석하여 발언할 수 있다.

② 금융통화위원회는 필요한 경우 관계 전문가 등을 회의에 출석시켜 의견을 들을 수 있다.

※ 이 조와 함께 읽어야 할 부분 : 제91조

이 조는 금융통화위원회 회의에서 한국은행 관계자들의 '출석발언권'을 규정한다. 그런 점에서 제91조에서 규정한 정부 인사의 '열석발언권'과 대비된다. 이 조와 제91조로 볼 때 금융통화위원회에서 발언할 수 있는 사람은 기획재정부 차관, 금융위원회 부위원장, 부총재보와 관계 전문가 등이다. 여기서 두 가지 실수가 발견된다.

첫째, 감사가 제외되었다. 1997년 이전의 한국은행법(제18조)에는 감사의 출석발언권이 명문화되어 있었다(아울러 은행감독원장, 부원장, 조사부장도 출석발언권이 있었다). 그런데 1998년 특별한 이유 없이 삭제되었다. 1998년의 입법 실수를 해결하기 위해서 현재 금융통화위원회는 '금융통화위원회 회의 운영규정'(제8조 제1항)에 감사의 출석·발언을 규정하고 있다.

둘째, 1998년 제2항이 추가되었는데, 이는 제1항과 충돌된다. 한국은행법 제정 당시부터 제1항이 있었던 것은 표결권이 없는 사람의 출석과 열석을 엄격히 제한하기 위해서였다(다른 법률에서 내부인의 출석 범위까지 제한하는 경우는 매우 드물다). 그런데 제2항이 추가됨으로써 제1항이 존재의 이유를 잃었다. 제2항은 제1항과 공존할 수 없다.

이 조에 대한 필자의 생각은 다음과 같다.

〈필자의 제안〉

제22조(출석 발언 등)

한국은행 감사 및 부총재보는 금융통화위원회의 회의에 출석하여 발언할 수 있다.

② (삭 제)

제23조(위원의 제척)
위원은 다음 각 호의 어느 하나에 해당하는 사항에 관한 심의 · 의결에서 제척(除斥)된다.
1. 자기와 직접적인 이해관계가 있는 사항
2. 배우자, 4촌 이내의 혈족 또는 2촌 이내의 인척의 관계에 있는 사람과 직접적인 이해관계가 있는 사항

이 조는 특정 사안에 이해관계가 있는 위원이 심의 및 의결에 참가하지 못하도록 규정한다. 법원의 판결(민사소송법 제41조)과 마찬가지로 이해관계자를 의사결정에서 배제하는 것을 제척(除斥, abstention)이라고 하는데, 이는 정부정책뿐만 아니라 민간 상사의 의사결정과정에서도 채택되는 중요한 원칙이다.[52]

감사위원회의, 공정거래위원회, 방송위원회, 노동위원회 등은 제척의 범위를 친족으로 규정하며, 민법(제777조)에서는 친족을 배우자, 8촌 이내의 혈족 및 4촌 이내의 인척으로 규정한다. 이에 비해서 금융통화위원회와 금융위원회는 제척의 범위를 비교적 좁게 설정하고 있다. 이는 일반기업과 달리 금융기관은 주주가 비교적 넓게 분포되어 있기 때문에 제척 사유에 해당하는 경우가 많을 수 있다는 점을 고려한 것으로 보인다.

한편, 특정 안건에 대한 심의와 의결에 이해관계가 있는 위원이 참가하지 않도록 하는 방법에는 제척 이외에 기피와 회피도 있다. 감사원법 및 '금융위원회의 설치 등에 관한 법률' 등에서는 이해당사자가 특정 위원을 지목하여 기피(의결에 참가하는 것을 반대)하거나 위원 스스로 회피하는 것을 규정한다.

이에 비해 한국은행법에서는 기피와 회피에 관해 자세히 규정하지 않고 있다. 한국은행법에서 '기피'가 누락된 것은 금융통화위원회는 특정 기관이나 자연인에 대한 징계의 권한이 없으므로 특정 안건의 당사자가 특정 위원의 기피를 신청할 일이 없기 때문으로 보인다(과거 은행감독기능이 있었을 때도 한국은행법에는 '기피'가 누락되었는데, 이는 입법

52. '상법'상 주식회사의 주주총회 및 이사회에서는 특별이해관계 등으로 인하여 의결권을 행사할 수 없는 주주 또는 이사의 수는 의결권의 수에 산입하지 아니하도록 하고 있다(제371조 제2항, 제391조 제3항).

미비였다고 판단된다). 그러나 한국은행법에서도 회피는 필요하다. 특정 안건에 관한 이해관계 여부는 위원 자신이 가장 잘 인지하므로 위원 스스로 사전에 회의 참석과 의결을 삼가는 '회피'가 바람직하다.[53]

한편 의결과 관련한 정족수 산정 시 제척위원을 제외하여야 할 것인지 여부는 현행 한국은행법에서 분명하지 않다. 타 법의 사례로 볼 때 제척위원과 회피위원을 정족수 산정 시에 제외하는 근거가 필요하다고 보인다.

이 조에 대한 필자의 생각은 다음과 같다.

〈필자의 제안〉

제23조(제척과 회피)

① 위원은 다음 각 호의 어느 하나에 해당하는 사항에 관한 심의·의결에서 제척(除斥)된다.

1. 자기와 직접적인 이해관계가 있는 사항
2. 배우자, 4촌 이내의 혈족 또는 2촌 이내의 인척의 관계에 있는 사람과 직접적인 이해관계가 있는 사항

② 위원 본인이 제1항 각 호의 어느 하나에 해당하는 경우에는 스스로 그 사항의 심의·의결을 회피할 수 있다.[54]

③ 제1항과 제2항의 경우 정족인원은 제21조 제2호, 제65조 제1호 및 제92조 제2호에도 불구하고 금융통화위원회가 정한다.[55]

53. '금융통화위원회 회의 운영규정'(제7조)에서는 제척 원인이 있는 위원은 해당 의안이 상정되기 전까지 이 사실을 의장에게 통지토록 하고 있다. 회피와 제척을 절충한 방법이다.

54. '금융위원회의 설치 등에 관한 법률' 등을 참고했다.

55. 만일 최소 5인 이상이 출석해야 하는 중요 안건을 의결할 때 제척위원과 회피위원을 불출석한 것으로 간주하면, 의안 처리 자체가 불가능해질 수 있다. 따라서 제척위원과 회피위원은 정족수에서 제외하는 근거가 필요하다.

제24조(의결서 작성 등)

① 금융통화위원회가 의결을 하였을 때에는 의결서를 작성하여 의결에 참여한 위원이 기명(記名)하고 날인(捺印) 또는 서명(署名)하여야 한다.

② 금융통화위원회는 의사록을 작성하고, 금융통화위원회가 정하는 바에 따라 공개하여야 한다.

③ 제2항에도 불구하고 금융통화위원회는 국회 소관 상임위원회가 요구할 경우 다음 각 호의 어느 하나에 해당하는 자료를 비공개로 제출하여야 한다. 다만, 제2호의 경우에는 해당 금융통화위원회 개최 후 4년이 지난 경우로 한정한다.

1. 금융통화위원회 의결서
2. 익명으로 처리된 금융통화위원회 의사록 전문(全文)

이 조는 금융통화위원회 회의 운영 중 회의기록에 관한 규정이다. 제1항은 기록의 작성을, 제2항과 제3항은 기록의 공개를 규정한다. 결론부터 말하자면, 이 조에서 일부 용어는 정비할 필요가 있다. 현재는 과거 한국은행정관에 있던 내용을 1998년 법률로 옮긴 뒤 2011년 일부 내용(제3항)이 추가된 탓에 용어의 일관성이 없다.

회의 결과를 담은 기록물에는 여러 가지가 있다. 첫째, 속기록(shorthand report)은 회의 현장에서 발언한 내용을 한마디 한마디(*verbatim*) 문자로 옮긴 것인데 관리비용이 크다. 따라서 이를 법으로 강제하는 경우는 드물다. 둘째, 의사록(minutes)은 속기록을 바탕으로 발언 내용의 요지를 비교적 소상하게(minute by minute) 정리한 기록이다. 상법에서는 주식회사의 주주총회(제373조)와 이사회(제391조의 3)에 대하여 참석자들이 기명날인 또는 서명한 의사록을 작성토록 하고 있다. 의사록은 발언의 맥락을 파악할 수 있다는 장점이 있지만, 작성자의 주관이 발휘되기 때문에 발언자에게 법률적 책임을 묻기는 어려우며 보조기록 정도로 활용된다. 셋째, 의결서(proceedings)는 회의 개최일시 및 참석자 그리고 각 참석자의 찬반의사 등 회의에 관한 객관적 사실들을 담은 기록이다. 그러므로 훗날 법률적 책임을 묻는 데 증거로 사용될 수 있다.

우리나라 법률에서는 이런 용어의 차이를 정확하게 구분하지 않는다. 예를 들어 금융위원회, 공정거래위원회, 노동위원회 등의 설립 법률에는 '의결록'[56]을, 국무회의('국무회의규정' 제11조)는 '회의록'을 갖추도록 규정되어 있다. 의결록과 회의록이 정확히 어떤 의미인지는 분명하지 않다. 반면 감사원, 선거관리위원회, 방송통신위원회의 관련 법률에는 회의기록에 관한 규정 자체가 없다.

한국은행법에서는 의결서와 의사록을 함께 다룬다. 1997년 이전에는 아무 언급이 없다가 1998년 추가되었다. 종전 한국은행정관(제10조)의 내용을 법률로 격상시킨 것이다. 2011년에는 의결서와 의사록을 국회에 제출토록 하는 제3항이 신설되었다. 그런데 제3항에서 언급하는 '의사록 전문(全文)'은 허구에 가깝다. 의사록은 그 자체가 발언의 요지를 정리한 것이므로 전문(全文)이라는 개념이 성립하지 않는다. 즉, '전문'이라는 표현은 사족이다.

이 조에 관한 필자의 생각은 다음과 같다.

〈필자의 제안〉

제24조(기록의 작성과 공개)

① 금융통화위원회가 의결을 하였을 때에는 의결서를 작성하여 의결에 참여한 위원이 기명(記名)하고 날인(捺印) 또는 서명(署名)하여야 한다.

② 금융통화위원회는 제1항의 의결서와 별도로 회의 시 각 위원의 발언 요지를 담은 의사록을 작성하고, 금융통화위원회가 정하는 바에 따라 공개하여야 한다.[57]

③ 제2항에도 불구하고 금융통화위원회는 국회 소관 상임위원회가 요구할 경우 다음 각 호의 어느 하나에 해당하는 자료를 비공개로 제출하여야 한다. 다만, 제2호의 경우에는 해당 금융통화위원회 개최 후 4년이 지난 경우로 한정한다.

1. 금융통화위원회 의결서
2. 익명으로 처리된 금융통화위원회 의사록

---

56. '금융위원회 설치 등에 관한 법률' 제12조, '독점규제 및 공정거래에 관한 법률' 제45조, '노동위원회법' 제17조 등.

57. 제1항의 의결서와 구분하기 위해서 의사록의 정의를 담았다.

제25조(손해배상책임)

① 금융통화위원회가 고의 또는 중대한 과실로 인하여 한국은행에 손해를 끼친 경우에는 해당회의에 출석한 모든 위원은 한국은행에 대하여 연대(連帶)하여 손해배상책임을 진다. 다만, 그 회의에서 명백히 반대의사를 표시한 위원은 그러하지 아니하다.

② 제1항에 따른 손해배상을 위한 소송에서는 감사가 한국은행을 대표한다.

이 조는 금융통화위원회 위원이 한국은행에 손해를 끼쳤을 때 소송을 당할 수 있다는 일종의 경고다. 결론부터 말하자면, 이 조는 폐지하는 것이 타당하다. 국내 다른 법이나 외국 중앙은행법에서 유사한 규정을 찾기 어렵고 이 조가 실제로 발동될 가능성도 없다.

손해배상책임

외국의 중앙은행법에서 사례를 찾기 어려운 이 조가 최초의 한국은행법에 마련된 것은 당시의 경제상황 때문이었다. 한국은행이 설립되기 전인 1949년 조선은행은 일반 상업은행 기능까지 수행하고 있었는데, 회수가 불가능한 부실대출이 상당히 많았다. 이에 블룸필드는 신설되는 금융통화위원회 위원들의 각성과 책임감을 특별히 고취시킬 필요를 느꼈다. 한국은행 대출이 공정하고 신중하게 결정되도록 금융통화위원회 산하에 융자위원회(구법 제74조)를 법정기구로 설치하면서, 금융통화위원회 위원에게는 손해배상책임의 가능성까지 상기시켰다.[58]

1997년 이전의 금융통화위원회는 "한국은행의 업무, 운영, 관리에 관하여 지시감독" 하는 권한이 있었는데, 이는 일반법인의 이사회와 비슷했다. 민법(제65조)과 상법(제399조)에서는 이사가 임무를 게을리하거나 정관에 위배되는 행동을 했을 때 해당 이사가 법인에 대하여 연대하여 손해배상의 책임을 지도록 한다.[59] 따라서 금융통화위원회 위원

58. 융자위원회는 1998년 법률 개정 시 폐지되었다.

59. 이사가 고의 또는 중대한 과실로 그 임무를 게을리한 때에는 회사뿐만 아니라 제3자에 대해서도 연대하여 손해를 배상할 책임도 있다(상법 제401조).

에게 손해배상 소송을 제기하는 것은 자연스러운 면이 있었다.

그러나 현재는 금융통화위원회가 한국은행의 업무, 운영, 관리에 관하여 지시감독하지 않으므로 위원에게 손해배상의 책임을 물을 수 없다.[60] 또한 금융통화위원회 위원이 책임을 지더라도 자신이 찬성한 정책에 대해서만 책임을 지는 것이 합당하다. 회의에 참석하여 "명백히 반대를 표시하지 않았다"는 이유로 책임을 지는 것은 매우 부당하다. 아울러 책임의 크기는 비례의 원칙(과잉금지의 원칙)에 따라 당사자가 감내할 수 있는 수준으로 제한되어야 한다. 그래서 상법(제400조 제2항)에서는 주식회사가 이사에게 책임을 묻더라도 개인이 감당할 능력을 초과하는 부분에 대해서는 면제할 수 있도록 한다. 즉, 1년간의 보수액(상여금과 스톡옵션 행사로 인한 이익을 포함)의 6배를 초과하는 금액은 회사가 돌려받을 수 없다. 이런 장치도 없이 "명백히 반대를 표시하지 않은" 위원에게 능력 이상의 책임을 묻는 것은 불합리하다.

한편, 이 조에 의해 실제로 소송이 진행된다면 총재에게 비난이 쏟아질 가능성이 매우 높다. 총재는 자신이 찬성한 안건에 대해서는 소송을 제기하지 않는다. 결국 총재가 소송을 결정한다면 소송의 쟁점사안은 틀림없이 자신이 반대한 의안이거나 전임 총재가 찬성한 의안이 될 수밖에 없다. 과반수가 찬성한 의안에 대해서 총재가 전임 총재나 그 과반수 위원을 상대로 소송하는 것은 보복에 지나지 않으므로 비난만 커진다.

외국에서도 통화신용정책 결정기구의 구성원에게 중앙은행이 책임을 묻거나 손해배상 소송을 제기하는 것을 법률로 규정하고 있는 경우는 없다.[61] 금융위원회, 공정거래위원회, 방송위원회 등 국내 합의제 정책기관에서도 유사한 내용을 찾을 수 없는 것은 물론

60. 정책결정기구인 금융통화위원회에 대해서 책임을 물을 수 없다는 것은 외환위기 직후 진행된 재판을 통해서 확인된다. 1998년 검찰은 전 재정경제원장관 강경식, 전 대통령경제수석비서관 김인호 두 사람을 직권남용과 직무유기 혐의로 기소했다. 그러나 법원은 두 피고인에게 무죄를 선고했다(1999년 8월 20일). 이 판례를 계기로 정책결정은 사법적 심판의 대상이 아니라는 것이 통설이 되었다.

61. 아이슬란드에서는 2008년 글로벌 금융위기 이후 실시된 선거를 통해 정권이 교체되었다. 신정부는 경제정책 실패를 물어 중앙은행 총재(Davíð Oddsson)와 두 부총재의 사임을 요구했다. 중앙은행 수뇌부가 이를 거부하자 신정부는 중앙은행법을 개정하고 5인으로 구성된 통화정책위원회(Monetary Policy Committee)를 도입했다. 이에 따라 기존의 수뇌부는 자동 해임되었다. 이 와중에도 신정부는 총재에게 중앙은행의 손해를 배상토록 요구하지 않았다. 총재는 과거 13년간 수상을 역임한 정치 거물이었으므로 정치보복으로 비칠 수 있었기 때문이다.

이다. 이 모든 것을 고려할 때 이 조는 삭제하는 것이 바람직하다.

소송의 수행

1997년 이전에는 재무부장관이 금융통화운영위원회의 의장을 맡고, 감사가 금융통화운영위원회의 직속기관이었다. 이런 특수한 지배구조 때문에 한국은행 안에서는 금융통화운영위원회 위원을 상대로 소송을 진행할 사람을 찾을 수 없었다. 그래서 과거의 한국은행법에서는 '공익의 대변자'인 검찰총장이 한국은행을 대표하여 손해배상 소송을 진행하도록 하였다(구법 제21조 제2항).

현행 한국은행법에서는 감사가 한국은행을 대표하여 금융통화위원회 위원을 상대로 손해배상청구소송을 진행한다. 이것은 상법을 참고한 것이다. 상법(제393조 제1항)에서는 주식회사가 이사에 대하여 소를 제기하는 경우에 감사가 그 소에 관하여 회사를 대표한다. 그러나 한국은행이 상법을 좇아서 감사가 소송의 원고(原告)가 되는 것은 법리적으로 문제가 있다.

일반회사의 경우 감사의 직무는 이사의 직무 집행을 감사(상법 제412조)하는 것이며, 이사는 감사에게 중요한 사실을 보고할 의무가 있다(상법 제412조의 2). 한국은행에서 감사와 금융통화위원회 위원의 관계는 이와 다르다. 오히려 한국은행 감사가 금융통화위원회에 감사결과를 수시로 보고할 의무(한국은행법 제43조 제1항)가 있다. 그러므로 금융통화위원회 위원을 상대로 한 한국은행의 소송에서 감사가 원고가 되는 것은 대단히 부적절하다.

이 조에 관한 필자의 생각은 다음과 같다.

〈필자의 제안〉

제25조(손해배상책임) **(삭 제)**

제26조(긴급조치)

① 총재는 내우외환 · 천재지변 또는 중대한 재정상 · 경제상의 위기로 인하여 통화신용정책에 관하여 긴급조치가 필요한 경우로서 금융통화위원회를 소집할 시간적 여유가 없을 때에는 금융통화위원회의 권한 범위에서 필요한 조치를 할 수 있다.

② 총재는 제1항에 따라 조치를 하였을 때에는 지체 없이 금융통화위원회의 회의를 소집하고 그 내용을 보고하여야 한다.

③ 금융통화위원회는 제1항에 따른 조치를 확인 · 수정 또는 정지할 수 있다.

이 조는 대단히 부적절하다. 우선 그 위치부터 적절치 않다. 이 조의 내용은 비상시 총재의 권한에 해당하므로 제3장에서 다루는 것이 자연스럽다. 실제로 1997년 이전의 법률에서는 이 조가 총재의 권한(제26조)으로 다루어졌다.

그러나 이 조는 위치를 바꾸기보다 삭제하는 것이 바람직하다. 내우외환 · 천재지변 등의 이유로 금융통화위원회를 소집할 시간적 여유가 없을 때는 한국은행법이 아니더라도 대통령이 긴급명령(헌법 제76조)을 통해 총재에게 특단의 대책을 취하도록 할 수 있다. 대통령의 긴급명령도 없는데 총재가 이 조를 근거로 금융통화위원회 소집을 생략한다면 더 큰 논란이 초래되는 것이 명약관화하다.

1950년 법률 제정 당시 이 조가 필요했던 것은 금융통화위원회 위원들이 상근하지 않았기 때문이다. 그런 가운데 금융통화위원회 의장(구법 제9조)은 재무부장관이었고 한국은행 총재는 차관급 정도로 인식되었다.[62] 따라서 내우외환 · 천재지변 등의 위기가 발생하면 금융통화위원회 회의를 개최하는 것보다 재무부장관이 결정하는 내용을 한국은행 총재가 집행하는 것이 효율적이라고 판단했다.

그러나 1998년 금융통화위원회는 상근 조직으로 전환되었다. 그렇다면 총재의 긴급조치권을 삭제하는 것이 당연하다. 위원이 상근하는데도 내우외환 · 천재지변을 이유로 의장이 긴급조치권을 행사하는 사례는 국내외적으로 한국은행밖에 없다. 감사원 감사위원회의, 방송통신위원회, 공정거래위원회, 노동위원회 등도 그런 특례는 인정하지

62. 1980년대까지는 한국은행 총재가 차관급으로 예우되었으며, 국무총리가 대통령을 대신하여 총재에게 임명장을 수여하는 것이 관행이었다. 대통령이 총재에게 직접 임명장을 수여한 것은 1992년 조순 총재부터다.

않는다.[63]

대법원장이나 헌법재판소장은 어떠한 비상사태에서도 단독으로 재판이나 심판하지 않는다. 다수가 합의해 결정하는 것이 재판과 심판의 본질이기 때문이다. 마찬가지로 다수의 전문가가 의결로써 결정하는 것이 통화신용정책의 본질이다. 그러므로 이 조는 폐지하는 것이 마땅하다.[64] 금융통화위원회는 국가적 위기 시에는 없어도 되는 성가신 존재가 아니다. 총재가 금융통화위원회를 대신할 수 있다는 생각은 대단히 비민주적인 발상이다.

이 조에 대한 필자의 생각은 다음과 같다.

〈필자의 제안〉

제26조(긴급조치) (삭 제)

63. 매우 예외적으로 금융위원회는 회의 소집이 불가능할 때 의장에게 긴급조치 권한을 부여하고 있지만 금융위원회 위원은 상근하지 않는다.

64. 비상시에 금융통화위원회를 소집하지 않을 수도 있다는 생각은 금융통화위원회의 위원을 식객(食客)으로 생각하고 있음을 드러낼 뿐이다.

제27조(회의 운영)
금융통화위원회의 회의 운영에 필요한 사항은 대통령령으로 정한다.

※ 이 조와 함께 읽어야 할 부분 : 제21조, 제30조

이 조는 금융통화위원회의 회의 운영을 다룬다는 점에서 제21조와 병합하는 것이 자연스럽다. 다만, 병합하더라도 그 내용은 전면 수정할 필요가 있다. 금융통화위원회의 운영방식을 대통령령을 통해 정부가 정하는 것은 한국은행의 자주성(제3조)에 배치되기 때문이다. 이 조는 금융통화위원회가 직무 수행을 위해 필요한 규정을 정하도록 한 것(제30조)과도 충돌한다.

회의 운영에 관한 사항은 구성원들이 스스로 정하는 것이 상식이다. 예를 들어 금융위원회, 공정거래위원회 및 방송통신위원회 등은 회의 운영에 관한 사항을 스스로 정하고 있다.[65] 일본은행법(제18조 제3항)에서도 정책위원회의 회의 운영에 관한 사항을 동 위원회가 스스로 정하도록 한다.

이 조는 1997년 이전 재무부장관이 금융통화위원회 의장을 겸하던 시절의 유물이다. 당시 한국은행법에는 별도의 위임근거가 없었지만, 의장인 재무부장관이 한국은행법시행령을 통해서 금융통화위원회 회의 운영방식을 정했다. 월 1회 이상 회의를 개최할 것과 한국은행 총재에게 금융통화운영위원회의 회의 종료 후 3일 내에 그 의결사항을 보고하도록 요구했다(구 법률시행령 제25조).[66]

현재도 정부는 한국은행법시행령을 통해 금융통화위원회는 매월 1회 이상 정기회의를 개최하고, 회의 일시, 장소와 회의사항 등을 기재한 서면을 회의자료와 함께 회의 개최 2일 전까지 금융통화위원회 위원과 열석발언자[67] 등에게 통지하도록 한다(시행령 제

65. '금융위원회의 설치 등에 관한 법률' 제16조, '독점규제 및 공정거래에 관한 법률' 제48조 제2항, '방송통신위원회의 설치 및 운영에 관한 법률' 제13조 제6항 등.

66. 블룸필드가 작성한 최초의 한국은행법 초안에는 금융통화위원회의 회의 운영에 관한 사항이 있었다. 그런데 정부는 이 내용을 삭제한 뒤 법시행령(제25조)을 통해서 정부가 회의 운영규정을 정하는 것으로 고쳤다.

67. 열석발언자에게 모든 안건을 사전 통지하는 것은 아니다. 금융위원회 부위원장은 기획재정부차관과 달리 금융위원회 소관사항에 한하여 열석하여 발언할 수 있기 때문에 소관사항이 아닌 안건은 한국은행이 사전 통지하지 않는다.

12조 제2항).

정부는 이 조를 통해서 금융통화위원회 회의 운영에 은근히 영향을 미치고 있다. '거시 금융안정상황에 대한 평가보고서'를 심의하기 위한 회의는 해당 보고서를 회의 개최 5영업일 전까지 위원(열석발언권자 포함)에게 통지토록 하는 것이 그 예다(시행령 제12조 제2항 단서). 글로벌 금융위기 이후 국회는 기존의 통화신용정책뿐만 아니라 거시건전성 정책에 관해서도 한국은행에 보고서 제출 의무를 부여했다(제96조 제1항). 이에 정부는 거시건전성정책에 관한 한국은행의 의견이 정부와 다를 것을 우려하여 동 보고서에 정부의 의견을 담을 시간을 확보하려고 했다. 그래서 다른 안건과 달리 동 보고서 심의에 대해서는 유독 5영업일 전까지 기획재정부 및 금융위원회에 안건을 통보토록 하고 있다.

정부가 한국은행의 보고서에 영향력을 행사하는 것은 한국은행법 취지와 맞지 않다. 외국에서도 사례를 찾기 어려운 부자연스러운 견제장치다. 회의 운영에 관해서는 정부가 아닌 금융통화위원회가 결정하는 것이 한국은행의 자주성(제3조)에 부합한다(이 점에 관해서는 제27조에서 다시 논의한다). 이런 점을 감안할 때 이 조에서 '대통령령'은 삭제하는 것이 타당하다.

이 조에 관한 필자의 생각은 다음과 같다.

〈필자의 제안〉

제21조(회의 운영)

④ 금융통화위원회의 회의 운영에 관하여 필요한 사항은 금융통화위원회의 규정으로 정한다.

제3절 금융통화위원회의 권한

이 절에서는 금융통화위원회의 심의 · 의결(제28조, 제29조), 규정 제정(제30조), 보좌인력의 운용(제31조)을 다루는데, 이를 묶어서 '권한' 이라고 부른다. 이 중 보좌인력의 운용을 제외하면 이 조의 내용은 제2절, 즉 금융통화위원회의 운영과 충분히 병합할 수 있다.

결론부터 말하면, 이 절의 구분은 삭제하는 것이 타당하다. '권한' 이라는 말은 부적절하다. 또한 제28조, 제29조에서 "~에 관한 사항" 이라는 표현은 매우 비과학적이므로 보다 구체적인 표현으로 대체할 필요가 있다.

권한의 의미

지금까지 확립된 정의는 없지만 보통 법률에서 권한이라고 할 때는 '타인을 향해 일정한 법률효과를 발생시킬 수 있는 자격' 또는 '법규 등에 의해 정당성이 승인된 권력' 을 의미한다. 이런 점으로 볼 때 권한의 본질은 자격(title)과 권력(power)이며, 이는 행위능력을 전제로 한다. 금융위원회는 중앙행정기구이므로 '권한' 이라는 말이 어색하지 않다('금융위원회의 설치 등에 관한 법률' 제3조 제2항). 이에 비해서 감사원의 감사위원회의는 독립적인 법률행위의 주체가 아니므로 '권한' 이라는 말을 쓰지 않는다.

물론 회의체에 대해서도 '권한' 이라는 말을 쓰는 경우가 있다. 예를 들어 회사의 주주총회(상법 제361조)나 이사회(제393조), 시청자위원회(방송법 제88조), 산림조합 총회(산림조합법 제99조) 및 대법원 공직자윤리위원회(대법원 공직자윤리위원회의 권한에 관한 규칙 제2조) 등은 '권한' 이 있다. 미국 연방준비위원회(Board of Governors)와 영란은행의 이사회(Court)에도 "power" 라는 말을 쓴다.

다만, 회의체가 권한을 가질 때는 그 의장 또는 기관의 대표자에게는 권한이라는 단어를 쓰지 않는다. 즉, 주주총회, 이사회, 시청자위원회, 산림조합 총회, 대법원 공직자윤리위원회가 권한을 갖기 때문에 주주총회와 이사회의 의장, 시청자위원회 의장, 산림조합 중앙회장, 대법원 공직자윤리위원회 의장 등에는 해당 법에서 '권한' 이라는 말을 쓰지 않는다. 미 연준법과 영란은행법에도 의장(Chairman)이나 총재(Governor)에게는 "power" 라는 단어를 쓰지 않는다.

이처럼 국내외를 막론하고 법률에서는 '권한' 이라는 말을 하나의 조직에서 하나의 대상에게만 붙이는 것이 원칙이다.[68] 그런데 한국은행법에는 '총재의 권한(제34조)' 과 '금융통화위원회의 권한' 이 공존한다. 1998년 법률 개정 시 빚어진 무수한 오류 중 하나다(비슷한 무렵 고쳐진 일본은행법의 영향으로 보인다[69]). 그 오류로 인해서 한국은행이 마치 "한 지붕 두 가족" 이라는 착각을 만든다.

결론적으로, 금융통화위원회는 법률행위의 주체가 아니라는 점에서 '권한' 이라는 표현을 쓸 수 없다. 한국은행의 구성요소로서 '소관 사무' 가 있다고 이해해야 한다. 이렇게 고쳐놓고 보면, 금융통화위원회 위원의 보좌인력을 규정한 제31조는 대단히 어색하다는 것이 분명해진다. 따라서 제31조도 삭제하는 것이 타당하다.

의결대상의 구분

이 절에서는 금융통화위원회의 의결대상을 통화신용정책에 관한 사항(제28조)과 한국은행의 운영에 관한 사항(제29조)으로 양분한다.[70] 현행 한국은행법의 중요한 특징이다. 1997년 이전에는 이런 이분법이 없었다. 공정거래위원회, 금융위원회, 선거관리위원회의 설립법에서도 각 기구의 의결사항을 그 속성에 따라 구분하지 않는다. 1998년 법률 개정 시 참고하였던 일본은행법(제15조)에서도 의결사항을 정책과 내부 운영으로 구분하지 않는다.

68. 임명권자나 임명절차가 다를 때는 한 법률에서도 상호 독립적인 복수의 대상에게 '권한' 이라는 말을 붙일 수 있다. 우리나라 헌법에서 대통령(제65조, 제71조), 법원(제77조, 제107조), 의회(제118조)에게 각기 '권한' 이라는 말을 쓰는 것이 그 예다. 일본은행법에서도 정책위원회와 일본은행 임원에게 모두 '권한' 이라는 말을 쓰는데, 이는 총재와 의장의 임명권자가 다르기 때문이다. 일본은행 총재는 내각이 임명하고, 정책위원회의 의장은 위원들끼리 호선한다(일본은행법 제16조 제3항).

69. 참고로 일본은행법(제15조)상 정책위원회의 권한이라는 표현이 영어로는 power가 아닌 authority로 번역되어 있다. 우리의 관점에서 보자면 '소관 사무' 다.

70. 통화신용정책(제28조)은 한국은행 밖으로 그 효력이 미치는 반면, 한국은행의 운영(제29조)은 그 효력이 한국은행에 국한된다는 점을 고려했을 것이라고 추측된다.

그런데 심의 · 의결의 대상을 "~에 관한 사항"으로 구분하는 것은 결코 좋은 방법이 아니다. 혼란이 생기기 때문이다. 예를 들어 "여행에 관한 사항"에는 교통, 숙박, 식사뿐만 아니라 날씨, 의상, 기념품(쇼핑), 오락, 영상, 대화 등 많은 것이 포함된다. 학생이나 직장인이라면 학업과 업무까지 고려한다. 그러므로 "여행에 관한 사항"을 점검한다고 하면 도대체 그 범위가 어디까지인지 알기 어렵다.

결론적으로 제28조와 제29조를 "~에 관한 사항"으로 구분하는 것은 대단히 부적절하다. "~에 관한 사항"이 어디까지를 포함하는지 제시할 수 없다면 이런 표현은 지양해야 한다. 그런 점에서 1997년 이전의 법률을 참고할 필요가 있다(제28조와 제29조는 1997년 법률 개정을 급하게 추진했던 실무자들의 비논리적 사고구조를 그대로 드러낸다고 보인다).

이 절에 관한 필자의 생각은 다음과 같다.

〈필자의 제안〉

제3절(금융통화위원회의 권한) **(절 구분 삭제)**

제28조(통화신용정책에 관한 의결)

금융통화위원회는 통화신용정책에 관한 다음 각 호의 사항을 심의 · 의결한다.

1. 한국은행권(韓國銀行券) 발행에 관한 기본적인 사항
2. 금융기관의 지급준비율, 최저지급준비금의 보유기간 및 보유방법
3. 한국은행의 금융기관에 대한 재할인 또는 그 밖의 여신업무(與信業務)의 기준 및 이자율
4. 한국은행의 금융기관에 대한 긴급여신에 관한 기본적인 사항
5. 한국은행이 여신을 거부할 수 있는 금융기관의 지정
6. 공개시장에서의 한국은행의 국채 또는 정부보증증권 등의 매매 및 대차(貸借)에 관한 기본적인 사항
7. 한국은행통화안정증권의 발행 · 매출 · 환매(還買) 및 상환(償還) 등에 관한 기본적인 사항
8. 한국은행통화안정계정의 설치 및 운용에 관한 기본적인 사항
9. 금융기관으로부터의 자금조달에 중대한 애로가 발생하거나 발생할 가능성이 높은 경우 금융기관 외의 영리기업에 대한 여신의 기본적인 사항
10. 제81조에 따른 지급결제제도의 운영 · 관리에 관한 기본적인 사항
11. 금융기관 및 지급결제제도 운영기관에 대한 자료제출 요구. 다만, 통화신용정책의 수립 및 지급결제제도의 원활한 운영을 위하여 필요한 경우로 한정한다.
12. 제81조의 2에 따른 일시적인 결제부족자금의 지원에 관한 사항
13. 제87조에 따른 금융기관 등에 대한 자료제출 요구. 다만, 통화신용정책의 수립을 위하여 필요한 경우로 한정한다.
14. 금융감독원에 대한 금융기관 검사 및 공동검사 요구. 다만, 통화신용정책의 수립을 위하여 필요한 경우로 한정한다.
15. 금융기관의 각종 예금에 대한 이자나 그 밖의 지급금의 최고율
16. 금융기관의 각종 대출 등 여신업무에 대한 이자나 그 밖의 요금의 최고율
17. 금융기관 대출의 최장기한 및 담보의 종류에 대한 제한
18. 극심한 통화팽창기(通貨膨脹期) 등 국민경제상 절실한 경우 일정한 기간 내의 금융기관의 대출과 투자의 최고한도 또는 분야별 최고한도의 제한

19. 극심한 통화팽창기 등 국민경제상 절실한 경우 금융기관의 대출에 대한 사전 승인

20. 그 밖에 이 법과 다른 법률에서 금융통화위원회의 권한으로 규정된 사항

※ 이 조와 함께 읽어야 할 부분 : 제4조, 제29조

이 조는 다른 조에서 금융통화위원회의 심의 · 의결 사항으로 서술된 내용을 한군데로 모은 것이다. 따라서 이 조가 없더라도 금융통화위원회의 기능에는 거의 변화가 없다. 그럼에도 이 조를 둔 이유는 통화신용정책의 범위를 어느 정도 구체화하려는 데 있다고 보인다.[71]

그러나 이 조에서 통화신용정책과 관련이 있다고 제시하는 기준은 대단히 엉성하다. 한국은행법에서 금융통화위원회가 심의 · 의결하는 사항이 32개 조[72]에 걸쳐 흩어져 있는데, 이 조에서는 그중 14개를 골라 '통화신용정책에 관한 사항(제1 ~ 14호)' 이라고 본다. 하지만 이 조에서 제외된 나머지 18개 중에도 명백히 통화신용정책에 해당하는 것이 많다. 현저한 통화팽창기에 금융통화위원회가 한계지급준비금을 보유토록 요구하는 일(제57조), 정부에 여신을 제공하는 일(제75조), 영리기업과 예금거래(제79조) 또는 여신하는 일(제80조) 등이 그 예다. 그와 반대로 이 조에는 전통적인 통화신용정책으로 보기 어려운 내용도 포함되어 있다(이에 관해서는 후술한다).

한편, 제15 ~ 19호는 다른 조와 관련 없이 이 조에서만 서술되고 있다. 1997년 이전의 법률에서 '은행업무에 대한 특별통제(구법 제64 ~ 68조)' 로 다뤄지던 규제적 정책수단들인데, 은행감독기능이 폐지되는 가운데서도 중요하다고 판단되어 삭제하지 않았다. 이런 점들을 종합할 때 이 조는 다른 조들과 연계해서 전면적으로 재정비할 필요가 있다.

---

71. 이 조에서는 '정책' 이라는 말이 쓰이지만, 제29조의 '한국은행의 운영에 관한 사항' 에는 '정책' 이라는 말이 전혀 쓰이지 않는다. 그러므로 '정책' 을 결정하는 기구(제12조)로서 금융통화위원회의 본업은 제28조에 있으며, 제29조는 본업 이외에 추가된 부업이라고 할 수 있다. 그래서 이 조의 각 호를 정확히 구분하는 것은 금융통화위원회의 위상과 역할을 정하는 데 대단히 중요하다.

72. 제8, 14, 22, 24, 26, 29, 30, 31, 49, 55, 56, 58, 59, 60, 62, 64, 65, 66, 68, 69, 70, 75, 76, 79, 80, 81의 2, 84, 87, 88, 89, 98, 102조.

통화신용정책에 관한 사항

이 조의 각 항에 열거된 내용은 '코에 걸면 코걸이, 귀에 걸면 귀걸이' 식이다. 예를 들어 제10호의 지급결제제도의 운영 · 관리는 "통화신용정책에 관한 사항"이라고 보기 어렵다. 한은금융망(BOK-wire)이라는 한국은행 소유의 전산시스템을 운영 · 관리하는 것이 "통화신용정책에 관한 사항"이라면, 한국은행의 업무포털시스템(BOIS)을 운영 · 관리하는 것도 "통화신용정책에 관한 사항"이 되어야 한다. 통화신용정책에 관한 중요 문서가 이 시스템을 통해서 보관 · 유통되기 때문이다. 제1호인 한국은행권의 발행도 마찬가지다. 이를 "통화신용정책에 관한 사항"이라고 한다면, 한국은행권을 제조하는 한국조폐공사도 통화신용정책에 관한 사항을 다루는 기관이 된다.

일반적으로 통화신용정책이란, 한국은행이 금전 등을 수취 · 제공 · 매매 · 운용하거나 상업은행의 행위를 제한 · 명령하는 행위다. 그런 기준으로 본다면, 통화신용정책의 범위는 확연히 축소된다. 예를 들어 한국은행이 자신의 업무를 설명하는 자료를 만들거나 자신의 의견을 발표하는 일은 통화신용정책이라고 보기 어렵다. 제96조 제1항에 따라 국회에 제출하는 보고서(통화신용정책보고서, 금융안정보고서)가 그 예다. 각종 보고서의 발표는 '통화신용정책'이 아니라 '통화신용정책에 관한' 일일 뿐이다.

현재는 이 조의 제20호("그 밖에 이 법과 다른 법률에서 금융통화위원회의 권한으로 규정된 사항")를 근거로 국회에 제출되는 각종 중요 보고서를 금융통화위원회가 "통화신용정책에 관한 사항"이라면서 심의 · 의결한다. 그런 식으로 확대하면 "통화신용정책에 관한 사항"이 아닌 것이 없다. 한국은행의 예 · 결산이나 직원 보수 지급도 통화량에 영향을 미치므로 통화신용정책에 관한 사항이라는 결론에 이른다(즉, 제29조와 제28조의 차이가 사라진다).

금융통화위원회가 금리결정 직후 발표하는 '의결문'은 더욱 황당하다. 현재 금융통화위원회는 정책금리 결정 직후 '통화정책방향'이라는 이름의 의결문을 의결한다. 그러나 정책결정기구인 금융통화위원회가 단순히 의견을 표명하는 근거는 찾기 어렵다.

논리적 완결성이 출중한 주요국 중앙은행법들은 보고서 발간이나 의견표명의 법률적 근거를 확실하게 갖추고 있다(의견표명에 관한 외국의 사례에 관해서는 〈참고 2-5〉를 참조하라).[73] 현재 금융통화위원회가 하고 있는 의결 관행을 정당화하려면, 영란은행법이나 일본은행법처럼 법적 근거를 갖추어야 한다. 즉, 이 조에서 통화신용정책의 범주를 재설정해야 한다. 그래야만 한국은행법이 주요국 중앙은행법과 견줄 수 있는 수준에 이르게 된다.

참고 2-5

주요국 중앙은행의 의견 발표에 관한 법적 근거

1980년대 이전에는 "설명도, 사과도 하지 않는다(Never explain, never apologize)"라는 영란은행 총재 몬태규 노먼(Montagu Norman)의 격언에 따라 주요국 중앙은행들이 통화신용정책에 관한 배경설명을 삼갔다. 그러나 1994년 2월 미국 연방공개시장위원회(FOMC)가 앨런 그린스펀 의장의 제안에 따라 금리결정 직후 '의결문(statement)'을 발표한 이후 오늘날에는 의결문 발표가 금리결정만큼 중요하게 취급된다. 각국 중앙은행의 의결문 발표는 서로 다른 근거와 형식으로 진행된다.

미 연준법에는 FOMC의 기능에 통화정책에 관한 의견표명이 포함되어 있지 않다. 그래서 1994년 2월 의결문 발표를 시작할 때 특이한 방법을 취했다. 공개시장조작에 관해서는 FOMC가 지역 연준에 지시와 규정을 만들 수 있다는 규정(연준법 Section 14. 1)에 근거하여 FOMC가 뉴욕 연준에 통보하는 공문의 부속서류로서 의결문을 첨부하는 것이다. 즉, 법률적 관점에서 의결문은 언론에 발표하기 위한 것이 아니라 뉴욕 연준으로 보내는 업무지시서(directive)의 부속서류다.[1)]

반면, 영국과 일본에서는 정책위원회의 의견표명을 동 위원회의 공식적 기능으로 인정하고 있다. 영란은행법(제14조)에서는 통화정책위원회가 모든 의결 직후에 반드시 설명문을 발표할 것

1) 연방공개시장위원회(FOMC)는 통지문의 내용과 이를 업무지시서에 첨부할지 여부를 함께 의결한다 ("The vote encompassed approval of statement below to be released at 2:00pm." FOMC minutes 참조). (참고 : http://www.federalreserve.gov/monetarypolicy/rules_authorizations.htm)

73. 우리나라 국회의 결의문 발표에는 법적 근거가 없다. 우리나라의 헌법과 국회법에 따르면 국회의 기능은 법률의 개폐나 예산안 의결, 임명동의, 비준 등 법률적 효력을 갖는 조치에 국한된다(참고로, 미국 헌법에서는 의회의 기능 중 하나로서 의사표현을 인정하고 있다. 그래서 상 · 하원 합동결의문은 법률처럼 취급된다).
즉, 국회의 집단의견 표명은 법적 근거나 효력이 없는 정치행위에 불과하다. 현재 금융통화위원회가 실시하는 의결문 발표도 법적 근거가 없어서 사회적 관심사에 관한 집단적 의견표현, 즉 정치행위로 볼 수밖에 없다.

을 의무사항으로 규정한다. 일본은행법(제15조 제1항 제6호)에는 정책위원회의 기능으로서 "경제 및 금융 정세에 관한 기본적 견해와 기타 통화 및 금융의 조절에 관한 일본은행으로서의 견해의 결정 또는 변경"이 명시되어 있다. 정책위원회는 이를 근거로 "당면한 금융정책 운영에 관하여"라는 제목의 대외공표문을 심의 · 의결하여 발표한다.

유럽중앙은행(ECB)의 경우 법률에 '의결문'에 관한 법적 근거가 없기 때문에 유럽중앙은행 정책위원회는 이를 의결하지 않는다. 총재가 개인 자격으로 설명자료를 배포하는 형식을 취한다. 즉, 정책위원회(Governing Council) 회의 당일 오후 1시 45분에 회의 결과(Monetary Policy Decisions)를 간단하게 발표하고, 오후 2시 30분에 총재가 기자간담회를 통해 배경설명(comments on the considerations underlying decisions)의 기회를 갖는다. 기자간담회에 배포하는 연설문 형태의 배포자료 제목은 '안내문(introductory statement to the press conference)'이다.

요 구

한국은행법에서는 각종 '요구'의 주체를 둘로 나눈다. 금융통화위원회와 한국은행이다. 금융통화위원회는 시정과 징계(제40조), 한계지급준비금 보유(제57조), 지급준비자산 보유(제63조의 2), 금융위원회의 재의(제89조) 등을 요구하고, 한국은행은 자료 제출(제81조, 제87조), 정보와 자료(제86조), 검사 · 공동검사(제88조) 등을 요구한다.[74] 이런 이분법에도 불구하고 대부분의 요구는 금융통화위원회의 의결을 거친다. 통계자료의 작성을 위한 정보와 자료만 총재가 결정한다. 아울러 금융통화위원회의 요구는 한국은행을 통해 집행된다.

일반적으로 통화신용정책이란, 금전 등을 수취 · 제공 · 매매 · 운용하거나 상업은행에게 거부 · 제한 · 명령하는 행위를 말한다. 그러므로 다른 기관에게 요구하는 행위를 통화신용정책이라고 하기는 어렵다(필자가 보기에 강제력이 없는 요구는 구걸에 가깝다). 이런 문제 때문에 한국은행법에서는 요구에 앞서 "통화신용정책의 수립을 위하여 필요하

74. 1997년 이전의 법률에서는 금융기관의 융자행위를 사전 승인하기 위하여 금융통화운영위원회가 서류 제출(제97조 제11호)을 요구할 수도 있었다.

다"라는 금융통화위원회의 판단을 거치도록 한다. "통화신용정책의 수립을 위하여 필요하다"라고 판단하면 "통화신용정책에 관한 사항"이 되는 것은 순환논리 또는 자기실현적 예언(self-fulfilling prophet)에 불과하다.

이런 점을 종합해 볼 때 이 조의 핵심어인 "통화신용정책에 관한 사항"은 매우 공허하고 모호하다. 이 조는 전면적인 수정이 필요하다고 보인다(이런 논리적 허술함은 1998년 법률 개정에서 상당히 많이 관찰된다).

결 론

이 조의 원형은 과거 한국은행법의 제97조다. 그 당시에도 금융통화운영위원회의 의결사항은 각 조에 흩어져 있었고, 이를 묶어 제97조에서 개괄적으로 열거했다(제97조 각 호의 끝 괄호 속에 있는 것은 당시 법률의 관련 조문을 표시한다).

제97조 통화량과 물가의 변칙적 변동에 대처함에 있어서 한국은행은 이 법에 의하여 부여된 통제수단 중 금융통화운영위원회가 가장 적당하다고 인정하는 수단을 행사할 수 있으며 그 수단에는 다음의 권한이 포함된다.

1. 각 금융기관이 유지하여야 하는 최저예금지불준비율의 변경(제56조 내지 제59조)
2. 한국은행의 금융기관에 대한 재할인 기타 여신이율의 변경(제72조)
3. 공개시장에 있어서의 국채 또는 정부보증증권의 매매(제90조, 제91조)
4. 한국은행통화안정증권의 발행 · 매출 · 환매 및 상환과 한국은행통화안정계정의 설치 · 운용(제92조)
5. 금융기관의 한국은행에 대한 융자신청의 거부(제73조)
6. 일정한 기간 내의 금융기관의 대출과 투자의 최고한도 또는 대출과 투자의 분류별 최고제한의 결정, 대출과 투자의 증가율 또는 대출과 투자의 분류별 증가율에 대한 제한(제66조)
7. 금융기관이 행하는 대출의 최장기한, 담보의 종류와 그에 대한 대출금액의 결정(제67조)
8. 금융기관의 대출 기타 여신업무에 대한 이자 또는 기타 요금의 최고율의 변경(제

64조)

9. 심각한 통화수축기에 있어서의 상업공업 또는 기타 영리기업에 여신의 실시(제94조)
10. 금융기관에 대한 국고금예수의 인허 또는 국고예금의 한국은행에의 이체명령(제77조)
11. 금융기관에 대하여 일정한 금액을 초과하는 융자신청의 사전 승인을 위한 금융통화운영위원회에의 서류 제출 요구(제68조)

이와 같은 서술방법에 따라 이 조를 정리할 경우, 즉 열거주의를 따를 경우 몇 가지 장점이 있다.

우선 이 조에서 제거할 수 있는 항들이 분명하게 드러난다. 당장 제20호를 삭제할 수 있다. 또한 "통화신용정책의 수립을 위하여 필요한 경우" 라는 조건을 붙여 실시하는 검사 · 공동검사의 요구와 자료 제출의 요구도 이 조에서 제외할 수 있다. 통화신용정책으로 보기 어려운 각종 요구행위는 "한국은행의 운영에 관한 사항(제29조)" 으로 심사하는 것이 타당하다. 이미 검사 · 공동검사의 요구(제5장)는 한국은행의 고유업무(제4장)에서 벗어나 있다. 이처럼 현재 이 조에서 예시되고 있는 것 중에는 억지춘향식으로 "통화신용정책에 관한 사항" 으로 분류되는 것들이 많다.

한편, 이 조에 추가해야 할 것도 있다. 국회에 제출하는 통화신용정책보고서와 금융안정보고서 그리고 통화신용정책에 관한 발표문의 심의 · 의결은 넓은 의미의 통화신용정책이라는 점을 밝히는 것이 필요하다. 이 조에 외국환업무(제82조)도 추가하는 것이 바람직하다. 지금까지는 한국은행의 외국환업무가 통화신용정책과 무관한 것처럼 간주되어 왔다. 그러나 한국은행의 외국환업무는 필연적으로 통화신용정책과 관계된다. 미연준도 외국 중앙은행과의 통화스와프거래를 연방공개시장위원회(FOMC)가 의결한다. 일본은행도 국제금융기구와의 출자 · 출연 등 외국환업무를 정책위원회가 의결한다(일본은행법 제15조 제2항 제3호). 요컨대, 한국은행의 외국환업무를 통화신용정책의 일환으로 금융통화위원회에서 다루지 못할 이유가 없다.

이 조에 관한 필자의 생각은 다음과 같다.

〈필자의 제안〉

제28조(통화신용정책)

금융통화위원회가 심의 · 의결하는 통화신용정책에는 다음 각 호의 사항에 관한 결정이 포함된다.[75]

1. 제55조에 의한 이율
2. 제55조, 제56조 및 제58조에 의한 지급준비금 적립대상 채무와 지급준비금의 최저율, 제59조에 의한 보유기간 및 보유방법
3. 제57조에 의한 한계지급준비금
4. 제63조에 의한 지급준비자산
5. 제64조에 의한 금융기관에 대한 재할인 기타 여신업무의 기준 및 이율
6. 제65조에 의한 긴급여신, 이율 및 부대조건
7. 제66조에 의한 융자거부 및 융자승인의 부대조건
8. 제68조에 의한 매매
9. 제69조에 의한 한국은행통화안정증권의 발행 · 환매 및 상환
10. 제70조에 의한 한국은행통화안정계정의 설치
11. 제75조에 의한 대정부 여신 및 이율
12. 제76조에 의한 정부보증채권의 직접인수 및 조건(삭제 가능. 제76조 참조)
13. 제77조 제4항에 의한 정부대행기관에 대한 대출 및 조건(삭제 가능. 제77조 참조)
14. 제79조에 의한 금융기관 이외와의 예금거래
15. 제80조에 의한 영리기업에 대한 여신, 이율 및 부대조건
16. 제81조의 3에 의한 일중 여신
17. 제82조 제1호의 업무 중 통화량의 변동을 초래하는 거래 및 제2호 내지 제3호 업무[76]

---

75. 각 호의 업무와 관련한 원래의 조를 제시했다. 또한 금융통화위원회의 사무 중 통화신용정책에 해당되는 것을 재분류했다. 은행권 발행, 지급결제제도 운영과 자료 제출의 요구 등은 통화신용정책의 범주에서 제외하고 외국환업무 및 법정보고서의 심의 · 의결 등은 추가했다.

76. 외국환업무 중에서도 국내 금융시장을 의식하여 불태화(sterilization)를 필요로 하는 업무는 통화신용정책으

18. 제96조에 의한 보고서 작성과 경제 · 금융 상황에 대한 견해 표명 및 평가[77]
19. 금융기관의 각종 예금 등 수신업무에 대한 이율 기타 지급금의 최고율
20. 금융기관의 각종 대출 등 여신업무에 대한 이율 기타 요금의 최고율
21. 금융기관이 행하는 대출의 최장기한 및 담보의 종류에 대한 제한
22. 극심한 통화팽창기 등 국민경제상 긴절한 경우 일정한 기간 내의 금융기관의 대출과 투자의 최고한도 또는 분야별 최고한도의 제한
23. 극심한 통화팽창기 등 국민경제상 긴절한 경우 금융기관의 대출에 대한 사전 승인

[보론]

이 조에 의한 검사 · 공동검사의 요구와 자료제출 요구는 집행방식에서도 문제가 있다. 현재 금융통화위원회는 금융기관에 대한 자료 요구(제13호)와 금융감독원에 대한 검사 및 공동검사 요구(제14호)를 건별로 의결한다. 이는 매우 비효율적이다. 참고로 조사국과 경제통계국이 일반기업을 상대로 자료 제출을 요구(현행법 제86조)할 때는 금융통화위원회가 건별로 의결하지 않는다. 조사국과 경제통계국의 자료제출 요구는 금융감독원 업무와 명백히 상관이 없다.

금융통화위원회가 검사 · 공동검사와 자료제출 요구를 건별로 의결하는 이유는 금융감독원을 의식하기 때문이다. 즉, 검사 · 공동검사나 자료 제출을 요구할 때 그것이 통화신용정책과 얼마나 관련이 있는지 스스로 점검한다(그 요구에 따라 작성된 보고서는 다시 금융통화위원회에 부의되어 심의 · 의결을 거친다).

금융통화위원회가 금융감독원을 의식하여 자기 검열하는 것은 바람직하지 않다. 참고로 1997년 이전에는 은행감독원장이 금융기관에 대해 자료 제출을 요구(구법 제30조)하거나 임직원 문책처분을 요구(구법 제114조의 2)할 때 금융통화운영위원

로 보고 금융통화위원회가 심의 · 의결토록 하였다. 다만, 외화자산 관리(제82조의 2)는 통화신용정책이 아니라 '한국은행의 운영에 관한 사항'이므로 여기서 배제했다.

77. 「통화신용정책보고서」, 「금융안정보고서」 및 '통화정책방향' 등의 공표에 대한 근거를 추가했다.

회가 건별로 의결하지 않았다. 검사·공동검사나 자료 제출의 요구를 다른 업무와 마찬가지로 금융통화위원회가 총재에게 일괄 위임하고 총재가 각 금융기관으로부터 자료와 정보를 수집하면, 그 결과를 금융통화위원회에 보고토록 하는 것이 훨씬 효율적이다.

필자의 제안처럼 검사·공동검사 및 자료 제출의 요구를 이 조가 아닌 제29조에 근거하여 집행할 경우 금융통화위원회는 자연스럽게 총재에게 그 일을 일괄 위임하게 될 것이다. 즉, 한국은행의 각종 요구행위가 "통화신용정책에 관한 사항"이 아니라 "한국은행의 운영에 관한 사항"으로 보는 이상 총재의 책임으로 진행하는 것이 자연스러워진다(이 점에 관해서는 제29조 대안을 참조하라).

제29조(한국은행의 운영에 관한 의결)

금융통화위원회는 한국은행의 운영에 관한 다음 각 호의 사항을 심의 · 의결한다.

1. 한국은행의 정관 변경에 관한 사항
2. 한국은행의 조직 및 기구에 관한 사항
3. 한국은행의 예산 및 결산에 관한 사항
4. 한국은행 소속 직원의 보수기준에 관한 사항
5. 그밖에 한국은행의 운영과 관련하여 이 법 또는 정관에서 금융통화위원회의 권한으로 규정된 사항

※ 이 조와 함께 읽어야 할 부분 : 제8조, 제28조, 제45조, 제98조

이 조는 금융통화위원회가 한국은행의 운영에 간여하는 범위를 다룬다. 결론부터 말하자면 이 조에서 예시된 "다음 각 호"는 상당히 불완전하여 좀 더 많은 사항을 추가해야 한다.

우선 금융통화위원회와 감사의 관계를 명확하게 정리해야 한다. 이 밖에 직원의 범위를 명확히 정해야 한다. 금융통화위원회 위원이 직원에 포함되지 않는데 이 조를 근거로 금융통화위원회가 위원의 보수를 스스로 정하는 것은 정당화되기 어렵다. 한국은행 운영에서는 이런 구체적인 사안들이 미묘한 문제를 일으킬 수 있다.

금융통화위원회의 위상

상당수 중앙은행에는 내부 경영을 관장하는 이사회(Board of Directors)와 정책을 담당하는 위원회가 각기 존재한다. 특히 유럽의 중앙은행에서 그런 성향이 두드러진다. 그리고 보통은 이사회가 정책위원회보다 상위기구다.

한편, 영국, 호주 등은 정책분야를, 스웨덴, 스위스, 러시아는 내부 경영을 세분하여 복수의 의결기구를 두고 있다. 미국은 정책분야와 내부 경영 모두 복수의 의결기구를 두고 있다(주요국 중앙은행의 의사결정기구에 관해서는 〈참고 2-6〉을 참조하라).

참고 2-6

주요국 중앙은행의 의사결정기구

국가	통화신용정책	조직 · 예산 등 내부 경영
일본	정책위원회	정책위원회[1]
필리핀	Monetary Board	Monetary Board
호주	Reserve Bank Board 및 Payments System Board	Reserve Bank Board
멕시코	Board of Governors	Board of Governors
유로(ECB)	Governing Council	Governing Council
영국	Monetary Policy Committee 및 Financial Policy Committee	Court of Directors
캐나다	Governing Council	Board of Directors
스위스	Governing Board	Bank Council
미국	Board of Governors(연방정부) 및 FOMC(연방정부 + 주정부)	Board of Governors(연방정부조직) 및 Board of Directors(지역 연준)
독일	ECB(Governing Council)	Executive Board
프랑스	ECB(Governing Council)	General Council
벨기에	ECB(Governing Council)	Council of Regency
네덜란드	ECB(Governing Council)	Governing Board
이탈리아	ECB(Governing Council)	Board of Directors
스웨덴	Executive Board	조직 : General Council 예산 : Executive Board(의회승인)
스페인	ECB(Governing Council)	조직 : Executive Commission 예산 : Governing Council(의회승인)
중국	총재(국무원 승인)	총재(국무원 심의 · 감독)
러시아	Board of Directors (기본 방향은 하원 의결)	조직 : Board of Directors 예산 : National Banking Board

주 : 1) 경비예산은 재무상이 승인

반면 일본은행과 유럽중앙은행 등은 통화신용정책을 담당하는 위원회가 내부 경영까지 담당한다(주요국 중앙은행의 내부 경영 통제장치에 관해서는 〈참고 2-7〉을 참조하라). 한국은행도 그중 하나다.

참고 2-7

주요국 중앙은행의 내부 경영 통제장치

1. 이사회가 있는 경우

형태	해당 국가 (정책위원 수)	해당 기관의 특징
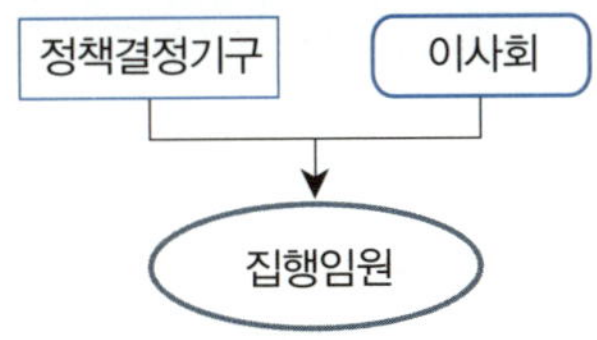	영국(9) 태국(7)	총재 및 부총재가 이사회, 정책결정기구, 집행임원에 공통으로 포함됨. **내부 경영**은 **총재 독임제.** 다만, 영국은 총재 견제장치로 **이사회 산하에 사외이사협의회**[1] 운영
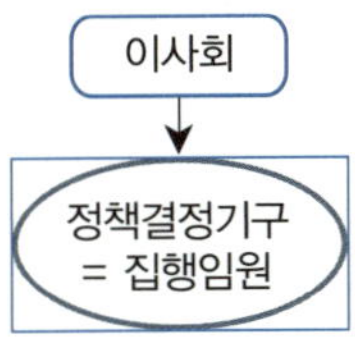	캐나다(3), 스위스(3), 스웨덴(6), 덴마크(3), 프랑스[2]〈10〉, 스페인〈4〉, 이탈리아〈5〉 〈 〉는 집행임원 수	**통화정책, 내부 경영** 모두 **합의제** **캐나다, 프랑스, 스페인** : 총재가 이사회에 참가 **스위스, 스웨덴, 덴마크, 이탈리아** : 총재가 이사회에 불참
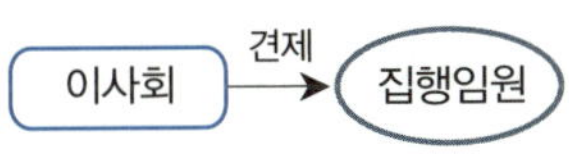	벨기에〈8〉, 네덜란드〈5〉 〈 〉는 집행임원 수	**유로 모델 I** : 조직 · 예산에 관한 집행임원 견제기구 설치 **총재 독임제** 총재는 이사회에 참가
	독일〈6〉 포르투갈〈5〉 〈 〉는 집행임원 수	**유로 모델 II** : 조직 · 예산에 관한 별도의 집행임원 견제기구 없음 **독일은 총재 독임제, 포르투갈은 합의제**

주 : 1) 이사회 산하의 사외이사협의회인 NedCo(Non-executive Director Committee)가 상근임원 선발, 급여 수준 및 은행의 회계기준 등을 심의 · 평가하고 이사회에 보고

2) 프랑스는 유로회원국이므로 집행임원들이 통화정책을 결정하지 않으며, 이사회(집행임원 + 비상근이사)가 집행임원의 업무수행을 감시 · 감독. 또한 내부 경영은 총재 독임제.

2. 이사회가 없는 경우

형태	해당 국가 (정책위원 수)	해당 기관의 특징
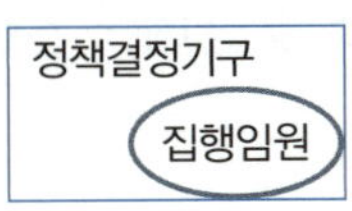	유로(23) 호주(9), 필리핀(7), 이스라엘(6)	집행임원만 상근 **ECB, 호주** : **통화정책, 내부 경영** 모두 **합의제** **필리핀, 이스라엘** : **내부 경영은 총재 독임제**

정책결정기구 = 집행임원	미국(7), 말레이시아(9) 인도네시아(7) 브라질(9)	특성상 **내부 경영도 합의제** **미 연준** : 정부조직 **말레이시아, 인도네시아, 브라질** : 중앙은행이 정부조직에 근접[1)]
집행임원 정책결정기구	뉴질랜드(1) 노르웨이(2) 칠레(5)	**뉴질랜드**는 **내부 경영**에 관해 **총재 독임제** **노르웨이**는 **내부경영**에 관하여 **합의제** **칠레**는 내부 경영에 관하여 **총재 독임제**이나 총재 견제를 담당하는 3인의 집행임원을 지정
정책결정기구 집행임원	한국(7), 일본(9), 멕시코(5)	**내부 경영**은 **총재 독임제** 총재, 부총재 등이 정책과 내부 경영의 접점

주 : 1) 말레이시아중앙은행은 내부 경영을 총재 독임제로 운영하되 정부개입이 강함(정부가 정책결정에 참가하고 부총재보(2)도 임명). 브라질중앙은행은 총재의 임기가 없으며, 중앙은행 손익도 내부유보 없이 정부의 일반 회계에 통합

1997년 이전에는 금융통화(운영)위원회가 한국은행 업무 전반을 지시·감독(구법 제7조 제2항)하는 가운데 정관의 변경은 재무부가 승인했다(제7조 제6항). 그런데 1998년 정부의 정관변경 승인권이 금융통화위원회로 이관되었다. 반면 금융통화위원회가 한국은행의 운영과 관련하여 심의·의결하는 사항은 이 조의 제1~5항으로 대폭 제한했다. 현재 금융통화위원회는 한국은행의 정관, 조직, 예·결산, 보수 등 내부 경영의 중요한 대부분을 심의·의결하지만, 기관 운영에서 핵심적 요소인 인사, 즉 집행기관과 직원의 임명과 해임 권한은 총재에게 있다.[78]

정 관

정관은 모든 법인의 설립근거다. 정관이 없으면 등기할 수 없으며, 등기되지 않은 법인은 업무를 시작할 수 없다. 그런데 한국산업은행, 중소기업은행, 한국수출입은행 등

78. 인사권에 관한 한 1997년 이전의 한국은행법은 비정상이었다. 당시에는 직원의 임명권을 총재가 아닌 금융통화(운영)위원회가 가졌는데, 기관장이 인사권을 갖지 못하는 것은 국내외적으로 대단히 이례적이다. 이는 재무부장관이 금융통화(운영)위원회의 의장으로서 총재를 제압하려던 것으로 보인다.

정부가 출자한 특수은행은 출범할 때 정부가 정관을 작성하고, 이사회가 그 정관을 변경할 때는 금융위원회와 기획재정부 등 주무관청의 인가를 받도록 한다.[79] 결국 최초의 정관과 그 이후에 개정된 정관을 모두 주무관청이 인가한다.

이에 비해 한국은행은 1950년 설립될 때 한국은행정관을 재무부가 아닌 금융통화위원회가 의결했다. 이를 위해 1950년 6월 5일 임명된 금융통화위원회 위원은 당일 제1차 금융통화위원회 회의를 개최하고 그 자리에서 의안 제2호로서 한국은행정관을 의결했다. 다만, 그 이후의 정관변경은 재무부가 승인했다. 하지만 정부의 정관변경 승인권이 1998년 폐지됨에 따라 한국은행정관은 이제 금융통화위원회가 전적으로 결정한다. 이것이 다른 공공기관과의 중요한 차이이다.

한편, 금융통화위원회는 한국은행정관(제8조 제2항)과 규정(제30조)을 모두 심의·의결하지만, 정관은 규정의 상위법규이다. 그런 점에서 정관 개정의 정족수는 일반 규정 개정에 비해서 엄격하게 설정할 필요가 있다(현재는 한국은행정관과 일반 규정의 의결정족수가 동일하다). 또한 정관을 통해서 금융통화위원회가 감사와의 관계를 분명하게 설정해야 한다. 현재 금융통화위원회는 한국은행정관(제17조 제3항)에 따라 '감사직무규정'을 승인하고 있지만, 한국은행법에는 금융통화위원회가 감사의 직무방법을 지시·명령할 근거가 뚜렷하지 않다. 현행 법률에서는 감사가 금융통화위원회 위원을 상대로 한 손해배상소송에서 원고(제25조 제2항)다. 유사시 피고가 될 수 있는 금융통화위원회 위원들이 원고의 직무규정을 정하는 것은 모순이다. 이런 문제를 해결하려면 금융통화위원회가 '감사직무규정'을 정하는 근거를 상위법규인 한국은행법의 이 조에서 명문화해야 한다.

법률에 없는 내용을 한국은행정관에 담는 것은 과거의 악습이다. 과거 정부는 한국은행법과 동 시행령에 없는 사항을 한국은행정관을 통해 규정했다. 한국은행을 통제하기 위해서였다. 이런 일은 지양해야 한다.

79. 한국산업은행법 제6조 제2항, 중소기업은행법 제6조 제2항 및 한국수출입은행법 제5조 제2항.

조직 및 기구

'정부조직법' 에서와 같이 중앙행정기관들은 '조직' 이라는 단어만 쓰는 데 비해 한국은행법에서는 '조직' 과 '기구' 가 함께 서술되어 있다.

행정법 이론에 따르면 어떤 기관에서 기구(organ)라 함은 업무분장 또는 지휘체계를 말한다. 기구는 추상적인 개념이며, 여기에는 인적·물적 요소가 배제된다. 하지만 책 없는 도서관, 비행기 없는 공군, 망원경 없는 천문대, 강의실 없는 학원은 생각할 수 없다. 따라서 어떤 업무는 반드시 물적 요소를 필요로 한다. 업무수행을 위한 물적 요소들이 추가된 것을 조직(organization)이라고 한다.

하지만 물적 요소보다도 더 중요한 것은 인적 요소, 즉 사람(인력)이다. 조직에 인적 요소(직원)까지 포함하는지에 관해서는 다양한 의견이 있다. 일부 학계에서는 조직의 개념에 정원이 포함된다고 본다. 그러나 정부는 조직(물적 요소)과 정원(인적 요소)을 엄격히 구분한다. 중앙행정기관의 설치(정부조직법 제2조 제1항)는 국회가 정하지만, 중앙행정기관의 정원(제8조 제1항)은 대통령이 정하는 것이 그 예다. 일반기업들도 주주총회나 이사회가 사업계획이나 예산을 통해 조직을 통제하지만, 인력 배치(직원의 정원관리)는 대표이사의 고유 권한으로 본다.

1997년까지는 한국은행도 정부의 기준을 따랐다. 즉, 금융통화(운영)위원회가 한국은행 업무 전반을 지시·감독하고 임면권을 가졌으나 한국은행의 정원은 관리하지 않았다. 정원의 조정은 총재의 인사권에 속하는 것으로 이해되었다. 그런데 1998년 4월 한국은행정관 개정을 통해 금융통화위원회의 의결 범위에 한국은행 직원의 정원을 포함시켰다. 그로 인해서 현재는 총재의 인사 권한이 상당히 제한받는다.[80] 다른 기관들을 참고할 때 직원의 정원은 총재가 결정하고, 금융통화위원회는 예산 승인을 통해 정원의 증가를 간접적으로 통제하는 방법이 합리적이다. 상위법규인 한국은행법을 통해 이 점을 분명히 하는 것이 바람직하다.

80. 1998년 4월 한국은행정관을 개정할 때도 "정원을 정하는 것은 총재의 권한"이라서 금융통화위원회가 직원의 정원을 의결하는 것이 한국은행법 취지와 충돌한다는 의견이 제기되었다. 행정이론에 해박한, 정부 출신 김영섭 위원의 주장이었다.

예산 및 결산

예 · 결산은 한 조직의 사업계획 및 성과평가와 관련되므로 예 · 결산의 통제는 매우 중요하다. 그런 점에서 이 조는 예산의 통제를 다루는 제98조와 밀접한 관련이 있다.[81]

한국은행의 예 · 결산 통제권은 자주 변해 왔다. 과거에는 국무회의 등 행정부에서 한국은행의 예 · 결산을 승인했으나 1998년부터는 일부(급여성 경비 등)를 제외하고 금융통화위원회가 자율적으로 확정한다.

한편, 예산은 금전적 측면에서 본 한 기관의 사업계획이다. 사업계획의 수립이 1년 단위로 진행되면 단기성과주의에 빠져 조직운영의 일관성을 잃기 쉽다. 따라서 예산심

한국은행 예 · 결산 승인권의 변화

시기	예 · 결산안 확정 절차
1950년 6월	금융통화위원회가 예 · 결산 승인
1962년 5월	금융통화운영위원회가 閣議의 의결을 얻어 예 · 결산 승인
1963년 12월	금융통화운영위원회가 국무회의의 심의를 거쳐 예 · 결산 승인
1982년 12월	금융통화운영위원회가 예 · 결산 승인, 결산서 정부 제출
1998년 4월	금융통화위원회가 예 · 결산 확정하되 경비예산은 재정경제원장관이 사전 승인, 총재는 결산서를 재정경제원장관에게 제출
2003년 9월	금융통화위원회가 예 · 결산 확정하되 급여성 경비예산은 재정경제부장관이 사전 승인, 총재는 결산서를 재정경제부장관에게 제출
2011년 9월	금융통화위원회가 예 · 결산 확정하되 급여성 경비예산은 기획재정부장관이 사전 승인, 총재는 외부감사를 받은 결산서를 국회 소관상임위원회 및 기획재정부장관에게 제출
2012년 3월	금융통화위원회가 예 · 결산 확정하되 급여성 경비예산은 기획재정부장관의 사전 승인 후 지체없이 국회 소관상임위 보고. 총재는 외부감사를 받은 결산서를 국회 소관상임위원회 및 기획재정부장관에게 제출

81. '국제금융기구에의 가입조치에 관한 법률(제2조 제3항)'에 따라 정부는 주요 국제금융기구의 출자금(출연 포함)을 한국은행이 납입토록 강제할 수 있다. 그러나 국내 다른 기관 · 기구에 대해서는 금융통화위원회가 정부의 출자 요구를 수용할 의무가 없다. 정부의 요청에 따라 실시되는 국내기관 · 기구에 대한 한국은행의 출자와 출연은 "한국은행의 운영에 관한 사항"으로 금융통화위원회가 엄격히 심의 · 의결하는 점을 이 조에서 밝힐 필요가 있다.

의는 해당 회계연도뿐만 아니라 중장기 업무계획과 연계하여 진행하는 것이 바람직하다. 정부가 지정하는 공공기관의 이사회는 예산뿐만 아니라 경영목표, 운영계획 및 중장기재무관리계획을 함께 심의 · 의결한다.[82] 이에 비하여 현재의 한국은행은 중장기 계획을 총재가 결정한다. 따라서 동 계획은 금융통화위원회가 확정하는 연간 단위의 예산심의와 잘 연계되지 않는다. 이런 점을 감안할 때 한국은행도 다른 기관과 마찬가지로 금융통화위원회가 예산을 심의할 때 중장기 업무계획까지 평가하는 절차와 근거가 필요하다.

한편, 예산과 결산은 회계규칙과 불가분의 관계에 있다. 회계규칙이 어떻게 정해지느냐에 따라서 한국은행의 영업이익 규모가 달라지며, 이는 정부의 세입규모와 직결된다.[83] 그러므로 회계규칙은 예 · 결산만큼 중요하다. 그런데 한국은행의 회계규정은 현재 한국은행정관(제33조)에 따라 총재가 정하고 있다. 예 · 결산뿐만 아니라 한국은행의 회계규정도 금융통화위원회가 심의 · 의결토록 하는 것이 타당하다.

직원의 보수기준

통상 직원이라 함은, 근로기준법에 의거하여 고용계약을 맺은 사람들을 말한다. 그러므로 제29조 제4호의 '직원'은 총재가 임명하는 직원(제39조)만을 말하고, 금융통화위원회 위원, 집행간부 및 감사는 포함되지 않는다.

그럼에도 불구하고 금융통화위원회는 금융통화위원회 위원, 집행간부 및 감사 등의 보수기준까지 정한다(한국은행정관 제26조). 이처럼 금융통화위원회가 한국은행정관을 통하여 스스로 권한을 확대하는 것은 논란의 소지가 있다.[84] 이런 점을 감안할 때 현재 금융통화위원회가 모든 관계자의 보수(위원, 총재, 부총재, 부총재보 및 감사)와 임금(직원) 그

82. '공공기관의 운영에 관한 법률' 제17조 제1항 제1호.

83. 예를 들어서 한국은행이 대손충당금 및 준비금을 어떤 원칙에 따라 마련하느냐에 따라 회계연도 중 한국은행의 영업이익 규모가 달라지고, 그에 따라 정부의 세입규모도 영향을 받는다. 정부의 세입규모는 궁극적으로 국민의 세금부담과 직결된다.

84. 현재 한국은행은 보수 및 상여금에 관한 '보수규정'(금융통화위원회)을 두고 있다. 고용계약에 따라 지급되는 금전을 '임금'이라고 하고, 금융통화위원회 위원 등 위임계약에 따라 지급되는 금전을 '보수'라고 하는 점에서 '보수규정'이라는 명칭은 다소 어색하다.

리고 퇴직금 등을 의결하는 근거를 명문화할 필요가 있다.

이 조에 대한 필자의 생각은 다음과 같다.

〈필자의 제안〉

제29조(한국은행의 운영)

① 금융통화위원회는 한국은행의 운영에 속하는 다음 각 호의 사항을 심의·의결한다.

1. 제8조에 따른 한국은행정관
2. 한국은행권과 주화의 발행[85]
3. 감사의 업무방법
4. 한국은행의 중장기 운영목표 및 연간 업무운영계획
5. 한국은행의 조직 및 기구. 다만, 정원은 총재가 정하는 바에 따른다.[86]
6. 한국은행의 예산, 결산 및 회계
7. 금융통화위원회 위원, 감사, 부총재보 및 직원 등의 보수와 급여 등의 기준
8. 기타 한국은행의 운영과 관련하여 이 법에서 정한 범위 내에서 정관을 통해 금융통화위원회의 권한으로 규정된 사항[87]

② 제1항 제1호는 위원 5인 이상의 찬성으로 의결한다.[88]

85. 발권업무를 통화신용정책이라고 보기는 어렵다. 한국은행이 국회에 보고하는 자료에도 화폐 발행과 통화신용정책의 운용이 구별된다. 역사적으로 보더라도 화폐는 중앙은행의 등장 이전부터 있었고, 통화신용정책은 중앙은행의 설립보다 한참 늦게 형성된 개념이다. 그러므로 한국은행권과 주화의 발행은 통화신용정책이 아니라 한국은행의 운영에 관한 사항에 속한다고 보는 것이 타당하다.

86. 정부조직법 등을 참고하여 한국은행 직원의 정원은 총재가 결정하는 것임을 분명히 했다.

87. 현행 한국은행법에서 금융통화위원회가 의결하는 지급결제제도 운영에 관한 사항, 검사 및 공동검사의 요구, 자료제출 요구 등이 이 호의 적용을 받게 된다.

88. 현재 정관변경의 의결정족수를 강화하여 긴급여신(제65조)과 영리기업 여신(제80조) 등과 일치시켰다.

제30조(규정의 제정)
금융통화위원회는 그 직무를 수행하기 위하여 필요한 규정(規程)을 제정할 수 있다.

※ 이 조와 함께 읽어야 할 부분 : 제105조의 2

이 조는 제27조를 일반화한 것이다. 제27조는 회의 운영에 한정하여 규정 제정을 언급하고 있으나 이 조는 그 대상을 금융통화위원회 소관사항 전반으로 확대한다. 그러나 불완전하다. 규정 위반에 대한 벌칙의 근거가 없다.

금융통화위원회의 규정은 발권, 지급준비제도, 지급결제제도 운영, 금융기관 여·수신의 최고율, 담보, 대출 및 투자의 최고한도, 대출의 사전 승인 등을 통해 한국은행뿐만 아니라 금융기관, 즉 상업은행에도 영향력을 행사한다. 이런 규정들이 효력을 가지려면 금융통화위원회가 규정을 강제할 수 있어야 한다. 현행 은행법(제3조 제1항)에서도 금융통화위원회 규정을 준수하라는 규정만 있고 처벌의 구체적 내용은 언급되지 않는다.

한편, 금융기관에게 벌칙을 주는 것은 금융감독 업무에 속한다. 그러므로 금융통화위원회가 해당기관을 직접 제재하는 것은 현행 금융감독체계와 충돌을 일으킬 수 있다. 그럼에도 불구하고 금융통화위원회가 금융기관에게 권고하는 정도의 일은 가능하다.[89]

참고로 1997년 이전의 한국은행법에서는 금융기관이 금융통화위원회의 명령 또는 지시를 고의로 위반할 때 금융통화위원회는 주주총회를 통해 임원의 징계와 경질을 권고했다(구법 제115조). 그 내용을 복원하면 충분한 효과가 있으리라 기대된다.[90]

이 조에 대한 필자의 생각은 다음과 같다.

89. 현행 한국은행법에서 금융통화위원회는 한계지급준비금의 보유, 자료 제출, 검사·공동검사 등을 '요구'하기도 하는데, 요구가 가능하다면 권고는 더욱 가능하다.

90. 그럼에도 불구하고 권고의 구속력이 약하면 효과를 거두기 어렵다. 만일 금융통화위원회의 권고가 받아들여지지 않을 때는 한국은행은 행정규제가 아닌 경제적인 방법으로 대응하는 것을 고려할 수 있다. 대출축소나 예금거래 제한, 공개시장조작 대상기관 제외 등이 그 방법이 될 것이다.

〈필자의 제안〉

제30조(규정의 제정)

금융통화위원회는 그 직무를 수행하기 위하여 필요한 규정(規程)을 제정할 수 있다.

제105조(벌칙)[91]

② <u>금융통화운영위원회는 이 법 또는 금융통화운영위원회의 규정을 따라야 하는 기관이 고의로 이를 위반하거나 요구를 따르지 않은 때에는 당해 기관의 주주총회에 대하여 임원의 징계나 경질 등을 권고할 수 있다.</u>

91. 금융통화위원회 규정 위반에 대한 벌칙은 이 조보다는 제8장의 보칙에서 다루는 것이 타당하다. '권고'는 금융통화위원회의 기본 기능이나 사무가 아니기 때문이다.

제31조(위원 업무의 보좌)
금융통화위원회는 한국은행 소속 직원으로 하여금 위원의 업무를 보좌하게 할 수 있다.

이 조는 1998년 신설되었다. 상근하는 위원들을 효과적으로 보좌한다는 취지였다. 하지만 이 조는 삭제하는 것이 타당하다. 금융통화위원회의 위원이 상근하는 이상 한국은행 직원이 보좌하는 것은 당연하기 때문이다. 국내 다른 법이나 외국의 중앙은행법에서는 이와 유사한 규정이 없다.

이 조가 만들어진 데는 1997년 말 한국은행법 개정 시 재정경제원과 한국은행 간의 견해가 크게 달랐다는 배경이 있다. 당시 한국은행의 은행감독기능을 이관받아 신설되는 금융감독위원회에 사무국이 설치되었다(출범 당시에는 19명에 불과했던 사무국은 현재 200명이 넘는 큰 조직으로 확대되었다). 재정경제원은 한국은행에도 금융통화위원회 사무국을 설치하려고 했고, 한국은행은 이에 대해 강하게 반대했다. 금융통화위원회가 한국은행 내부조직인 이상 사무국은 옥상옥이 될 것이 자명했기 때문이다. 나아가 금융통화위원회 위원 보좌를 이유로 공무원 등 외부 인사 임용이 허용되고 그 인원이 확대되면 조직의 정체성이 흔들릴 것이라는 우려도 있었다. 그래서 한국은행은 "금융통화위원회에는 외부인이 주축이 된 사무국을 따로 설치하지 않는다" 라는 뜻을 한국은행법에 담을 것을 요구했다.

그런 분위기 속에서 탄생한 것이 이 조다. 이 조의 취지는 '한국은행에 금융감독위원회 사무국과 같은 별도의 조직을 신설하지 않는 대신 기존 직원들이 상근 위원들을 보좌한다' 라는 것이다.

따라서 이 조는 정부와 한국은행 간 불신과 감정대립의 산물이다. 한국은행 안에 있는 현재의 한국은행금융통화위원회실의 설치근거도 아니다. 한국은행에 특정 조직을 설치하려면 "한국은행에 금융통화위원회의 업무보좌를 담당하는 조직을 둔다" 라는 규정이 있어야 한다.[92] 과거 은행감독원(구법 제28조)과 조사부(제36조)가 그런 방식으로 서

92. 국회 사무처나 대법원 법원행정처는 국회나 대법원과 다른 조직이다. 따라서 국회사무처법, 법원조직법 등

술되었다. 현재의 금융통화위원회실은 이 조가 아니라 제29조에 의해 설치되었으며, 그 점에서 한국은행의 다른 부서들과 다르지 않다.

참고로 총재와 부총재를 제외한 5인의 금융통화위원회 위원에게는 현재 비서 이외에 1인의 보좌인력이 따르는데, 이는 국내 다른 기관과 비교할 때 매우 큰 예우다. 국무총리실 산하의 금융위원회와 공정거래위원회, 대통령 직속 방송통신위원회 등의 위원들에게는 별도의 보좌인력이 따르지 않는다. 선거관리위원회 상임위원(1인)에게는 보좌인력이 따르지만, 상임위원은 실무조직인 사무처의 사무를 감독하고 위원장을 보좌(선거관리위원회법 제6조)하는 등 내부 경영을 맡고 있어서 금융통화위원회 위원과는 성격이 크게 다르다. 집행업무를 수행하지 않으면서 보좌인력이 따르는 경우는 우리나라에서 금융통화위원회 위원과 감사원 감사위원밖에 없다. 감사원 감사위원의 경우 법적 근거가 아닌 관행에 의해 보좌인력이 따른다. 결론적으로 이 조와 유사한 사례는 국내에서 찾기 어렵다.

끝으로 이 조는 그 위치도 적절치 못하다. 금융통화위원회 위원들에게 보좌인력이 지원되는 것은 위원의 권한이 아니라 위원을 향한 예우다. 그런데 이 조는 '제3절 금융통화위원회의 권한'에 위치해 있다.[93] 위원에 대한 예우는 중앙은행의 고유기능과는 거리가 있으므로 이 조가 아닌 제29조에 근거해야 한다.

결론적으로 한국은행법에서 이 조를 둘 논리적 이유는 없다. 이 조는 1997년 말 뜨거웠던 정부와 한국은행 간 갈등의 흔적일 뿐이다.

이 조에 대한 필자의 생각은 다음과 같다.

〈필자의 제안〉

제31조(위원 업무의 보좌) **(삭 제)**

설립근거법이 따로 마련되어 있다. 이에 비해서 한국은행의 금융통화위원회실은 위원을 보좌하는 한국은행 내부조직이다.

93. 예를 들어 '전직대통령 예우에 관한 법률'이나 '독립유공자 예우에 관한 법률'이 전직 대통령이나 독립유공자의 권한을 보장하지 않는다.

제3장 집행기관 및 감사

이 장에서는 집행기관과 감사를 다룬다. 한국은행 안에 정책결정기구인 금융통화위원회(제2장)를 제외한 나머지 부분이다. 그런데 개념상 혼선이 있다.

일반적으로 집행기관이란 의결기관에 상대되는 개념이다. 민법에서는 법인의 총회(제68조)에 대응하는 개념으로서 이사(제57조)를 규정하고 있다. 여기서 이사는 총회가 결의한 법인의 중요한 결정에 따라 법인의 사무를 집행하는 '기관'이다. 상법에서도 주식회사 안에서 주주총회(제361조)에 대비되는 '기관'으로서 이사(제382조)와 집행임원(제408조의 2)을 규정하고 있다.

그런데 한국은행의 집행기관에는 총재, 부총재, 부총재보뿐만 아니라 직원까지 포함(제40 ~ 42조)된다. 따라서 이 장에서 직원을 포함하는 것은 한국은행 직원을 금융통화위원회에 상대되는 개념으로 파악하는 것을 의미한다. 한국은행의 직원까지 포함된 집행기관이라는 개념은 금융통화위원회와 직원 간의 불필요한 마찰과 긴장만 초래한다.[1]

1997년 이전의 한국은행법에서는 집행기관이라는 개념을 쓰지 않았다. 대신 총재, 부총재, 이사라는 직책을 열거했다. 현재도 총재, 부총재, 부총재보 그리고 직원을 묶어서 억지로 '집행기관'으로 만든 뒤 이를 금융통화위원회와 대립 또는 상대되는 관계로 파악할 이유는 없다. 민법과 상법에서도 일반 법인의 직원을 총회에 대비되는 개념으로 파악하지 않는다.

한편, 현행 한국은행법에서 총재, 부총재, 부총재보 등 7인을 집행간부(제32조)라고

---

1. 삼권분립을 추구하는 헌법에 따라 입법부 · 사법부 · 행정부의 공무원들은 서로 구분된다. 이에 비해 한국은행 안에서는 금융통화위원회를 보좌하는 직원과 집행간부를 보좌하는 직원 간의 구분이 없다. 금융통화위원회에 대립되는 개념으로 집행기관을 설정해 놓고, 위원 보좌직원을 집행기관에 포함시키는 것은 명백한 모순이다. 지휘계통에 혼란을 초래한다(1997년 말 법률 개정을 추진했던 사람들은 이런 논리적 모순을 전혀 고민하지 않았다고 보인다).

부르는데, 이들의 위상은 일반회사의 집행임원과 다르다. 상법(제408조의 2)상 집행임원은 정관이나 이사회의 위임을 받아 근무하지만 등기하지 않는다(등기까지 되는 임원은 '등기임원' 이라고 부른다). 이에 비해서 한국은행 총재, 부총재, 부총재보는 금융통화위원회와 위임 · 수임의 관계가 아니다. 반면 법원에는 등기한다. 그런 점에서 일반회사의 집행임원을 연상케 하는 '집행간부' 라는 말을 한국은행에 적용할 이유가 없다.

'집행간부' 라는 말은 공공기관에서도 쓴다. 과거 '정부투자기관 관리기본법' 에서는 정부가 임면하던 정부투자기관의 고위직 간부를 집행간부라고 했다. 그런데 그 법은 2007년 폐지되어 현재는 금융감독원 등 극히 일부 공공기관에서만 집행간부라는 말을 쓴다. 금융감독원의 집행간부는 외부기구인 금융위원회의 지시와 감독을 받는다. 이런 관계는 한국은행 집행간부와 금융통화위원회의 관계와 크게 다르다.

결론적으로 한국은행에 대해서 집행기관 또는 집행간부라는 말을 쓰는 순간 혼란이 생긴다. 금융통화위원회가 현재의 금융위원회처럼 한국은행에 대해서 업무를 지시 · 감독하거나 과거의 금융통화(운영)위원회처럼 부총재와 직원들에 대해 임면권이 있는 것으로 오해를 줄 수 있다. 직원들과는 불필요한 긴장관계만 조성된다. 감사도 이 장에서 분리하여 독립시키는 것이 바람직하다. 현재는 금융통화위원회와 상대되는 개념을 만들기 위해서 억지춘향식으로 이 장에 포함되어 있으나, 감사는 여러 가지 면에서 총재 · 부총재 · 부총재보와 구분된다.

이 장에 관한 필자의 생각은 다음과 같다.

〈필자의 제안〉

제3장 총재, 부총재, 부총재보

제1절 집행기관

이 절은 총재, 부총재, 부총재보 및 직원의 임명, 권한 및 책무 등에 관한 규정이다. 원칙적으로 금융통화위원회는 정책을 결정(제12조)하며, 총재, 부총재, 부총재보 및 직원은 그 결정을 집행한다(제40조). 그러나 총재 등은 금융통화위원회가 심의 · 의결하거나 위임을 받은 사항만 집행하는 것은 아니다. 정부와 환율정책 협의(제83조), 환거래계약의 체결(제84조), 국제기구에서 정부대표(제85조) 등의 업무에서는 금융통화위원회의 결정을 따르지 않는다.

상법상 주식회사의 이사에게는 충실의무(제382조의 3)와 비밀유지 의무(제382조의 4)가 있다. 한국은행의 총재, 부총재, 부총재보 및 직원에게는 그에 더하여 청렴의 의무(제42조 제1항)까지 부여된다. 이런 의무는 공무원에게 적용되는 것과 다르지 않은데, 이는 한국은행이 공익을 위한 조직임을 반영한다고 할 수 있다.

한편, 이 절은 제2절이 있기 때문에 존재한다. 만일 제2절의 감사가 별도의 장으로 독립한다면, 이 절의 구분은 불필요해진다.

이 절에 관한 필자의 생각은 다음과 같다.

〈필자의 제안〉

제1절 집행기관	(절 구분 삭제)

제32조(집행간부)

한국은행에 집행간부로서 총재 및 부총재 각 1명과 부총재보 5명 이내를 둔다.

※ 이 조와 함께 읽어야 할 부분 : 제15조, 제36조의 2

이 조는 소위 집행간부의 구성에 관한 규정이다. 1997년 이전의 한국은행법에는 집행간부라는 말이 없었다. '집행간부' 라는 말은 1998년 법률 개정 시 이 조와 제8조(제1항 제4호)에 추가되었는데, 일반 기업의 임원(상법 제312조)과 비교하기 위해서 억지로 만들었다고 보인다. 임원이란, 일본 법률[2]의 '역원(役員)' 을 번역한 말로 회사와 위임계약을 체결한 사람들을 의미한다. 회사와 근로계약을 맺고 근무하는 직원에 대립되는 개념이다.

결론부터 말하자면 한국은행의 총재, 부총재, 부총재보는 일반 기업의 임원과 상당히 다르다. 따라서 집행간부라는 말을 삭제하고 총재, 부총재, 부총재보의 직위를 그대로 쓰는 것이 타당하다.

명 칭

출범 당시 한국은행에는 임원이 없었다. 한국은행법보다 먼저 제정된 대한해운공사법(1949년 10월, 법률 제56호), 대한조선공사법(1949년 10월, 법률 제57호), 대한석탄공사법(제1950년 5월, 법률 제137호) 등 특별법에는 임원이라는 단어가 있었음에도 불구하고 한국은행법에서는 의도적으로 '임원' 이라는 단어를 쓰지 않았다. 두 가지 이유 때문이었다.

첫째, 당시에는 총재만 임기가 있었고, 부총재, 감사는 물론 대통령이 임명하는 은행감독부장은 임기가 없었다. 그렇다고 당시 부총재, 감사와 은행감독부장을 직원으로 보

2. 일본은행법에서는 아직도 직원과 상대되는 개념으로 '역원(役員)'이라는 말을 쓰고 있다. 일본은행에서 역원이라 함은 심의위원(우리나라의 금융통화위원회 위원) 6인, 총재, 부총재 2인, 감사, 이사 6인 및 참여(비상근이사) 약간 명을 말한다(일본은행법 제21조). 권한과 책임, 근무조건 등이 전혀 다른 이들을 하나로 묶어 '역원'이라는 개념을 만든 이유를 이해하기 힘들다. 직원과 달리 '책임이 큰 사람'을 지칭하려는 것으로 보인다.

기도 어려웠다. 고용계약을 맺고 근무한 것이 아니었기 때문이다. 그래서 한국은행법에서는 '임원' 이라는 말을 의도적으로 피했다.

둘째, 은행감독원 때문이었다. 법률상 총재는 한국은행을 대표하고 업무와 내부적 사무집행을 통할하는데, 한국은행에 임원이라는 개념을 동원하면 대통령이 임명하는 은행감독부장(훗날 은행감독원장)도 총재가 지시·감독해야 한다. 그래서 의도적으로 '임원' 이라는 말을 피했다.[3]

그러나 법률과 달리 당시 한국은행 직원들은 임의로 단어를 만들어 썼다. 즉, 총재와 은행감독원장을 포함한 고위직을 '임원' 이라고 불렀다. 그리고 은행감독원 이외의 조직을 '집행부' 라고 부르고, 이를 지휘하는 사람들을 '집행간부' 라고 불렀다. 그러므로 집행간부는 총재와 총재가 직접 지시·감독하는 부총재와 이사(부총재보)를 일컬었다. 이 조는 그런 내부 관행을 1998년 명문화한 것이다.[4] 그러나 1997년 이전 한국은행 내부에서 쓰이던 '집행간부' 라는 말은 당시는 물론 현재의 법률과도 맞지 않는다.

집행간부는 원래 '정부투자기관 관리기본법' 에서 쓰이던 개념이다. 정부투자기관들은 이 법률에 따라 경제기획원장관, 재무부장관 및 주무부장관 등으로 구성된 정부투자기관경영평가위원회(경영평가위원회)로부터 경영 전반에 관해 지침과 평가를 받도록 되어 있었다. 그러므로 정부투자기관의 사장 이하 집행간부는 경영평가위원회로부터 직접 지침과 평가를 받는 사람들을 의미했다(동법 제15조).

그러나 1999년 2월 '정부투자기관 관리기본법' 이 '공공기관의 운영에 관한 법률' 로 대체되면서 '집행간부' 라는 용어가 대부분의 법률에서 삭제되었다.[5] 현재 '집행간부' 라는 용어가 남아 있는 법률은 농업협동조합법(제181조), 산림조합법(제105조) 및 '금융위원회의 설치 등에 관한 법률(제18조)' 등 극소수에 불과하다. 금융감독원의 경우 외부기관인 금융위원회로부터 업무 운영에 관하여 지도·감독을 받는 금융감독원장, 부원장, 부원장보 등을 총칭하여 '집행간부' 라고 한다.

---

3. 통상적으로 임원은 회사와 위임계약을 맺었기 때문에 대표이사의 지휘를 받는다. 그러나 대통령이 임명하는 은행감독부장(은행감독원장)은 한국은행 총재가 지휘·감독할 수 없다.
4. 과거 집행간부라는 명칭은 비공식적이었고 기준도 정확하지 않았다. 당시 '집행간부 회의'에는 총재의 지휘를 받지 않는 감사도 참석했는데, 이는 감사가 대부분 한국은행 출신이었기 때문이다.
5. 동법은 2007년 1월 다시 폐지되고 현재의 '공공기관의 운영에 관한 법률' 로 대체되었다.

한국은행 총재, 부총재, 부총재보 등은 금융통화위원회나 외부로부터 경영 감독과 지도를 받지 않는다. 그런 점에서 총재, 부총재, 부총재보 등을 극히 일부 기관에서만 쓰이는 '집행간부' 라는 이름으로 부를 이유가 없다. 불필요한 오해만 일으킬 뿐이다.

17. 任 員 序 列

質疑 (1979.5.10 文任104-174)

當行任員의 職位別 序列에 關하여 有權解釋을 依頼하오니 早速回報하여 주시기 바랍니다.

回信 (1979.5.11 企劃104-291 対文書部長)

當行에는 金融通貨運營委員会 아래 業務執行機能, 銀行監督機能 및 當行業務監査機能을 遂行하기 위하여 總裁, 銀行監督院長 및 監事로 代表되는 三個部門이 存在하는 바 各個 部門内에서의 序列은 分明하나 各各 機能이 다른 部門間에 있어서의 任員 相互間 序列은 明確히 区分하기 困難한 点이 없지 않습니다.

다만, 儀典上 必要에서 韓国銀行法 및 財務部의 報酬規程中 任員本俸表를 參考하여 任員의 序列을 検討한다면 다음과 같은 諸点에 따라 總裁, 銀行監督院長, 副總裁, 監事, 銀行監督院副院長, 理事, 銀行監督院副院長補의 順이 될 것으로 思料됩니다.

1. 總裁는 財務部長官의 提請에 의하여 大統領이 任命하며 銀行監督院長은 金融通貨運營委員会의 提請에 의하여 大統領이 任命함.

또한 總裁는 韓国銀行法上 金融通貨運營委員会, 執行部門, 監査部門, 銀行監督部門을 網羅한 當行의 代表者이므로 總裁다음에 銀行監督院

▲ **한국은행 부총재**(총재 추천, 금통운위 임명), **은행감독원 부원장**(은행감독원장 추천, 금통운위 임명), **한국은행 감사**(금통운위 동의, 재무장관 임명) **간의 의전서열에 관한 내부 검토자료**(1979년) 1978년 법률 개정 시 은행감독원장의 권한이 커짐에 따라 총재(집행부)와 감독원장 간에 신경전이 상당했기 때문에 이런 검토까지 필요했다(전두환 대통령과 가까웠던 이원조 은행감독원장은 총재 주재 '임원회의'에 전혀 참석하지 않았다). '한 지붕 두 가족' 같았던 집행부와 감독원은 20년 뒤인 1998년 결국 갈라졌다.

지 위

주식회사의 이사는 대표이사를 견제하는 권한이 있다. 이사회 또는 주주총회를 소집(상법 제390조, 제362조)하거나 중요한 자산의 처분 및 양도, 대규모 재산의 차입, 지배인의 선임 또는 해임과 지점의 설치, 이전 또는 폐지 등을 의결(제393조 제1항)하는 중요한 권한을 갖는다. 의결권을 통해 대표이사에게 대항할 수 있다. 뿐만 아니라 대표이사로 하여금 다른 이사 또는 피용자의 업무에 관하여 이사회에 보고할 것을 요구할 수도 있다(제393조 제3항).[6]

이에 비해 한국은행에는 이사회가 없으므로 부총재보가 의결을 통해서 총재를 견제할 방법이 없다. 총재를 일방적으로 보좌할 의무만 있다는 점에서 주식회사의 임원보다는 직원에 훨씬 가깝다(오늘날 공공기관의 '임원' 대부분이 이와 사정이 비슷하다). 부총재보는 계약기간이 정해진 직이라는 점에서 직원보다도 신분보장의 수준이 낮다. 결국 부총재보는 직원보다 처우만 좋을 뿐이다. 그렇다면 부총재보의 임기를 없애고 처우와 직무, 정원 등은 한국은행정관과 규정을 통해 금융통화위원회가 통제하는 것이 바람직하다. 즉, 부총재보를 고급 직원으로 전환하는 것이다. 1962년 이전 한국은행이 그러했다.

이 조에 관한 필자의 생각은 다음과 같다.

〈필자의 제안〉

제32조(총재 등)

한국은행에 총재 및 부총재 각 1명과 부총재보를 둔다.[7]

6. 주식회사 이사는 업무 소홀로 회사나 제3자에 대하여 손해를 끼쳤을 때 연대하여 배상할 책임이 있다(상법 제323조). 한국은행법의 부총재보는 이에 준하는 책임이 있는지 분명하지 않다.

7. 부총재보의 정원을 두지 않았다. 부총재보의 신분을 직원으로 하기 위해서인데, 이에 관해서는 제36조의 2의 설명을 참조하라.

제33조(총재)

① 총재는 국무회의의 심의와 국회 인사청문을 거쳐 대통령이 임명한다.

② 총재의 임기는 4년으로 하며, 한 차례만 연임할 수 있다.

※ 이 조와 함께 읽어야 할 부분 : 제13조, 제15조

이 조는 한국은행 총재의 임명절차와 임기에 관한 규정이다. 결론부터 말하자면 외국의 중앙은행법을 참고하여 연임의 횟수 제한 등을 폐지할 필요가 있다.

임명절차

한국은행 설립 이후 총재의 임명절차는 몇 차례 변경이 있었다. 1950년 한국은행법 제정 당시에는 '국무회의의 동의'[8]를 거쳤으나, 1963년 '재무부장관의 제청'을 거치는 것으로 수정되었다. 그러다가 1998년 다시 '국무회의의 심의'를 거치는 것으로 개정되었다. 또한 2012년에는 국회의 인사청문절차가 추가되었다. 현재 한국은행 총재직은 국회인사청문회를 거쳐 임명되는 62개 공직 중 하나다. 이 중 공무원이 아닌 경우는 한국은행 총재와 한국방송공사 사장 등 2인에 불과하다(한국방송공사 사장의 인사청문절차는 2014년 추가되었다).

그런데 총재 임명 시 국무회의의 심의를 거치도록 하는 절차는 헌법과 마찰을 빚는다. 1998년 법률 개정 시 총재를 민간인 신분으로 전환했기 때문이다. 1962년 이전의 한국은행은 정부출자법인이었고, 금융통화위원회 위원은 공무원의 신분을 가졌다(구 한국은행법 제8조 제3항). 그래서 국무회의는 "기타 법률에 의하여 지정된 공무원과 중요 국영기업의 관리자의 임면에 관한 사항"으로서 한국은행 총재의 임명을 심의했다(최초의 헌법 제22조 제11호).

그러나 현재의 한국은행 총재는 공무원도, 국영기업체 사장도 아니다. 따라서 국무회의의 심의대상을 정한 헌법 제89조 제16호("검찰총장 · 합동참모의장 · 각군참모총장 ·

8. 4.19 혁명 이후 내각책임제로 헌법이 개정됨에 따라 1962년 총재의 임명절차도 '내각의 의결'로 수정되었다.

국립대학교 총장 · 대사 기타 법률이 정한 공무원과 국영기업체 관리자의 임명")는 한국은행 총재의 임명을 다루는 근거가 될 수 없다. 결국 헌법 제89조 제17호, 즉 "기타 대통령 · 국무총리 또는 국무위원이 제출한 사항"을 근거로 삼아야 한다. 그러나 제17호는 사드 배치 문제와 같이 국가적으로 매우 심각한 사안을 의미하기 때문에 지금까지 이 조로 인사문제를 다룬 적이 없다.[9] 개헌을 하지 않고 이런 문제를 해결하려면 1997년 이전처럼 금융통화위원회 위원이 공무원 신분을 갖도록 해야 한다(제13조 설명을 참조하라).

임 기

1950년 한국은행법이 제정된 이후 총재의 임기는 항상 4년이었다. 그러나 1997년까지 47년을 거치는 동안 20명의 총재가 임명됨으로써 총재의 평균 재임기간은 35개월에 불과했다(5년 이상 재임한 2인의 특수한 사정을 제외하면 나머지 18인 총재의 평균 재임기간은 29개월에 불과하다). 이는 금융통화위원회 위원들이 거의 대부분 36개월의 임기를 채운 것과 크게 비교된다. 1990년대 중 임명된 3인의 총재는 아무도 임기를 채우지 못했으나 금융통화위원회 위원들은 전원 임기를 채웠으며, 그중 5인은 연임하기도 하였다.

총재와 여타 금융통화위원회 위원 간 재임기간의 차이는 '보궐위원의 임기' 조항의 적용 여부에 기인하는 바가 크다. 금융통화위원회 위원의 경우 궐원이 생겼을 때 후임자의 임기는 전임자의 잔여임기다. 이에 비해 총재가 사임 등으로 궐위되었을 때 후임 총재의 임기는 항상 새로 기산했다. 그럼으로써 임명권자인 대통령은 한국은행 총재의 임기에 관하여 크게 구애될 필요를 느끼지 않았다. 이것은 과거부터 현재에 이르기까지 한국은행법의 중요한 결함이라고 할 수 있다.

한편, 1998년 개정된 법률에 따라 총재는 '한 차례만' 연임할 수 있다. 참고로 1997년 이전에는 금융통화위원회 위원과 총재, 부총재, 이사, 감사 등이 모두 연임될 수 있었

9. 개정된 한국은행법에 따라 2014년 3월 국무회의에서 이주열 총재의 임명안을 심의할 때 정부는 한국은행 총재의 신분을 국영기업체 사장으로 보았다. 당시 청문회를 준비하던 필자가 이 점에 오류가 있음을 지적하자 국무조정실과 안전행정부는 난색을 표시하며, 관행을 강조했다. 결국 2018년에도 국무회의에서 한국은행 총재 임명안은 4년 전과 똑같이 헌법 제89조 제17호를 근거로 처리되었다. 국무회의에서 바라보는 한국은행 총재는 국영기업체 사장(한국방송공사 사장이 그러하다)에 불과하다는 점이 대단히 서운하다.

고 연임의 횟수에 제한이 없었다. 현재도 금융통화위원회 위원들은 연임 횟수에 제한이 없다. 그런데 유독 총재, 부총재, 부총재보와 감사는 '한 차례만 연임할 수 있다' 는 제한이 따른다. 그 이유를 생각하기 어렵고 외국에서 비슷한 사례를 찾기도 어렵다.

자격조건

어떤 공직은 대통령이 임명하더라도 고도의 전문성과 중립성이 요구되기 때문에 별도의 자격조건과 절차를 갖추는 경우가 있다. 예를 들어 헌법재판소장이나 중앙선거관리위원회 위원장의 경우 반드시 현직 헌법재판관 또는 중앙선거관리위원회 위원이어야 한다는 자격조건(incumbency condition)이 따른다. 즉, 헌법재판소장은 현직 재판관 중에서 임명하며, 중앙선거관리위원장은 위원 중에서 호선으로 정한다. 따라서 헌법재판소장이나 중앙선거관리위원장으로서의 임기는 다른 헌법재판관이나 선거관리위원의 임기인 6년보다 짧을 수밖에 없다. 미 연준도 의장과 부의장의 임기(4년)는 일반 위원의 임기(14년)보다 짧다.[10]

한국은행 총재의 경우 고도의 전문성과 정치적 중립성이 요구되지만, 현직 금융통화위원회 위원 중에서 임명한다는 조건이 따르지 않는다. 오히려 총재로 임명되면 금융통화위원회 위원이 된다고 인식된다. 그래서 총재를 '당연직 위원' 이라고 한다.

현행 한국은행법에서는 총재 및 부총재 등 '당연직 위원' 보다 '추천위원(외부의 추천절차로 임명되는 위원)' 의 자격조건이 더 까다롭다. 추천위원은 "금융 · 경제 또는 산업에 관하여 풍부한 경험이 있거나 탁월한 지식을 가진 사람" 이라는 조건(제13조 제3항)이 붙기 때문이다.[11] 굳이 총재와 부총재에게는 그 자격조건을 적용하지 않는 이유를 이해하기는 어렵다.

---

10. Of the persons thus appointed, 1 shall be designated by the President, ... (중략) ... to serve as Chairman of the Board for a term of 4 years"(미 연준법 Section 10. §2)

11. 최초의 한국은행법에는 총재뿐만이 아니라 대통령이 임명하는 은행감독부장("고결한 인격과 은행업무, 경리와 감사업무에 탁월한 경험을 가진 자")과 금융통화위원회가 임명하는 감사("고결한 인격과 자기직무영역에 탁월한 경험을 가진 자")에 대해서도 자격요건이 있었다. 1962년 법률 개정에서 총재를 제외한 은행감독부장과 감사의 자격요건은 삭제되었다.

과거에는 현재와 반대로 한국은행 총재에게만 자격조건이 붙었다. 즉, 1997년 이전의 한국은행법에서는 "고결한 인격과 금융에 대한 탁월한 경험을 가진 자(구법 제23조 제1항)" 라는 다소 문학적 표현의 자격요건이 총재에게 부여되었다. 기회가 있을 때마다 문학적 표현의 총재 자격요건을 문제 삼았던 정부는 1998년 법률 개정 시 그 조건을 삭제했다. 대신 총재를 제외한 추천위원들에게만 문학적 표현의 자격조건을 신설했다. 한국은행과 대립각을 세워왔던 강만수 차관의 지극히 유치한 시도였다.

이 조에 관한 필자의 의견은 다음과 같다.

〈필자의 제안〉

제33조(총재)

① **총재는 국무회의의 심의와 국회 인사청문을 거쳐 대통령이 임명한다.**

② **총재의 권위, 결격, 신분보장, 겸직에 관해서는 제16조 내지 제18조와 제20조를 준용한다.**

제34조(총재의 권한과 의무)

① 총재는 한국은행을 대표하고 그 업무를 총괄한다.

② 총재는 금융통화위원회가 수립한 정책을 수행하며, 이 법과 정관에 따라 부여된 그 밖의 권한을 행사한다.

③ 총재는 금융통화위원회가 유의하여야 할 사항을 수시로 통보하며, 금융통화위원회의 심의·의결을 위하여 필요한 자료와 의견을 제공할 의무를 진다.

※ 이 조와 함께 읽어야 할 부분 : 제35조, 제39조, 제41조, 제42조, 제90조, 제96조

이 조는 총재의 권한과 직무를 규정한다. 총재의 권한과 직무는 어느 나라의 중앙은행이든 거의 비슷하다. 그런데 한국은행법에서는 총재의 의무(제3항)가 상대적으로 강조된다. 한국은행을 설립할 때 금융통화위원회의 위상과 권한을 강조한 데 따른 결과다.

1950년 한국은행법 제정 당시 금융통화위원회는 일제강점기에는 없었던 매우 파격적인 기구였다. 그래서 그 법에서 금융통화위원회의 위상이 크게 부각되었다. 그러는 바람에 한국은행 총재의 위상과 역할이 모호해졌다. 총재는 금융통화위원회 의장도 아니었다. 심지어 직원 인사권도 없었다(금융통화위원회가 인사권을 갖고 있고 하급직원의 임면권만 총재에게 위임했다). 결국 기관장이라는 것 이외에는 특별히 언급할 직무가 없었다. 그래서 "금융통화위원회에 유의해야 할 사항을 수시로 통보"하는 것과 "필요한 자료, 통계, 의견을 제공"하는 등의 기능적이고 조잡한 수준의 의무를 강조했다(구법 제24조). 외국의 중앙은행법에서는 찾기 어려운 서술이었다.

참고로 '금융위원회의 설치 등에 관한 법률(제5조)'에서는 금융위원장이 금융위원회를 상대로 수시로 유의사항을 통보하거나 자료를 제공한다는 따위의 당연하고도 수준 낮은 서술을 피하고 있다. 기관장으로 금융위원장은 기관을 대표하고 사무를 총괄하는 것만 설명한다. 대다수 법률이 그렇다. 1998년부터 금융통화위원회의 의장직을 맡고 있는 총재에게도 그 정도의 설명(제1항)으로 충분하다고 보인다.

권 한

상법에 의해 설립된 일반법인의 경우에는 대표이사가 정관 또는 의결기관(사원총회, 주주총회, 이사회 등)의 의결에 의해 해임될 수 있다(상법 제393조의 2, 제408조의 2).[12] 이에 비해 한국은행 총재는 한국은행을 대표할 뿐, 금융통화위원회, 부총재, 및 부총재보 등에 의해 해임되지 않는다.

한편, 총재의 직무 중 가장 중요한 것은 한국은행의 업무를 '총괄'하는 것이다. 2016년 이전에는 '통할'이라는 단어가 사용되었으나 "어려운 법령 용어의 순화"라는 이유로 '총괄'로 변경되었다. 이는 중대한 실수다.

'통할'은 총재가 기관의 장으로서 부총재 · 부총재보 및 직원을 규정, 지시, 명령 등의 형식으로 지휘 · 조정하는 행위를 의미한다. 영어의 govern이다. 이에 비해 '총괄'은 '이것저것을 한데 모아 묶는다'는 뜻이며 영어의 aggregate에 가깝다. 이처럼 '총괄'과 '통할'은 그 의미가 완전히 다르다.

"알기 쉬운 법령 만들기" 사업의 하나로서 법제처가 각종 법률에서 '통할'이라는 말을 '총괄'로 전환하고 있지만, '통할'은 어려운 말도 아니다. 헌법은 누구나 이해할 수 있는 어휘를 쓰는 것이 원칙인데, 헌법에서도 '통할'이라는 단어가 쓰인다.[13] 그런 점에서 법제처 직원들의 언어감각은 정당화되기 어렵다. 본인들의 잣대로 의미가 다른 단어로 법률 내용을 바꾸는 일은 국력의 낭비이자 지성의 후퇴일 뿐이다.

의 무

총재는 업무에 관한 의무 이외에 공직자로서의 의무를 가진다. 이 중 공직자로서의 의무는 여러 조에 흩어져 있다. 겸직 제한(제41조), 청렴 및 비밀유지(제42조), 국무회의 출석(제90조)와 국회 출석(제96조) 등이 그 예다. 공직자로서 총재의 의무를 그렇게 분산

12. 상법 제390조에 따라 각 이사는 이사회를 소집할 수 있다. 이사회에서는 의결을 통해 대표이사를 해임할 수는 있지만, 이 경우 대표이사의 이사직은 유지된다. 주주총회는 이사의 직까지 해임할 수 있다.

13. "국무총리는 대통령을 보좌하며, 행정각부를 통할한다."

한 이유는 찾기 힘들며, 가급적 집중하는 것이 바람직하다.

이 조에 관한 필자의 생각은 다음과 같다.

〈필자의 제안〉

제34조(총재의 권한과 의무)

① 총재는 한국은행을 대표하고 그 업무를 통할한다.

② 총재는 금융통화위원회가 수립한 정책을 수행하며, 이 법 및 정관에 의하여 부여된 기타 권한을 행사한다.

③ (삭 제)

④ 총재는 국회 또는 그 위원회가 요구하는 경우 출석하여 답변하여야 한다.

⑤ 총재는 부총재·부총재보 또는 직원 중에서 한국은행의 업무에 관하여 재판상 또는 재판 외의 모든 행위를 할 권한이 있는 대리인을 선임할 수 있다.[14]

---

14. 제35조 제1항에서 이관하였다. 그 이유에 대해서는 다음의 제35조 설명에서 다룬다.

제35조(대리인의 선임)

① 총재는 부총재 · 부총재보 및 직원 중에서 한국은행의 업무에 관하여 재판상 또는 재판 외의 모든 행위를 할 권한이 있는 대리인을 선임할 수 있다.

② 제1항에 따라 재판상 대리인으로 선임될 수 있는 직원의 범위는 대통령령으로 정한다.

※ 이 조와 함께 읽어야 할 부분 : 제34조

이 조는 총재의 대리인 선임에 관한 규정이다. 결론부터 말하자면 이 조는 총재의 권한과 관련이 있으므로 제34조와 병합하는 것이 자연스럽다. 그리고 1998년 신설된 제2항은 삭제하는 것이 타당하다. 총재의 역할을 대행하는 한국은행 직원의 자격과 범위를 정부가 지정하는 것은 대단히 어색하다. 굳이 재판에 국한해서만 정부가 직원의 자격과 범위를 정하는 이유는 상상하기도 어렵다.

한편, 총재의 대리인은 대리점(제7조)과 다르다. 대리점은 한국은행 업무를 수행하기 위해서 설치되므로 기본적으로 한국은행 직원이 하는 일을 대행하는 반면, 총재의 대리인은 총재를 대행한다. 그러므로 총재 대리인의 조건이 더 까다로울 수밖에 없다.

최초의 한국은행법(제25조)에서는 대리인의 자격을 한국은행 직원으로 제한하는 규정을 두었다. 뚜렷한 이유는 없으나 지점장(오늘날의 지역본부장)을 의식한 것으로 보인다. 지점장은 상법상의 지배인(제11조)으로서 지사무소 업무에서 총재를 대신한다. 한편, 1962년 이전에는 한국은행 직원만 총재의 대리인 자격이 있었는데, 당시에는 수석부총재와 부총재도 직원이었다.[15] 그러나 1962년 이후 부총재와 이사가 직원에서 제외됨에 따라 이들은 총재의 대리인 자격을 상실했다. 이는 명백한 입법 오류이므로 1998년 법률 개정 시 이 조에서 부총재와 부총재보를 추가했다.

하지만 새로운 문제가 생겼다. 재판에 국한하여 총재의 대리인으로 선임될 수 있는 직원의 범위를 느닷없이 대통령령으로 정하도록 한 것이다. 한국은행과 관련된 소송에

15. 1950년 한국은행 설립 당시 도쿄사무소도 함께 개설되었는데, 초대 도쿄사무소장은 김진형 부총재였다. 그는 한국전쟁 당시 도쿄에서 외국환업무를 총괄 지휘했는데, 그가 도쿄에서 총재의 대리인이 될 수 있었던 것은 부총재도 직원이었기 때문이다.

서는 보통 법규실장이 총재를 대리하는데, 결국 한국은행 법규실장의 자격조건을 정부가 정하는 셈이다.[16] 이는 한국은행의 자주성(제3조)과 상충한다.

이 조에 관한 필자의 생각은 다음과 같다.

〈필자의 제안〉

제35조(대리인의 선임)

① **(제34조 제5항으로 이동)**

② **(삭 제)**

16. 참고로 한국은행법시행령(제82조 제2항)에는 "재판과 관련된 업무에 2년 이상 종사한 경험이 있거나 동 업무에 대한 학식과 경험이 풍부한 자"라는 조건을 규정하고 있다.

제36조(부총재)

① 부총재는 총재가 추천하여 대통령이 임명한다.

② 부총재의 임기는 3년으로 하며, 한 차례만 연임할 수 있다.

※ 이 조와 함께 읽어야 할 부분 : 제16조, 제18조, 제37조

이 조는 부총재의 임명절차와 임기 등에 관한 규정인데 불완전하다. 결론부터 말하자면 외국의 중앙은행법에 비해서 부총재의 신분보장이 충분하지 않다. 부총재가 금융통화위원회 위원인 이상, 임기기산의 방법 등에서 개선의 여지가 있다.

위 상

부총재가 총재를 보좌한다는 직무는 한국은행 설립 이후 전혀 변화가 없었다. 그러나 한국은행 안에서 부총재의 위상은 현저하게 변화되었다.

최초의 한국은행법에서 수석부총재(오늘날의 부총재)는 별로 비중 있게 취급되지 않았다. 총재를 포함한 금융통화위원회 위원에 초점이 맞추어진 탓이다. 수석부총재와 부총재(오늘날의 부총재보)는 그 직위 명만 언급되었을 뿐 권한, 임무 그리고 임명절차 모두가 누락되었다. 일종의 입법 미비였는데, 정부가 한국은행법시행령을 통해 그 문제를 해결했다. 즉, 수석부총재와 부총재는 금융통화위원회가 임명(시행령 제7조)한다는 근거를 마련[17]하고 수석부총재와 부총재는 법원에 등기(제9조)토록 했다. 결국 법원 등기 여부만 일반 직원과의 차이였다.

한편, 수석부총재와 부총재는 1962년 법률 개정 시 그 명칭이 부총재(3년, 1인)와 이사(3년, 5인 이내)로 바뀌고 정원과 임기가 신설되었다. 그럼으로써 일반 기업의 임원과 위상이 비슷해졌다. 그리고 1998년 법률 개정 시에는 부총재의 임명권자가 금융통화위

17. 한국은행법시행령을 통해 금융통화위원회가 수석부총재와 부총재를 임명할 수 있었던 것은 수석부총재와 부총재가 한국은행 직원이었기 때문이다(그래서 법률에서 임기를 정하지 않았다). 당시 한국은행 직원의 임명권은 한국은행법(제7조 제4항)에 따라 금융통화위원회에 있었다.

원회에서 총재로 변경되었다. 2003년에는 부총재가 당연직 금융통화위원회 위원이 되면서 임명권자가 대통령으로 격상되었다. 이로써 부총재의 직무와 위상은 주요국 중앙은행 사례와 비슷해졌다.

신분보장

부총재의 직무는 총재를 보좌(제37조)하는 것이다. 그래서 지금까지 총재가 부총재를 직접 임명하거나 임명권자(대통령 또는 금융통화위원회)에게 그 후보자를 추천해 왔다. 이런 배경 때문에 부총재는 총재의 지시를 따를 수밖에 없다. 그러나 부총재는 당연직 금융통화위원회 위원이기도 하다.

따라서 부총재가 금융통화위원회 회의에서 총재와 다르게 의결할 경우 총재를 보좌해야 하는 직무와 충돌할 수 있다. 법률대로라면, 부총재가 직무를 제대로 수행하지 않는 것은 해임사유가 될 수 있다(제18조 제1항 제3호). 결국 부총재의 위상은 크게 높아졌으나 신분보장 면에는 모호한 면이 있다(그 사례에 관해서는 〈참고 3-1〉을 참조하라).

참고 3-1 제2인자의 역할과 한국은행 부총재

어느 나라, 어느 시대, 어느 조직에서나 제2인자는 제1인자를 보좌한다. 그런데 보좌하는 방법은 다르다. 동양문화권에서는 제2인자가 제1인자의 지시와 권한을 대행하는 데 초점이 맞춰져 있어 독립성이나 자주성은 인정되지 않는다.

이에 비해 식민지 경험이 많은 스페인 등 라틴문화권에서는 제2인자의 독립성과 자주성이 훨씬 많이 인정된다. 광활한 식민지에서는 유고 또는 사고로 제1인자가 없을 때가 많기 때문이다. 그래서 스페인은 아메리카 신대륙을 통치하는 지배자를 부왕(副王, vice ray)이라고 불렀다. 세습할 수 없다는 점을 빼면 사법, 행정, 입법의 권한을 모두 갖고 식민지를 통치하므로 "사실상의 왕"이라는 의미다. 스페인의 부왕은 영국, 네덜란드, 일본 식민지의 총독보다 훨씬 강력했다.

라틴문화권의 전통은 미국으로 이어졌다. 미국의 부통령을 Vice President라고 부르는데, 이는 부통령이 행정부에서는 대통령을 보좌하지만 의회에서는 상원 의장이기 때문이다. 상원에서 부통령은 대통령에게서 독립적으로 행동한다. 연방준비위원회의 부의장도 의장과 다른 표결을 할 수 있기 때문에 Vice Chairman이라고 부른다.

오늘날 영국과 일본 등 의원내각제 국가는 스페인과 미국의 방식을 절충하고 있다. 즉, 성격이 다른 제2인자가 공존한다. 정무차관(parliamentary under-secretary)은 정치인으로서 장관과 공동운명체이며, 사무차관(permanent under-secretary)은 직업관료로서 장관으로부터 상당히 독립적이다.

2002년 이전의 한국은행 부총재는 전형적인 동양문화권의 제2인자, 즉 Deputy Governor였다. 총재가 부총재를 임명하거나 추천했으며, 부총재는 총재를 보좌했다. 그런데 2003년 이후 부총재의 임명권자가 대통령으로 격상되고 부총재는 금융통화위원회 위원이 되었다. 이로써 총재와 부총재의 관계가 과거와 크게 달라졌다. 총재와 부총재는 더 이상 위임계약의 관계로 보기 어려워져 총재가 부총재의 업무수행에 관해 불만을 갖거나 해임을 요구할 수 없다. 이는 장관이 차관의 직무수행에 관하여 불만을 갖고 해임을 요구할 수 없는 것과 마찬가지다(그래서 차관이 장관보다 더 영향력이 있는 경우가 생긴다).

이런 점에서 2003년의 한국은행법 개정은 금융통화위원회의 구성뿐만 아니라 한국은행의 지휘체계와 조직문화에 중대한 변화를 초래하는 사건이었다. 우리나라의 차관(Vice Minister), 일본의 사무차관(permanent under-secretary), 또는 미 연준의 부의장(Vice Chairman)처럼 한국은행 부총재도 제1인자로부터 상당한 독립성을 갖는 것(Vice Governor)을 의미했다.[1)]

2003년 법률 개정 당시 대통령비서실에서 한국은행법 문제를 다루던 필자는 한국은행 측의 의견을 물었다.[2)] 부총재가 총재에게서 독립성을 갖는 것이 과연 한국은행의 조직운영 원리에 맞고, 한국은행이 바라는 것인지 확인해야 했기 때문이다. 그때 한국은행에서 법률 개정을 추진하던 조사국의 이주열 국장은 "대통령이 임명하는 당연직 금융통화위원회 위원인 부총재에게 총재는 어떤 이유로든 그 거취에 영향을 미칠 수 없게 될 것"이라는 의견을 전했다. 즉, 부총재는 신분이 보장되고 총재로부터 독립적이라고 답했다.

그런데 현실은 달랐다. 2014년 4월 1일 조사국장 출신의 이주열 총재가 취임한 지 한 달 뒤인 5월 9일 박원식 부총재가 사퇴했다. 본인의 의사에 반하는 사퇴로 알려진 그 사건을 계기로

1) 체코중앙은행의 경우 총재와 부총재 모두 대통령이 임명하고 정책위원회(겸 이사회) 위원이라는 점에서 부총재는 Vice Governor라고 부르며 총재와 상당히 독립적이다(체코중앙은행법 제6조 제1항).

2) 미 연준은 부의장이 의장을 보좌하는 의무가 없고, 멕시코중앙은행과 필리핀중앙은행은 총재 유고 시에만 부총재가 정책위원회 의장직을 대행한다. 그런데 새로운 한국은행법에서는 부총재가 당연직 금융통화위원회 위원이면서 총재를 상시 보좌한다. 따라서 일본은행법처럼 부총재와 총재는 독립적으로 의결한다는 규정이 없으면 한국은행법에 논리적 모순이 생긴다. 2003년 법률 개정 시 필자가 이 점에 의문을 제기하고 한국은행 담당 부서에게 공식 의견을 물었다.

한국은행법 제18조는 무력해지고 필자가 품었던 우려는 현실화되었다.

외국 중앙은행의 경우를 볼 때 부총재의 임기나 신분을 보장하는 것이 타당하다. 일본은행법이 그렇다. 총재가 부총재의 거취에 영향을 미칠 수 없는 법률적 장치를 보완하는 것이야말로 2003년 당시 한국은행의 생각을 완전하게 실현하는 길이다.

참고로 일본은행 부총재는 정책위원회 위원으로서 활동할 때 총재를 의식하지 않아도 된다는 점이 법률로 보장된다(일본은행법 제16조 제2항). 따라서 부총재는 표결에 관하여 총재의 지시를 따를 필요가 없으며, 이를 이유로 총재가 부총재의 거취에 영향을 미칠 수 없다. 또한 부총재가 임기 중 사퇴했을 때 후임자가 전임자의 잔여임기를 승계토록 하여 임명권자가 함부로 교체를 시도하지 못한다(제24조 제1항).

일본은행법에 비해서 현행 한국은행법에서는 부총재의 신분보장에 관한 고려가 상당히 부족하다. 결원이 생겼을 때 후임자는 전임자의 임기를 승계하지 않고 임기가 새로 계산된다(제16조). 이처럼 부총재의 임기기산이 다른 위원과 다르므로 신분보장도 다르다고 볼 수 있다. 즉, 다른 위원들은 임기 중 자신의 의사에 반하여 해임되지 않는 반면(제18조), 부총재는 해임될 수도 있다는 주장을 부정하기 힘들다. 1997년 이전에는 바로 그런 이유에서 총재가 자주 교체되었다. 1998년 이후 총재가 4년의 임기를 모두 채우고 있지만, 이는 법률이 달라졌기 때문이 아니다. 관행의 변화일 뿐이다. 당연직 금융통화위원회 위원인 총재와 부총재의 신분보장은 여전히 불완전하다.

연임 횟수의 제한 면에서도 총재와 부총재만 차별화하는 것은 불합리하다. 1997년 이전에는 총재와 부총재의 연임 횟수 제한이 없었는데, 1998년 갑자기 신설되었다. 그러나 현행 법률에서도 이론적으로는 부총재의 중임은 가능하다. 퇴임 후 대학교수 등 다른 직으로 옮겼다가 다시 부총재로 복귀할 수 있다. 중임에는 횟수 제한이 없는데, 연임은 한 차례로 제한하는 것은 러시아 대통령에게만 적용되는 이상한 룰이다. 1998년 졸속으로 법률을 개정할 때 미처 생각지 못했던 논리적 오류 중 하나다.

이에 관한 필자의 생각은 다음과 같다.

〈필자의 제안〉

제36조(부총재)

① 부총재는 총재가 추천하여 대통령이 임명한다.

② 부총재의 임기는 3년이다.

③ 부총재는 총재를 보좌하고 총재가 사고가 있을 때에는 그 직무를 대행한다.[18] 다만, 이 법에 따른 금융통화위원회의 심의 · 의결에서는 총재와 독립하여 위원의 직무를 수행한다.[19]

④ 부총재의 권위, 결격, 신분보장, 겸직 등에 관해서는 제16조 내지 제18조와 제20조의 규정을 준용한다.

18. 부총재의 직무는 현행 법률 제37조를 이관한 것이다. 그 이유에 대해서는 제37조의 설명에서 밝힌다.

19. 일본은행법 제16조 제2항을 참고하였다.

제36조의 2(부총재보)

① 부총재보는 총재가 임명한다.

② 부총재보의 임기는 3년으로 하며, 한 차례만 연임할 수 있다.

※ 이 조와 함께 읽어야 할 부분 : 제32조, 제37조

이 조는 부총재보의 임명 등에 관한 규정이다. 한국은행 부총재보는 총재와 부총재를 보좌하는 직무(제37조)만 있고 이들을 견제하는 권한은 없다. 이런 점에서 상법상 주식회사의 이사와 다르다.

주식회사의 이사는 이사회(제390조) 또는 주주총회(제362조)를 소집하거나 중요한 자산의 처분 및 양도, 대규모 재산의 차입, 지배인의 선임 또는 해임과 지점의 설치, 이전 또는 폐지 등을 의결하는 중요한 권한을 갖는다(제393조 제1항). 그 의결권을 통해 대표이사에게 대항할 수 있다. 뿐만 아니라 대표이사로 하여금 다른 이사 또는 피용자의 업무에 관하여 이사회에 보고할 것을 요구할 수도 있다(제393조 제3항).[20]

한국은행 부총재보는 그 책무로 볼 때 주식회사의 이사보다는 직원에 훨씬 가깝다(공공기관의 '임원'이라고 불리는 직의 대부분이 이와 사정이 비슷하다). 급여 수준은 직원보다 높으나 계약기간이 정해져 있다. 그러나 1962년 이전에는 한국은행 부총재보(당시에는 부총재)가 법률적으로도 직원이었다. 근로계약을 통해 고용된 직원이었고 임기도 없었다. 그래서 서울시청 재무국장 출신의 전예용 부총재(훗날 한국은행 총재)는 8년 7개월, 재무부 이재국장 출신의 송인상 부총재(훗날 재무부장관)는 5년 5개월, 한국은행 조사부장 출신의 배제인 부총재(훗날 수석부총재)는 4년 1개월을 부총재보로 근무했다.

그런데 1962년 직위 명칭이 이사로 변경되고 3년의 임기가 명문화되었다. 이는 사회 및 노동시장 구조의 변화와 관련이 있다. 고도성장기 진입과 함께 각 분야에서 새로운 일자리가 빠르게 늘면서 고급인력 수요가 커졌다. 그래서 고급 인력이 많았던 금융기관 및 공기업의 상위직을 임기제로 전환하여 신생 산업과 기업으로 꾸준히 배출했다.

---

20. 주식회사 이사는 업무소홀로 회사나 제3자에 대하여 손해를 끼쳤을 때 연대하여 배상할 책임이 있다(상법 제323조). 한국은행의 부총재보는 이에 준하는 책임이 있는지 분명치 않다.

오늘날에는 그와 반대다. 잠재성장력 저하와 함께 노동시장의 신진대사가 현저하게 낮아졌다. 따라서 과거의 제도와 관행은 오히려 유능하고 경험 있는 인재를 고갈시키는 요소로 작용한다. 경험과 공로가 많은 유능한 인재를 부총재보로 승진시킨 뒤 3년 만에 퇴출하는 것은 일종의 고려장이다. 조직구성원들의 사기와 근무자세에 부정적인 영향을 준다.

이 조에 관한 필자의 생각은 다음과 같다.

〈필자의 제안〉

제36조의 2(부총재보)

① **총재는 한국은행 직원을 부총재보로 임명할 수 있다.**[21]

② **부총재보는 총재와 부총재를 보좌하며, 부총재보의 정원과 급여 등은 정관으로 정하는 바에 따른다.**[22]

---

21. 부총재보의 신분이 한국은행 직원임을 분명히 했다. 부총재보가 직원인 경우 정원이나 임기의 개념이 적용되지 않는다. 그러나 현재와 비교해서 부총재보의 직무는 달라지지 않는다.

22. 1962년 이전처럼 부총재보의 신분을 직원으로 하더라도 그 중요성 때문에 일반 직원과는 구분할 필요가 있다. 금융통화위원회가 의결하는 정관을 통해 정원 등을 정하는 것이 자연스럽다.

제37조(부총재 등의 직무)
부총재는 총재를 보좌하고, 부총재보는 총재와 부총재를 보좌하며, 각자 정관으로 정하는 바에 따라 업무를 나누어 맡는다.

※ 이 조와 함께 읽어야 할 부분 : 제36조, 제36조의 2

이 조는 부총재 및 부총재보의 직무에 관한 규정이다. 1997년 이전에는 부총재(구법 제27조)와 이사(제27조의 2)의 직무가 분리되어 있었으나 1998년 하나로 합쳐졌다. 더 간결한 방법은, 부총재와 부총재보 설치근거에서 각자의 직무를 설명하는 것이다.[23]

이 조에 관한 필자의 생각은 다음과 같다.

〈필자의 제안〉

제37조(부총재 등의 직무) **(삭 제)**

23. 참고로 대한석탄공사법, 한국가스공사법, 한국철도공사법 등 정부투자기관의 특별법에는 부사장 이하 임원의 직무를 따로 규정하지 않는다. 임원의 직무를 법률로 명문화한 것은 한국은행법, 한국산업은행법, 한국주택금융공사법 등 금융분야 특별법에서 유독 많이 관찰되는 현상이다. 과거 재무부가 금융기관의 내부 경영에 깊숙이 개입했던 흔적이라고 보인다.

제38조(부총재보의 해임)

총재는 부총재보가 다음 각 호의 어느 하나에 해당하는 경우에는 해임할 수 있다.

1. 파산선고를 받은 경우
2. 금고 이상의 형 또는 이 법이나 그 밖의 금융 관련 법령(외국의 금융 관련 법령을 포함한다)에 따라 벌금 이상의 형을 선고받은 경우
3. 심신의 장애로 인하여 직무를 수행할 수 없게 된 경우
4. 이 법이나 이 법에 따른 명령 또는 정관을 위반한 경우

※ 이 조와 함께 읽어야 할 부분 : 제36조의 2

이 조는 금융통화위원회 위원의 신분보장을 규정한 제18조 제1항과 대비된다. 그러나 부총재보의 신분을 특별히 보장할 필요성은 크지 않다. 또한 이 조를 통해 부총재보의 신분보장이 확실해지는 것도 아니다. 이런 점들을 종합할 때 이 조는 삭제하는 것이 타당하다.

일반 직원의 경우 총재와 근로계약을 맺고 근무하며, 근로계약은 '근로기준법'을 통해 보호받는다. 이에 비해 총재와 부총재보 간의 계약은 민법상 위임계약에 해당한다. 위임계약은 상호해지의 자유(민법 제689조)가 있으므로 총재는 총재 보좌가 만족스럽지 않을 경우 부총재보를 언제든지 해임할 수 있어야 한다.

그럼에도 불구하고 부총재보의 신분을 확실히 보장하려면 제18조와 같이 "부총재보는 다음 각 호의 어느 하나에 해당하는 경우를 제외하고는 임기 중 그 의사(意思)에 반하여 해임되지 아니한다"로 서술해야 한다. 즉, 해임사유를 열거해야 한다. 그에 비해서 현재 이 조의 각 호는 예시에 불과하여 다른 이유로 얼마든지 해임할 수 있다. 예를 들어 금융통화위원회가 부총재보의 업무수행과 관련하여 총재에게 시정이나 징계를 요구(제40조 제2항)하면 이를 이유로 총재가 해임하는 것도 가능하다.[24]

이 조가 신분보장의 효과가 없다는 것은 다른 법률을 통해서도 확인된다. '금융위원

24. 만일, 부총재보가 총재에게 징계를 받더라도 해임되지 않는다면 부총재보는 고용을 보호받는 직원과 다를 바가 없다. 즉, 부총재보와 총재 간의 계약은 근로기준법상의 근로계약이 된다.

회 설치 등에 관한 법률'의 제32조는 이 조와 내용이 똑같다. 그러나 금융감독원의 부원장과 부원장보는 수시로 교체되는 것으로 유명하다. 최근에는 평균 임기가 채 2년이 되지 않는다. 한국은행도 2014년 두 명의 부총재보가 임기 중 사퇴했다. 타 기관으로 영전한 것도 아니었다. 그런 점에서 이 조는 아무 효력이 없다.

또한 제1호는 신분보장의 목적과는 정반대의 결과를 초래한다. 일반 직원의 경우에는 파산선고를 받더라도 해임하기 어려운 반면,[25] 부총재보의 경우 파산선고가 명백한 해임의 사유가 된다.

결론적으로 1998년 추가된 이 조는 효과도 없고 정당화되기도 어렵다(1998년 졸속으로 법률을 개정할 때 미처 점검되지 않았던 많은 오류 중 하나다). 만일 부총재보의 신분을 보장하여 직무에 전념토록 하려면 부총재보의 임기를 폐지하고 직원으로 만드는 것이 가장 효과적이다(제36조의2 설명을 참조하라). 최초의 한국은행법이 그러하였다.

이 조에 관한 필자의 제안은 다음과 같다.

〈필자의 제안〉

제38조(부총재보의 해임) (삭 제)

25. '근로기준법(제23조 제1항)'에서는 부당해고를 금지하고, '채무자회생 및 파산에 관한 법률(제32조의 2)'에서는 파산절차를 이유로 취업의 제한이나 해고 등 불이익한 처우를 금지한다.

제39조(직원의 임면)
한국은행의 직원은 총재가 임면(任免)한다.

※ 이 조와 함께 읽어야 할 부분 : 제34조

이 조는 총재의 인사권에 관한 규정이다. 논리적으로 보면 불필요하다.

정부투자기관 설립에 관한 상당수 특별법(예 : 한국전력공사법, 한국가스공사법, 한국도로공사법)에서는 기관장의 인사권을 별도로 규정하지 않는다. 그런 규정이 없더라도 기관장의 인사권 행사에는 전혀 지장이 없고, 그 점에 관해서 의문이나 이의를 제기할 사람도 없다. 그런데 유독 한국은행법, 한국산업은행법, 수출입은행법 등 금융분야의 특별법에서는 "기관장이 직원의 임면권을 갖는다"라는 규정을 두는 경우가 많다.[26]

이 조는 1998년 신설되었다. 1997년 이전에는 금융통화(운영)위원회가 한국은행 직원의 임면권(구법 제7조 제4항)을 가졌다가 이를 폐지하면서 신설했다.[27] 하지만 별도의 규정이 없으면 한국은행 직원은 총재가 임면하는 것이 상식이다. 총재의 권한을 규정한 제34조가 이미 그 점을 밝히고 있다.

이 조에 관한 필자의 생각은 다음과 같다.

〈필자의 제안〉

제39조(직원의 임면) (삭 제)

26. 필자가 생각하기에 기관장이 직원의 임면권을 갖는다는 상식적 사실을 특별법에 담는 것은 "대한민국은 민주공화국이다"라는 헌법 제1조를 법률마다 담는 것과 다르지 않다.

27. 1997년 이전 정부는 "금융통화운영위원회는 한국은행의 외부기구"라고 주장했는데, 그렇다면 당시 금융통화(운영)위원회가 한국은행 직원의 임면권을 갖는 것을 설명할 수 없다. 군대나 교도소도 아닌데 한 조직의 구성원을 그 조직 밖에서 결정하는 것은 황당한 일이다. 결국 정부(강만수 차관)의 주장은 수준 미달의 억지였다.

제40조(집행기관의 책무)

① 총재 · 부총재 · 부총재보 및 직원은 금융통화위원회가 수립한 통화신용정책을 성실히 집행하여야 한다.

② 금융통화위원회는 총재 · 부총재 · 부총재보 및 직원의 업무수행에 대하여 필요한 경우 총재에게 시정을 요구하거나 징계를 요구할 수 있다.

※ 이 조와 함께 읽어야 할 부분 : 제25조, 제34조, 제37조

이 조는 1998년 법률 개정 시 신설되었다. 결론부터 말하자면 삭제하는 것이 타당하다. 금융통화위원회와의 관계에 혼란을 초래하기 때문이다.

금융통화위원회가 수립한 정책을 집행기관이 존중해야 한다는 뜻은 제34조 등 다른 조에 이미 규정되어 있다. 총재는 금융통화위원회가 수립한 정책을 수행(제34조)하고, 부총재 이하 직원들은 총재를 보좌(제37조)한다. 따라서 이 조의 제1항을 둘 필요가 없다. 참고로 주요국 중앙은행법과 우리나라의 '금융위원회의 설치 등에 관한 법률' 등에서는 각 위원회의 의결사항을 성실히 집행하라는 따위의 규정이 없다.

제1항은 논리적으로 보더라도 사족에 불과하다. 집행기관에 대해서 "통화신용정책을 성실히 집행하여야 한다"라는 규정을 두려면, "금융통화위원회는 성실히 심의 · 의결하여야 한다" 또는 "감사는 성실히 감사하여야 한다"라는 조항을 두어야 균형이 맞는다. 유독 총재 · 부총재 · 부총재보 그리고 직원에게만 성실의 의무를 부여하는 것은 어색하다.

한편, 제2항은 법리 면에서도 상당한 문제가 있다. 부총재 이하 집행기관에 소속된 사람들은 총재의 통할을 받는다. 따라서 인사권이 없는 금융통화위원회가 총재에게 부총재, 부총재보, 직원의 "시정을 요구하거나 징계를 요구"하는 것은 지휘체계에 큰 혼란을 가져오며, 이는 인사개입이거나 민원의 하나일 뿐이다.

결론적으로 이 조는 논리적 혼란을 자초하고 있다. 이 조는 과거 금융통화(운영)위원회가 한국은행의 업무 · 운영 · 관리에 관해 지시 · 감독하면서 직원을 임면하는 권한을 가졌을 때의 흔적이다. 그 흔적을 애매하게 남겨두는 것은 적절치 않다.

이 조에 관한 필자의 생각은 다음과 같다.

〈필자의 제안〉

제40조(집행기관의 책무) **(삭 제)**

제41조(겸직 제한)

총재 · 부총재 · 부총재보 및 직원은 그 직무 외의 영리를 목적으로 하는 업무에 종사할 수 없으며, 해당 임명권자의 승인을 받지 아니하고는 다른 직무를 겸할 수 없다.

※ 이 조와 함께 읽어야 할 부분 : 제20조

이 조는 총재 · 부총재 · 부총재보와 직원들의 겸직을 다룬다. 따라서 금융통화위원회의 겸직을 다루는 제20조와 대칭을 이룬다. 결론부터 말하자면 이 조는 특별히 수정할 내용이 없다.

겸직 제한은 헌법, 국회법, 국가공무원법, 감사원법 등 공직에서뿐만 아니라 민간부문에서도 강조되는 원칙이다. 예를 들어 주식회사의 이사는 주주총회의 승인 없이 경쟁사의 이사가 될 수 없다(상법 제397조). 다만, 민간부문은 이해 상충을 방지하기 위해서 동종의 업종에서 겸영하는 것만 금지할 뿐, 타 업종에서 사외이사로 활동하거나 부업하는 것까지 금지하지는 않는다. 또한 영리를 목적으로 하지 않고 다른 기관의 위탁을 받아 활동하는 명예직(촉탁직)에 관해서도 제한이 없다.

한국은행 총재 이하 직원들의 겸직은 민간에 비해서 훨씬 엄격히 제한된다. 영리를 목적으로 겸직하는 것은 품위를 손상시킬 뿐만 아니라 한국은행이 추구하는 공공성과 상충하기 때문이다. 그런데 한국은행 설립 초기에는 타 기관으로부터 겸직 요청이 유난히 많았다. 예를 들어 한국전쟁이 발발하자 한국은행 총재가 대한적십자사의 재정고문직을 요청받았다. 한국 정부가 미군과 각종 원조품과 원조금 도입을 협의하는 데 금융전문가의 식견이 필요했기 때문이다. 하지만 당시 법률에는 겸직에 관한 규정이 없었다.

당시 총재, 부총재, 감사 및 고급직원들의 겸직은 금융통화위원회가 심사하고 승인했다. 하지만 대통령이 임명한 총재의 겸직까지 금융통화위원회가 승인하는 것은 근거가 없었다. 그래서 1962년 한국은행법을 개정할 때 "해당 임명권자의 승인"[28]이라는 조건을 명문화했다.

한편, 한국은행 총재와 부총재는 국고금관리법, 국채법, 외국환거래법 등 타 법률에

28. 1962년 한국은행법 개정 시 '국가공무원법' 제64조를 참고하였다.

따라 정부 업무의 일부를 위임받아 수행하는 경우가 많다. 모든 법률은 대통령의 공포를 통해 발효되므로 법률에 의한 겸직은 임명권자의 승인을 얻은 것과 같다.

그런데 법률에 따른 겸직에서 보수가 생길 경우에는 상당한 혼란이 생긴다. 만일 부총재가 겸직하는 금융위원회 위원직 활동으로 인해서 거마비가 지급된다면 이는 금융통화위원회 위원으로서의 의무(제20조 제3호)를 위반한 셈이 된다. 현재 이 조와 제20조 간의 충돌에 관해서는 해답이 없다. 그래서 제20조의 개선이 필요하다.

이 조와 제20조 간의 충돌은 2019년에도 발생했다. 한국은행 총재가 국제결제은행(BIS)의 이사로 임명되어 해당 기구로부터 이사 보수를 받게 된 것이다. 총재가 국제결제은행의 이사로 활동하는 근거는 '국제금융기구에의 가입조치에 관한 법률(제5조)' 에 있으므로 총재의 겸직은 "해당 임명권자의 승인"을 얻었다고 볼 수 있다. 그러나 제20조는 금융통화위원회 위원이 보수를 받는 직의 겸직을 어떤 이유로든 허용하지 않는다. 이런 문제 때문에 총재는 결국 겸직에 따른 보수를 포기했다.[29]

결론적으로 이 조는 필요하다. 그러나 이 조와 필연적으로 관계되는 제20조와 충돌하는 문제는 해결되어야 한다. 즉, 제20조를 삭제할 필요가 있다(이 점에 관해서는 제20조 설명을 참조하라). 보수를 받는지 여부로만 겸직 허용을 판단하는 제20조는 시대착오적이다. 현재의 제20조는 금융통화위원회 위원이 보수만 받지 않으면 임명권자인 대통령의 승인 없이도 비영리단체(예 : 명예교수, 동창회장 등)에 관계하여 활동하는 것을 얼마든지 허용한다. 반면, 거마비나 수고비가 지급되면 경험과 지식을 바탕으로 국제사회에서 지도자적 역할을 수행하면서 국익에 기여하는 것까지 금지한다. 지독한 금전만능주의다.

29. 법률적 문제를 피하기 위해서 이주열 총재는 국제결제은행으로부터 받는 보수를 한국은행에 귀속시켰다(한국은행의 잡수입으로 처리). 그러나 그 결정 역시 문제가 남는다. 제20조는 금융통화위원회 위원이 겸직을 통해 보수를 받는 것 자체를 금지하고 있기 때문이다. 그 보수를 어떻게 처분했는지는 중요하지 않다. 결국 이주열 총재는 한국은행법 제20조를 위반했다는 비판에서 자유롭지 못하다.
필자의 생각으로는 이주열 총재가 기획재정부와 법제처에 법률 해석을 요구하는 것이 바람직했다. 한국은행법의 한계로 인해 생기는 문제를 한국은행 직원들끼리 해결하는 것은 일종의 자력구제(自力救濟)이며, 사회적으로는 인정받기 어렵다.

제42조(청렴 및 비밀유지 의무)

① 총재 · 부총재 · 부총재보 및 직원은 금융기관 또는 그 기관의 임직원에게 여신을 강요하거나 금품이나 그 밖의 이익을 받아서는 아니 된다.

② 총재 · 부총재 · 부총재보 및 직원 또는 그 직에 있었던 사람은 직무상 알게 된 정보를 다른 사람에게 누설하거나 직무 외의 목적으로 사용해서는 아니 된다.

※ 이 조와 함께 읽어야 할 부분 : 제46조, 제104조, 제106조

이 조는 청렴 및 비밀유지 의무에 관한 규정이다. 이 조의 위반을 다루는 제104조(제46조)와 평행한다. 결론부터 말하자면 이 조는 삭제하는 것이 타당하다.

청렴은 국가공무원에게 요구되는 중요한 덕목이다. 직업공무원, 특수직 공무원 그리고 선출직 공무원은 헌법(제46조), 국가공무원법(제61조), '방송통신위원회의 설치 및 운영에 관한 법률(제27조)', '군인의 지위 및 복무에 관한 기본법(제23조)', 지방자치법(제36조) 등에 따라 청렴의 의무가 있다. 그런데 국가공무원이 아닌 사람에게도 청렴을 요구할 수 있는지는 논란의 여지가 있다. 법률상 국가공무원이 아닌 사람에게 청렴의 의무를 부여하는 것은 현재 한국은행법과 '금융위원회의 설치 등에 관한 법률(제35조)' 밖에 없다.

두 법에 청렴의 의무가 규정된 것은 은행감독업무 때문이다. 건국 이후 재무부가 수행했던 은행감독업무가 1950년 한국은행 설립과 함께 은행감독원(부)으로 이관했다(구법 제109조). 그에 따라 한국은행법에서는 은행감독원장과 그 소속 직원에게 청렴의 의무를 부여했다(구법 제31조). 다만, 당시 법률에서도 은행감독업무와 상관없는 부총재, 부총재보, 감사 및 직원에게는 청렴의 의무를 따로 부여하지 않았다.

그런데 한국은행의 은행감독기능이 1998년 금융감독원으로 이관되었다. 이때 제정된 '금융위원회의 설치 등에 관한 법률(제35조)'에서 금융감독원의 원장 · 부원장 · 부원장보 및 감사와 직원에게 청렴의 의무를 부여했다. 그러나 한국은행법에서는 청렴의 의무를 삭제하지 않았다. 은행감독업무를 더 이상 수행하지 않는 한국은행(과거 '집행부')에게 청렴의 의무를 부여한 것은 재정경제원의 업무착오라고 보인다. 만일 업무착오가 아

니었다면, 한국은행 관계자 중에서도 금융통화위원회 위원들에게는 별도의 청렴의무를 부여하지 않는 것을 설명할 수 없다.

현실을 보면 이 조가 없어도 청렴의무를 위반한 데 대한 처벌은 달라지지 않는다. 현행 법률 제106조에 따라 각종 벌칙적용에서 부총재보, 감사 및 직원들뿐만 아니라 금융통화위원회 위원들에게까지 공무원으로 의제된다. 공무원의 경우 금품수수나 향응을 제공받았을 때 인사상의 징계뿐만 아니라 받은 금액의 5배 이내에서 징계부과금까지 따를 수 있다(국가공무원법 제78조의2).

비밀유지 의무도 마찬가지다. 1997년 이전에는 은행감독원장과 그 소속 직원에게만 특별히 비밀유지 의무를 부여(구법 제31조 제2항)했다. 다른 직원들은 "한국은행의 임원과 직원은 형법 · 기타 법률에 의한 벌칙의 적용에 있어서는 이를 공무원으로 본다"라는 규정(구법 제112조의 2)에 따라 국가공무원 수준의 '비밀엄수 의무'가 적용되었다(다만, 비밀엄수 의무는 부서장급 이상 고위직원들로 국한했다). 1998년 은행감독기능이 삭제되는 마당에 금융통화위원회 위원을 제외한 집행기관 소속 근무자에게만 비밀유지 의무를 신설한 것은 설명하기 힘들다.

더욱 황당한 것은, 금융통화위원회 위원과 한국은행의 부총재보 · 감사 및 직원은 형법의 적용이나 각종 처벌에서 공무원으로 간주(현행법 제106조)되면서도 그 처벌의 강도(3년 이하의 징역 또는 2천만원 이하의 벌금)는 오히려 공무원(2년 이하의 징역이나 금고 또는 5년 이하의 자격 정지)보다 높다. 이유를 알기 힘든 불평등이다.

이 조에 관한 필자의 생각은 다음과 같다.

〈필자의 제안〉

제42조(청렴 및 비밀유지 의무) (삭 제)

제2절 감 사

이 절은 감사(auditor)직의 설치와 업무에 관하여 규정하고 있다. 정책결정기구, 집행기구 그리고 감사기구를 두는 것은 중앙은행뿐만 아니라 대부분 기관들의 일반적인 모습이다. 한국은행도 이러한 보편적인 원칙에 따라 내부 감사기구와 그 장(長)인 감사를 두고 있다.

내부 감사기구의 장인 감사의 역할은 기관에 따라 다르다. 상법(제412조 제1항)에서는 주식회사 감사의 역할을 이사의 직무집행을 감사하는 것으로 규정한다. 그러나 '공공감사에 관한 법률(제2조 제1호)' 에서는 감사가 '그 기관에 속한 자의 모든 업무와 활동 등을 조사 · 점검 · 확인 · 분석 · 검증하고 그 결과를 처리' 하도록 규정한다. 즉, 공공기관의 감사는 주식회사의 감사보다도 역할이 크다.

한국은행도 '공공감사에 관한 법률(제3조 제1항 및 동법 시행령 제3조 제1항 제1호)' 의 적용을 받는다. 동법에 따라 한국은행 감사는 공공기관의 감사로서 감사 결과에 따라 총재에게 "변상명령, 징계 · 문책, 시정, 주의, 개선, 권고, 고발 등의 처분 요구"까지 할 수 있다.

이 절에 관한 필자의 생각은 다음과 같다.

〈필자의 제안〉

제4장[30] 감 사

30. 감사는 총재, 부총재, 부총재보와 역할이 다르다. 그러므로 감사는 독립된 장으로 다루는 것이 타당하다.

제43조(임명)

① 한국은행에 감사(監事) 1명을 둔다.

② 감사는 기획재정부장관의 추천으로 대통령이 임명한다.

※ 이 조와 함께 읽어야 할 부분 : 제8조

이 조는 감사의 임명에 관한 규정이다. 결론부터 말하자면 이 조는 특별히 수정할 내용이 없다.

중앙은행마다 감사업무를 담당하는 조직의 형태는 다양하다. 유럽중앙은행, 영란은행, 프랑스은행, 호주중앙은행, 뉴욕연방준비은행 등은 감사위원회를 운영하며, 독일연방은행의 경우 부총재 직속의 감사부서(부서장은 직원)를 운영한다. 일본은행은 여러 명(3인 이내)의 감사를 두고 있다(일본은행법 제21조). 한국은행은 1인의 감사를 두는 이외에 '공공감사에 관한 법률(제5조, 제7조)' 에 따라 감사의 지휘를 받는 감사실을 독립된 부서로 운영한다.

'공공기관의 운영에 관한 법률(제25조 제4항)' 의 적용을 받는 공공기관들은 감사의 임명 시 해당기관의 이사회가 임원추천위원회를 구성하고 동 위원회가 복수 추천하는 과정을 거친다. 이에 비해 한국은행의 감사는 외부(기획재정부장관)에서 추천한다. 이는 한국은행이 '공공기관의 운영에 관한 법률' 의 적용을 받지 않을 뿐만 아니라 한국은행 내부에는 임원추천위원회를 구성할 이사회가 없기 때문이다.

최초의 한국은행법에서는 금융통화위원회가 감사를 임명했다. 1962년 법률 개정 시에는 금융통화운영위원회의 동의를 얻어 재무부장관이 임명토록 했다. 그런데 현재는 감사의 임명과정에 금융통화위원회가 개입하지 않는다. 감사는 금융통화위원회 위원을 상대로 한 소송의 원고이기 때문이다(현행법 제25조 제2항). 감사는 기획재정부장관의 추천을 거쳐 대통령이 감사를 임명하는데, 기관장이 아닌 감사를 대통령이 임명하는 기관은 현재 한국은행과 금융감독원밖에 없다.

제44조(임기)
감사의 임기는 3년으로 하며, 한 차례만 연임할 수 있다.

이 조는 감사의 임기 및 연임에 관한 규정이다. 감사의 임기와 연임 제한은 부총재나 부총재보와 동일하다. 결론부터 말하자면 이 조는 특별히 수정할 내용이 없다.

최초의 한국은행법에서 감사는 직원에 가까웠다. 금융통화위원회가 임명하고 임기가 없었다. 그래서 초기의 감사 4명은 모두 3년 이상을 근무했다.[31] 그러다가 1962년 법률 개정 시 감사가 임원으로 분류되고 3년의 임기가 부여되었다(구법 제23조). 다만, 중임(연임)에는 제한이 없었다. 이후 1998년 한 차례만 연임한다는 제약이 추가되었다. 이는 금융감독원 감사의 임기 및 연임 제한과 동일하지만, '공공기관의 운영에 관한 법률'(제28조 제1항 및 제2항)에 의해 임명되는 공기업과 준정부기관 감사의 임기 2년(1년 단위로 연임 가능)보다는 길다.[32]

31. 초대 감사 나승호는 3년 4개월(상공은행 감사로 이동), 2대 감사 박승준은 3년 3개월(은행감독부장으로 승진), 3대 감사 이치녕은 4년 4개월(조폐공사 사장으로 이동), 4대 감사 장병일은 4년(퇴임)을 각각 재임하였다. 당시 감사는 수석부총재와 2인의 부총재 그리고 대통령이 임명하는 은행감독부장보다 서열이 낮았다.

32. '공공감사에 관한 법률'(제9조 제1항)에 따르면 중앙행정기관 및 지방자치단체의 감사기구의 장의 임기는 5년의 범위에서 임용권자가 정하되 최소한 2년 이상으로 해야 한다.

제45조(임무)

① 감사는 한국은행의 업무를 상시 감사(監査)하며, 그 결과를 수시로 금융통화위원회에 보고하여야 한다.

② 감사는 매년 종합감사보고서를 작성하여 정부와 금융통화위원회에 제출하여야 한다.

③ 총재는 감사의 직무수행상 필요한 직원의 임면에 관하여 감사와 협의하여야 한다. 다만, 정관으로 정하는 하급직원의 임면에 관하여는 그러하지 아니하다.

※ 이 조와 함께 읽어야 할 부분 : 제8조

이 조는 감사의 '임무'를 규정한다. 결론부터 말하자면, 감사의 역할을 보다 구체적으로 규정할 필요가 있다.

우리나라에서는 감사의 역할에 대한 이해 수준이 높지 않다. 그래서 최초의 한국은행법(제35조 제2항)에서부터 감사의 임무가 상당히 모호하게 규정되어 왔다. 1962년 추가된 이 조의 제3항은 감사의 임무가 아니라 명백히 총재의 의무에 해당한다. 감사의 임무를 규정하는 데 치밀함이 부족하다는 것을 보여준다.

한편, 현행 법률에서 총재에게는 '권한과 의무(제34조)', 부총재와 부총재보에게는 '직무(제37조)', 감사에게는 '임무(제45조)'가 있다. 무엇인가 차별화하려고 시도하지만 그 기준은 분명하지 않다. 참고로 일본은행법에서는 모든 역원(심의위원, 총재, 부총재, 감사, 이사 및 참여)에게 '직무'라는 말을 일괄적으로 적용한다.

감사의 역할

이 조의 제1항은 당황스럽다. "감사(監事)는 상시 감사(監査)한다(The Auditor shall constantly audit)"라는 규정은 국내의 다른 법률에서도 흔히 발견되는데 이는 전형적인 순환논리다. 운전사는 운전하고, 요리사는 요리한다는 식의 설명과 다르지 않다. 사회 전반에 걸쳐서 감사의 역할에 대한 이해가 부족하기 때문에 구체적으로 서술하지 못하는 것이다. 이 조의 서술방식을 따르면 총재의 직무도 "총재는 총재한다(The Governor shall govern)" 라고 규정해야 한다.[33]

감사(監査), 즉 'audit'은 듣는다는 뜻의 라틴어 'auditus'에서 나왔다. 청중을 뜻하는 영어 단어 audience와 어원이 같다. 그러므로 감사의 본질은 상대방의 말을 듣는 것이다. 회계장부만 보면 사실을 제대로 파악하기 힘들기 때문에 감사업무는 상대방의 말을 경청하는 데서 출발한다.

오늘날에는 감사업무가 상대방의 말을 듣고 판단하는 소극적·수동적인 행위를 벗어나 각종 기록을 직접 검토(review)하고 점검(examine)하는 것으로 확대되었다. 또한 회계검사에 국한하지 않고 업무처리의 적정성이나 복무기강 등 추상적인 분야까지 확대되었다. 나아가 규정의 준수 여부(compliance)를 판단하는 데 그치지 않고 선제적 위험관리(risk management)까지 담당하기도 한다. 그러면서 감사와 집행임원의 차이가 점차 흐려지고 있다. 따라서 감사의 업무 범위를 정확히 설정하는 것은 해당 기관의 지배구조와 관련한 대단히 중요한 과제다.

결론적으로 "감사(監事)는 감사(監査)한다"라는 식의 설명은 피해야 한다. 이런 문장을 그대로 두면 감사의 성향에 따라 감사의 역할이 달라질 수 있다. 감사의 역할(auditor)을 구체화하려면, 감사(auditing)의 범위부터 정확히 밝혀야 한다.

감사의 범위

감사의 기본 업무는 회계검사와 업무검사다. 회계검사라 함은 재무제표를 비롯한 회계장부와 서류를 대상으로 하여 금전기록의 적정 여부를 점검하는 것을 말하고, 업무검사라 함은 업무집행의 적법성과 타당성을 점검하는 것을 말한다. 회계검사에서는 회계규정, 업무검사에서는 기타 내규가 판단의 기준이 된다.

한편, 공직사회에서 감사의 역할은 민간기관과 다소 다르다. 헌법(제97조)과 감사원법(제20조)에서는 공직사회에 대한 감사를 회계검사와 직무감찰로 구분한다. 감찰(inspection)은 업무처리의 타당성과 적법성을 가리는 업무검사 수준을 넘어서 담당직원

33. "상시(constantly)"라는 말도 어색하다. 감사뿐만 아니라 금융통화위원회 위원, 총재, 부총재, 부총재보도 상근하는데 감사의 임무를 규정할 때만 "상시"라는 표현을 쓰는 것은 이해하기 힘들다.

의 준법성과 도덕성까지 포함한다(감사원의 영문 명칭은 'The Board of Audit and Inspection of Korea' 다). 결론적으로 공무원은 감사를 통해서 준법성과 도덕성까지 점검을 받는다. 하지만 공무원 이외에게까지 그런 원칙을 적용할 수 있는지는 분명치 않다.

한국은행의 경우 처음(제정 한국은행법 제35조)에는 감사의 업무가 "한국은행의 경리와 소유물의 감사와 검사", 즉 회계검사로 국한되었다. 그러다가 1962년 법률 개정 시 감사의 범위(제27조의 3)가 "한국은행의 업무 전반(업무검사)"으로 확대되었다. 그런 상태에서 1999년 제정된 '공공감사기준(제5조 제1항)' 에서는 한국은행 감사가 직원에 대한 직무감찰까지 하도록 규정하였다. 이는 한국은행법과 상충된다.

한국은행법에서는 감사의 임무를 업무감사로 규정하기 때문에 사람을 감사하는 직무감찰이 포함되지 않는다. 현재 직무감찰(복무기강 감시)은 인사경영국(집행기관)이 담당한다. 한국은행 감사가 직무감찰까지 담당하는 것은 모든 피감기관에게 중복감사를 피하도록 한 감사원법(제30조의2)의 취지와도 상충한다.[34] 결론적으로 한국은행 감사의 범위는 회계검사와 업무검사로 국한된다고 보는 것이 합리적이다.

금융통화위원회와의 관계

감사는 한국은행의 업무를 상시 감사하여 그 결과를 수시로 금융통화위원회에 보고해야 한다. 이런 점에서는 금융통화위원회가 상법상 주식회사의 이사회와 비슷한 면이 있다. 하지만 금융통화위원회 위원을 상대로 한 손해배상소송에서 감사가 한국은행을 대표하는 원고(原告)가 된다는 점(제25조 제2항)에서는 금융통화위원회의 지위가 주식회사의 이사회와 다르다.

현행 법률에서는 금융통화위원회와 감사는 원칙적으로 상호 독립적인 관계에 있다고 보는 것이 타당하다. 따라서 금융통화위원회가 한국은행정관을 통해서 '감사직무규

34. 한국은행은 중앙행정기관이나 지방자치단체에 해당하지 않는데도 감사원의 감사를 받는다. 그 근거는 감사원법 제22조와 제23조에 있다. 이들 규정에 따르면 한국은행에 대한 감사의 범위는 ① 한국은행의 회계와 ② 정부의 위임 사무로 국한된다. 그러므로 감사원의 내규인 '공공감사기준'을 통해서 피감기관인 한국은행의 감사에게 직원을 상대로 한 직무감찰의 임무를 부여하는 것은 법적 근거가 약하다고 보인다.

정' 을 승인하는 현재의 관행은 정당화되기 어렵다. 그것을 정당화하려면 한국은행법에서 그 근거를 마련해야 한다(제8조 설명을 참고하라).

총재(집행기관)와의 관계

이 조에서는 총재로 대표되는 집행기관과 감사의 관계가 의도적으로 누락되었다. 제3항은 인사문제에 국한하여 집행기관과의 관계(총재의 의무)를 담고 있지만, 총재와 감사의 관계에서 가장 중요한 것은 사전감사(예방적 감사)의 범위다.

2000년대 이후 전 세계적으로 리스크관리의 중요성이 부각되면서 감사업무에서도 규정 위주의 감사(compliance-based auditing)가 아닌 예방적 감사(risk-based auditing)에 관심이 모아지고 있다. 국제기구에서는 예방적 감사의 표준(ISO 31000)을 제정하기도 하였다. 우리나라의 '공공감사에 관한 법률(제12조 제2항)' 에서도 공공기관의 감사는 소속 직원의 부정 · 비리 행위를 "예방하기 위하여 노력"하도록 하고 있다. 또한 감사위원회를 둔 주식회사는 이사 또는 사외이사가 동 감사위원회에 참가한다(상법 제415조의 2). 회사의 운영을 담당하는 이사가 감사위원회에 참가하는 이상 동 위원회가 예방적 차원에서 감사업무를 수행하는 것이 회사의 지휘체계에 충돌을 일으키지 않는다.

그러나 우리나라 공공기관의 경우에는 예방적 감사 범위의 확대가 법률체계와 맞지 않는 면이 있다. 기관장과 감사가 서로 독립적으로 업무를 수행하면서 견제와 균형의 원리를 추구하기 때문이다. 현재 공공기관의 감사는 개방형 직위로 임용되고 임기와 신분이 보장된다('공공감사에 관한 법률' 제8조, 제10조). 그리고 대부분의 공공기관에서는 기관장이 감사를 임명하지 않는다. 집행을 담당하는 이사가 감사의 업무에 간여하지도 않는다. 그런 상태에서 감사가 예방적 감사를 확대하면 기관장이나 집행이사와 충돌하는 것이 불가피하다. 그래서 현재의 한국은행정관에서는 감사의 예방적 감사, 즉 사전감사의 범위를 엄격히 제한한다.

일반적으로 감사에게는 업무집행 결과가 사후적으로 보고되지만, 규정 개정 등 중요한 업무는 그 적법성과 타당성을 점검 · 심사하기 위해 최종결재 전에 감사에게 보고된다. 이를 '사전감사' 라고 한다. 사전감사는 집행의 선행요건이기 때문에 사전감사의 범위가 넓어지면 집행기관의 자율성은 낮아진다. 한국은행에서도 사전감사의 범위가 함부로 확대되어서는 안 되며, 적절한 통제장치가 필요하다. 현재는 금융통화위원회가 '감사직무규정' 을 통해 사전감사의 범위를 제한하는데, 그 근거는 뚜렷하지 않다. 이는 법률에서 보다 명확히 다루는 것이 바람직하다(제29조 설명을 참조하라).

감사의 책임과 권한

감사의 책무 중 하나는 종합감사보고서를 금융통화위원회와 정부(기획재정부)에 제출하는 것이다. 과거에는 재정경제부장관이 한국은행 감사를 임명했음에도 불구하고 감사는 동 종합감사보고서를 재정경제부에 제출하지 않았다. 현재 감사가 종합감사보고서를 정부에 제출하는 것은 1998년 재정경제부 업무감사가 폐지되는 데 따른 보완대책이다.

그러나 감사가 자신의 추천인(제43조 제2항)인 기획재정부장관에게 종합감사보고서를 제출하는 것은 매우 어색하다. 상공회의소 추천 금융통화위원회 위원이 상공회의소 회장에게 통화신용정책보고서를 제출하는 것과 다르지 않다. 그런 점에서 기획재정부에게 보고서를 제출토록 하는 내용은 삭제하거나 제출대상을 감사원으로 조정하는 것이 적절하다고 보인다.

한편, 일반기업의 감사는 권한과 책임이 상당히 크다. 감사가 필요하다고 판단되면 임시총회와 이사회를 소집(412조의 3, 제412조의 4)할 수 있다. 감사가 임무를 해태한 데 대해서는 회사와 제3자를 상대로 연대손해배상의 책임(동법 제414조)이 있다.

반면 공공기관 감사의 경우 조직 내에서 위상은 상당히 높은데도 불구하고 연대손해배상 등의 책임은 지지 않는다. 한국은행 감사도 마찬가지다. 이는 한국은행과 공공기관의 감사는 주로 정부 인사가 임명되어 온 관행과 무관하다고 하기 어렵다. 공공기관 감사의 권한과 책임을 일치시키기 위한 논의가 필요하다고 보인다.[35]

---

35. 감사직을 폐지하고 감사위원회를 설치하는 것이 그 대안이 될 수 있다. 한국은행에 감사위원회가 설치될 경우 보다 적극적인 예방적 감사(risk-based auditing)가 가능해진다. 현재 '공공감사에 관한 법률(제6조 제1항)' 에서도 공공기관이 감사 대신 합의제 감사기구를 운영하는 것을 허용하고 있다.

감사보좌직원의 임면

한국은행법상 직원의 임면권은 총재에게 있다(제39조). 그러나 감사를 보좌하는 직원은 총재가 아닌 감사의 직접적인 지휘감독을 받는다. 이런 점을 감안하여 감사를 보좌하는 직원은 총재가 감사와 협의하여 임면한다. 이는 '공공감사에 관한 법률(제2조 제5호, 제5조)' 에서 자체감사를 담당하는 조직은 '독립적인 부서' 로 운영토록 하고 있는 것과 같은 취지다. 총재가 감사와 사전에 협의하여 임면해야 하는 직원은 감사실장과 검사역이다(감사직무규정 제10조).

이 조에 관한 필자의 생각은 다음과 같다.

〈필자의 제안〉

제45조(권한과 의무 등)[36]

① 감사는 한국은행의 업무를 조사 · 점검 · 확인 · 분석 · 검증하고 그 결과를 수시로 금융통화위원회에 보고하여야 한다. 감사업무는 제8조의 정관으로 정하는 바에 따른다.[37]

② 감사는 매년 종합감사보고서를 작성하여 금융통화위원회와 감사원에 제출하여야 한다.[38]

③ 총재는 감사의 직무수행상 필요한 직원의 임면에 관하여 감사와 협의하여야 한다. 다만, 정관으로 정하는 하급직원의 임면에 관하여는 그러하지 아니하다.

---

36. 감사는 대통령이 임명하고, '공공감사에 관한 법률' 에 근거하여 업무수행에서 총재로부터 독립성을 가진다는 점 등을 감안하여 총재와 똑같이 '권한과 의무' 라고 했다.

37. 감사업무의 정의는 '공공감사에 관한 법률(제2조)' 를 참고하였다. 감사가 스스로 업무 범위를 정하는 모순을 예방하는 데 목적이 있다.

38. 감사의 보고대상에서 정부(기획재정부)를 감사원으로 대체하였다.

제46조(감사의 겸직 제한 등)

감사의 해임, 겸직 제한, 청렴 및 비밀유지 의무에 관하여는 제38조, 제41조 및 제42조를 준용한다.

※ 이 조와 함께 읽어야 할 부분 : 제104조, 제106조

이 조는 감사의 해임, 겸직 제한, 청렴 및 비밀유지 의무에 관한 규정이다. 감사의 근무와 관련된 각종 제한은 부총재보의 경우와 동일하다. 다만, 감사의 해임권자는 감사의 임명권자인 대통령이다.[39]

한편 감사의 청렴 및 비밀유지 의무는 이 조에서 굳이 서술할 필요가 없다. 벌칙을 받을 때 공무원으로 간주되고, 공무원은 청렴과 비밀유지 의무가 따르기 때문이다.

이 조에 관한 필자의 생각은 다음과 같다.

〈필자의 제안〉

제46조(감사의 해임 · 겸직 제한)

감사의 해임 및 겸직 제한에 관하여는 제38조 및 제41조를 준용한다.

39. 1995년 한국은행 부산지점의 손상화폐유출사건 직후 당시 총재(김명호)는 사임했으나 감사(이창규)는 해임되었다. 당시 임명권자였던 재정경제원부장관(홍재형)이 감사에게 법적 책임을 물은 것은 매우 이례적이었다.

제4장 한국은행의 업무

제1장에서 제3장까지가 한국은행의 설립 목적과 지배구조 등 한국은행의 존재양식(*modus essendi*, way of being)에 해당하는 반면, 제4장에서 제7장은 기능양식(*modus operandi*, way of operation)에 해당한다. 그중에서도 제4장은 한국은행의 본업, 즉 주된 업무를 설명하고 있다.

이 장에서는 한국은행의 주된 업무를 발권, 예금(지급준비제도), 대출, 증권의 발행과 매매(공개시장조작), 대정부 업무, 대민간 업무, 지급결제업무, 기타 등으로 구분한다. 여기서 나타나는 한국은행 업무의 특징은 다음과 같다.

첫째, 발권업무가 중시된다. 선진국 중앙은행법에서는 발권업무가 그다지 비중 있게 다뤄지지 않는 데[1] 비해서 한국은행법에서는 발권업무가 한국은행 업무 중 첫 번째로 서술되고 있다. 둘째, 통화신용정책이 한국은행의 업무로 인식되지 않는다. 여·수신, 증권 발행과 매매(공개시장조작) 등 일부 중요한 업무들을 종합한 것을 통화신용정책이라고 보기 때문이다. 외국의 중앙은행법에서도 통화정책이라는 말은 쓰이지만, 일반적으로 이는 해당 중앙은행의 업무에 포함되지 않는다. 아주 예외적으로 유럽중앙은행법과 스웨덴릭스방크법에서는 통화적 기능(monetary function) 또는 통화정책을 하나의 업무로 규정하고 있다.[2]

1. 중앙은행의 대표적 업무를 발권, 대출, 예금, 채권매매(공개시장조작) 등으로 구분할 때, 미 연준법에서는 대출(Section 10), 채권매매(Sec. 14), 발권(Sec. 16), 예금(Sec. 19)의 순이며, 일본은행법(제33조)에서는 여신-채권매매-예금-발권의 순이다. 이밖에 호주(예금-여신-채권매매-발권), 캐나다(채권매매-여신-예금-발권)의 중앙은행법에서도 발권의 우선순위가 낮다. 이들 나라의 공통점은 화폐법이 따로 있다는 점이다.
   한국은행법처럼 발권이 가장 앞서는 경우는 스위스국립은행법(발권-수신-채권매매-여신)과 덴마크중앙은행법(발권-수신-여신-채권매매) 등 일부에 지나지 않는다.
2. 미 연준법에서는 의장의 의회 출석과 의회 앞 보고서 제출을 설명할 때만 통화정책이라는 말을 쓴다.

셋째, 한국은행의 고유업무(제4장)와 부수업무(제5장)의 기준이 불분명하다. 예를 들어 금융기관에 대한 자료제출요구(제87조)는 한국은행의 부수업무(제5장)로 분류되는 반면, 지급결제망을 운영하는 기관에 대한 자료제출요구(제81조)는 한국은행의 고유업무(제4장)로 분류된다. 나아가 금융기관에 대한 자료제출요구는 한국은행의 고유업무가 아니면서도 "통화신용정책에 관한 사항"으로 간주된다(제28조). 한국은행의 부수업무에 지나지 않는 것을 통화신용정책에 관한 사항이라고 보는 것은 어색하다(이 문제의 출발은 제28조에 있다. 이에 관해서는 제28조의 설명을 참조하라).

넷째, 업무 범위가 대단히 강하게 제한된다. 중앙은행이 상업은행에서 진화한 주요 선진국에서는 중앙은행이 상업은행의 업무를 거의 대부분 수행한다. 즉, 예금, 대출, 채권 매매, 외국환거래뿐만 아니라 채무보증과 보호예수도 실시한다. 다만, 거래대상기관, 매입할 수 있는 채권, 거래목적 등이 제한될 뿐이다. 이에 비해 한국은행법에서는 허용되는 업무를 일일이 열거하는 방식을 취한다. 그러다 보니 채무보증과 보호예수 등 국내 상업은행(은행법 제27조의 2 제1항)과 외국 중앙은행들이 수행하는 업무를 한국은행은 수행할 수 없다. 그로 인해 한국은행은 주요국 중앙은행에 비해서 대응능력이 제한된다.

영란은행은 1987년 10월 '블랙먼데이'라고 불리는 세계적인 주가폭락사태 때 런던 금융시장의 붕괴를 막기 위해서 금융기관들에게 풋옵션(put option)을 발행했다. 풋옵션은 채무보증의 한 방법이며, 영란은행법에서는 여신업무 중 하나로 채무보증을 허용한다. 영란은행법은 채무보증을 허용하기 때문에 풋옵션 발행을 통해 화폐를 발행하지 않고서도 주식시장을 회복시켰다.[3] 한국은행은 이와 비슷한 일을 할 수 없다.

보호예수도 마찬가지다. 보호예수는 금고를 이용한 부수업무이므로 중앙은행들이 이를 수행하지 못할 이유가 없다. 그런데 현행 한국은행법에는 정부에 대한 보호예수(제72조)만 언급되어 있어 외국의 중앙은행과 국제금융기구들에게는 보호예수 서비스(custody service)를 제공하는 데 논란이 따른다.

3. 1987년 10월 블랙먼데이 사태 당시 영국에서는 마침 국영기업 BP(British Petroleum)사의 민영화가 진행 중이었다. 정부 보유주식 30%(125억 달러)의 공모(IPO)가 진행될 때 주가폭락사태가 발생하자 영국 정부는 영란은행과 협의하여 자금난에 몰린 주간사 증권사들에게 풋옵션을 제공함으로써 주식투매현상을 막았다. 자세한 내용은 필자의 『애고니스트의 중앙은행론』(율곡출판사, 2007년)을 참조하라.

상업은행은 다양한 부수업무를 수행한다. 금융 관련 연수, 도서 및 간행물 출판업무(은행법 제27조의 2 제1항 제9호)와 업무용 부동산의 임대(은행법시행령 제18조) 등이 이에 해당한다. 은행법과 법시행령은 그에 대한 근거를 제공하고 있다. 한국은행도 간행물 출판과 연수, 대국민 경제교육을 실시하고, 업무용 부동산을 임대하지만, 한국은행법에는 이런 부수업무의 뚜렷한 근거가 없다. 향후 논란을 방지하려면 그 근거를 한국은행법에 담아야 한다.

이 장에 관한 필자의 제안은 다음과 같다.

〈필자의 제안〉

제2조(법인격과 자본금 등)[4]

③ **한국은행은 이 법의 목적을 달성하는 데 현저한 지장을 초래하거나 다른 법률에서 금지하지 않는 한 법인으로서 업무를 수행하는 데 제한을 받지 않는다. 다만, 대통령령으로 그 범위를 제한할 수 있다.**

---

4. 우리나라에서는 법인의 목적에 정면으로 위반되지 않는 한, 법인의 행위를 폭넓게 인정하는 것이 다수설이지만, 한국은행과 같은 특수법인은 법률에 명시된 업무만 수행해야 한다는 의견도 있다. 필자의 제안은 두 견해의 차이를 극복하기 위한 해결책이다. 참고로 미 연준법의 Section 4, "4. General Corporate Powers"는 지역 연준들이 법인으로서 일반적인 계약체결(to make contracts)의 권한을 갖는다고 선언한다.

제1절 한국은행권의 발행

이 절은 11개 조로 구성되어 있으며, 제4장에서 가장 길다. 이 절의 제47조에서 제53조는 여러 차례의 법률개정 과정에서도 그 위치까지 전혀 바뀌지 않았다.[5] 2000년대 이후 화폐단위(제47조의 2), 위 · 변조 화폐의 집중관리(제49조의 2), 기념화폐의 발행(제53조의 3) 등 일부 조항이 추가되었을 뿐이다.

흥미로운 사실은 화폐 발행이 한국은행 업무 중 으뜸이면서도 설립목적(제1조)에는 포함되지 않는다는 점이다. 현재 한국은행법은 화폐법을 겸하고 있다는 점에서 제1조의 목적에서 화폐 발행을 선언하지 못할 이유가 없다. 제1조에 관한 필자의 생각은 다음과 같다.

제1조(목적)

① 이 법에 의해 한국은행을 설립한다.

② 한국은행은 국민경제의 건전한 발전을 위해 다음과 같은 목적을 추구한다.

1. 한국은행권과 주화의 발행
2. 물가안정과 이를 지키는 범위 내에서 금융안정의 도모
3. 지급결제제도의 효율성과 안전성

5. 이 절의 11개 조 중 첫 3개 조(제47조, 제47조의 2, 제48조)는 추상으로서의 화폐를 다루고, 나머지 8개 조는 물질로서의 화폐를 다룬다. 추상으로서의 화폐는 정부(국가 주권)와 관련이 있고, 물질로서의 화폐는 한국조폐공사와 관련이 있다.

제47조(화폐의 발행)

화폐의 발행권은 한국은행만이 가진다.

※ 이 조와 함께 읽어야 할 부분 : 제48조

이 조는 한국은행의 발권 독점권을 규정한다. 매우 당연하고 필요한 것 같지만, 논리적 허점이 있다. 독점권을 인정하면서 독점의 대상을 밝히지 않기 때문이다. 화폐가 무엇인지 밝히지 않는 한 이 조는 아무 구속력이 없다. 결론적으로 이 조의 내용은 삭제가 가능하며, 현재 제48조의 내용이 이 조로 와야 한다.

독점권

금본위제도에서는 누구든지 수수료만 부담하면 금괴를 금화로 만들거나 금화를 녹여 금괴로 만들 수 있었다.[6] 당시 중앙은행에 부여된 독점권은 금화 주조의 독점권이 아니라 보조화폐인 약속어음(note) 발행의 독점권이었다. 예를 들어 1844년 개정된 영란은행법(제11조)은 '은행들이 발행하는 약속어음(banknote)'이 지급수단의 기능이 있음을 설명한 뒤, 그런 기능을 갖는 약속어음을 영란은행만 발행한다고 규정했다.[7]

오늘날에도 스웨덴[8]과 유로 지역[9]은 물론 러시아[10]와 필리핀[11]과 같은 신흥시장국들

6. 물가변동으로 금화의 가치가 일정 수준(minting point)을 상회하면 금괴를 녹여 금화로 만들고, 일정 수준(melting point)을 하회하면 금화를 녹여 금괴로 만들었다.

7. "It shall not be lawful for any banker to draw, accept, make, or issue, in England or Wales, any bill of exchange or promissory note or engagement for the payment of money payable to bearer on demand, or to borrow, owe, or take up, in England or Wales, any sums or sum of money on the bills or notes of such banker payable to bearer on demand,…" 이 규정에서는 그나마 독점지역을 잉글랜드와 웨일즈 지역으로 국한하고 있다. 스코틀랜드 지역에서는 현재도 민간은행이 화폐를 발행한다.

8. 스웨덴중앙은행법 제5장 제1조 "The Riksbank has the exclusive right to issue banknotes and coins."

9. 발권에 관한 유럽중앙은행 결정 제16조. "Governing Council shall have the exclusive right to authorise the issue of euro banknotes within the Union. The ECB and the national central banks may issue such notes. The banknotes issued by the ECB and the national central banks shall be the only such notes to have the status of legal tender within the Union."

도 중앙은행의 독점 발행권의 대상은 추상명사인 화폐가 아닌, 물질명사인 은행권(banknote)과 주화(coin)라는 점을 명확히 밝히고 있다. 이에 비해 한국은행법 제47조에서는 은행권과 주화가 아닌, 추상명사인 '화폐'의 발행독점권을 규정한다.

화폐가 정확히 무엇을 의미하는지 밝히지도 않고 그것의 독점권만을 서술하게 되면 혼란이 생긴다. 민간업자가 전자화폐(전자금융거래법 제2조 제15호)를 발행하면 한국은행법 제47조를 위반한 것인지, 그렇지 않다면 전자화폐에 왜 '화폐'라는 단어가 붙는지 의문이 생긴다(가상화폐, 디지털화폐, 지역화폐 등도 마찬가지다). 이를 논리학에서는 '선결문제의 오류(begging the question)'라고 한다.

이 조에서 한국은행권과 주화라는 단어를 쓰지 못한 것은 해방 직후 우리나라의 경제사정과 관련이 있다. 해방 직후 우리나라는 경제력이 매우 열악할 뿐만 아니라 화폐제조시설도 없었다. 그래서 일제강점기에 유통되었던 조선은행권을 회수하고 새 돈을 제조하는 것은 생각하기 어려웠다. 결국 해방된 지 5년이 넘는 1950년에도 조선은행권이 계속 유통되고 있었다.[12] 이런 사정을 감안하여 최초의 한국은행법(구법 제117조)에서는 일제강점기에 제조해 둔 조선은행권이 소진될 때까지 한국은행이 계속 그 돈을 발행한다는 경과규정을 두었다. 그래서 이 조에서는 '한국은행권의 발행'이라는 표현 대신 '화폐의 발행'이라는 모호한 표현을 썼다. 한국은행권이 존재하지 않는 데서 오는 고육지책이었다.

10. 러시아중앙은행법 제29조. "The issue of cash(banknotes and coins), organisation of its circulation and its withdrawal from circulation in the Russian Federation shall be effected exclusively by the Bank of Russia."

11. 필리핀중앙은행법 제49조 "The word "currency" is hereby defined, for purposes of this Act, as meaning all Philippine notes and coins issued or circulating in accordance with the provisions of this Act."

제50조 "The Bangko Sentral shall have the sole power and authority to issue currency, within the territory of the Philippines."

12. 일제강점기에는 국내에 변변한 인쇄시설과 기술이 없어서 조선은행권을 일본 대장성 조폐국 오사카인쇄소에서 인쇄하여 반입했다. 만일 조선은행권을 새 돈으로 대체하려면 미국의 도움이 필요했는데, 당시 미국 재무부는 누적된 재정적자로 의회의 공격을 받고 있어서 한국을 위해 무료로 은행권을 인쇄해 줄 형편이 되지 않았다.

결 론

우리나라에서는 이 조가 중앙은행법에 반드시 들어가야 할 불변의 진리라고 생각하는 경향이 있다. 그러나 외국에서는 '화폐' 발행의 독점권을 인정하는 경우가 오히려 드물다.

예를 들어 영국에서는 영란은행의 발권독점권이 인정되지 않으며, 스코틀랜드(3개)와 북아일랜드 지역(4개)에서는 민간은행이 화폐를 발행한다.[13] 미 연준법(제11장)에서도 연방준비은행권(Federal reserve note)의 발행만 서술될 뿐, 화폐 발행의 독점권은 언급되지 않는다. 그래서 재무부가 직접 금태환권(gold certificate)을 발행하기도 했다(마지막 발행은 대공황 당시인 1934년에 이루어졌다). 일본은행법(제46조 제2항)에서도 은행권 발행만 언급될 뿐 일본은행의 발행독점권은 다루지 않는다. 그런 점으로 볼 때 이 조가 과연 한국은행법에서 필수불가결한 요소인지 의심하게 된다.

하지만 외국의 법률에 맞추어 "한국은행권의 발행권은 한국은행만 가진다"라고 표현하더라도 여전히 문제는 남는다. 이것은 "현대자동차의 생산권은 현대자동차(주)만 가진다"라는 말과 다르지 않다. 전형적인 순환논리다.

그럼에도 불구하고 일부 국가의 중앙은행법과 헌법에서는 이런 식의 순환논리가 명문화되어 있다. 주로 연방국가들이다. 유로 지역과 러시아[14]와 스웨덴[15]에서는 화폐가 국가통합(연방)의 중요한 상징이다. 그래서 헌법 등을 통해 중앙은행이 중앙은행권의 발

13. 오랜 대립과 갈등 끝에 1707년 잉글랜드와 스코틀랜드가 합병하였으나 스코틀랜드 지역에는 오늘날까지도 상당한 자치권이 인정된다. 잉글랜드 지역의 신교도가 강제로 점령한 북아일랜드 지역에서는 주민들의 자치권 요구 수준이 더욱 강하다. 그래서 이들 지역에서는 영란은행권 이외에 민간은행들의 발권활동이 보장된다.

14. 러시아 헌법 제75조 제1항 "The monetary unit in the Russian Federation shall be the rouble. Money issue shall be carried out exclusively by the Central Bank of the Russian Federation. Introduction and issue of other currencies in Russia shall not be allowed."

15. 스웨덴헌법(정부조직법) 제9장 제14조. "The Riksbank alone has the right to issue banknotes and coins. Further provisions concerning the monetary and payments systems are laid down in law." 스웨덴은 지급결제제도까지 헌법에서 규정하고, 이를 중앙은행이 담당토록 한다. 스웨덴릭스방크가 많은 중앙은행 중에서 디지털화폐(central bank digital currency ; CBDC)에 관심을 갖고 이 분야를 선도(e-Krona Project)하는데, 이는 헌법에서 출발한다.

행을 독점한다는 순환논리를 강조한다. 일종의 정치적 선언(manifesto)이다.

이 조도 그런 정치적 선언에서 벗어날 수 없다. 하지만 한국은행에게 중요한 것은 은행권이나 주화의 발행독점권이 아니라 한국은행이 공급하는 제품(물질), 즉 한국은행권과 주화의 위력이다. 그것은 이 조가 아니라 제48조(무제한 통용)를 통해 확립된다. 그러므로 제48조야말로 화폐제도의 핵심이고, 이 조는 별 의미가 없다. 그런 점에서 이 조와 제48조는 병합이 가능하다.

이 조에 관한 필자의 생각은 다음과 같다.

〈필자의 제안〉

제47조(한국은행권의 발행과 통용)[16]

① **한국은행은 이 법에 따라 한국은행권을 발행한다.**

② **한국은행권은 법화(法貨)로서 모든 거래에 무제한 통용된다. 다만, 이 법 또는 다른 법률에 의해 예외를 둘 수 있다.**[17]

---

16. 현재의 제48조와 병합을 시도했다. 그것이 논리적으로 자연스럽기 때문이다.

17. 모든 거래에서 한국은행권과 주화를 무제한 통용토록 강제하는 것은 지나친 규제가 될 수 있다. 이 점에 대해서는 제48조의 설명을 참조하라.

제47조의 2(화폐단위)

① 대한민국의 화폐단위는 원으로 한다.

② 원은 계산의 단위가 되고 100전으로 분할된다.

③ 원은 영문으로 WON으로 표기한다.

④ 전은 영문으로 JEON으로 표기한다.

※ 이 조와 함께 읽어야 할 부분 : 제47조

이 조는 2011년 추가되었다. 필자는 이 조를 신설하는 데 기여했기 때문에 이 조에 대해 보람과 긍지를 갖고 있다(2000년부터 이 조의 신설을 주장해 왔으며, 앞으로 이 조가 '차현진 조항'으로 기억되기를 기대한다). 그러나 아쉬움도 있다. 몇 가지 결함을 미처 생각지 못했기 때문이다. "화폐단위"는 틀린 표현이라서 "한국은행권의 명칭"으로 써야 하며, 원은 따옴표를 붙여서 "원"으로 써야 한다.

의 미

화폐의 기능은 보통 계산단위(unit of account), 지급수단(medium of exchange) 그리고 가치저장(store of value) 기능으로 구분된다.[18] 이 조는 그중 계산단위로서의 화폐를 다룬다.[19]

계산단위(unit of account)란, 소득이나 재산 등의 경제적 가치를 표시하는 기준을 말한다. 각국 정부는 독립적 계산단위를 통해 예산을 편성하고 세금을 징수한다. 따라서 계산단위로서의 화폐는 국가주권(sovereignty)과 밀접한 관계가 있다. 이런 견해를 화폐

---

18. Jevons, William S.(1875), *Money and the Mechanism of Exchange.*; Menger, Carl(1892), *the Origin of Money* 등.
화폐의 3가지 기능을 가장 먼저 정리한 사람은 로마의 알렉산데르 황제(서기 230년 경)의 법률자문가였던 율리우스 파울루스(Julius Paulus Prudentissimus)라고 알려져 있다.

19. 지급수단 기능은 제48조가 다루며, 가치저장 기능은 한국은행법에서 다루지 않는다. 가치는 인간의 주관적 판단에 의해 결정되는 것이므로 가치저장을 한국은행이 독점할 수도 없고, 법률로 강제할 수도 없다(또한 화폐 이외의 금융자산과 실물자산에도 가치저장 기능은 있다).

국정설(state theory of money)이라고 한다.[20]

이 조도 화폐국정설에 뿌리를 두고 있다. 즉, 수표와 어음, 신용카드 등 어떤 민간 지급수단을 쓰더라도 우리나라에서 모든 계약과 거래에서는 '원'이라는 단위로 경제적 가치를 표현해야 한다. 미 달러화나 비트코인(암호자산)으로 표시할 수 없다. 이는 계산단위에 관한 국가의 명령이다. 그 명령은 한국은행의 기능과는 사실 직접 상관이 없다. 그런데도 한국은행법에서 다룬다. 따라서 한국은행법은 한국은행의 설립근거일 뿐만 아니라 화폐법의 성격을 갖는다.

2011년 이전 우리나라에는 계산단위에 관한 법률이 없었다. 일제강점기가 시작된 이래 2010년까지 일본의 화폐법(일제강점기)이나 대통령 긴급명령권(한국전쟁 중)을 통해 계산단위가 정해졌다. 현재 사용 중인 '원'은 1962년 6월 9일 국가재건최고회의가 공포한 '긴급통화조치법(제2조)'을 통해 정해졌다(우리나라 화폐의 명칭에 관해서는 〈참고 4-1〉을 참조하라). 국회가 해산되고 헌정질서가 중단된 상태에서 제정되어 큰 흠결이 있었던 그 법은 공화국이 수차례 바뀌는 가운데서도 계속 유효했다. 2011년에 추가된 이 조는 그 흠결을 해소했다는 의미를 지닌다. 즉, 화폐제도에서 의회주의의 복원이라고 평가할 수 있다.[21]

참고 4-1 우리나라 화폐명칭의 변천

圜(1910 ~ 1953년)

일제강점기가 시작되기 전인 1901년 대한제국은 '화폐조례'를 통해 금본위제도의 채택을 선포하고 새로 발행되는 화폐에 '圜'이라는 명칭을 부여했다.[1] 두루 널리 통용된다는 뜻이었다. 이

1) 윤치호의 일기에 따르면 '圜'의 시제품을 만들 때 고종이 시제품 주화에 영문을 넣으라고 지시해서 'Warn'과 '원'을 넣었다. 이렇게 보면 대한제국 관리들은 '圜'을 '원'으로 읽었다고 추정된다.

20. 독일의 경제학자 크나프(Georg Friedrich Knapp)는 같은 이름의 책 첫머리에서 "화폐는 국가의 산물(Money is the creature of the state)"이라고 주장했다. 그는 케인즈와 마찬가지로 물질로서의 화폐와 사회제도로서의 화폐를 구분했다. 이런 견해는 게오르그 짐멜을 포함한 독일계 학자들의 오랜 전통이다.

21. 2009년 4월 국회 기획재정위원회 소위원회에서 故 김종률 위원장은 한국은행법 제47조의 2의 신설을 반대하는 당시 허경욱 기획재정부 차관에게 역사의식이 없다며 심하게 질책하고 같은 자리에 있던 필자의 주장을 들어주었다. 그리고 그 자리에서 한국은행법을 가결시켰다.

는 둥글다는 뜻의 '元(위안)'이나 円(엔)을 화폐명칭으로 쓰고 있는 중국과 일본의 은본위제도와 결별한다는 의미였다.

하지만 1904년 러일전쟁이 발발하고 일본이 승리하면서 상황이 급반전했다. 전쟁에서 승리한 일본은 대한제국을 위협하여 "한일협정서"를 체결하고 내정간섭을 본격화했다. 그중 하나가 대장성 주세국장인 메카타(目賀田 種太郎, 1853 ~ 1926)를 대한제국의 재정고문으로 파견하고 화폐정책에 개입하는 것이었다. 메카타는 대한제국으로 오기 전 총리대신, 외무대신, 대장대신으로부터 "장차 일본과 한국 간 화폐의 공동사용이라는 궁극적인 목적을 달성하기 위해서 (일본) 제일은행으로 하여금 일본은행권과 동일한 형태로 화폐를 발행하게 하라"라는 지시를 받았다. 이 지시에 따라 메카타는 부산항 주변에 진출해 있던 일개 상업은행인 제일은행에게 '円'과 비슷한 '圓'이 인쇄된 화폐를 발행하도록 했다. 이렇게 해서 '圓'이라는 도안이 찍힌 은행권이 전국적으로 유통되었다(그 전에는 원산, 인천, 부산 등 일부 지역에서만 유통되었다).

이후 1910년 일제강점기가 시작되면서 '圓'이 조선의 공식 화폐명칭이 되었다. 즉, 일본의 화폐법에 따라 일본 전 지역에서 '円'을 법정화폐로 쓰되 지역 간 화폐이동을 제한하기 위해서 조선 식민지에는 '円'을 '圓'로 바꾼 조선은행권을 발행하도록 했다(1圓 = 1円). 결과적으로 '圓'은 1904년부터 치밀하게 진행되었던 일본 정부의 주권침탈계획에서 비롯된 것이다. 그것은 중국의 관리들이 스스로 '元(위안)'이라는 명칭을 선택한 것과 크게 달랐다.

圜(1953 ~ 1962년)

한국은행이 1950년 설립된 이후에도 '圓'자가 들어간 조선은행권이 계속 발행되었다. 이는 당시 우리 경제가 너무나 척박하여 일제강점기 때 조선은행이 발행했던 돈을 회수하고 새 돈을 발행할 여유가 없었기 때문이다. 그러다가 전쟁이 발발하여 화폐수요가 급증하자 한국은행은 새로운 지폐를 발행해야 했다. 하지만 당시의 한국은행법에는 화폐의 명칭에 대한 규정이 없었다. 그래서 1950년 7월 22일 새로운 도안의 은행권(최초의 한국은행권)을 발행하면서도 별다른 생각 없이 일제강점기에 일본인이 정한 '圓'자를 그대로 썼다.

한편, 서울을 점령한 북한군은 북조선에서 화폐개혁을 단행할 때 지역주민들로부터 회수한 조선은행권과 서울의 한국은행 금고에 보관되었던 조선은행권을 남한에서 살포했다. 이로 인해 남한의 화폐질서가 극도로 문란해지자 불가피하게 소위 '통화조치(redenomination)'를 하지 않을 수 없었다. 이승만 대통령은 1953년 2월 15일 100'圓'을 1'圜'으로 변경하는 '圜 통화에 관한 특별조치령'을 공포했다. 이로써 '圓'이라는 화폐명칭이 '圜'으로 바뀌었다.

▲ **최초의 한국은행권** 전쟁과 동시에 은행권이 부족해지자 1950년 6월 29일 도쿄의 연합군 최고사령부(SCAP)에 연락하여 일본 대장성 인쇄청이 제작토록 했다. 이 돈은 한 달 만에 완성되어 미군이 김해로 공수한 뒤 7월 22일 대구에서 발행되었다. 한편 한국(대전)에서 재무장관과 총재가 제작을 지시할 때는 한국은행권에 'WHAN'을 인쇄토록 했다. 그러나 도쿄지점의 김진형 부총재(현재의 부총재보)가 임의로 'WON'으로 고쳤다(이런 점 때문에 한국은행법 제47조의 2가 반드시 필요하다).

▲ **1953년 2월 소위 통화조치에 따라 발행된 천환권** 이 돈은 1947년 여름 조선은행의 최순주 이사가 미 재무부 인쇄국을 방문하여 제작되었다(최순주는 이사에 불과했지만, 이승만 대통령의 사위 자격으로 미국 정부와 접촉하였고 인쇄비는 미국이 부담했다). 미국과 상의하여 남한에서도 조만간 북조선과 같은 화폐개혁을 할 계획이었다.

그러나 화폐개혁은 차일피일 미뤄졌고 한국전쟁이 발발했다. 한국은행이 이 돈을 서울에 버려두고 피난을 떠나는 바람에 북한군이 이를 잠시 점유했지만, 인천상륙작전으로 북한군도 이를 버리고 퇴주했다. 이렇게 다시 우리 손에 들어온 이 돈은 제작된 때로부터 6년 뒤 결국 통화조치(화폐개혁)에 활용되었다. 매우 기구한 운명의 돈이다. 이 돈에는 한자 '圓'가 한글 '원'으로 표기되어 있다. 1947년 제작 당시에는 '원'으로 부를 생각이었기 때문이다. 그러나 1953년 통화조치 때문에 공식 이름이 '환'이 되었다. 그런 점에서 이 돈은 이름 역시 기구하다.

한편, 이 돈을 제작할 당시에는 아직 한국은행법이 논의도 되지 않았다. 그런데도 미 군정청과 과도정부는 '한국은행'이라는 이름이 적힌 은행권을 준비했다. 즉, 한국은행은 대한민국 정부 수립 이전에 이미 탄생이 예정되어 있었으며, 한국은행은 조선은행 직원들의 노력만으로 설립된 것이 아니다.

원(1962년 ~ 현재)

1962년 6월 9일 '圜'이 다시 '원'으로 바뀌었다. 5.16 군사정변을 통해 등장한 국가재건최고회의는 '긴급통화조치법'을 공포하고 10'圜'을 1'원'으로 변경하는 화폐개혁을 단행했다. 이는 당시의 군사정부가 지하경제로 퇴장(退藏)된 자금이 상당할 것으로 추측하고 이를 동원하여 경제개발5개년 계획 수행에 필요한 투자에 사용하기 위해서였다.

화폐단위

'화폐단위'라는 말은 1953년 2월 이승만 대통령이 대통령 긴급명령권으로 급하게 화폐개혁을 할 때 만든 국적 불명의 단어다. 화폐에는 단위라는 말을 붙일 수 없다. 영어에서도 계산단위(unit of account)라는 말은 있지만, 화폐단위(unit of money)라는 말은 없다.

길이, 무게, 부피, 시간 등은 객관적으로 측정할 수 있으며, 국경을 넘더라도 그 측정결과가 달라지지 않는다. 그래서 길이단위, 무게단위, 부피단위라는 말이 성립한다. 이에 비해서 감정이나 언어는 개인마다 다르거나 특정 집단에서만 공유되는 것이므로 단위라는 말을 붙일 수 없다. 즉, 감정은 기쁨, 슬픔, 아쉬움, 그리움 등 각각의 이름이 있을 뿐 그것을 하나로 묶어서 감정의 단위로 표현하지 않는다. 언어도 영어, 일본어, 중국어 등 각자의 명칭(이름)이 있을 뿐, '언어단위'라는 말은 없다. 화폐도 주권을 가진 나라마다 다른 것을 사용하므로 '화폐단위'라는 말을 쓸 수 없다. 화폐가 곧 계산단위(unit of account)인데 '화폐단위'라고 하면 '계산단위의 단위(unit of unit of account)'라는 말이 된다. 무슨 말인지 혼란스럽다.

외국에서는 '화폐단위' 대신에 '화폐명칭(denomination)'이라는 표현을 쓴다. 예를 들어 1897년 제정된 일본의 화폐법에서는 금본위제도를 표방하여 "순금 750mg을 1'엔(円)'이라고 부른다"라는 규정을 두었다. 은본위제도를 표방한 1792년 미국의 화폐법에서도 "24.1그램의 순은(pure silver)을 '달러'라고 부른다"라는 규정을 두었다. 그러므로 엔과 달러는 각국 정부가 자국 화폐에 붙인 이름(denomination)이다.[22]

---

22. 화폐개혁을 리디노미네이션(redenomination)이라고 한다. 화폐의 이름을 바꾼다는 뜻이다.

결론적으로 '화폐단위' 라는 말은 대단히 이상한 표현이다. 그런데 흥미롭게도 한국이 만든 이 어색한 단어를 일본이 최근 수입했다. 일본은 1987년 기존의 화폐법을 대체한 '통화의 단위 및 화폐의 발행 등에 관한 법률(通貨の単位及び貨幣の発行等に関する法律)' 을 제정했는데, 이 법에서 '통화의 단위' 라는 표현이 쓰였다. 이는 한국에서 수입한 표현이며, 악어(惡語)가 양어(良語)를 구축한 셈이다.[23]

화폐명칭의 사용과 언급

문자기호는 의미를 전달하기 위해 사용(use)되기도 하고, 그 자체가 언급(mention)되기도 한다. "사과는 빨갛다" 라는 문장에서 사과는 과일을 의미하고, "사과는 두 글자다" 라는 문장에서 사과는 문자기호를 의미한다. 이때 첫 문장의 사과는 사용되고, 둘째 문장의 사과는 언급되었다고 한다.

법률에서는 사용과 언급을 엄격히 구별한다. 용어 자체를 언급할 때, 즉 정의할 때 반드시 따옴표(" ")로 묶는다. 한국은행법 제11조와 제77조에서도 "금융기관" 과 "정부대행기관" 을 정의할 때 따옴표를 붙인다. 같은 법률에서 금융기관과 정부대행기관이라는 말을 사용할 때는 따옴표를 붙이지 않는다.

문자의 사용과 언급을 엄격히 구별한다면 이 조에서 한국은행권의 명칭인 "원" 을 지칭(언급)할 때는 따옴표를 써서 "한국은행권의 단위는 "원" 이다" 라고 표기해야 한다. 이때 "원" 은 "지갑 안에 10만원이 있다" 라는 문장에서 원(사용)과 쓰임새가 다르다. 한마디로 말해서 이 조 제1항에서 따옴표가 빠진 것은 명백한 실수다(개정안을 만든 필자의 실수임을 고백한다).

다만, WON과 JEON은 약간 다르다. 현재 유통되는 한국은행권에는 영문 소문자에 가까운 'won' 으로 인쇄되어 있는데, 이는 법률에서 영문 대문자로 규정한 'WON' 과

23. 일본의 '통화의 단위 및 화폐의 발행 등에 관한 법률' 은 용어의 사용 면에서 수준 미달이다. 이 법 제2조 제1항은 "통화의 액면가치 단위는 '엔' 이며 액면가치는 1엔의 정배수로 한다" 라고 규정하고 있는데, 액면가치는 대상이 구체적일 때만 적용될 수 있는 말이다. 예를 들어 '특정 주식의 액면가치' 는 있어도, 집합명사인 '유가증권의 액면가치' 라는 말은 없다. 마찬가지로 '일본은행권의 액면가치' 는 맞는 말이지만 '통화의 액면가치' 는 대단히 이상한 말이다.

다르다(N과 n의 차이를 보라). 한국은행권에 인쇄된 WON은 문자(letter)가 아닌 디자인(typography)이기 때문에 법률의 표기와 약간의 차이가 용납된다. 하지만 법률에서 디자인까지 다루는 것은 어색하다. 따라서 WON과 JEON에 관한 내용은 삭제하는 것이 타당하다.[24]

이 조에 관한 필자의 생각은 다음과 같다.

〈필자의 제안〉

제47조의 2(한국은행권의 명칭)

① 한국은행권의 명칭은 "원"으로 한다.

② 제1항의 원은 100"전"으로 분할된다.[25]

③ (삭 제)

④ (삭 제)

24. 한국은행법에서 WON, JEON이 디자인이 아닌 문자기호라면 "WON"과 "JEON"처럼 따옴표를 붙여야 한다. 그리고 한국은행이 한국은행권에 "WON"과 "JEON"이라고 정확하게 인쇄하지 않을 경우 한국은행이 한국은행법을 위반한 것이 된다.

25. "원"이 계산의 단위라는 것은 불필요한 설명이라서 삭제했다.

제48조(한국은행권의 통용)
한국은행이 발행한 한국은행권은 법화(法貨)로서 모든 거래에 무제한 통용된다.

※ 이 조와 함께 읽어야 할 부분 : 제47조

이 조는 한국은행권이 법화임을 선언한다. 법화는 두 가지 의미를 갖는다. 지급인의 입장에서 보면 '법적 지급수단(legal tender)'이다. tender는 지급한다는 뜻인데, 법화로 지급하면 법적 채무가 완전히 소멸(IOU nothing)된다. 수취인의 입장에서 보면 '강제적 화폐(fiat money)'다. 라틴어 fiat는 "반드시 그러하리라(it shall be)"라는 의미인데, 법화를 받는 수취인은 이를 거부할 수 없다.

결론부터 말하자면 이 조는 제47조와 병합하는 것이 자연스럽다.

법 화

서양에서 법화의 개념을 처음 제시한 사람은 아리스토텔레스다. 그의 아들 니코마코스가 정리한 『니코마코스 윤리학』은 총 10권으로 이루어진, 인류 최초의 윤리학 책이다. 그 책(제5권)에서 아리스토텔레스는 "화폐를 노미스마(nomisma)라고 부르는 이유는 화폐가 자연적으로 탄생한 것이 아니라 법률에 의해 만들어졌기 때문이다. 화폐를 바꾸고 폐지하는 모든 힘은 자연이 아닌 인간에게 있다"라고 했다.[26] '노미스마'는 법률이나 명령을 뜻하는 그리스어 노모스(nomos)의 복수형이다. 이 문장을 통해 아리스토텔레스가 주장하는 것은 화폐는 물질이 아닌 사회제도 또는 국가의 명령이라는 점이다.

법화의 개념과 발행은 동양이 훨씬 빠르다. 기원전 11세기경 창건된 주나라에서는 강태공이 제안한 구부환법(九府圜法)에 따라 아홉 개 정부 부처가 각기 법화를 발행했다. 13세기에는 칭기즈칸이 한반도에서 동유럽에 이르는 넓은 정복지에서 지폐를 유통시켰다(금본위제도에 익숙했던 마르코 폴로는 『동방견문록』에서 이 사실을 믿을 수 없다는 듯이 기록했

---

26. "This is why it(money) has the name 'nomisma' – because it exists not by nature but by law(nomos) and it is in our power to change it and make it useless."

다). 우리나라에서는 고려 말 이성계가 위화도 회군 이후 닥나무로 만든 저화(楮貨) 발행을 추진했다. 화권재상(貨權在上), 즉 화폐를 만드는 권한은 최고책임자 한 사람에게 있으므로 구리가 부족하면 종이로도 얼마든지 돈을 만들 수 있다는 이유였다. 한마디로 말해서 법화를 다루는 이 조는 아리스토텔레스, 강태공, 이성계의 화폐사상과 맥을 함께 한다.

강제통용

법화임에도 불구하고 무제한 통용이 보장되는 것은 아니다. 예를 들어 유로 지역 중에서 독일, 핀란드, 네덜란드, 아일랜드에서는 상점 주인이 현금을 거부하고 신용카드 등을 요구할 수 있는 권리가 상당히 넓게 인정된다. 스웨덴에서는 헌법상 계약자유의 원칙이 법화의 강제성보다 우선한다는 헌법재판소의 재판도 있다. 그래서 스웨덴은 어느 나라보다도 현금 이용도가 낮은 가운데 10여 년 전부터는 화폐발행액 잔액이 감소추세에 있다.[27] 요즘에는 우리나라에서도 공용주차장이나 커피숍 등에서 현금 대신 다른 지급수단(신용카드)을 요구하는 경우가 많다.

휴대가 불편한 동전은 거부권이 더욱 확실하게 인정된다. 예를 들어 유로(Euro)화를 사용하는 프랑스, 독일, 이탈리아 등 유럽연합(EU)에서는 단일 거래 시 50개 이내에서만 동전을 의무적으로 수용하도록 한다. 그 이상을 제시했을 때 상대방은 거부할 수 있다. 일본은 동전의 종류별로 20개를 상한선으로 한다(통화의 단위 및 주화의 발행에 관한 법률 제7조). 영국(Coinage Act 제2조), 캐나다(Currency Act 제8조), 노르웨이(Act on Financial Contracts and Financial Assignments 제38조) 등에서도 유사한 법률 규정을 두고 있다.

그러나 우리나라에서는 아직까지 동전의 수취거부권이 인정되지 않는다. 그래서 직원의 퇴직금 전액을 동전으로 지급하더라도 합법이라는 판결을 받았다. 근로기준법(제43조 제1항)에서 "임금은 통화(通貨)로 직접 근로자에게 그 전액을 지급하여야 한다"라는 조항만 두고 있고 통화의 종류는 규정하지 않은 데서 나온 판결이었다.

퇴직금 등 거액을 동전으로 지급하더라도 이를 무조건 받도록 하면 주화가 상대방을

27. 이것이 스웨덴중앙은행이 세계 중앙은행 중에서 디지털화폐(central bank digital currency) 발행에 가장 적극적인 이유다.

골탕 먹이는 수단으로 활용될 수 있다. 따라서 '무제한 통용'에 어느 정도 예외를 두는 것이 필요하다. '무제한 통용'에 제한이 생겨도 한국은행권이 법화로서 위상이나 효력이 약화되는 것은 아니다.[28] 즉, 지하철이나 주차장에서 선불카드와 신용카드만 쓸 수 있더라도 그것이 법화의 지위를 무력화하는 것은 아니다. 법화의 본질은 물질에 있지 않고 '계산단위'라는 추상성에 있기 때문이다(이 점에 관해서는 제47조의 2 설명을 참조하라).[29] 모든 국민들이 모든 거래에서 국가가 선포한 "원"이라는 도량형을 사용하는 한 법화의 무제한 통용성은 훼손되지 않는다. 그러므로 물질로서의 화폐, 즉 주화나 소액권의 통용은 얼마든지 제한할 수 있다.[30]

참고로 IMF도 법화의 조건을 강제통용력에 두지 않는다. IMF는 정부에게 세금으로 낼 수 있는지 여부를 법화의 조건으로 본다.[31] 이러한 IMF의 견해에 따르면, 일부 가게에서 현찰과 동전을 거부하더라도 한국은행권이 납세의 수단으로 계속 인정되는 한 법화의 자격에는 전혀 변화가 없다(이에 비해서 비트코인 등 민간 지급수단은 납세의 수단이 될 수 없다).

결 론

이 조의 주어는 한국은행권이지만, 핵심은 법화라는 개념이다. 법화는 국가주권(sovereignty)에 기초한다는 점에서 이 조는 한국은행법보다는 헌법에 담는 것이 더 자연스러울 수 있다. 실제로 상당수 연방국가에서는 화폐의 발행을 헌법에서 다룬다.

한국은행은 헌법기관이 아니지만, 이 조를 통해서 한국은행이 외교, 국방, 치안 등과

---

28. 다시 말해서 법화는 무제한 통용되기 위한 필요조건이지 충분조건은 아니다.

29. 여기서 설명하는 개념은 케인즈의 『화폐개혁론(Treatise on Money)』(1930년)의 주장을 따른다. 케인즈는 물질로서의 화폐인 은행권(bank money)과 계산단위로서의 화폐(money of account)를 구분했다. 이 조에서 말하는 무제한 통용성은 계산단위의 특성이지, 물질로서 은행권의 특성은 아니라는 것이 필자의 생각이다.

30. 사장이 동전으로 지급하는 퇴직금을 직원이 무조건 받도록 명령한 법원의 판결은 '법화로서'의 의미를 몰랐거나 법화를 물질로만 파악한 결과라고 보인다.

31. Gross, Marco and Christoph Siebenbrunner(2019), "Money Creation in Fiat and Digital Currency Systems," *IMF Working Paper*, 285.

마찬가지로 국가주권 작용 중 하나(화폐주권)를 다루는 기관임이 분명해진다. 그것이 이 조의 중요한 의의다.

이 조에 관한 필자의 생각은 다음과 같다.

〈필자의 제안〉

제47조(은행권의 발행과 통용)[32]

② **한국은행권은 법화(法貨)로서 모든 거래에 무제한 통용된다. 다만, 이 법 또는 다른 법률에 의해 예외를 둘 수 있다.**

32. 현재의 제47조와 병합을 시도했다. 그것이 논리적으로 자연스럽기 때문이다.

제49조(한국은행권의 권종 등)
한국은행은 정부의 승인을 받아 금융통화위원회가 정하는 바에 따라 어떠한 규격·모양 및 권종(券種)의 한국은행권도 발행할 수 있다.

이 조는 한국은행권의 도안과 권종에 관한 규정이다. 결론부터 말하자면, 이 조는 특별히 수정할 내용이 없다.

한국은행권 발행의 원천은 국가주권에 있다(이에 관해서는 제48조 설명을 참고하라). 따라서 한국은행권의 규격·모양·권종에 관한 최종 권한은 정부가 갖는 것이 자연스럽다. 일제강점기에도 조선은행권의 양식과 종류는 조선총독이 결정했다(조선은행법 제22조). 그러나 정부 수립 초기에는 정부가 한국은행권의 규격·모양·권종에 큰 관심이 없었다(과거 사례에 관해서는 〈참고 4-2〉를 참조하라). 현재도 화폐도안은 사실상 한국은행이 주도한다. 한국은행은 이를 위하여 화폐도안자문위원회를 운영하고 있다. 화폐도안위원회를 정부가 운영하는 프랑스와 다르다.[33]

참고 4-2 한국은행권 발행과 정부 승인

1950년 7월 최초의 한국은행권인 1,000원권과 100원권을 발행할 때 정부의 승인과정은 거치지 않았다. 한국은행 총재와 도쿄지점 직원들이 일본 대장성과 협의하여 도안과 규격을 정했다(즉흥적으로 도쿄지점에 걸려 있던 이승만 대통령의 초상과 광화문 사진으로 정했다). 주화의 경우도 마찬가지다. 1959년 5월 50환 및 10환을 처음 발행할 때 정부 승인을 받지 않았다.

그러나 그 반대의 경우도 있었다. 1978년 6월 세계사격선수권 대회 기념주화 발행은 전적으로 정부가 주도했다. 액면금액, 도안, 발행량 등을 전부 정부가 결정하고 한국은행에는 사후적으로 통보했다. 발행 직전 금융통화운영위원회가 절차에 따라 발행을 의결하기만 했다. 그 때문에 세계사격선수권 대회 기념주화에는 한국은행의 부채임에도 발행자인 한국은행이 표시되지 않았다.

33. 우리나라에서는 화폐도안을 제3자가 무단으로 이용하는 행위에 대하여 별다른 규정을 두고 있지 않다. 저작권법(제4조 제1항 제4호)에 의한 '응용미술저작물'로 보아 이를 모사하여 무단 사용하는 것을 규제할 뿐이다. 그러나 미국, 캐나다, 중국, 싱가포르, 말레이시아 등에서는 화폐도안을 광고 등의 목적으로 무단 사용할 경우 중앙은행법 또는 형법을 통해 형사처벌한다.

> **제49조의 2**(위조 · 변조된 한국은행권의 집중관리)
> ① 한국은행은 위조 또는 변조된 한국은행권에 대한 수사 및 재판이 종료된 후에는 해당 위조 또는 변조된 한국은행권을 한국은행에 집중하여 관리할 수 있다.
> ② 제1항에 따른 위조 또는 변조된 한국은행권의 집중관리를 위하여 필요한 사항은 한국은행이 관계 기관과 협의하여 정한다.

이 조는 2011년 신설되었다. 형법을 보완하기 위해서다. 형법은 '통화(국내 · 외 화폐)' 의 위 · 변조(제207조)와 위 · 변조 통화의 취득(제208조)을 엄격히 금지하고, 심지어 미수(제212조)와 예비 · 음모(제213조)까지도 강력하게 처벌하지만 그 이후의 처리과정에 관해서는 특별한 언급이 없다. 그래서 위 · 변조된 한국은행권이 수사나 재판이 끝난 뒤 폐기되는 경우가 많았다. 이 조는 수사와 재판이 끝난 뒤 한국은행이 위 · 변조된 한국은행권을 인도받아 관리할 수 있도록 한다.

위 · 변조 화폐 관리에 관한 주요국 중앙은행법

국가별	법률명	규정 내용
독 일	독일연방법 은행법	– 위폐 및 권한 없이 통용시킨 통화대용화폐 또는 채무증서의 유치(제36조) ■ 독일연방은행, 신용기관, '은행법' 상의 금융서비스 기관 및 그 직원들은 위 · 변조화폐, 위폐로 의심되는 화폐 등을 의무적으로 보관(제1항)하고 경찰에 인계(제2항) ■ 몰수된 위폐는 독일연방은행이 보관 · 관리(제37조)
폴란드	폴란드 국립은행법	– 위폐(외화 위폐 포함)는 보상 없이 몰수하며, 총재는 법무부장관 및 내무행정장관과 합의하여 위폐로 의심되는 화폐를 압수하고 위폐를 관리(제35조)
체 코	체코 국립은행법	– 은행 · 법인은 체코 코루나 또는 외국화폐 형태로 위 · 변조된 은행권과 주화, 위 · 변조되었다고 의심되는 은행권과 주화를 보상 없이 회수하여 국립은행에 인도(제21조)
헝가리	헝가리 국립은행법	– 위 · 변조로 의심되는 헝가리 및 외국의 화폐는 전문감정을 위해 국립은행에 제출하고 위조된 헝가리 및 외국의 화폐는 보상 없이 국립은행에 제출(제31조 a2 · 3항) – 금융기관, 외환과 통화 취급기관 등은 헝가리 및 외국 화폐의 진위 여부를 검사하고 위 · 변조된 것으로 추정되는 화폐는 지체 없이 국립은행에 제출(제31조 a4항)

第50조(한국은행 보유 한국은행권)

한국은행이 보유하는 한국은행권은 한국은행의 자산 또는 부채가 되지 아니한다.

이 조는 한국은행 설립 당시부터 지금까지 한 글자도 고쳐지지 않고 같은 위치에 있다. 그러나 이 조는 삭제하는 것이 타당하다.

이 조는 쓸데없는 오해만 유발한다. 한국조폐공사가 납품하여 한국은행 금고 안에 보관된 한국은행권은 틀림없이 한국은행의 자산인데, 그것이 한국은행의 자산이 아니라고 선언하기 때문이다. 물론 이 조의 의미는 한국은행이 금고에 보관하는 한국은행권은 회계적 인식대상이 아니라는 것이다. 즉, 화폐가 아닌 인쇄물로 보라는 것이다(한국은행 실무진들은 금고에 보관 중인 한국은행권을 '미발행화폐' 라고 부른다). 이것은 너무나 당연하여 법률에 담을 가치가 없다.[34]

만일 이 조가 필요하다면 한국은행이 보관하는 통화안정증권도 한국은행의 자산이나 부채로 보지 아니한다는 규정이 필요하다. 나아가 국가재정법, 한국산업은행법 등에도 정부나 한국산업은행이 보관하는 국채나 산업은행채권은 각자의 자산과 부채에 해당하지 않는다는 규정이 있어야 한다. 그러나 그런 당연한 규정을 담은 법률은 없다.

이 조는 필리핀중앙은행법의 영향이다. 필리핀중앙은행법은 제2차 세계대전 직후 미 연준의 도움으로 1948년 제정되었는데, 당시 미 연준 직원들은 필리핀 국민과 중앙은행 직원들의 교육 수준을 감안하여 이런 원시적인 내용(필리핀중앙은행법 제51조)을 법률에 담았다. 부끄러울 정도로 유치하다.

이 조에 관한 필자의 생각은 다음과 같다.

〈필자의 제안〉

第50조(한국은행 보유 한국은행권) **(삭 제)**

---

34. 상법에는 여유자금으로 시장에서 매입한 자기 주식(자사주)과 채권을 일일이 어떻게 처리하라는 규정이 없다. 자사주 매입 시 감자의 가능성이 있지만, 반드시 그럴 필요는 없다.

제51조(한국은행의 채권회수 등)

① 한국은행은 한국은행권으로 채권을 회수하며 한국은행권으로 예금을 받아야 한다. 다만, 예금거래는 한국은행에 예금할 수 있는 자로 한정한다.

② 한국은행은 예금자의 요구에 의하여 즉시 한국은행권으로 예금을 돌려주어야 한다. 다만, 환급기(還給期)에 관하여 약정이 있는 경우에는 그 환급기가 된 후 돌려준다.

이 조는 채권의 회수방법, 예금거래 대상, 예금의 수취와 지급방법 그리고 예금의 특약(조건) 등 네 가지를 한꺼번에 다루고 있다. 그래서 산만하다. 주로 출납과 경리에 관한 사항을 다루고 있다는 점에서 그 위치도 적절치 않다. 출납과 경리는 중앙은행의 독립된 업무가 아니라 업무수행절차라는 점에서 제4장(한국은행의 업무)이 아닌 제8장(보칙) 정도에서 다루는 것이 적절하다.

채권의 회수

금전채무는 화폐로 변제하는 것이 원칙이다. 그러나 모든 거래를 화폐만으로 변제토록 하는 것은 지극히 비현실적이다. 금융기관들도 채권을 회수할 때 화폐(한국은행권)뿐만 아니라 타 은행이 발행한 자기앞수표나 당좌수표를 받고, 정부도 '증권에 의한 세입납부에 관한 법률시행령(제1조)' 에 따라 국고수표, 자기앞수표, 우편환, 가계수표, 당좌수표 등을 납세수단으로 인정한다(다만, 신용카드를 통한 국세납부는 허용되지 않는다).[35]

그런데 이 조에서는 국고수표, 자기앞수표, 우편환, 가계수표 및 당좌수표는 물론, 심지어 한국은행 자기앞수표를 받는 것도 금지한다. 이것은 너무나 비현실적이라서 한국은행도 이 조를 그대로 지킬 수 없다. 한국은행은 거액의 부동산 매각대금이나 간행물 판매대금 등을 자기앞수표로도 받는다. 그런 점에서 이 조는 한국은행이 지킬 수도 없고 지키지도 않는 사문(死文)이다.

35. 다만, 현금 이외의 지급수단이 부도가 나서 현금화(settlement)되지 않으면 채무의 변제로 인정되지 않는다.

선진국의 중앙은행법은 채권의 회수와 예금의 수입방법까지 세세히 규정하지 않는다. 심지어 일제강점기의 조선은행법에도 그런 내용은 없었으며, 한국은행법 제정 당시 크게 참조하였던 필리핀중앙은행법에도 이 조에 해당하는 내용은 없다. 현재 우리나라 은행법 등에서도 상업은행이 대출채권과 예금을 어떤 지급수단으로 받을지 꼬치꼬치 규정하지 않는다. 도대체 무슨 의도와 배경에서 이 조가 만들어졌는지 이해하기 어렵다. 지금까지 삭제되지 않은 것은 더 이해하기 어렵다.

예금의 환급

한국은행이 예금거래를 할 수 있는 대상기관은 제54조와 제79조에서 규정한다. 그러므로 이 조 제1항의 두 번째 문장인 "한국은행과의 예금거래는 한국은행에 예금할 수 있는 자에 한정한다"라는 문장은 무의미하다. 이 문장은 너무나 당연하여 황당하기까지 하다.

"예금거래는 한국은행에 예금할 수 있는 자에 한정한다"라는 문장을 쓰려면 제68조(공개시장조작)에도 "유가증권의 매매거래는 한국은행과 매매할 수 있는 자로 한정한다"라는 내용을 담아야 하고, 제82조(외국환업무)에도 "외국환업무는 한국은행과 외국환 거래를 할 수 있는 자로 한정한다"라는 내용을 담아야 한다. 싱겁기 짝이 없다.

제2항의 "한국은행은 예금자의 요구에 의하여 즉시 한국은행권으로 예금을 돌려주어야 한다"라는 내용도 사족이다. 이 문장의 의미를 굳이 따지자면 한국은행의 모든 예금은 요구불예금이라는 것이다. 그런데 중앙은행이 요구불예금만 취급하지 않는다. 글로벌 금융위기 이후 미 연준은 정기예금(term deposit)을 취급하고 있고, 한국은행도 현재 자금조정예금 등 인출이 제한되는 예금을 취급한다. 또한 한국은행의 요구불예금에 관해서는 제62조가 다루고 있다. 결론적으로 이 조 제2항에서 "예금자의 요구에 의하여 즉시 한국은행권으로 예금을 돌려주어야 한다"라는 말은 상당한 혼란만 유발하므로 삭제하는 것이 타당하다.

결 론

한국은행이 한국은행권으로만 여 · 수신 거래를 하도록 제한하는 것은 해외에서 유사한 사례를 찾아보기 어려운, 엄격한 제약이다. 국내 상업은행들은 예금 수입 시 현금 이외에 다른 금융기관이 발행한 자기앞수표 등을 수취하며, 미 연준법에서는 지역 연준이 수표 등으로 예금을 수입할 수 있음을 명시적으로 허용한다.[36]

이 조에서 한국은행이 한국은행권으로만 예금을 받도록 한 것은 어음교환제도를 인정하지 않기 때문이다. 대부분의 선진국 중앙은행들은 상업은행에서 진화했기 때문에 중앙은행이 어음교환제도보다 늦게 등장했다. 그래서 중앙은행의 업무도 어음교환제도를 전제로 운용되고 중앙은행이 수표로 예금을 받는 것을 당연하게 생각한다. 그러나 우리나라에서는 한국은행법이 최초의 금융법이며, 은행법보다 빨리 제정되었다. 그러므로 한국은행법에서는 어음교환제도를 전제할 수 없었고, 한국은행이 수표로 예금을 받는 것이 논리적으로 인정되지 않았다.

그러나 중앙은행은 상업은행 없이 홀로 존재할 수 없다. 한국은행법도 은행법보다 먼저 제정되었지만, 최소한 상업은행의 존재와 기능을 인정하고 있다(제11조, 제64조 등). 그러므로 어음교환제도도 인정하는 것이 자연스럽다. 다만 어음교환제도의 인정과 더불어 한국은행이 수표 등을 수취하게 되면, 그 수표를 어음교환에 회부해서 현금화하는 데 시간(보통 1영업일)이 걸린다. 그 시간만큼은 당좌예금(지급준비금)이 아닌 별단예금으로 관리되어야 한다. 이러한 출납 사무는 금융통화위원회가 규정을 통해 관리하게 된다. 미 연준법(Section 13, 1.)과 필리핀중앙은행법(제60조)이 그렇게 하고 있다.

그런데 현행 한국은행법은 출납 사무에 관하여 따로 규정을 두고 있지 않다. 동양에

---

36. 연방준비제도법 Section 13의 1. "Any Federal reserve bank may receive from any of its member banks, or other depository institutions, and from the United States, deposits of current funds in lawful money, national-bank notes, Federal reserve notes, or checks, and drafts, payable upon presentation, or other items, and also, for collection, maturing notes and bills ...(이하 생략)".
다만, '지급준비제도운영규정(Regulation D §204.5)' 에서는 미결제타점권(cash item), 즉 현금화되지 않은 지급수단은 추심을 마칠 때까지 예금으로 인식하지 않도록 한다("Cash items forwarded to a Federal Reserve Bank for collection and credit are not included in an institution' s balance maintained to satisfy its reserve balance requirement .... (이하 생략)").

서는 전통적으로 회계나 출납업무를 하찮게 생각하기 때문이다(이 점은 제7장에서 자세히 다룬다). 그러다 보니 실무자들이 한국은행법의 취지에 맞지 않게 출납 사무를 자의적으로 처리하는 경우가 있다. 과거 한국은행이 통화안정증권을 발행하면서 당좌수표를 받았던 것이 그 예다(한국은행법에는 증권을 발행할 때 한국은행권만 수취하라는 규정은 없다).[37] 그런 자의적인 일처리를 방지하려면, 금융통화위원회가 규정을 통해서 출납 사무까지 엄격히 통제해야 한다.

이 조에 관한 필자의 생각은 다음과 같다.

〈필자의 제안〉

제51조(한국은행의 채권회수 등) **(삭 제)**

제100조의 2(출납)

한국은행은 예금을 수입하고 채권을 회수하는 데 금융통화위원회가 정하는 바에 따른다.[38] **[조 신설]**

37. 당시 한국은행이 그렇게 했던 이유는 통화안정증권 수요를 높이기 위해서였다. 즉, 당좌수표는 어음교환 절차를 거쳐 하루 뒤에 현금화되지만, 통화안정증권의 이자는 발행한 날부터 붙는다. 그러므로 당좌수표로 통화안정증권을 인수한 금융기관은 하루치 이자수입을 얻었으며, 외환위기 이전 금리수준이 높았을 때는 그 불로소득의 규모가 상당히 컸다. 당시 자금부 직원이었던 필자는 그런 관행에 담긴 결제 리스크를 지적하고 중단시켰다(당시 자금부에는 결제 리스크라는 개념이 없었다). 그리고 25년 후 결제 리스크를 담당하는 금융결제국장을 맡게 되었다.

38. 한국은행의 채권 회수 시 국고수표 등을 수취할 수 있는 근거를 마련하되, 과거 한국은행 실무자들이 자의적으로 당좌수표를 받고 통화안정증권을 발행했던 관행을 금융통화위원회가 통제하는 데 목적이 있다.

제52조(한국은행권의 교환 등)

① 한국은행은 보유하고 있는 한국은행권의 사정이 허용하는 한 한국은행권 권종 간의 교환 요구에 따라야 한다.

② 한국은행은 훼손 · 오염 또는 그 밖의 사유로 통용에 적합하지 아니한 한국은행권을 신권(新券)으로 교환하여야 한다.

이 조는 제71조와 함께 한국은행의 의무를 다루고 있다. 결론부터 말하자면 이 조는 특별히 수정할 내용이 없다.

이 조는 상당히 흥미롭다. 겉과 속이 다르기 때문이다. 외견상으로는 한국은행에 의무를 부여하지만, 내용상으로는 오히려 한국은행에 재량권을 부여한다. 또한 외견상으로는 사유재(私有財)로서의 화폐를 말하지만, 내용상으로는 공유재(共有財)로서의 화폐 또는 화폐제도를 말하고 있다.

일반 재화나 유가증권의 가격은 희소성의 원리에 따라 결정되므로 속성과 가격이 정확히 비례하지 않는다. 60평 아파트의 가격이 30평 아파트의 2배가 아니며, 3년 만기 채권가격(금리)이 1년 만기 채권가격(금리)의 1/3이 아니다. 이에 비해서 30센티미터 자는 10센티미터 자의 정확히 3배다. 길이의 척도로서 센티미터는 희소성이 아닌 가산성(additivity)의 원리가 작용하기 때문이다.

화폐 역시 계산단위(unit of account)이기 때문에 권종 간 교환비율이 액면금액에 정확히 비례해야 한다. 즉, 5만원권은 1만원권의 정확히 5배다. 권종 간 교환에서 할인(디스카운트)이나 할증(프리미엄)이 생긴다면 더 이상 계산단위로서 기능할 수 없다. 희소성의 원리에 따라 가격이 결정되는 기념주화가 그 예다.

권종 간 교환비율은 액면금액에 정비례해야 하므로 소모나 손상 여부는 고려사항이 아니다. 즉, 시중에 유통 중인 돈 또는 손상된 돈을 한국은행이 새 돈으로 교환할 때 주인은 비용을 지불하지 않고 한국은행은 디스카운트를 하지 않는다. 그것이 제2항의 취지다.

헌 돈과 새 돈을 바꿀 때 개인이 비용을 부담하지 않는 것은 도로가 훼손되었을 때 개인이 수리비를 부담하지 않고 국가예산으로 보수공사를 하는 것과 같다. 즉, 한국은행권은 도로와 마찬가지로 공공재임을 의미한다.[39] 한국은행권은 순수 사유재가 아니다. 주화를 고의적으로 훼손하는 것을 금지(제53조의 2)하며, 주화를 훼손하는 자에게 벌칙을 부여하는 것(제105조의 2)도 한국은행권의 공공재적 속성에서 나온다.

공기나 국방 서비스 등 공공재는 그것을 획득하기 위하여 소비자끼리 서로 경쟁하지 않으며(non-rivalry), 배타적으로 소비하지도 않는다(non-excludability). 그래서 적정 가격을 책정하기가 어렵고, 외부효과(external effect)를 가진다. 이런 속성 때문에 공공재는 과잉투자되거나 과잉소비되는 문제를 갖는다. 공공재가 과잉소비되는 것을 막는 방법 중 하나는 소비자나 사용자에게 세금을 부과하는 것이다. 그것을 피구세(Pigouvian tax)라고 한다.

이 조 제1항에서 "한국은행의 사정이 허용하는 한"이라는 조건은 일종의 피구세다. 한국은행은 손상화폐를 교환할 때 비용을 징구하지는 않지만, 새 돈을 바라는 사람들의 수요를 100% 수용하지도 않는다. 사정이 허용하는 범위 안에서만 새 돈으로 교환해 준다. 이럴 경우 시간과 비용을 들여 한국은행 창구를 찾아와도 원하는 만큼의 새 돈을 얻을 수 없다. 그 불확실성이 소비자의 피구세에 해당한다.

결론적으로, 이 조는 한국은행에 대해서 "따라야 한다"와 "하여야 한다"라는 명령문의 형식을 취하지만 실질적으로는 재량권을 폭넓게 인정하는 역설이 담겨 있다. 유럽중앙은행이나 일본은행도 유사한 법률조항을 두고 있다.[40]

39. 자동차는 사유재이므로 수리비용을 주인이 부담한다. 만일 한국은행권이 순수 사유재라면 헌 돈을 새 돈으로 바꾸는 비용을 소유자가 부담해야 할 것이다.

40. 유럽중앙은행 정관 제49조 및 일본은행법 제48조.

제53조(주화의 발행)

① 한국은행은 주화(鑄貨)를 발행할 수 있다.

② 제1항에 따른 주화에 관하여는 제48조, 제49조, 제49조의 2 및 제50조부터 제52조까지의 규정을 준용한다.

이 조는 한국은행의 주화 발행을 규정한다. 결론부터 말하자면 이 조는 특별히 수정할 내용이 없다.

오늘날과는 반대로, 과거 상품화폐 시대에는 주화가 주된 화폐였고 은행권이 보조화폐였다. 일상생활에서는 거의 주화만 쓰이고 은행권은 상인들 사이에서 거액의 거래에서만 쓰였다(은행권은 원래 은행이 발행하는 약속어음이었다). 당시 주화 발행은 국왕의 권한이었다. 그래서 화폐 명칭에는 크라운, 크로네, 프랑 등 군주와 관련된 것이 많았다.[41] 군주와 관련이 없더라도 군주가 정한 무게단위가 화폐명칭으로 쓰였다. 파운드, 리라 등이 그 예다. 우리나라를 비롯한 동북아지역에서 화폐단위로 쓰였던 문(文), 냥(兩), 전(錢), 푼(分) 등도 진시황(秦始皇)이 천하를 통일한 뒤 선포한 무게단위였다.

그런 전통 때문에 주요국에서는 아직도 주화 발행은 정부의 사무라는 생각이 강하다. 그래서 중앙은행법에는 은행권 발행만 언급되고 주화에 관해서는 별도의 규정이 없다. 예를 들어 미 연준법(제16조)에서는 은행권의 발행 권한은 언급되는 반면, 주화의 발행에 대해서는 언급이 없다. 즉, 주화는 연방준비은행이 발행하는 것이 아니라 금괴나 외국환처럼 연방준비은행이 정부에서 매입하여 공급하는 것으로 규정한다(제25조의 A, 6.(a)). 일본은행법에서도 주화는 전혀 언급되지 않는다. 다만, 러시아를 시작으로 서유럽보다 늦게 중앙은행이 출현한 나라에서는 중앙은행법에서 은행권과 주화가 동등하게 다뤄진다. 한국은행법도 그중 하나다.

---

41. 크라운과 크로네는 왕관을 의미하고, 프랑은 14세기 프랑스의 왕 장 2세를 의미한다. 14세기 중반 프랑스가 새로 발행한 주화에는 장 2세가 늠름하게 말을 탄 모습이 새겨졌는데, 그때 '말을 탄 늠름한 왕(Francorum Rex)'이라는 말을 줄여서 '프랑'이라는 말이 생겼다. 자세한 내용은 필자의 『금융오디세이』(인물과사상사, 2013년)을 참고하라.

제53조의 2(주화의 훼손금지)
누구든지 한국은행의 허가 없이 영리를 목적으로 주화를 다른 용도로 사용하기 위하여 융해·분쇄·압착, 그 밖의 방법으로 훼손하여서는 아니 된다.

※ 이 조와 함께 읽어야 할 부분 : 제105조의 2

이 조는 2011년 추가되었으며, 주화 훼손의 처벌 내용을 담은 제105조의 2와 쌍을 이룬다. 이 조는 한국은행 이외의 자를 규제한다는 데 특징이 있다. 한국은행의 업무를 규정하는 제4장에서 한국은행이 아닌 제3자에게 초점을 맞추는 것은 이 조와 상업은행의 지급준비의무를 규정한 제55조뿐이다. 결론부터 말하자면, 이 조는 수정할 내용이 없다.

상품화폐 제도에서는 '주화 훼손'이라는 개념이 없거나 오늘날과 달랐다. 즉, 18세기 이전에는 주화를 가지고 갉아내기(sweating)와 깎아내기(clipping) 등의 행위를 하면 처벌받았지만 주화를 녹이거나 찌그러뜨리는 행위는 처벌받지 않았다(〈참고 4-3〉을 참조하라).

오늘날에도 주화 훼손에 관한 처벌규정을 두는 나라는 많지 않다.[42] 주화는 은행권을 보조하는 역할에 그치고 있으며, 액면금액이 상당히 낮기 때문이다. 주화 훼손이 경제 전체에 미치는 영향도 은행권의 위·변조보다는 매우 미미하다.

우리나라는 일제강점기 이후 1959년까지 주화를 발행하지도 않아 형법과 한국은행법에서 주화 훼손이라는 개념이 없었다. 그런데 1990년대 들어 소재가치와 액면가치의 차이를 이용하여 일부 업자들이 전문적으로 주화를 훼손하는 사례가 늘어났다. 이에 2011년 한국은행법 개정을 통해 처벌근거를 마련하였다. 한국은행법(제105조의 2)에 따라 주화를 훼손한 자는 1년 이하의 징역 또는 1천만원 이하의 벌금에 처한다. 참고로 은행권의 훼손에 관해서는 우리나라를 포함한 거의 대부분의 나라들이 별도의 처벌규정을 두고 있지 않다. 즉, 은행권은 위·변조만이 처벌대상이다.

---

42. 미국 형법 제331조, 캐나다 화폐법 제11조 및 형법 제456조, 영국 '통화 및 은행권법' 제12조 및 주조법 제10조, 싱가폴 화폐법 제30조 등.

참고 4-3 상품화폐 제도 하에서의 주화 훼손

상품화폐 제도에서도 융해 · 분쇄 · 압착 등 주화 훼손에 대한 처벌의 개념이 매우 약했다. 내재가치만 있다면 화폐의 형태를 변형하는 것은 얼마든지 용납되었다. 즉, 화폐가 매우 희소하여 주조점(minting point) 이상으로 가치가 상승하면 새로운 주화를 만들었고, 너무 흔해져서 융해점(melting point) 이하로 가치가 하락하면 시중에 유통되는 주화를 녹여 다른 용도로 썼다.

따라서 화폐의 가치는 융해점(melting point)과 주조점(minting point) 사이에서 움직였다. 또한 외국 화폐와의 교환비율인 환율도 소재가치(함량)의 비교를 통해 결정되고 균형이 유지되었다. 상품화폐 제도에서 처벌대상은 함량을 속이는 것이었다. 깎아내기(clipping)와 갉아내기(sweating) 등 주화의 함량을 속이려는 시도는 엄격하게 처벌되었다.

한편, 주화의 용해와 주조가 자유로울 때 가장 큰 문제는 국가가 정한 가치체계가 지켜지지 않고 통화량도 통제할 수 없다는 점이다. 예를 들어 서기 800년경 영국의 캐롤링거 왕조가 주화 간 교환비율(1파운드 = 20실링 = 240페니)을 정했지만, 소재가치의 변동 때문에 그 비율은 시장에서 끊임없이 변동했다.[1)]

또 다른 문제는 일상생활에 필요한 잔돈이 항상 부족하다는 점이다. 서민들의 일상생활에 필요한 소액표시 주화(잔돈)는 공공재적인 요소가 있어서 소재가치가 액면금액을 다소 상회하더라도 국가가 주조를 중단하지 않았다. 그러나 업자들은 이를 녹여서 끊임없이 다른 용도로 썼다. 그래서 상거래가 지장을 받을 정도로 주화가 항상 부족했다. 우리나라도 조선시대 후반 지속적인 주화의 퇴장(hoarding)으로 실물경제가 위축되는 전황(錢荒)을 경험했다.

---

1) 주화 제작에 관한 중세와 근세의 유럽 역사는 아래 참고문헌을 참고하라.
Cipolla, Carlo M.(1956), *Money, Prices and Civilization in the Mediterranean World, Fifth to Seventeenth Century*, New York : Gordian Press.
Sargent, Thomas J. and François R. Velde(1997), "The Big Problem with Small Change," Working Papers Series 97-8, Federal Reserve Bank of Chicago.

제53조의 3(기념화폐의 발행)
한국은행은 널리 업적을 기릴 필요가 있는 인물이나, 국내외적으로 뜻깊은 사건 또는 행사, 문화재 등을 기념하기 위한 한국은행권 또는 주화를 발행할 수 있다.

이 조는 기념화폐 발행의 근거다(기념화폐는 기념주화와 기념은행권을 포함한다). 그러나 구속력이나 실효성은 없다. 이 조가 없더라도 한국은행은 얼마든지 기념화폐를 발행할 수 있으며, 이 조가 그것을 촉진하는 것도 아니다. 그런 점에서 이 조는 얼마든지 삭제가 가능하다.

이 조는 2012년 신설되었다. 이 조가 없었을 때도 한국은행은 간간이 기념주화를 발행해 왔다. 그런데 2000년대 들어서 우리나라의 유명 인사 및 역사적 사건을 기념하는 금속제품을 해외에서 주문 생산되는 사례가 늘면서 한국은행에 압력이 쏟아졌다. 국내에서도 제작 가능한 것을 해외에서 제작하는 현상을 국내 언론이 '국부유출' 이라고 보도하면서 이를 가급적 국내에서 제작하자는 주장을 제기했다. 한국은행이 기념주화를 좀 더 적극적으로 발행하라는 주문이었다.

그러나 당시 언론의 보도는 순전히 오해였다. 언론보도와 달리 우간다에서 제작된 '대한민국의 섬 독도' 은화, 리베리아에서 제작된 '김수환 추기경 기념' 색채은화, 투발루 공화국에서 제작된 '김연아 기념' 주화, 니우에에서 발행된 '한국전쟁 60년 기념' 색채은화 등은 기념주화(commemorative coins)가 아니라 기념 메달이었다.[43] 외국에서 제작되는 기념 메달이 많다는 이유로 한국은행에게 주화의 종류를 늘리라고 촉구하는 것은 코미디였다.

한국은행이 기념주화 제작에 비교적 보수적인 입장을 견지해 온 것은 그럴 만한 이유가 있었기 때문이다. 기념주화는 기본적으로 소량으로 제작되므로 발권비용 상승을 초래한다. 그 비용은 한국은행 이익금 감소로 이어져서 결국 국민의 부담이 된다. 나아가 기념주화는 사회적 공감대를 바탕으로 발행되어야 하는데 한국은행이 여론을 조성하거

43. 기념주화는 법화의 일종이므로 정부의 승인을 얻어 금융통화운영회가 발행(제49조)해야 하고, 민간에서 모든 거래에서 무제한 통용되어야 한다(제48조). 만일 언론에서 보도된 것처럼 외국에서 제조된 기념 메달이 기념주화라면 이를 의뢰한 업자들은 한국은행법(제47조) 위반으로 처벌받아야 한다.

나 통일시키는 데는 한계가 있다.

과거 올림픽이나 월드컵 등 국가적 행사를 개최할 때 정부는 특별법을 제정하여 강제로 한국은행이 기념주화를 발행토록 했다. 법률을 통한 이런 방법에는 이론이 있을 수 없다. 그런데 상당수 특별법에서는 해당 행사 주관기구가 기념주화를 독점적으로 인수하여 각종 비용에 충당했다(예 : '2013 평창 동계스페셜올림픽 세계대회 지원법' 제10조 등). 이처럼 한국은행이 특정 기관의 수익성을 보조해 주는 들러리 역할에 그치는 경우가 많았기 때문에 한국은행은 기념주화를 발행하는 데 소극적이었다.

2012년에 신설된 이 조는 한국은행이 발권업무를 수행하는 데 좀 더 적극성을 가지라는 정치권의 주문이다. 그러나 한국은행이 특정 기관이나 단체의 요구를 수용해서 기념주화나 기념화폐를 발행할 때는 언제나 시비가 생기게 된다. 따라서 기념주화나 기념화폐 제작은 국회에서 정해주는 것이 합리적이다.

한국은행이 기념주화를 적극적으로 발행하지 않더라도 다른 방법은 있다. 한국조폐공사가 영리사업으로서 사회 각 단체의 수요에 부응하여 기념 메달을 제작하는 방법이다. 특정 사건이나 인물을 기리는 행사를 반드시 기념주화 형태로 추진해야 할 필연성은 크지 않다.

이 조에 관한 필자의 생각은 다음과 같다.

〈필자의 제안〉

제53조의 3(기념화폐의 발행) (삭 제)

제2절 금융기관의 예금과 지급준비

이 절은 한국은행의 예금업무를 다룬다. 은행법에서는 상업은행의 수신으로서 예금 이외에 적금(은행법 제27조)과 상호부금(제27조의 2)을 인정하지만,[44] 한국은행법에서는 예금과 한국은행통화안정계정(제70조)만 허용한다. 통화안정계정은 일정 기간 인출이 제한되는 점에서 저축성예금(time deposit)인데 비해, 이 절에서 다루는 예금은 원칙적으로 요구불예금(demand deposit)이다.

중앙은행의 예금은 상업은행의 예금과 성격이 다르다. 상업은행이 수취하는 예금자금은 대출의 재원이다. 따라서 상업은행의 예금계약은 법적으로 소비임치계약(민법 제702조)에 해당한다.[45] 이에 비해서 중앙은행의 예금은 대출의 재원이 아니다. 중앙은행은 예금액에 구애받지 않고 화폐 발행을 통해 대출한다. 따라서 중앙은행의 예금계약은 소비하지 않고 보관만 하는 임치계약(민법 제693조)에 가깝다.[46]

중앙은행 예금의 성격 중 보관(임치)의 측면만 강조하면 이를 규제라고 보기 쉽다. 즉, 중앙은행이 상업은행의 대출 재원 일부를 강제로 묶어두는 통화량 조절수단으로 보게 된다. 이런 견해는 통화량 관리를 중시하는 통화주의(monetarism)를 통해 널리 확산되었다. 하지만 1990년 이후 통화주의는 퇴조했고, 상당수 국가(영국, 캐나다, 호주, 스웨덴)에서는 지급준비의무가 폐지되었다. 그리고 오늘날 대부분의 선진국들은 지급준비금에 이자를 지급하고 있다. 따라서 중앙은행의 예금업무를 더 이상 규제로 보기 힘들다.

반대로 중앙은행 예금의 성격 중 보관이 아닌 지급에 초점을 맞추면 이는 특혜에 해당한다. 상업은행들이 내국환업무를 수행할 수 있는 것은 중앙은행에 예치한 예금자원

44. 적금은 주로 가계부문의 저축증진을 위해서 도입되었고, 상호부금(보통 '계(契)' 라고 부른다)은 금융기관 접근성이 낮은 사회에서 가입자가 대출을 받기 위한 수단으로서 도입되었다. 적금은 저축성예금의 한 형태이기 때문에 은행법에서 굳이 구분할 필요는 없다고 보인다. 상호부금은 수신이 여신과 결합된 금융상품이므로 이를 다루는 것이 은행의 본업이 아닌 부수업무에 해당한다.

45. 소비임치계약에 상대되는 것은 소비대차계약(민법 제598조)이다.

46. 중앙은행에 예치된 지급준비금이 예금주의 요구로 인출되거나 다른 은행에 지급될 때 원래 보관했던 현찰이나 주화를 반환하지 않는다. 이는 중앙은행이 원래의 현찰과 주화를 소비했기 때문이 아니다. 현찰과 주화의 물리적 속성이 무시되는 법화의 성격(모든 거래에 무제한 통용) 때문이다.

을 지급의 원천으로 삼기 때문이다. 즉, 중앙은행과 중앙은행의 예금은 내국환업무의 필요충분조건이며, 상업은행은 중앙은행과 예금거래를 통해 배타적 특혜를 누린다.

유감스럽게도 한국은행법에서는 그런 점이 제대로 부각되지 않는다. 상업은행에 대한 규제의 성격은 제55조(지급준비의무)를 통해 드러나지만, 상업은행만 누리는 혜택인 내국환업무는 잘 드러나지 않는다(내국환업무는 제81조와 제84조에서 다룬다).

이 절의 제목은 '금융기관의 예금과 지급준비(reserve requirement)' 이다. 이 중에서 뒷부분, 즉 지급준비에 초점을 맞추면 상업은행의 의무가 강조되고, 앞부분, 즉 예금거래라는 서비스에 초점을 맞추면 내국환업무와 상업은행의 편익이 부각된다. 그 둘의 균형을 맞추는 것이 한국은행법 해석과 운용에서 대단히 중요하다.

제54조(한국은행의 예금 수입)
한국은행은 금융기관의 예금을 받을 수 있다.

※ 이 조와 함께 읽어야 할 부분 : 제55조, 제79조, 제81조

이 조는 한국은행 수신업무의 근거다. 그런 점에서 은행권 발행(제49조), 여신(제64조), 공개시장조작(제68조), 외국환업무(제82조) 등과 대칭을 이룬다. 이 조는 1950년부터 지금까지 위치와 내용이 거의 바뀌지 않았지만, 두 가지 부족함이 있다. 금융통화위원회가 언급되지 않는 점과 이자지급 여부가 분명하지 않다는 점이다.

은행권 발행, 수신, 여신, 공개시장조작, 외국환업무 등 한국은행의 중요 업무 중에서 금융통화위원회가 언급되지 않은 것은 이 조가 유일하다. 수신업무 중에서도 비은행금융기관(민간)으로부터의 예금 수취(제79조)에는 금융통화위원회의 의결이 명문화되어 있다. 한국은행 수신의 대부분을 차지하는 상업은행 예금(예 : 자금조정예금, 결제전용예금 등)에만 금융통화위원회 의결이 누락된 것은 중대한 허점이다.

법률적으로나 실무적으로나 여신에 비해서 수신업무에서 금융통화위원회의 통제가 유독 약한 것은 일본의 영향이다. 참고로 일본에서는 일본은행의 예금거래 대상기관을 정책위원회가 아닌 정부가 정한다.[47] 일본은행 정책위원회는 예금거래 대상기관과 지급준비대상 채무 등 원칙적인 문제를 뺀, 지급준비율 조정과 같은 기능적인 문제에만 개입한다. 한편, 일제강점기의 조선은행은 조선식산은행이나 동양척식주식회사와 수신 경쟁을 했다. 그래서 조선은행에서는 예금액과 거래고객이 많을수록 좋다는 의식이 형성되었다. 현재의 한국은행은 일본은행과 조선은행의 영향을 받아 예금업무를 비교적 느슨하게 관리하며, 다다익선(多多益善)으로 생각하는 경향이 있다.[48]

---

47. 일본은행법은 일본은행의 설립과 업무에만 초점을 맞추고 있다. 일반인에까지 영향을 미치는 중요 사안들은 별도의 법에서 다룬다. '통화의 단위 및 화폐 발행 등에 관한 법(通貨の単位及び貨幣の発行等に関する法律)'과 '지급준비제도에 관한 법(準備預金制度に関する法律)' 등이 그 예다.

48. 예를 들어 대출과 달리 예금계좌의 신설과 관리는 금융결제국장에게 상당폭 위임되어 있다. 참고로 미국, 호주, 인도 등 중앙은행에 준비은행(Reserve Bank)이라는 이름이 붙는 나라에서는 예금의 취급이 매우 엄격히 관리되고 있어 한국은행과 크게 대비된다.

예금업무를 느슨하게 관리하면 내국환업무의 부실로 이어진다. 내국환업무는 중앙은행에 개설된 요구불예금 계좌를 기반으로 수행되는 상업은행의 특권(privilege)이다. 한국은행법은 그 특권을 상업은행에게만 허용하고 있다. 금융통화위원회는 그 특권이 공정하게 관리되도록 노력해야 한다(내국환업무에 관해서는 제81조를 참조하라).

한편, 현행 법률에는 강제적 예금인 지급준비금에 대해서만 이자지급이 언급(제55조)되어 있다. 따라서 상업은행들의 자발적 예금에는 이자지급이 금지된다고 해석할 여지가 있다. 그러나 한국은행은 현재 자금조정예금 등 자발적인 예금에도 이자를 지급하고 있다. 그에 관한 법률적 근거를 보완할 필요가 있다.[49]

이 조에 관한 필자의 생각은 다음과 같다.

〈필자의 제안〉

제54조(한국은행의 예금 수입)

① 한국은행은 금융통화위원회가 정하는 바에 따라 금융기관의 예금을 받을 수 있다.

② 제1항에 따른 예금에 대해서는 금융통화위원회가 정하는 바에 따라 이자를 지급할 수 있다.[50]

49. 지급준비의무가 적용되지 않는 자발적 예금에 대해서도 금융통화위원회가 이자를 지급하는 근거는 현행 제28조에 없다.

50. 제55조 제2항의 내용을 옮겨 왔다. 지급준비금은 은행들이 한국은행에 자금을 예치하는 용도에 의한 이름이다. 한국은행이 이자를 지급하려면, 예금주의 의도나 예금의 용도에 상관없이 예금의 속성을 기준으로 삼아야 한다.

[보론]

과거에는 상업은행의 예금을 수취하는 것이 한국은행의 의무였다("예금을 수입한다"). 그러나 1998년 법률 개정 시 선택사항으로 바뀌었다("예금을 받을 수 있다"). 이것은 매우 중대한 변화다. 제55조에 따라 상업은행들이 지급준비금을 보유하더라도 반드시 그 자금을 한국은행에 예치할 필요는 없다는 것을 의미하기 때문이다. 즉, 한국은행은 소형은행의 지급준비금을 한국은행이 아닌 대형은행에 예치토록 할 수 있다.

참고로 미 연준은 모든 예금기관의 지급준비금을 직접 관리하지 않는다. 소형은행들은 대형은행(correspondent bank)에 지급준비금을 예치하고 대형은행이 위탁은행을 대표하여 지역 연준에 지급준비금을 예치한다. 그에 따라 연준에 마련된 당좌예금 계좌는 주계좌(master account)와 통과계좌(pass-through account)로 계층화되어 있다(대형은행은 소형은행으로부터 위탁받은 지급준비금을 자신의 주계좌에 속한 통과계좌로 관리한다).

한국은행은 아직까지 이런 방식을 운용하지 않으나 금융통화위원회의 결정에 따라 얼마든지 도입할 수 있다.[51] 이런 방식을 도입할 경우 중앙은행과 직접 예금거래를 하는 것은 상업은행의 의무가 아니라 특혜(privilege)라는 점이 더욱 분명해질 것이다.

51. 따라서 한국은행의 지급결제정책에 협조하지 않는 은행에 대한 벌칙으로 주계좌 활용을 정지하거나 예금계좌 이용수수료를 차등화하는 방법도 가능하다. 이런 정책수단을 개발하여 활용하는 것이 한국은행의 새로운 과제가 될 것이다.

제55조(지급준비금의 예치 등)

① 금융기관은 예금채무와 그 밖에 대통령령으로 정하는 채무(이하 "지급준비금 적립대상 채무"라 한다)에 대하여 제56조에 따른 지급준비율에 상당하는 금액 이상의 금액을 지급준비금으로 보유하여야 한다.

② 제1항에 따른 지급준비금에 대하여는 금융통화위원회가 정하는 바에 따라 이자를 지급할 수 있다.

※ 이 조와 함께 읽어야 할 부분 : 제11조, 제54조, 제59조

이 조는 지급준비제도(reserve requirement system)에 관한 규정이다. 그래서 이 조는 한국은행의 업무를 다루면서도 문장(제1항)의 주어가 한국은행이 아닌 금융기관(상업은행)이다.

결론부터 말하자면 이 조에는 결정적 결함이 있다. 예금채무에 관해서 뚜렷한 정의가 없다는 점이다. 예금채무를 누가 판단하는지도 분명하지 않다(정부는 예금채무 이외의 수신상품에 선별적으로 지급준비의무를 부여할 수 있다). 그저 상식에 맡길 뿐이다. 이런 사례는 주요국 중앙은행법에서 찾아보기 힘들며, 중앙은행법으로서 낙제감이다.

의 의

최초의 지급준비제도는 내국환업무(지급결제업무)를 위해서 고안되었다. 최초의 중앙은행이라고 알려진 암스테르담은행은 1609년 일종의 어음교환소(clearing house)로 설립되어 이 지역에 밀집한 상업은행들로부터 자발적으로 자금을 예치(동업자예금)받고 그 자금을 이용하여 추심업무를 수행했다(오늘날에도 외국환에 대해서는 해외의 코레스은행을 통해 이런 방식으로 송금과 추심업무가 이루어진다). 이런 과정은 미국에서도 똑같이 반복되었다. 중앙은행이 없었던 미국의 자유은행시대(free banking era)에 보스턴 지역에서는 자생적으로 설립된 어음교환소가 동업자예금을 맡아 오늘날의 중앙은행 역할을 했다. 중요한 점은, 통화신용정책이라는 개념이 없었을 때도 상업은행들이 자발적으로 한 기관에 지급준비금을 예치했다는 사실이다.

강제적인 지급준비의무는 미국에서 시작되었다. 남북전쟁 당시 전비가 부족했던 링컨 행정부는 1863년 국법은행법(National Bank Act)을 제정하고 은행권 발행의 근거를 금과 국채로 한정했다. 이 법에 따라 국채은행들이 은행권을 발행하려면 먼저 똑같은 금액의 국채를 인수해야 했다(다만, 매입한 국채는 자신의 금고에 보관했다). 전쟁이 끝난 뒤에는 연방정부가 지급준비율을 조금씩 낮추어서 은행권 발행이 늘어나도록 했다. 이를 부분 지급준비제도(partial reserve requirement)라고 한다.

대공황을 즈음하여 금본위제도가 파기되면서 부분 지급준비제도가 정책수단으로 부각되었다. 즉, 승수모형[52]에 근거하여 지급준비율 변경을 통해 통화량을 조절한다는 개념이 확산된 것이다.[53] 그래서 1933년 미 의회는 연준에 일정 범위 내에서 지준율을 탄력적으로 변경할 수 있는 권한을 부여했다(1933년까지는 지급준비율 인상이 금지되었다). 그러면서 지급준비제도가 통화신용정책수단 중 하나로 자리 잡았다.

한편, 이 조에서는 지급준비금의 예치장소가 언급되지 않는다. 1997년 이전에는 "한국은행에" 라는 표현이 있었는데 1998년 삭제되었다. 따라서 한국은행은 지급결제제도의 안전성과 효율성을 위해서 소형은행의 지급준비금을 대형은행에 예치토록 할 수 있다(이 점에 관해서는 제54조의 [보론]을 참조하라).

예금채무

이 조의 핵심은 예금채무의 범위다. 외국에서도 예금채무의 범위와 그 결정주체가 지급준비제도 운영의 핵심이다. 이에 관해서는 일본과 미국이 극단적으로 다른 방식을 취하고 있다.

일본에서는 지급준비제도를 정부가 운용한다(그래서 일본은행법에는 지급준비제도에 관한 내용이 없다). 1957년 제정(1965년부터 시행)된 '준비예금제도에 관한 법률'에 의해 일본 정부는 지급준비의무 적용대상 금융상품의 범위(제5조)와 기타 지급준비제도 시행에

52. 승수효과(multiplier effect)란 중앙은행이 본원통화를 공급하면 통화는 승수(money multiplier)배만큼 늘어난다는 이론이다.

53. 케인즈(『화폐론(A Treatise on Money)』, 1930년)가 그 개념을 알린 사람 중 하나다.

필요한 사항(제10조)을 결정한다. 현재는 상업은행 이외에 신용금고, 협동조합중앙회, 생명보험회사 등 창구에서 개인고객의 자금을 받는 대부분의 금융기관에게 지급준비의무를 부여하고 있다. 다만, 법률에서 지급준비의무 적용대상 금융상품을 일일이 열거하고 있어서 정부가 자의적으로 조절할 수 없다. 지급준비의무가 적용되는 금융기관은 넓게, 금융상품은 좁게 설정된 가운데 일본은행은 준비예금(지급준비금)을 보관하고 지급준비율을 결정하는 기능적인 부분만 담당한다.

미국은 일본과 정반대다. 1914년 미 연준이 설립될 때 지급준비의무가 적용되는 금융기관은 매우 좁게, 금융상품은 대단히 넓게 설정했다. 즉, 지급준비의무가 적용되는 금융기관은 상업은행 중에서도 회원은행(member bank)으로 국한하여 주법은행과 저축기관은 지급준비의무가 적용되지 않았다.[54] 반면 지급준비의무가 적용되는 수신상품은 대단히 넓게 규정했다. 미 연준법에서는 채권발행액과 신탁계정차까지 지급준비대상 채무(reservable liabilites)로 인식한다. 나아가 지급준비대상 채무의 범위와 관련하여 의문이 생길 때는 관계기관과 협의하여 미 연준이 최종 결정한다.[55] 따라서 상업은행이 취급하는 어떤 수신상품이라도 연준의 판단에 따라 지급준비의무 적용이 가능하다.[56]

예금채무라는 말은 최초의 한국은행법 영문 초안에서 deposit liabilities라고 표현한 것에서 유래한다. 이것은 미 연준법에서 '지급준비대상 채무(reservable liabilities)' 라고 표현한 것과 같은 취지다.

---

54. 1980년 통화관리법(Monetary Control Act)이 제정되면서 개인의 예금을 수취하는 모든 상업은행과 저축대부조합(S&L)에게도 지급준비의무가 확대 적용되었다.

55. "In order to prevent evasions of the reserve requirements imposed by this subsection, after consultation with the Board of Directors of the Federal Deposit Insurance Corporation, the Comptroller of the Currency, and the National Credit Union Administration Board, the Board of Governors of the Federal Reserve System is authorized to determine, by regulation or order, that an account or deposit is a transaction account if such account or deposit may be used to provide funds directly or indirectly for the purpose of making payments or transfers to third persons or others." (미 연준법, Section 19 (b) 1 F)

56. 좀 더 엄격하게 말하자면 미 연준법에서는 결제성계좌(transaction account)의 잔액에 지급준비의무를 부과한다. 결제성계좌는 다시 요구불예금(checking account)과 저축성예금(time deposit) 등으로 구분된다(Regulation D). 연방준비이사회가 은행채와 신탁계정차를 저축성예금이나 요구불예금으로 보면 지급준비의무가 부과된다.

미 연준법에서 '지급준비대상 채무'라고 하거나 한국은행법에서 '예금채무'라는 단어를 쓰는 이유는 그냥 예금(deposit)이라고 하면 '예금'이라는 단어가 붙은 수신상품에만 지급준비의무가 적용될 가능성이 있기 때문이다. 그런데 금융통화위원회는 70년 이상 예금채무에 관하여 명확한 기준을 정하지 않고 매우 소극적인 태도를 취해 왔다. 대체로 예금이나 적금이라는 단어가 들어 있는 수신상품을 예금채무로 인식했다.

그 배경에는 예금채무를 수신상품의 경제적 특성이 아닌 법적 성격, 즉 소비임치계약 여부로 판단하는 관행이 작용한다. 금융통화위원회가 스스로의 판단능력을 유보하는 관행이다(이 점에 관해서는 307쪽의 [보론]을 참조하라). 거기에 더해서 2011년 법률 개정 시 "그 밖에 대통령령으로 정하는 채무"가 추가되었다. 그럼으로써 한국의 지급준비제도는 정부가 결정권을 쥐고 있는 일본에 성큼 가까워졌다.[57] 그러나 지급준비제도 적용대상 금융기관은 우리나라가 일본보다 훨씬 협소하다.

지급준비금의 보유방식과 이자

상업은행들은 영업을 위해 영업 점포마다 일정 규모의 현금(시재금)을 보유해야 한다. 이 점을 고려해서 1997년 이전에는 최저지급준비금의 25%까지 한국은행 앞 예금이 아닌 시재금으로도 보유할 수 있도록 했다(구법 제59조 제2호). 그런데 1998년에는 그 내용이 삭제되고 금융통화위원회가 지급준비금의 보유기간과 보유방법을 정하도록 했다(제28조 제2호). 현행 '금융기관 지급준비규정(금융통화위원회)'에서는 최저지급준비금의 35%까지 시재금으로 보유하는 것을 허용한다.

이런 배려는 미국과 한국에서만 통한다.[58] 시재금은 금융기관이 필요해서 스스로 보관하는 자산이라서 다른 나라에서는 중앙은행이 그런 점까지 편의를 봐줄 이유가 없다고 본다. 시재금을 지급준비금으로 인정할 경우, 지급준비제도는 중앙은행과 상업은행 간

57. 2011년 개정된 법률에 따라 정부는 지급준비의무를 적용할 수 있는 채무에 만기가 2년 미만인 금융채를 포함시켰다. 다만, "현저한 통화팽창기 또는 현저한 통화팽창기가 될 우려가 있는 경우"라는 강력한 조건이 붙었다.

58. 1970년대 독일에서 시재금을 지급준비금으로 인정한 적이 있었지만, 이는 은행강도 사건이 잦아서 현금수송을 줄이기 위한 방법 중 하나였다. 현재는 시재금을 인정하지 않는다.

의 흥정의 대상으로 변질될 가능성이 있다.

실제로 미국에서 시재금을 지급준비금으로 인정한 것은 정치적 타협의 결과다. 미 연준법(Section 19, B)에는 시재금의 일부를 지급준비금으로 인정할 수 있다는 규정이 있는데, 이를 근거로 미 연준은 시재금의 100%를 지급준비금으로 인정한다. 이는 1863년 링컨 대통령이 부분 지급준비제도를 도입한 이래로 1972년까지 동일한 예금에 대해 대도시(Central Reserve City)와 도시(Reserve City) 그리고 지방(Country) 등 지역에 따라 지급준비율을 차등적으로 적용했던 제도의 흔적이다. 당시 대도시 회원은행들은 타 지역에 비해 지급준비율이 높은 만큼, 영업상 과다하게 보유하는 시재금을 지급준비금으로 인정해 줄 것을 요구했다. 대도시 회원은행은 거의 대부분 지역 연준의 주주들이므로 연준은 이들의 요구를 묵살할 수 없어서 시재금을 전액 지급준비금으로 인정했다. 한국은행은 그런 배경도 모른 채 미 연준을 좇아서 시재금의 일부를 인정하고 있다(참고로 미 연준법의 영향을 받은 필리핀중앙은행법에는 시재금 인정에 관한 규정이 없다).

한편, 한국은행은 지급준비금에 이자를 지급할 수 있다(지급준비금이 아닌 자발적 예금에 대한 이자지급은 제54조의 설명을 참조하라).[59] 1986년 이전에는 거의 매년 이자를 지급했다. 연말경 개별 금융기관의 수지상황을 파악하고 수지를 보전해 주기 위해 이자를 지급한 것이라서 통화신용정책보다는 은행감독업무 차원에서 실시되었다. 이런 관행은 바람직하지 않으므로 1987년 이자지급을 중단했다. 다만, 동 원칙이 수립된 지 20년 뒤인 2008년 9월 리먼 사태로 금융기관의 재무건전성이 악화되자 1년간의 지급준비금 평균잔액에 대하여 연 2.3%의 이자(5,002억원)를 지급했다.

외국은 우리나라와 반대로 움직였다. 과거에는 지급준비금에 이자를 지급하지 않는 것이 원칙이었지만, 최근에는 유럽중앙은행(1999년), 일본은행(2008년), 미 연준(2008년) 등 선진국 중앙은행 대부분이 시장금리 수준에서 이자를 지급한다. 만일 우리나라도 지급준비금에 정책금리 수준의 이자를 지급하면, 정책금리보다 높은 수준으로 통화안정증권을 발행할 필요성이 원천적으로 제거된다. 따라서 한국은행의 수지가 개선되는 효

59. 최초의 한국은행법 영문 원안에는 이자지급에 관한 언급이 없었다(A. I. Bloomfield & J. P. Jenson, "Reports and Recommendations on Monetary Policy and Banking in Korea," reprinted by the Bank of Korea, 1965, 119쪽). 당시 미 연준법에서 지급준비금에 대한 이자지급을 금지했기 때문이다.

과가 기대된다.

각국 중앙은행의 지급준비금에 대한 이자지급상황

지급준비금에 대한 이자율 수준	국가 수	비중
정책금리 수준	7	5.8%
평균적으로 정책금리 정도	3	2.5%
정책금리 이하	25	20.7%
무이자	86	71.1%
계	121	100%

자료 : Simon Gray(2011), "Central Bank Balances and Reserve Requirements," Working Paper(WP/11/36), International Monetary Fund

이 조에 관한 필자의 생각은 다음과 같다.

〈필자의 제안〉

제55조(지급준비금의 예치 등)

① 금융기관은 예금에 대하여 제56조에 따른 지급준비율에 상당하는 금액 이상의 금액을 한국은행에 지급준비금으로 보유하여야 한다. 다만, 금융통화위원회가 정하는 경우 한국은행 밖의 장소에 보유할 수 있다.[60]

② 각 금융기관이 보유할 최저지급준비금은 금융통화위원회가 정하는 바에 따라 월별로 계산한다.[61]

③ 제1항에 따른 지급준비금은 제54조에 따른 예금이다.[62]

60. 예금채무를 예금으로 축소한 것은 제11조에서 금융통화위원회가 정의하는 "예금"과 용어를 일치시키기 위해서다. 또한 지급준비금의 예치장소를 한국은행 밖으로 확대하였다.

61. 제59조 제1항의 내용을 옮겨 왔다. 그 이유에 대해서는 제59조의 설명을 참조하라.

62. 지급준비금에 대한 이자지급의 근거는 제54조로 옮겼다. 한편, 지급준비금은 법원 공탁금과 달리 예금주의 요구에 따라 인출이 가능하다는 사실을 명문화하였다.

[보론]

법률을 전공한 사람들에게 "예금계약은 금전소비임치계약"이라는 사실이 상식으로 통한다. 소비임치계약(민법 제702조)이란, 물건을 보관하는 사람이 이를 소비한 뒤 같은 양, 같은 질의 다른 물건으로 갚을 수 있는 계약을 말한다. 보관인의 소비가 허용되지 않는 임치계약(민법 제694조)에 상대되는 개념이다. 그러나 "예금계약 = 금전소비임치계약"이라는 등식은 일종의 도그마다. 지급준비제도를 운용하면서 예금계약이 소비임치계약인지 여부에 초점을 맞추는 것은 세계 어느 나라에서도 볼 수 없는, 우리나라만의 기이한 관행이다.

소비임치는 예금계약이 가질 수 있는 속성(property) 중 하나이지, 본질(essence)이 아니다. 사물을 정의할 때 속성을 기준으로 삼으면 오류에 빠진다. 예를 들어 인간의 팔이 2개라는 외형상 속성을 기준으로 인간을 정의하면 한 팔을 잃은 사람은 인간이 아니라는 결론에 이르게 된다. 예금을 정의하는 데도 소비임치계약이라는 속성에 이끌리면 똑같은 오류에 빠지게 된다. 한국은행법에 의한 지급준비의무 적용대상을 구분하는 데는 속성이 아닌 본질을 기준으로 삼아야 한다.

오늘날 지급준비제도가 통화신용정책 수단인 한, 지급준비의무가 적용되는 수

주요국 중앙은행의 지급준비제도 개요

	한국은행	미 연준	일본은행	ECB
지준 대상 기관	은행법상 은행 (저축은행 등은 제외)	상업은행, 저축은행, 저축대부조합, 신용조합 등 예금취급기관	은행, 장기신용은행, 신용금고, 농림중앙금고	예금 등으로 자금을 조달하여 신용공여를 영위하는 기관
지준 대상 채무	"예금"	거래계정 및 비개인 정기예금	예금 금융채 금전신탁	예금, 금융채, RP 등 단기금융상품, 기타 채무증서
필요 지준 계산 방식	지준대상채무의 월평잔 × 지준율	지준대상채무의 2주일 평잔 × 지준율	지준대상채무의 월평잔 × 지준율	지준대상채무의 월말 잔액 × 지준율

신상품은 통화성(moneyness)을 기준으로 삼는 것이 상식이다. 즉, 지급준비제도에서 예금채무의 본질은 통화성이다. 통화성을 가장 잘 판단하는 기관은 통화신용정책을 결정하고 집행하는 중앙은행이다. 그래서 외국에서는 중앙은행에게 그 판단 권한을 부여한다. 이를 바탕으로 각국 중앙은행들은 금융채도 지급준비의무 적용대상으로 인식한다(다만, 1990년대 이후에는 대체적으로 금융채에 0%의 지급준비율이 적용되고 있다).

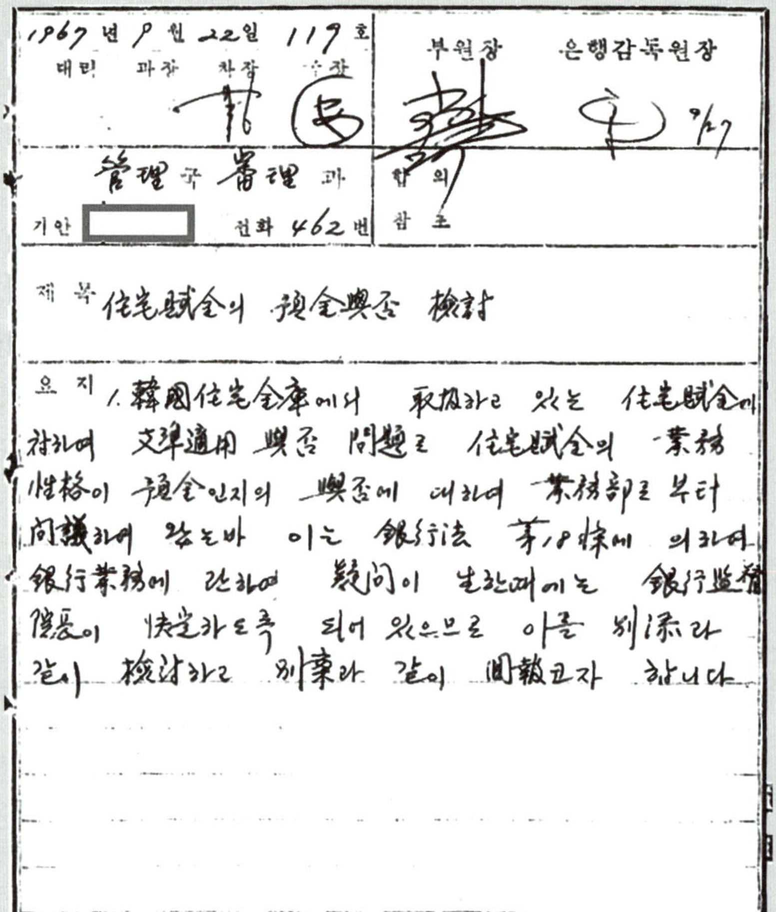
1967년 9월 22일 119호
대리 과장 차장 국장
부원장 은행감독원장
9/27
管理국 管理과
합의
기안 전화 462번
참조
제목 住宅賦金의 預金與否 檢討
요지 1. 韓國住宅金庫에서 取扱하고 있는 住宅賦金에 對하여 支準適用 與否 問題로 住宅賦金의 業務 性格이 預金인지의 與否에 대하여 業務部로 부터 問議하여 왔는바 이는 銀行法 第18條에 의하여 銀行業務에 관하여 疑問이 生할때에는 銀行監督院長이 決定하도록 되어 있으므로 이를 別添과 같이 檢討하고 別案과 같이 回報코자 합니다.

▲ **한국주택금고**(국민은행의 전신)**만 취급하는 신종 수신상품 주택부금이 예금채무에 속하는지에 관한 검토** 당시 정기적금은 예금채무로 간주(1959.12. 은행감독원장 결정)한 반면, 상호부금은 예금채무에서 제외(1962.5. 금융통화운영위원회 의결)되었다. 그래서 정기적금과 상호부금 성격이 결합한 주택부금에 지급준비의무를 부과하는 문제를 두고 한국은행이 자가당착에 빠졌다. 한국은행법에 예금채무의 정의가 없어서 생기는 현상이었다.

그러나 우리나라는 수신상품에 '예금' 이라는 말이 없으면 '예금채무' 가 아니라고 보는 경향이 있다. 그러는 바람에 제2금융권으로부터의 콜머니, 신탁계정차, 금융채 등은 이름이 예금이 아니라는 이유로 지급준비의무와 상관없다고 취급되었다. 콜머니와 신탁계정차 등의 명칭은 은행회계규정에 근거하며, 이 규정은 금융감독원장이 결정한다. 따라서 한국은행법상 지급준비의무 적용대상은 현재 금융통화위원회가 아닌 금융감독원장이 정하는 것이 현실이다.

예금채무의 범위에 관한 한국은행의 소극적 입장 때문에 생기는 오류는 양도성예금증서(CD)의 예에서 잘 드러난다. 한국은행은 1997년까지 양도성예금증서는 '예금' 이 아니라 '증서' 라는 이유로 지급준비의무를 부과하지 않았다. 서양의 CD (Certificate of Deposit)를 한국은행이 스스로 '양도성예금증서' 라고 번역해 놓고 자신이 번역한 이름에 현혹되어서 지급준비제도 적용을 포기한 것이다.

일본과 중국 그리고 서양에서는 CD를 정기예금으로 인식하고 지급준비의무를 적용한다. 이런 사실을 늦게 파악한 한국은행은 1997년 12월 양도성예금증서를 지급준비대상 채무에 포함시켰다(필자가 논문을 통해서 그렇게 제안했다). 금융통화위원회가 통화성을 기준으로 지급준비대상 채무를 구분한 것이다. 지급준비제도 시행 역사에서 처음이었다. 금융통화위원회는 양도성예금증서뿐만 아니라 콜머니, 신탁계정차, RP 등 상업은행의 다른 자금조달수단에 대해서도 통화성을 판단해야 한다. 예금채무의 기준을 바로 세우는 것은 금융통화위원회의 책무다.

제56조(지급준비율의 결정 등)

① **금융통화위원회는 각 금융기관이 보유하여야 할 지급준비금의 최저율**(이하 "지급준비율" 이라 한다)**을 정하며, 필요하다고 인정할 때에는 이를 변경할 수 있다.**

② **지급준비율은 제57조에서 규정하는 경우를 제외하고는 100분의 50 이하로 하며, 모든 금융기관에 일률적으로 적용한다.**

※ 이 조와 함께 읽어야 할 부분 : 제61조

이 조는 지급준비제도 운영 면에서 가장 일반적으로 활용되는 지급준비율의 변경에 관한 규정이다. 제55조는 지급준비제도를 금융기관 입장에서 서술하는 반면, 이 조는 금융통화위원회 입장에서 서술하고 있어 대칭을 이룬다.

결론부터 말하자면, 제61조와 병합하는 것이 자연스럽다. 지급준비율의 결정과 통보를 분리하는 것은 어색하다.

지급준비율의 법정 상한

일부 국가에서는 지급준비율의 최고한도를 두고 있다. 한국은행법에서는 최고한도를 50%로 규정하고 있는데, 이는 미국(3%), 유로 지역(10%)[63], 스웨덴(15%) 및 일본(20%) 등에 비해 상당히 높은 수준이다.

지급준비율의 최고한도를 법률로 규정한 것은 지급준비제도를 규제라고 보기 때문인데, 큰 의미는 없다. 지급준비율 수준은 정책 운용의 결과라서 그 절대 수준이 높다고 상업은행의 부담이 큰 것은 아니기 때문이다. 즉, 중앙은행의 대출이나 외국환매입이 많으면 지급준비율을 높이게 되는데, 이것을 두고 상업은행이 일방적으로 규제를 받는다고 하기 어렵다.

한편, 최초의 한국은행법에는 지급준비율의 최저한도도 있었다. 당시 우리 경제가

---

63. 1998년 유럽중앙은행 출범 당시 회원국들의 지급준비율 수준과 관행이 상이했기 때문에 유럽중앙은행설립협정문(Article 19.2)에는 지급준비율 최고한도를 설정하고 그 구체적인 수준은 추가 논의를 통해서 결정하도록 하였다. 이후 유럽중앙은행 정책위원회(General Council)는 10%를 최고한도로 규정하였다.

처해 있었던 격심한 인플레이션 상태를 감안하여 예금채무에 최소 10%의 지급준비율을 운용하도록 법률로 강제(구법 제57조)하였다. 이 규정에 따라 1953년 2월까지는 모든 예금에 10%의 지급준비율이 적용되었다. 그러나 전쟁 중 늘어난 통화량 때문에 인플레이션이 현저해지자 1953년 6월부터 지급준비율이 인상되기 시작하여 1960년대 후반에는 요구불예금 지급준비율이 30%를 넘기도 하였다. 이후 외국 중앙은행법 등을 참고하여 1977년 지급준비율의 최저한도는 폐지했다.

한편, 어빙 피셔나 밀턴 프리드먼과 같은 경제학자들은 지급준비율을 100%로 인상(100% money)할 것을 주장했다.[64] 상업은행의 파생통화(예금통화) 창출을 원천적으로 봉쇄함으로써 중앙은행이 통화량을 거의 완벽하게 조절토록 하기 위해서다.[65] 그러나 현실은 그와 반대로 움직였다. 인플레이션의 퇴조와 함께 전 세계적으로 지급준비율이 낮아진 가운데 영국, 캐나다, 뉴질랜드, 호주 등 영연방 국가들은 1990년대에 강제적 성격의 지급준비제도를 폐지했다.

형평성

미 연준법(Section 19 (b) 2 A)에서는 금융기관의 소재지 또는 수신규모에 따라 지급준비율을 차등 적용하는 것이 허용된다.[66] 그래서 1972년까지 미 연준은 지역별, 수신규모별로 상업은행에게 지급준비율을 차등 적용했다.

---

64. Friedman, Milton(1960), *A Program for Monetary Stability*, Fordham University Press.
Allen, William R.(1993), "Irving Fisher and the 100 Percent Reserve Proposal", *Journal of Law and Economics*, Vol. 36, No. 2, pp. 703~717.

65. 이는 스위스에서 시도된 '국가화폐(sovereign money)제도'와 일맥상통한다. 2018년 6월 스위스에서는 상업은행의 요구불예금을 금지하고 중앙은행이 국민들과 직접 예금거래를 하는 법안에 대해 국민투표가 실시되었다. 비록 부결되었지만 국가화폐의 취지는 상업은행의 통화창출 기능을 제거한다는 점에서 100% 지급준비율 주장과 다르지 않다.

66. 미국은 남북전쟁 당시부터 연방정부가 부분적 지급준비제도를 운영했는데, 그때의 전통이 남아서 1972년까지 대도시(Central Reserve City)와 도시(Reserve City) 그리고 지방(Country) 등 지역에 따라 지급준비율을 차등 적용했다. 1972년 이후 1980년까지는 지급준비율이 예금계좌의 평균잔액에 따라 차등 적용되었으며, 1980년 통화관리법이 제정되면서 비로소 예금종류별로 단일화되었다. 그러나 지금도 예금기관의 총수신 규모가 일정 수준 이하이면 지급준비의무 자체를 면제해 주고 있다.

한국은행법에서는 지급준비제도의 형평성을 강조한다. 이는 필리핀중앙은행법의 영향이다. 다만, 필리핀중앙은행법(제85조)에서는 "최소지급준비율을 금융기관 유형별로 동일하게 적용(all banks of the same category uniformly and without discrimination)"토록 한다. 따라서 필리핀중앙은행은 시중은행과 지방은행 등 유형별로는 지급준비율을 차등할 수 있다. 그런 점에서 미 연준의 영향을 받았다고 할 수 있다. 이에 비해 한국은행법은 형평성을 훨씬 강하게 요구하며, 시중은행과 지방은행, 외은지점에 상이한 기준을 적용할 수 없다.

그럼에도 불구하고 형평성은 제대로 준수되지 못하였다. 농협중앙회(1968년)와 수협중앙회(1977년)의 경우 한국은행법의 단서조항(구법 제57조 제2항)에 의해 형평성의 원칙이 한때 유보되었다(1982년 동 단서조항이 삭제되었다).[67] 중소기업은행법에서도 특례조항(제33조의 4)과 한국은행법의 형평성 배제조항(동법 제52조)을 통해 지급준비율의 차등 적용 여지를 두고 있다.[68]

이 조에 관한 필자의 생각은 다음과 같다.

〈필자의 제안〉

제56조(지급준비율의 결정 등)

① **금융통화위원회는 각 금융기관이 보유하여야 할 지급준비금의 최저율**(이하 "지급준비율"이라 한다)**을 정하며, 필요하다고 인정할 때에는 이를 변경할 수 있다.**

② **지급준비율은 제57조에서 규정하는 경우를 제외하고는 100분의 50 이하로 하며, 모든 금융기관에 일률적으로 적용한다.**

③ **금융통화위원회가 지급준비율을 조정하는 경우에는 점진적으로 하여야 하며, 모든 금융기관에 사전에 통보하여야 한다.**[69]

67. 이는 농협중앙회와 수협중앙회 등의 경쟁력 제고를 위한 조치였다. 당시 금융통화운영위원회는 이에 맞추어 이들 기관의 예금에 일반 은행보다 1~2%포인트 낮은 지급준비율을 적용하였다.

68. 그러나 금융통화위원회는 중소기업은행법의 이런 내용을 인정하지 않고 똑같은 지급준비율을 적용하고 있다.

69. 제61조의 내용을 옮겨 왔다.

[보론]

특정 은행이나 특정 수신상품을 목표로 삼아 지급준비율을 달리 적용하는 것은 정통적 통화신용정책이라고 보기 어렵다. 그것은 산업정책에 가깝다. 이 조의 제2항은 그런 일을 엄격히 금지하고 있다.

그런데 금융통화위원회는 지급준비율의 형평성을 스스로 유보하는 경우가 많았다. 과거 근로자재산형성저축(1976년 4월), 근로자주택마련저축(1987년 12월), 주택부금(1988년 6월), 근로자장기저축(1990년 2월) 등 특정 은행만 취급하거나 특정 은행에 경쟁력이 있는 수신상품에 의도적으로 낮은 지급준비율을 부과한 것이 그 예다(현재도 장기주택마련저축과 재형저축에는 0%의 지급준비율을 적용하고 있다). 금융통화위원회가 정부의 요구를 의식 또는 수용한 결과다.

현재 금융통화위원회가 은행채에 지급준비의무를 부여하지 않는 것도 특정 기관을 의식하기 때문이다. 한국산업은행이나 중소기업은행 등 특수은행은 은행채 발행 비중이 높은데 과거 이들 은행의 은행장은 보통 관료 출신이었다. 그래서 금융통화위원회는 은행채에 지급준비의무를 부여하는 것을 포기했다. 참고로 미국과 일본 등 주요 선진국에서는 금융채를 저축성예금과 똑같이 취급한다.

금융통화위원회가 정부의 요구를 거절할 자신이 없다면 이 조의 형평성은 포기하는 것도 대안이 될 수 있다. 한국은행이 지급준비제도 운용의 형평성을 지킬 수 없다는 것을 차라리 솔직히 인정하면 미 연준과 같이 적절한 기준에 따라 지급준비율을 차등화하는 것이 얼마든지 가능해진다. 이 경우 지급준비율의 조절은 훨씬 정교한 정책수단이 될 수 있다. 지금처럼 법률에서는 형평성을 강조하는데, 현실에서는 슬그머니 이를 유보하는 것은 떳떳하지도 않고 정책운용의 유연성도 떨어뜨린다. 금융통화위원회는 명분이냐, 실리냐를 선택해야 한다.

제57조(한계지급준비금)

금융통화위원회는 현저한 통화팽창기에 필요하다고 인정하는 경우에는 금융통화위원회가 지정하는 날의 지급준비금 적립대상 채무액을 초과하는 증가액에 대하여 지급준비율을 적용하여 산정한 금액을 초과하여 전액까지를 최저지급준비금으로 추가로 보유하도록 요구할 수 있다.

이 조에서 다루는 한계지급준비금은 매우 긴급한 상황에서 중앙은행이 통화량을 증가시키는 것을 강력하게 억제하는 장치다. 그런 점에서 여신 제한(제67조)과 일맥상통한다. 제67조의 여신 제한이 다소 선언적인 데 비해서 이 조에서 다루는 한계지급준비제도는 상당히 구체적이다.[70]

결론부터 말하자면, 이 조에서는 두 가지 개선이 필요하다. 첫째, 한계지급준비금의 성격을 분명히 해야 한다. 일반적으로 한계지급준비금은 대단히 규제적인 수단이므로 미 연준법, 대만중앙은행법 그리고 한국은행법 등 일부 중앙은행법에서만 이를 인정한다.[71] 그런데 이 조에서는 그런 점이 충분히 드러나지 않는다. 즉, 일반 지급준비금의 보유(제56조)는 금융통화위원회가 이를 '결정'하는 반면, 이 조에서는 따른 한계지급준비금은 '요구'토록 되어 있다. 규제의 강도가 오히려 약하다. 참고로 미 연준법(Section 19(b) 3)과 대만중앙은행법(제23조 제3항)에서는 한계지급준비금을 '부과(impose 또는 charge)'한다고 표현한다. 강력한 규제임을 분명히 하는 것이다.

둘째, 한계지급준비금이 대단히 규제적인 수단임을 감안하여 그에 상응하는 보완장치가 필요하다. 한국은행의 이자지급을 강제화하거나 국회에 대한 설명 책임을 강화할 필요가 있다.

---

70. 1997년 이전의 한국은행법에는 한국은행이 금융기관의 대출에 직접 영향을 미치는 수단이 있었다. 즉, 금융통화운영위원회는 통화팽창기에 금융기관의 대출과 투자를 제한하거나 사전심사할 수 있었다(구법 제66조, 제68조). 그러나 이 수단은 1998년 법률 개정 시 삭제되었다.

71. 콜롬비아와 페루는 중앙은행법에 근거가 없는데도 한계지급준비제도를 운용하였다. 콜롬비아의 경우 2007~2008년 중 27%, 페루는 2008년 상반기와 2010년 하반기 중 25%의 한계지급준비율을 적용했다. Montoro, Carlos and Ramon Moreno(2011), "The use of reserve requirements as a policy instrument in Latin America", *BIS Quarterly Review*, March, pp. 53~65. 참조.

의 미

한계지급준비금(marginal reserve requirement)은 평상시의 지급준비금과 별도로 특정 시점 이후의 예금증가액에는 추가적으로 지급준비금을 보유토록 하는 특단의 대책이다. 그래서 이 조가 발동된 사례는 매우 드물다. 1966년 10월부터 1967년 3월까지(저축성예금증가액의 45%, 요구불예금증가액의 50%)와 1989년 5월부터 1990년 2월까지(모든 예금증가액의 30%) 등 두 차례에 불과했다.[72]

한계지급준비금은 상업은행의 영업에 직접적인 충격을 준다. 그래서 미 연준법에서는 그 발동요건을 강하게 제한하는 한편, 일단 실시할 경우 그 효과가 극대화되도록 한다. 즉, 미 연준법에서는 한계지급준비금의 보유기간을 180일(추가결의를 통해 연장 가능)로 제한하고, 의회 상임위원회 사전 보고 및 연준위원회 5인 이상의 찬성 등 발동요건을 강하게 규제하고 있다. 대신 한계지급준비금의 적용대상이 되는 금융상품은 예금뿐만 아니라 '모든 부채'로 확대한다.[73] 미 연준은 100년의 역사 속에서 1973년 6월부터 1974년 12월까지와 1979년 10월부터 1980년 6월까지 두 차례에 걸쳐 한계지급준비금 제도를 운영한 경험이 있다.

이에 비해서 한국은행법에서는 한계지급준비금 발동요건이 매우 느슨하다. 우선 한계지급준비금의 운영기간에 제한이 없다. 반면 한계지급준비금 적용대상 금융상품은 통상적 지급준비금 적용대상과 동일하다.

한계지급준비금 부과는 예금취급기관의 자금운용에 매우 강력하게 영향을 미치기 때문에 BIS 자기자본비율 규제와 비슷한 면이 있다. 그런 점에서 비상시 매우 유용한 정책수단이지만, 지나친 규제가 될 수도 있다. 따라서 가급적 활용을 억제할 수 있는 장치가 필요하다.

---

72. 1989년 당시의 한국은행법에는 한계지급준비율을 설정하려면 50% 이상 100% 이하이어야 한다는 조건이 있었다. 그러나 1989년 5월 이 조를 발동할 때는 한계지급준비율이 30%로 설정되었다. 한국은행 스스로 법률을 지키지 않은 것이다(필자는 이런 결정이 있을 때 한국은행 내부에서 강력하게 이의를 제기했다).

73. 연준법 Section 19(b) 3. "the Board, after consultation with the appropriate committees of the Congress, may impose, with respect to any liability of depository institutions."

예를 들어 규제의 피해를 낮추기 위해서 한계지급준비금에 대한 이자지급을 고려할 수 있다. 통상적인 지급준비금에는 한국은행이 이자를 지급하는 근거(제55조 제2호)가 있지만, 한계지급준비금에는 현재 근거가 뚜렷하지 않다. 따라서 한계지급준비금에 대해서도 이자를 지급하는 근거가 필요하다.

또한 한계지급준비금 요구 시 국회에 대한 책임을 강화할 필요가 있다. 대만중앙은행의 경우 별다른 책임을 묻지 않으나, 미 연준은 한계지급준비제도 운영기간 중 정례적으로 국회에 그 상황을 보고토록 한다. 한계지급준비금이 특단의 규제라는 점에서 한국은행에도 그 정도의 책임성은 부여할 필요가 있다고 보인다.

이에 필자의 의견은 다음과 같다.

〈필자의 제안〉

제57조(한계지급준비금)

① 금융기관은 제55조에 의한 지급준비금 이외에 현저한 통화팽창기에 한하여 금융통화위원회가 지정하는 날의 지급준비금 적립대상 채무액을 초과하는 증가액에 대하여 금융통화위원회가 정한 방법에 따라 지급준비금을 한국은행에 예치하여야 한다. 금융기관이 이에 응하지 않을 경우 제60조를 준용한다.[74]

② 한국은행은 제1항에 따른 예치금에 대하여 금융통화위원회가 정하는 바에 따라 이자를 지급하여야 한다.[75]

③ 한국은행은 제1항에 따른 한계지급준비금에 관한 내용을 제96조에서 규정하는 평가보고서에 수록하여 국회에 제출하여야 한다.[76]

---

74. 지급준비금(제55조)에 맞추어 한계지급준비금과 관련된 주어도 금융기관으로 바꿨다. 또한 한계지급준비금 보유는 통화신용정책의 중요한 수단이라는 점에서 금융통화위원회의 '요구'라는 말을 삭제했다.

75. 한계지급준비금은 기회비용이 크다는 점을 감안해서 이자를 지급하는 것을 명시하였다.

76. 미 연준법을 참고하여 국회에 대한 설명의무를 강화하였다.

제58조(지급준비금 적립대상 채무의 종류별 · 규모별 지급준비율)

금융통화위원회는 필요하다고 인정하는 경우에는 제55조 및 제57조의 범위에서 지급준비금 적립대상 채무의 종류별 및 규모별로 지급준비율을 달리 정할 수 있다.

※ 이 조와 함께 읽어야 할 부분 : 제28조, 제55조

이 조는 1998년 법률 개정 시 추가되었다. 결론부터 말하자면 이 조는 사족(蛇足)에 불과하여 삭제해도 무방하다. 오해의 여지가 있어 업무수행에 방해만 된다.

한국은행은 이 조가 없었던 1997년 이전에도 채무의 종류별로 지급준비율을 달리 적용했다. 유럽중앙은행[77]을 포함한 대부분의 중앙은행들도 예금채무별로 다른 수준의 지급준비율을 부과하지만, 설립법에는 이에 대한 근거를 따로 두고 있지 않다.

한편 "규모별" 로 지급준비율을 차등화하는 것은 논란의 여지가 있다. 이 조에서 말하는 "규모" 가 특정 상업은행의 총 수신규모를 의미한다면 이는 지급준비율의 형평성을 규정한 제56조 제2항과 상충한다. 따라서 이 조에서 규모란, 특정 예금계좌의 잔액이라고 해석할 수밖에 없다. 이 경우 잔액이 5천만원 미만인 예금계좌만 보호하는 예금보험제도의 운용방식과 비슷해진다. 하지만 지급준비제도를 이렇게 운용하는 것은 큰 의미를 갖기 힘들며, 세계적으로도 사례를 찾기 어렵다. 그래서 한국은행은 지금까지 특정 예금계좌의 잔액별로 지급준비율을 차등 적용하지 않았고 앞으로도 그 가능성이 매우 낮다. 한마디로 말해서 이 조는 존재의 이유가 약하다.

이 조에 관한 필자의 생각은 다음과 같다.

〈필자의 제안〉

제58조 (삭 제)

77. 유럽중앙은행설립협정문 중 Article 19. Minimum reserves 및 유럽중앙은행의 통화정책수단 및 절차에 관한 규정 중 7.3. Determination of minimum reserves.

제59조(최저지급준비금의 계산)

① 각 금융기관이 보유할 최저지급준비금은 금융통화위원회가 정하는 바에 따라 월별로 계산한다.

② 각 금융기관의 최저지급준비금은 대한민국에 있는 그 본점·지점 및 출장소를 종합하여 계산한다.

※ 이 조와 함께 읽어야 할 부분 : 제55조

이 조는 금융기관 최저지급준비금의 계산에 관한 규정이다. 결론부터 말하자면, 이 조는 1950년 당시 미 연준의 업무관행을 비판 없이 모방한 것에 불과하며, 삭제해도 무방하다(금융통화위원회가 규정으로 다루어도 충분하다). 주요국 중앙은행법에서는 이 조에서 다루는 기술적인 내용들을 다루지 않는다.

설립 초기 한국은행이 미 연준의 업무수행방식을 모방하는 데 신경 쓴 이유는, 당시 지급준비제도가 상당히 생소한 규제였기 때문이다. 일제강점기에도 조선은행법(제22조)과 은행령(제10조) 등에 지급준비제도가 규정되어 있었으나, 당시에는 제도의 목적이 통화관리가 아닌 은행 경영의 건전성에 있었다. 지급준비금의 보관장소가 반드시 조선은행일 필요도 없었고, 지급준비금을 은행권 이외에 국채나 지금은 등으로 보유하는 것도 허용되었다.[78]

이런 상황에서 뉴욕 연준 소속 블룸필드는 미 연준의 지급준비제도 운영방식을 한국에 소개했다. 그러다 보니 미 연준법에도 없는 세세한 내용들을 한국은행법에 담아야 했다. 후진국 중앙은행 직원들을 교육하려던 것이다(한국은행법에는 이런 조항들이 의외로 많다). 한국은행법에 서술된 지급준비금 계산의 실무적 내용은 필리핀중앙은행법(제7장)보다도 자세하다(반면 지급준비대상 채무의 범위 등 원칙적인 면은 한국은행법이 훨씬 엉성하다. 제55조를

78. **은행령 제10조** : ① 은행은 예금의 지불준비금으로 예금총액의 10분의 1 이상을 준비해 두어야 한다.
② 전항의 지불준비금은 현금, 지금은, 외국통화, 우편대체저금, 국채, 기타 조선총독이 인가한 유가증권으로 보유하거나 조선총독이 지정한 은행에 예입하여야 한다.
③ 은행은 제1항의 지불준비금이 예금총액의 10분의 1 미만이 된 때에는 이를 보전할 때까지 신규 대부 또는 어음을 할인하거나 이익배당금의 지불을 할 수 없다.

참조하라).

그런데 미국의 지급준비제도는 다른 나라들과 크게 다르다. 우선 미 연준은 1914년 설립 이래 지금까지 지급준비금 계산주기를 2주일로 운용하고 있다(다만, 미 연준법에는 이런 내용이 없다. 연방준비위원회의 결정을 통해 유지하고 있다). 다른 나라가 지급준비금 계산주기를 보통 1개월 단위로 운용하는 것과 대비된다.

또한 당시 미 연준은 선진국 중에 거의 유일하게 동시적립방식(simultaneous reserve requirement)을 운용하고 있었다. 동시적립방식이란, 지급준비의무 준수 여부를 가리기 위해서 상업은행별로 실제 지급준비율(지급준비금 잔액/예금채무 잔액)을 매일 계산하여 평균을 구하는 방법인데, 상업은행에게는 관리부담이 매우 크다.[79] 하지만 당시 한국은 외국의 상황을 전혀 몰랐다. 지급준비제도에 관한 이해가 매우 낮았던 한국은 뉴욕 연준 소속 블룸필드가 알려주는 것이 유일한 방법인 줄 알고 최초의 한국은행법(제60조)에 그 운용방식을 그대로 담았다.

미 연준은 1968년 동시적립방식을 버리고 이월적립방식(lagged reserve requirement)으로 이행했다. 이월적립방식은 일정 기간 예금채무 잔액의 평균을 계산한 뒤, 거기에 상응하는 지급준비금을 그 이후 일정 기간 보유토록 함으로써 상업은행들의 입장에서 지급준비의무를 준수하기가 훨씬 용이하다.[80] 최소지급준비금 수준을 미리 파악할 수 있기 때문이다.

한국도 미국을 좇아서 1977년 한국은행법을 개정하고 이월적립방식을 채택했다.[81]

---

79. 동시적립방식은 상업은행의 여·수신 활동이 즉각 필요지급준비금 규모의 변화로 나타나기 때문에 통화관리 면에서 우월하다는 장점이 있다. 그래서 국제통화기금(IMF)은 저개발국에게 동시적립방식을 권장한다. 최근 캄보디아중앙은행이 IMF의 권고에 따라 동시적립방식을 채택하였다.
    그러나 동시적립방식은 실무적으로는 대단히 성가시고 부담스럽다. 컴퓨터가 발달하지 않았던 1950년대와 1960년대는 선진국에서도 전 영업망을 연결하여 예금채무의 평균잔액을 계산하는 것이 쉽지 않았다. 은행업이 발달한 스위스에서조차 1990년대 후반까지 동시적립방식을 도입하지 못했다.
80. 이후 미국은 준동시적립방식(quasi-contemporaneous reserve requirement, 1984년)과 이월적립방식(1998년) 등 다양한 방식을 시도했다. 그러나 그때마다 법률을 개정하지는 않았다.
81. "최저예금지급준비금은 금융통화위원회가 정하는 바에 따라 매반월별로 계산한다"(1977년 개정 한국은행법, 제60조 제1항). 이에 따라 금융통화위원회는 매월을 상반월(1일 ~ 15일)과 하반월(16일 ~ 말일)로 구분하여 예금채무의 평균잔액을 계산하되 실제지급준비금 보유기간과 필요지급준비금 계산대상기간에 1주간의 시차를 두었다.

그러나 지급준비금 계산주기를 반월(15일)로 운용하던 관행은 2011년에 이르러서야 폐지되고 계산주기가 월 단위로 변경되었다. 미국을 모방하는 습관을 버리는 데 60년 이상 걸린 셈이다(필자가 『애고니스트의 중앙은행론』(율곡출판사, 2007년)을 통해 제안했던 내용이 4년 만에 실현되었다).

결론적으로 이 조는 미국을 비판 없이 흉내 내기 바빴던 초창기 한국 금융계의 유산이다. 한국은행법에서 지급준비금 계산방식까지 다룰 이유는 없다. 주요국 중앙은행법에서도 이런 기술적인 사항을 다루지 않는다. 특히 제2항은 최악의 사족(蛇足)이다. 지급준비의무가 금융기관별로 적용되는 점은 제55조에서 분명하게 드러난다. 따라서 본점 · 지점 및 출장소를 종합하여 최저지급준비금을 계산한다는 규정은 불필요하다. 이런 기초적인 내용이 여전히 한국은행법에 남아 있다는 것은 부끄러운 일이다.

이 조에 관한 필자의 생각은 다음과 같다.

〈필자의 제안〉

제59조(최저지급준비금의 계산) (삭 제)[82]

---

82. 제1항의 내용만 제55조 제2항으로 옮겼다. 최저지급준비금의 계산은 지급준비금의 예치와 함께 기술하는 것이 자연스럽다.

제60조(과태금의 부과 등)

① 제28조 제2호에 따라 금융통화위원회가 정한 최저지급준비금 보유기간 중 보유한 지급준비금이 제59조에 따라 산출된 최저지급준비금에 미치지 못한 경우에는 해당 금융기관은 그 최저지급준비금 보유기간 동안의 평균 부족액의 50분의 1에 해당하는 과태금을 한국은행에 내야 한다.

② 지급준비금 부족이 연속하여 3기(期)의 최저지급준비금 보유기간에 걸쳐 계속된 경우에는 금융통화위원회는 해당 금융기관에 대하여 최저지급준비금을 1기의 최저지급준비금 보유기간 이상 보유할 때까지 신규의 대출·투자 또는 주주에 대한 배당금의 지급 등을 금지할 수 있다.

이 조는 지급준비금 부족 금융기관에 대한 제재에 관한 규정이다. 지급준비제도가 규제로서 효력을 갖도록 만드는 핵심요소다. 결론부터 말하자면, 이 조에서 규정하는 과태금의 법적 성격을 분명히 드러낼 필요가 있다.

제재방식

지급준비의무 위반에 대한 일반적인 벌칙은 금전적 징계이다. 금전적 징계는 규제위반의 정도에 비례하는 것이 일반적이다. 즉, 지급준비의무를 지키지 않음으로써 얻은 경제적 이익을 회수한다는 의미에서 부족액에 벌칙성 금리를 곱한 금액을 회수하는 방식이 보편화되어 있다. 스웨덴의 벌칙성 금리는 중앙은행 대출금리의 2배 수준이고, 스위스의 벌칙성 금리는 시장이자율에 5%포인트를 더한 수준이다.[83] 일본의 경우에는 일본은행의 상업어음 할인율에 3.75%포인트를 더한 수준이다.[84]

제재방식을 복수로 정해 놓고 선택권을 주는 경우도 있다. 유럽중앙은행(ECB)은 세 가지 선택지를 준다. 즉, 유럽중앙은행 한계대출금리의 2배 또는 한계대출금리에 5%포인트를 가산한 금리를 평균 부족액에 곱한 금액을 과태료로 납부하거나, 부족액의 3배에

83. 스웨덴중앙은행법 Chapter 11, Art. 2 및 스위스중앙은행법 Art. 23, 1.

84. 준비예금제도에 관한 법률 제8조 제1항.

해당하는 금액을 해당 기관이 유럽중앙은행에 무이자로 의무를 위반한 기간만큼 예치토록 한다.[85] 필리핀의 경우에는 91일물 국채수익률에서 3%포인트를 가산한 금리수준과 일당 1,000분의 1(연리 36.5%) 중 높은 것을 지급준비금 부족액에 곱하여 과태금 수준을 결정한다(필리핀중앙은행법 제101조).

미국은 매우 예외적이다. 지급준비의무를 준수하지 못한 예금기관이나 해당 기관 임직원 등에게 일당 5,000 달러 이내의 벌금을 부과한다.[86] 제재의 정도가 터무니없이 작다. 그리고 지급준비의무를 지키지 않은 데 따른 제재가 부족액에 비례하지도 않는다. 이는 금전적 제재보다 상징성에 의미를 두기 때문이다.

한국은행의 제재 수준은 유로 지역, 일본, 스웨덴, 스위스 및 필리핀 등 다른 나라에 비해서 경미하다. 2011년 이전에는 평균 부족액의 1%를 과태금으로 부과하였으며, 2011년 법률 개정 시 2%로 조정했다. 제재의 강도를 높인 것은 아니었다. 보유기간이 반 월(15일)에서 한 달로 2배 늘어난 점을 감안한 단순한 조정에 불과했다.

그러나 한국에서는 비금전적 제재를 병행한다. 금전적 제재 이외에 대출 · 투자 또는 배당금 지급 등까지 금지할 수 있는데, 이런 비금전적 제재는 국제적 관행에서 상당히 벗어났다. 이는 필리핀중앙은행법[87]을 참조한 결과다. 다만, 이런 비금전적 제재는 3기(3개월)를 연속하여 지급준비의무를 위반해야 발동하며, 지금까지 이런 사례가 없었다.

제재의 성격

지급준비의무를 준수하지 못한 은행에 중앙은행이 금전적 제재를 부과하기 위해서는 그 정당성이 인정되어야 한다. 제재를 피할 수 없는 상황을 조장해 놓고 제재를 부과하는 것은 정책 당국의 횡포에 불과하다. 지급준비금은 중앙은행만 공급할 수 있는 자원이며, 중앙은행이 충분히 공급하지 않으면 상업은행들은 어떤 노력을 기울여도 지급준비의무를 준수할 수 없다. 외화자산을 팔거나 대출을 회수하거나 수신을 늘리는 것은 다

85. EC 위원회 규정 No 2531/98(23 November 1998), Article 7, 1.

86. 미 연준법 Section 19, (l) Civil Money Penalty.

87. 필리핀중앙은행법(제101조).

른 은행의 지급준비금을 가져오는 것일 뿐 은행 전체로는 지급준비금 총액이 늘어나지 않는다. 따라서 특정 은행에 대한 과태금의 부과는 한국은행이 지급준비금을 평균적으로 충분히 공급할 때만 정당화된다.[88]

한편, 미 연준법에서는 지급준비의무 불이행에 따른 제재의 법적 성격이 모호하다. 지급준비의무를 준수하지 않은 기관에 대해서 "몰수하거나 또는 과태료를 납입한다(shall forfeit and pay a civil penalty)"고 규정하는데, 몰수는 그 법률적 성격이 행정적 형벌에 해당하고 과태료는 형벌에 해당하지 않는다. 연준법이 이렇게 모호함을 지니는 이유는, 연방준비제도에 연방기구와 민간기구의 성격이 혼합되어 있기 때문이다. 몰수와 같은 행정적 형벌은 국가기관만 수행할 수 있다.

한국은행법은 지급준비의무 불이행에 대한 제재에 '과태금'이라는 말을 쓴다. 반면, 은행법(제69조 제1항 제5호)에서는 지급준비금 보유의무규정을 위반한 경우 금융위원회가 해당 금융기관의 임원에게 5천만원 이하의 '과태료'를 부과토록 한다. 동일한 사건이지만 한국은행은 기관에 '과태금'을 부과하고 금융위원회는 사람에게 '과태료'를 부과하는 것이다.

은행법과 달리 한국은행법에서 과태금이라는 말을 쓰는 것은 한국은행이 행정기관이 아니라고 보기 때문이다. 우리나라 법률체계에서는 행정기관과 지방자치단체만 과태료를 부과할 수 있다. 그래서 농협협동조합법(제25조), 산림조합법(제23조), 수산업협동조합법(제26조), 중소기업협동조합법(제38조), 한국해운조합법(제35조) 등에서도 조합이 조합원에게 과태료가 아닌 '과태금'을 부과한다.

지급준비의무는 명백한 규제이며, 행정적 규제다. 이 점을 분명히 하려면 의무불이행에 따른 금전적 제재를 과태금 대신에 과태료라고 해야 한다. 민간기구인 조합과 조합원 사이에서만 적용되는 과태금을 한국은행법에 적용하는 것은 어색하다. 이 조에 의한 금전적 제재를 과태금이라고 하면 지급준비의무는 민간기관끼리의 자율협약이라는 결

88. 그런데 1990년대까지는 한국은행이 지급준비금을 충분히 공급하지도 않고서 지급준비의무 불이행을 제재하는 사례가 종종 있었다. 자금부 행원이었던 필자가 이런 관행의 문제점을 지적하여 1993년부터는 지급준비금 공급액이 필요지급준비금 총액을 항상 초과했다(당시 필자는 "한국은행은 산적(山賊)"이라는 표현까지 써가며 강하게 이의를 제기했다).

론에 이른다.

지급준비의무를 지키지 못한 상업은행에게 과태금이 아닌 과태료를 부과하려면, 과태료를 부과 · 징수하는 주체를 바꿔야 한다. 지급준비의무 불이행에 대한 과태료 부과의 주체는 정부이고, 한국은행은 징수하는 사무를 담당하도록 하는 것이다.

미국, 스웨덴, 일본에서는 지급준비의무 불이행과 관련한 과태료를 해당 기관이 국고에 납입한다.[89] 따라서 중앙은행 현금출납부에 일단 수입(cash receipt)으로 기록되지만, 손익계산서에는 수익(revenue)으로 인식되지 않는다. 이에 비해서 한국은행은 현재 과태금을 한국은행의 이익(잡수입)으로 인식하고 손익계산서에 반영한다. 이런 회계처리 방식을 지양하고 미국, 스웨덴, 일본처럼 국고로 즉각 납입할 경우 한국은행이 수입하는 자금은 정부가 수입하는 범칙금, 벌금 등과 성격이 같아진다. 그럼으로써 한국은행법에서도 '과태료' 라는 명칭을 쓰는 데 법리적 문제가 사라진다. 결론적으로 중앙은행이 반드시 과태료 부과의 주체가 될 필요는 없다.

이 조에 대한 필자의 생각은 다음과 같다.

〈필자의 제안〉

제60조(과태료의 부과)

① 제28조 제2호에 따라 금융통화위원회가 정한 최저지급준비금 보유기간 중 보유한 지급준비금이 제59조에 따라 산출된 최저지급준비금에 미치지 못한 때에는 그 금융기관은 해당 최저지급준비금 보유기간 동안의 평균 부족액의 50분의 1에 해당하는 과태료를 납부하여야 한다.[90]

② 제1항의 규정에 의한 과태료는 대통령령이 정하는 방법에 따라 한국은행이 수입하여 국고에 납입한다.[91]

89. 미 연준법 Section 19, (l)(7), 스웨덴중앙은행법 Chapter 11, Art. 1. 및 일본 '준비예금제도에 관한 법률' 제8조 제2항.

90. 대출 및 투자의 제한 등 비금전적 제재는 삭제했다.

91. 과태료 수입의 주체가 정부라는 점을 밝혀 시비의 소지를 없앴다.

제61조(지급준비율의 인상)
금융통화위원회가 지급준비율을 인상하는 경우에는 점진적으로 하여야 하며, 모든 금융기관에 사전에 통보하여야 한다.

※ 이 조와 함께 읽어야 할 부분 : 제56조

이 조는 지급준비율 인상에 관해서만 규정한다. 지급준비율 인하에 대해서는 별도의 규정이 없다는 점에서 비대칭적이다. 참고로 일본에서는 지급준비율 인상뿐만 아니라 인하 시에도 "해당 기관의 부담을 고려해야 한다"라는 규정을 두고 있다('準備預金制度に関する法律(1957년)' 제4조 제3호). 스위스중앙은행법(제18조 제3항)은 지급준비율 조정을 '필요최소한(*mutatis mutandis*)'으로 국한하라는 훈시적 규정을 두고 있다. 이 규정은 지급준비율의 인상과 인하에 모두 적용된다.

이 조에서 지급준비율 인상에 한정하여 점진적으로 조절하라는 훈시를 둔 것은 미국의 영향이다. 최초의 미 연준법에서는 지급준비율의 인하만 허용되고 인상은 금지되었다. 1933년 은행법(Banking Act)의 개정으로 지급준비율 인상이 허용되었으나 "국가긴급사태 시 대통령의 승인을 얻어(subject to presidential approval, provided that a national emergency was declared)"라는 강력한 전제조건을 붙였다. 지급준비제도에 대한 상업은행의 반감이 컸기 때문이다.

결국 미 연준은 1935년 지급준비율 인상에 대한 까다로운 제약이 폐지되고 나서야 지급준비율을 인상할 수 있었다. 미 연준이 설립된 지 20년 뒤였다. 그때 미 연준은 최저 지급준비율을 한꺼번에 2배 수준으로 인상했다. 이후 경기가 악화되자 과도한 지급준비율 인상 때문이라는 비판이 제기되고, 연준은 집중적으로 여론의 공격을 받았다.[92] 이를 계기로 미 연준은 지급준비율 인상에 상당히 신중한 입장을 취했다. 그리고 필리핀중앙은행법과 한국은행법의 제정을 도울 때도 미 연준의 경험을 교훈 삼아 지급준비율 인상은 특별히 신중하라고 권고했다.[93]

---

92. Friedman, Milton and Anna Schwartz, *A Monetary History of the United States : 1867~1960*, Princeton University Press, 1963, pp. 445~449.

93. 필리핀중앙은행법(제99조)에 따르면 지급준비율의 인상은 점진적으로 하고 30일 이내에 4%포인트를 초과

결론적으로 이 조는 미 연준의 실수를 바탕으로 블룸필드가 의도적으로 삽입한 것이다. 오늘날 한국은행법에 이 조와 같은 훈시 규정을 둘 필요는 없다. 지급준비율은 인상이나 인하 모두 충분한 예고기간을 거쳐 점진적으로 조정하는 것이 중요하며, 이는 제56조에서 다루는 것이 타당하다.

이 조에 관한 필자의 생각은 다음과 같다.

〈필자의 제안〉

제61조(지급준비율의 인상) (제56조와 병합)

할 수 없다. 또한 시행일 이전에 통보해야 한다.

제62조(지급준비금의 사용)

한국은행에 보유된 지급준비금은 금융통화위원회가 정하는 바에 따라 한국은행 또는 다른 금융기관에 대한 결제자금으로 사용할 수 있다.

※ 이 조와 함께 읽어야 할 부분 : 제54조, 제79조

이 조의 취지는 지급준비금의 속성을 정의한다. 즉, 지급준비금은 비록 강제저축이지만 입찰보증금이나 법원 공탁금처럼 그냥 두는 것이 아니라 요구불예금처럼 자유롭게 입출금한다는 점을 규정한다.

하지만 용어의 사용이 정확하지 않다. 일반적으로 지급(pay)과 결제(settle)는 다르다(지급과 결제는 제81조에서 다룬다). 따라서 "지급준비금은 결제자금으로 사용된다"라는 문장은 매우 비전문적이고 정확하지 않다. "지급준비금은 지급자금으로 사용된다"라고 표현해야 정확하다. 이렇게 수정해 놓고 보면 이 조가 무척 싱거워진다. 이 조가 순환논리라는 점이 드러나기 때문이다.[94] 이 조는 전반적으로 새로 써야 한다.

배 경

외국의 중앙은행법에서는 지급준비금의 용도에 관해서 별다른 언급이 없다. 지급준비금은 문자 그대로 상업은행들이 인출요구에 대비하는 자금(reserve)이므로 자유롭게 사용할 수 있는 것이 상식이다. 그럼에도 불구하고 한국은행법에서 이를 명문화한 이유는 요구불예금에 대한 미국과 한국의 인식이 다르기 때문이다.

미국에서는 대공황 이후 요구불예금에 대한 이자지급이 엄격히 금지되었다. 대공황 원인 중 하나가 상업은행들이 금리경쟁으로 인해 부실화된 데 있다고 보기 때문이다. 또한, 은행의 송금 서비스(내국환업무)는 모든 사람이 접근할 수 있어야 하는 금융의 공공재인데 만약 요구불예금에 이자지급이 허용되면 필연적으로 소액 예금자는 홀대를 받게 된

94. 한국은행법에는 이런 어처구니없는 순환논리가 간간히 발견된다. 제45조의 "감사(auditor)는 감사(audit)한다"라는 문장구조도 전형적인 순환논리다.

다. 즉, 은행을 통한 송금과 추심이 어려워질 수 있다. 이 같은 이유에서 미국에서는 2008년까지 요구불예금에 대한 이자지급이 금지되었으며, 연준에 예치된 지급준비금도 요구불예금이라서 이자지급이 금지되었다.[95]

하지만 한국은행은 설립 초기부터 지급준비금에 이자를 지급했다(구법 제56조 제2항, 현행법 제55조 제2항). 따라서 블룸필드는 한국은행법에 "지급준비금은 이자지급에 관계없이 요구불예금이다" 라는 규정이 필요하다고 보았다. 오늘날에는 한국과 미국 모두 요구불예금에도 이자를 지급하므로 한국은행법에 굳이 이 조가 있을 이유가 없다.

자금의 용도

이 조는 여러 가지 면에서 혼란을 일으킨다. 첫째, 지급준비금(제55조)만 결제자금으로 쓸 수 있다고 규정함으로써 한계지급준비금(제57조)은 결제자금으로 쓸 수 없다는 결론에 이르게 한다(물론 한계지급준비금도 결제자금으로 쓸 수 있다). 따라서 제57조에서 한계지급준비금의 용도에 관한 내용을 마련하든지 이 조에서 자금의 용도를 삭제하든지 둘 중 하나를 선택해야 한다.

둘째, 불필요하게 자금의 용도까지 제한하고 있어서 상업은행의 국고금 취급을 불가능하게 만든다. 1997년 이전에는 지급준비금의 용도가 "어음교환결제와 금융기관 간의 대차결제자금" 으로 제한되었다가 1998년 "한국은행 또는 다른 금융기관에 대한 결제자금" 으로 다소 확대되었다. 이런 제약에 따르면 상업은행이 지급준비금으로 국고금을 납입(상업은행에서 정부로의 자금이체)하거나 우체국에 자금을 지급하는 것은 불가능하다.[96] 정부와 우체국은 상업은행이 아니기 때문이다. 물론 상업은행이 지급준비금을 정부나 우체국에 지급할 수 없을 경우 엄청난 혼란이 초래된다. 그런 점에서 현재의 이 조는 준수하기가 처음부터 불가능한 입법 오류다.

셋째, 금융통화위원회의 역할이 모호하다. 한국은행의 예금에는 지급준비금의 목적으로 예치하는 당좌예금 이외에 자금조정예금(2008년 도입), 결제전용예금(2009년 도입)도

---

95. 미 연준도 2008년 12월부터는 지급준비금에 이자를 지급하고 있다.

96. 우체국은 제11조에 의한 금융기관(은행)이 아니지만 어음교환에는 은행들과 동등한 자격으로 참가한다.

있다. 이 조는 그중에서 지급준비금(당좌예금)에 대해서만 금융통화위원회가 심의 · 의결하는 점을 서술한다. 그렇다면 나머지 자금조정예금과 결제전용예금은 금융통화위원회가 아닌 한국은행 총재가 그 존폐와 운영방식을 결정할 수 있다는 결론에 이르게 된다.

결론적으로 이 조는 매우 조악하고 비현실적이다. 지급결제와 수신업무에 대한 이해 부족에서 만들어졌기 때문이다. 이 조가 의미를 가지려면 한국은행이 취급하는 모든 예금에 관해서 금융통화위원회가 심의 · 의결하는 근거로 일반화해야 한다(제28조가 함께 개정되어야 한다. 제28조 설명을 참고하라).

이 조에 관한 필자의 생각은 다음과 같다.

〈필자의 제안〉

제62조(예금의 사용 등)

제54조 및 제79조에 의한 예금의 사용 등은 금융통화위원회가 정한다.[97]

---

97. 한국은행은 정책 목표에 따라 이자 및 인출조건을 달리하여 여러 예금을 운용하고 있다. 이 조는 그런 실상을 반영한다.

제63조(지급준비자산 제도)
금융통화위원회는 필요하다고 인정하는 경우 대통령령으로 정하는 바에 따라 금융기관에 지급준비금과는 별도의 지급준비자산을 보유하도록 요구할 수 있다.

※ 이 조와 함께 읽어야 할 부분 : 제63조

이 조에서 다루는 지급준비자산 제도는 지금까지 한 번도 실행된 적이 없다. 그런 점에서 이 조는 사실상 사문화(死文化)되었다. 또한 이 조에는 결함도 있다. 통상적인 지급준비금(제56조)의 경우 지급준비율, 보유기간, 보유방법 등 운용에 필요한 사항들이 구체적으로 규정되어 있는 데 비해서 이 조에는 지급준비자산 제도의 운용방법과 벌칙에 관한 사항들이 누락되어 있다. 그런 미비점을 보완해야 비로소 이 조가 의미를 갖게 된다.

과 거

지급준비자산 제도는 인플레이션 압력이 고조되었던 1977년 통화안정계정(구법 제92조)과 함께 신설되었다. 이 조를 도입한 목적은 금융기관들이 보유하는 고유동성 자산을 국채나 통화안정증권 등의 저유동성 자산으로 전환시킴으로써 대출을 강력하게 억제하는 데 있다. 그러나 지금까지 전혀 실행되지 않았다.

1977년 법률 개정 당시 정부는 '한국은행법시행령(제14조 제2항)'을 통해 지급준비자산 제도의 운영과 관련한 일체의 실무사항을 금융통화위원회가 정하도록 했다. 하지만 금융통화위원회는 아무 것도 정하지 않았다.

제28조에 따르면 지급준비자산 제도는 "통화신용정책에 관한 사항"에 포함되지도 않는다. 또한 시장기능을 중시하는 제4조와 충돌하기도 한다.[98] 이 조가 사실상 사문화된 데는 이런 요인도 작용한다.

98. 따라서 제28조는 수정을, 제4조는 삭제할 필요가 있다. 이 점에 관해서는 제4조와 제28조 설명을 참조하라.

미 래

지급준비자산 제도는 대단히 실험적인 정책수단이다. 인플레이션이 심각했던 1977년 한국은행이 별로 생각도 없었고 외국 중앙은행법의 유래도 없는데, 정부가 그 필요성을 인정하고 한국은행의 정책수단을 추가했다는 점에서 큰 의미가 있다. 지급준비자산 제도는 중앙은행법 중 한국은행법이 세계 최초로 도입했으며, 앞으로 발전 가능성도 있다.

지급준비자산 제도는 글로벌 금융위기 이후 크게 부각된 거시건전성정책(macro-prudential policy)과 일백상통한다. 과거에는 신자유주의의 영향으로 규제를 부정적으로 평가했으나, 글로벌 금융위기 이후 패러다임이 바뀌었다. 이제는 규제가 반드시 나쁘지는 않다는 생각이 선진국과 신흥시장국에서 보편적으로 자리 잡았다. 그런 맥락에서 우리나라 정부는 2013년 이미 거시전전성정책 차원에서 외환건전성분담금 제도를 도입하였다. 마찬가지로 한국은행은 지급준비자산 제도를 통해 금융안정을 추구할 수 있다.

이론적으로 지급준비자산 제도는 동태적 대손충당금 제도(dynamic provisioning)와도 일맥상통한다. 동태적 대손충당금 제도는 금융기관들이 손실에 대비해서 의무적으로 보유해야 하는 대손충당금 수준을 정책당국이 경기상황에 따라 탄력적으로 조절하는 방식을 말한다. 그럼으로써 경기의 진폭을 선제적으로 조정한다는 데 목적이 있다.

대손충당금은 대출(대차대조표의 차변)로 인해 발생하는 이익의 일부를 부채(대변)로 인식하는 장치다. 이에 비해서 지급준비자산은 수신(대변)의 일부를 자산(차변)으로 보유토록 하는 규제다. 그런 점에서 지급준비자산은 대손충당금 제도와 대칭을 이룬다. 다만, 대손충당금은 영업이익을 인식하는 방법이므로 태생적으로 경기흐름보다 늦게 변동하는데 비해서 지급준비자산 제도는 이론적으로 경기흐름과 동행하거나 선행한다. 따라서 감독당국의 대손충당금 조절보다는 한국은행의 지급준비자산 조절이 더 효과적이다.

한편, 현재 지급준비자산 제도에는 "대통령령으로 정하는 바에 따라" 라는 조건이 따른다. 이는 금융통화위원회가 정부와 협의하라는 의미로 해석된다. 그러나 통화신용정책에 속하는 문제를 정부와 협의토록 하는 것은 적절치 않다.

이 조에 관한 필자의 생각은 다음과 같다.

〈필자의 제안〉

제63조(지급준비자산 제도)

금융통화위원회는 필요하다고 인정하는 경우 금융기관은 금융통화위원회의 결정에 따라 지급준비금과는 별도의 지급준비자산을 보유하여야 한다. 금융기관이 이에 응하지 않을 경우 제60조를 준용한다.[99]

99. 모든 규제는 벌칙이 있어야 유효하다. 그런데 한계지급준비금(제57조)과 지급준비자산(제63조)에 대해서는 현재 벌칙이 마련되어 있지 않다. 그래서 과태료를 부과하는 근거를 마련하였다.

제3절 금융기관에 대한 대출

이 절은 제목부터 틀렸다. "금융기관에 대한 여신" 이라고 하는 것이 바른 표현이다.

은행이 유동성을 공급하는 가장 고전적인 방법은 어음할인(discount)이다. 그 다음으로 고전적인 방법이 대출(loan)이다. 이 밖에도 수입신용장 개설, 지급보증, 시설대여, 할부금융, 유가증권 인수 등 여러 가지 방법이 가능하다. 이를 통틀어 여신(credit lending)이라고 한다. 이 절에서는 담보대출 이외에 어음할인을 다루므로 그 제목은 "금융기관에 대한 여신" 이어야 한다.[100]

제1차 세계대전과 대공황을 계기로 외국에서도 통화신용정책 수단 중 여신의 비중과 중요성이 낮아졌다. 통화주의자를 비롯한 일부 경제학자들은 여신업무를 폐지하고 공개시장조작으로만 유동성을 공급하자고 주장하기도 했다.[101] 그러나 여신은 아직까지 유동성 공급수단의 지위를 지키고 있다. 특히 금융시장이 제대로 작동하지 않는 금융위기 시에는 여신의 역할이 절대적이다. 글로벌 금융위기 당시 미 연준이 보험회사인 AIG와 증권회사인 베어스턴즈(Bear Stearns) 등 비은행 금융기관을 구제한 조치는 공개시장조작이 아니라 여신(미 연준법 13(3))이었다. 여러 차례 금융위기를 경험한 나라일수록 여신업무의 중요성을 인식하고 제도 정비 노력을 계속하고 있다.[102]

한편, 여신의 철학과 관행은 나라마다 상당한 차이가 있다. 미 연준법은 여신조건과

---

100. 이 절의 제목은 한국은행법 영문 초안의 'Loans to Banking Institutions'을 직역한 결과다. 그런데 미 연준법에서는 Loans가 여신을 의미한다. 즉, 미 연준법에서는 discount(어음할인)과 advance(담보대출)을 합해서 lending(여신)이라고 부른다.

한편, 한국은행법에서 여신과 대출의 용어 사용에 혼란이 있다 보니 금융통화위원회도 혼란을 겪고 있다. 금융통화위원회가 정한 '한국은행의 금융기관대출규정(제3조)'에는 어음할인도 포함된다. 이런 분류방식은 은행법이나 상법 등의 분류와 크게 다르다.

101. Schwartz, Anna J.(1992), "The Misuse of the Feds Discount Window', *St. Louis Review*, Vol. 74, No. 5, pp. 58~69.

Friedman, Milton(1960), *A Program for Monetary Stability*, Fordham University Press.

102. 예를 들어 미 연준의 실무진들은 Penn Central 철도회사의 부도로 발생한 1970년 금융경색 사태 때 공개시장조작으로는 문제를 해결할 수 없었다고 결론지었다.

Calomiris, Charles W.(1996), "Is the Discount Window Necessary? A Penn Central Perspective," *St. Louis Review*, Vol. 76, No. 3, pp. 31~55.

대상기관을 대단히 까다롭게 제한하고, 실무자의 재량권도 크지 않다. 그 반대로 일본은 행법은 여신활동에 대한 제한이 적어, 만기 · 금액 · 금리 · 담보 등의 조건을 실무진이 상당히 재량적으로 판단한다. 과거 조선은행은 일본식이었으나 1950년 제정된 한국은행은 미국식 여신 관행을 추구했다. 그러나 시간이 흐르면서 한국은행이 취급하는 담보물의 범위가 확대되는 등 다시 일본에 가까워졌다. 향후 한국은행 여신이 미국과 일본 중 어떤 방식을 지향할 것인지에 관해서는 근본적인 점검이 필요하다.[103]

이 절에 관한 필자의 생각은 다음과 같다.

〈필자의 제안〉

제3절 금융기관에 대한 여신

103. 참고로 이 절은 과거에 8개 조로 구성되었으나 1998년 4개 조로 통합되었다. 또한 과거에는 이 절 이외에 '은행업무에 대한 특별통제'라는 제목으로 상업은행의 여신행위를 통제하는 4개의 조가 더 있었는데, 1998년 법률 개정 시 대폭 간소화되었다. 이런 점으로 볼 때 1998년의 법률 개정은 은행감독기능만 분리한 것이 아니라 한국은행의 여신활동에 대한 관심과 중요도를 낮추는 계기였다고 할 수 있다(그 반대로 정책수단으로서 공개시장조작의 비중은 크게 높아졌다). 그것이 바람직하다고 볼 수만은 없다.

제64조(금융기관에 대한 여신업무)

① 한국은행은 금융통화위원회가 정하는 바에 따라 금융기관에 대하여 다음 각 호의 여신업무를 할 수 있다.

1. 금융기관이 받은 약속어음 · 환어음 또는 그 밖의 신용증권의 재할인 · 할인 및 매매. 다만, 한국은행이 취득한 날부터 1년 이내에 만기가 되는 증권으로 한정한다.
2. 다음 각 목의 어느 하나에 해당하는 증권을 담보로 하는 1년 이내의 기한부(期限附) 대출
   가. 제1호의 신용증권
   나. 정부의 채무 또는 정부가 보증한 채무를 표시하는 유통증권
   다. 한국은행의 채무를 표시하는 유통증권
   라. 그 밖에 금융통화위원회가 정한 증권

② 제1항에 따라 재할인 · 할인 또는 매입하거나 담보로서 취득한 신용증권에는 그 증권을 제공한 금융기관의 배서(背書)가 있거나 양도증서가 첨부되어야 한다.

※ 이 조와 함께 읽어야 할 부분 : 제65조, 제67조, 제68조, 제70조, 제80조

이 조는 한국은행의 통상적인 여신을 다룬다. 비상시 금융기관에 대한 특별 여신(제65조), 정부에 대한 여신(제77조), 비은행 민간에 대한 여신(제80조) 등 특수한 여신에 대비되는, 기본적인 여신업무 규정이다.

이 조는 두 가지 의미를 지닌다. 첫째, "여신업무를 할 수 있다"는 표현에서 나타나듯이 여신은 한국은행이 거부할 수도 있는 선택사항이라는 점이다(이는 제66조를 통해 더욱 분명해진다). 이는 국고금을 취급(제71조)하는 것이 한국은행의 절대적 의무인 것과 대비된다. 따라서 한국은행으로부터 여신을 받는 것은 상업은행의 권리가 아니라 특혜이며, 한국은행은 여신업무를 통해 상업은행들을 얼마든지 차별할 수 있다(이 점에 관해서는 346쪽의 [보론 1]에서 보충 설명한다).

둘째, 이 조는 진성어음주의(real bills doctrine)에 뿌리를 두고 있다. 이는 미 연준법의 영향 때문이다. 진성어음주의란, 중앙은행의 유동성공급은 실물경제의 자금수요에

맞추어 실행되어야 한다는 원칙이다. 미국은 20세기 초반까지도 연방정부가 금융분야에 개입하는 것에 대해 거부감이 매우 컸기 때문에 1907년 금융위기(panic of 1907)를 계기로 6년의 논란 끝에 연방준비제도를 출범할 때도 연준의 영향력을 최소화해야 한다는 견해가 강했다. 그래서 최초의 미 연준법(Section 13)에는 지역연방준비은행이 여신할 수 있는 대상을 원칙적으로 진성어음으로 한정했다. 대공황을 계기로 여신조건을 대폭 확대(Section 10B)했지만, 기존의 조문을 손보지 않고 별도의 장을 추가하는 방식을 취함으로써 진성어음주의의 골격을 유지했다.

뉴욕 연준 소속의 블룸필드는 최초의 한국은행법에도 미 연준법의 정신을 그대로 주입했다. 즉, 한국은행이 할인할 수 있는 어음과 담보물로 취득할 수 있는 대상을 매우 자세하게 열거했다(구법 제69조). 그리고 진성어음과 국채 등을 근거로 실시되는 일상적 여신과 그 외에 융통어음을 근거로 실시되는 특별융자를 구분하였다. 참고로 통화주의의 영향이 강한 유럽중앙은행법에서는 미 연준법이나 한국은행법과 달리 담보물을 자세히 구분하지 않는다. 일본은행법(제33조 제1항) 및 과거 조선은행법(제17조 제1항)에서도 진성어음과 융통어음을 구분하지 않았다. 일본은행은 회사채까지도 담보로 인정한다. 여신업무 면에서 한국은행법은 일본은행법과 근본 철학이 다르다.

어 음

어음은 발행자의 입장에서 현금을 대신한 지급수단(payment instrument)이다. 그러나 수취자 입장에서는 만기까지 현금상환을 유예해 주는 신용제공수단(credit instrument)이다.[104] 이자소득을 목적으로 하는 사람은 어음에 투자(할인)한다.

어음은 오랜 시간을 두고 여러 지역에서 자연발생적으로 출현했기 때문에 그 명칭이 매우 다양하다(어음의 분류에 관해서는 〈참고 4-4〉를 참조하라). 그래서 미 연준법(Section 13)에서는 연준이 여신업무를 통해 취급할 수 있는 어음의 다양한 명칭과 속성들을 하나

---

104. 이런 두 가지 속성은 당좌수표나 신용카드 등 현금 이외의 모든 지급수단이 다 갖고 있다. 즉, 지급수단은 약간의 신용수단이기도 한 것이다. 신용의 기간은 하루(수표)에서 한 달(신용카드)에 이르기까지 지급수단별로 다르다.

하나 지루하게 열거하고 있다.[105]

참고 4-4 어음의 분류

어음은 신용증권(credit instrument)의 하나다. 신용증권은 법률적 형식과 경제적 실체에 따라 여러 가지로 구분할 수 있다.

형식 면에서는 지급지시서(orders to pay)와 약속어음(promise to pay)으로 구분된다.[1] 지급지시서는 발행인, 수취인, 지급인 등 3인이 관계되는 것으로서 상황에 따라 다양한 이름으로 불린다. 수표(check), 예금인출증(draft), 환어음(bills of exchange), 송금증서(money order), 전신환(telegraphic transfer), 우편환(cable transfer) 및 신용장(letter of credit) 등이 이에 해당한다. 이에 비해 약속어음은 채권처럼 발행인과 수취인(투자자) 등 2인이 관계된다.

우리나라의 어음법과 수표법도 이런 기준을 따른다. 우리나라 어음의 역사는 고려시대까지 거슬러 올라가지만, 법률이 만들어진 것은 일제강점기다(일본의 어음법). 이후 1962년 어음법(법률 제1001호)과 수표법(제1002호)이 제정되었는데, 이 법에서는 어음을 환어음과 약속어음으로 구분한다. 환어음은 발행인이 약속한 금액을 제3자가 지급하도록 하는 어음(서양의 지급지시서에 해당)이며, 약속어음은 발행인과 지급인이 같아서 2인(발행인, 수취인)만 관계된다.

어음은 경제적 실체에 따라 상업어음과 융통어음으로 나눌 수 있다. 상업어음은 재화의 생산, 가공, 유통, 보관 등 상거래 과정에서 발행되며, 진성어음(real bills)이라고도 한다. 이에 비해 융통어음은 실물경제활동과 관계없이 오로지 자금의 융통을 목적으로 발행된다. 현실에서 상업어음은 대부분 환어음(지급인은 은행)이며, 약속어음은 융통어음이다.[2]

융통어음은 실질적으로 채권과 거의 비슷하다.[3] 따라서 융통어음은 증권회사도 취급한다. 이

1) Chandler, Lester V.(1948), *The Economics of Money and Banking*, New York : Harper and Row, pp. 84~85.

2) 금융시장에서 보통 CP(commercial paper ; CP)라고 불리는 기업어음은 전형적인 융통어음이다. 그런데 그 이름이 CP라서 마치 상업어음 또는 진성어음인 것으로 오해하기 쉽다.

3) 어음은 수표와 마찬가지로 지급수단이라서 만기 시 어음교환소에 회부되어 은행들끼리 청산과 결제의 과정을 거쳐 자금이 회수된다. 이에 비해 채권은 유가증권이라서 어음교환소를 거치지 않는다. 소유인이 발행인에게 제시하여 자금을 회수한다.

105. "notes, drafts, and bills of exchange arising out of actual commercial transactions(제3항, 진성어음)" 및 "bills of exchange payable at sight or on demand which grow out of the domestic shipment or the exportation of nonperishable(제4항, 일람불 선하증권)" 등.

에 비해서 상업어음(진성어음) 또는 환어음은 은행만 취급한다. 형식상 상업어음은 지급지시서(order to pay)인데, 그 지급지시서에 따라 지급할 수 있는 기관은 요구불예금을 취급하는 은행뿐이기 때문이다. 이는 은행만이 자기앞수표를 발행하는 것과 일맥상통한다.

미 연준법이 어음에 관하여 이토록 공을 들이는 이유는 한마디로 말해서 약속어음(promissory note)의 취급을 최대한 억제하기 위해서다. 즉, 미 연준은 농업 · 공업 · 상업 활동과 관련하여 발행된 환어음(bills of exchange)을 할인하는 것을 여신의 기본으로 하는 가운데 약속어음의 할인은 매우 제한적으로 허용한다. 상업어음 또는 환어음을 통한 여신은 최장 만기가 90일인 데 비해서 약속어음의 최장 만기는 15일에 불과하다.[106]

한국은행법도 미 연준을 좇아 진성어음주의를 추구한다. 1997년 이전의 법률(제69조)에서는 한국은행이 취급할 수 있는 어음, 즉 진성어음의 조건들을 하나하나 열거했다.[107] 그런데 그 법률의 초안을 작성한 뉴욕 연준 소속 블룸필드가 중대한 실수를 저질렀다. 여신의 대상을 "약속어음, 환어음 기타 신용증권(promissory notes, bills of exchange, and other credit documents)"으로 구분하여 마치 한국은행이 약속어음 등 융통어음도 할인할 수 있다는 해석을 낳은 것이다(실제로 한국은행이 지금까지 융통어음을 할인한 적은 없다).

이 조에서 약속어음이 포함된 것은 견질어음 때문이다. 미국과 달리 한국에서는 중앙은행이나 상업은행이 여신할 때 차입자에게 견질어음을 징구한다. 견질어음은 어음

106. 미 연준법 Section 13(Poweres of Federal Reserve Banks), 8. Advances to member banks on promossyry notes "Any Federal reserve bank may make advances for periods not exceeding fifteen days to its member banks on their promissory notes secured by the deposit or pledge of bonds, notes, certificates of indebtedness, or Treasury bills of the United States,..... (이하 생략)."

107. 과거 한국은행법 제69조 :

(가) 농산물, 임산물, 축산물, 광산물, 수산물의 생산, 가공 또는 공업생산에 관한 대출. 다만, 한국은행이 취득한 날로부터 1년 이내에 만기가 도래하는 증권에 한한다.

(나) 즉시 판매할 수 있는 수입, 수출, 매입, 판매 또는 수송 중의 생산품에 관한 대출. 다만, 한국은행이 취득한 날로부터 6개월 이내에 만기가 도래하는 증권에 한한다.

(다) 금융통화운영위원회가 승인한 창고 또는 기타 장소에 비투기 목적으로 보관 또는 적치된 부패성 없는 보관된 물품에 관한 대출. 다만, 한국은행이 취득한 날로부터 6개월 이내에 만기가 도래하는 증권에 한한다.

교환에 회부되지 않는 등 지급수단의 기능이 없으며, 유사시를 대비한 대출서류 중 하나일 뿐이다. 그런 사정을 잘 몰랐던 블룸필드는 견질어음을 통상적인 약속어음이라고 착각하고 이를 할인 · 매매의 대상에 포함시켰다(견질어음에 관해서는 348쪽의 [보론 2]를 참조하라).

한편 신용증권이란, 채권 · 채무관계를 증빙하는 증서를 의미하는데, 여기에는 어음뿐만 아니라 수표와 예금증서, 채권(債券)까지 포함된다. 따라서 신용증권을 할인하거나 매매하면 공개시장조작(제68조)과의 차이까지 사라진다. 법률에 담아서는 안 되는 매우 중대한 실수다(이것을 지금까지 바로잡지 않은 것은 한국은행의 책임이 크다).

결론적으로 이 조에서 약속어음과 신용증권이 포함된 것은 실수다. 제1항 제1호는 환어음, 즉 진성어음(상업어음)으로 한정해야 한다. 약속어음은 엄격한 의결요건을 가진 제65조(긴급여신)에서 다루는 것이 정상이다. 그리고 신용증권의 매매는 제68조(공개시장조작)에서 다루어야 한다.

할인과 매매

이 조 제1항 제1호에서는 한국은행의 재할인 · 할인 · 매매를 다룬다. 여기서 재할인과 할인이 함께 언급된 것은 어색하다. 재할인이 언급된다면 할인은 삭제되어야 한다. 영리기업이 발행한 진성어음을 한국은행이 재할인하지 않고 직접 할인할 가능성은 없기 때문이다.

이 조에서 어음의 매매를 언급한 것도 어색하다. 어음의 할인과 매입을 구분하는 것은 미 연준법(연준법 제13조 4)의 영향이다. 미 연준법에서 어음의 매입(purchase)이란, 배서를 받은 뒤(upon the indorsement of any of its member banks) 즉각 어음교환에 회부(such bills of exchange shall be forwarded promptly for collection)하는 것을 말한다. 따라서 미 연준법에서 어음의 매입은 우리나라의 할인에 해당한다.

이런 점으로 볼 때 이 조에서는 재할인과 할인 중 하나만 선택하고 매매라는 말을 삭제하는 것이 바람직하다. 이 조에서 '매매'라는 말을 쓰게 되면 한국은행이 어음을 채권처럼 배서하지 않고 취득할 수 있다고 오해할 수 있다(이런 기초적인 점들이 지금까지 고쳐지지 않은 것은 한국은행의 잘못이 크다).

배 서

이 조의 제2항은 어음의 배서를 다룬다. 결론부터 말하자면, 한국은행법에서 배서를 따로 언급할 필요가 없으며, 이 조 제2항은 삭제해도 무방하다(이 조가 없더라도 한국은행이 여신업무에서 배서를 받거나 양도증서를 요구하는 데 아무 지장이 없다).

배서(endorsement)는 어음을 넘기는 사람이 어음의 뒷면에 기명날인하는 것이며, 어음거래의 절대적 조건이다. 즉, 배서하지 않은 어음은 양도의 효력이 없다. 이 때문에 어음의 유통과정에서 소유자들의 이름이 어음 뒷면에 연쇄적으로 기록된다. 이와 같은 배서의 의미와 효력은 민법 · 상법 · 어음법 등을 통해 규제된다.

어음법 등에서 어음에 배서의 절차를 둔 이유는 채권과 구분하기 위해서다. 과거 유럽에서는 대금업이 금지되었는데, 이때 무역업을 하는 상인들은 진성어음(환어음)과 융통어음에 차이를 두고 진성어음 할인을 허락받았다. 즉, 교회가 금지하는 건식어음(융통어음, *cambio secco*)은 자금의 융통에 목적을 둔 가치저장수단인 데 비해서 1년 미만의 진성어음(*cambiale*)은 무역을 위해 필요한 불가피한 지급수단이라는 점이 인정되었다.

그런데 진성어음(환어음)이 물품의 매매과정에서 발행되어 유통되는 것이라면, 그 사실을 확인해 줄 증인이 필요하다. 그래서 어음의 소유권이 바뀔 때마다 어음의 뒷면에 배서토록 했다. 어음의 유통에 관계한 사람을 한 사람도 예외 없이 증인으로 삼고 연대책임을 묻기 위해서다.

교회법과 마찰을 피하기 위해서 15세기경 유럽에서 형성된 이런 어음거래 관행은 오늘날 우리나라를 포함한 대부분 국가의 어음법에 그대로 남아 있다. 배서는 무조건적이다. 즉, 약속한 기일에 어음발행인이 현금으로 지급하지 않으면, 어음을 소지한 사람은 과거에 그 어음을 인수 · 배서 · 보증한 누구에게라도 지급을 요구할 수 있다. 이를 합동책임이라고 한다(어음법 제47조). 더 나아가 어음법(제12조)은 "배서에는 조건을 붙여서는 아니 된다"라는 것과 함께 "일부의 배서는 무효로 한다"라고 규정하고 있다.[108] 진성

108. 어음의 이런 속성 때문에 어음 발행자가 부도가 나면 연쇄부도로 이어지는 경우가 있다. 그러나 어음의 합동

어음(환어음)의 유통이 실물거래의 결과라면 그런 사실의 일부만 책임지고 배서하는 것은 있을 수 없기 때문이다. 배서에 조건을 붙이거나 일부만 배서하게 되면 자금융통에 목적을 맞춘 채권이나 건식어음 거래(대금업)와의 차이가 사라진다.[109]

한편, 채권거래와 달리 어음거래에서는 제3자인 은행이 인수(acceptance)를 통해 그 지급을 약속하기도 한다. 이를 은행인수어음이라고 한다(은행인수어음은 은행이 발행한 채권, 즉 은행채와 똑같이 안전하다). 이런 점들을 종합해 볼 때 어음의 할인은 법률적으로 단순한 매매계약이 아니라 소비대차(민법 제598조)와 보증(제428조)이 결합된 합성계약으로 보는 것이 일반적이다. 그리고 이런 속성들은 어음법을 통해 유지된다. 따라서 이 조의 제2항은 삭제해도 한국은행 업무에 전혀 영향을 미치지 않는다.

대 출

제1항 제2호는 증권담보대출을 다룬다. 한국은행은 무담보 신용대출[110]이나 부동산 담보대출을 취급할 수 없으며, 담보물로 취급할 수 있는 증권은 네 가지다. 결론부터 말하자면, 제1항 제2호의 대출조건은 지나치게 관대하여 일부를 제외하거나 통제할 필요가 있다.

담보대출의 첫 번째 담보물은 만기 1년 이하의 환어음이다. 환어음은 제1호에 따라 한국은행이 할인할 수도 있고 제2호에 따라 담보물로 취득할 수도 있다.[111] 현행 법률에서는 약속어음과 기타 신용증권도 담보물로 삼을 수 있는 것처럼 되어 있지만, 이는 입

책임은 금융거래를 안정시키고 금융비용을 낮추는 순기능이 있다. 배서인의 합동책임이 없다면 자금이 부족한 사람은 담보물을 마련하여 그 가치를 감정평가받거나 보증보험에 가입해야 한다. 또한 은행은 각종 서류를 통해 대출자격을 일일이 심사해야 한다. 이에 비해 어음할인은 여신절차를 간소화시켜 비용을 낮춘다. 여신 심사기능이 없는 명동의 사채꾼이 혼자서 여신을 할 수 있는 것도 어음의 합동책임이 있기 때문이다.

109. 채권에는 배서가 따르지 않으며, 분할(이표채)하거나 조건(환매조건부채권매매)을 붙여 거래하기도 한다. 어음에는 이런 거래가 인정되지 않는다.

110. 한국은행법 제정 당시 참고가 되었던 필리핀중앙은행법(Section 83)은 7일 미만의 무담보 신용대출을 허용한다. 그런 점에서 한국은행법은 훨씬 엄격하다.

111. 다만, 한국은행은 1994년 총액한도대출 프로그램이 도입된 이후 할인은 하지 않고, 대출의 담보물로만 활용하고 있다.

법 실수에 가깝다. 약속어음과 기타 신용증권을 담보로 하는 것은 사실상 신용대출이며, 이는 제65조에 의한 긴급여신으로 다루어야 한다(약속어음에 대해서는 결론에서 다시 검토한다).

두 번째 담보물은 국채와 정부보증채다. 최근에는 거의 활용되지 않지만 1970년대 이전에는 한국은행이 담보물로서 국채와 정부보증채를 주로 취득했다.[112] 당시에는 채권시장이 발달하지 않아서 상업은행들이 국채 · 정부보증채를 매매할 기회가 없었고, 주로 한국은행에 담보물로 제시했다. 오늘날에는 국채 · 정부보증채의 유동성이 매우 크기 때문에 한국은행에 담보물로 제시하는 빈도가 크게 줄었다.

세 번째 담보물은 한국은행통화안정증권(통화안정증권)이다. 통화안정증권은 안전성 면에서 국채와 똑같지만, 여신의 담보물로서는 바람직하지 않은 면이 있다. 특혜의 수단으로 활용될 수 있기 때문이다. 한국은행의 여신금리는 시장금리보다 낮은 반면 통화안정증권은 시장금리로 발행되므로 통화안정증권을 매입한 기관이 이를 담보로 저금리 대출을 받으면 무위험수익(arbitrage)을 얻는다. 그리고 한국은행의 수익은 악화된다. 따라서 통화안정증권을 담보로 하는 대출은 적절히 통제되어야 한다.[113]

네 번째 담보물은 '그 밖에 금융통화위원회가 정한 증권' 이다. 이는 2011년에 추가되었는데, 일종의 실수다(2011년 법률 개정에 참여했던 필자는 이 점을 매우 유감스럽게 생각한다). 제65조를 무력화하는 수단이 될 수 있기 때문이다. 제65조에 따라 금융통화위원회가 위원 4인 이상의 찬성으로 긴급여신을 결정하는 대신에 이 조에 따라 '그 밖에 금융통화위원회가 정한 증권' 의 범위를 확대하면 제65조는 무의미해진다. 그런 점에서 '그 밖에 금융통화위원회가 정한 증권' 은 삭제하는 것이 바람직하다.

---

112. 제1항 제2호에서는 '유통증권(negotiable instrument)' 이라는 단어가 등장한다. 유통증권은 영미법에서 쓰는 표현이며, 국내의 은행법 등에서는 보통 유가증권이라고 쓴다. 한국은행법도 국내 관행을 따를 필요가 있다.

113. 실제로 2013년 3월 금융통화위원회는 정부의 '회사채시장 정상화 방안' 에 부응하기 위하여 한국정책금융공사에 연 0.5%의 금리로 대출하였다. 그 대출금은 일단 통화안정증권 투자(연 3.5%)에 활용되고 한국정책금융공사는 그 통화안정증권을 대출의 담보물로 제시하였다. 그럼으로써 한국정책금융공사는 아무 담보나 위험 없이 연 3.0%의 불로소득(연간 1천억원)을 거두고, 한국은행은 그만큼 보조금을 지원하는 셈이 되었다. 제64조 제1항이 이처럼 정부의 요구에 의해 특정 기관의 보조금 지급장치로 활용되는 것은 한국은행법의 큰 결점이라고 하지 않을 수 없다.

끝으로 제1항 제2호의 "다음 각 목의 어느 하나에 해당하는 증권"이라는 표현은 적절치 않다. 한 건의 대출에는 네 가지 종류의 담보물 중 반드시 어느 하나만 가능하고 여러 가지를 섞어서는 안 된다는 오해를 일으키기 쉽다. 따라서 "어느 하나에 해당하는"이라는 문구는 삭제하고 "다음의 증권을 담보로 하는 (대출)"으로 수정하는 것이 타당하다.

1년

대부분의 국가에서는 중앙은행과 상업은행이 취급하는 어음의 만기를 최장 1년으로 제한한다. 1년이 강조되는 이유는 중세의 대부업(usury) 금지와 관련이 있다. 즉, 지중해와 대서양 해안을 중심으로 무역이 이루어지던 르네상스 시대에 선박의 출항에서 귀항까지 기간이 1년[114]이 조금 덜 걸렸기 때문에 만기 1년 미만의 상업어음 할인은 무역업의 부수업무이지, 대부업이 아니라고 인정되었다. 이 전통에 따라 오늘날에도 1년을 기준으로 단기금융시장과 자본시장을 구분한다.

우리나라 은행법에서도 만기 1년을 기준으로 '상업금융업무'와 '장기금융업무'를 구분한다. 1997년 이전에는 상업은행이 1년 이상의 예금과 대출을 취급하는 데 상당한 규제(구은행법 제26조)가 따랐고, 장기금융업무는 한국산업은행 등 특수은행들이 수행하는 것을 원칙으로 했다. 한국은행법에서 여신의 만기를 1년으로 제한하는 것도 "은행업은 만기 1년 이하의 운전자금을 취급하는 것"이라는 원칙에 입각한다. 외국의 중앙은행법에서도 여신은 1년 미만으로 제한한다는 정신이 남아 있다. 미 연준이나 캐나다은행 등은 어음의 종류에 따라 만기를 90일 또는 6개월로 제한하기도 한다. 즉, 중앙은행이 만기 1년 이상의 대출을 통해 설비자금을 공급하는 것은 비정상이라는 것이 공통된 생각이다.

---

114. 이탈리아 베네치아 항을 출항한 배(풍력이 아닌 인력을 이용한 갤리선)가 스페인을 거쳐 스칸디나비아 반도에 도착했다가 물건을 모두 팔고 귀항하는 데 8~10개월이 걸렸다고 한다.

결 론

이 조는 한국은행 여신의 기본원칙을 다루는데, 입법 의도와 실제 업무관행을 정확히 반영하지 못하는 결함이 있다. 우선 어음의 경우 그 할인대상을 진성어음, 즉 비은행 민간이 발행한 환어음의 할인으로 제한하여야 한다. 그리고 약속어음이나 기타 신용증권을 활용한 여신은 제65조를 통해 엄격한 의결요건을 거쳐 실시되도록 해야 한다.

또한 2011년 추가된 '그 밖에 금융통화위원회가 정한 증권'은 삭제하는 것이 타당하다. 아울러 대출의 만기가 1년 이상으로 연장되는 것도 통제해야 한다(이 점에 관해서는 349쪽의 [보론 3]을 참조하라). 중앙은행의 여신은 실물경제 활동에 수반되는 운전자금의 공급에 목적이 있으며, 만기 1년 이상인 설비자금의 공급은 산업정책 차원에서 한국산업은행 등 개발금융기관이 담당토록 하는 것이 바람직하다.

끝으로 통화신용정책의 효율성과 한국은행 여신의 건전성을 위해서는 여신에 상응하는 조사가 병행되어야 한다. 즉, 여신을 제공한 기관에게는 대출채권의 확보를 위하여 자금을 회수할 때까지 현장조사나 서류 등을 통해 차입자의 재무상태를 한국은행이 모니터링할 수 있어야 한다. 일본은행은 여 · 수신업무의 일환으로 고사(考查) 업무를 수행하는데, 한국은행도 비슷한 업무를 수행할 수 있는 근거가 필요하다. 대출 채권자의 조사는 행정행위로서 실시되는 금융감독원의 현장조사(검사)와 성격이 다르다. 결론적으로 여신은, 불특정인과 거래하는 공개시장조작과 달리 전형적인 상대형 금융거래라는 점을 상기하고 거기에 맞는 안전장치를 확보해야 한다.

이 조에 관한 필자의 생각은 다음과 같다.

〈필자의 제안〉

제64조(금융기관에 대한 여신업무)

① 한국은행은 금융통화위원회가 정하는 바에 따라 금융기관에 대하여 다음 각 호의 여신업무를 할 수 있다.

1. 금융기관이 받은 환어음의 할인.[115] 다만, 한국은행이 취득한 날부터 1년 이내에 만기가 도래하는 것에 한한다.
2. 다음의 증권을 담보로 하는 1년 이내의 기한부 대출

가. 제1호의 환어음[116]

나. 정부의 채무 또는 정부가 보증한 채무를 표시하는 증권[117]

다. 제69조의 규정에 의한 한국은행통화안정증권. 단 대출 전 시장에서 매입한 것이어야 한다.[118]

라. (삭 제)

② 한국은행은 제1항에 따른 여신과 관련하여 필요하다고 인정하는 경우에는 해당 금융기관의 업무와 재산상황을 조사 · 확인할 수 있다.[119]

③ 제1항의 규정에 의하여 실시한 기한부 대출은 금융통화위원회의 허가 없이 경신할 수 없으며, 금융통화위원회는 1회에 한하여 원기간의 2분의 1을 초과하지 않는 조건으로 대출을 경신할 수 있다.[120]

④ 제1항에 따른 여신이 제80조에 의한 영리기업 여신의 방법으로 이용되어서는 아니 된다.[121]

---

115. 융통어음에 해당하는 약속어음과 기타 신용증권을 삭제했다.
116. 현행 법률과 비교할 때 "금융기관이 발행하는 약속어음"을 제외했다. 이에 따라 한국은행은 대출담보로서 견질어음을 받는 관행을 중단해야 하며, 이는 우리나라의 나쁜 여신관행이 개선되는 계기가 될 것이다.
117. 제68조와 용어를 일치시켰다.
118. 통화안정증권을 인수하자마자 이를 이용해 저금리 대출을 받는 무위험이익(arbitrage) 추구행위를 차단하는 데 목적이 있다.
119. 현재의 제65조 제3항과 대칭을 이루도록 신설하였다. 한국은행이 자산건전성을 유지하기 위해서는 일상적 여신에 대해서도 조사 · 확인이 필요하다.
120. 운전자금의 성격을 유지하기 위하여 과거 한국은행법 제71조를 복원하였다.
121. 이 점에 관해서는 제80조의 설명을 참조하라.

[보론 1 : 여신업무의 중요성]

미 연준은 1979년 10월부터 1993년 7월까지 통화량을 중간목표(intermediate target)로 삼았다(통화주의). 이를 준수하기 위해서 비차입지준(nonborrowed reserves) 또는 차입지준(borrowed reserves)을 운용목표(operating target)로 활용했다. 비차입지준이란 공개시장조작을 통해 공급되는 유동성이고, 차입지준은 여신을 통해 공급되는 유동성이다. 기간으로 보면 1979년 10월부터 1982년 10월까지 비차입지준을, 그 이후 1993년 7월까지 차입지준을 활용했다. 차입지준을 운용목표로 활용했던 기간이 비차입지준 활용기간을 압도한다. 이는 미 연준이 공개시장조작 못지않게 여신을 중요하게 인식했다는 것을 시사한다.

이에 비해 한국은행은 공개시장조작을 중시하면서 여신업무는 애물단지처럼 취급해 왔다. 예를 들어 한국은행은 1994년부터 2014년까지 20년이나 운용했던 총액한도대출제도를 "순수 유동성 조절목적의 대출제도로 가는 과도기적 형태" 라고 낮게 평가하면서 별다른 개선 노력은 기울이지 않았다. "배분기준이 은행의 중소기업 대출실적 등에 연계되어 있고 대출금리가 시장금리보다 낮다는 점에서 보면 과거의 정책금융적 성격을 완전히 탈피한 것은 아니다" 라고 불만스럽게 평가[122]하면서도 금리수준을 시장금리에 접근시키거나 배분기준을 변경하는 노력은 기울이지 않았다. 대출총액을 축소하여 여신업무 자체를 축소하는 것만 중요하게 생각했다.

2014년에는 총액한도대출제도를 금융중개지원대출로 바꿨다. 실질적으로 달라진 것은 없으며, 이름에 '지원' 이라는 말을 넣어서 한국은행의 여신이 보조금 지급수단인 것만 드러냈다.[123] 그리고 금융통화위원회는 금리수준을 포함한 여신업무의 상당 부분을 총재에게 위임했다. 이후 금융통화위원회는 정책금리 수준을 변경하면서도 여신금리에는 전혀 신경쓰지 않았다. 2020년 3월 코로나 바이러스 사태로 정책금리를 사상 최저 수준으로 낮출 때 비로소 여신금리가 함께 인하되었다. 6년 만의

122. 한국은행(2005), 『우리나라의 통화정책』, 한국은행 정책기획국(편집인 이주열), p. 100.

123. 한국은행이 여신업무에 '지원' 이라는 표현을 쓴 것은 여신금리가 시장금리보다 현저하게 낮은 것을 개선할 의지가 없음을 보여준다. 참고로 미 연준도 2003년까지 여신금리를 시장금리보다 낮게 운용했지만 연준은 대출 프로그램에 '지원' 이라는 말을 쓰지 않았다.

조치였다. 이는 금융통화위원회가 여신업무를 얼마나 대수롭지 않게 여기는지를 잘 보여준다.

현재 한국은행은 여신규모를 억제하거나 통제하는 데 주력하면서 여신활동을 실물경제 동향과 연계하는 노력은 포기한 것으로 보인다. 법률에서는 어음할인을 허용하지만 실무에서는 이를 포기하고 담보대출(국채담보)만 고집하는 것이 그 예다. 이는 통화주의의 영향이다. 통화주의는 유동성의 공급규모(결과)만을 중시하고 유동성의 공급과정은 중시하지 않는다.[124] 이론적으로 볼 때 한국은행이 여신총액을 엄격히 고수하는 것은 지준 공급곡선을 수직선으로 유지하는 것을 의미하며, 이것은 통화주의의 전형적인 특징이다. 하지만 지준 공급곡선을 수직선으로 유지하려는 노력은 지준 공급곡선을 수평선으로 유지하려는 금리중시형 통화신용정책의 원리와 근본적으로 상충한다.

1980년대 후반 통화주의는 전 세계적으로 크게 퇴조했다. 그러면서 신용경로(credit path), 즉 신용의 공급과정을 중시하는 움직임이 확산되었다. 신용경로를 중시할 경우 금리수준뿐만 아니라 여신조건의 조정도 중요한 정책수단이 된다. 참고로 과거의 주요국 중앙은행들은 다양한 방식으로 여신조건을 차등화하여 상업은행들의 대출활동에 간접적으로 영향을 미쳤다. 과거 영란은행은 여신의 만기에 따라 금리수준을 차등화하고, 분데스방크와 오스트리아중앙은행은 어음할인 금리와 담보대출 금리를 차등화했다. 일본은행은 현재도 창구지도 형식으로 담보물의 종류를 관리하는 것으로 알려져 있다.

전 세계적으로 통화주의가 퇴조하고 금리중시형 통화신용정책이 운용되는 점을 감안할 때 한국은행은 여신업무에 보다 많은 관심과 개선 노력을 기울일 필요가 있다. 예를 들어 한국은행이 여신을 거부하는 것도 중요한 통화신용정책이다(제28조 제5호). 또한 한국은행은 여신업무의 기술적 세분화도 시도할 필요가 있다. 보편적으로 적용되는 금리수준이나 여신총액의 결정을 넘어서 여신대상기관(accessability),

124. 공개시장조작은 전형적인 통화주의를 반영하는 활동이다. 공개시장조작은 유가증권이나 상품을 매입 또는 투자(invest)하는 방법을 통해 경기상황과 무관하게 선제적으로 유동성 공급량을 조절할 수 있다는 데 의의가 있다.

여신형식(어음할인 · 담보대출), 담보물의 범위(eligibility) 등을 세분화하여 차등하는 것은 상업은행의 대출활동에 유효한 영향을 미쳐 궁극적으로 통화신용정책의 유효성을 높일 것이다.

[보론 2 : 견질어음]

우리나라와 일본에는 독특한 여신 관행이 있다. 담보를 받고 거기에 더하여 채무자에게 약속어음을 받는 것이다. 채권자가 담보대출 시 추가적으로 받는 약속어음을 견질어음이라고 한다. 채권자의 입장에서 견질어음은 채무자를 압박하여 자금회수 가능성을 높이는 수단이지만, 채무자의 입장에서는 채권자의 횡포다. 만일 채권자가 견질어음을 제3자에게 제공하면, 그 어음을 발행한 사람은 큰 곤란에 처하게 된다. 실제로 1982년 이철희 · 장영자 사건을 통해서 견질어음의 위험성이 세상에 알려지기도 했다.

그런데 한국은행도 대출을 할 때 국채 등의 담보와 별도로 금융기관으로부터 견질어음을 징구한다. 조선은행 시절부터 이어져 온 견질어음 징구관행을 한국은행 실무자들은 '어음담보대출'이라고 부른다. 하지만 이는 착각이다.

어음담보대출에서도 담보물은 어음이 아니라 국채와 통화안정증권이다. 따라서 어음담보대출, 즉 견질어음을 받고 수행되는 대출의 법적 성격은 증권담보대출이다. 한국은행이 추가적으로 징구하는 견질어음, 즉 금융기관이 발행한 약속어음은 담보물이 아니라 대출신청 양식 중 하나다. 그 견질어음은 시중에서 유통되지 않으며, 만기 시 어음교환소를 통해 청산의 절차를 거치지 않는다. 따라서 한국은행이 징구하는 견질어음에는 지급수단의 기능이 전혀 없으며, 그것은 '어음'이라는 이름을 가진 대출서류일 뿐이다.

한국은행은 견질어음을 받는 후진적 여신관행을 중단해야 한다. 한국은행법에서 견질어음을 받지 않을 경우 우리나라 여신관행 전체가 바뀔 것으로 전망한다. 그것은 금융 선진화와 정상화를 위한 중대한 계기가 될 것이다.

[보론 3 : 여신의 만기]

법률에는 한국은행 여신의 만기가 1년을 넘지 않도록 되어 있으나 한국은행은 그 원칙을 종종 위반했다. 예를 들어 한국은행은 1984년 11월 수출 증대와 국제수지 개선을 목적으로 '수출산업설비자금 프로그램'을 도입하면서 여신 만기를 사실상 10년 이상으로 연장했다. 기계류와 부품 · 소재 산업의 낙후로 인한 대일 무역역조 심화현상을 완화하고자, 금융기관이 수출산업에 설비투자자금을 장기로 대출해 주면 한국은행이 동 대출자금을 대출(A2자금)하는 프로그램이었다. 이를 통해 한국은행은 1년 이내의 대출을 경신하는 방식으로 최장 10년까지 자금을 지원하였다.

당시 한국은행법에는 대출의 갱신은 1회에 한하고 갱신된 대출의 기간은 원 기간의 2분의 1을 초과할 수 없다는 규정이 있었다(구법 제70조). 그런 점에서 1984년 11월 도입한 '수출산업설비자금 프로그램'은 명백히 한국은행법과 상충했다. 그뿐만이 아니다. 그 프로그램은 금융통화위원회가 아닌 총재의 결정('수출산업설비금융규정(1984.11.12.)')으로 도입되었다. 한국은행의 독립성이 낮았던 시기에 정부 관료 출신의 총재(최창락)가 정부의 요구를 그대로 수용하면서 생긴 결과였다. 이 프로그램은 10년 뒤 1994년 총액한도대출 프로그램이 도입될 때까지 계속되었다.

하지만 그로부터 20년 뒤인 2014년 7월 '설비투자지원 프로그램'이 도입되면서 비슷한 일이 재발했다. 최경환 부총리와 이주열 총재 취임 직후 도입된 이 프로그램은 "성장잠재력 확충 및 경기회복 지원 등을 위해 중소기업의 설비투자를 지원"한다는 목표 하에 금융기관이 실시한 대출의 만기(최장 5년)까지 한국은행도 1년 단위로 대출을 경신하여 지원한다. 한국은행법을 명시적으로 위반하지는 않지만, "1년 이내의 기한부 대출"을 원칙으로 하는 법률 취지에는 벗어난다.[125] 이 프로그램은 최경환 부총리 퇴임 후 슬그머니 폐지되었으나, 당초 금융기관과의 약속 때문에 2019년 말 현재 대출 잔액이 남아 있다.

125. 다만 이 프로그램은 30년 전 도입했던 '수출산업설비자금 프로그램'과 달리 총재(이주열)가 단독으로 결정하지 않고 금융통화위원회가 의결('한국은행의 금융기관대출규정')했다.

그런 와중에 2019년 8월 한국은행은 "성장동력 및 고용확충에 기여할 수 있는" 기업의 설비투자자금을 최대 5년까지 지원하는 계획을 다시 발표했다(필자가 이 책의 원고를 탈고하면서 접하는 매우 유감스런 소식이다). 현 정부의 경제정책에 부응하기 위한 고육지책이었으나 한국은행법 취지에는 분명히 어긋난다.

결론적으로, 한국은행 여신의 최장 만기는 1년이다. 한국은행은 설비자금이 아닌 운전자금을 공급하라는 국회의 명령이다. 한국은행이 운전자금 공급에 주력해야지만 실물경제와 연계성이 강화되기 때문이다(한국은행의 여신자금이 토지나 건물 구입에 쓰이는 것보다는 원료 구입이나 급여지급 등에 쓰이는 것이 실물경기와 연계성을 높일 수 있다). 한국은행은 그 취지를 지켜야 한다. 총재와 정부의 관계에 따라 법률의 취지가 흔들리거나 잊혀져서는 곤란하다.

제65조(금융기관에 대한 긴급여신)

① 한국은행은 다음 각 호의 어느 하나에 해당하는 경우에는 위원 4명 이상의 찬성으로 금융기관에 대한 긴급여신을 할 수 있다. 이 경우 제64조 제1항에 따른 담보 외에 임시로 적격성을 부여한 자산도 담보로 할 수 있다.

1. 자금 조달 및 운용의 불균형 등으로 유동성이 악화된 금융기관에 긴급히 여신을 하는 경우
2. 전산정보처리조직의 장애나 그 밖의 우발적 사고 등으로 인하여 금융기관에 지급자금의 일시적 부족이 발생함으로써 업무수행에 현저한 지장이 초래될 것으로 인정되어 일시적으로 여신을 하는 경우

② 제1항 제1호에 따라 여신을 받은 금융기관에 대해서는 이를 상환할 때까지 금융통화위원회가 대출과 투자를 제한할 수 있다.

③ 한국은행은 제1항에 따른 여신과 관련하여 필요하다고 인정하는 경우에는 해당 금융기관의 업무와 재산상황을 조사 · 확인할 수 있다.

④ 금융통화위원회는 제1항에 따른 긴급여신을 의결하려는 경우 정부의 의견을 들어야 한다.

※ 이 조와 함께 읽어야 할 부분 : 제80조

이 조는 제64조의 일반 원칙에 대한 예외 규정이다. 제64조는 통상적인 여신을 다루는 반면, 이 조는 긴급한 상황에서 특정 은행의 구제를 위한 여신을 다룬다. 결론부터 말하자면, 의결요건은 현재보다 강화하되, 정부와의 협의절차는 생략하는 것이 타당하다. 상업은행을 상대로 하는 중앙은행의 유동성 공급이라는 점에서 이 조에 따른 긴급여신은 제64조와 다를 바가 없다. 따라서 정부와의 협의절차를 둘 이유가 없다.

최종대부자

금융위기가 확산될 가능성이 있는 특수한 상황에서는 어느 나라에서나 중앙은행이 특정 은행을 구제하는 것이 정당화되며, 이를 최종대부자(lender of last resort) 기능이라

고 한다.[126] 그러나 특정 은행의 구제는 해당 은행의 주주와 채권자 등 일부의 이해와 밀접하게 관계되므로 공정성과 형평성에 비판이 제기되는 것이 필연적이다. 그런 비판을 차단하려면 의결요건을 강화해야 한다. 1997년 이전처럼 5명 이상의 찬성으로 환원할 필요가 있다. 현재처럼 4명 이상의 찬성으로 의결하는 것은 위원 전원이 출석했을 경우 일상적 의결요건(과반수인 4인 이상 찬성)과 다르지 않다.

한편, 특정 은행의 구제 가능성이 있는 이상 부실한 기관은 도덕해이(moral hazard)에 빠지게 된다. 도덕해이는 경쟁력 없는 기관의 도태를 막아 금융시스템 전체의 경쟁력을 낮춘다. 그 비용을 낮추기 위해서는 적절한 벌칙이 필요하다. 구제받는 은행이 어느 정도의 비용을 직접 치르도록 하는 것이다. 따라서 이 조의 핵심은 긴급성과 벌칙 간의 적절한 조화다.

긴급성

'긴급여신' 이라는 이 조의 제목은 1997년 법률 개정 시 붙었는데, 이는 미 연준법의 '긴급상황(unusual and exigent circumstances)' 과 '긴급여신(emergency lending)' 이라는 표현을 참조한 결과다. 다만 미 연준법을 서툴게 참조했다. 미 연준법에서 긴급여신이란 비은행 민간에 대한 여신을 말한다. 한국은행법에서는 이를 '영리기업에 대한 여신' 이라고 부른다.[127]

이 조는 여러 가지 측면에서 제64조와 비교된다. 첫째, 담보조건이다. 이 조에 의해 실행되는 여신의 담보는 제64조에서 열거된 증권 이외에 어떤 자산도 가능하다. 둘째, 의결요건이다. 제64조의 여신은 위원 5인 이상의 출석과 출석위원 과반수의 찬성으로 의결한다(제21조 제2항). 그러나 이 조에 의해 실시되는 여신은 출석인원에 상관없이 위

---

126 베젓(Walter Bagehot)에 따르면 중앙은행의 최종대부자 기능은 필연적으로 특정 은행을 구제하는 것과 관계된다(『롬바르드 스트리트』, 1873년). 그는 1866년의 금융위기 때 영란은행이 경쟁 은행(Overend, Gurney & Company)의 파산을 수수방관한 것을 비판하면서 중앙은행은 금융위기 확산 방지를 위해 특정 은행의 구제에 적극적이어야 한다고 주장했다.

127. 영리기업에 대한 여신(제80조)을 특별융자(특융)라고 부르기도 한다.

원 4명 이상의 찬성이 필요하다. 과거에는 5명 이상의 찬성이었으나 1997년 특별한 이유 없이 4명으로 완화되었다. 셋째, 집행절차다. 이 조에 의해 특정 은행에 여신을 할 때는 정부의 의견을 들어야 한다. 과거에는 별도의 절차가 없었으나 2011년 법률 개정 시 정부의 주장에 따라 추가되었다.[128] 이는 미 연준법에서 비은행 민간에 대한 여신 시 정부와 협의토록 한 것을 잘못 인용한 결과다. 미 연준은 아무리 긴급하더라도 예금은행에 대한 여신은 정부와 협의하지 않는다.

일반적 여신과 달리 이 조에 의한 여신을 실시하려면 일정한 조건을 충족해야 한다. 1997년 이전에는 그 조건이 "통화와 은행업의 안정이 직접적으로 위협받는 중대한 긴급시"였다. 하지만 지나치게 까다로워서 한국은행의 최종대부자 기능 수행을 사실상 불가능하게 만든다는 지적이 있었다. 글로벌 금융위기를 계기로 이런 문제점이 부각되자 2011년 실행조건을 "자금 조달 및 운용의 불균형 등으로 유동성이 악화된 금융기관에 긴급히 여신을 하는 경우"로 다소 완화하였다.

한편 1998년에는 "전산정보처리조직의 장애 기타 우발적 사고 등으로 인하여 금융기관의 지급자금의 일시적 부족이 발생함으로써 업무수행에 현저한 지장이 초래될 것으로 인정되어 일시적으로 여신을 하는 경우"라는 실행조건이 추가되었다(한국은행이 요구한 것도 아니었다). 이 조건은 무의미하다. 전산장애 등의 시급한 사태를 신속히 해결해야 할 때 위원 4인 이상의 찬성을 요구하는 것은 현실성이 없다.[129] 또한 초단기에 그칠 것으로 예상되는 그 정도의 대출을 이유로 한국은행이 해당 금융기관의 업무와 재산상황을 조사 · 확인(제3항)하는 것은 과도하다.

---

128. 그러나 지금까지 정부와 협의하는 절차는 마련되지 않았다.

129. 비슷한 때 개정된 일본은행법에는 전자정보처리조직의 고장, 기타 우발적인 사유로 인해 예견하기 어려운 지급자금의 일시적인 부족이 발생한 경우 일본은행이 '일시 대출' 토록 하는 규정(제37조)이 있는데 이 경우 일본은행은 무담보로 대출한다. 한국은행법은 아무리 긴급한 경우에라도 담보를 요구하며, 긴급여신에는 더욱 엄격한 의결조건이 붙는다. 그러므로 일본은행법 제37조를 어설프게 모방한 이 조는 긴급한 상황에서 별로 도움이 되지 않는다.

긴급여신시의 한은 단독조사권 관련 대안 검토

□ 현재 한은법상 긴급여신의 경우 한은이 "해당 금융기관"의 업무와 재산상황을 조사·확인 가능

ㅇ 다만, 한은은 적격담보 보유 여부와 상관없이 위기 상황에서 긴급하게 대출하는 경우의 조사권 보장 요청

□ 고려가능한 대안

① 65조의 "긴급여신"의 경우 ①적격담보, ②임시로 적격성을 부여한 자산 모두 가능하도록 규정

② 조사 대상은 "해당 금융기관의 업무와 재산상황"으로 현행 유지

- 시장 상황 등에 대한 조사는 현행법 취지상 공동검사제도를 활용

현 행	대안 검토
제65조(금융기관에 대한 긴급여신) ① 한국은행은 다음 각호의 경우에는 위원 4인이상의 찬성으로 임시로 적격성을 부여한 자산을 담보로 금융기관에 대한 여신을 할 수 있다. 1. 통화와 은행업의 안정이 직접적으로 위협받는 중대한 긴급사태시에 금융기관에 대하여 일시적으로 여신을 하는 경우 2. 전산정보처리조직의 장애 기타 우발적 사고 등으로 인하여 금융기관의 지급자금의 일시적 부족이 발생함으로써 업무수행에 현저한 지장이 초래될 것으로 인정되어 일시적으로 여신을 하는 경우. ② 제1항제1호의 규정에 의하여 여신을 받은 금융기관은 이를 상환하지 아니하고는 금융통화위원회의 승인없이 대출과 투자를 증가하여서는 아니된다. ③ 한국은행은 제1항의 규정에 의한 여신과 관련하여 필요하다고 인정하는 경우에는 당해 금융기관의 업무와 재산상황을 조사·확인할 수 있다.	제65조(금융기관에 대한 긴급여신) ① 한국은행은 다음 각호의 경우에는 위원 4인이상의 찬성으로 금융기관에 대한 긴급여신을 할 수 있다. 이 경우 제64조①항에 따른 담보이외에 임시로 적격성을 부여한 자산도 담보로 할 수 있다. (1. 2 긴급여신 요건도 일부 완화)

▲ **2009년 국회 기획재정위원회 소위원회에서 한국은행법 개정방안을 논의할 때 국회, 정부, 한국은행이 함께 검토했던 자료**(필자의 메모)　제65조에 의거하여 금융위기 시에 부실한 담보(임시 적격성을 부여한 담보)를 근거로 실시되는 '긴급여신'의 점검 차원에서 한국은행이 해당 은행을 조사하는 것까지 금융감독원은 반대했다. 현장접근 독점권을 수호하기 위한 금융감독원의 반응이 지나치게 과민하여 기관 간 협의가 어려웠다.

벌 칙

특정 은행에 대한 중앙은행의 지원은 특혜 시비를 유발한다. 영란은행의 경우 특혜 시비의 비용을 혹독하게 치러 다른 중앙은행들에게 반면교사가 되고 있다.

영란은행은 1984년 9월 30일 런던선물시장에서 시작된 금융위기의 확산을 막기 위해서 비교적 소형은행이었던 존슨 매티(Johnson Matthey) 은행에 구제금융을 제공했다. 150년 이상의 전통을 가진 이 은행은 런던 금선물시장에서 독보적인 위치를 차지하고 있으므로 이 은행이 파산하면 런던 금융시장의 위상이 추락하고 금융위기가 확산될 것이라는 판단에 따른 것이었다.

정확한 내용은 공개되지 않았으나 영란은행은 1파운드의 가격으로 이 은행의 모든 자산과 부채를 인수했고 금융시장이 안정된 뒤 이를 매각했다. 이때 해당 은행의 주주와 경영진이 치르는 벌칙은 미미했다. 그래서 언론과 야당은 영란은행의 조치가 불공정한 특혜라고 비판했다. 당시 비판에 앞장섰던 노동당 토니 블레어 의원은 1997년 수상으로 취임한 직후 영란은행법을 개정하고 영란은행의 은행감독권을 박탈했다. 보수당 정부에 휘둘렸던 영란은행은 개별 은행의 건전성을 판단하고 구제할 자격이 없다는 이유였다.[130]

이런 사례를 관찰한 미국은 글로벌 금융위기 시에도 구제금융의 전제조건을 엄격하게 제한했다. 미 연준법에서는 임시 적격성을 부여한 자산을 담보로 하는 여신은 구제 대상은행(군)이 특정 지역에서 예금점유율 10% 이상을 차지하는 경우에만 실시되도록 한다.[131] 또한 적격 담보를 먼저 활용하는 것을 원칙으로 하며, 임시 적격성을 부여한 담보가 활용되었을 경우 일반 여신에 비해서 1.0%포인트 이상 높은 벌칙성 금리로 실행되도록 한다.[132]

---

130. 이후 영란은행은 물가안정에 주력하면서 국민으로부터의 공정성에 대한 신뢰를 충분히 회복했고, 이를 토대로 2009년 금융감독기능을 다시 부여받았다. 이는 한국은행에 많은 교훈을 준다. 한국은행은 독립성이 낮아서 통화신용정책과 은행감독업무에서 정부로부터 자유롭지 못했다. 결국 은행감독 실패를 이유로 1998년 은행감독기능을 박탈당했다. 한국은행은 국민과 정치권으로부터 충분한 신뢰를 회복해야만 감독기능을 되찾을 수 있을 것이다.

131. 미 연준법 Section 10A 1.

132. 그러나 세계적으로는 글로벌 금융위기 이후 구제금융에 대한 금전적 벌칙을 다소 낮추는 경향이 있다. 과

한국은행법은 긴급여신에 금전적 벌칙을 두지 않고 있다. "대출과 투자의 제한"과 "업무와 재산상황의 조사·확인" 등의 비금전적 벌칙만 두고 있다. 금융시장 규모와 금융시장 참가자가 제한된 상황에서는 금융위기 시 정상적인 영업과 매각 자체가 불가능하므로 금전적 제재는 비현실적이라고 보기 때문이다.

결 론

중앙은행의 최종대부자 기능은 원칙에 따라 체계적으로 실시되는 것이 중요하다. 이를 위해서 한국은행은 모든 은행을 상대로 보편적으로 실시하는 일반 여신(제64조)과 특정 은행을 구제하기 위한 여신(제65조)의 차이를 명확히 구분할 필요가 있다. 지금까지는 한국은행이 사실상 특정 은행을 위해 구제금융을 하면서도 항상 제64조를 통해 실시해 왔다. 그런 관행이 가능했던 것은 한국은행법상 여신은 여신의 목적이 아닌 담보의 적격성에 따라 구분되기 때문이다. 즉, 여신의 내용이 아닌 형식을 강조한 것이다.

이 조의 성격은 특정 은행의 구제금융이다. 특정 상업은행에 대한 여신은 상당한 논란이 예상되므로 반드시 이 조를 통해 신중히 결정되고 엄격히 관리되도록 해야 한다. 한편, 이 조를 통해 지원받는 은행의 도덕해이와 특혜 시비를 막기 위해서는 해당 은행이 보유하는 적격 담보를 먼저 활용하고 그것이 부족할 때 임시 적격성을 부여한 담보를 활용한다는 원칙을 분명히 할 필요가 있다.

아울러 대출의 만기도 분명히 할 필요가 있다. 구제금융은 그 성격상 지원기간을 예단하기 어려우나 가급적 조기에 자금을 회수하는 것이 바람직하다. 그런 점에서 대출의 만기를 제64조와 다르게 정할 필요는 없다. '임시'로 적격성을 부여한 이상 여신의 기간이 1년을 넘는 것은 생각하기 힘들다. 미 연준법에서도 임시로 적격성을 부여한 긴급여신의 기간은 일반 여신과 같다.

이 조에 관한 필자의 생각은 다음과 같다.

거 국제통화기금(IMF)은 회원국의 유동성 부족 사태를 해결해 주면서 강력한 경제구조조정을 요구하고 벌칙성 금리를 적용했다. 이로 인해 구제금융에 낙인효과(stigma effect)가 발생했다. 낙인효과에 대한 비판이 커지자 국제통화기금은 금전적 벌칙을 대폭 낮추었다.

〈필자의 제안〉

제65조(금융기관에 대한 긴급여신)

① 한국은행은 자금 조달 및 운용의 불균형 등으로 유동성이 악화된 금융기관에 대하여 위원 5명 이상의 찬성으로 여신할 수 있다. 이 경우 제64조를 준용하며 이에 해당하는 담보가 없을 때에 한하여 임시로 적격성을 부여한 담보를 활용할 수 있다.[133]

② 제1항 제1호에 따라 여신을 받은 금융기관에 대해서는 이를 상환할 때까지 금융통화위원회가 대출과 투자를 제한할 수 있다.

③ 한국은행은 제1항에 따른 여신과 관련하여 필요하다고 인정하는 경우에는 해당 금융기관의 업무와 재산상황을 조사 · 확인할 수 있다.

④ (삭 제)[134]

---

133. 1998년 4명으로 낮춰진 의결요건을 5명으로 환원했다. 그리고 당시 추가된 제1항 제2호, 즉 "전산정보처리조직의 장애나 그 밖의 우발적 사고 등"을 삭제했다. 나아가 미 연준법(Section 10A, 1)을 참고하여 특정 은행에 대한 구제금융에서 적격 담보부터 활용하는 원칙을 분명히 했다. 아울러 제64조를 준용함으로써 여신기간은 1년으로 제한된다.

134. 미 연준법을 참조하여 삭제했다. 금융기관에 대한 여신은 통상적인 통화신용정책이므로 정부와 협의할 이유가 없다. 다만, 영리기업에 대한 여신에서는 정부와 협의가 필수적이다(제80조의 설명을 참조하라).

제66조(한국은행의 융자 거부 등)

① 한국은행에 융자를 신청한 금융기관이 다른 금융기관에 비하여 한국은행의 여신에 지나치게 의존하여 왔거나 불건전한 대출방침 또는 투자방침을 지속하여 왔다고 금융통화위원회가 인정하는 경우 한국은행은 해당 금융기관에 대한 융자를 거부할 수 있다.

② 금융통화위원회는 제1항에 해당되는 금융기관에 여신을 허용하는 경우 해당 금융기관에 대한 여신에 적용하는 할인율 또는 이율을 인상할 수 있다.

이 조는 최초의 한국은행법(구법 제73조)부터 변함없이 그 내용이 유지되고 있으나 큰 의미는 없다. 한국은행이 여신업무에서 모든 상업은행을 동등하게 취급하지 않고 거부할 수 있는 근거는 제64조("여신업무를 할 수 있다")로도 충분하다. 여신은 당사자 간의 상거래 계약에 기초하므로 벌칙성 금리부과의 근거(제2항)도 필요하지 않다.

대부분의 중앙은행법에는 이 조와 비슷한 규정이 없다. 이 조가 만들어진 것은 미 연준법의 영향이다. 미국의 연방준비제도는 회원제이기 때문에 상업은행들이 지역 연준의 주주로서 연준의 각종 업무에 영향을 미칠 수 있었다.[135] 그래서 미 연준법에서는 이에 대한 방어장치가 필요했다. 즉, 지역 연준이 회원은행의 여신 및 투자에 관한 정보를 점검하고, 이것이 부적절하다고 판단되는 경우에는 연방준비위원회에 이를 보고한 뒤 여신 제공을 정지할 수 있다는 규정을 별도로 두었다.[136] 한국은행의 지배구조는 미 연준법과 다르므로 이 조는 처음부터 필요하지 않았다.

한편, 이 조에서는 '융자' 라는 말이 쓰이고 있다. 은행법에서는 '융자' 라는 말을 쓰지 않으며, 한국은행법에서도 이 조 이외에는 융자 대신 여신이라는 말을 쓴다. 그런 점에서 이 조의 '융자' 는 '여신' 으로 수정할 필요가 있다.

이 조에 관한 필자의 생각은 다음과 같다.

---

135. 예를 들어 미 연준은 회원은행이 보유하는 시재금을 100% 지급준비금으로 인정한다. 이는 유럽 중앙은행들이 0% 인정하는 것과 크게 다르다.

136. 미 연준법 Section 4. '8. Administration of affairs ; extension of credit' 참조.

〈필자의 제안〉

제66조(한국은행의 여신 거부 등)

① 제64조 및 제65조에 의한 여신을 신청한 금융기관이 다른 금융기관에 비하여 한국은행의 여신에 과도하게 의존하여 왔거나 불건전한 대출방침 또는 투자방침을 지속하여 왔다고 금융통화위원회가 인정하는 경우 한국은행은 당해 금융기관에 대한 여신을 거부할 수 있다.

② 금융통화위원회는 제1항에 해당되는 금융기관에 대하여 여신을 허용하는 경우 당해 금융기관에 대한 여신에 적용하는 할인률 또는 이율을 인상할 수 있다.

③ 금융통화위원회는 제1호에 따른 대출방침 또는 투자방침을 평소에 구체적으로 공시함으로써 투명성과 공정성을 유지하도록 노력하여야 한다.[137]

[보론]

지급준비제도 운용에서 한국은행은 지급준비율을 금융기관별로 차별화할 수 없다(제56조 제2항). 공개시장조작 역시 거래 상대방을 차별화하기 어렵다. 그런데 이 조는 여신업무에서 특정 기관을 지정하여 융자 거부와 금리 차별화 등의 차별 가능성을 분명하게 선언한다. 이 조를 통해서 한국은행의 여신은 상업은행의 특혜이지, 권리가 아니라는 점이 분명해진다.

그렇다면 한국은행은 이 조의 취지를 통화신용정책에 적극 활용할 필요가 있다. 한국은행의 여신조건과 여신 거부 가능성에 대한 상업은행의 관심과 민감도를 이용하여 한국형 포워드 가이던스(forward guidance)를 개발할 수 있을 것이다(제64조의 [보론 1]을 참조하라). 돈이 궁한 사람은 돈을 가진 사람의 비위를 맞추게 마련이다.

137. 금융통화위원회가 지급준비율을 변경할 때는 최소 2주 전까지 금융기관에 통보한다(한국은행법시행령 제13조). 금융통화위원회의 대출방침이나 투자방침도 금융기관의 자금 운용에 지대한 영향을 미칠 수 있으므로 사전에 구체적인 내용이 공시되어야 한다. 그것이 곧 한국형 포워드 가이던스(forward guidance)가 될 것이다.

제67조(한국은행의 여신 제한)
한국은행은 극심한 통화팽창기에는 금융기관에 대한 여신을 제한하여야 하며, 부득이 한 경우에만 신규로 여신하되 조속히 여신액을 감축하도록 노력하여야 한다.

이 조는 해방 직후 극도의 인플레이션 상황 속에서, 중앙은행으로 변신하려는 조선은행의 직원들에게 훈시적 목적으로 만들어져 지금까지 계속 유지되어 오고 있다. 하지만 무의미하다. "배가 부르면 식사를 중단해야 한다" 라는 식의 공허한 메시지다. 법률에 담기에는 민망할 정도로 무의미하다.

한국은행법과 비슷한 시기에 비슷한 상황 속에서 제정된 필리핀중앙은행법에도 이런 규정은 없다. 이 조를 삭제했기 때문에 극심한 통화팽창기에 여신이 더 늘어나거나 여신액 감축이 더 느려질 가능성은 전혀 없다.

이 조에 관한 필자의 생각은 다음과 같다.

〈필자의 제안〉

제67조(한국은행의 여신 제한) **(삭 제)**

제4절 공개시장에서의 증권의 매매 등

이 절은 미 연준법의 영향이 강하다. 중앙은행법에서 공개시장 또는 공개시장조작이라는 표현을 쓰는 국가는 미국, 대만, 필리핀, 한국, 유로 지역(설립순) 등 일부에 지나지 않는다. 이 밖의 나라에서는 공개시장이라는 말을 빼고 '채권의 매매' 정도로 표현한다.

공개시장조작이라는 말을 쓴 것은 미국이 처음이었다. 다만, 미 연준법(1913년)에서는 공개시장조작을 설명하면서도 공개시장을 명확히 규정하지 않았다. 그러다 보니 모호한 점이 많다. 예를 들어 2008년 10월 한국은행과 체결한 통화스와프(currency swap) 계약을 연방공개시장위원회(FOMC)가 의결했는데, 양 중앙은행 간의 쌍무계약(executive contract)이 왜 공개시장조작인지 제대로 설명하지 못한다(2020년 3월 발표된 제2차 통화스와프 계약도 FOMC가 곧 의결할 예정이다).[138]

한국은행법에서 다루는 공개시장조작은 미 연준법보다도 더 혼란스럽다. 예를 들어 증권의 대차거래(제68조)는 매매거래가 아니므로 공개시장조작으로 보기 힘들다. 통화안정계정(제70조)도 채권 매매 등과 상관없는 수신업무(정기예금)에 속하므로 이 절에서 다루는 것이 대단히 어색하다.

실무적인 면에서도 일관성이 없다. 예를 들어 현행 법률에 따르면 한국은행통화안정증권은 "공개시장에서" 발행하지만, 환매(매입)할 때는 공개시장에서 하지 않아도 된다(제69조). 발행과 환매를 구별하여 그런 차이를 두는 이유는 설명하기 어렵다.

결론적으로 현재의 이 절은 상당히 조악하며, 공개시장과 공개시장조작의 개념을 보다 분명히 다듬어야 한다.

---

138. 통화스와프 계약은 외국환과 관련이 있으며, 단순매매가 아니라 쌍무적 여신거래다. 그러므로 공개시장조작이라고 하기가 곤란하다.
이런 점 때문에 1960년대 초 미 연준 내부에서도 중앙은행 간 통화스와프 계약의 성격을 두고 대단히 뜨거운 법리논쟁이 있었다. 자세한 내용은 "Sterilized Foreign Exchange Intervention ; The Fed Debate in the 1960s"(Robert L. Hetzel, *Economic Quarterly*, FRB Richmond, 1996)을 참고하라.

제68조(공개시장조작)

① 한국은행은 금융통화위원회가 정하는 바에 따라 통화신용정책을 수행하기 위하여 자기계산으로 다음 각 호의 증권을 공개시장에서 매매하거나 대차할 수 있다.

1. 국채(國債)
2. 원리금 상환을 정부가 보증한 유가증권
3. 그 밖에 금융통화위원회가 정한 유가증권

② 제1항 각 호의 유가증권은 자유롭게 유통되고 발행조건이 완전히 이행되고 있는 것으로 한정한다.

※ 이 조와 함께 읽어야 할 부분 : 제69조, 제76조

이 조는 상당히 부실하다. 1950년 한국은행법이 제정될 때 우리나라에 채권시장이 사실상 존재하지 않은 것이 원인이다. 당시에 이 조는 상상 속에서 만들어져 현실에서 어떤 의미를 갖는지 꼼꼼히 따져볼 수 없었다.

일반적으로 공개시장조작이라고 할 때는 제69조에 의한 한국은행통화안정증권(통화안정증권)의 발행과 상환, 매매까지 포함한다. 스웨덴중앙은행을 포함한 많은 중앙은행들은 자신의 채무증서 발행과 상환업무를 국채의 매매업무와 똑같이 다룬다. 그런 점에서 1998년 추가된 이 조의 제목은 적절치 않다. 제69조와 달리 이미 존재하는 유가증권만 다룬다는 점에서 이 조의 제목은 '증권의 매매'라고 해야 정확하다.

이 조에 관해서는 두 가지 중요한 요소들이 간과되고 있다. 첫째, "공개시장에서"라는 조건이다. 공개시장의 조건이 지켜지지 않는 채권의 매매는 일반 장외시장(over-the-counter) 거래다. 한국은행 내부에서는 이를 상대거래라고 한다. 그런데 이 조에서는 특정 기관에 한하여 채권을 매매하는 일반 장외시장 거래 또는 상대거래를 허용하지 않는다(한국은행의 상대거래는 이 법의 취지에서 벗어난다).

둘째, 증권대차 거래의 성격이다. 2011년 추가된 증권의 대차거래는 민법상의 소비대차거래에 해당하며, 이는 매매거래가 아니다. 그래서 증권대차 거래는 공개시장조작으로 볼 수 없다.

공개시장조작의 연원

공개시장조작은 금본위제도 하에서 중앙은행 실무자들이 쓰던 용어였다. 금본위제도 하에서 대외불균형이 발생하면 금의 유출입(환율변동)이 발생한다. 이를 수습하기 위해서 중앙은행이 해외와 금을 매매하여 금 보유액(외환보유액)을 조정하는 작업을 공개시장조작(open market operation)이라고 했다. 따라서 공개시장조작은 여신과 수신에 비해서는 빈도와 중요도가 낮은, 기술적이고 실무적인 작업이었다(유럽의 공개시장조작은 규모가 작았다). 그래서 그런 기술용어를 법률에 담지 않았다. 공개시장조작이라는 말은 1913년에 제정된 미 연준법이 처음으로 다뤘다.

미 연준도 처음에는 공개시장조작을 통화신용정책 수단으로 취급하지는 않았다. 대외불균형을 조정하기 위한 부수적인 업무로 취급했다. 그러다가 조금씩 은행인수어음(Bankers' Acceptance ; BA)을 매매하기 시작했다(미 연준법상 은행인수어음은 공개시장조작 대상증권에 포함된다). 여신은 회원은행에게만 허용된 반면, 어음 매매는 비회원은행과도 가능했기 때문에 미 연준은 은행인수어음의 매매를 통해 금융시장에서 영향력을 넓혔다.

1922년경에 이르러서는 공개시장조작의 대상증권이 국채로 확대되었다.[139] 제1차 세계대전 직후 시작된 경기불황으로 자금수요가 줄어들자 지역 연준은 이자수입을 늘릴 목적으로 국채투자를 확대했다. 그런데 국채 매입 후 유동성 공급이 충분해지면서 경기가 개선되는 것을 우연히 발견했다(당시 그 일을 담당했던 뉴욕 연준 직원(Warren R. Burgess)은 이를 대발견(great discovery)이라고 불렀다). 이때 지역 연준 실무자들은 국채 매입규모를 조절하면 선제적인 경기조절도 가능하다는 결론에 이르렀다.[140]

하지만 워싱턴 D.C.의 연방준비위원회는 지역 연준들의 국채 투자를 금지시켰다.

---

139. 지역 연준들이 처음부터 국채를 매매하지 않았던 것은 진성어음주의 때문이었다. 연준의 역할은 실물 부문에서 민간이 발행하는 어음을 취급하는 것이라는 인식이 강해서 국채 투자는 일종의 투기로 간주되었다.

140. 공개시장조작을 통한 선제적 통화신용정책의 중요성을 학계에서 처음 인정한 사람은 어빙 피셔다. 아울러 영국의 케인즈가 『화폐개혁론(A Treatise on Money)』(1930년)에서 이를 지지하면서 공개시장조작이 중요한 정책수단으로 부각되었다.

상업어음 할인을 통한 유동성 공급을 원칙(진성어음주의)으로 하는 미 연준법의 기본정신에 위배되는 데다가 지역 연준들의 공개시장조작이 확대되면 여·수신업무의 통제에 초점이 맞춰진 연방준비위원회의 위상이 축소되기 때문이었다. 이런 생각 차이로 위원회와 지역 연준이 상당한 갈등과 대립을 겪는 바람에 대공황이 닥쳤을 때는 공개시장조작을 통해 적극적으로 유동성을 공급할 수 없었다.[141]

대공황 수습을 공약으로 제시했던 프랭클린 루스벨트 대통령은 1935년 연준법을 대폭 개정했다. 공개시장조작을 공식적인 통화신용정책의 수단으로 인정하는 대신 책임성을 강화했다. 즉, 연방준비위원회(Board of Governors) 위원들과 지역 연준 총재들이 함께 참가하는 연방공개시장위원회(Foderal Open Market Committee ; FOMC)를 신설하고 FOMC가 공개시장조작에 관한 모든 것을 결정하도록 했다.

오늘날 미 연준의 공개시장조작은 채권의 단순매매와 함께 환매조건부매매(RP or RRP) 방식으로 실시된다. 이런 방법으로 미 연준은 경기의 진폭을 완화(countercyclical)하려고 노력한다. 이를 선제적 통화신용정책이라고 하는데, 대공황 이전에 상업어음 할인에만 의존할 때는 없었던 개념이다(공개시장조작과 어음할인의 비교는 〈참고 4-5〉를 참조하라).

참고 4-5

공개시장조작과 어음할인(여신)

어음할인과 채권 매매는 원리 면에서 큰 차이가 있다. 그 차이를 인식하고 잘 활용해야만 통화신용정책의 효율성이 제고된다.

어음할인의 철학은 유동성 공급의 출발점을 유량(flow)에 둔다. 즉, 민간의 상거래로 인해 발행되는 상업어음이 유동성 공급의 원천이 된다. 상업어음의 발행은 국내 경기나 물가수준에 따라 변동하므로 어음할인을 통한 유동성 공급은 내생성(endogeneity)을 갖게 된다. 이에 비해서 채권매매의 철학은 유동성 공급의 출발점을 저량(stock)에 둔다. 즉, 시장가치가 있는 채권(금, 외국환 포함)이 화폐 발행의 원천이 된다. 중앙은행은 경기상황에 관계없이 매입규모를 탄력적으로 조절

141. 당시의 상황에 대해서는 필자의 『애고니스트의 중앙은행론』(율곡출판사, 2007년) 및 『머니맨』(청림출판사, 2008년)을 참고하라.

할 수 있으므로 채권의 매매를 통한 유동성 공급은 외생성(exogeneity)을 갖게 된다.[1)]

한편, 어음할인과 채권 매매는 자금의 성격에도 차이가 있다. 상업어음 할인을 통해 중앙은행이 공급하는 자금은 기본적으로 그 성격이 운전자금이다. 어음의 만기가 1년 이내로 제한되기 때문이다. 한국은행법에서는 어음할인이건 대출이건 그 만기를 1년으로 엄격히 제한(제64조)하는데, 그 이유는 한국은행의 여신업무에서 운전자금의 성격을 유지하려는 데 있다. 이에 비해서 금이나 채권, 외국환 매입을 통해 공급되는 자금에는 만기가 없다. 그러므로 채권 매매를 통해 공급되는 자금은 기본적으로 설비자금의 성격을 갖는다.

이런 기준으로 보면 담보대출은 설명하기가 곤란하다. 오늘날 대부분의 중앙은행들은 상업어음 할인보다 담보대출을 활용하는데 담보대출은 여신과 공개시장조작의 성격을 모두 갖고 있다. 담보대출의 만기가 1년 미만이라는 점에서는 운전자금을 공급하는 여신에 가깝다. 그러나 국채 등 경기상황과 관계가 적은 저량(stock)을 담보로 삼아 유동성을 공급하는 점에서는 공개시장조작의 성격도 있다.

중앙은행 실무자 입장에서 보면 담보대출이 상업어음 할인에 비해서 훨씬 편리하다. 그러나 담보대출은 대출자금의 용도를 정확히 확인하기가 어렵다는 결정적 단점이 있다. 즉, 담보대출은 별도의 증빙이 없으면 어떤 구매, 투자 및 소비 활동이 있었는지 확인하기 힘들다. 그래서 한국은행은 담보대출 시 지방자치단체나 기술신용보증기금 등 특정 기관이 발행한 각종 확인증 등을 요구하고 있다. 그 때문에 기업들은 대출을 받기 위한 스펙 쌓기(확인증 · 자격증 획득)에 불필요한 비용을 지출한다. 이것이 담보대출의 중대한 단점이다. 반면, 상업어음은 신용카드 매출전표와 같이 실물거래과정에서 탄생하기 때문에 상업어음 할인은 실물경제, 즉 구매, 투자 및 소비 활동과 직결된다. 이 점이 상업은행 할인의 가장 큰 장점이다.

통화신용정책의 효율성을 위해서는 어음할인, 담보대출, 채권 매매의 기본원리와 장단점을 잘 파악해야 한다. 한국은행은 수년 전부터 어음할인을 포기하고 담보대출에만 의존한다. 그리고 공개시장조작이 더 우월한 정책수단이라고 믿는다. 그 믿음을 되짚어 볼 필요가 있다.

---

1) 화폐공급의 원천을 상업어음 할인에 두는 견해를 신용화폐론(credit money view)이라 하고, 금의 매입에 두는 견해를 상품화폐론(commodity money view)이라 하며, 국채 매입에 두는 견해를 국가화폐론(state money view)이라 한다.

공개시장과 공개시장조작

공개시장의 개념에 가장 가까운 것은 거래소(exchange)다. 불특정 다수로부터 받은 매수 · 매도 주문을 집중하여 가격 우선, 시간 우선의 원칙에 따라 거래를 체결시켜 주므로 매순간 시장청산(market clear)이 보장된다. 하지만 대부분의 중앙은행들은 거래소를 이용하지 않는다. 미리 지정한 소수의 금융기관(primary dealer)들과 별도의 경쟁입찰을 실시한다.

그래서 상당수 선진국 중앙은행법에서는 공개시장이라는 말을 쓰지 않는다. 공개시장의 개념을 두고 시비가 생길 수 있기 때문이다. 중앙은행의 역사가 가장 오래된 스웨덴과 영국은 물론, 호주, 캐나다, 스위스 등의 중앙은행법에는 공개시장조작이라는 말 대신에 그냥 "채권의 발행과 매매" 또는 "자산의 취득" 등으로 표현한다.

그런데 1913년 제정된 미 연준법(Section 14)과 1948년 제정된 필리핀중앙은행법(Article 4), 1998년 제정된 유럽중앙은행설립법(Article 18) 등 일부 법률에서는 굳이 공개시장조작이라는 말을 쓴다. 이들 중앙은행은 "공개시장에서" 채권을 매매해야 하는 조건 때문에 특정 기관과 따로 거래하지 않는다. 이처럼 "공개시장에서" 라는 조건은 상당히 부담스런 제약이다. 그런데 한국은행법 운용과정에서는 이런 제약이 종종 무시된다.

한편, 공개시장조작이라는 의미가 미국과 유럽에서 서로 다르다. 미국에서는 공개시장(open market)을 은행간시장(interbank market)에 상대되는 개념으로 인식한다. 미국에서는 은행업과 증권업이 분리(전업주의)되어 있고, 연준은 예금기관과 거래를 하는 것을 기본으로 한다. 공개시장조작은 그 한계를 넘어서 연준이 금융투자회사와 직접 거래하는 것을 가능하게 한다. 글로벌 금융위기 직전까지 미 연준은 금융투자회사(primary dealer)만을 상대로 채권을 매매했다.

이에 비해서 유럽에서는 은행업과 증권업의 겸영이 허용(겸업주의)되므로 중앙은행의 여 · 수신 업무와 채권매매 업무의 상대기관이 사실상 같다. 그래서 유럽에서는 공개시장조작이 소비대차거래, 즉 여신에 대비되는 개념으로 이해되고 있다.[142]

---

142. 유럽중앙은행법에서는 유동성 공급방식을 공개시장조작과 신용조작(credit operation)으로 양분한다.

미국과 유럽의 공통점은 공개시장조작이 유가물(有價物)의 매매거래라는 점이다. 즉, 매매하는 것이 없는 거래는 공개시장조작이 아니다. 예를 들어 2008년부터 미 연준은 초과유동성을 흡수하기 위해서 입찰방식으로 정기예금을 수취(term deposit auction)하는데, 이를 공개시장조작이라고 보지 않는다. 정기예금 입찰이 경쟁입찰방식으로 실시되더라도 그것은 공개시장조작이 아니기 때문에 연방공개시장위원회(FOMC)가 아닌 연방준비위원회(Board of Governors)가 진행한다.[143] 이 같은 원칙에서 보자면 자금만 입출금하는 한국은행통화안정계정(제70조)의 운용은 공개시장조작이 될 수 없다.

대상증권

과거에는 금과 외국환이 공개시장조작의 대상이었으나 오늘날 대부분의 국가에서는 국채를 활용한다. 국채는 지급불능의 위험이 없고 유동성이 높기 때문이다. 그러나 국채 중심의 공개시장조작이 반드시 바람직한 것은 아니다. 통화신용정책이 재정정책에 예속되는 문제가 내재되어 있기 때문이다.

중앙은행이 공개시장조작을 통해 국채를 매입하면 이자소득이 생기는데, 이 이자소득은 궁극적으로 정부로 귀속된다. 정부가 지급한 국채이자가 다시 정부로 흡수되는 것이다. 또한 중앙은행의 국채매입은 국채의 발행금리와 시장금리를 낮추는 효과도 있다. 그러므로 국채 중심의 공개시장조작은 정부가 환영할 만한 준재정활동(quasi-fiscal activity)에 불과하다. 국채 발행액 중 중앙은행 보유비중이 세계에서 가장 높은 미국이 공개시장조작의 중요성을 강조하는 것도 이런 이유 때문이다.

참고로 유럽중앙은행은 공개시장조작을 통해 회사채까지 매입한다. 유로 지역의 국가채무비율이 나라마다 다르기 때문이다. 공개시장조작 대상증권을 국채로 제한할 경우 특정 회원국의 국채 발행비용만 낮추는 보조금 지급수단이 될 수 있으므로 유럽중앙은행은 공개시장조작 대상증권을 신용등급이 높은 회사채까지 확대했다.

---

143. 후술하는 바와 같이 미 연준에서 공개시장조작은 뉴욕 연준이 담당한다. 반면, 글로벌 금융위기 이후 크게 늘어난 초과유동성을 수습하기 위해 실시하는 정기예금 입찰(term deposit auction)은 워싱턴 D.C.의 연준위원회가 담당한다.

미 연준법(Section 14)에서도 공개시장조작 대상물에는 국채 이외에 금, 외국환, 전신환, 은행인수어음 및 환어음까지 허용한다. 일본은행법(제33조)에서는 어음은 물론 회사채와 주식까지도 공개시장조작 대상증권으로 허용한다. 따라서 일본에서는 공개시장조작을 통해서도 얼마든지 특정 기업이나 산업에 지원이 가능하다.[144]

이에 비하여 한국은행법은 대상증권을 대단히 엄격히 제한한다. 과거에는 국채와 정부보증채만 가능했다. 그러다가 1998년 '금융통화위원회가 정한 유가증권'이 추가되었는데, 이는 금융시장 경색을 쉽게 해결하는 데 목적이 있었다.

예를 들어 외환위기가 진행 중이던 1998년에 토지개발채권(만기 5년)[145]을 공개시장조작 대상증권에 포함시켰다가 2008년 1월 제외했다. 또한 2008년 9월 리먼사태 직후에는 토지개발채권과 함께 은행채, 한국산업은행채권, 중소기업은행채권, 농협, 수협, 수출입은행 등이 발행한 채권, 대한주택공사채권, 중소기업공단채권, 한국주택금융공사채권, 주택저당증권(MBS)을 대상증권에 포함시켰다가 2009년 11월 다시 제외했다.

하지만 공개시장조작 대상증권의 범위를 탄력적으로 조절하는 데는 부작용도 있다. 민간이 발행한 채무증권의 매입을 일체 금지하는 제79조의 취지와 상충되기 때문이다. 금융시장이 경색되는 상황에서 금융통화위원회가 추가적으로 인정한 유가증권이라면 이 조의 제2항에서 요구하는 것처럼 금융시장에서 "자유롭게 유통" 되고 있다고 보기 어렵다. 그렇다면 이 조의 제2항이 잘 지켜진다고 보기 어렵다.

이런 점을 감안할 때 '금융통화위원회가 정한 유가증권'은 신중하게 결정되어야 한다. 영리기업에 대한 여신과 같은 정도의 엄격한 특별의결 요건을 부여하는 것이 필요하다. 그런 장치가 있을 경우 금융시장이 경색될 때마다 공개시장조작 대상증권의 범위를 넓혀 달라는 정부의 요청도 줄어들 것이다.

144. 일본은행은 주식이나 채권을 상대매매 방식으로 취득한다. 그래서 여신과 다를 바가 없다.

145. 토지개발채권은 한국토지개발공사가 발행하는 채권이다. 외환위기 직후 한국토지개발공사는 정부의 금융·기업구조개혁 촉진방안에 따라 기업 보유 부동산을 매입하고 그 대가로 대량의 채권을 발행했다.

증권대차

증권대차는 2011년 법률 개정 시 추가되었다. 2008년 3월 뉴욕 연준이 도입한 "기한부증권대여 프로그램(TSLF)"이 참고가 되었다. 이 프로그램은 뉴욕 연준이 보유하는 국채를 프라이머리 딜러에게 28일 만기로 대여해 주고 딜러들이 이를 담보로 금융시장에서 자금을 융통하도록 하는 것으로서 금융시장 경색을 완화하는 데 목적이 있었다. 그 무렵 영란은행도 비슷한 조치를 취했다.

그러나 증권대차는 공개시장조작에 해당하지 않는다. 문자 그대로 대차거래일 뿐 매매거래가 아니기 때문이다. 미 연준 내부에서도 TSLF를 공개시장조작으로 보지 않는다. 그래서 그 프로그램은 연방공개시장위원회(FOMC)가 아닌 뉴욕 연준 총재의 결정으로 도입되어 실시되고 있다.

우리나라에서는 증권대차 거래에 대해서 상당한 오해가 있다. 2007년 '자본시장과 금융투자업에 관한 법률' 제정 시 한국예탁결제원(제296조)과 한국증권금융(제326조)에 대해서 증권대차를 독립된 업무로 인정하면서 생긴 오해다.

그 법을 통해 한국예탁결제원과 한국증권금융이 수행하는 업무는 엄밀하게 말해서 증권대차가 아니다. 증권대차의 "중개 · 주선" 업무다. 증권대차는 수요자 · 공급자가 증권을 잠시 주고받는 것이라서 별도의 인허가가 필요 없다. 만일 증권대차 거래에 인허가가 필요하다면 부동산을 포함한 모든 임대차 거래도 정부의 인허가가 필요하다.

그런 관점에서 보자면 2011년 증권대여를 한국은행법에 추가한 것은 완전히 불필요한 일이었다. 뉴욕 연준은 2008년 TSLF를 도입하기 이전에도 프라이머리 딜러들이 요구할 경우 특정 국채를 대여하는 서비스(국채 대여 프로그램)를 1970년대부터 수행해 왔는데, 연준법에는 이에 관한 특별한 근거가 없다. 다른 중앙은행들도 부동산과 증권 등의 대차거래를 하는데 이를 법률에서 다루지는 않는다.[146]

한편, 한국은행의 증권대차 업무는 거의 대부분이 한국은행이 증권을 차입하는 거래

146. 아주 예외적으로 스위스국립은행법(제9조)에서는 귀금속의 대여(lending operation)를 별도의 독립된 업무로 규정한다. 이는 스위스의 귀금속 현 · 선물 시장이 국가경제에서 매우 중요하기 때문이다. 스위스국립은행(SNB)은 귀금속 대여 프로그램을 통해 스위스 귀금속 시장의 육성에 큰 관심을 쏟는다.

다. 미 연준과 달리 한국은행은 국채 보유량이 많지 않기 때문이다. 그런데 증권의 차입에는 중개수수료가 붙는다. 따라서 유동성 흡수수단으로서는 매우 비효율적이다.[147] 이런 점들을 종합적으로 고려할 때 2011년 증권차입을 목적으로 '대차거래'를 추가한 것은 무의미한 일이었다(당시 필자가 이런 점을 해당 부서에 누누이 설명했으나 납득시키는 데 실패했다).

결 론

이 조에서 다루는 공개시장조작은 한국은행법의 중요한 특징이다. 이 조는 미 연준법의 영향을 크게 받았으며, 일본은행법과 크게 대비된다. "공개시장에서"라는 조건을 잘 지키는 것이 한국은행법 운용에서 대단히 중요하다.

미 연준법의 open market operation을 공개시장조작이라고 번역한 것은 일본은행이었다. 패전 직후 미국의 금융제도를 연구하는 과정에서 FOMC(Federal Open Market Committee)를 '연방공개시장위원회'라고 번역하면서 공개시장조작이라는 말까지 번역했다.[148] 하지만 일본 정부는 검토 끝에 미국식 공개시장조작을 포기했다.

1949년 개정된 일본은행법에는 공개시장조작 대신 "상업어음, 은행인수어음 및 기타 어음의 매매와 국채 및 기타 증권의 매매(구 일본은행법 제4장 제1절 제4호)"라는 종전의 표현을 그대로 썼다. 그리고 "정부단기증권의 매매는 시장가격이 아닌 경우, 시중금리를 감안하여 정한 가격으로 할 수 있다"라는 규정까지 두었다. 패전 이전에 일본은행이 특정 기관과 특정 가격으로 채권을 매매하는 방법으로 특혜를 주던 관행을 포기하지 않은 것이다. 현재의 일본은행법(제15조 제1항 제4호)에서도 그런 거래를 허용하고 있다.

그러나 한국은 일본과 선택을 달리 했다. 조선은행 조사부의 신병현 금융재정과장과 블룸필드 등은 미 연준법, 일본은행법, 필리핀중앙은행법[149]을 두루 비교하고 한국은행

147. 한국은행이 증권을 차입하려면 한국예탁결제원과 한국증권금융 등 2개 중개회사에게 수수료를 지급하고 중개를 의뢰해야 한다. 증권이 확보된 뒤에는 이를 담보로 제3의 기관과 환매조건부채권매매(RP)를 위한 입찰을 실시해야 한다. 이는 한국은행이 직접 통화안정증권을 발행하는 것보다 훨씬 비효율적이다.

148. 일본은행 중앙은행연구회, 『미국의 연방공개시장위원회에 관하여』(1948년 9월)

149. 1948년 미 연준의 도움으로 개정된 필리핀중앙은행법(제6장)에서는 "공개시장에서"라는 조건을 명문화하

법에 과감하게 "공개시장에서" 라는 조건을 붙이는 데 동의했다. 그리고 대상증권을 국채와 정부보증채로 엄격히 제한했다. 일본은행과는 확실하게 다른, 실험적이고 전위적인 결단이었다. 이후 한국은 중국의 모범이 되었다. 1983년 중국인민은행을 순수한 중앙은행으로 전환하기 위해 법률을 개정할 때 중국 정부는 한국은행법을 참고하여 중국인민은행법에 "공개시장에서" 라는 조건을 명문화했다.[150]

그러나 정작 한국은행은 "공개시장에서" 라는 조건을 잘 지키지 않는다. 과거 금융통화위원회는 통화안정증권을 발행할 때 인수매출(underwriting)을 허용했다. 인수매출은 몇 개의 증권회사에 매출액에 비례하는 수수료(0.1 ~ 0.15%)를 지급하고 채권 매각을 의뢰하는 방법인데, 이런 방식을 "공개시장에서" 발행한다고 할 수 없다(인수매출은 판매자가 도매상에게 물건을 넘기는 방법이다).

한국은행은 금융시장이 경색될 때 특정 기관을 지정하여 채권을 매매하는 '상대거래(designated transaction)' 도 실시한다. 1997년 이전에는 상대거래가 상시적 유동성 흡수 수단이었다. 즉, 양도성예금증서(CD) 발행한도를 초과한 은행에 시장금리보다 낮은 금리로 일정액의 통화안정증권을 강제로 인수시켰다. 그런 관행 때문에 한국은행 실무진은 상대거래에 대한 문제의식이 없다. 그래서 2011년부터는 특정 금융투자회사의 일시결제부족자금도 상대거래의 형식으로 지원한다.

"공개시장에서" 의 조건을 지키지 않는 공개시장조작은 여신과 다를 바가 없다. 즉, 금융시장 경색을 이유로 특정 기관에서 채권을 매입하는 상대거래가 동원되면 특정 기관에 저금리로 자금을 지원하는 것이 가능해진다. 그럼으로써 의결요건이 훨씬 까다로운 금융기관 특별융자(제65조)와 영리기업 여신(제80조)은 무의미해진다(특정 기관에 자금을 지원하면서 여신이 아닌 매매의 형식을 취할 경우 그것을 의결한 금융통화위원회 위원들의 책임도 줄어든다. 금융경색 때마다 상대거래가 자주 이용되어 온 실질적인 이유도 바로 그것이다).

더욱 유감스러운 사실은, 금융통화위원회가 문제의 핵심에서 벗어나 사소한 일에 관심을 갖는다는 사실이다. 2016년 1월 금융통화위원회는 법률 용어인 '공개시장조작' 을 '공개시장운영' 으로 바꿨다. 어감이 나쁘다는, 황당한 이유였다. 법률에서 규정한 용어

여 필리핀중앙은행은 특정 기관을 지정하여 채권을 거래하지 않는다.

150. 중국인민은행법 제23조(업무) 제5호 "在公开市场上买卖国债, 其他政府债券和金 融债券及外汇"

를 임의로 바꾸는 것은 적절치 않다. 금융통화위원회는 이름에만 이상한 관심을 갖지 말고 "공개시장에서" 라는 조건을 구현하는 데 좀 더 관심을 기울여야 한다. 그것이 한국은행법의 특징과 취지를 살리는 길이다.

이 조에 관한 필자의 생각은 다음과 같다.

〈필자의 제안〉

제68조(증권의 매매)[151]

① 한국은행은 금융통화위원회가 정하는 바에 따라 통화신용정책을 수행하기 위하여 자기계산으로 다음의 증권을 공개시장에서 매매할 수 있다.

1. 국채
2. 원리금 상환을 정부가 보증한 증권[152]
3. 그 밖에 금융통화위원회가 위원 5명 이상의 찬성으로 정한 증권[153]

② 제1항 각 호의 증권은 자유롭게 유통되고 발행조건이 완전히 이행되고 있는 것에 한한다.

③ 공개시장에서의 매매는 시장기능을 중시하여 수행되어야 하며, 이 법 제65조 및 제80조에 의한 여신을 대체하는 수단이 되어서는 안 된다.[154]

151. 이 조에서 증권대차는 삭제했다. 그리고 제69조와 균형을 유지하기 위해서 제목을 '증권의 매매'로 했다.
152. 현행 법률에는 '증권'과 '유가증권'이라는 말이 혼재되어 있어 이를 통일했다. '자본시장과 금융투자업에 관한 법률'에서 '증권'이라는 단어를 쓰는 점을 고려했다.
153. 제64조의 특별의결 요건을 적용하였다.
154. 공개시장조작이 특정 기관에 대한 지원수단이 되는 것을 금지한다.

제69조(한국은행통화안정증권)

① 한국은행은 법률과 금융통화위원회가 정하는 바에 따라 한국은행통화안정증권(이하 "통화안정증권"이라 한다)을 공개시장에서 발행할 수 있다.

② 한국은행은 통화안정증권을 환매하거나 만기일 전에 액면금액으로 추첨상환(抽籤償還)할 수 있다.

③ 통화안정증권의 이율 · 만기일 및 상환조건에 관한 사항은 금융통화위원회가 정한다.

④ 제2항에 따른 추첨상환은 금융통화위원회가 필요하다고 인정할 경우에만 할 수 있다.

⑤ 한국은행은 환매하거나 상환한 통화안정증권을 지체 없이 회수하여 폐기하여야 한다. 다만, 환매도(還賣渡)를 조건으로 매입하는 경우에는 그러하지 아니하다.

⑥ 한국은행이 보유하는 통화안정증권에 관하여는 제50조를 준용한다. 다만, 환매도를 조건으로 매입하는 경우에는 그러하지 아니하다.

※ 이 조와 함께 읽어야 할 부분 : 제68조

이 조는 한국은행 부채 중 하나인 한국은행통화안정증권(이하 통화안정증권)의 발행과 상환을 다룬다.

결론부터 말하자면 이 조는 다소 조악하다. 우리나라에 채권시장이 없었던 시기에 상상을 바탕으로 만들어져서 불필요하거나 무의미한 내용이 많다. 대폭 간소화할 필요가 있다.

통화안정증권

일반적으로 중앙은행이 차입할 이유는 크지 않다. 필요하면 화폐를 발행할 수 있기 때문이다. 그래서 중앙은행법에 채무증서 발행이 따로 규정된 경우는 흔하지 않다. 한국 이외에 스웨덴(스웨덴릭스은행법 제6장 제5조), 스위스(스위스국립은행법 제9조), 뉴질랜드(뉴질랜드준비은행법 제39조), 대만(대만중앙은행법 제27조), 필리핀(필리핀중앙은행법 제92

조) 정도에 불과하다.

미 연준의 경우 채무증서를 발행할 수 없다. 그래서 양적완화 이후 크게 늘어난 초과 유동성을 흡수하기 위해서 정기예금을 입찰(term deposit auction)한다. 이 입찰에는 금융투자회사가 참가할 수 없다. 법률상 정기예금은 매매할 수 없으므로 정책수단으로서 연준의 정기예금은 한국은행의 통화안정증권보다 열등하다.[155]

이 조는 한동안 사문화되어 있었다. 1950년대에는 자본시장이 없었기 때문이다. 한국은행이 통화안정증권 발행에 주목한 것은 제1차 경제개발5개년 계획이 추진된 이후다. 그런데 통화안정증권을 처음 발행할 때 정부와 한국은행은 다소 생각이 달랐다. 정부는 "시중 유휴자금의 흡수의욕을 앙양시켜 저축증강을 도모하는 한편, 유휴자금의 산업화를 유도" 하는 수단으로 통화안정증권 발행을 추진했다. 즉, 통화안정증권을 유동성 흡수수단으로 생각했다.

그러나 한국은행의 생각은 그와 반대였다. 상업은행에 대한 일종의 보조금 지급수단으로 인식했다. 군사정변이 발생한 뒤 여신이 강력히 규제되면서 시중은행들은 일시적인 자금여유 상태에 처하고 영업이익은 감소했다. 그래서 시중은행이 한국은행을 향해서 상당한 불만을 터뜨렸다. 그러자 한국은행은 시중은행의 초과 지급준비금을 통화안정증권으로 대체한 뒤 상당한 이자를 지급하여 그 불만을 누그러뜨렸다. 이때부터 한국은행은 통화안정증권을 떠올릴 때 이자비용부터 떠올리고 이를 보조금 지급으로 생각하는 경향이 시작되었다. 통화안정증권을 애물단지로 보는 것이다.

---

155. 과거 한국은행 내부에서는 미 연준이 발행하지 않는 채권을 한국은행이 발행하는 데 대해서 부정적인 생각이 강했다. 우선 이자비용이 큰 정책수단이라는 것이 그 이유였다. 필자는 이런 생각을 바꾸기 위해 많이 노력해 왔다. 『애고니스트의 중앙은행론』(율곡출판사, 2007년)을 통해서 통화안정증권의 이자부담은 결국 환율변동(외화자산 평가이익)에 의해 100% 해소됨을 밝히고, 부정적인 평가를 버리도록 촉구했다. 필자의 지적 이후 통화안정증권의 부정적 측면만 강조하는 보고서(통화안정증권의 이자지급효과)는 한국은행에서 사라졌다.

발 행

통화안정증권의 발행에 관해서는 현재 이 법 이외에 1961년에 제정된 '한국은행통화안정증권법'의 적용을 받는다. 그러나 그 법은 현재 존재의 이유가 전혀 없다(동법에 관해서는 〈참고 4-6〉을 참조하라).

최초의 '한국은행통화안정증권법(제2조)'에서는 통화안정증권의 발행한도를 통화량의 10%로 제한했다. 일반법인의 채권 발행한도는 상법에 따라 자본금의 일정 배수로

참고 4-6

한국은행통화안정증권법

'한국은행통화안정증권법'은 1961년 11월 제정되었다. 당시 이 법은 통화안정증권에 대단히 특수한 지위를 부여하는 데 목적이 있었다. 즉, 이 법에서는 통화안정증권 이자에 대해 소득세 부과를 면제(동법 제2항)했으며, 민법 제521조에 의한 무효절차를 배제(제7조)했다. 일반적으로 유가증권을 분실하면 법원의 이름으로 그 사실을 알리고(공시최고) 일정 기간 기다렸다가 분실된 증권을 무효화한다. 그런데 '한국은행통화안정증권법'에서는 공시최고절차를 배제하고 한국은행이 그 직권으로 분실 증권을 즉각 무효화할 수 있는 강력한 권한을 주었다.

통화안정증권에 이 정도의 특권을 주는 법률이 만들어진 것은 당시 재무부장관(천병규)과 이재국장(김정렴)이 한국은행 출신이었기 때문이다. 하지만 통화안정증권 발행을 위해서 이 법이 반드시 필요한 것은 아니었으며, 이 법에서 부여한 각종 특권들은 다른 법률과 마찰을 빚었다. 따라서 각종 특권들은 시간이 흐르면서 폐지되었다. 소득세 면제조항은 1977년, 공시최고절차 배제조항은 1998년 삭제되었다.

현재의 '한국은행통화안정증권법'은 유명무실하다. 8개의 조를 가진 이 법은 아무 의미가 없다. 예를 들어 제2조는 (한국은행이 발행하는) "통화안정증권의 발행권(發行權)은 한국은행만이 가진다"라고 규정하지만, 이는 동어반복에 불과하다. 마치 "현대자동차의 생산권은 현대자동자(주)만 가진다"라는 것과 같다.

오늘날 이 법은 법리적으로도 문제가 있다. 한국은행법 운용에 필요한 법규는 대통령령(기획재정부)으로 정해야 하는데, 이 법(제8조)에서는 대통령령이 아닌 금융통화위원회의 규정으로 정하도록 한다. 금융통화위원회를 한국은행에서 독립된 단독 행정기관으로 파악하는 것이다. 그런 점에서 이 법은 폐지되어야 한다.

제한되지만, 한국은행은 납입자본금이 없는 점을 감안한 결과다. 그러나 발권기관의 채무한도를 제한하는 것은 무의미하다. 결국 동 발행한도는 1977년에 폐지되고, 현재는 금융통화위원회가 통화정세를 감안하여 적당히 정하도록 하고 있다. 금융통화위원회는 현재 3개월마다 발행한도를 정한다(공개시장조작규정 제12조).

그러나 금융통화위원회가 3개월마다 통화안정증권의 발행한도를 정하는 것도 고육지책이다. 화폐발행액과 지급준비금 등 통화성 부채에는 상한선이 없는데, 비통화성 부채인 통화안정증권에만 발행한도를 두는 것은 논리적으로 어색하다.

금융통화위원회가 심의 · 의결해야 하는 것은 통화안정증권의 발행한도가 아니라 발행을 통해 조달한 자금의 행방, 즉 대출채권과 외화자산 등 한국은행 자산의 규모와 구성이다. 대출은 금융통화위원회가 분기마다 그 한도를 정하고 외화자산 운용은 제82조의 2에 따라 정기적으로 보고를 받는다. 그러므로 금융통화위원회가 통화안정증권 발행한도를 별도로 통제하는 것은 불필요하다.

환매와 상환

이 조에 따르면 한국은행이 통화안정증권의 만기 이전에 관련된 채무를 소멸시킬 수 있는 방법은 두 가지다. 시장가격으로 매입(purchase)하는 방법과 액면가격으로 추첨을 통해 상환(redeem)하는 방법이다.

추첨상환이 법률에 담기게 된 것은 필리핀중앙은행법(제92조)을 참고했기 때문이다. 추첨상환은 미 연준법에도 없지만 제2차 세계대전 종전 후 미국 행정부가 상당히 중요하게 다루던 문제라서 필리핀을 지원할 때 미 연준 직원들이 필리핀중앙은행법에 의도적으로 주입했다.

미국의 국가채무는 제1차 세계대전 참전을 결정하면서부터 급격히 늘었다. 미국 시민과 의회의 우려가 커지자 연방정부는 국채에 조기상환 조건을 붙였다. 재정사정이 개선되면 일시 여유자금으로라도 조기상환하겠다는, 국가채무 축소의지를 밝힌 것이다. 조기상환할 때는 추첨방식을 활용했다.

그러나 국채 투자자 입장에서 조기상환은 오히려 국채 투자기간의 불확실성을 키운다. 1970년대 발표된 옵션이론(option theory)에 따르면 조기상환 조건이 있는 국채(callable bond)에는 그만큼의 대가(call option)가 따르기 때문에 가격이 낮을 수밖에 없다. 즉, 조기상환 조건이 있는 채권의 발행금리는 조건이 없는 채권보다 높다.

이런 점을 인식한 미 재무부는 1985년 이후로는 콜옵션(조기상환 조건)이 부가된 국채를 발행하지 않는다. 재정사정이 개선되어 국채를 조기상환할 수 있다면 유통시장에서 매입하여 소각하는 방식을 택하고 있다. 이 조 제2항에서 언급한 추첨상환은 옵션이론이 발표되기 이전 미 재무부의 상환 관행을 무비판적으로 모방한 것이며, 추첨상환의 실무를 규정한 제4항과 함께 삭제하는 것이 타당하다. 지금까지 실시한 적도 없다.

한편, 제2항은 중대한 실수를 담고 있다. 통화안정증권의 발행에는 "공개시장에서"라는 조건이 붙는 반면, 환매에는 그런 조건이 빠진 것이다.[156] 최초의 한국은행법에는 환매에도 "공개시장에서" 라는 조건이 있었다. 그런데 1962년 법률 개정 시 실수로 누락했다. 따라서 현재의 법률로는 한국은행이 특정 기관을 지원할 목적으로 그 기관이 보유하는 통화안정증권을 매입(상대거래)할 수 있다(실제로 이런 사례는 상당히 많았다). 그 매입 조건은 금융통화위원회가 임의로 정할 수 있다(제3항). 이런 관대함과 자의성은, 액면금액으로 상환할 때 특혜의 소지를 없애기 위해서 반드시 추첨(제2항)하도록 하는 취지에 정면으로 배치된다. 결론적으로 통화안정증권의 발행뿐만 아니라 환매에도 "공개시장에서" 라는 조건을 똑같이 적용해야 한다.

이 조의 제5항과 제6항도 불필요하다. 상법에서는 자기가 발행한 채권을 조기상환하거나 시장에서 매입하는 데 대한 별도의 규정을 두지 않는다. 채권의 발행주체가 자신의 채무증서를 매입하면 폐기하는 것은 상식이고, 환매조건부로 매입하는 경우에는 이를 함부로 폐기할 수 없는 것도 당연하다. 금융계의 인적 자원이 매우 열악했을 때 한국은행 실무자들을 교육하기 위한 목적으로 마련된 제5항과 제6항은 삭제하는 것이 타당하다.

이 조에 관한 필자의 생각은 다음과 같다.

156. 여기서 '환매'는 정확하지 않은 단어다. 한국은행이 발행했다가 되사는 것은 매입이지 환매라고 하지 않는다. 1950년 한국은행법 제정 당시 채권시장이 없었기 때문에 용어를 주의 깊게 사용하지 않았다.

〈필자의 제안〉

제69조(한국은행통화안정증권)

① **한국은행은 금융통화위원회가 정하는 바에 따라 한국은행통화안정증권**(이하 "통화안정증권"이라 한다)**을 공개시장에서 발행하거나 환매할 수 있다.**[157]

② **통화안정증권의 발행 · 환매 및 상환에 관한 사항은 금융통화위원회가 정한다.**

③ **(삭 제)**

④ **(삭 제)**

⑤ **(삭 제)**

⑥ **(삭 제)**

[보론]

오늘날 통화안정증권의 발행과 상환은 사전예고를 통해서 경쟁입찰 방식으로 진행된다. 사전예고는 발행 시기와 규모에 관한 불확실성을 줄여 발행금리를 낮추기 위한 것이다. 그런데 최근에는 불확실성을 오히려 높이는 조치들이 실행되고 있다.

2010년 한국은행은 '초과낙찰제도'를 도입했다. 통화안정증권 발행을 위한 경쟁입찰에서 수요가 많을 경우 당초 발행예정액의 10% 내지 20%를 초과하여 발행하는 것이다. 이렇게 발행하면 표면적으로 시장수요에 부응하는 것처럼 보이지만 낙찰자 입장에서 보면 통화안정증권 발행액이 예고된 물량을 항상 초과한다. 따라서 입찰할 때 금리를 높여 응찰하도록 만든다.

입찰의 기본원칙 중 하나는 입찰하는 수량을 확정(예 : 소더비 미술품경매장에서의 가격입찰)하거나 가격을 고정(예 : 과거 분데스방크의 국채 수량입찰)하는 것이다. 발행물량도, 발행금리도 확정하지 않은 채 진행하는 통화안정증권의 경쟁입찰은 세계에

157. 아무 쓸모도 없는 '한국은행통화안정증권법'의 폐지를 전제로 했다. 추첨상환에 관한 사항과 통화안정증권 회수 시 회계처리에 관한 사항은 삭제했다. 무의미하거나 불필요하기 때문이다.

서 한국은행만이 실시하는 기괴한 방법이다.[158] 이런 방식의 입찰은 불확실성을 높여 궁극적으로 투자수요를 낮추고 발행금리를 상승시킨다.

2009년 6월 한국은행이 도입한 통화안정증권의 조기상환(buy-back)도 마찬가지다. 이는 외환위기 이후 기획재정부가 국채를 발행할 때 도입한 국채의 조기환매 방식을 뒤늦게 모방한 것인데, 채권의 만기일 이전에 이를 미리 매입하여 소각시킨 뒤 같은 양의 채권을 새로 발행하는 조치를 말한다. 이런 일을 하는 표면적인 이유는 특정 만기일에 상환해야 하는 금액이 지나치게 크기 때문이다.

그러나 조기상환은 결과적으로 이미 발행된 채권의 실질 만기를 단축시킨다. 고금리로 장기채권을 발행한 뒤 만기가 상당히 많이 남았는데도 이를 매입하면, 결국 실질 만기가 짧은 채권을 고금리로 발행한 셈이 된다. 그래서 대부분의 정부와 중앙은행들은 조기상환에 관심을 보이지 않는다. 어떤 종목을 조기상환하느냐에 따라서 해당 종목의 가격(금리)이 달라질 수 있어 형평성의 문제를 초래할 수도 있다. 시장 전체로는 불확실성이 커진다. 그래서 세계에서 국채 발행물량이 가장 많고 당연히 만기일에 상환압력이 큰 미국도 조기상환은 1년에 1번 하는 정도에 불과하다. GDP 대비 국채발행비중이 가장 높은 일본은 조기상환을 전혀 고려하지 않는다.

결론적으로 한국은행은 통화안정증권 발행실무에 관하여 좀 더 학술적인 연구가 필요하다. 이론적으로 정당화하기 힘든 기괴한 방식을 가장 먼저 도입하는 것이 혁신은 아니다.

---

158. 경쟁입찰의 경제적 의미는 가격차별화를 통해 소비자잉여(consumer' s surplus)를 공급자가 완전히 회수(the first degree price discrimination)한다는 점과 경쟁을 통해 균형가격이 형성(price discovery)된다는 데 있다. 그런데 공급물량이 확정되지 않은 상태에서 입찰이 시작되는 한국은행식 '초과낙찰제도'는 그 두 가지가 모두 충족되지 않는다. 필자는 초과낙찰제도를 정당화하는 논문을 보지 못했다.

제70조(한국은행통화안정계정의 설치)

① 한국은행은 금융통화위원회가 정하는 바에 따라 한국은행통화안정계정을 설치하여 금융기관으로 하여금 그 계정에 예치하게 할 수 있다.

② 한국은행통화안정계정에 예치된 금액은 제4장 제2절의 규정에 따른 지급준비금으로 보지 아니한다.

※ 이 조와 함께 읽어야 할 부분 : 제55조, 제56조, 제62조

이 조는 한국은행통화안정계정(이하 "통화안정계정")의 설치를 다룬다. 결론부터 말하자면, 이 조는 그 위치가 적절하지 않다. 통화안정계정은 전형적인 강제저축이자 정기예금이며, 이를 공개시장조작에 포함시킬 수는 없다. 예금을 다루는 제2절(제63조의 2)로 옮기는 것이 합리적이다. 지금의 위치는 1977년 정부가 임의로 정한 것이다.

배 경

5.16 군사정변 이후 추진된 제1차 경제개발5개년 계획(1962 ~ 1966년)은 성공적으로 완료되었다. 동 기간 중 연평균성장률은 7.8%를 기록, 목표 수준 7%를 크게 상회하였으며, 수출액도 1966년 중 2.6억 달러를 기록함으로써 1962년에 세웠던 목표 수준을 2배 이상 초과하였다. 그러나 급속한 경제성장과 더불어 물가상승 압력도 크게 높아졌다. 이에 한국은행은 1965년 이후 지급준비율을 두 차례 크게 인상하였으며, 통화안정증권 발행한도를 수차에 걸쳐 확대하고, 한계지급준비금까지 부과했다. 그러나 그것으로도 충분하지 않았다. 그래서 재무부는 한계지급준비금 방식보다도 금융기관의 과잉유동성을 효과적으로 흡수하는 수단으로서 통화안정계정을 고안했다.

하지만 강제저축 성격의 통화안정계정 설치는 법률적 근거가 없었다. 그래서 1967년 2월 11일 제10차 금융통화운영위원회 회의에서는 일부 위원들의 반대로 의결이 보류되었다. 만장일치로 의결하는 것이 관행이었던 당시 분위기에서 이런 결정은 대단히 이례적인 것이었다. 3월 4일 개최된 제11차 회의에서 총재는 통화안정계정의 설치가 재무부가 제안한 것이라고 설명하고 위원들에게 가결을 부탁했다. 그러자 위원들이 마지못

해 '통화안정계정의 설치 운용안'을 가결하였다. 이처럼 통화안정계정은 관치금융(官治金融)의 수단으로 출발했다.

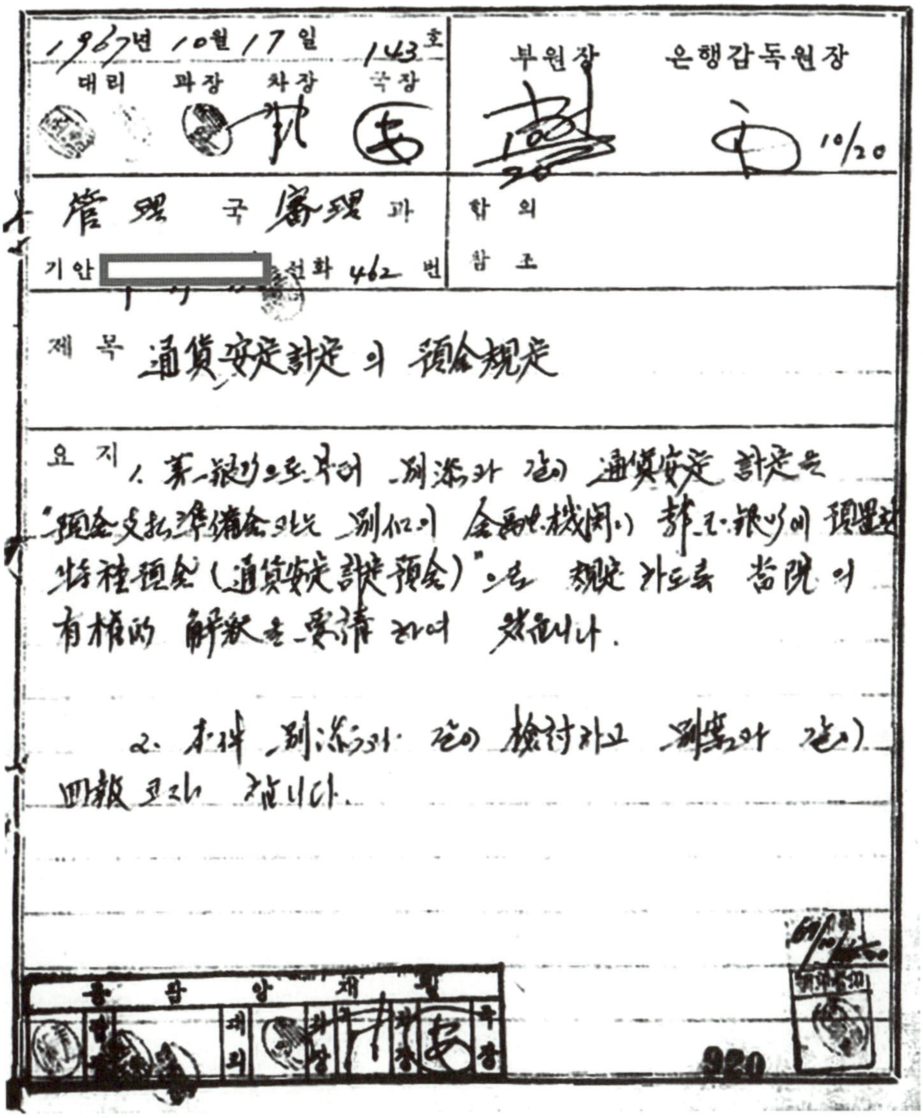

1967년 10월 17일 143호

대리	과장	차장	국장	부원장	은행감독원장
					10/20

管理 국 審理 과 / 합의

기안 전화 462 번 / 참조

제목 通貨安定計定의 預金規定

요지 1. 第一銀行으로부터 別添과 같이 通貨安定計定을 "預金支拂準備金 또는 別紙의 金融機關이 韓.銀에 預置한 特種預金(通貨安定計定預金)"으로 規定하도록 當院에 有權的 解釋을 要請하여 왔습니다.

2. 本件 別添과 같이 檢討하고 別紙와 같이 回報코저 합니다.

▲ **통화안정계정에 강제로 예치된 자금의 이자소득에 대해서 소득세 원천징수만이라도 면제받을 수 있도록 해달라는 제일은행의 요구에 대한 한국은행의 검토** 1967년 재무부의 지시에 따라 도입한 통화안정계정은 법적 근거가 없는 강제적 수단이라서 상업은행들은 물론 한국은행도 부담스러워했다. 그래서 한국은행은 제일은행의 강력한 항변을 군말 없이 수용했다.

통화안정계정의 설치 · 운용에 관한 법적 근거는 10년 뒤인 1977년에 마련되었다(구법 제92조). 통화안정계정의 운용을 그때그때 의결해 오던 금융통화운영위원회는 법률개정을 계기로 '통화안정계정의 설치운영에 관한 규정'을 제정하였다.

운용실적

통화안정계정은 법적 근거도 없이 정부가 강요하여 탄생한 배경이 있어서 한국은행은 오랫동안 이를 활용하지 않았다. 국내부문에서의 물가상승 압력은 주로 통화안정증권 발행이나 지급준비제도로 대응하고, 통화안정계정은 아주 특수한 용도로 활용했다. 즉, 외은지점의 영업자금 국내도입(통화안정계정 甲계정) 또는 국내은행의 외환스와프거래(통화안정계정 乙계정)에 맞춰서 일정 기간 자금을 묶어두는 수단으로 활용했다.

그런 가운데 1989년부터 금리자유화가 단계적으로 진행되고 통화신용정책이 간접규제방식으로 전환되었다. 그러면서 강제적 성격의 통화안정계정의 운용이 사실상 중단되었다. 10년 가까이 중단되었던 통화안정계정은 외환위기 직후 잠깐 부활[159]했다가 다시 10년간 활용이 중단되었다.

그러다가 2010년 10월 통화안정계정이 시장친화적인 정책수단으로 변형되었다. 현재 한국은행은 통화안정계정 예치금을 경쟁입찰을 통해 수입하고, 예치금에 일정한 이자를 지급한다. 필자가 오랫동안 제안[160]해 왔던 데다가 비슷한 무렵 미 연준이 정기예금입찰(Term Deposit Auction)을 시작한 것을 참고한 결과다.[161]

---

159. 외환위기 직후 정부는 세계은행으로부터 차관을 도입하여 이를 한국산업은행에 제공하였으며, 동 은행은 한국은행과 외환스와프거래(1998년 4월 ~ 9월)를 통해 원화로 전환하였다. 이때 한국은행은 한국산업은행이 스와프거래를 통해 조달한 원화자금을 통화안정계정에 예치토록 하였다.

160. 시장친화적인 방법으로 통화안정계정을 활용하는 방안은 『애고니스트의 중앙은행론』(율곡출판사, 2007년)을 참조하라.

161. 글로벌 금융위기 이후 미 연준은 금융안정을 위하여 막대한 자금을 공급하였으며, 이로 인해 상업은행들은 2조 달러 이상의 초과지준을 보유하게 되었다. 이는 시중금리(페더럴펀드 금리)를 0%에 수렴토록 하는 압력으로 작용하였으며, 이로 인해 연준의 금리조절능력이 약화된다는 우려가 생겼다. 이에 미 연준은 2010년 6월부터 지급준비의무가 있는 상업은행으로부터 경쟁입찰방식으로 초과지준을 흡수하여 정기예금으로 운용하는 정기예금입찰(Term Deposit Auction)을 실시하고 있다. 경쟁입찰을 통해 결정되는 14일 만기

법적 근거

1977년 금융통화위원회가 제정한 '통화안정계정의 설치운영에 관한 규정'은 '통화안정계정규정'을 거쳐 2014년 7월 '공개시장운영규정'과 병합되었다. 그러나 규정통합 조치는 큰 실수였다. 통화안정계정의 운용은 어떤 기준으로도 공개시장조작으로 보기 어렵기 때문이다.

금융통화위원회가 통화안정계정의 운영을 공개시장조작으로 보는 이유는 동 계정의 예치금을 경쟁입찰(동 규정 제41조)방식으로 수입하기 때문으로 보인다. 하지만 경쟁입찰 여부로 공개시장조작을 판단하게 되면 경쟁입찰을 거치지 않는 통화안정증권의 상대거래를 금융통화위원회가 공개시장조작이라고 보는 것은 설명할 수 없다. 결론적으로 금융통화위원회는 공개시장조작에 대한 정의를 갖고 있지 않다는 점만 드러낼 뿐이다.

한편, 지급준비금은 예금주의 요구로 즉시 인출이 가능(제62조)한 반면, 통화안정계정의 예치금은 인출이 제한된다. 인출이 제한된다는 점에서 법원 공탁금과 성격이 같다. 즉, 통화안정계정의 경제적 성격은 정기예금이다(법률적 성격은 강제저축이다). 2010년 10월부터 한국은행은 통화안정계정의 예치금에 이자를 지급하는데 이 또한 정기예금이라는 성격 때문이다.

그러나 현행 한국은행법에는 통화안정계정 예치금에 대한 이자지급의 근거가 없다. 똑같은 강제성을 가진 지급준비금에는 이자지급의 근거(제55조 제2항)가 있는 반면, 통화안정계정 예치금에 대한 이자지급은 뚜렷한 규정이 없다. 일종의 입법 미비다.

이 조에 관한 필자의 생각은 다음과 같다.

정기예금 낙찰금리는 1일물 시장금리보다는 다소 높다.

〈필자의 제안〉

제63조의 2(통화안정계정의 설치)[162]

① 한국은행은 금융통화위원회가 정하는 바에 따라 통화안정계정을 설치하여 금융기관으로 하여금 그 계정에 제55조에 의한 지급준비금 이외의 자금을 예치하게 할 수 있다.

② 통화안정계정에 예치된 금액에 대해서는 이자를 지급할 수 있다.[163]

162. "한국은행통화안정계정"이라는 말은 한국은행통화안정증권을 의식한 결과다. 하지만 한국은행의 회계과목에 불과하고 매매거래가 불가능한 계정의 이름에 굳이 "한국은행"이라는 말을 붙일 필요는 없다.

163. 통화안정계정 잔액에 대한 이자지급의 근거를 분명히 했다. 한편, 통화안정계정에 예치된 자금이 지급준비금이 아니라는 내용은 제1항으로 옮겼다.

제5절 정부 및 정부대행기관과의 업무

이 절은 정부와의 관계를 설명한다. 1997년 이전에는 이 절이 제4절보다 앞에 있었다. 과거에는 정부의 은행 역할이 공개시장조작보다 더 우선한다고 본 것이다.

중앙은행이 정부에 제공하는 서비스는 시대에 따라 다르다. 초창기의 중앙은행들은 정부의 자금공급자(financier) 역할을 담당했지만, 현재는 각종 세금을 수납 · 관리하는 역할(depository)에 그치고 있다. 오늘날에는 미국, 유럽연합 및 노르웨이 등 선진국은 물론 중국이나 터키 등 신흥시장국에서도 중앙정부와 지방정부에 대한 중앙은행의 직접적인 대출이나 보증 등이 엄격히 금지되고 있다. 심각한 재정적자를 경험한 브라질, 칠레, 과테말라 등 남미 국가에서는 헌법으로 금지할 정도다.[164]

우리나라도 정부와 한국은행 간의 관계가 시대별로 다르다. 1950년 한국은행 설립 당시에는 정부가 한국은행에 15억원(圓)을 출자한 단독 주주였으나, 1962년 주주의 지위를 벗어났다. 또한 한국은행 설립 당시에는 한국은행의 대정부 여신액이 금융기관 여신액의 20배가 넘었으나 현재는 미미한 수준에 불과하다. 그러나 한국은행은 여전히 정부에 무담보로 대출하거나 정부가 원리금 상환을 보증한 채권을 직접 인수(제76조)할 수 있다. 정부대행기관에 대한 대출(제77조)도 가능하다.

이 절을 통해 한국은행이 정부에 제공하는 서비스는 국고금 예수(제71조), 증권 · 문서 등 기타 고가물의 보호예수(제72조), 국채의 발행 · 매각 · 상환 등의 사무대행(제73조) 그리고 대정부 여신 및 국채인수(제75조)의 순서를 이룬다. 이는 법률 제정 이래 지금까지 변화가 없었다. 한국 경제가 G20 국가 수준에 도달한 상태에서도 한국은행이 정부를 위해 수행하는 일의 범위가 1950년 수준과 변함없이 그대로인 것은 국회가 고민해 볼 문제다.

---

164. 중앙은행의 대정부 대출에 관한 각국 현황과 법률 구조 등은 Jàcome, Luis I., Marcela Matamoros-Indorf, Mrinalini Sharma, and Simon Townsend(2012)의 "Central Bank Credit to the Government: What Can We Learn from International Practices?"(*IMF Working Paper* 12/16)를 참고하라.

제71조(예수기관)
한국은행은 대한민국 국고금의 예수기관(預受機關)으로서 '국고금 관리법'에서 정하는 바에 따라 국고금을 취급한다.

※ 이 조와 함께 읽어야 할 부분 : 제7조, 제74조

이 조는 국고금의 취급, 즉 정부를 위한 현금출납 기능을 규정한다. 한국은행은 국고금 취급 이외에도 정부를 위해서 보관(제72조), 국채 발행대행(제73조), 대출(제75조) 등 여러 가지 업무를 수행한다. 그중에서도 국고금 취급은 특수하다.

국고금은 "취급한다"라는 명령어로 서술되어 있기 때문이다. 즉, 국고금의 취급은 한국은행의 의무다. 다만 한국은행법에서는 "취급"의 구체적인 내용을 밝히지 않는다. "취급"의 내용은 국고금관리법에서 규정한다. 기획재정부장관의 지시에 따라 통합계정을 설치하고 관리(제31조, 제34조 제6항)하며, 기획재정부장관으로부터 각 중앙관서(부처)의 월별 세부자금 계획을 통보(제30조)받은 대로 국고금운용계정을 관리 · 기록 · 보고 · 제출하는 업무다.

한국은행은 이런 업무에 관하여 감사원의 검사[165]를 받으며, 감사원이 정하는 바에 따라 국고금 관리에 관한 계산서를 감사원에 제출한다(국고금관리법시행령 제87조). 국고금의 관리과정에서 국가에 손해를 끼친 경우에는 배상책임까지 부담한다(국고금관리법 제36조 제5항).

그런데 한국은행이 단독으로 국고금을 취급할 수는 없다. 상업은행의 도움이 있어야만 전국적으로 수행되는 세금의 수입과 재정 집행이 원활해진다. 즉, 국고수납대리점을 절실하게 필요로 한다. 그런데 현재는 한국은행이 국고수납대리점을 지정하는 근거가 혼란스럽다. 한국은행법(제7조)에 따르면 대리점의 설치권한이 한국은행에 있으나 국고금관리법(제12조)에서는 정부가 금고은행(국고금수납기관)을 정한다. 반면 민간 금융기관이 국고금수납 업무를 거부하는 데 대한 대책은 없다.

---

165. 국고금관리법 제36조 제4항 및 감사원법 제22조 및 제24조.

국고금

국고금이라는 용어는 1950년 제정된 한국은행법에서 처음 쓰였다. 그보다 먼저 제정된 소득세법(1949년 7월), 영업세법(8월), 유흥음식세법 · 주세법 · 입장세법(10월), 법인세법 · 관세법(11월), 청량음료세법(12월), 마권세법(1950년 2월), 면허세법 · 인지세법(3월) 등의 개별 세법에서는 정부가 보유하는 현금 전체, 즉 국고금이라는 개념이 없었다.

그러나 한국은행법에서도 국고금을 정확히 정의하지는 않았다.[166] 국고금은 2003년에 이르러 처음으로 정의되었다. 국고금관리법(제2조)은 "국가의 세입으로 납입되거나 기금에 납입된 현금"과 "현금과 같은 가치를 가지는 것"을 국고금이라고 규정한다. 한국은행은 국고금관리법과 한국은행법에 따라서 일반 회계뿐만 아니라 공공자금관리기금, 공적자금상환기금, 농어가목돈마련저축장려기금 및 외국환평형기금 등 일체의 특별기금에 납입된 현금을 예수한다.[167]

국고금 취급에 관한 한 한국은행은 미 연준보다도 훨씬 많은 일을 한다. 한국은행은 기업특별회계를 제외한 거의 모든 국고금을 취급한다. 이에 비해서 미 연준은 통상 최소한의 국고금(50억 달러)만 예치받고 있다. 미 연준법(Section 15)에서는 지역 연준이 "재무부장관이 결정한 범위 내"에서만 국고금 예수기관 역할을 "수행할 수 있다"라고 규정하기 때문이다.[168] 나머지는 재무부가 상업은행에 예치(Treasury Tax and Loan Account)하여 이자수입을 얻는다. 2002년부터는 미 재무부가 이자수입 확대를 목적으로 국고금 예치를 위한 경쟁입찰 프로그램(Term Investment Option Program)을 도입하고, 2006월에는 환매조건부채권매매(RP) 경쟁입찰까지 도입했다.[169]

166. 1951년 9월 제정된 재정법(제6조)과 1961년 12월 제정된 예산회계법에서도 국고금이라는 말은 썼지만, 특별히 정의하지는 않았다.

167. 다만, 국고금관리법(제12조)과 동법시행령(제85조 제2항)에 따라 기업특별회계에 속하는 현금은 기획재정부장관이 정하는 바에 따라 한국은행 이외의 금고은행에 예치할 수 있다.

168. "The moneys held in the general fund of the Treasury, ... (중략) .... may, upon the direction of the Secretary of the Treasury, be deposited in Federal reserve banks, which banks, when required by the Secretary of the Treasury, shall act as fiscal agents of the United States ; .... (이하 생략)"

169. 다만, 글로벌 금융위기 이후 제로금리정책이 시행되면서 이자수익을 거둘 수 없게 되자 재무부는 모든 국

한국은행은 정부당좌예금 아래 정부가 지정한 회계와 기금별로 하위계정(sub-account)을 운영한다. 그리고 이들을 체계적으로 관리하기 위하여 '국고전산망'이라는 별도의 전산시스템을 운영한다. 정부가 새로운 특별회계나 기금을 설치할수록 한국은행의 업무와 책임은 늘어난다.

예수기관

이 조에서 예수기관이라는 표현은 정확하지 않다. 예수는 금전 등을 맡아 수동적으로 보관만 하는 것을 의미하므로 필요한 지역으로의 송금 등 적극적인 지출 사무는 담당하지 않는 것으로 오해하기 쉽다. 예수기관이라는 표현은 필리핀중앙은행법(Section 113)의 "공적 예수기관(official depository)"을 참고한 것인데, 필리핀중앙은행법(Section 114)에는 예수업무와 별도로 재정자금 지출에 관한 업무(fiscal operation)가 따로 서술되어 있다. 최초의 한국은행법을 제정할 때 그 점을 간과했다.

대부분의 중앙은행법에서는 국고금의 예수와 지출이 함께 서술되고 있다.[170] 그래서 중앙은행을 국고금의 '수납기관'이라고 표현한다. 우리나라 국고금관리법(제12조)에서도 한국은행을 수납기관이라고 규정한다. 수납기관이란, 수입금출납공무원을 대신하여 국고금의 수입과 출납을 모두 담당하는 기관이다. 이런 점을 감안할 때 이 조의 예수기관은 수납기관이라고 표현해야 정확하다.

한편, 한국은행은 국고금 수납을 위해서 상업은행들과 국고수납대리점 또는 국고금수납점 계약을 맺는다(대리점은 제7조의 설명을 참조하라). 한국은행 조직만으로는 전국의 개인과 기업을 상대로 각종 세금・공과금・범칙금 등의 수입과 재정자금의 지출을 담당할 수 없기 때문이다. 이와 관련하여 1997년 이전의 한국은행법에는 금융통화위원회가 국고수납대리점이나 국고금수납점을 지정(제77조 제2항)하고, 이들이 수입한 국고금을

고금을 연준으로 옮겼다. 결국 연준은 설립된 지 근 100년이 되어서야 국고금 전체에 대해서 예수기관 역할을 담당하게 되었다. 그러나 시장금리가 상승하면 재무부가 언제든지 연준에서 국고금을 다시 인출할 수 있다.

170. 예를 들어 미 연준법(제15조, 1)에서는 "depository and fiscal agent"로, 스웨덴중앙은행법(제8장 제1조)에서는 "accept deposit from and make disbursements for the state"라고 설명한다.

한국은행으로 이체하도록 명령(제77조 제3항)하는 근거가 있었다.

그러나 1998년 법률 개정 시 이런 규정이 삭제되었다(당시 졸속으로 법률을 개정하느라 고 유난히 많이 발생했던 실수 중 하나다). 그 결과 국고금 취급에서 한국은행과 상업은행 간의 관계가 불분명해졌다. 현행 법률에서 한국은행이 대리점을 둘 수 있는 근거는 제7조인데, 대리점 계약은 상법상 위임계약에 속하므로 상업은행이 수익이 적다고 생각하면 얼마든지 국고대리점 계약을 거부·해지할 수 있다.

국고금 취급은 국가 사무이며, 한국은행의 의무다. 그래서 한국은행이 국고금 취급과 관련한 의무를 제대로 수행할 수 있도록, 상업은행을 강제할 수 있는 근거가 필요하다. 필리핀중앙은행법(Section 115)과 1997년 이전의 한국은행법이 그 예다.

이 자

정부와 중앙은행 간의 이자 수수는 무의미하다. 한국은행이 정부에게 받은 이자는 한국은행의 이익금이 되고 그 이익금은 다시 정부로 귀속되기 때문이다. 현재 '국고금관리법시행령(제86조 제3항)'에서는 기획재정부장관과 한국은행 총재가 협의하여 국고금(정부예금)에 대한 이자를 정하도록 했지만 지금까지 별도의 협의가 없었던 것도 그 때문이다.

그럼에도 불구하고 논리적 완결성과 일관성을 위해서는 한국은행법에 국고금에 대한 이자지급의 근거를 마련할 필요가 있다. 대정부 여신의 이율에 대해서는 그 근거(제75조 제3항)가 마련되어 있는 것에 비해서 정부예금에 대한 이자지급이 언급되지 않는 것은 일종의 입법 미비다. 다만, 대정부 여신의 이율을 금융통화위원회가 정하는 것처럼, 정부예금의 이율도 금융통화위원회가 정하도록 하는 것이 타당하다. 물론 금융통화위원회는 정부예금에 대한 이율을 지금처럼 0%로 정할 것이다. 상업은행의 지급준비금에도 이자를 지급하지 않기 때문이다. 참고로 영국, 유로 지역 등에서는 상업은행이 맡긴 지급준비금에는 중앙은행이 이자를 지급하면서도 정부예금에는 아직까지 이자를 지급하지 않는다. 중앙은행이 정부예금을 보관하는 것은 당연한 국가 사무의 하나로 보기 때문이다.

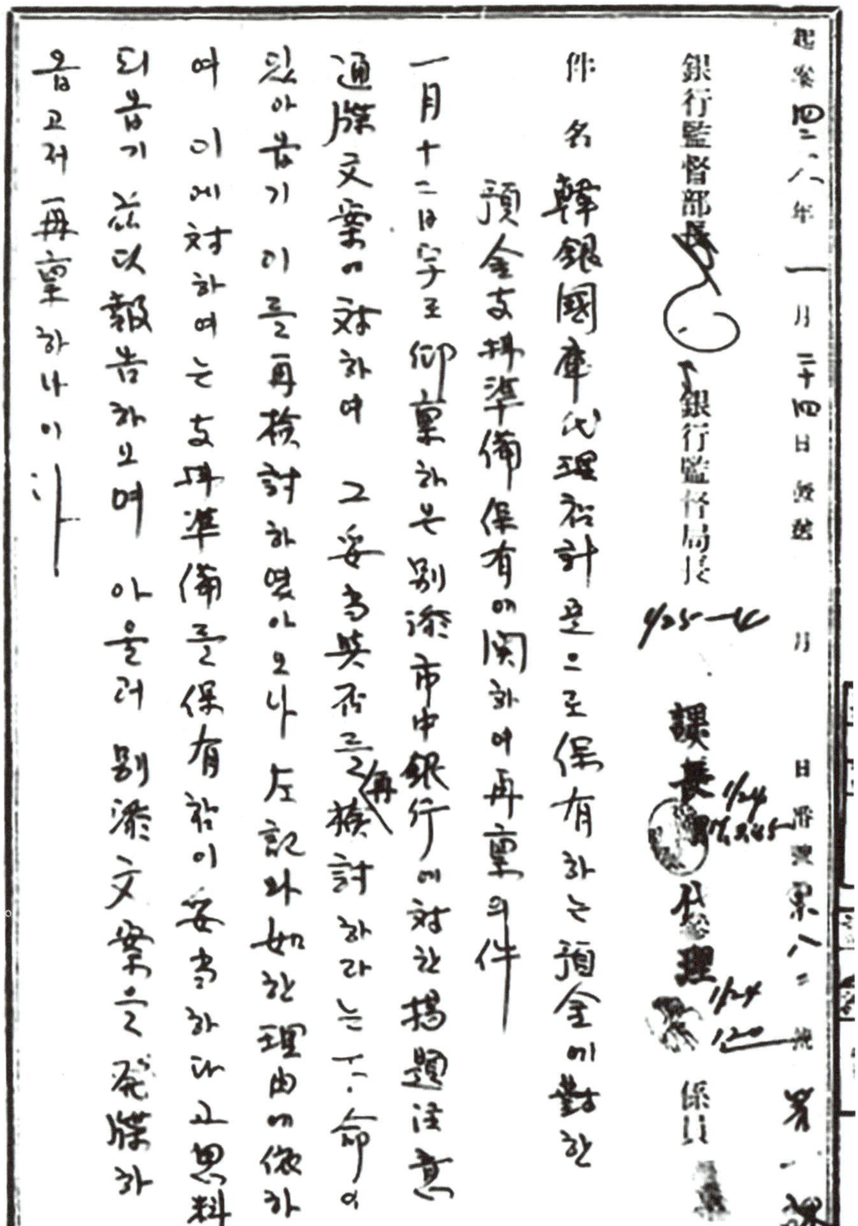

起案 四二八六年 一月 二十四日

銀行監督部長 下 銀行監督局長 課長 代理 係員

件名 韓銀國庫代理店計定으로 保有하는 預金에 對한 預金支拂準備保有에 關하여 再稟의 件

一月十二日字로 仰稟하온 別添 市中銀行에 對한 揭題 注意 通牒文案에 對하여 그 妥當與否를 再檢討하라는 下命이 있아옵기 이를 再檢討하였아오나 左記와 如한 理由에 依하여 이에 對하여는 支拂準備를 保有함이 妥當하다고 思料되옵기 玆以 報告하오며 아울러 別添 文案을 發牒하옵고저 再稟하나이다

▲ **상업은행이 일반 국민으로부터 받은 세금**(한국은행국고대리점 계정)**은 요구불예금과 달리 지급준비의무를 면제해 달라는 요구에 대한 검토** 국고대리점 업무는 수익성이 낮기 때문에 상업은행들이 정부와 한국은행을 상대로 당당하게 이런 요구를 했다. 당시 은행감독원장은 그 요구를 긍정적으로 검토할 것을 지시했지만, 직원들은 그 지시가 부당하다며, 두 번이나 저항했다. 지급준비의무에 예외를 둘 수 없다는 직원들의 설명에 결국 원장이 뜻을 굽혔다(이런 점이 과거 한국은행 조직문화의 매력이자, 직원들의 자부심이었다).

국고금 수납의 비용

정부를 위한 수납기관의 역할이 한국은행의 의무이지만, 본업인 통화신용정책 수행에 지장을 주어서는 곤란하다. 그것은 제3조에서 선언하는 한국은행의 자주성을 침해할 수 있다. 그러나 유감스럽게도 한국은행의 국고금 수납은 여타 업무에 지장을 주고 있다.

국고금관리법(제12조 제1항)에 따르면 수입금출납공무원(기획재정부장관)이 한국은행 이외의 금융기관을 지정하여 국고금을 취급(금고은행)토록 할 수 있다.[171] 이에 따라 기획재정부는 신용협동조합중앙회, 새마을금고중앙회, 상호저축은행중앙회, 산림조합중앙회 및 금융투자업자를 금고은행으로 지정했다(국고금관리법시행령 제11조 제1항).

한편 정부가 지정한 금고은행이 한국은행과 국고금을 수수하려면 반드시 한국은행에 당좌예금 계좌를 개설해야 한다. 이는 한국은행과 민간 간의 예금거래를 원칙적으로 금지하는 한국은행법(제79조)의 취지와 상충한다. 두 법률의 충돌 속에서 금융통화위원회는 정부가 지정한 금고은행이라는 이유로 신용협동조합중앙회, 새마을금고중앙회, 상호저축은행중앙회 등 지급준비의무가 없는 기관들에게 예금계좌를 개설했다. 이처럼 국고금 취급에 관한 정부의 결정이 한국은행 수신업무에 상당한 영향을 미치고 있다. 이런 일을 해결하려면 국고수납대리점을 지정하는 권한을 한국은행이 갖도록 해야 한다.

이 조에 대한 필자의 생각은 다음과 같다.

171. 한국은행은 '국고금취급규정'을 통해 국고수납대리점을 한국은행 총재가 정한다고 인식하고 있으나 이는 현실과 다르다. 상규 법규인 국고금관리법에 따르면 국고수납대리점을 정하는 것은 한국은행이 아닌 정부다.

〈필자의 제안〉

제71조(수납기관)

① **한국은행은 대한민국 국고금의 수납기관**(收納機關)**으로서 '국고금 관리법'에서 정하는 바에 따라 국고금을 취급한다. 국고금에 대한 이율은 한국은행이 정부와 협의하여 금융통화위원회의 의결을 거쳐 정한다.**[172]

② **금융통화운영위원회는 금융기관**(제79조에 따라 한국은행과 예금거래를 하는 금융기관 외의 법인을 포함한다)**에 대하여 대한민국국국고금의 수납을 지정할 수 있다.**[173]

172. 현재 '국고금관리법시행령'에서 기획재정부장관이 한국은행 총재와 협의하여 이율을 정하도록 한 것을 수정했다.

173. 1997년 이전의 규정을 복원했다. 이 규정을 따를 경우 한국은행의 판단에 따라 예금거래를 하는 금융기관만 국고수납대리점이 될 수 있다. 즉, 정부가 지정한 기관들과 한국은행이 비자발적으로 예금거래를 하게 되는 것이 중단된다.

제72조(보호예수업무)
한국은행은 정부에 속하는 증권, 문서, 그 밖의 고가물(高價物)**을 보호예수할 수 있다.**

이 조는 한국은행의 보호예수업무를 규정한다. 결론부터 말하자면, 보호예수 서비스의 대상을 정부 밖으로 확대할 필요가 있다. 주요국 중앙은행들은 정부뿐만 아니라 해외의 주요 국채투자자들을 위해서 보호예수업무를 수행한다. 만일 한국은행 보호예수업무의 대상기관이 정부 이외로 확대된다면 이 조의 위치도 당연히 달라져야 한다.

성 격

보호예수는 타인의 물건을 보관하는 것을 말한다. 물건의 보관을 상법(제46조 제14호)이나 민법(제693조)에서는 임치(任置)라고 하지만, 한국은행법과 은행법(제27조의 2 제2항 제4호)에서는 보호예수라고 표현한다. 상업은행들의 대여금고 서비스가 보호예수에 속한다.

그러나 한국은행의 보호예수업무는 상업은행의 대여금고 서비스와 다르다. 상업은행의 대여금고 서비스는 금고시설만 제공하는 것일 뿐, 보관품의 내용은 상관하지 않는다. 이에 비해 한국은행은 정부가 위탁한 국유재산의 수량과 내용까지 확인한다.[174]

국가재정법(제93조)에서는 중앙관서의 장이 유가증권을 보관하는 것을 금지하고 반드시 한국은행 등에 보관을 위탁하도록 하고 있다. 그리고 국유재산법(제15조 제1항)에서는 한국은행 등이 증권 등 국유재산을 단순히 보관하는 것을 넘어서 "취급"토록 한다. 한국은행이 유가증권 등을 수동적으로 보관하는 것을 넘어서 능동적으로 관리하는 이유는 국유재산 관리에서 견제와 균형의 원리를 갖기 위해서다.

견제와 균형의 원리는 한국자산관리공사와 한국은행 사이에서도 작용한다. 부실 금융기관 정리과정에서 정부가 인수한 각종 부실채권의 보전·추심과 인수 정리는 한국자

174. 한국전쟁 발발 직후 한국은행은 경주박물관에 전시되던 신라시대 금관 등 국보급 문화재를 샌프란시스코로 반출하는 일까지 맡았다. 그때 검수 및 인도 등 일체의 업무를 한국은행이 진행했다.

산관리공사가 담당[175]하지만, 해당 유가증권은 한국은행이 보호예수한다. 한국은행은 수탁한 유가증권의 수량과 내역을 구체적으로 파악하고 관리한다.

한편, 정부에 국한된 보호예수업무는 한국은행법의 특징 중 하나다. 미국,[176] 캐나

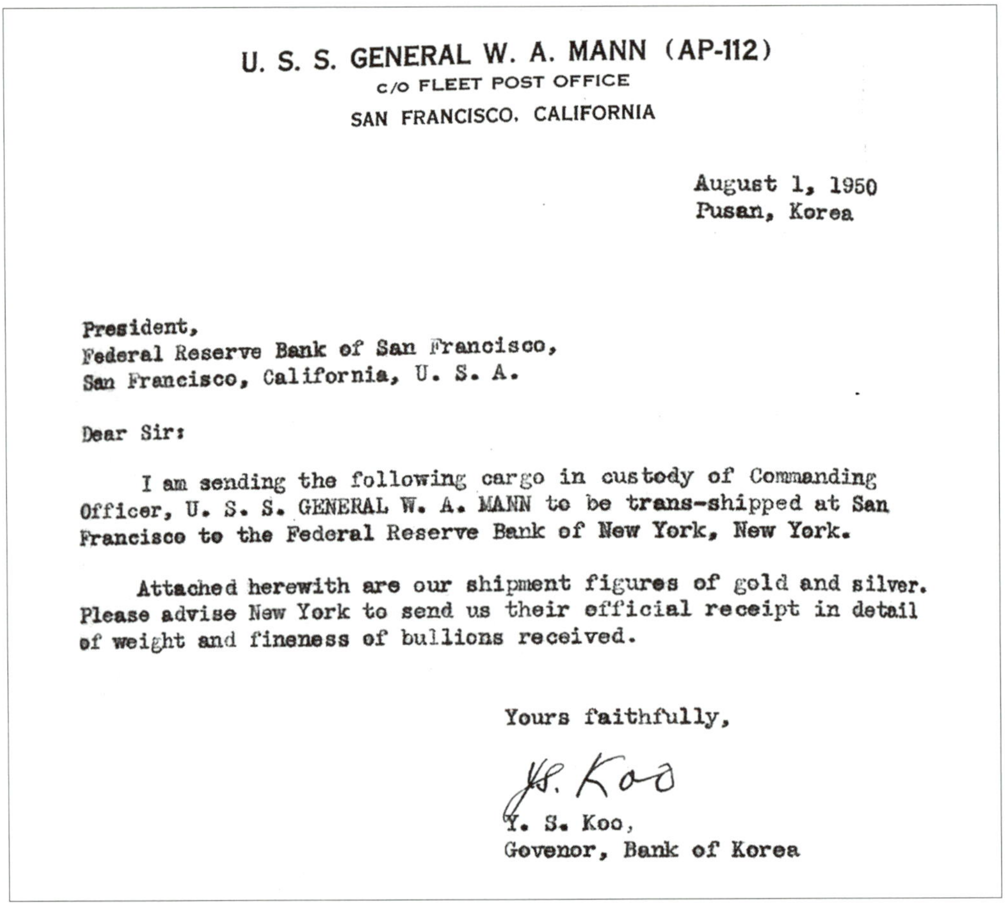

U. S. S. GENERAL W. A. MANN (AP-112)
c/o FLEET POST OFFICE
SAN FRANCISCO, CALIFORNIA

August 1, 1950
Pusan, Korea

President,
Federal Reserve Bank of San Francisco,
San Francisco, California, U. S. A.

Dear Sir:

I am sending the following cargo in custody of Commanding Officer, U. S. S. GENERAL W. A. MANN to be trans-shipped at San Francisco to the Federal Reserve Bank of New York, New York.

Attached herewith are our shipment figures of gold and silver. Please advise New York to send us their official receipt in detail of weight and fineness of bullions received.

Yours faithfully,

Y. S. Koo,
Govenor, Bank of Korea

▲ **한국은행 총재가 미국 샌프란시스코 연준 총재에게 보낸 편지**(1950년 8월 1일)　진해항에 보관 중인 한국은행의 금괴를 미 군함에 실어서 샌프란시스코 항으로 보낼 테니 이를 뉴욕 연준으로 옮겨달라고 부탁했다. 이때 미국으로 간 금은 1955년 국제통화기금(IMF)에 가입할 때 출자금으로 납입되어 영원히 한국으로 돌아오지 않았다. 한편, 한국은행은 이때 금괴와 함께 신라 금관 등 국보급 문화재도 미국으로 보냈다(문화재는 종전 후 한국으로 돌아왔다). 공무원의 일손 부족으로 한국은행 직원들이 부산항에서 밤을 새워 문화재를 가마니로 포장하여 보냈는데, 이런 노력도 정부를 위한 보호예수 업무의 일환이었다.

175. '금융회사부실자산 등의 효율적 처리 및 한국자산관리공사의 설립에 관한 법률' 제26조.

176. 미 연준은 국고금, 미발행화폐, 주화 제작을 위한 판형 등에 대해서만 보호예수업무를 한다(Section 15 1. 및 Section 16).

다, 스웨덴, 호주, 필리핀 등의 중앙은행법에는 보호예수에 관한 규정이 따로 없다. 일본은행법에서는 보호예수업무를 명문화하고 있으나 그 대상은 정부(제34조 제5호)뿐만 아니라 비거주자(제41조 제3호)나 일반인(제33조 제1항 제7호)까지 확대되어 있다.

한국은행법에서 보호예수업무가 명문화되었으나 그 대상이 정부로 국한된 것은 조선은행의 영향이다. 일제강점기에 조선은행은 금고시설을 이용하여 보호예수업무를 수행했다. 계리부 국고과는 조선총독부를 위해 수입인지를 보관하는 것 이외에 일반 고객의 귀중품도 보관했다. 당시 조선은행법에는 그에 관한 규정이 없었지만 상업은행 기능 중 하나로 민간인을 상대로 보호예수업무를 수행한 것이다.

그런데 한국은행이 설립되면서 조선은행의 상업은행 기능은 폐지해야 했다. 그래서 보호예수기능은 정부를 위해서만 수행한다는 규정이 필요했다. 그런 배경에서 만들어진 이 조는 한국은행이 조선은행과 단절하는 것이 목적이었다. 그러나 오늘날과 같은 국제화 시대에는 보호예수 서비스의 제공대상을 정부로 국한할 필요는 없다.

대상기관의 범위

국고금과 관련해서는 한국은행이 유일한 예수기관(제71조)이지만, 현금 이외의 국유재산에 대해서는 한국은행이 유일한 보관기관이 아니다. 그럴 필요도 없다. 보호예수업무는 금고시설만 갖추면 누구든지 수행할 수 있다. 실제로 세종특별시에는 한국은행의 사무소(지역본부)가 없기 때문에 농협은행이 정부 소유 유가증권을 보관한다.

반대로 한국은행의 금고시설이 정부를 위해서만 사용될 필요도 없다. '국제금융기구에의 가입조치에 관한 법률(제6조)' 에 따라 한국은행은 우리나라가 가입한 국제금융기구를 상대로 "기타 자산의 임치소" 역할을 한다. 한국은행의 보호예수업무 대상이 다른 법률에 의해 이미 국제금융기구까지 확대된 것이다. 통화신용정책 수행에 지장을 주지 않는 이상 이 정도의 업무 확대를 금지할 이유는 없다. 외국 정부, 외국 중앙은행, 국제금융기구 등 공적 기관을 상대로 하는 보호예수업무는 중앙은행 간 협력이나 경제교류활동에 가깝다. 그리고 국채의 보호예수에 관한 한 중앙은행이 민간기관보다도 경쟁력이 있다. 중앙은행이 국채의 발행을 대행하면서 등록기관(registrar)으로서 자연스럽게 원리금 상환이나 세금 계산 등의 부수업무를 수행하기 때문이다.

한국은행도 2015년부터 외국 정부, 외국 중앙은행, 국제금융기구 등 공적 기관을 대상으로 국채와 통화안정증권 투자에 관련한 종합 보호예수업무(커스터디 서비스)를 수행하고 있다. 이 업무는 증권의 등록, 거래내역 관리, 원리금 수령, 결제, 이자소득세 원천징수 등을 일괄적으로 처리하는 것이다. 이에 대한 근거가 필요하다.

이 조에 대한 필자의 생각은 다음과 같다.

〈필자의 제안〉

제84조의 2(보호예수업무)
한국은행은 대통령령이 정하는 바에 따라[177] 증권, 문서, 그 밖의 고가물(高價物)**을 보호예수할 수 있다.**

[보론]

2015년 한국은행은 외국 정부, 외국 중앙은행, 국제금융기구 등을 상대로 커스터디 서비스를 시작하면서 그 근거를 외국환업무(제82조)에서 찾았다. 그러나 이는 적절치 않은 해석이다.

외국환업무는 기본적으로 자기계산으로 금전을 수수하는 금융거래이며, 이는 커스터디 서비스의 속성과 크게 다르다. 만일 비거주자를 위한 보호예수를 외국환거래라고 보기 시작하면 비거주자를 상대로 한 창고업도 외국환업무라는 결론에 이르게 된다.[178]

한국은행이 현재 외국 중앙은행 등에게 제공하는 커스터디 서비스의 근거는 한

177. 보호예수업무는 명백하게 한국은행의 부수업무(부업)이므로 국제기구 등 비거주자를 위한 보호예수 서비스를 실시할 때 주무부처의 승인과 통제가 필요하다.

178. 필자는 한국은행법 제82조에 지나치게 의존하려는 경향을 '외국환거래법 만능주의'라고 부른다. 과거 검찰이 정치인들을 구속할 때 툭하면 외국환거래법 위반혐의를 적용한 것과 다르지 않다.

국은행법 제82조가 아니라 일반 원칙에 있다고 보는 것이 타당하다. 한국은행법에 명시적인 근거가 없더라도 한국은행 설립의 취지와 상충하지 않을 경우 한국은행은 다양한 업무를 수행할 수 있다는 견해다. 조사연구자료의 유료 판매와 박물관 · 연수 시설의 운영, 부동산의 임대차 등이 여기에 속한다. 과거 통화안정증권과 국채가 실물로 발행될 때 한국은행이 국내 민간투자자들을 위해서 금고 속에 채권을 보관했던 업무(보호예수)도 그에 속한다.

한국은행이 국채와 통화안정증권의 발행을 통해 등록기관 역할을 담당하므로 그로 인해 수반되는 커스터디 서비스를 수행하는 것은 대단히 자연스럽다. 물론 장기적으로는 한국은행법을 개정해서 이 업무에 대한 법적 근거를 보다 확실하게 해 두는 것이 바람직하다. 결론적으로 현재 한국은행이 비거주자를 위해 수행하는 커스터디 업무는 외국환업무로 볼 수 없다.

제73조(국가사무 취급)

한국은행은 법령에서 정하는 바에 따라 국가의 수입 징수를 보조하며, 국채의 발행 · 매각 · 상환 또는 그 밖의 사무를 취급할 수 있다.

※ 이 조와 함께 읽어야 할 부분 : 제74조

이 조는 한국은행이 정부를 대신하여 취급하는 사무 중에서 국가의 수입징수와 국채발행 사무를 다룬다. 결론부터 말하자면, 이 조에서는 국채관리 업무만 남겨두고 나머지는 삭제하는 것이 바람직하다. "국가의 수입징수 보조"는 제71조에서 다루기 때문이다. 정부는 잘못 수입한 세금과 그 이자를 환급하는 일 등을 통상적 국고금관리와 구분하는데, 이런 일은 극히 드물 뿐만 아니라 한국은행 입장에서는 일상적 국고금 수납업무(제71조)의 한 부분에 지나지 않는다.

현재 한국은행은 관세법(제46조), 국세기본법(제51조), 수출용 원재료에 대한 관세 등 환급에 관한 특례법(제16조) 등에 따라 관련 세금 및 관세의 환급업무를 수행한다. 이런 일은 한국은행법이 아니더라도 각 특별법을 통해서 수행하는 데 아무 지장이 없다. 주요국의 중앙은행법에서도 이런 정도의 일을 별도로 규정하지 않는다.

한편, 우리나라 최초의 국채인 건국국채는 한국은행법이 제정되기 이전인 1950년 1월에 발행되었다. 당시 건국국채는 전국의 상업은행 창구를 통해 개인들에게 매출하는 방식으로 발행되었는데, 조선은행과 함께 우체국과 금융조합(오늘날의 농업협동조합)이 국채발행 사무를 공동으로 담당했다(최초의 국채법시행령 제2조, 제3조). 이때 조선은행은 상업은행들의 매출을 독려하고 일부를 직접 인수했다.[179]

중앙은행이 국채발행 사무 대행을 독점할 필연성은 낮다. 그럼에도 불구하고 대부분의 국가에서 중앙은행이 국채발행 사무를 대행하는 이유는 실무적 편리성 때문이다. 중앙은행은 정부예금 계좌와 상업은행의 당좌예금 계좌(지급준비금)를 함께 관리하므로 국채의 발행 및 등록과 관련한 자금흐름을 효율적으로 처리할 수 있다.

미 연준법에는 국채발행 사무 대행에 관한 내용이 없지만 뉴욕 연준이 재무부와의 계

179. 1960년대까지 한국은행은 국채발행 사무를 대행한 데 그친 것이 아니라 국채를 직접 인수했다. 1952년부터 30년간 발행된 산업부흥국채는 한국은행이 전액 인수했다(산업부흥국채법 제4조).

약에 따라 관련 업무를 독점 대행한다. 실무적으로 그것이 가장 편리하기 때문이다. 글로벌 금융위기 직후 국가채무의 효율적 관리를 위해서 2012년 재무부 내 국채관리실(Bureau of the Fiscal Service)을 신설했지만, 국채 발행과 관리는 여전히 뉴욕 연준에게 위임하고 있다.[180] 다만, 영국은 미국과 반대다. 영란은행이 19세기 말부터 국채발행 사무를 대행해 왔지만, 1998년 영국 재무부 산하에 국채관리처(Debt Management Office)가 신설되면서 대행 사무를 중단했다. 현재는 국채관리처가 국채의 발행 및 상환 사무를 직접 수행한다.

대부분의 선진국 중앙은행들이 정부의 대리인 역할을 점차 축소해 나가는 가운데 국채발행 사무 대행은 그 역할의 가장 끝자락에 있다. 그 끝자락에서 중앙은행이 정부로부터 수수료를 받는 것은 별다른 의미가 없다. 한국은행의 경우 국채발행 사무 대행을 통해서 정부로부터 수수료(이익금)를 받더라도 이는 다시 정부로 귀속된다.

이 조에 관한 필자의 생각은 다음과 같다.

〈필자의 제안〉

제73조(국채발행 사무 대행)[181]

① 한국은행은 법령에서 정하는 바에 따라 국채의 발행·매각·상환 또는 그 밖의 사무를 취급할 수 있다.

② 한국은행은 타 법률이 규정하지 않는 한, 제1항의 사무취급에 대하여 요금 또는 수수료를 청구할 수 없다.[182]

180. Bartolini, Leonardo and Carlo Cottarelli(1997), "Designing Effective Auctions for Treasury Securities", Current Issues (vol,3, No. 9), Federal Reserve Bank of New York, July.

181. 제71조로 설명할 수 있는 국가의 수입징수 보조는 삭제했다.

182. 국채발행 사무 대행은 국고금 수납과 마찬가지로 수수료를 받지 않는 것이 합리적이다.

제74조(수수료)
한국은행은 정부의 사무취급에 대하여 실비(實費)의 범위에서 요금 또는 수수료를 청구할 수 있다.

※ 이 조와 함께 읽어야 할 부분 : 제71조, 제73조, 제75조

이 조는 한국은행이 국채 발행 등 각종 정부 사무를 대행하면서 발생하는 비용을 정부에 청구할 수 있는 근거다. 결론부터 말하자면, 이 조는 삭제하는 것이 타당하다. 한국은행이 정부로부터 수수료를 받아 순이익금이 늘어나더라도 순이익금은 정부에 다시 납입되므로 정부나 한국은행에게 국가 사무와 관련한 수수료의 수수는 큰 의미가 없다.

중앙은행이 국가사무 취급을 이유로 정부에게 수수료를 청구할 수 있도록 한 것은 중앙은행을 민간기관으로 보기 때문이다. 참고로 독일 분데스방크는 국가기관이기 때문에 분데스방크법(제20조)에서는 어떤 형태로든 행정부 다른 부처에게 수수료나 비용을 청구하는 것을 금지한다. 프랑스은행도 과거에는 정부에 비용을 청구할 수 있었으나(프랑스은행법 Article L.142-7), 유럽중앙은행 출범 시 분데스방크에 맞추어서 해당 조문을 삭제했다. 현재 유로 지역 모든 중앙은행들이 그러하다.

중앙은행을 국가기관으로 보지 않는 나라에서도 국가사무 취급에 관해서는 수수료를 청구하지 않는 경우가 많다. 미국의 뉴욕 연준은 민간기관이지만, 국채발행 사무 대행에 대해서는 수수료를 받지 않는다(정부와 그렇게 계약을 체결했다). 일본은행법(제36조 제3항)에서는 국가 사무의 취급에 소요되는 경비를 “법령이 정하는 바에 따라 일본은행이 부담할 수 있다”라고 규정하고 있다. 일본은행은 민간 주주가 있는 기관이지만 국가 사무는 무료로 대행할 수 있는 근거를 따로 마련해 둔 것이다.

반면, 캐나다은행법은 정부 사무를 취급하는 데 따른 일체의 비용과 수수료를 정부로부터 받는 것을 명문화하고 있다(캐나다은행법 제24조). 한국은행법과 필리핀중앙은행법(제116조)도 중앙은행이 정부에 요금과 수수료를 청구할 수 있도록 하는 점에서는 캐나다은행법과 비슷하다. 한국은행법과 필리핀중앙은행법은 미 연준법의 영향을 크게 받았으면서도, 미 연준법과 달리 정부 사무 취급에 대한 수수료를 받도록 한 배경은 미스터리다.

현재 한국은행이 국가사무 취급과 관련하여 정부로부터 받는 수수료는 연간 5천만 원에도 못 미친다. 이 금액은 연간 수입인지 관리에 드는 실비로서 '수입인지에 관한 법률(제6조)'에 따라 한국은행이 기획재정부로부터 받는다. 이처럼 다른 법률이 아니고서는 한국은행이 수수료를 능동적으로 정부에 요구하기가 쉽지도 않고, 실익도 없다. 만일 한국은행이 정부로부터 수수료 수입금액을 올리려고 하면 부작용만 커진다. 기획재정부 장관은 '국고금관리법시행령(제86조 제3항)'에 따라 정부예금에 대한 이자를 인상해 줄 것을 한국은행에게 요구할 것이다. 그렇게 되면 양 기관 간 갈등만 커질 것이 확실하다.

결론적으로 타 법률이 규정하지 않는 한, 국가사무 취급에 대한 수수료를 한국은행이 스스로 청구할 수 없도록 하는 것이 공공기관으로서 한국은행의 위상을 더 확실하게 만든다.

이 조에 관한 필자의 생각은 다음과 같다.

〈필자의 제안〉

제74조(수수료) (삭 제)

제75조(대정부 여신 등)

① 한국은행은 정부에 대하여 당좌대출 또는 그 밖의 형식의 여신을 할 수 있으며, 정부로부터 국채를 직접 인수할 수 있다.

② 제1항에 따른 여신과 직접 인수한 국채의 총액은 금융기관과 일반에 대하여 정부가 부담하는 모든 채무를 합하여 국회가 의결한 기채(起債) 한도를 초과할 수 없다.

③ 제1항에 따른 여신에 대한 이율이나 그 밖의 조건은 금융통화위원회가 정한다.

※ 이 조와 함께 읽어야 할 부분 : 제76조

이 조는 한국은행의 대정부 여신을 규정한다. 이 조는 한국은행법의 후진성을 상징하며, 가까운 장래에 삭제하도록 노력해야 한다.[183] 오늘날 중앙은행이 정부에 여신을 제공하는 나라는 많지 않다.

대정부 여신의 의미

가장 오래된 중앙은행 중 하나인 영란은행은 정부에 대출하는 것을 조건으로 영업을 시작했다. 1694년 제정된 영란은행법의 전문은 "프랑스와의 전쟁 수행에 필요한 150만 파운드의 전비를 자발적으로 융통하는 애국자에게 정부가 각종 조세수입을 담보하는 법"이라고 서술되었다. 이처럼 영란은행은 정부의 전비창고(war chest) 역할을 대가로 발권독점권을 부여받았다.

그러나 오늘날 영란은행과 유럽연합(EU)의 중앙은행들은 마하트리히트 조약(1992년)과 유럽연합기능조약(제123조), 유럽중앙은행 정관(제21조) 등에 의해 정부 및 정부대행기관 등에 대한 대출이 금지되어 있다. 스웨덴(스웨덴릭스방크법 제8장 제1조)도 마찬가지다. 미 연준법(Section 14 (b)(1)과 (2))에서도 대정부 여신과 국채인수, 정부보증채

183. 이 조는 그 위치도 이상하다. 대정부 여신은 정부와의 관계를 규정한 제5절의 핵심이고, 수신과 여신은 나란히 서술하는 것이 자연스럽다(예 : 이 장의 제2절과 제3절, 제79조와 제80조). 따라서 대정부 여신은 국고금의 취급 바로 다음에 다루는 것이 타당하다. 이 조를 보호예수, 국가사무 취급, 수수료 뒤에 둔 것은 그만큼 이 조가 떳떳하지 않다고 보는 증거다.

권의 인수를 엄격히 금지한다. 브라질(헌법 제164조), 칠레(헌법 제98조), 과테말라(헌법 제133조)와 같은 일부 남미 국가들의 경우에는 중앙은행의 대정부 여신을 헌법으로 금지하고 있다.[184]

아시아 지역에서도 중국, 캄보디아, 인도네시아 등은 중앙은행의 대정부 여신을 금지하고 있다. 아직도 대정부 여신을 허용하고 있는 나라는 한국, 일본, 인도, 필리핀 등 일부 국가에 지나지 않는다. 이 중 인도와 필리핀은 대정부 여신 만기를 3개월 미만으로 제한한다. 이에 비해 한국과 일본은 여신 만기조차 제한하지 않는다(다만, 정부 예산은 매년 국회의 승인을 받아야 하므로 대정부 여신의 만기가 사실상 당해 회계연도로 제한된다).[185]

대정부 여신의 조건

금융기관에 대한 여신(제64조)이나 영리기업에 대한 여신(제80조)은 반드시 담보가 필요하다. 그에 비해서 대정부 여신은 무담보로 실시된다. 항구적인 조세권을 갖는 정부의 지급능력을 의심하는 것은 무의미하기 때문이다.

제2항은 대정부 여신한도를 규정하지만, 전혀 의미가 없어 삭제해도 무방하다. 어떤 형태의 부채이든지 정부의 기채한도는 헌법, 국회법, 국가재정법 등에 따라 국회가 의결하는 것이 상식이다. 이 조가 없더라도 정부가 국회의 의결 없이 자의적으로 한국은행 등에서 차입하는 것은 생각하기 힘들다.

따라서 매년 금융통화위원회가 결정하는 한국은행의 대정부 여신한도는 형식에 불과하다. 대정부 여신의 이율은 금융통화위원회가 정하지만, 이것도 별로 중요하지 않다. 한국은행의 이자수입은 다시 정부로 귀속되기 때문이다.[186]

---

184. 자세한 사례는 Jàcome, Luis I. 등(2012)의 "Central Bank Credit to the Government : What Can We Learn from International Practices?"(*IMF Working Paper* 12/16)을 참조하라.

185. '국고금관리법'에서는 국고금의 출납상 필요한 때 한국은행으로부터 일시차입(제32조 제1항)하되 당해 회계연도의 세입으로 상환(제32조 제2항)토록 하고 있다. 다만, 회계연도가 11월 1일부터 다음 연도 10월 31일까지인 양곡관리특별회계의 일시차입금은 다음 연도 10월 31일까지 상환한다(정부기업예산법 제11조).

186. 정부와 중앙은행 간의 대출금 이자 수수가 무의미하다는 사실은 공개시장조작에서도 똑같이 적용된다. 중앙은행이 국채에 투자한 뒤 정부로부터 얻는 국채이자는 궁극적으로 정부로 귀속된다. 그러므로 국채 중심

한국은행은 대정부 여신 이외에 국채를 직접 인수할 수도 있다. 한국은행이 정부로부터 국채를 직접 인수하는 것은 대정부 여신과 경제적 효과가 똑같다. 그러므로 국채의 인수조건도 금융통화위원회가 정하는 것이 자연스럽다.

그런데 이 조에서 대정부 여신조건은 언급된 반면, 국채의 인수조건은 누락되었다. 그러다 보니 과거에는 국채의 인수조건을 정부가 정했다. 즉, 외환위기 이전에는 금융시장에서 발행되지 못한 양곡증권이나 재정증권의 미발행 잔액을 한국은행이 인수하도록 정부가 매년 말 한국은행에 요청했는데, 그때마다 인수조건은 정부가 정했다. 이런 일을 막으려면, 적어도 국채의 인수조건은 금융통화위원회가 결정하도록 명문화해야 한다(다만, 1998년 이후 한국은행은 국채를 직접 인수하지 않고 있다. 국채시장 육성을 통해 과거의 관행을 중단하도록 하는 데 기여한 필자는 큰 보람을 느낀다).

이 조에 관한 필자의 생각은 다음과 같다.

〈필자의 제안〉

제75조(대정부 여신 등)

① 한국은행은 정부에 대하여 당좌대출 또는 그 밖의 형식의 여신을 할 수 있으며, 정부로부터 국채를 직접 인수할 수 있다.

② 제1항에 따른 여신 및 직접 인수에 대한 이율이나 그 밖의 조건은 금융통화위원회가 정한다.[187]

의 공개시장조작은 중앙은행이 정부의 국채이자 지급부담을 낮춰주는 준재정활동에 불과하다(이 점에 관해서는 제68조의 설명을 참고하라).

187. 현재는 여신의 이율만 서술되어 있는데, 제76조 제2항과 비교할 때 국채의 직접 인수 시 이율 결정에 관한 사항도 서술할 필요가 있다.

제76조(정부보증채권의 직접 인수)

① 한국은행은 원리금 상환에 대하여 정부가 보증한 채권을 직접 인수할 수 있다.

② 제1항의 인수에 대한 이율이나 그 밖의 조건은 금융통화위원회가 정한다.

※ 이 조와 함께 읽어야 할 부분 : 제68조, 제75조

이 조는 정부보증채권의 직접 인수에 관한 규정이다. 결론부터 말하자면 이 조는 금융시장이 매우 낙후되었을 때 만들어진 것으로서 오늘날에는 삭제하는 것이 바람직하다. 정부보증채권을 직접 인수하는 것은 사실상 한국은행이 해당 채권발행기관(주로 정부대행기관)에 담보부로 여신하는 것과 같기 때문이다. 그래서 주요국 중앙은행들은 정부보증채권을 직접 인수하지 않는다. 한국은행법 제정 당시 참고했던 필리핀중앙은행법에서도 이 조와 똑같은 규정이 1993년 6월 삭제되었다.[188]

역설적으로 경제상황이 대단히 열악했던 1950년에는 한국은행법에 이 조가 없었다. 정부 입장에서 보면 국회의 동의를 얻은 정부보증채를 한국은행이 인수토록 하는 간접적인 방법보다는 직접 국채를 발행하거나 한국은행에서 차입하여 해당 기관에 재정자금을 투입하는 방법이 더 간편했기 때문이다.

이 조는 1962년 신설되었다. 한국은행의 저항 때문이었다. 5.16 군사정변 직후 정부가 발표한 제1차 경제개발5개년 계획을 추진하려면 산업을 육성하기 위한 장기자금이 필요했다. 그래서 한국은행에게 정부보증채(한국산업은행채권)의 직접 인수를 요청했지만 당시 금융통화위원회는 정부보증채 인수에 관한 근거가 없다며 안건의 의결을 보류했다(당시 상황에 관해서는 406쪽 [보론]을 참조하라). 여기에 당황한 정부는 1962년 법률을 개정해 이 조(구법 제83조의 2)를 신설했다.

이후 이 조는 매년 발행되는 거액의 한국산업은행채권(정부보증채)을 한국은행이 인수하는 근거가 되었다. 한국은행은 대정부 여신이나 국채의 직접 인수는 거부감을 보이

188. 필리핀중앙은행법에는 만기가 도래되어 재발행(차환 발행)하려다가 시장에서 소화되지 않는 정부보증채권을 중앙은행이 직접 인수토록 하는 규정이 있었는데 1993년 5년 유예기간을 두고 삭제되었다. 그래서 1998년 정부보증채권의 직접 인수가 중단되었다.

지 않았지만, 매년 한국산업은행채권을 직접 인수할 때는 거부감을 보였다. 과거 조선은행과 조선식산은행 간의 경쟁관계를 떠올리며, 한국산업은행채권 인수를 조선식산은행을 돕는 일로 생각했기 때문이다.

결론적으로 정부가 국회의 동의를 얻어 원리금 지급을 보증하는 것이라면, 정부가 직접 국채를 발행하는 편이 훨씬 간편하다. 즉, 이 조가 없더라도 제75조에 따라 정부가 국회 동의를 받아 한국은행으로부터 필요한 자금을 확보하는 데는 아무 문제가 없다.

이 조에 대한 필자의 생각은 다음과 같다.

〈필자의 제안〉

제76조(정부보증채권의 직접 인수) **(삭 제)**

[보론]

1962년 1월 정부가 제1차 경제개발5개년 계획을 발표하고 강력한 산업육성 의지를 밝혔을 때 금융통화위원회가 그 방법론에 이의를 제기하려면 상당한 용기가 필요했다. 당시 정부는 군사정변을 통해 집권했고, 그 해 연말 개헌을 통해 장기집권이 유력한 상황이었기 때문이었다. 더구나 정부 경제정책을 입안한 사람들이 한국은행 출신이라서 개인적인 친분 면에서 보면 정부와 대립각을 세우기 곤란했다.[189] 그럼에도 불구하고 당시 금융통화위원회가 정부보증채권 인수를 거부한 이유는 후배들에게 대단히 중요한 교훈을 던진다.

1961년 이전에는 이 조가 없었다. 그래서 정부는 구법 제91조(현행법 제168조)에 의한 매매, 즉 공개시장조작의 형식으로 정부보증채권을 인수해 줄 것을 요구했다. 이때 금융통화위원회는 한국은행의 공개시장조작은 반드시 "공개시장에서" 이

189. 1962년 1월 발표된 제1차 경제개발5개년 계획을 입안한 김유택 경제기획원장관 겸 부총리는 제2대 한국은행 총재였고, 천병규 재무부장관은 한국은행 은행감독부장 출신이었다.

루어져야 한다는 점을 지적하고 1962년 초 한국산업은행채권 인수에 반대했다. 정부도 그 논리에는 수긍할 수밖에 없었다. 그래서 1962년 한국은행법을 개정할 때 이 조를 신설했다.

오늘날 한국은행이 정부보증채권을 취득할 수 있는 경로는 두 개다. 하나는 제68조(공개시장조작)이고, 다른 하나는 이 조다. 그러나 제68조는 한국은행이 발행시장에서 직접 인수하는 근거가 될 수 없다. 발행시장에서 채권을 직접 인수하는 것은 공개시장조작에 해당되지 않기 때문이다. 그래서 한국은행이 외환위기 당시 정부로부터 요청을 받아 정부보증채인 부실채권정리기금채권(1997년 11월, 2조원)과 예금보험기금채권(1998년 1월, 6조 5천억원)을 인수할 때도 제68조(공개시장조작)가 아닌 제76조(정부보증채권의 직접 인수)를 근거로 삼았다.

그런데 한국은행 내부에서 그 원칙이 잘 지켜지는 것은 아니다. '공개시장운영규정(금융통화위원회)' 에서는 한국은행이 상대기관을 정해 놓고 통화안정증권을 발행하거나 환매하는 것(상대거래)을 공개시장조작의 범주에 포함하고 있다. 통화안정증권의 발행과 상환에 대해서는 공개시장조작의 조건을 관대하게 적용하고, 정부보증채권을 인수할 때는 엄격히 적용하는 것은 표리부동한 일이다. 중앙은행으로서 부끄러운, 이중잣대다. 한국은행은 공개시장조작의 이름을 바꾸는 데 열의를 갖기보다는 공개시장조작의 원칙과 철학부터 심각하게 되돌아 보아야 한다(제68조의 설명을 참조하라).

제77조(정부대행기관과의 여신 · 수신업무)

① 한국은행은 정부대행기관의 예금을 받고, 이에 대하여 대출할 수 있다.

② 제1항에서 "정부대행기관"이란 생산 · 구매 · 판매 또는 배급에 있어서 정부를 위하여 공공의 사업 또는 기능을 수행하는 법인으로서 정부가 지정한 법인을 말한다.

③ 제1항에 따른 대출은 그 원리금 상환에 대하여 정부가 보증한 경우로 한정한다.

④ 금융통화위원회는 한국은행의 정부대행기관에 대한 대출이율이나 그 밖의 조건을 정한다.

※ 이 조와 함께 읽어야 할 부분 : 제79조

이 조는 정부대행기관과의 여 · 수신 업무 규정이다. 민간과의 거래를 원칙적으로 제한하는 제79조와 제80조의 예외에 해당한다. 결론부터 말하자면, 그런 예외는 인정할 필요가 없으며 이 조는 삭제되어야 한다.[190]

이 조는 건국 직후의 열악했던 재정상황과 자본시장 미발달 속에서 한시적으로 운용할 계획으로 마련되었다. 1950년 6월 조선은행의 금융기관 대출액은 191억원이었던 반면, 정부대행기관 대출금은 그 두 배가 넘는 428억원이었다. 조선전업주식회사(현 한국전력공사), 조선석탄배급주식회사(현 대한석탄공사) 등 국민경제에서 중요한 위치에 있는 정부대행기관이 자력으로는 자금을 원활히 조달할 수 없었기 때문이다. 당시에는 채권시장도 없었으므로 이들 기관은 원리금 상환을 정부가 보증하는 조건으로 한국은행(구한국은행법 제84조)과 은행(구은행법 제23조)에서 자금을 조달했다.

하지만 지금의 경제상황과 재정사정 그리고 금융산업구조는 당시와 전혀 다르다. 현재 한국은행의 정부대행기관 여신액은 없다. 따라서 이 조를 당장 삭제하더라도 충격은 전혀 없다.

---

190. 이 조는 제목부터 어수선하다. 제목에서는 '여신'이라고 하고 본문에서는 '대출'이라고 표현한다. 여신과 대출을 엄격히 구분하지 못하는 것은 중앙은행법으로서 수준 미달이다(이런 문제는 제64조에도 나타나고 있다).

배 경

한국은행 설립 당시 과제 중 하나는 정부부문 대출을 조속히 축소하는 것이었다. 당시에는 정부대행기관의 재무건전성이 상당히 의심스러워서 상업은행들이 대출을 기피하는 경향이 있었다. 그래서 정부 관료가 산하 기관을 위해서 조선은행과 일반 은행에 공공연히 대출 압력을 행사하는 경우가 많았다.[191] 한국은행 설립 이후에도 이런 관행이 계속된다면 금융시스템이 정상적으로 작동하지 않을 가능성이 높았다. 그러나 정부대행기관에 대한 조선은행의 대출이 너무 커서 이를 일시에 중단하기도 어려웠다. 그래서 블룸필드는 몇 가지 안전장치를 마련하고 이 조를 한시적으로 운용하는 방법을 고안했다.[192]

그 안전장치 중 하나는 여신조건을 까다롭게 하는 것이었다. 즉, 정부대행기관에 대한 여신은 반드시 "그 원리금 상환에 대하여 정부가 보증"토록 하고 "당해 생산물이 판매 또는 배급되는 즉시로 상환되어야 하며 여하한 경우에 있어서도 1년을 초과할 수 없다"라는 제한을 두었다.[193] 정부대행기관의 운전자금만 공급한다는 의미였다.

더 확실한 안전장치로서 '정부대행기관' 자체를 최소화하였다. 즉, 정부대행기관의 범위를 "생산 · 구매 · 판매 또는 배급에 있어서 정부를 위하여 공공의 사업 또는 기능을 수행하는 법인"으로 제한하여 사실상 국영 금융기관을 배제했다. 나아가 거기에 해당하는 13개 기관을 법률 초안에 명시했다. 만일 정부대행기관을 추가할 때는 재무부장관이 관계부처장과 합의한 후 국무회의의 심의와 대통령의 승인을 얻도록 했다.

---

191. "But in recent years the central bank (and the commercial banks) have, under pressure from certain individual Government officials, grated to Government Agencies some loans of dubious character and repayment possibilities, and the loans in question hve never been fully repaid.", 「블룸필드 보고서」(1950), 49쪽.

192. "We frankly recognize these provisions as temporary and in need of amendment when the abnormal budgetary conditions prevailing at present have been removed." 「블룸필드 보고서」(1950), 48쪽.

193. "일반에 판매, 배급할 농산물 기타 생산물의 구매"의 목적 이외로 정부대행기관에 여신하는 경우에는 최초의 대출기간을 1년 이내, 이를 연장할 경우 1회에 한하여 당초 대출기간의 1/2을 넘지 않도록 엄격히 제한했다(구법 제88조).

Art. 83 The Bank may accept deposits from, and make loans and advances to, Government Agencies.

Art. 84 For purposes of this Act, Government Agencies shall be defined as juridical persons designated by the Government to execute on its behalf projects or functions of a public character in the fields of production, purchase, sale or distribution. The following juridical persons are hereby recognized as Government Agencies:

Korean Agricultural Association

Korean Land Development Corporation

Korean Irrigation Association Union and Local Irrigation Associations

Korean Forestry Association and Provincial Forestry Associations

Korean Timber Company

Korean Electric Power Company

Korean Coal Distributing Company

Korean Mining Development Company

Korean Marine Transportation Company

Korean Fisheries Corporation

Korean Sericulture Association and its Provincial Branches

Korean Residence Management Corporation

Korean Food Corporation

The Federation of Financial Associations shall be considered a Government Agency to the extent that it carries out operations on behalf of the Government which conform to the above definition, and its borrowings from the Bank for this purpose shall be subject to the provisions of Articles 85 to 87, inclusive. Otherwise, it shall be considered a banking institution and be subject to the articles in this Act relating to such institutions. Other

▲ **한국은행법 초안 중 정부대행기관 부분** 정부가 더 확대하지 못하도록 대한금융조합연합회, 대한수리조합연합회, 대한석탄공사, 조선전업주식회사 등 13개 기관을 법률에 담아 확정하려고 했다.

그 초안을 받아본 정부는 아연실색했다. 실천할 자신이 없었기 때문이다. 그래서 법률안에 명시된 정부대행기관 13개의 명단을 삭제했다. 그리고 정부대행기관 지정절차를 한국은행법이 아닌 한국은행법시행령(구법시행령 제28조)으로 옮겨 당초 13개보다 많은 16개 기관[194]을 지정했다(1950년 5월 23일 시행). 그중 가장 대출금액이 많았던 것은 대한금융조합연합회였다. 훗날 농업협동조합중앙회로 전환된 이 기관은 농민들의 수입비료 구매자금을 대출해 주기 위해서 한국은행의 대출이 절실했다.

그럼에도 불구하고 블룸필드의 아이디어는 효과가 있었다. 정부의 원리금 상환 보증과 만기 1년의 제한 때문에 정부대행기관에 대한 여신은 급속도로 감소했다. 많은 정부투자기관들이 정부대행기관으로 지정되기를 희망하였으나 국무회의 심의와 대통령 승인을 거쳐야 하는 부담감 때문에 재무부가 이를 거절했다. 1951년 11월 한국조폐공사가 추가된 것이 유일한 예외였다.

한국전쟁이 끝난 1954년 6월 15일에는 정부대행기관이 전부 해제되었다.[195] 이후 일부 기관이 다시 지정되었다가 해제되는 과정을 거쳐 현재는 농업협동조합중앙회의 비료사업부문이 유일한 지정기관이다(1961.10.23. 재무부고시 제256호). 그러나 비료사업부문에 대한 한국은행의 대출금은 2004년 1월 전액 상환되어 17년째 잔액이 없다.[196]

결 론

이 조는 우리나라의 금융시장이 매우 빈약했기 때문에 만들어졌다. 만일 1950년 당시 대한금융조합연합회(오늘날의 농업협동조합중앙회), 조선전업주식회사(현 한국전력공사), 조선석탄배급주식회사(현 대한석탄공사) 등 정부대행기관들이 상업은행을 통해 자금을 충분히 조달할 수 있었다면 한국은행에 의존할 이유는 없었다. 당시에는 국민경제 차원에서 꼭 필요한 중요 기간산업체(국책기업)들이 금융시장에서는 자금을 조달할 수 없어서 불가피하게 한국은행이 대출할 수밖에 없었다.

---

194. 1950년 11월 21일 제125차 국무회의 심의를 거쳐 재무부고시 제24호로 정부대행기관이 발표되었다.

195. 그러나 한 달 뒤인 7월 16일, 대한수리조합연합회가 다시 정부대행기관으로 지정되었다.

196. 다만, 대통령의 정부대행기관 지정취소 결정(법시행령 개정)은 아직 이루어지지 않았다.

이제 이 조는 시대적 사명을 마치고 용도가 끝났다. 필리핀중앙은행법에도 없는 후진성의 유물인 이 조가 한국은행법에 여전히 남아 있는 것은 G20 국가로서 매우 부끄러운 일이다. 현재는 잔액도 없고, 당분간 새로 대출이 생길 것 같지도 않으므로 이 조는 당장 삭제해도 아무 문제가 없다.

시대착오적인 이 조는 오늘날 문제만 일으킨다. 1998년 8월 외환위기의 가능성이 고조되는 와중에서 정부는 '금융기관부실자산 등의 효율적 처리 및 한국자산관리공사의 설립에 관한 법률'을 제정했다. 이 법에서는 한국자산관리공사에 설치된 부실채권정리기금(제39조 제3항)과 구조조정기금(제43조의 3 제3항)을 한국은행법상 정부대행기관으로 지정했다. 이로써 한국은행법이 아닌 타 법률에 의해 정부대행기관의 범위가 예비적으로 확장되는 사례가 생긴 것이다(실제로는 해당 기관이 한국은행에서 대출을 받지도 못했다. 국회가 정부보증에 동의하지 않았기 때문이다).

이 조에 대한 필자의 생각은 다음과 같다.

〈필자의 제안〉

제77조(정부대행기관과의 여신 · 수신업무) (삭 제)

제78조(정부대행기관에 대한 여신 제한)
한국은행은 통화팽창기에 정부대행기관에 대한 여신의 억제와 여신액의 감축을 위하여 노력하여야 한다.

이 조는 통화팽창기의 상황을 다룬다. 결론부터 말하자면, 이 조는 삭제해도 무방하다.

현행 한국은행법에서는 통화팽창기가 세 번(제57조, 제67조, 제78조) 언급되지만, 1997년 이전에는 무려 아홉 번(구법 제58조, 제66조, 제68조, 제73조, 제76조, 제89조, 제90조, 제98조, 제99조)이나 언급되었다. 그만큼 한국 경제는 그 출발과 성장과정에서 인플레이션 압력이 컸다는 점을 반영한다.

이 조는 아무 구속력이 없는 선언에 불과하다(그 점에서 제67조와 똑같다). 이 조 때문에 통화팽창기에 은행이나 정부대행기관에 대한 여신이 더 억제될 가능성도 없고, 이 조가 없다는 이유로 여신액의 감축이 더 느려질 가능성도 없다.

이 조에 관한 필자의 생각은 다음과 같다.

〈필자의 제안〉

제78조(정부대행기관에 대한 여신 제한) (삭 제)

제6절 민간에 대한 업무

이 절은 금융기관 이외의 법인을 상대로 한 수신 및 여신 업무를 규정한다.[197] 일반적으로 중앙은행은 개인이나 영리기업을 직접 상대하지 않는다. 한국은행법 제정 당시 참고하였던 필리핀중앙은행법이 이 원칙을 가장 철저하게 지킨다. 필리핀중앙은행은 금융위기상황에서도 여 · 수신 대상기관을 상업은행으로 제한한다. 비상시에는 담보의 조건이나 대출규모를 조절할 뿐이다.

그러나 다른 나라에서는 이 원칙이 의외로 엄격하게 지켜지지 않는다. 예를 들어 미 연준의 경우 수신업무는 철저하게 예금은행만을 상대로 실시(미 연준법 Section 13, 1)하는 반면, 여신은 비상시(unusual and exigent circumstances)에 한하여 금융기관뿐만 아니라 영리법인, 조합(partnership)은 물론 개인에게까지 허용한다(Section 13, 3). 일본은행의 경우에는 이 원칙이 더욱 느슨하게 적용된다. 비상시뿐만 아니라 평상시에도 '예금보험법'이 적용되는 금융기관 모두에게 일본은행의 여 · 수신을 허용한다('준비예금제도에 관한 법률' 제4조, 일본은행법 제37조).

한국은행법은 일본은행법과 미 연준법을 절충하고 있다. 금융기관이 아닌 법인과의 여 · 수신 거래를 원칙적으로는 금지하되, 예외적으로 허용한다. 비은행 금융기관으로부터의 예금 수입은 일본은행법을 좇아서 평상시에도 허용하고, 비은행 금융기관에 대한 여신은 미 연준법을 좇아서 비상시에만 허용한다.

197. 비은행 금융기관을 상대로 유가증권과 부동산 등을 매매하는 행위(시장형 거래)에 관해서는 별도의 규정이 필요 없다. 상법 등 여타 법률을 따르면 충분하기 때문이다.

第79條(민간과의 거래 제한)
한국은행은 이 법에서 정하는 경우를 제외하고는 정부 · 정부대행기관 또는 금융기관 외의 법인이나 개인과 예금 또는 대출의 거래를 하거나 정부 · 정부대행기관 또는 금융기관 외의 법인이나 개인의 채무를 표시하는 증권을 매입할 수 없다. 다만, 한국은행은 금융통화위원회가 정하는 바에 따라 업무수행에 필요하다고 인정하는 법인과 예금거래를 할 수 있다.

※ 이 조와 함께 읽어야 할 부분 : 第80條

이 조의 취지는 민간과 거래를 원칙적으로 제한하는 데 있다. 다만, 모든 거래를 제한하는 것은 아니다. 부동산의 임대나 매매 등은 제한하지 않는다.

그런데 이 조의 서술방식은 상당히 산만하다. 수신과 여신 그리고 채권의 매입 등 세 가지를 한꺼번에 다루면서 일반 원칙과 예외를 동시에 선언하고 있어서 혼란스럽다. 서술도 정확하지 않다. 대출과 채무증권의 매입만 금지하고 있어서 어음할인이나 지급보증 등의 방법으로는 민간에게 여신할 수 있다는 해석을 가능하게 한다.

결론부터 말하자면, 이 조에서는 수신을, 제80조에서는 여신을 나누어 다루는 것이 바람직하다. 그리고 민간과의 예금거래는 좀 더 엄격히 제한할 필요가 있다. 현재는 "이 법에서 정하는 경우를 제외하고는" 이라는 조건을 통해 민간과의 예금거래를 엄격히 금지하는 듯 보이지만, "금융통화위원회가 정하는 바에 따라 업무수행에 필요하다고 인정하는" 이라는 유보조항을 두고 있다. 그래서 그 취지를 알기 어렵다. 취지는 분명히 밝히고, 예외는 최소화해야 한다.

예금거래

1997년 이전의 한국은행법(구법 제93조)에서는 민간과의 예금거래를 인정하는 경우를 영리기업 여신(구법 제94조)과 외국환업무(구법 제101조)로 제한했다. 민간과의 예금거래를 가급적 제한하려던 취지였지만, 부적절했다. 그런 예외조차 인정할 필요가 전혀 없었다.

여신을 이유로 예금거래를 하는 것은 전형적인 상업은행의 업무방식이다(대출할 때 보통 원리금 상환용 예금계좌를 개설한다). 중앙은행은 직접 예금거래를 하지 않으면서도 상대방에게 자금을 지급할 수 있다. 실제로 1997년 외환위기 직후 한국은행이 증권금융주식회사와 신용관리기금 등 영리기업에 대출(특별융자)할 때 한국은행은 예금계좌를 설치하는 대신 해당 기관이 갖고 있는 상업은행 예금계좌를 통해 자금을 지급하고 회수했다. 한국은행은 직원들에게 학자금이나 주택임차자금 등을 대여하는데, 이때도 한국은행 직원을 위해서 예금계좌를 설치하지는 않는다. 상업은행에 개설된 직원의 급여계좌에 입금하는 방식을 쓴다.

외국환업무 때문에 한국은행이 민간과 예금거래가 필요하다고 본 것은 당시 어음교환 시스템이 매우 취약했기 때문이다. 1962년 이전의 한국은행은 외국환집중제도에 의한 유일한 외국환 취급기관이었다. 그래서 불특정다수를 상대로 외국환을 매매하고 외화예금을 수취했다.[198] 외화의 예금 · 매매와 원화예금거래는 별개였지만, 당시 어음교환 시스템이 충분하지 않아서 한국은행은 외국환거래를 하는 민간과 원화자금 수수를 위해서 부득이하게 예금거래를 병행했다.

영리기업 여신이나 외국환업무 등의 구실을 붙여서 민간과 예금거래를 하는 것을 당연하게 생각하는 것은 조선은행의 유산이다. 일제강점기에 조선은행은 조선식산은행과 수신경쟁을 벌였기 때문에 예금금액과 예금거래 대상이 많을수록 좋다는 생각이 강했다. 그런 조직문화 속에서 초창기의 금융통화위원회는 무역업자, 미군, 은행연합회, 어음교환소, 외국인 등에게 예금계좌 개설을 허용했다.[199] 1951년 중공군의 개입으로 북한군에게 점령당했던 서울을 재탈환한 뒤에는 임시사무소를 설치하고 불특정인과 예금거래를 했다. 그것이 국민의 편의를 위해서 바람직하다고 생각했다.

---

198. 최초의 한국은행법 제103조 "대한민국 내에 거주하는 대한민국의 국적을 가진 자연인과 법인이 물품의 판매, 용역의 제공, 해외로부터의 송금 또는 기타 사유로 인하여 취득하는 모든 외환은 한국은행의 당해인 계정에 예치되어야 한다."

199. '한국전쟁무역업자의 원화당좌예금 취급에 관한 건(1950년 6월 14일)', '미국공금 예금취급에 관한 건(1950년 6월 9일)', '외국인 원화당좌예금 업무취급에 관한 건(1950년 6월 9일)', '본점 서울분실 업무개시 및 잠정적 일반예금 취급에 관하여 보고의 건(1951년 8월 2일)', '한국은행의 수형교환소 당좌예금 취급에 관한 건(1952년 4월 3일)' 등.

초창기의 한국은행은 급여지급의 편의를 위해서 직원들과 예금거래를 하기도 했다. 중앙은행 업무와 직원들을 위한 신용협동조합 업무를 구별하지 못한 것이다. 한국은행 스스로 한국은행법을 대수롭지 않게 위반하는 것을 본 블룸필드는 "한국은행이 조선은행 시절의 습성을 버리지 못했다"라고 비판하면서 그것이 한국은행법 위반임을 상기시켰다.[200]

한국은행은 지금도 민간과의 예금거래에 상당히 관대하다. 한국은행은 공개시장조작 대상기관을 지정한 직후 이들에게 예금계좌를 개설한다. 매매거래와 예금거래는 별개라는 사실을 잊은 것이다. 참고로 미 연준은 프라이머리 딜러라는 이유로는 예금거래를 하지 않는다. 글로벌 금융위기 이후 양적완화정책을 통해 다수의 부실채권정리회사들로부터 부실채권을 매입할 때도 미 연준은 예금거래 대상기관을 넓히지 않았다. 미 연준에 비하면 한국은행은 조선은행 시절에서 크게 벗어나지 못했다.

증권의 매입

이 조는 민간이 발행한 채무증권을 매입하는 것을 제한한다. 일제강점기에 조선은행은 융통어음을 대규모로 인수하였다가 파산의 위기까지 몰린 경험이 있었다. 대한민국 건국 이후에도 조선은행은 정부 요청에 따라 석탄공사 등 공기업의 채권을 상당 규모 매입하여 재무건전성을 의심받았다. 이 조의 취지는 그런 관행을 근절하는 데 있다. 주요국 중앙은행들도 거의 비슷한 규정을 두고 있다.

그런데 이 조의 존재의의가 상당히 모호하다. 이 조를 삭제하더라도 아무 문제가 없다. 제80조를 통해 민간이 발행한 증권의 매입은 평상시에는 금지된다(증권의 매입은 여신의 부분집합이다). 아울러 이 조는 제68조 제1항 제3호와 충돌한다. 제68조 제1항 제3호가 있는 한 금융통화위원회가 이를 근거로 영리기업이 발행한 채권을 공개시장조작

200. 1952년판 블룸필드 보고서 20~30쪽. "It has, for example, been accepting deposits from its employees and its consumers' cooperatives and fraternal socieities, and from local banker's associations.... (중략) ... the latter constitutes a violation of Article 93 and should be terminated." 참고로 블룸필드 보고서는 총 4종(1950, 1951, 1952, 1965년)이 있다.

대상증권으로 인정하면 이 조는 무력해진다(그래서 제68조 제1항 제3호는 삭제하는 것이 타당하다).

결 론

이 조는 민간과 예금거래에만 초점을 맞추는 것이 효과적이다. 그리고 입법 취지에 맞추어 금지의 강도를 더 높여야 한다. 민간과 예금거래를 금지하면서 "이 법에서 정하는 경우를 제외하고는" 이라고 표현한 것은 매우 강력한 금지조항이다. 이런 문장은 조세특례제한법 등 일부 법률에서만 찾아볼 수 있다. '조세특례제한법(제3조)' 에 따르면 국세기본법과 국제조약 등 몇 개의 법률에 따르지 아니하고는 조세특례를 정할 수 없다. 국민의 재산권과 직결되는 조세특례를 다른 법률을 통해서 편법으로 늘리지 않겠다는 강력한 의지의 표현이다. 이 조의 "이 법에서 정하는 경우를 제외하고는" 이라는 표현도 이 조의 원칙이 다른 법률에 의해 휘둘리지 않는다는 점을 보여주고 있다.

하지만 이 조는 현실에서 무력하다. 상호저축은행법(제25조의 2), 새마을금고법(제28조), 신용협동조합법(제39조) 등은 "내국환업무에 관해서는 은행으로 본다" 라는 예외 규정들을 두고 있다. 그리고 금융통화위원회는 다른 법률에서 이미 은행으로 보고 있다는 이유로 2002년 이들 서민금융기관의 중앙회와 예금거래를 허용했다.[201] 이처럼 다른 법률이 금융통화위원회의 결정에 영향을 미치면 이 조에서 "이 법에서 정하는 경우를 제외하고는" 이라고 제한한 것은 무의미하다.

한국은행은 민간과의 예금거래에서 미 연준이나 일본은행보다 매우 무원칙하다. "이 법에서 정하는 경우를 제외하고는" 이라는 엄청난 제한에 이어서 "금융통화위원회가 정하는 바에 따라 업무수행에 필요하다고 인정하는" 이라는 느슨한 유보조건이 붙기 때문이다. 이 조의 취지를 살리기 위해서는 "이 법에서 정하는 경우를 제외하고는" 을 "다른 법률에도 불구하고" 라고 더 강력하게 표현해야 한다.

---

201. 당시 이런 결정을 주도한 것은 전철환 총재였다. 한국은행의 업무수행 필요성이 아니라 "서민금융기관 활성화" 라는 당시 정부 방침에 부응하려던 목적이었다. 결국 전철환 총재는 한국은행법의 취지를 벗어나서 정부에 협조하는 길을 택했다.

이 조에 관한 필자의 생각은 다음과 같다.

〈필자의 제안〉

제79조(금융기관 이외와의 예금거래)

한국은행은 다른 법률에도 불구하고 금융기관 외의 법인이나 개인과 예금거래를 할 수 없다. 다만, 금융통화위원회가 통화신용정책 수행을 위하여 반드시 필요하다고 인정하는 경우에는 예금거래를 할 수 있다. 이 경우 이율 등 거래조건은 금융통화위원회가 정한다.[202]

[보론]

은행법(제27조)에서는 내국환업무를 은행의 독립된 업무 중 하나로 인정한다. 내국환업무를 수행할 수 있는 원천은 한국은행에 예치된 지급준비금이다. 우리나라의 정책당국은 이러한 내국환업무의 메커니즘에 대한 이해가 크게 부족하다. 한국은행에 지급준비금을 예치하지 않는 기관은 태생적으로 내국환업무를 수행할 수 없다는 사실을 인식하지 못하고 있다.

예를 들어 우리나라의 상호저축은행법(제25조의 2), 새마을금고법(제28조), 신용협동조합법(제39조) 등에서는 해당 기관들의 사업 중 하나로 내국환업무를 규정하고 있다. 아울러 "내국환업무에 관해서는 은행으로 본다"라는 예외규정을 두고 있다. 이것은 중대한 오류다. 지급준비금이 없지만 은행으로 본다는 것은, 비행기는 없지만 공군으로 본다는 말과 다르지 않다. 공허한 가정이다.

중앙은행과의 예금거래, 즉 중앙은행에 예치된 지급준비금이 없으면 내국환업무는 수행할 수 없다. 어떤 기관이 내국환업무를 수행한다는 말은 중앙은행이 예치된

202. 이 조에서는 민간과의 예금거래만 다루고 여신은 제80조에서 집중적으로 다룬다. 또한 이 조에서는 다른 법률을 근거로 예금거래의 대상을 넓히는 것을 방지하고, 금융통화위원회만이 그 예외를 인정하는 점을 명문화했다.

지급준비금을 통해서 채권 · 채무 관계를 청산(clearing)하고 결제(settlement)한다는 말이다. 이와 같이 중앙은행과의 예금거래는 내국환업무의 필요충분조건이다. 외국에서는 이런 사실이 상식이다. 1970년대 후반 미국의 저축은행들이 내국환업무 수행을 요구하자 의회는 통화관리법(1980년)을 제정하고 저축은행에게 지급준비의무와 어음교환에 참가하는 자격을 동시에 부여했다. 그것이 유일무이한 해결책이기 때문이다.

미국과 달리 우리나라에서는 지급준비금이 없는 서민금융기관이나 금융투자회사까지도 내국환업무를 수행할 수 있다는 법률이 다수 존재한다. 그 이유 중 하나는 잘못된 용어 때문이다. 한국은행법에서는 '지급결제', 은행법과 상호신용금고법 등에서는 '내국환업무', '자본시장과 금융투자업에 관한 법률'에서는 '자금이체' 등 법률마다 서로 다른 용어가 쓰이면서 각 용어의 개념과 실체가 불분명하다. 이런 문제를 해결하려면 현재 한국은행법에서 쓰이는 '지급결제업무'를 은행법이나 다른 법률에 맞추어 '내국환업무'로 수정(용어 통일)하고 다른 법률과의 관계를 국회와 정부가 점검토록 해야 한다. 즉, 내국환업무의 중심에 한국은행이 있음을 분명히 해야 한다(이에 관해서는 제81조에서 자세히 다룬다).

제80조(영리기업에 대한 여신)

① 금융기관의 신용공여(信用供與)가 크게 위축되는 등 금융기관으로부터의 자금조달에 중대한 애로가 발생하거나 발생할 가능성이 높은 경우 한국은행은 제79조에도 불구하고 위원 4명 이상의 찬성으로 금융기관이 아닌 자로서 금융업을 하는 자 등 영리기업에 여신할 수 있다.

② 제1항에 따른 여신에 대해서는 금융통화위원회가 지정하는 조건을 준수하여야 한다.

③ 제1항에 따라 여신을 하는 경우에는 제65조 제3항 및 제4항을 준용한다.

※ 이 조와 함께 읽어야 할 부분 : 제64조, 제79조

이 조는 한국은행의 영리기업에 대한 여신에 관한 규정이다. 결론부터 말하자면, 이 조는 많은 보완이 필요하다. 정작 중요하게 다뤄져야 할 여신의 만기가 언급되지 않는 것이 그 예다.

그런데 이 조는 사실상 사문화되어 있다. 금융통화위원회는 금융시장이 경색될 때 금융투자회사 등 영리기업에 자금을 지원하면서도 이 조를 거의 활용하지 않는다. 대신 제64조에 근거하여 상업은행을 통해 우회적으로 자금을 공급한다. 따라서 이 조의 취지가 훼손되지 않도록 하려면, 제64조가 제80조의 대체물로 활용될 여지를 남기지 말아야 한다. 전대(轉貸)방식을 통해서 영리기업을 우회 지원하는 것이 바람직한지는 통화신용정책의 철학에 관한 문제이며, 이에 대해서는 근본적인 검토가 필요하다.

의 의

금융위기는 금융중개기능이 전반적으로 저하되는 상황을 말한다. 그런 상황에서는 평상시의 메커니즘이 작동하지 않는다. 상업은행들이 대출을 수행할 수 없거나 일시적으로 대출의사를 상실했기 때문이다. 이때 중앙은행이 금융시장의 기능을 회복하기 위해 특정 기관에게 자금을 공급하는 것을 최종대부자 기능(lender of last resort)이라고 부른다. 파산의 가능성이 없고 공익성을 가진 중앙은행만이 할 수 있는 기능이다. 최종대

부자 기능은 예산의 제약을 받는 정부도 할 수 없다.

최종대부자 기능은 금융가 프랜시스 베어링 경(Sir Francis Baring, 1797년), 경제학자 헨리 손튼(Henry Thornton, 1802년), 언론인 월터 베짓(Walter Bagehot, 1873년) 등이 산업혁명 이후 주기적으로 발생하는 금융위기를 관찰하고 얻은 결론이다. 그들은 한결같이 금융위기 시에 과감하게 자금을 공급하는 것이야말로 중앙은행의 미덕이라고 강조했다.

월터 베젓 등이 최종대부자 기능을 강조할 때는 상업은행에 대한 대출을 의식했다. 그러나 오늘날에는 비은행 금융기관 비중이 높기 때문에 중앙은행이 금융위기 시에는 금융투자회사와 보험사 등 영리기업에도 여신을 실시한다. 다만 평상시에는 영리기업 여신이 결코 바람직하지 않다. 위기 시에 국한하여 제한적으로만 실행해야 한다. 그 실행요건을 합리적으로 설계하는 것이 중요하다.

여신실행 요건

이 조는 영리기업에 대한 대출이 실행될 수 있는 조건들을 엄격하게 제한하고 있다. 일반적인 의결사항의 경우 5인 이상의 위원이 참석하여 과반수의 찬성으로 가결(제21조 제2항)되지만, 영리기업에 대한 여신은 출석위원 수에 관계없이 무조건 4인 이상이 찬성하도록 하였다.

1997년 이전에는 미 연준법(Section 13, 3)을 좇아서 영리기업 여신을 의결할 때 5인 이상이 찬성토록 하였다.[203] 그런데 1998년 뚜렷한 검토 없이 의결요건을 5인에서 4인으로 낮추었다. 그 정도의 의결요건이라면 위원 전원이 참석했을 때 일상적 의결요건(위원 4인의 찬성)과 같다. 따라서 영리기업 여신의 의결요건은 1997년 이전처럼 5인 이상으로 하는 것이 타당하다고 보인다.

영리기업 여신은 특정한 상황에서만 실시된다. 2011년 이전에는 "금융기관이 기존 대출금을 회수하며, 신규 대출을 억제하고 있는 심각한 통화신용의 수축기" 라는 조건이

---

203. "In unusual and exigent circumstances, the Board of Governors of the Federal Reserve System, by the affirmative <u>vote of not less than five members</u>, may authorize any Federal reserve bank, ...(중략) ... <u>to discount any participant</u> .... (이하 생략) "

붙었다. 일단 통화량이나 신용의 감소 등 객관적인 증거를 근거로 실행되도록 한 것이다. 이런 실행조건은 상당히 엄격한 편이다. 미 연준법은 '긴절한 상황(in unusual and exigent circumstance)' 이라는 조건을 두고 있는데, 상당히 추상적이다. 비상시 영리기업 여신을 탄력적으로 실시할 수 있도록 하려고 의도적으로 모호하게 했다.

과거의 한국은행법에서 영리기업 여신을 미 연준법보다 훨씬 강하게 제한한 이유는 해방 직후 조선은행의 대출이 상당히 부실하고 방만했던 데 기인한다. 하지만 통화신용이 수축하지 않는 상황에서도 금융시장은 경색될 수 있다. 그런 점을 감안하여 2011년 영리기업 여신의 실행조건을 다소 완화했다.

한편 부실 영리기업에 대한 여신은 필연적으로 도덕해이를 유발한다. 그래서 이 조에서는 한국은행이 해당 기업의 업무와 재산상황을 조사·확인토록 하고 있다. 아울러 특정 영리기업에 대한 중앙은행의 여신에는 정치적 책임도 따른다(이 점은 제65조의 설명을 참조하라). 그래서 2011년 법률 개정 시 영리기업에 대한 여신을 위해서는 정부의 의견을 듣는 과정을 추가하였다. 영리기업에 대한 여신은 정부가 사전 승인하도록 한 미 연준법(Section 13, 3. (B)(iv))을 참조한 결과다.

결 론

중앙은행의 최종대부자 기능은 금융위기 시 발휘된다. 금융위기가 발생하지 않도록 최선을 다해야 하지만, 일단 상황이 발생하면 최종대부자 기능이 원활히 작동하도록 해야 한다. 다만, 도덕해이를 줄이기 위해서는 그 실행요건을 다소 강화할 필요가 있다. 즉, 1997년 이전처럼 위원 5명 이상의 찬성으로 이를 실행하고, 만기도 1년 이내로 제한하는 것이 필요하다.

아울러 여신의 방법도 구체화할 필요가 있다. 금융기관에 대한 여신(제64조)은 어음할인과 담보부대출로 국한되고, 정부대행기관에 대한 여신(제77조)은 정부보증을 전제로 실시된다. 이에 비해서 이 조에 의한 영리기업 여신은 그 방법이 정해지지 않았다. 현재 이 조에서는 '여신'을 허용했으므로 대출뿐만 아니라 융통어음의 할인, 회사채의 인수, 지급보증 등도 가능하다고 보인다. 그러나 이런 방법을 동원해서 영리기업을 지원할 때는 상당한 시비가 예상되므로 여신의 방법에 관하여 분명한 기준이 필요하다.

그러나 가장 중요한 것은 영리기업 여신이 편법으로 실시되는 것을 방지하는 것이다. 지금까지 한국은행은 사실상 영리기업 여신을 지원하면서도 상업은행을 경유하는 전대(轉貸)의 방식을 이용해 왔다. 우리나라에서는 그런 방식을 통화신용정책의 요령이나 지혜라고 생각하는 경향이 있다. 1997년 이전 금융통화위원회 의장이 재무부장관이었을 때 형성된 관습이자 고정관념이다.

영리기업에 대한 여신에는 언제나 정치적 부담과 시비가 따른다. 그래서 과거 재무부장관은 증권회사 등 특정 영리기업을 지원하면서 상업은행을 경유하는 전대방식을 금융통화위원회에 제안했다. 내용상 영리기업에 대한 여신이면서도 제64조에 의한 일상적 금융기관 여신으로 집행되었다. 한국은행법 영문 초안을 작성한 블룸필드는 이런 관행에 대해서 "한국은행의 여신은 조선은행과 다름없다"며 신랄하게 비판했다(「블룸필드 보고서」, 1952년).

이 조에 의한 영리기업 여신이 형식적으로 제64조에 의한 금융기관 여신으로 둔갑하는 것은 금지해야 한다(그래서 이 조는 제64조와 연결해서 검토해야 한다). 영리기업 여신이 일상적 금융기관 여신으로 집행되면, 금융통화위원회와 한국은행의 도덕해이를 유발하고 책임의 소재가 불분명해진다.

이 조에 대한 필자의 견해는 다음과 같다.

〈필자의 제안〉

제80조(영리기업에 대한 여신)

① 금융기관의 신용공여(信用供與)가 크게 위축되는 등 금융기관으로부터의 자금조달에 중대한 애로가 발생하거나 발생할 가능성이 높은 경우 위원 5명[204] 이상의 찬성으로 금융기관이 아닌 자로서 금융업을 하는 자 등 영리기업에 여신할 수 있다. 다만, 이 경우 실시되는 여신은 지급보증 등을 포함하되 그 만기는 1년 이내로 제한된다.[205]

② 제1항에 따른 여신에 대해서는 금융통화위원회가 지정하는 조건을 준수하여야 한다.

③ 한국은행은 제1항에 따른 여신과 관련하여 필요하다고 인정하는 경우에는 해당 영리기업의 업무와 재산상황을 조사 · 확인할 수 있다.

④ 금융통화위원회는 제1항에 따른 여신을 의결하려는 경우 정부의 의견을 들어야 한다.[206]

제64조(금융기관에 대한 여신업무)

④ 제1항에 따른 여신이 제80조에 의한 영리기업 여신의 방법으로 이용되어서는 아니 된다.[207]

204. 1997년 법률 개정 시 신중한 검토 없이 의결요건이 5인에서 4인으로 완화되었다. 이런 조건이라면 한국은행 총재, 부총재 그리고 한국은행 총재가 추천한 위원 등 3인을 제외한 4인의 위원의 찬성으로도 영리기업 여신이 충분히 가능하다. 한국은행 총재 입장에서는 부총재 및 자신이 추천한 위원 외에 1인만 더 설득하면 특정 영리기업에 여신할 수 있다. 그런 점에서 5인으로 환원하는 것이 타당하다.

205. 옵션 등 파생금융기법을 통한 지원가능성도 명시하되, 만기를 제한하였다.

206. 미 연준법을 참고했다. 정치적 논란이 따르는 영리기업 여신에서는 정부와의 협의절차가 필요하다.

207. 금융위기 때마다 정부의 요청에 의해 사실상 영리기업 여신을 실시하면서도 이를 제64조에 의한 여신으로 실행하는 것을 선언적으로 금지했다.

[보론]

이 조에서 다루는 영리법인에는 상법상 회사, 공기업은 물론이고 특정 목적을 달성하기 위하여 인적 · 물적 자본 없이 설립되는 서류상의 회사, 즉 특수목적회사(Special Purpose Company)도 포함된다. 미 연준도 글로벌 금융위기 직후 기업어음(CP) 시장 활성화 등을 위해서 특수목적회사와 거래하는 방식을 활용했다.

중앙은행이 비상시 여신할 수 있는 대상을 공기업, 민간기업, 특수목적회사를 가리지 않고 폭넓게 허용하는 이유는 다른 방법을 사용하지 않도록 하는 데 있다. 그런데 한국은행은 영리기업을 지원해야 하는 상황에서 주로 상업은행을 경유하는 전대(轉貸)방식을 이용해 왔다. 이런 관행이 형성된 가장 큰 원인은, 과거 금융통화위원회 의장이었던 재무부장관이 정치적 부담을 피하고자 그렇게 제안한 데다가 금융통화위원회 위원들도 법적 책임을 의식하여 그 방법을 좋아했기 때문이다. 즉, 금융통화위원회 위원들은 중대한 과실로 인하여 한국은행에 손해를 끼친 경우에는 해당 회의에 출석한 모든 위원이 연대(連帶)하여 손해배상책임을 지기 때문에 영리기업 지원을 상업은행 여신을 통해 해결하려고 했다. 명백한 책임전가라고 하지 않을 수 없다.

1992년 정부가 금융통화위원회에 3개 투자신탁회사 구제금융을 요청했을 때 금융통화위원회는 책임을 최소화하는 방법부터 찾았다. 즉, 1989년 정부가 대대적으로 선전했던 증시부양조치(12.12 조치)가 실패하여 투자신탁회사가 파산 직전에 몰리자 금융통화운영위원회는 정부의 지급보증을 요구했다. 이 요구를 받은 정부가 국회의 동의를 얻어 원리금 상환을 보증하자 또 다른 안전장치를 강구했다. 이 조에 따라 투자신탁회사에게 직접 여신하지 않고 7개 시중은행을 통해 간접 지원하는 전대(轉貸)방식을 취한 것이다. 결국 2조 9천억원의 자금이 연 3%로 지원되는 특혜성 대출에서 금융통화운영위원회는 아무 리스크도 부담하지 않았다.

글로벌 금융위기 당시 정부가 은행자본확충펀드(특수목적회사) 조성에 참여해 줄 것을 요청했을 때도 금융통화위원회는 전대방식을 택했다. 즉, 2009년 3월 한국산업은행에 3조 2,996억원을 대출하고, 한국산업은행이 다시 은행자본확충펀드에 출연하는 과정을 거쳤다. 제64조에 의한 통상적인 여신인 것처럼 꾸민 것이다. 이 방법을 통해 은행자본확충펀드에 대한 지원은 세 차례나 연장되었다.

한국은행은 이런 방식이 지혜롭다고 생각한다. 그러나 사실상 영리기업에 대한 여신이 전대방식으로 수행된다면, 이 조와 이 조에서 요구하는 까다로운 의결요건은 사문화된다. 또한 금융통화위원회 위원의 책임이 가벼워지면서 사후관리를 소홀히 하는 도덕해이가 발생한다. 한국은행이 영리기업을 지원할 때는 당해 기업의 업무와 재산상황을 면밀히 조사 · 확인해야 한다(제4항). 그러나 전대방식을 취할 경우 해당 영리기업을 조사 · 확인하는 법률적 책임이 전대자금을 받은 상업은행에게 돌아간다.

실제로 1997년 12월 외환위기 당시 '금융시장안정대책'의 일환으로 한국은행이 수십 개의 증권회사와 종합금융회사에 경영정상화 자금 3조원을 지원했지만, 한국은행은 조사 · 확인의 궂은일은 전혀 하지 않았다.[208] 대출채권 회수의 번거로움과 대손의 위험을 한국증권금융(주)와 신용보증기금에 돌린 것이다. 이는 한국은행의 도덕해이라고 할 수 있다.

참고로 미 연준은 글로벌 금융위기 직후 특별목적회사(SPC)를 직접 설립하고, 여기에 대출해 준 뒤 개별 금융기관들의 자금흐름을 일일이 파악하는 수고와 책임을 피

---

208. 이와 함께 한국은행은 투자신탁회사가 보유하는 국공채 1조원을 매입(공개시장조작)했다. 한편, 제80조(당시에는 제94조)에 의해 한국증권금융(주) 및 신용관리기금에 실시된 대출의 내역은 다음과 같다.

대출대상		한국증권금융(주)	신용관리기금
지원방법		한국증권금융은 동 한은차입금을 산하 증권회사에 전대	신용관리기금은 동 한은차입금을 산하 종합금융회사에 전대
지원 조건	대출한도	2조원	1조원
	금 리	콜금리 (대출규모 : 26개 증권사 1조 1,275억원)	콜금리 (대출규모 : 13개 종금사 8,710억원)
	만 기	6개월	6개월
대출회수		1998년 7월 6일 완료	좌 동

하지 않았다.[209] 미국의 금융시장과 금융기관이 미 연준에 대해서 가지는 관심과 두려움은 감독기능에서만 나오는 것이 아니라 여신업무에서 원칙을 지키는 태도에서도 나온다.

금융통화위원회는 영리기업에 대한 여신을 정정당당하게 의결하고 철저하게 관리해야 한다. 자금난에 처한 영리기업에 한국은행이 직접 여신하고 철저하게 사후관리할 때 한국은행과 금융통화위원회의 명성과 평판이 제고되고 금융시장에서 리더십이 생긴다. 영리기업 여신에 관한 비겁한 처신으로는 한국은행의 평판이 좋아질 수 없다.

209. 뉴욕 연준은 금융위기의 가능성이 고조되던 2008년 3월부터 특별목적회사를 세 차례에 걸쳐 설립(Maiden Lane LLC 1, 2, 3)하고 JP 모건 체이스사와 베어스턴스사 간의 합병자금(288억 달러), 보험회사인 AIG의 유동성부족(205억 달러), AIG 청산자금(293억 달러) 등을 지원했다. 이 대출자금은 2012년 8월 전액 회수되었고, 이 과정에서 뉴욕 연준은 총 280억 달러의 이익을 거뒀다(이익금의 대부분은 국고로 납입되었다).

제7절 지급결제업무

이 절은 2003년 법률 개정 시 '기타업무' 에서 분리되어 독립했다. 그런데 이 절에서 다루는 '지급결제업무' 는 상당히 생소할 뿐만 아니라 정확하지도 않다.

지급결제업무는 지급업무와 결제업무를 합한 것이다. 그러나 이 절의 제81조에서 다루는 한국은행 지급결제망(BOK-Wire)의 운영은 지급업무도, 결제업무도 아니다. 전산시스템을 운영 · 관리하는 일을 지급결제업무라고 보면, 한국조폐공사가 인쇄기를 조작하는 일은 발권업무라고 해야 한다. 또한 지급결제망 운영기관에 대한 자료제출요구(제81조 제3항)도 지급결제업무가 아니다. 자료제출의 요구를 지급결제업무라고 하면, 금융감독원이 상업은행에 자료제출을 요구하는 것은 은행업이라고 해야 한다. '지급결제제도 참가기관에 일중의 일시적 결제부족자금을 지원(제81조의 2)' 하는 일은 전형적인 여신이다. 결국 이 절에서 다루는 내용들은 지급업무나 결제업무가 아니라 한국은행 금융결제국이 수행하는 다양한 업무들을 한데 묶은 것에 불과하다.

참고로 대부분의 중앙은행법에서는 지급업무(payment)를 언급하지 않는다. 예금이나 급여 등의 지급을 독립된 업무단위로 볼 수 없기 때문이다. 미 연준법(Section 11A)이나 일본은행법(제39조) 등 상당수 주요국 중앙은행법에서는 지급이 아닌, 결제(settlement)라는 말만 쓴다. 그런 점에서 지급과 결제를 함께 아우르려는 이 절은 의욕과잉이다.

결론적으로 이 절 전반에 걸쳐 쓰이는 '지급결제업무' 라는 말은 피하는 것이 좋다. 그보다는 은행법 등에서 두루 쓰이고 있는 '내국환업무' 라는 표현이 훨씬 친숙하고 오해가 적다(내국환업무에 관해서는 제81조 설명을 참조하라). 다만, 현행 법률에서 내국환업무의 기본은 제84조(환거래계약)에 있다. 따라서 현재 '그 밖의 업무' 로 다뤄지는 제84조를 이 절로 이동하는 것이 타당하다(이 점에 관해서는 제84조의 설명을 참조하라).

이 절에 관한 필자의 생각은 다음과 같다.

〈필자의 제안〉

제7절 내국환업무 등[210]

210. 이 절에는 순수한 내국환업무뿐만 아니라 감시와 평가 그리고 여신까지 포함된다.

제81조(지급결제업무)

① 한국은행은 지급결제제도의 안전성과 효율성을 도모하기 위하여 한국은행이 운영하는 지급결제제도에 관하여 필요한 사항을 정할 수 있다.

② 한국은행은 한국은행 외의 자가 운영하는 지급결제제도에 대하여 필요한 경우 해당 운영기관 또는 감독기관에 운영기준 개선 등을 요청할 수 있다.

③ 한국은행은 지급결제제도의 원활한 운영을 위하여 제2항에 따른 지급결제제도의 운영기관에 지급결제 관련 자료를 요구할 수 있다. 이 경우 요구를 받은 기관은 이에 따라야 한다.

④ 한국은행은 제1항에 따른 지급결제제도의 참가기관에 필요한 자료의 제출을 요구할 수 있다.

※ 이 조와 함께 읽어야 할 부분 : 제84조

이 조는 2003년 신설되었는데, 급하게 만들어진 탓에 용어의 사용이 정확하지 않고 매우 산만하다.

예를 들어 한국은행과 직접 관계되는 기관(제1항, 제4항)과 관계되지 않는 기관(제2항, 제3항)에 관한 일이 무원칙하게 흩어져 있다. 그리고 금융통화위원회의 역할이 드러나지 않는다. 즉, 금융기관에 자료 제출을 요구하는 것(제28조 제11호)과 달리 지급결제망 운영기관과 그 감독기관에게 운영기준의 개선을 요구하는 데 대해서는 금융통화위원회가 심의 · 의결하는 근거가 분명하지 않다.

결정적인 단점은 운영기준의 개선이나 자료제출 요구의 실효성을 높이는 데 대한 고려가 없다는 점이다. 여 · 수신이나 공개시장조작 등 상거래를 통해서 한국은행과 관계를 맺는 기관에 대해서는 한국은행이 거래의 중단이나 거래조건의 차별화 등을 통해서 그들에 대한 요구의 실효성을 높일 수 있다(이런 방법을 법률에 담을 필요는 없다). 하지만 한국은행과 상거래를 하지 않는 기관에 대해서는 요구의 실효성을 높일 수 있는 방법이 없다. 따라서 금융통화위원회의 심의 · 의결을 거쳐 해당 감독기관에 제재를 요구해야 하는데, 이런 절차를 이 조에 담을 필요가 있다.

지급결제제도

지급결제제도는 상업은행과 민간의 지급과 결제를 가능하게 하는 물적·법적 인프라를 말한다(지급과 결제에 관해서는 〈참고 4-7〉을 참조하라). 이 중 법적 인프라(필요조건)는 금융위원회 등 여러 기관이 담당하지만, 물적 인프라(충분조건)는 중앙은행만이 담당할 수 있다. 한 나라 안에서 자금의 송금과 추심 그리고 증권과 외국환 거래는 중앙은행에 예치된 지급준비금의 변동을 통해서만 종결되기 때문이다.

참고 4-7 지급과 결제 그리고 자금이체

지급(payment)은 채무자가 금전계약을 이행하는 행위를 말한다.[1] 가장 완벽한 지급수단은 현금이다. 채무자가 현금을 지급하면 그것으로 금전계약에 따른 채무는 소멸된다. 그러나 채무자가 어음, 수표, 신용카드, 계좌이체 등 현금 이외의 지급수단을 사용했을 때는 후속작업이 필요하다. 결제(settlement)는 현금 이외의 지급수단이 사용되었을 때 금전계약의 채무가 완전히 소멸(discharge)되도록 하는 후속절차다.[2] 그러므로 지급은 금전계약의 당사자(채무자)가 하지만, 결제는 금전계약 당사자들의 위탁을 받아 제3자가 수행한다.[3]

결제는 상업은행이 수행하는 작업이며, 상당히 기술적인 용어다. 그래서 통상의 법률에서는 쓰지 않는다. 예를 들어 민법에는 '지급'이 60회 쓰이는 반면, '결제'라는 말은 쓰이지 않는다. 일부 법률에서 '결제'라는 말을 쓰기도 하는데, 대부분 지급이라고 써야 할 것을 잘못 쓰고 있다.

예를 들어 2010년 상법에서 기본적 상행위(제46조) 중 하나로 "신용카드, 전자화폐 등을 이용한 지급결제업무의 인수"가 추가되었는데, 이 법의 서술과 달리 신용카드사나 전자화폐 발행업자는 결제업무를 하지 않는다(신용카드는 지급수단이지, 결제수단이 아니다). 이들 기관은 신용카드 등의 지급수단과 전용 통신망을 이용해서 거래 당사자의 지급을 도울 뿐이다. 이후의 결제작업, 즉 금전채무를 완전히 소멸시키는 작업은 신용카드 소지자, 신용카드 가맹점, 신용카드사의 거래

---

1) "The payer's transfer of a monetary claim on a party acceptable to the payee"(CPMI Glossary).
2) "The discharge of an obligation in accordance with the terms of the underlying contract"(전게서)
3) 일상생활에서 '지급인(payer)'이라는 말은 쓰지만, '결제인(settler)'이라는 말은 쓰지 않는다. 결제에 관해서는 결제은행(settlement bank)이라는 표현만 있을 뿐이다.

은행들이 담당한다.[4)]

한편, '자본시장과 금융투자업에 관한 법률(제40조 제4호)'에서는 금융투자회사(증권회사)의 독립된 업무로서 '자금이체'라는 표현을 쓰고 있다. 자금이체(fund transfer)는 일본어 가와세(爲替)에 해당하는 말인데, 자금의 수수 또는 고객 계좌의 잔액증감을 의미한다.[5)] 그러나 자금이체는 지급과 결제 등에 비해 정교함이 부족한 일상용어라서 금융기관의 독립된 업무가 될 수 없다. 금융투자회사의 자금이체는 제휴은행을 통해 실시되므로 은행의 입장에서 보면 '송금 및 추심의 의뢰(위탁)'에 해당한다.[6)]

---

4) 그러므로 상법의 표현은 "신용카드, 전자화폐 등을 이용한 지급에 관한 행위"라고 수정하는 것이 타당하다.

5) sending of assets such as funds, securities or of a right relating to assets, from one party to another party "(전게서)

6) '자본시장과 금융투자업에 관한 법률'에서 금융투자회사의 업무를 '자금이체'라고 한 것은 상당히 의도적이다. 이 법에서 금융투자회사가 하는 일을 '(제휴은행에의) 송금 및 추심 의뢰'라고 하면 독립적 업무가 될 수 없음이 분명해진다. 그래서 '자금이체'라는 애매한 표현을 쓴 것으로 보인다.

이런 이유에서 대부분의 국가에서는 물적 인프라를 다루는 중앙은행이 지급결제제도의 안전성과 효율성까지 책임을 진다(다만, 지급결제제도에 대한 책임과 권한을 독점하는 것은 아니다). 2003년 한국은행법(제81조)에도 국제적 흐름을 좇아서 "지급결제제도의 안전성과 효율성을 도모(제81조)" 한다는 뜻이 추가되었다.

그런데 이 조에서는 '지급결제제도'라는 말이 대단히 부정확하게 쓰이고 있다(한국은행의 잘못이 크다). 예를 들어 이 조 제1항의 한 문장 안에서도 지급결제제도가 제각기

지급결제제도와 관련한 주요국 중앙은행의 책무(중앙은행법)

프랑스	유럽중앙은행제도(ESCB) 지급결제시스템의 원활한 운영을 뒷받침할 수 있도록 지급결제시스템의 안전성과 효율적 운영 보장
독 일	대내외 지급결제업무의 수행 및 지급결제제도의 안정성 도모
일 본	은행권 발행, 물가안정을 위한 통화 및 금융의 조절, 은행 및 금융기관 간 자금결제의 원활화를 통한 신용질서 유지
영 국	물가안정의 유지, 물가안정의 유지를 전제로 정부의 경제정책 지원(영란은행법), 금융시스템 전반의 안정성[1)] 추구(영란은행, 재무부, FSA 간 양해각서)

주 : 1) 지급결제시스템의 무결성(integrity of payment and settlement systems) 유지 등

다른 의미를 가진다. 제1항의 첫 번째 지급결제제도, 즉 한국은행이 그 안전성과 효율성을 도모하는 대상인 지급결제제도는 추상적 개념(THE payment system)이다. 이에 비해서 두 번째 지급결제제도, 즉 '한국은행이 운영하는 지급결제제도(BOK-Wire)'는 특정 전산시스템(A payment system 또는 a network)을 말한다.

이처럼 이 조에는 같은 말이 다른 의미를 지니는 동음이의어의 오류(fallacy of equivocation)가 담겨 있다. 이 오류를 피하려면 한은금융망과 같은 물적 인프라는 '지급결제망'이라고 고쳐 부를 필요가 있다(이 경우 제1항과 제3항은 주로 추상적 개념인 지급결제제도를, 제2항과 제4항은 구체적인 물적 시설, 즉 지급결제망에 초점을 맞추고 있음이 분명해진다).

한 나라 안에 지급결제망은 대단히 많다. 그중에서도 한국은행이 운영하는 지급결제망(한은금융망)은 매우 특수하다. 한은금융망은 지급준비금과 국고금을 관리하기 때문에 한국은행의 여타 재산과는 다른 의미를 갖는다. 이 조의 제1항은 그 점을 밝히고 있다. 즉, 제1항은 지급결제망 운영자(operator)로서 한국은행의 역할을 다룬다.

제4항도 운영자로서의 역할과 관계가 있다. 제4항은 한은결제망의 안전성과 효율성을 유지하기 위해서 그 운영자인 한국은행이 참가기관에게 자료 제출을 요구하는 일을 서술하고 있다. 이는 금융감독원이 금융기관에게 자료 제출을 요구하는 것과 성격이 다르다. 즉, 제4항에서 다루는 지급결제망 운영자의 요구는 행정행위가 아니며, 참가기관의 동의하에 실시하는 자율규제다(이에 비해서 제2항과 제3항의 요청과 요구는 사전합의에 의한 자율규제가 아니다).

운영기준의 개선 요구

한은금융망은 한국거래소, 한국예탁결제원, CLS은행(외환동시결제은행) 등이 운영하는 국내외 중요 지급결제망과 연결된다. 이들 지급결제망을 운영하는 기관은 한은금융망에 참가하지만, 참가하는 목적이 상업은행들과 다르다. 지급결제망 운영기관이 한은금융망에 참가(접속)하는 이유는 금전거래가 아닌 정보교환에 있다.

한국은행은 다른 지급결제망의 운영기관에게 자료 제출(제3항)뿐만 아니라 운영기준 개선(제2항)까지 요구한다. 이는 한은금융망을 넘어선, 우리나라 지급결제제도 전체의 안전성과 효율성을 위해서다. 이처럼 지급결제제도 전체의 안전성과 효율성을 감시하고 개선하는 한국은행의 지위를 감시자(overseer)라고 한다. 제2항과 제3항은 지급결제제도의 감시자 역할을 다루고 있다.

감시자 역할은 지급결제망 운영자 역할에서 파생되었다. 따라서 감시자는 행정규제를 담당하는 감독자(supervisor)와 법률적 · 경제적 성격이 다르다. 그럼에도 불구하고 한국은행의 자료 제출과 운영기준 개선의 요구는 어느 정도의 구속력이 있어야 한다. 감시자로서 한국은행의 요구가 구속력을 가지려면 다음과 같은 개선이 필요하다.

첫째, 운영기준 개선 요구는 금융통화위원회가 심의 · 의결하는 점을 분명히 해야 한다. 타 기관에 대한 요구가 정당성과 권위를 갖도록 하기 위해서다. 둘째, 한국은행이 감시해야 하는 지급결제망의 범위는 정부와 협의를 거치도록 해야 한다. 한 나라 안에서 지급결제망은 무수히 많다. 한국은행은 이들 중에서 한국거래소와 한국예탁결제원, 외환동시결제(CLS)은행 그리고 금융결제원 등을 감시대상으로 지정[211]했지만, 그들의 감독기관인 금융위원회와 상의하지 않았다. 따라서 이들 기관과 금융위원회는 한국은행의 요청에 응할 유인이 적다. 지급결제제도는 물적 · 법적 인프라를 모두 포함하고, 정부는 법적 인프라를 담당하는 점에서 한국은행과 정부는 긴밀히 협력해야 한다. 영국과 미국에서는 중요 지급결제망 운영기관을 재무부장관이 결정하기도 한다.

이 조에 관한 필자의 생각은 다음과 같다.

211. 국제적 기준으로 보면, 세 기관의 성격은 각기 다르다. 한국거래소는 증권거래의 중앙거래상대방(central counter party ; CCP), 한국예탁원은 증권의 중앙예탁기관(central securities depository ; CSD), 그리고 CLS은행은 외환동시결제 기관이다. 금융결제원은 엄격히 말해서 지급결제에 관한 메시지를 관리하는 통신회사라서 국제기준에는 부합하지 않는다. 그러나 우리나라에서는 은행의 소액 지급을 돕는 소액지급망(retail payment system)을 운영하고 있어서 감시대상에 포함되었다.
반면, 신용카드사는 한국은행이 감시하는 기관에 포함되지 않는다. 신용카드사의 역할은 구매자에게 신용(credit)을 제공하는 것이며, 신용카드사, 구매자, 판매자 간의 실제 자금이동은 은행의 내국환업무를 통해 처리되기 때문이다. 외국에서도 신용카드사는 중앙은행의 감시대상에서 제외된다.

〈필자의 제안〉

제81조의 2(지급결제망의 운영 등)[212]

한국은행은 지급결제제도의 안전성과 효율성을 도모하기 위하여 금융통화위원회가 정하는 바에 따라 다음 각 호에 해당하는 업무를 수행한다.[213]

1. 제54조, 제71조, 제79조, 제82조에 의한 예금 또는 국고금, 제69조에 의한 통화안정증권 및 제73조에 의한 국채 등의 관리를 위한 지급결제망의 운영
2. 제1호에 의한 지급결제망의 참가기관에 대한 자료의 요구
3. 금융통화위원회가 기획재정부[214]와 협의하여 정하는 중요 지급결제망 운영기관(이하 "중요 운영기관"이라 한다)에 대한 자료의 요구. 이 경우 요구를 받은 중요 운영기관은 이에 따라야 한다. 따르지 않을 경우 한국은행의 요청으로 금융위원회는 '금융위원회의 설치 등에 관한 법률' 제41조에서 정한 바에 따라 해당 기관에 시정을 명령하거나 징계를 요구한다.[215]
4. 중요 운영기관 또는 그 감독기관에 대한 운영기준 개선의 요구

212. 이 조의 번호가 제81조의 2가 된 것은 현행 제84조를 제81조로 옮겨야 하기 때문이다. 이에 관해서는 제84조의 설명을 참조하라.

213. 이 조에서는 지급결제망 운영자로서의 역할(제1 ~ 2호)과 감시자로서의 역할(제3 ~ 4호)로 명확히 구분하고 어떤 역할이건 금융통화위원회가 심의 · 의결토록 하였다.

214. 중요 운영기관을 지정할 때 금융위원회가 아닌 기획재정부와 협의토록 하는 것은, 한국은행의 지급결제제도 감시기능은 한은금융망의 운영에서 비롯되며, 한은금융망은 국고금의 관리(국고전산망)까지 포괄하기 때문이다. 또한 한국은행법의 주무부처는 기획재정부다.

215. 한국은행이 자료 제출을 요구하는 대상은 여러 업권에 걸쳐 있다. 따라서 여러 업권에 걸친 금융위원회의 제재 권한을 통해 자료제출 요구의 실효성을 높이는 방법을 생각했다.

제81조의 2(일시 결제부족자금의 지원)
한국은행은 금융통화위원회가 정하는 바에 따라 한국은행이 직접 운영하는 지급결제 제도의 참가기관에 대하여 일중(日中)의 일시적인 결제부족자금을 지원할 수 있다.

※ 이 조와 함께 읽어야 할 부분 : 제21조, 제80조

이 조는 2011년 신설되었다. 이 조의 의의는 영리기업 여신임에도 불구하고 일반적인 의결요건(제21조 제2항)을 따른다는 데 있다. 즉, 한은금융망 참가기관에 참가하는 금융투자회사 등 영리기업이 일시적으로 '결제자금'이 부족할 때는 제80조를 따르지 않고 제21조 제2항에 따라 즉시 자금을 공급할 수 있도록 한다.

결론부터 말하자면 이 조는 상당히 엉성하다. 이 조에서 쓰이는 '결제부족자금'이라는 말은 부정확하다. '지급부족자금'이 정확한 말이다(시비를 줄이기 위해서는 그냥 '부족자금'으로 절충할 수도 있다). '지원'이라는 말도 대단히 부적절하다. 지원은 어떤 행위의 의도를 의미하며, 지원의 범위에는 금전의 제공 이외에 중개나 알선 등 비금전적 행위도 포함된다. 따라서 이 조에서 '지원'이라는 말을 쓰게 되면 그 범위를 가늠하기 어려워진다. 지원의 범위를 금융지원으로 한정하더라도 여기에는 담보부대출, 채무증권의 매입, 지급보증 등 여러 가지가 있을 수 있다. 따라서 '지원'을 '여신'으로 수정해서 그 행위의 내용을 분명하게 규정해야 한다. 아울러 금리나 담보물의 범위 등 실행조건도 명시되어야 한다. 그런 것을 빠뜨린 이 조는 법조문으로서 낙제점에 가깝다(이 조가 2003년 한국은행의 요구로 만들어졌다는 점이 심히 유감이다).

일 시

이 조에 의해 지원되는 자금은 "일중 일시적인 결제부족자금"이다. 따라서 영업마감 이전이라도 자금부족이 해소되는 순간 즉각 상환해야 하고, 영업시간 중 다시 자금이 부족해지면 재지원해야 한다.

이런 방식을 구현하려면 자금이 부족한 순간 한국은행이 매번 담보를 확인해야 한

다. 미국이나 일본처럼 중앙은행이 민간으로부터 국채를 보호예수하는 경우에는 이를 구현하기가 쉽다. 그러나 우리나라는 국채와 통화안정증권 등이 한국은행 밖의 한국예탁결제원에 집중 관리되고 있어 담보의 확인이 상대적으로 어렵다.

이런 실무적 불편을 해소하려면, 자금부족이 해소되는 순간 한국은행에 즉각 차입금을 상환하지 않고 영업 마감시각 전에만 상환하면 되도록 허용할 필요가 있다. 대부분의 중앙은행들이 그런 방식을 취하고 있다. 따라서 "일중 일시적인 결제부족자금 지원"을 "일중 여신(intraday credit)"으로 완화하는 것이 바람직하다.

지 원

일중유동성을 공급하는 방식은 나라마다 다르다. 미국, 이탈리아, 일본은 대출(일중당좌대출)방식을 취하고, 영국, 호주, 스위스 등은 채권매입(RP 매입)방식을 취하고 있다. 프랑스는 두 가지 방법을 모두 취한다.[216] 지급준비의무가 폐지된 영국은 좀 더 복잡하다. 상업은행에게는 채권매입방식을 취하고, 민간(영리기업)에게는 결제은행에게 채권매입방식으로 자금을 공급한 뒤 결제은행이 해당 영리기업에 대출하는 2단계 방식을 취한다.

주요국 중앙은행의 일중유동성 공급장치

국명	운영 시스템 명	일중유동성 공급장치 도입 시기	일중유동성 공급방식
미국	Fedwire	1970	무담보 일당대
이탈리아	BISS	1989	담보부 일당대
영국	CHAPS	1997	일중RP
프랑스	TBF	1997	일중RP, 담보부 일당대
호주	RITS	1997	일중RP
스위스	SIC	1999	일중RP
일본	BOJ-NET	2001	담보부 일당대

216. 과거에는 채권매입방식만 취하다가 유럽중앙은행(ECB)의 출범과 더불어 대출방식을 추가하였다. 여타 회원국들의 사례를 감안한 결과다.

호주, 스위스, 영국, 프랑스 등이 채권매입방식을 취하는 데는 두 가지 이유가 있다. 첫째, 이들 국가의 중앙은행들은 평상시에 은행 이외의 영리기업에 대한 대출이 금지되어 있다. 둘째, 각각의 중앙은행법에 반드시 공개시장에서 채권을 매매하라는 제한이 없다(호주중앙은행법 제8조, 스위스중앙은행법 제9조). 따라서 특정 기관에게 채권매입(RP)를 통해 일중유동성을 공급하는 것이 가능하다.

이에 비해서 미 연준법(Section 14)에서는 채권의 매매를 반드시 '공개시장'에서 실시하도록 규정한다. 일본은행법(제37조)에서는 일중 일시적인 부족자금을 공급할 때는 반드시 무담보대출의 형식을 취하도록 한다. 따라서 미국과 일본에서는 중앙은행이 일중유동성을 공급할 때 대출의 형식을 취하고 있다.

현재 한국은행은 채권매입(RP) 형식으로 일중유동성을 공급한다. 이는 제68조에서 채권의 매매는 "공개시장에서" 실시하도록 하는 것과 상충한다. 명백한 한국은행법 위반이다. 굳이 일중의 일시적인 결제부족자금을 채권매입(RP 매입)의 방법으로 지원하려면, 이 조가 없더라도 제68조에 근거하여 지원할 수 있다. 한마디로 말해서 금융통화위원회와 한국은행 실무자들은 한국은행법의 취지를 잘 이해하지 못한다고 할 수 있다.

결 론

일중유동성을 공급할 때 가장 큰 리스크는 예상과 달리 당일에 자금이 회수되지 않는 것이다. 이 조에는 그에 대한 대비가 전혀 없다. 일중유동성 공급대상의 상당수가 영리기업, 즉 금융투자회사인데, 만일 이들 기관에 대한 일중유동성이 마감까지 회수되지 않으면 제80조에 따라 위원 4인 이상의 찬성으로 영리기업 여신을 다시 의결해야 한다. 이미 실행된 여신을 소급해서 새로 의결하는 것은 이상하다. 현재 일중유동성 공급을 한국은행이 채권매입 형식(RP 매입)으로 수행하는 것도 바로 이 때문이다(RP 매입의 경우 금융투자회사가 영업마감 시각까지 상환하지 못할 때 계약기간을 연장하는 것이 크게 어렵지 않다).

결론적으로 일중유동성 공급을 할 때는 예정대로 자금이 회수되지 않았을 때를 대비한 조치가 고려되어야 한다. 담보대출 형식으로 일중유동성을 공급하되 담보물을 국채 및 통화안정증권 등 시장성이 높은 채권으로 엄격하게 제한하고, 유사시 이를 매각하거나 한국은행이 즉각 매입하는 등의 담보물 처분에 관한 근거가 필요하다. 그런 점에서 미연준이나 일본은행의 내규를 참고할 필요가 있다.

이 조에 관한 필자의 생각은 다음과 같다.

〈필자의 제안〉

제81조의 3(일중 여신)[217]

① 한국은행은 금융통화위원회가 정하는 바에 따라 한국은행이 운영하는 지급결제망의 참가기관에 대하여 일중에 한하여 여신할 수 있다. 금융통화위원회는 이러한 여신의 실시와 회수에 필요한 의결을 하는 데 있어 위원 5명 이상의 출석과 출석위원 과반수의 찬성으로 의결한다.[218]

② 한국은행은 제1항의 여신에 있어 제68조 제1항 제1호 내지 제2호의 증권을 담보로 취득한다.

③ 한국은행은 제1항의 여신이 적기에 회수되지 않을 경우 해당 여신을 제64조 및 제80조에 의한 여신으로 갈음한다. 이로 인해 소요되는 추가비용 등은 해당 기관에 청구할 수 있다.[219]

217. 조 번호가 달라진 것은 현행 제84조가 제81조로 앞당겨졌기 때문이다(제84조와 제81조의 2 설명을 참조하라). 제목이 달라진 것은 현재의 '결제부족자금의 지원'이 매우 부정확한 표현이기 때문이다.

218. 금융투자회사 등 비은행 금융기관에 여신을 제공할 때도 제80조의 의결조건이 아닌 통상적 의결조건(제21조)을 따르도록 했다. 일중에만 제공되는 자금은 가치저장수단이 아닌 지급수단이기 때문이다.

219. 일중 여신이 회수되지 않는 상황에 대한 업무처리 근거다. 담보의 처분에 따르는 비용과 계약을 위반한 데 대한 과태료 등을 징구할 수 있도록 했다.

제8절 금융기관에 대한 특별통제(신설)

이 절은 현행 한국은행법(제28조 제13 ~ 17호)에 있는 내용을 다시 정리한 것이다. 따라서 이 절을 신설하는 것이 한국은행의 업무를 확장하는 것은 아니다. 이 절을 신설하는 목적은 금융통화위원회가 심의 · 의결하는 중요한 업무들이 현재 제4장에는 포함되지 않는 논리적 모순을 해결하는 데 있다.

현행 법률의 논리적 결함은 1997년 법률 개정 시 발생했다. 1997년 이전에는 "은행업무에 대한 특별통제(구법 제64조 ~ 68조)" 라는 절이 있었는데, 뚜렷한 이유 없이 1998년 삭제되었다. 아마도 당시 신설한 제4조 제2호('시장기능의 중시')와 상충한다고 판단하고 일괄 삭제한 것으로 보인다.

그러나 통화신용정책은 상업은행에 대한 통제를 포함하지 않을 수 없다. 글로벌 금융위기 이후 주요국 중앙은행들도 효율적인 통화신용정책 운용을 위해서 각종 규제와 통제수단을 확장하고 있다. 규제적 수단만을 정리한 이 절은 금리조절만이 통화신용정책의 전부가 아니라는 점을 밝힌다. 그럼으로써 글로벌 금융위기 전에 풍미했던 신자유주의를 벗어나는 데 의미가 있다. 다만, 이 절을 신설한다면, '시장기능의 중시' 라는 제4조 제2호는 삭제해야 한다.

〈필자의 제안(신설되는 조 번호는 밝히지 않음)**〉**

제00조(여신이율의 제한)

한국은행은 금융통화위원회가 정하는 바에 따라 금융기관의 각종 대출, 기타 여신업무에 대한 이자 및 기타 요금의 최고율을 정할 수 있다.

제00조(수신이율의 제한)

한국은행은 금융통화위원회가 정하는 바에 따라 금융기관의 각종 예금에 대한 이자 기타 지급금의 최고율을 정할 수 있다.

제00조(대출 및 투자의 제한)

① 한국은행은 금융통화위원회가 정하는 바에 따라 통화팽창이 격심한 경우에 금융기관에 대하여 일정한 기간 대출과 투자의 최고한도를 정하여 그 증가율을 제한할 수 있다.

② 제1항의 최고한도 또는 증가율의 제한은 대출과 투자의 분류별로 정할 수 있다.

③ 통화가 정상상태로 회복되는 경우에는 제1항 및 제2항의 조치를 폐지하여야 한다.

제00조(대출조건의 제한)

한국은행은 금융통화위원회가 정하는 바에 따라 대출의 최장기한, 담보의 종류와 그에 대한 대출금액을 정할 수 있다.

제00조(대출의 사전 승인)

한국은행은 금융통화위원회가 정하는 바에 따라 통화팽창기 등 국민경제상 절실할 경우 금융기관으로 하여금 일정한 금액을 초과하는 대출에 관하여 사전 승인을 받기 위하여 신청서류 일체를 제출케 할 수 있다.

제9절 그 밖의 업무

현행 법률에서 이 절은 제8절이지만, 필자의 제안에 따라 '금융기관에 대한 특별통제'가 추가되면서 이 책에서는 제9절로 조정되었다. 이 절은 한국은행의 업무 중 주요 업무를 제외한 나머지를 다룬다. 한국은행 입장에서 보면 부수업무라고 할 수 있다. 이 절에서 규정된 총 6개의 부업업무는 의사결정방식에서 다소 차이가 있다. 환거래계약(제84조)은 금융통화위원회가 정하고, 외화표시 자산의 운용계획(제82조의 2)은 금융통화위원회의 의견을 들어 총재가 결정하며, 외국환업무(제82조), 환율정책 등에 대한 정부와의 협의(제83조), 국제기구에서의 정부대표(제85조), 통계자료 수집 · 작성과 경제조사(제86조)는 총재가 단독으로 결정한다.

6개의 업무 중에서 외국환업무가 '그 밖의 업무'로 분류되는 것은 특이하다. 상업은행의 경우 과거에는 외국환업무가 겸영업무(구 은행법 제28조)로 취급되었으나 2010년 은행법 개정으로 현재는 고유업무에 포함된다(은행법 제27조 제2항). 한국은행은 그와 반대다. 1997년 이전의 한국은행법에서는 '제8절 통화, 신용정책과 외환업무'라는 이름을 통해서 외국환업무가 통화신용정책과 동등한 수준(고유업무)으로 취급되었으나 현재는 '그 밖의 업무'로 격하되었다.

한국은행의 외국환업무는 필연적으로 통화신용정책에 영향을 미친다. 또한 한국은행 자산의 90% 이상이 외화자산이다. 그런 점에서 외국환업무를 '그 밖의 업무'로 보는 것은 적절하지 않다. 2003년 법률 개정 시 지급결제업무(내국환업무)가 '그 밖의 업무'에서 분리되어 독립된 단위업무(제7절)가 된 것처럼 외국환업무도 독립된 단위업무로 인식할 필요가 있다. 즉, 이 절에서 분리하는 것이 타당하다.

이 절에 관한 필자의 생각은 다음과 같다.

〈필자의 제안〉

제9절 외국환업무(현행 규정 제82조, 제82조의 2)

제10절 그 밖의 업무(현행 규정 제83조 이하)

제82조(외국환업무 등)
한국은행은 기획재정부장관의 인가를 받아 다음 각 호의 어느 하나에 해당하는 업무를 수행할 수 있다.

1. 외국환업무 및 외국환의 보유
2. 외국의 금융기관, 국제금융기구, 외국정부와 그 대행기관 또는 국제연합기구로부터의 예금의 수입(受入)
3. 귀금속의 매매

※ 이 조와 함께 읽어야 할 부분 : 제82조의 2

이 조는 외국환업무에 관한 규정이다. 다른 업무와 달리 금융통화위원회가 언급되지 않는 점이 특징이다. 그 대신 "기획재정부장관의 인가" 라는 조건이 붙는다.

결론부터 말하자면 "기획재정부장관의 인가" 라는 조건은 삭제해야 한다. 한국은행의 외국환업무는 별도의 인가가 필요한 겸영업무로 오해될 수 있기 때문이다.

외국환업무

우리나라 외국환업무의 기본이 되는 법은 외국환거래법이다. 이 법에서는 외국환(제3조 제1항 제13호)을 "대외지급수단, 외화증권, 외화파생상품 및 외화채권" 으로 규정한다. 외국의 화폐뿐만 아니라 외국 화폐단위로 표시되는 예금, 환어음, 약속어음, 증권, 채권, 파생상품 그리고 귀금속도 외국환에 속한다. 그리고 이 법에서는 외국환업무(제3조 제1항 제16호)를 다음과 같이 규정한다.

가. 외국환의 발행 또는 매매
나. 대한민국과 외국 간의 지급 · 추심(推尋) 및 수령
다. 외국통화로 표시되거나 지급되는 거주자와의 예금, 금전의 대차 또는 보증
라. 비거주자와의 예금, 금전의 대차 또는 보증
마. 그 밖에 가목부터 라목까지의 규정과 유사한 업무로서 대통령령으로 정하는 업무

이런 분류에 따르면 외국환업무의 범위는 대단히 넓다. 거주자 간의 원화표시 금융거래를 제외한 모든 금융거래가 외국환업무에 속한다. 이런 점을 감안할 때 이 조의 제목에서 '등'은 필요 없다. 제1호에서 제3호의 업무는 모두 '외국환업무'다.

외국환거래법상 외국환업무

거래내용 \ 거래상대방	거주자	비거주자
원화표시 거래	–[주)]	외국환업무
외화표시 거래	외국환업무	외국환업무

주) : 거주자 간 원화표시 유가증권 등을 거래하는 것에는 특별한 이름이 없으며, 이것을 내국환업무라고는 하지 않는다. 왜냐하면, 내국환업무는 특정 거래물을 매매하는 것이 아니라 송금이나 추심 등 금융 서비스를 말하기 때문이다.

한국은행의 외국환업무

1950년 한국은행 설립 당시 우리나라에는 외국환거래에 관한 법률체계가 따로 없었다. 한국은행은 한국은행법에 따라 국내에서 유일하게 외국환업무를 취급하였다.[220]

당시 우리나라 경제는 제2차 세계대전 중 외국과 교역이 중단된 자급자족(autarky) 상태로 유지되다가 미 군정이 시작되면서 대외무역 허가제가 도입되었다(1946년 1월 미 군정법령 제39호 '대외무역규칙'). 외환이 극히 부족했기 때문에 당시의 대외무역이란, 홍콩의 무역상이 물건을 싣고 우리나라 항구에 정박하면 한국 중개상인들이 맞바꿀 국내 물자를 소개하는, 소위 '매판(買辦)무역'이었다. 매판무역의 대금결제는 물물교환(barter) 방식으로 이루어졌다.

그러나 점차 민간무역이 늘어나면서 물물교환이 한계에 이르자 미 군정청은 1947년 6월 조선환금은행을 설립하고, 다소 발전된 외국환 수급체계를 마련했다. 이 은행은 1950년 한국은행 외국부로 흡수되었다. 따라서 설립 당시 한국은행은 정부의 외환보유액을 포함하여 국내에서 외국환을 취급하는 유일한 기관(외국환 집중기관)이었다. 당시 한

220. **최초의 한국은행법 제101조** : "모든 외환은 한국은행에 집중되어야 하며, 금융기관은 금융통화위원회의 인허 없이 자기계정 또는 그 거래자의 계정으로 외환을 보유할 수 없다."

국은행의 설립목적에는 통화가치의 안정, 은행 · 신용제도의 건전화와 함께 "대외결제 준비자산의 관리"가 포함되어 있었다(구법 제3조).

그런데 1961년 외국환관리법이 제정되었다. 같은 해 시작된 제1차 경제개발5개년 계획에 따라 장차 무역이 급증할 것을 대비한 조치였다. 이 법에 따라 외국환집중제도가 해제되고 한국은행만 수행하던 외국환업무는 5개 시중은행으로 확산되었다. 즉, 과거에는 한국은행이 유일한 외국환업무 취급기관으로서 수입신용장의 발행과 수출신용장을 근거로 여신(구법 제105조)을 실시했으나 1961년부터 이들 업무가 시중은행으로 이관되었다. 이에 맞추어 1962년 한국은행법이 개정되어 한국은행이 취급하는 외국환업무는 이 조의 제1 ~ 3호로 크게 줄었다.

당시 한국은행이 수행하는 업무를 외국환업무, 외국환의 보유, 비거주자 예금의 수입 그리고 귀금속의 매매로 구분한 것은 순전히 한국은행 내부의 관습 때문이다. 외국환업무를 담당하던 외환관리부, 외국부, 외자 발권부 등 4개 부서가 취급하는 일들을 하나씩 언급한 것이다.[221]

한국은행은 지금도 외국환업무를 부서별로 나누어 수행한다. 정부와의 '외환정책 협의'는 국제국이, '외국환의 보유'는 외자운용원이, '국제금융기구 등으로부터 예금의 수입'은 국제협력국이, '귀금속의 매매'는 발권국이 수행한다.[222] 결론적으로 이 조에서 열거된 업무는 한국은행 담당부서들의 담당 사무를 서술한 것에 불과하며, 별다른 의미를 갖기 어렵다. 한국은행 밖에서는 모두 외국환업무라고 부르는 일들이다. 한마디로 말해서 이 조에서 열거된 업무들은 상당히 비체계적이다.

---

221. 이 중 외환관리부(외환관리과, 심사과)의 업무는 외국환에 관한 인허가와 제도기획이라서 외국환관리법상의 '외국환업무'에 속하지도 않았다. 그러나 당시 한국은행 직원들은 외환관리부의 일을 '외국환업무'라고 불렀다. 외환정책과 외국환업무를 구분하지 못했던 것이다.

222. 발권국은 1960년대 중반까지 국내에서 생산되는 금을 매입했다. 일제강점기 이후 쇠락해 가는 광산업을 지원하기 위한 결정이었는데 당시에는 브레튼우즈 체제가 유지되었으므로 1온스당 35달러로 금을 매입하는 것은 대외균형을 이루기 위한 외국환업무 중의 하나였다(그러나 한국은행의 실제 국내 금 매입가격은 35달러를 다소 상회했다. 상공부를 대신해서 한국은행이 국내 광산업자에게 일종의 보조금을 지급한 것이다. 국제통화기금(IMF)은 한국 정부와 협의할 때마다 이 문제를 제기했고, 한국은행 발권부는 결국 1960년대 후반 금 매입을 중단했다).

인 가

과거 은행법에서 외국환업무는 은행의 고유업무가 아닌 겸영업무였다. 따라서 금융통화운영위원회로부터 은행업 허가를 받더라도 외국환업무는 재무부장관(기획재정부장관)의 인가를 따로 얻어야 했다. 그러나 현재의 은행법(제27조)에서는 외국환업무가 은행의 고유업무에 속하여 별도의 인가가 필요하지 않다. 즉, 현재의 은행법에서 외국환업무는 상업은행의 고유업무다.

그런데 이 조는 한국은행이 "재무부장관의 인가를 받아" 외국환업무를 수행하는 것으로 규정하고 있어서 외국환업무가 마치 한국은행의 겸영업무라는 인상을 준다. 그러나 "재무부장관의 인가를 받아" 라는 조건은 외국환업무를 한국은행의 겸영업무로 취급하기 위한 것이 아니다. 외국환거래법과의 마찰을 줄이기 위한 기술적 해결책에 불과하다.

1961년 외국환관리법을 제정할 때 가장 문제가 된 것은 한국은행이었다. 한국은행은 그 법이 제정되기도 전에 국내에서 유일하게 외국환업무를 수행하고 있었기 때문이다. 나중에 제정된 외국환관리법 때문에 한국은행이 새로 외국환업무 인가를 신청할 필요는 없었다. 더욱이 당시에는 재무부장관이 금융통화위원회 의장이었으므로 금융통화위원회가 신청을 의결하고 의장이 다시 그를 인가하는 것은 번거롭기만 했다.

그래서 최초의 외국환관리법(부칙 제3항)에서는 "한국은행은 이 법에 의하여 인가된 외국환은행으로 본다" 라는 특칙을 두었다. 한국은행은 별도의 인가절차를 밟을 필요가 없다는 뜻이었다.[223] 1962년 개정된 한국은행법(제101조)에서 "한국은행은 재무부장관의 인가를 받아 외국환업무를 영위할 수 있다" 라고 한 것도 똑같은 취지였다. 이런 방식은 1966년 제정된 한국외환은행법(제27조 제2항)에서도 활용되었다. 한국외환은행은 재무부장관의 인가 없이 설립인가와 동시에 외국환업무를 수행했다.

결론적으로 "재무부장관의 인가를 받아" 라는 조건은 재무부장관이 한국은행의 외국환업무에 대해서 인가권을 갖는다는 뜻이 아니다. 오히려 그와 반대로 외국환관리법에도 불구하고 한국은행은 국회가 의결한 한국은행법으로써 외국환업무를 수행한다는 뜻이

223. 재무부(이재1과), 『우리나라 외환제도와 정책개관』, 1967년. 49쪽.

다. 외국환업무는 별도의 인가절차를 거쳐야 하는 한국은행의 겸영업무가 아닌 것이다.

1999년 외국환관리법이 외국환거래법으로 대체되면서 외국환업무는 등록제로 바뀌었다. 이제는 상업은행들도 외국환업무 취급을 위해서 별도의 인가를 받지 않는다. 그런 점을 감안할 때 이 법에서도 "기획재정부장관의 인가를 받아" 라는 표현은 불필요하다. 정작 현재의 법률에서 필요한 것은 금융통화위원회가 외국환업무를 심의 · 의결한다는 점이다. 외국환업무는 한국은행의 매우 중요한 업무이기 때문이다.

이 조에 관한 필자의 생각은 다음과 같다.

〈필자의 제안〉

제82조(외국환업무)[224]

① 한국은행은 금융통화위원회가 정하는 바에 따라 외국환거래법에 의한 업무 중 다음 각 호의 업무를 수행할 수 있다.[225]

1. 외국환의 발행 또는 매매
2. 대한민국과 외국 간의 지급 · 추심(推尋) 및 수령
3. 외국통화로 표시되거나 지급되는 거주자와의 예금, 금전의 대차 또는 보증
4. 외국의 금융기관, 국제금융기구, 외국정부와 그 대행기관 또는 국제연합기구를 상대로 한 예금의 수취, 금전의 대차 또는 보증[226]
5. 그 밖에 제1호 내지 제4호의 규정과 유사한 업무로서 대통령령으로 정하는 업무

② 제1항의 업무수행에 관해서는 정관에서 정한다.[227]

---

224. 이 조에서 규정하고 있는 업무는 제83조의 환율정책 및 외환정책과 구별된다.

225. 한국은행이 수행하는 외국환업무의 분류를 외환거래법의 분류기준과 일치시켰다. 이 경우 현재 제82조의 2에서 언급하는 "외화표시 자산의 운용에 관한 계획"도 이 조에 포함된다.

226. 외국환을 통해 한국은행이 여신할 수 있는 비거주자의 범위를 외국 정부와 중앙은행 등으로 한정했다.

227. 현 제82조의 2와 병합을 시도했다. 즉, 필자의 제안대로 수정할 경우 정관에 외화표시 자산의 운용에 관한 주요 계획에 대한 금융통화위원회의 의견제시 절차와 외국 중앙은행과의 통화스와프 계약에 대한 심의 · 의결 절차가 마련될 것이다.

[보론]

외국환업무와 외환정책은 다르다. 외환정책은 정부가 담당하며, 규제나 제도에 관한 사항이 대부분을 이룬다.[228] 외환정책에 관해서는 한국은행이 어떠한 권한도 없으며, 정부와 협의하거나 정부를 보조하는 역할(위임업무)만 담당할 뿐이다.

그런데 한국은행 내부에서는 외국환업무와 외환정책을 구분하지 않는 경향이 있다. 이런 경향은 최초의 한국은행법에 일부 원인이 있다. 최초의 법률에서는 금융통화위원회의 사무 중 하나가 "외환에 관한 정책의 수립(제7조 제2항)" 이었고, 외국환업무를 규정한 제9절의 제목이 "외환업무와 정책" 이었다. 이 때문에 외국환업무와 외환정책을 구분하지 않는 습관이 생겼다.

그러나 더욱 큰 원인은 한국은행 내부의 인적 구성에 있었다. 한국은행 출범 당시 외국환업무를 담당하는 외국부는 조선환금은행을 흡수 · 합병한 조직이었다. 조선환금은행은 미 군정청의 외환관리조직으로 출발했고, 직원 대부분은 조선식산은행 출신이었다. 그 직원들은 조선은행 직원들과 어울리기를 꺼려하고 심지어 한국은행에 편입된 것도 불편하게 생각했다. 그들은 자신들이 수행하는 외국환업무를 정부로부터 위임받은 '외환정책' 이라고 주장하며, 통화신용정책을 담당하는 금융통화위원회와 거리를 두려고 했다. 금융통화위원회에 보고하거나 지시받는 것도 가급적 피했다.[229]

이렇게 시작된 조직문화는 현재의 한국은행 국제국과 외자운용원에 계속 남아있다. 1962년 법률 개정을 통해서 금융통화위원회의 '외환정책' 기능이 정부로 이관되었으므로 국제국과 외자운용원의 업무는 원칙적으로 금융통화위원회와 무관하다고 생각하는 경향이 뚜렷하다. 그리고 그 근거를 "기획재정부장관의 인가를 받아"

228. 외국환거래의 정지(외국환거래법 제6조), 채권의 회수(제7조), 외국환 취급기관의 건전성 규제(제11조), 부담금 징수(제11조의 2), 인가 취소(제12조), 과징금 부과(제12조의 2), 신고와 보고의 의무부과(제15조~20조), 검사(제20조) 등.

229. 외국부를 담당하는 김진형 부총재는 도쿄지점장을 겸하면서 서울의 총재와 자주 연락하지도 않고 독립적으로 일했다.

외국환업무를 수행한다는 데서 찾는다.[230] 즉, 과거에는 외환정책을 금융통화위원회가 담당했지만 이제는 기획재정부장관이 담당한다고 생각한다.

이런 생각은 사실과 다르다. 금융통화위원회는 한 번도 외환정책을 의결한 적이 없었다. 외환정책이란, 환율제도의 채택(고정환율제도, 변동환율제도)이나 비상시 지급의 정지(모라토리엄) 등 제도적인 것을 포함하는데, 금융통화위원회는 이런 결정을 할 권한이 없었다. 환율제도의 채택과 환율수준의 결정은 전부 재무부장관이 결정했다. 1962년 법률 개정 시 한국은행의 설립목적(제3조)에서 "정상적인 국제무역, 외환거래의 달성을 위한 국가의 대외결제 준비자산의 관리"가 삭제되었지만, 이는 외환보유액의 관리일 뿐 외환정책이 아니었다.

결론적으로 "과거에는 외환정책을 금융통화위원회가 담당했지만, 현재는 기획재정부장관이 담당한다"는 생각은 외국환업무에서 금융통화위원회를 배제하기 위한 근거 없는 주장이다. 외국환업무에서 금융통화위원회를 배제하고 싶어하는 실무자들의 마음가짐은 2008년 10월 29일 미 연준과 통화스와프 계약을 체결할 때 행동으로 드러났다. 계약금액 300억 달러에 이르는 중요한 사항을 결정할 때 국제국은 금융통화위원회에 부의하지 않았다. 사후적으로만 보고했다. 이는 미 연준이 똑같은 계약을 연방공개시장위원회(FOMC)의 의결로써 처리한 것과 대비되었다.

당시 정부는 "한미 통화스와프 계약은 기획재정부의 극본과 연출에 따라 진행된 것"이라면서 한국은행의 노력과 위상을 격하했다. 그때 한국은행은 공개적으로 불쾌감을 표시하고 기획재정부와 무관하게 한국은행이 주도한 일임을 강조했다. 그러면서도 한국은행 국제국은 통화스와프 계약 체결은 "기획재정부장관의 인가를 받아" 수행하는 외국환업무라면서 금융통화위원회에 부의하는 것은 피했다. 명백한 자가당착이요, 표리부동이었다(한미 통화스와프 계약은 한국은행법 제29조에 의해 금융통화위원회가 의결했어야 한다).[231]

---

230. 한국은행 법규실도 이런 견해에 동조한다(『한국은행법 해설』, 2015년).

231. 2008년 미 연준과 최초의 통화스와프 계약을 체결할 때 필자(금융산업팀장)는 당시 국제국장에게 금융통화위원회에 안건으로 부의할 것을 정중히 권고했었지만 거절당했다. 이후 한국은행 국제국 · 국제협력

2012년 이후 한국은행은 외국 중앙은행과 통화스와프 계약을 체결하거나 연장할 때 기획재정부와 공동으로 보도자료를 발표하고 있다. 이것 역시 외국환업무와 외환정책을 구별하지 않는 사고를 반영한다. 참고로 1997년 외환위기 당시 일본은행과 통화 스와프 계약을 체결할 때부터 2011년까지는 한국은행이 단독으로 보도자료를 배포했었다.

한국은행 외국환업무의 성격을 제대로 파악하지 않는 것은 정부도 마찬가지다. 기획재정부는 한국은행의 외국환업무를 인가했기 때문에 한국은행에게 지시할 권한이 있다고 생각한다.[232] 그러나 인가를 이유로 기획재정부가 한국은행의 업무를 지시할 수 있다면, 금융위원회는 은행업 인가를 이유로 개별 상업은행의 자금조달과 운용에 관하여 지시할 수 있어야 한다. 그런 점에서 기획재정부와 한국은행의 외국환업무에 간섭할 수 있도록 한 기획재정부의 하위법규는 명백한 모순이며, 시정되어야 한다.

참고로 1962년 한국은행법 개정 시 폐지된 업무는 외국환의 집중관리(구법 제101조～제104조)였다. 그 이외의 한국은행 외국환업무(제105～108조)는 전혀 달라지지 않았다. 즉, 1962년을 계기로 한국은행의 외환정책이 정부로 이관된 것은 아니다. 한국은행은 설립 이후 지금까지 외환정책이 아니라 외국환업무를 수행했으며, 이는 상행위에 속한다. 채권 매매든 외국환업무든 한국은행의 중요 상행위에 대해서는 금융통화위원회가 의결하는 것이 원칙이다. 외국 중앙은행과 체결하는 통화스와프 계약은 총재가 아니라 금융통화위원회가 의결해야 한다.

국 실무자들은 외국 중앙은행들과 체결하는 통화스와프 계약을 한 번도 금융통화위원회에 부의하지 않고 있다.

232. '외국환거래규정(기획재정부)' 제2～27조 : "한국은행 총재는 외환시장의 안정을 위하여 필요하다고 인정될 때에는 한국은행 및 외국환평형기금의 자금으로 외환시장에 개입할 수 있으며, 기획재정부장관은 외환시장 개입, 외화자금의 조달 및 운용에 필요한 지시를 할 수 있다."

제82조의 2(외화표시 자산 운용절차)
한국은행 총재는 외화표시 자산의 운용과 관련된 주요 계획에 관하여 미리 금융통화위원회의 의견을 들어야 한다.

※ 이 조와 함께 읽어야 할 부분 : 제82조

이 조에서 다루는 외화표시 자산 운용은 제82조에서 언급된 외국환업무의 일부다. 그러므로 이 조는 제82조와 병합하는 것이 자연스럽다.

이 조는 2012년 3월 감사원의 지적 때문에 신설되었다. 1998년 외환위기 이후 한국은행의 외화표시 자산(외화자산)이 급격하게 늘어나서 20년 뒤인 2018년 말에는 외화표시 자산이 총 자산의 90%를 상회했다. 그럼에도 불구하고 한국은행은 외화표시 자산 운용에 관하여 금융통화위원회에 보고하는 것을 게을리했다(이 점에 관해서는 제82조의 설명을 참조하라). 그래서 2010년 10월 감사원은 한국은행에 "외화자산 운용 관련 주요 계획을 금융통화위원회의 심의 · 의결을 거쳐 확정할 수 있도록 관련 법령을 개정하는 등 적절한 방안을 마련할 것"을 요구했다.[233] 한국은행의 외화자산은 외환보유액이므로 국민경제 차원에서도 특별한 관심과 통제가 필요하다고 본 것이다. 이를 계기로 그해 연말부터 금융통화위원회가 '외화자산 운용계획 기본방향'을 심의하기 시작하고 국회는 감사원의 지적을 한국은행법에 반영하였다.

결론적으로 이 조는 감사원이 한국은행의 업무 관행을 꾸짖은 데서 출발한다. 금융통화위원회가 외국환업무 전반을 심의 · 의결하는 관행이 있었다면 이 조는 만들어지지 않고 한국은행정관으로 얼마든지 할 수 있었다.

이 조에 관한 필자의 생각은 다음과 같다.

〈필자의 제안〉

제82조의 2(외화표시 자산 운용절차) **(제82조와 병합)**

233. 감사원, 『감사결과 처분요구서』(한국은행 기관운영감사), 2010년 10월.

[보론]

한국은행 외자운용원은 현재 한국은행의 외화표시 자산뿐만 아니라 정부가 예치한 외국환평형기금(외평기금)도 관리한다. 그리고 외자운용원은 한국은행의 자산과 정부의 기금을 구분하지 않고 혼합 운용한다.[234] 따라서 외자운용원이 금융통화위원회에 보고하는 외화표시 자산 운용계획에는 정부 소유의 자산까지 포함된다. 정부가 한국은행에 위탁한 자산까지 금융통화위원회가 의견을 제시토록 하는 것이 이 조의 취지인지는 분명하지 않다.

한편, 한국은행의 외화자산은 국내와 국외에서 운용된다. 현재 국외 운용은 외자운용원이, 국내 운용은 국제국이 담당한다. 이 조에서는 운용지역을 따로 언급하지 않으므로 한국은행 총재는 국내외를 막론하고 모든 외화자산 운용에 대하여 금융통화위원회의 의견을 들어야 한다. 그런데 현재는 외자운용원이 수행하는 국외 운용 부분에 관해서만 금융통화위원회의 의견을 듣는다. 이 조의 취지와 다르다.

1997년 말 외환위기 직전 한국은행은 외화자산의 상당 부분을 국내 상업은행에게 대출형식으로 운용했고, 그 대출금이 외환위기 당시 신속히 회수되지 않아서 우리나라가 지급불능 사태까지 이르렀다. 그런 점에서 국외 운용뿐만 아니라 국내 운용에 대해서도 금융통화위원회의 의견을 듣는 것이 바람직하다.

한국은행 실무자들이 외화표시 자산 운용과 관련하여 금융통화위원회에 보고하는 내용을 임의로 조정하는 근본 원인은 외국환업무가 금융통화위원회와 상관없다고 보는 데 있다. 이는 대단히 잘못된 해석이다. 한국은행의 외국환업무는 외국환거래법의 적용을 받는 것과 상관없이 금융통화위원회가 심의 · 의결하는 것이 당연하고 자연스럽다. 이는 공개시장조작이 민 · 상법 그리고 자본시장법의 적용을 받는 것과 상관없이 금융통화위원회가 심의 · 의결하는 것과 마찬가지다.

---

234. 한국투자공사(KIC)는 정부와 한국은행 등으로부터 위탁받은 재산을 자체 자산과 엄격히 구분하여 운용한다. 그러나 한국은행은 정부와의 합의에 따라 자기 재산과 정부가 위탁한 재산을 구별하지 않고 운용한다.

제83조(환율정책 등에 대한 협의)
한국은행은 정부의 환율정책, 외국환은행의 외화 여신 · 수신업무 및 외국환 매입 · 매도 초과액의 한도 설정에 관한 정책에 대하여 협의하는 기능을 수행한다.

이 조는 1998년 신설되었다. 결론부터 말하자면 이 조는 존재 이유가 없다. 정부와 한국은행 간의 정책협의는 법률로써 강제할 일도 아니고 강제할 수도 없다.

그래서 이 조는 "기능을 수행한다"라는 이상한 표현을 쓰고 있다. 한국은행법에서 이런 표현은 이 조가 유일하다. 한국은행의 업무를 서술할 때는 예금거래를 한다(제54조), 여신한다(제64조), 매매한다(제68조), 인수한다(제75조), 요구한다(제81조) 등 구체적인 술어를 써야 한다. 그렇다면 이 조에서도 "협의한다" 또는 "협의할 수 있다"라고 표현하는 것이 타당하다. "기능을 수행한다"라는 말은 1998년 이 조를 급하게 신설하면서 생각해 낸 두루뭉술한 표현이다(시쳇말로 유체이탈 화법이다).

이 조가 없었을 때도 한국은행은 환율정책에 관하여 정부와 긴밀하게 협의하여 왔다. 나아가 한국은행은 환율정책뿐만 아니라 거시경제정책 운용방향과 거시건전성정책 등도 정부와 협의하고 있다. 비트코인 등 암호자산의 규제방향에 관해서는 국무조정실이나 법무부와도 협의한다. 이런 것을 일일이 법률에 담을 수 없고, 담을 이유도 없다. 결론적으로 이 조는 법조문으로서 전혀 의미를 찾을 수 없다.

이 조에 관한 필자의 생각은 다음과 같다.

〈필자의 제안〉

제83조(환율정책 등에 대한 협의) (삭 제)

제84조(환거래계약)
한국은행은 금융통화위원회가 정하는 바에 따라 금융기관과 환거래계약을 할 수 있다.

※ 이 조와 함께 읽어야 할 부분 : 제81조

이 조는 현행 한국은행법에서 가장 황당한 규정이다. 원래의 취지는 내국환업무를 규정하는 데 있었지만, 현재의 내용으로는 그 취지를 달성할 수 없다. 한국은행은 국내 상업은행들과 환거래계약을 맺지 않으며, 그럴 이유도 없다.

결론부터 말하자면, 이 조는 전면 수정해야 한다. 그리고 그 위치를 제7절(내국환업무)의 맨 앞으로 옮겨야 한다.

배 경

일본은 근대 은행업을 도입할 때 중앙은행에 관한 이해가 전혀 없었다. 미국의 국립은행법을 참고하여 1872년 '국립은행조례'를 제정[235]했으나 당시 미국에는 중앙은행(그리고 지급준비금)이 없었다. 일본인들이 중앙은행 개념을 접하게 된 것은 1877년 영국인이 쓴 『은행업에 관하여(On Banking)』라는 책을 통해서다. 그 책은 중앙은행과 금융행동(monetary action), 즉 통화정책이라는 개념을 소개했다. 이 책에서 자극을 받은 메이지 정부는 중앙은행을 설립하기로 하고 유럽 각국을 순방한 뒤 벨기에중앙은행법을 모방하여 1882년 '일본은행조례'를 제정했다.[236]

당시 일본은행조례 제2조는 "일본은행은 본점을 도쿄에 설치하며 주요 지방에 지점, 출장소를 설치하고, 다른 은행과 '코레스폰던스(correspondence)' 계약을 체결한다"라고 서술되었다. 이 조의 취지는 일본은행이 본점과 지점을 통해 상업은행들을 상

---

235. 이때 서양의 bank를 '은행'이라고 번역했다. 은행은 '은화취급업자 일행'이라는 의미였다. 즉, 서양의 bank는 어음교환소에 모여서 어음과 수표를 추심하는 금화취급업자들의 동맹이라고 보고, 일본에서는 은화취급업자 동맹을 만든다는 의미였다. 이후 은행이라는 말이 중국과 한국에도 전파되었다.

236. Norio Tamaki, *Japanese Banking : A History 1859～1959*, (New York : Cambridge University Press, 1995), 35쪽.

대로 내국환업무를 수행토록 하는 데 있었다.[237] 그런데 법률을 만든 사람들이 실무를 잘 몰랐다. 코레스폰던스 계약은 보통 외국환업무수행을 위해서 외국의 제휴은행과 체결하는 것이며, 국내에서 중앙은행과 상업은행은 코레스폰던스 계약을 맺지 않는다.

어느 나라든 중앙은행이 상업은행과 내국환업무를 수행하는 근거는 코레스폰던스 계약이 아니라 예금계약과 지급준비금이다. 일본의 입법가들은 그런 점을 잘 몰라서 일본은행조례 제2조에 전혀 엉뚱한 내용을 담았다. 일종의 실수였다.[238]

엉뚱하게 만들어진 일본은행조례 제2조의 오류는 이후 우리나라에서도 계속되었다. 1909년 7월 26일 대한제국의 순종 황제는 일본의 자문을 받아 '(구)한국은행조례'를 제정했는데, 그 조례의 제2조는 "(구)한국은행은 … (중간 생략) … 다른 은행과 '골네스폰던스(correspondence)'를 체약(締約)한다"라고 규정했다. 그 뒤를 이어 1911년 3월 일본 제국의회가 제정한 조선은행법 제2조는 "조선은행은 … (중간 생략) … 다른 은행과 '코레스 계약'을 체약할 수 있다"라고 서술했다. 최초의 한국은행법 제2조도 "한국은행은 본점을 서울에 두고 그 업무의 수행상 필요하다고 인정할 때에는 국내외의 지점, 출장소, 대리점을 두며, 또는 타 은행과 환거래계약을 할 수 있다"라고 규정했다.

당초 뉴욕 연준 소속 블룸필드는 조선은행법 제2조가 엉뚱하다고 생각하고 최초의 한국은행법 제2조를 다음과 같이 고치려고 했다.

> Article 2. The Bank shall have its domicile in Seoul, the Republic of Korea, and may have such branches, offices, agencies, and **correspondents in the Republic of Korea and in foreign countries** as are deemed necessary for the orderly and efficient execution of its businesses.

237. 일본은행조례 제2조의 또 다른 의도는 일본 정부가 일본은행 업무를 통제하는 데 있었다. 제2조는 일본은행이 코레스폰던스 계약을 체결할 때 대장상의 허가를 받도록 했다.

238. 일본은행조례 제2조가 이렇게 엉뚱하게 서술된 것은, 일본인들에게 중앙은행의 개념을 알려 준 『은행업에 관하여』의 저자가 상업은행 직원(Alexander Shand)이었기 때문이다. 상업은행에게는 국제 영업을 위해 코레스폰던스 계약이 대단히 중요하다.

코레스 계약을 코레스폰던스, 즉 주재원으로 고친 것이다. 그런데 한국은행법 제정 작업에 참가했던 조선은행 직원들은 블룸필드의 의도를 모르고 다시 일본식 오류로 돌아갔다. 즉, 주재원을 코레스 계약으로 환원했다.

한국은행은 지금까지 이 조에 따라 국내 상업은행들과 환거래계약을 체결한 적이 없다. 지난 70년간 한국은행법을 읽었던 무수한 사람 중에서 그것에 의문을 품은 사람은 없었다(아마도 필자가 유일하다). 그만큼 내국환업무는 한국은행법에서 대수롭지 않게 취급되어 왔다. 직원들도 무관심하다.

결 론

일본은 일본은행법의 오류를 뒤늦게 인식했다. 그래서 1998년 일본은행법을 개정할 때 코레스 계약에 관한 내용을 삭제했다. 그리고 좀 더 일반화했다. 즉, 제1조에서 일본은행 설립목적 중 하나를 "금융기관들 간 자금결제의 원활화" 라고 승화시켰다. 내국환업무의 실체를 비로소 깨닫고 그 중요성을 법률에 담았다.

한국은행법의 이 조도 같은 취지로 개선하여야 한다. 즉, 100여 년 전 일본의 실수를 그대로 답습하는 것을 탈피하여 이 조의 '환거래계약' 을 내국환업무로 일반화시켜야 한다. 현재 우리나라에는 내국환업무라는 단어를 언급하는 법률은 많지만, 그 의미를 밝힌 것은 없다. 한국은행법은 내국환업무의 정의를 다룰 가장 적절한 법률이다. 내국환업무의 물적 기반은 한은금융망과 지급준비금이기 때문이다.

한편, 상업은행이 제공하는 내국환 서비스, 즉 송금과 추심은 국민 모두가 누려야 할 공공재다. 누구나 누려야 할 기초적 금융 서비스의 비용이 소비자에게 불공정하게 전가되어서는 안 된다. 따라서 한국은행법은 한국은행에서부터 시작되는 상업은행의 내국환 서비스가 지역 · 소득 등에 따라 불평등하게 제공되거나 그 비용이 불공정하게 책정되는 가능성까지 다룰 필요가 있다. 그것이 최근 국제사회에서 대두되는 중앙은행의 새로운 임무다.

이 조에 관한 필자의 생각은 다음과 같다.

〈필자의 제안〉

제81조(내국환업무)[239]

① 한국은행은 금융통화위원회가 정하는 바에 따라 제54조, 제79조, 제82조에 의한 예금 및 제71조에 의한 국고금의 계좌 간 대체업무(이하 "내국환업무" 라고 한다)를 수행한다.[240]

② 한국은행이 내국환업무를 수행하는 데 발생하는 비용은 정확히 계산되고 적절한 방법을 통해 공개되어야 하며 공정하게 배분되어야 한다.[241]

③ 한국은행은 제2항의 비용이 제3자에게 과도하게 전가되거나 불공정하게 배분되지 않도록 금융통화위원회가 정하는 바에 따라 필요한 조치를 취할 수 있다.[242]

④ 한국은행은 내국환업무의 일부를 타 기관에 위탁할 수 있다. 한국은행으로부터 위탁받은 기관은 동 업무를 수행할 때 영리를 목적으로 해서는 안 된다.[243]

---

239. 여기서 다루는 내국환업무는 현행법 제81조에서 다루는 지급결제망의 운영과 다르다. 내국환업무는 계좌를 통한 자금의 이동에 초점을 맞추고, 지급결제망의 운영은 이를 위한 물적 시설, 즉 전산시스템에 초점을 맞춘다.

240. 내국환업무를 여기서 정의한다.

241. 내국환 서비스는 공공재적 성격이 있으므로 그 수수료가 공정하게 배분되고 투명하게 공개되어야 한다. 미국의 1980년 통화관리법을 참고하였다.

242. 상업은행 여 · 수신 최고금리를 금융통화위원회가 정하는 점을 볼 때 내국환업무 수수료에도 금융통화위원회가 개입할 수 있어야 한다.

243. 이 규정은 한은금융망 참가기관들이 별도로 조직한 금융결제원이 차액결제업무를 수행하는 근거다. 현행 한국은행법에는 한국은행과 금융결제원의 관계가 숨겨져 있다.

제85조(국제기구에서의 정부대표)
한국은행은 정부의 지시에 따라 대한민국이 회원으로 가입한 국제통화기구 또는 금융기구와의 사무 · 교섭 및 거래에서 정부를 대표한다.

이 조는 한국은행의 국제협력업무를 규정한다. 결론부터 말하자면, 이 조의 위치는 제5절로 옮겨야 한다. 정부의 대리인(agency) 역할이라는 점에서 국고금 관리, 보호예수, 국채발행 대행 등과 다를 것이 없기 때문이다. 1997년 이전에도 이 조는 '제5절 정부 및 정부대행기관과의 업무(제80조)' 에 있었다.

한편, 현재 한국은행이 각종 국제금융기구를 상대로 수행하는 역할 중에는 정부를 대신하여 출자금과 출연금을 납입하는 일도 있다. 예산을 통해 정부가 해야 할 일을 한국은행이 수동적으로 수행하는 것은 대리인 역할을 넘어선다. 그런 일은 제3조에서 규정하는 한국은행의 자주성과 충돌한다. 따라서 이 조에서는 한국은행이 "정부를 대표" 하는 일의 범위와 업무방법을 분명하게 정하여 정부 대신 자금을 대납하는 일은 제외되도록 해야 한다.

정부의 지시

대부분의 중앙은행법에는 이 조와 유사한 규정이 없다. 의회의 비준을 얻어 각국 정부가 가입한 국제통화기구나 금융기구의 협정문은 각국의 국내법과 같은 효력을 가지며, 각종 협정문에는 중앙은행 총재가 회원국을 대표한다는 내용이 이미 담겨 있기 때문이다.

그럼에도 불구하고 1950년 한국은행법을 제정할 때 이 조를 두었는데, 이는 미래를 예상하고 미리 만들어둔 예비적 규정이었다. 당시 우리나라는 신생독립국이라서 아직 어떤 국제기구에도 가입하지 않았다(그러므로 "대한민국이 회원으로 가입한" 이라는 표현은 1950년 당시 가정문이었다). 가장 먼저 가입할 기구는 국제통화기구(IMF)와 국제부흥개발은행(IBRD, 세계은행의 전신)이었다. 중앙은행과 관련성이 높은 이들 기구와 가입을 위한 교섭을 하고 가입한 이후 사무나 거래를 하는 것은 한국은행의 업무가 될 수밖에 없었다.

왜냐하면 1960년 이전에는 한국은행이 유일한 외국환취급은행이었기 때문이다. 한국은행은 외환집중기관(구법 제101조)으로서 정부 소유의 외환보유액을 예치(제102조) 받아 운용했다. 또한 우리나라 정부가 미국 정부와 국제연합(UN) 등으로부터 받은 각종 융자금과 원조금을 배분하고 관리하는 일도 맡았다. 이런 일을 하기 때문에 한국은행이 국제기구들과 사무 · 교섭 · 거래하는 것은 당연했다.

대한민국은 1955년 IMF와 IBRD에 가입했다. 그런데 그 과정에서 정부(재무부)와 한국은행 간에 상당한 의견 대립이 있었다. 한국은행은 전범국가였던 서독과 일본이 한국전쟁 기간 중에 IMF · IBRD의 회원국이 된 사실에 주목하고 가급적 빨리 국제기구에 가입하려고 했다. 하지만 재무부는 외환보유액 부족을 이유로 가입에 소극적이었다.

당시 한국은행 총재(김유택)는 재무부가 미온적으로 나오자 주미대사관과 협력하여 워싱턴 D.C.의 IMF · IBRD본부를 단독으로 수차례 방문하고 1955년 가입을 확정했다.[244] 당시에는 한국은행법에 "정부의 지시에 따라" 라는 문구가 없었기 때문에 가능한 일이었다. 그러나 재무부는 불쾌감을 표시하면서 더 소극적으로 대응했다. 1955년 터키 이스탄불에서 개최된 IMF · IBRD 연차총회에도 재무부는 불참했다. 한국은행 총재가 정부 대표로 참석하여 가입연설을 했다(당시 재무부에서는 이치영 이재국장이 동행했다).

그런 상황에서 1959년 사상 처음으로 IMF 쿼터증액이 실시되었다. 협정문에 따르면 IMF는 5년마다 쿼터증액을 검토하는데 처음 두 번은 쿼터증액 합의에 실패했다. 그런데 IMF 회원국이 최초의 29개국에서 60여 개국으로 2배 가까이 늘면서 1958년 약 80.7%의 쿼터증액에 관한 합의가 이루어졌다. 동시에 IBRD의 증자도 추진되었다.

우리나라는 IMF와 IBRD에 가입한 이후 그때까지 전혀 혜택을 누리지 못했다. IMF 자금은 대외불균형이 심각할 때만 이용이 가능했다. IBRD 차관은 상업차관 성격을 띠고 있어서 변변한 사업계획을 마련하지 못하는 한국은 대출자격이 없었다.[245] 그런데도 양

244. 당시 주미대사 양유찬은 한국은행에 상당히 호의적이었다. 미국 산부인과 의사 출신이라서 국내법은 잘 몰랐지만 미국에서 성장한 탓에 미 연준은 잘 알았기 때문이다. 그래서 한국은행에 자발적으로 많은 편의를 제공했다. 한국은행 입장에서는 하와이에서 이승만 대통령과 가까이 지냈던 양유찬 대사를 끌어들여 국제통화기금(IMF) 가입의 의미를 설명하고 추진하는 것이 재무부를 설득하는 것보다 쉬웠다.

245. 우리나라와 IMF 간의 자금거래는 1965년 9.3백만 SDR 규모의 스탠드바이 협약을 체결한 것이 처음이었으며, 지금까지 17차례에 걸쳐 161억 SDR(누계)을 이용했다(미상환금은 없다). 한편, IBRD 그룹으로부

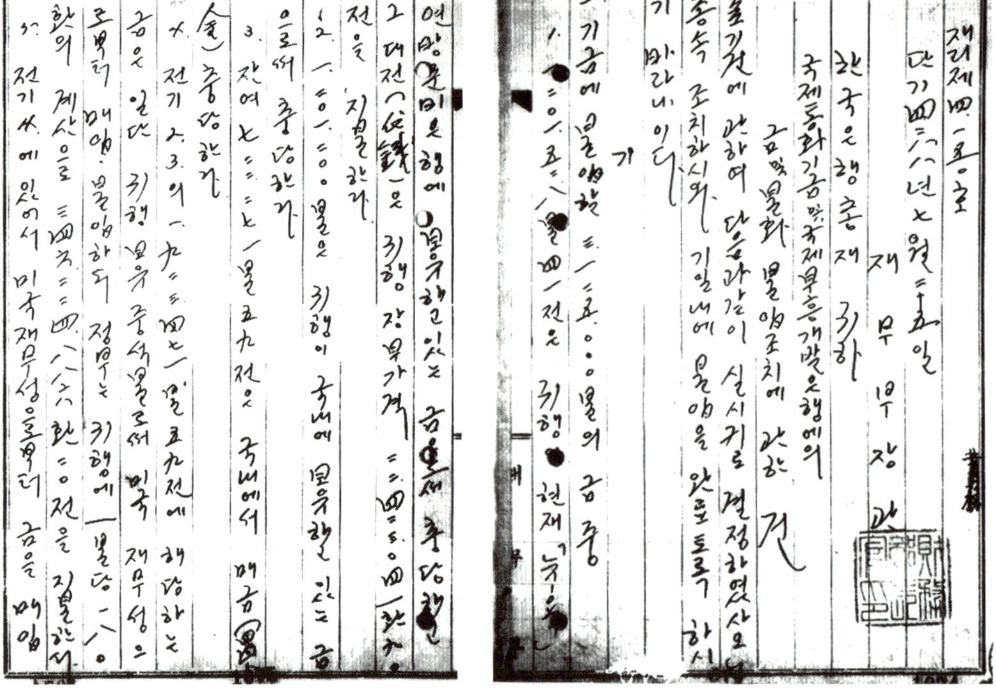

▲ **1955년 국제통화기금(IMF) 가입을 위한 재무부장관의 한국은행 총재 앞 공문** 납입금 3.125백만 달러 어치의 금 중 1.202백만 달러는 한국전쟁 당시 미국으로 옮긴 금괴(뉴욕 연준에 예치)로 충당하고 1.202백만 달러는 한국은행이 금고에 보관 중인 금으로 납입하며, 나머지 0.722백만 달러는 한국은행이 국내에서 매입하여 보내라는 지시를 담았다. 그리고 정부는 한국은행이 IMF 당국에 선지급한 금과 수수료를 다음 해 예산으로 갚겠다고 약속했다. 당시 한국은행은 정부를 위해 금을 선지급하면서 이를 국가사무 대행(당시 한국은행법 제79조)이라고 했는데, 이는 잘못된 법률해석이다. 국가사무 대행은 세입징수 보조와 국채발행 대행 등 자기계산이 따르지 않는 사무에 적용되는 개념이기 때문이다. 한국은행은 이처럼 한국은행법을 위반하면서까지 IMF 가입에 적극성을 보였다.

기관에 추가적으로 돈을 납입하는 것은 대단히 억울했을 뿐만 아니라 당시 경제력이나 외환보유액을 고려하면 상당히 부담스러운 일이었다.

당시 정부는 1,250만 달러의 지분으로 가입했던 IMF에 625만 달러를, 1,250만 달러의 지분으로 가입한 IBRD에는 1,250만 달러를 추가로 출자했다. 그때 정부는 국제금융기구 가입을 독단적으로 추진했던 한국은행이 상당히 원망스럽지 않을 수 없었다. 그 일을 계기로 1962년 한국은행법을 개정할 때 이 조에 "정부의 지시에 따라" 라는 조건을

터의 자금이용은 1962년 시작되어 지금까지 112개 사업을 위해 155억 달러(누계)를 융자받았다(미상환금은 없다).

붙였다. 한국은행의 독자적인 대외 접촉에 제한을 둔 것이었다.

사무 · 교섭 · 거래

이 조의 당초 취지는 국제금융기구 가입 이후 우리나라가 받게 되는 각종 융자금을 한국은행이 관리토록 하는 데 있다. 그러나 현재 한국은행은 국제금융기구의 융자금을 관리하는 것이 아니라 출자와 출연까지 대신하고 있다. "정부를 대표한다" 라는 문구가 "정부를 대신해서 납부한다" 로 변질된 것이다. 법률에도 없는 이런 나쁜 관행은 1960년대 중 IMF의 쿼터증액(1965, 1968, 1970년)과 IBRD의 증자(1968, 1970년)가 연이어 진행될 때 시작되었다.

1970년까지 정부는 국제금융기구에의 출자 · 출연을 한국은행이 대신하도록 했지만, 그 근거는 없었다. 그래서 1971년 '국제금융기구에의 가입조치에 관한 법률(제2조 제2항)' 을 개정하고 "정부는 한국은행으로 하여금 각 국제금융기구의 출자금을 납입하게 할 수 있다" 라는 내용을 추가했다. 그 결과 국제통화기구와 국제금융기구에 정부가 출자한 몫은 지금까지 0.8%에 불과하고, 나머지 99.2%는 한국은행이 출자했다. 출연은 지금까지 100% 한국은행이 담당했다.

'국제금융기구에의 가입조치에 관한 법률(제5조)' 에서는 한국은행이 정부를 위해 출자 · 출연한 대가로 국제금융기구에서 대한민국의 대리위원을 맡도록 한다. 그러나 그런 규정은 아무 의미가 없으며, 생색 내기에 불과하다. 한국은행 총재는 각 국제기구의 협정문에 따라 당연히 대리위원이 되기 때문이다.[246]

정부는 예산확보에 시간적 여유를 갖기 위해서 '국제금융기구에의 가입조치에 관한 법률' 이 필요하다고 주장한다. 즉, 국제금융기구에 출자 · 출연하려면 국회의 의결을 받

246. 한편, '국제금융기구에의 가입조치에 관한 법률' 에서는 국제결제은행(BIS)의 경우 기획재정부장관이 아닌 한국은행 총재가 정위원을 맡도록 규정하고 있다. 이는 매우 황당한 규정이다. 국제결제은행은 정부가 아니라 중앙은행이 회원으로 가입하는 국제금융기구다. 따라서 국제결제은행은 이 법 제1조에서 선언하는 "대한민국이 가입한" 국제금융기구에 해당하지 않는다. 정부가 가입하지도 않은 국제기구에서 한국은행 총재가 대한민국의 정위원이 되도록 법률에서 규정하는 것은 난센스다.

아야 하는데 예산안 승인에는 국내 정치적 요인 때문에 다소의 불확실성이 따른다. 그래서 "재정여건과 출자수요에 대한 탄력적 대응 등을 고려하여 예산에 반영하기 어려운 경우"에 한하여 한국은행으로 하여금 출자금을 납입토록 하고 있다. 그러나 그런 문제는 모든 나라가 공통으로 겪는 불확실성이다. 우리나라만의 특수한 사정이 아니다. 한국은행이 기획재정부를 대신해서 출자·출연금을 대납하면 예산심의를 통한 국회의 행정부 견제기능이 위축될 뿐이다.

실무적으로 보더라도 한국은행이 국제금융기구 출자·출연금을 대납할 필요성이 크지 않다. '국제금융기구에의 가입조치에 관한 법률(제2조 제4항)'에서는 매년 9월 30일까지 국제금융기구와 관련한 차기년도 출자계획, 당해연도 출자 실적, 그 밖에 중요사항 등을 정부가 국회에 보고토록 하고 있다. 이 정도의 시간 여유를 갖고 1년 뒤를 내다본다면, 정부가 출자·출연금을 마련하는 데 아무 지장이 없다. 또한 한국은행이 정부를 대신하여 출자·출연을 하더라도 다음 해에 정부가 국회의 동의를 얻어 한국은행에 출자·출연금을 상환하는 것이 어렵지 않다. 1955년 IMF와 IBRD에 가입할 때 그렇게 처리했다.

결론적으로 이 조에서는 정부의 대리인으로서 한국은행의 역할을 구체화할 필요가 있다. 아울러 "대표한다"는 "대표할 수 있다"로 수정해야 한다. "대표한다"라는 것은 제71조에서 "국고금을 취급한다"라는 것처럼 한국은행에 선택권이 없는 의무임을 의미한다. 그 의무를 "정부의 지시에 따라" 수행하는 것은 한국은행이 정부의 꼭두각시임을 드러내는 것에 지나지 않는다. 따라서 "대표할 수 있다"로 하여 한국은행이 선택권을 갖도록 하는 것이 타당하다.[247]

이 조에 관한 필자의 생각은 다음과 같다.

247. 참고로 필리핀중앙은행법에서는 국제금융기구의 성격에 따라 중앙은행의 역할을 세분한다. 즉, 국제통화기금(IMF)과의 사무교섭과 금융거래 등에서는 "정부의 지시에 따라"라는 조건 없이 중앙은행이 "정부를 대표한다"(제111조). 따라서 필리핀중앙은행이 출자금까지 납입한다. 반면, 세계은행 등 여타 국제금융기구와의 사무교섭과 금융거래에 대해서는 필리핀중앙은행이 "정부의 지시에 따라" 정부를 "대표할 수 있다"(제112조). 따라서 세계은행 등에 대해서는 필리핀중앙은행이 출자·출연금을 반드시 납입할 이유가 없다. 이런 점에서는 필리핀중앙은행법이 한국은행법보다 훨씬 정교하다.

〈필자의 제안〉

제78조의 2[248](국제기구에서의 정부대표 등[249])

① 한국은행은 대한민국이 회원으로 가입한 국제통화기구 또는 금융기구와의 사무에서 정부를 대표할 수 있다.[250]

② 한국은행은 법률이 정하는 바에 따라 제75조에 의한 대정부 여신의 방법으로 정부를 대신하여 국제통화기구 또는 금융기구에 출자 · 출연할 수 있다. 이 경우 한국은행의 대정부 여신은 당해연도 국회가 의결한 기채한도에서는 제외한다.[251]

248. '제5절 정부 및 정부대행기관과의 업무'로 조 위치를 옮기는 것을 전제했다.

249. 한국은행이 국제통화기금 등에 출자 · 출연(제2항)하는 것은 정부 대표로서 역할을 넘어서므로 '등'이라는 말을 추가했다.

250. "정부의 지시에 따라"라는 불필요한 문구를 삭제했다. 정부를 대표하는 일은 어차피 정부의 지시가 있어야만 가능하기 때문이다. 또한 "사무 · 교섭 · 거래"라는 현재의 표현을 사무로 단순화했다.

251. 정부를 대신한 한국은행의 출자 · 출연은 정부대출금으로 처리한 뒤 다음 해에 상환받도록 했다. 다만, 출자 · 출연이 실시될 경우 당해연도의 정부 기채한도에서 이를 제외하도록 했다.

제86조(통계자료의 수집 · 작성 등)

한국은행은 통화신용정책의 수립에 필요한 통화 · 은행업무 · 재정 · 물가 · 임금 · 생산 · 국제수지 또는 그 밖의 경제 일반에 관한 통계자료의 수집 · 작성과 경제에 관한 조사를 할 수 있으며, 이를 위하여 필요한 자료와 정보를 정부기관이나 지방자치단체, 법인 또는 개인에게 요구할 수 있다.

※ 이 조와 함께 읽어야 할 부분 : 제87조

이 조는 한국은행의 통계 작성과 조사기능에 관한 규정이다. 결론부터 말하자면, 이 조는 제87조와 병합하는 것이 자연스럽다. 업무성격상 통계 작성과 경제조사는 자료제출 요구와 불가분의 관계에 있기 때문이다.

이 조가 제87조와 병합되지 않고 독립된 것은 순전히 한국은행 내부 사정 때문이다. 한국은행 내부에서 경제통계의 작성과 분석은 조사국과 통계국이 담당하고 거시건전성 확보를 위한 금융기관 정보는 금융안정국이 담당한다. 담당부서를 고려하지 않으면 이 조와 제87조는 병합하지 못할 이유가 없다.

이 조는 조사부(오늘날의 조사국, 경제통계국, 경제연구원)의 특수성을 강조하기 위해서 만들어졌던 구법 제36조, 제37조와 제38조의 흔적이다(조사부를 강조한 이유에 관해서는 〈참고 4-8〉을 참조하라). 오늘날에는 여러 부서 중에서 조사부의 업무수행만을 위해서 별도의 규정을 둘 이유가 없다.

참고 4-8 한국은행법에서 조사부의 위상

한국은행법 영문 초안을 만든 블룸필드는 뉴욕 연준의 조사부 소속이었다. 그는 신생국 중앙은행의 경쟁력은 경제조사 역량에 있다고 확신했다. 그래서 최초의 한국은행법에서 조사부의 역할을 유난히 강조했다.

그는 필리핀중앙은행법의 일부 내용을 한국은행법에 그대로 옮겼다. 조사와 통계자료 작성기능(필리핀중앙은행법 Section 22)은 최초의 한국은행법 제36조에, 자료제출 요구의 강제성(Section 23)은 제38조에 담았다. 블룸필드는 필리핀중앙은행법 중에서 직원들의 교육과 연수에 관한 규정(Section 24)도 한국은행법에 담으려고 했지만, 그 내용은 재무부가 심의과정에서 삭제했다. 블룸필드는 필리핀중앙은행법에 없는 내용을 한국은행법에 추가하기도 했다. 경제조사와 관련한 외국인 고문 위촉 규정이 그것이다(자신의 동료인 존 엑스터가 스리랑카중앙은행의 초대 총재로 추대된 것을 의식했다고 보인다). 그 규정도 심의과정에서 삭제되었다.

블룸필드가 독창적으로 만든 규정 중 하나는 조사부를 법정부서로 만든 것이다. 미 연준법이나 필리핀중앙은행법에서는 조사나 통계작성 기능을 서술할 뿐, 이를 담당하는 특정 부서의 설치를 언급하지 않은 데 비해서 한국은행법에서는 조사부를 설치하고 "금융통화위원회의 지시를 받아" 통계 작성과 조사업무를 수행한다는 점을 명문화했다(구법 제36조).

이런 규정이 만들어진 것은 당시 한국은행 내부에 있었던 조사부와 외국부 간의 알력 때문이다. 한국은행을 설립할 때 은행감독부와 외국부가 신설되었다. 은행감독부는 기존 직원들로 충원한 반면, 외국부는 기존의 조선환금은행(朝鮮換金銀行)을 흡수하여 조직되었다. 외국부 직원들 대부분은 조선식산은행 출신들이었다.

외국어와 국제금융업무에 능통한 외국부 직원들은 조선은행 직원들과 이질감이 클 수밖에 없었다. 그런데 한국은행법 초안을 만드는 과정에 참여했던 조선은행 조사부 직원들은 외부에서 온 인력으로 구성된 외국부가 법정부서라는 점이 마음에 걸렸다. 경쟁심을 느낀 조사부 직원들은 그들의 조사부를 외국부처럼 법정부서로 격상시키고자 블룸필드를 설득했다.

결국 최초의 한국은행법에는 은행감독부, 외국부, 조사부 등 3개 부서가 특별히 강조되었다(이를 법정부서라고 한다). 이 중 은행감독부는 법률 제28조~제35조를 통해 그 조직, 기능, 권한, 책임 등이 상세하게 규정되어 있었다. 외국부도 제39조~제41조 그리고 제101조~제108조를 통해 그 조직, 기능, 권한, 책임 등이 자세하게 규정되었다.

이에 비해 조사부는 억지로 법률에 담기는 했지만, 그 업무에 관하여 특별히 언급할 것이 없었다. 그러다 보니 연차보고서와 통계월보의 작성 등 대단히 기술적인 업무까지 일일이 열거하면서 조사부의 역할을 부각시켰다. 아울러 경제와 관련한 "대중교육과 계몽의 촉진" 기능까지 동원했다(제37조). 오늘날의 관점에서 보면 경제교육기능이다. 결론적으로 1997년 이전의 법률에서 조사부가 언급된 것은 억지춘향격이었다.

통계 작성

통계학을 뜻하는 statistics의 어원은 '국가'를 의미하는 라틴어 statisticum이다. 통계와 국가가 관련이 있는 이유는 1749년 독일의 법경제학자 고트프리트 아헨발(Gottfried Achenwall)이 국가 통치를 위해서 인구, 소득, 생산 등의 정보를 분석하는 기술의 중요성을 강조하고 이를 "국가 통치를 위한 계산기술(Staatswissenschaft, sicence of state)"이라고 불렀기 때문이다. 19세기 말 일본은 이 말을 통계학이라고 번역했는데, '통치계산학' 이라는 의미다.

우리나라 정부는 통계업무의 중요성을 인식하고 1962년 통계법을 제정했다. 그러나 한국은행은 그보다 이른 1950년부터 각종 경제통계를 작성하고 공표해 왔다. 1955년 IMF와 IBRD에 가입할 때도 한국은행이 작성한 경제통계가 큰 도움이 되어 쿼터(지분) 협상이 순조롭게 진행되었다.[252] 이후 한국은행은 IMF로부터 통계기법을 전수받아 1958년 국민소득 통계 추계를 시작했다(1953년부터 소급해서 통계를 발표했다). 현재 한국은행은 통화금융통계, 지역금융통계, 자금순환표, 국제수지통계, 기업경영분석, 기업경기조사, 소비자동향조사, 물가지수통계, 국민소득통계, 산업연관표 등 다양한 통계자료를 작성하고 있다.

한편, 이 조에 따라서 한국은행이 자료와 정보를 요구할 수 있는 대상은 매우 광범위하다. 정부기관이나 법인 또는 자연인까지 포함된다. 그러나 자료제출 요구에 불응하는 데 대한 처벌조항은 없다. 처벌은 다른 법률에서 다룬다.

즉, 상업은행과 그 임직원이 대차대조표를 포함한 정기적 통계자료와 정보를 한국은행에 제출하지 않았을 경우 은행법(제42조, 제69조 제2항)에 따라 금융위원회가 처벌한다. 상업은행 이외의 법인과 개인에 대해서는 한국은행이 통계청장을 통해 자료 제출을 요구(통계법 제25조)하고, 이에 응하지 않는 경우에는 통계청장이 100만원 이하의 과태료를 부과한다(제41조 제4항 제2호).

결론적으로 이 조는 한국은행의 조사와 통계작성 기능을 설명하고 있으나 이를 위한

252. IMF와 IBRD는 한국 정부가 가입한 최초의 국제기구이며, 가입협상은 전적으로 한국은행이 주도했다. 이 점에 관해서는 필자의 졸저 『중앙은행 별곡』(2016년)을 참고하라.

자료와 정보의 요구에 강제력이 없는 것이 특징이다. 그러므로 한국은행은 이 조에 의해 타 기관에 자료 제출을 요구할 때 금융통화위원회의 의결을 받지 않는다. 타 기관을 향한 요구행위에 대해서 금융통화위원회가 의결하지 않는 것은 이 조가 유일하다. 과거에는 "금융통화운영위원회의 지시를 받아" 라는 조건(구법 제36조)이 있었으나 1998년 법률 개정 시 삭제되었다.

이 조에 관한 필자의 생각은 다음과 같다.

〈필자의 제안〉

제86조(통계 작성 및 자료 요구 등)[253]

① 한국은행은 통화신용정책의 수립에 필요한 통화 · 은행업무 · 재정 · 물가 · 임금 · 생산 · 국제수지 또는 그 밖의 경제 일반에 관한 통계자료의 수집 · 작성과 경제에 관한 조사를 할 수 있으며, 이를 위하여 필요한 자료와 정보를 정부기관이나 지방자치단체, 법인 또는 개인에게 요구할 수 있다.

253. 제87조와 병합했다. 그리고 현재의 '자료제출 요구'를 '자료 요구'로 수정했다. 자료의 요구에는 이미 제출의 의미가 담겨 있기 때문이다. 현행 제94조에서도 '자료 제출의 요청'이 아닌 '자료 요청'으로 서술되어 있다.

제5장 금융기관 검사 요구 등

이 장은 1998년 '은행감독원(제28조~제35조)' 부분이 삭제되면서 신설되었다. 이 장에서 서술되는 한국은행의 활동들은 자료제출 요구와 금융기관 검사·공동검사의 요구 등으로 구성되는데, 이들은 한국은행의 업무(제4장)에는 속하지 않는다. 잡무나 잔무 정도에 불과하다. 그러나 "통화신용정책에 관한 사항" 에는 해당된다(제28조). 통화신용정책과 관련이 있으면서도 한국은행의 업무가 아니라는 것은 모순이다. 1998년 급속하게 법률을 개정할 때 미처 생각지 않았던 많은 오류 중 하나다.

그러나 현 단계에서는 이 장을 제4장(한국은행의 업무)으로 옮기기는 곤란하다. 내용의 대부분이 타 기관을 귀찮게 하는 요구나 요청인데, 이런 일은 중앙은행의 본업은 될 수 없기 때문이다. 바람직한 방법은 제87조의 자료제출 요구는 제86조(통계자료의 수집·작성)와 병합하되 제88조는 현장조사 수준으로 조정하는 것이다. 그렇게 되면 두 조는 한국은행의 정상적인 업무(제4장)로 다룰 수 있다. 그리고 제89조는 삭제한다. 그럼으로써 이 장은 해체된다.

이 장에 관한 필자의 생각은 다음과 같다.

〈필자의 제안〉

제5장 금융기관 검사 요구 등 (삭 제)

제87조(자료제출요구권)
한국은행은 금융통화위원회가 통화신용정책 수행을 위하여 필요하다고 인정하는 경우 다음 각 호의 자에게 자료 제출을 요구할 수 있다. 이 경우 요구하는 자료는 자료제출을 요구받는 자의 업무부담을 충분히 고려하여 필요한 최소한의 범위로 한정하여야 한다.

1. 금융기관
2. 금융기관이 아닌 자로서 금융업을 하는 자 중 한국은행과 당좌예금거래약정을 체결한 자
3. 제1호와 제2호 모두에 속하지 아니하는 자로서 '금융산업의 구조개선에 관한 법률' 제2조에 따른 금융기관 중 자산규모 등을 고려하여 대통령령으로 정하는 자

※ 이 조와 함께 읽어야 할 부분 : 제86조

이 조는 정보와 자료의 요구행위를 다루는 점에서 기본적으로 제86조와 성격이 같다. 따라서 두 조를 병합할 수 있다. 그러나 그것보다 더 중요한 것은 요구의 실효성을 높이는 것이다. 실효성이 없는 자료 제출의 요구는 수사(修辭)에 불과하다.

요 구

통계자료의 수집 · 작성을 위한 자료와 정보의 요구(제86조)대상에는 정부기관, 지방자치단체, 법인과 개인까지 포함된다. 이들 기관은 한국은행과 업무 연관성이 매우 낮은데도 불구하고 요구에 응하지 않을 때 제재가 따른다. 즉, 통계법(제41조 제4항 제2호)에 따라 통계청장을 통해 100만원 이하의 과태료가 부과된다.

반면, 이 조에 의한 자료제출 요구를 받는 기관들은 기본적으로 한국은행과 업무 연관성이 매우 높다. 그러나 이들이 자료제출 요구를 거부했을 때 한국은행은 별다른 제재수단이 없다. 그런데도 이 조의 제목에는 '요구권'이라는 거창한 단어가 붙는다. 위반 시 과태료가 붙는 제86조에도 '요구권'이라는 말을 쓰지 않는 것과 대비된다.

이 조에 의한 한국은행의 자료제출 요구는 금융감독원의 자료제출 요구와 다르다.

금융감독원의 요구는 명백히 행정행위인 반면, 한국은행의 요구는 행정행위 이외에 사법행위(私法行爲)의 성격이 가미되어 있다. 특히 2011년 이전에는 순전히 사법행위였다. 당좌예금거래약정에 따른 특약(特約)으로서 한국은행이 자료 제출을 요구하고, 한국거래소, 한국예탁결제원 등 상업은행 이외의 기관들은 자료 제출을 조건으로 한국은행과 당좌예금거래를 체결했다.[1] 그런데 글로벌 금융위기를 계기로 전 세계적으로 금융안정을 위한 중앙은행의 역할이 크게 강조되고 시장감시 활동이 확장되었다. 이런 점을 감안하여 한국은행도 예금거래를 하지 않는 중요 법인에게 자료 제출을 요구할 수 있게 되었다(제3항). 이로써 한국은행의 자료제출 요구에 행정행위적 성격(강제성)이 가미되었다.

행정행위적 성격을 가지는 제3항이 추가됨에 따라 제4조에서 선언하고 있는 "시장기능의 중시"와 상충 가능성이 커졌다(그래서 제4조 제2항은 삭제하는 것이 타당하다. 제4조의 설명을 참조하라). 다만, 한국은행이 임의로 요구대상기관을 확대할 수는 없다. 한국은행의 자료제출 요구 대상은 대통령령에 따른다.[2] 또한 요구의 조건도 까다롭다. "통화신용정책 수행을 위하여 필요하다고 인정하는 경우"라는 조건이 붙는다.

이런 조건은 적절치 않다. "통화신용정책 수행을 위하여 필요하다고 인정하는 경우"라는 조건을 붙이는 것은 한국은행이 업무수행에 그다지 필요하지도 않은 자료를 요구할 수도 있다는 노파심에서 나오는 사족이다. 참고로 금융감독원은 '금융위원회의 설치 등에 관한 법률(제40조)'에 따라 상업은행 등에게 자료 제출을 요구하지만, 여기에는 아무 조건이 따르지 않는다. 금융감독원의 자료제출 요구가 업무수행에 필수불가결하기 때문이라면, 한국은행의 자료제출 요구도 업무수행에 필수불가결하다. 한국은행은 심심해서 혹은 호기심 때문에 자료 제출을 요구하지 않는다. 자료제출 요구의 조건은 삭제하는 것이 바람직하다.

---

1. 한국은행과 당좌예금거래를 하지 않는 은행지주회사에 대해서는 2011년 이전에도 한국은행이 자료제출 요구를 했다(한국은행법 제11조). 은행지주회사에 대한 자료 요구는 행정행위에 가까웠다.
2. 이 조의 제3항에 따라 기획재정부가 지정한 금융기관에는 투자매매업과 투자중개업, 집합투자업, 보험업, 상호저축은행업, 신용카드업, 시설대여업, 할부금융업, 신기술사업금융업 등이 포함된다. 다만, 영세 금융기관의 자료 제출 부담을 줄이기 위해서 직전 회계연도말 기준으로 자산규모가 각 업종의 평균 수준 이상인 기관으로 제한하였다(한국은행법시행령 제15조의 2). 또한 정부기관, 지방자치단체 및 금융업 이외의 법인 및 개인은 제외된다. 그런 점에서 제86조보다는 대상기관이 좁다.

권 한

권한은 제재할 수 있을 때만 의미를 가진다. 국세청의 세무조사권[3]과 금융감독원의 검사권[4] 등이 그 예다. 반면, 제재할 수 있는 수단이 없을 때는 권한이라는 말을 붙이기 어렵다. 예를 들어 금융기관이 대출을 실행하기 전에 고객에게 각종 서류와 증빙을 요구하는데, 이를 두고 '자료요구권'이라고 하지는 않는다. 신용평가기관이나 회계법인이 대상 기업에게 자료나 장부를 요구하는 것도 '자료요구권'이라고 하지 않는다.

그런 점에서 이 조의 '요구권'이라는 제목은 실제와 거리가 멀다. 1998년 법률 개정 당시 은행감독기능 폐지에 대한 한국은행의 반대가 크자 한국은행에게 상당한 규제 권한이 남아 있는 것처럼 보이기 위해서 억지로 붙인 과장된 제목이다. 현재 한국은행법에서 한국은행의 행위에 '권한'이라는 말을 붙인 것은 이 조가 유일하다. 즉, 화폐발행권(제47조), 예금수입권(제54조), 여신권(제64조), 증권매매권(제68조)이라는 말을 쓰지 않는데 비해서 유독 자료 제출에 대해서는 '요구권'이라는 표현을 쓴다. 그것은 오해를 일으킬 수 있다. 잘못된 표현 때문에 실체를 착각하는 오류를 '비유의 오류(fallacy of figure of speech)'라고 하는데, 이 조의 제목이 그러하다.

이 조에 관한 필자의 생각은 다음과 같다.

---

3. 세무공무원은 납세자의 과세표준과 세액을 결정하기 위해 장부 · 서류 또는 물건을 검사 · 조사하거나 그 제출(세무조사)을 명할 수 있다('국세기본법' 제81조의 2). 또한 조세범칙행위의 혐의가 있을 때(조세범칙사건)는 혐의자 또는 참고인을 심문하거나 압수 또는 수색할 수 있다('조세범 처벌절차법' 제8조). 세무공무원의 이러한 능력을 '세무조사권'이라고 한다('국세기본법' 제81조의 4).

4. 금융감독원의 검사수행을 거부 · 방해 · 기피하는 금융기관 직원에게는 면직 · 정직 · 감봉 · 견책 · 경고 등의 징계가 따른다('금융위원회의 설치 등에 관한 법률' 제41조). 검사수행에는 자료의 제출, 관계자의 출석 및 진술 요구 등이 포함되며, 금융감독원 직원의 이러한 행위를 '검사 권한'이라고 한다(같은 법 제40조).

〈필자의 제안〉

제86조(통계 작성 및 자료 요구 등)[5]

① 한국은행은 통화신용정책의 수립에 필요한 통화 · 은행업무 · 재정 · 물가 · 임금 · 생산 · 국제수지 또는 그 밖의 경제 일반에 관한 통계자료의 수집 · 작성과 경제에 관한 조사를 할 수 있으며, 이를 위하여 필요한 자료와 정보를 정부기관이나 지방자치단체, 법인 또는 개인에게 요구할 수 있다.

② 한국은행은 다음 각 호의 자에게 자료와 정보를 요구할 수 있다. 이에 따른 제출을 태만히 하거나 허위조작한 자에 대해서는 한국은행의 요청으로 금융감독원이 '금융위원회의 설치 등에 관한 법률' 제41조를 준용하여 해당 기관에 시정을 명령하거나 징계를 요구한다.[6]

1. 한국은행과 당좌예금거래계약을 체결한 자
2. '금융산업의 구조개선에 관한 법률' 제2조에 따른 금융기관 중 자산규모 등을 고려하여 대통령령으로 정하는 자

---

5. 현재의 '자료제출 요구'를 '자료 요구'로 수정했다. 자료의 요구에는 이미 제출의 의미가 담겨 있기 때문이다. 현행 제94조에서도 '자료 제출의 요청'이 아닌 '자료 요청'으로 서술되어 있다. 또한 '권한'이라는 표현을 삭제했다. '권한'은 지위나 능력을 의미하기 때문에 한국은행의 업무가 될 수 없다.
6. 한국은행이 필요로 하는 자료제출 요구를 소홀히 여긴 금융기관에 대하여 금융감독원을 통해 제재할 수 있는 근거를 명문화하였다. 금융감독원장은 '금융위원회의 설치 등에 관한 법률(제41조)'에 따라 "보고서 또는 자료를 거짓으로 작성하거나 그 제출을 게을리한 경우" 해당 기관에게 시정명령을 내리거나 해당 직원에 대한 면직 · 정직 · 감봉 · 견책 및 경고 등의 징계를 요구할 수 있다.

제88조(검사 및 공동검사의 요구 등)

① 한국은행은 금융통화위원회가 통화신용정책 수행을 위하여 필요하다고 인정하는 경우 '금융위원회의 설치 등에 관한 법률'에 따라 설립된 금융감독원(이하 "금융감독원"이라 한다)에 구체적 범위를 정하여 금융기관에 대한 검사를 요구할 수 있으며, 필요시 한국은행 소속 직원이 금융감독원의 금융기관 검사에 공동으로 참여할 수 있도록 요구할 수 있다. 이 경우 금융감독원은 대통령령으로 정하는 바에 따라 지체 없이 이에 따라야 한다.

② 한국은행은 금융감독원에 제1항에 따른 검사 결과의 송부를 요청하거나 검사 결과에 따라 금융기관에 대한 필요한 시정조치를 요청할 수 있다. 이 경우 금융감독원은 이에 따라야 한다.

※ 이 조와 함께 읽어야 할 부분 : 제94조

이 조는 1998년 법률 개정 시 제87조와 함께 신설되었는데, 양면성을 가진다. 표면적으로는 은행감독 권한이 폐지된 한국은행이 공동검사하는 것을 허용하지만, 내용상으로는 한국은행이 단독으로 상업은행을 조사하는 것은 금지한다. 금융기관을 접촉하는 것은 금융감독원의 고유업무라고 보기 때문이다.

이 조는 논리적으로 상당한 문제를 갖고 있다. 첫째, 금융감독원이 금융통화위원회의 검사 요구를 지체 없이 따르도록 하는 것은 기관 운영의 원리에 어긋난다. 금융감독원은 금융통화위원회의 요구에 따라 행동할 이유나 유인이 없다. 이 조는 한국은행과 금융감독원 간의 불필요한 마찰만 초래한다(다만, 위법행위에 대한 징계는 금융통화위원회가 금융감독원에게 요구할 수 있다. 이는 고발의 성격이 강하기 때문이다).

둘째, 공동검사라는 용어도 부적절하다. 검사(examination)는 제재 권한이 있는 감독당국의 행위이므로 제재 권한이 없는 한국은행은 근본적으로 어떤 검사도 할 수 없다.[7] 그러므로 '한국은행의 공동검사'라는 말은 적절치 않다. 제재 권한이 없는 한국은행이 상업은행을 방문하여 정보를 취득하는 행위는 현장조사(field survey)에 불과하다. 일본

7. 자동차 배기가스 등에 관한 검사를 일부 민간시설(정비사업자)이 수행하기도 하지만, 이는 검사와 제재의 권한이 있는 국토교통부장관이 해당 민간시설에 자격을 부여(지정)했기 때문이다(자동차관리법).

은행법에서는 이를 고사(考査)라고 한다. 금융감독원의 검사와 한국은행의 현장조사가 근본적으로 성격이 다른 이상, 한국은행이 현장조사의 시기를 반드시 금융감독원의 검사 시기에 맞출 이유가 없다.

중앙은행의 은행감독기능

16세기 이전의 은행들은 메디치은행과 같이 가족기업 형태로 운영되면서 소수의 특권층과 은밀히 거래했던 민간은행(private bank)이었던 데 비해서 16세기 베네치아에서 설립된 지로은행이나 17세기의 스웨덴릭스방크 등은 정부의 특허를 받아 설립된 공공은행(public bank)이었다. 공공은행은 일반 시민들과도 거래했으므로 규모 면에서 과거의 민간은행들과는 비교가 되지 않을 정도로 컸다. 따라서 법적 근거가 없더라도 자연스럽게 다른 은행들을 규율하는 역할을 맡게 되었다.[8] 18세기에 이르러서는 중앙은행의 최종대부자 기능이 강조되면서 평상시 상업은행들의 재무건전성을 점검하는 감독(감시)기능이 강화되었다(다만, 그때도 은행의 설립은 정부가 허가했다). 대공황 이전에 법률로서 은행감독기능을 가진 중앙은행은 미 연준밖에 없었다.[9]

이런 전통 때문에 독일, 오스트리아, 네덜란드, 싱가포르, 아일랜드 등에서는 통합감독기구가 설립된 뒤에도 중앙은행이 상업은행을 상대로 독립적으로 조사활동을 실시한다.[10] 다만, 제재는 통합감독기구가 담당한다. 일본에서도 1998년 통합 금융감독기구인 금융감독청이 출범했지만, 일본은행은 여전히 상업은행을 직접 조사(考査)한다. 일본에서는 일본은행의 직접 조사가 금융감독청의 검사업무와 상충한다고 보지 않으며, 금융감독청이 현장접근 권한을 독점하는 것이 오히려 더 위험하다고 본다(이 점에 관해서는 〈참고 5-1〉를 참조하라).

8. 초기의 은행감독업무는 행정행위이라기보다 도의적 권고에 가까웠다. 그래서 동업자들을 아우르며 인솔하는 중앙은행은 상급기관이 아니라 맏형(*primus inter pares*) 정도로 인식되었다.

9. 최종대부자 기능과 은행감독기능(검사기능) 간의 관계에 대해서는 다음을 참조하라.
Gianni Toniolo, "What is a Useful Central Bank? ; Lessons from the Inter war Years," Norges Bank Symposium 발표자료, 2010.

10. 이와 반대로 벨기에, 덴마크, 아이슬란드, 노르웨이, 스웨덴 등 일부 북유럽 국가와 스위스처럼 중앙은행이 현장조사 활동을 전혀 수행하지 않는 경우도 있다.

참고 5-1 일본은행의 고사(考査) 업무

일본은행의 고사업무는 최종대부자 기능의 원활한 수행을 위한 보완수단으로 1928년 시작되었다. 당시 여야 간 타협의 산물이었다. 처음에는 업무 관행으로만 인정되다가 1998년 일본은행법에 명문화되었다.

일본은 제1차 세계대전 전승국이었음에도 불구하고 종전 이후 심각한 경제난을 경험했다. 1920년 주가폭락(반동공황)에 이어서 1923년 관동대지진까지 발생했다. 그로 인해 일제의 식민지 경제는 파탄 직전에 이르렀다. 결국 만주에서는 금본위제도를 포기(1923년)했고, 조선에서는 조선은행의 50% 감자(1924년)를 단행했으며, 대만에서는 대만은행을 파산(1927년)시켰다. 대만은행의 파산은 그 충격이 매우 커서 일본 본토의 최대 기업인 스즈키상점(鈴木商店)까지 파산할 정도였다. 결국 국정 운영능력을 완전히 상실한 와카쓰키(若槻) 내각은 스스로 퇴진하고, 다나카(田中) 내각이 출범했다. 새로운 내각은 1927년 '일본은행 특별융자 및 손실보상법'을 제정하고 일본은행의 발권력에 의존하여 경제난을 수습했다.[1] 미국에서 대공황이 시작되기도 전이었다.

당시 사태는 민간 주주가 있는 일본은행이 당초 설립목적에서 벗어나 일본 경제 전체를 위한 최종대부자 기능을 수행한 첫 사례였다. 그런데 발권력에 의존한 금융위기의 수습방안은 여야 모두가 상당히 불안하게 여겼다. 식민지 중앙은행이었던 대만은행의 파산과 조선은행의 50% 감자 사태를 감안할 때 일본은행도 파산할 수 있다는 우려가 확산되었다. 따라서 유사시 최종대부자 기능을 수행하게 되는 일본은행에 자산건전성 확보장치가 필요하다는 공감대가 형성되었다.

이런 배경에서 일본은행이 1928년부터 고사업무를 시작했다. 고사업무는 일본은행이 채권자의 자격으로 차입기관의 재무와 업무 상황을 현장조사하는 것이다. 일본은행은 정부조직이 아니라서 행정 권한을 가질 수 없으므로 당좌예금 거래약정서와 대출약관을 통해서 상대 금융기관들이 현장조사에 동의하는 형식을 취했다. 따라서 고사기능을 추가하기 위해서 일본은행법이나 금융감독 관련 법률을 개정하지는 않았다. 고사업무는 제2차 세계대전에서 패전한 뒤 미국의 요구로 1947년 일본은행법을 개정하면서 법률에 명문화되었다(구법 제13조의 3 제9호).

그런데 1990년대 후반 새로운 계기를 맞았다. 1990년대 중반부터 복합불황(複合不況)이니, 헤이세이불황(平成不況)이니, "잃어버린 10년"이라는 말 속에서 정권이 자주 교체되었다. 이러한 일본의 경제위기는 대장성 중심의 관치금융에서 비롯되었다는 비판이 확산되었다. 그런 와중에 1998년 1월 대형 금융비리까지 발생했다. 대장성(현 재무성) 중견간부들이 금융기관으로부터 퇴폐향락업소에서 향응을 제공받은 사실이 알려진 것이다. 비등한 여론 속에 검찰이 조사한 결과

1) 당시 상황에 관해서는 필자의 졸저 『중앙은행 별곡』(인물과사상사, 2016년)을 참고하라.

대장성에 구조적 비리가 있었음이 드러났다. 대장성 전 · 현직 직원 7인이 구속되고, 112명이 내부 징계를 받는 가운데 대장대신(재무부장관)이 사임했다.

당시 사태로 인해 여당은 참의원 선거에서 참패하고 수상도 사임했다. 그런 분위기 속에서 대장성 조직 개편이 진행되었다. 소위 "대장성 접대 독직사건"의 발단이 된 은행국과 증권국을 대장성에서 분리했다. 그리고 총리부(우리나라의 국무총리실) 산하 "금융재생위원회"와 합병하여 금융감독청(현 금융청)을 출범시켰다(1998년 6월).

금융감독청은 은행 · 증권 · 보험을 아우르는 통합감독기구이므로 이 기관의 권한이 비대해지면 또다시 관치금융의 폐해가 나타날 수 있다. 그래서 금융감독청의 현장 접근권만큼은 독점하지 않도록 하였다. 즉, 통합감독기구의 출현에도 불구하고 일본은행이 1928년부터 수행해 오던 고사업무, 즉 일본은행의 단독 현장접근 권한을 일본은행법에 명문화했다.

고사업무의 명문화는 관치금융 개선을 위해 추진된 일본은행의 독립성 강화방안 중 하나이기도 했다.[2] 1996년 12월 확정되어 1997년 6월 국회를 통과한 일본은행법 개정안(1998년 4월 시행)은 정책위원회 구성과 일본은행의 예산편성에서 정부의 영향력을 대폭 줄였다. 아울러 일본은행의 설립목적(제1조)에 "지급결제의 원활화"를 추가하고 중요 지급결제망에 대한 감시 · 감독 기능을 인정했다. 거기에 더하여 고사업무를 명문화(일본은행법 제44조)해 금융감독청과 현장접근 권한을 공유토록 했다. 다만 일본은행의 고사업무는 통화신용정책에 포함되지 않는다(그 점이 한국은행법과 다르다). 즉, 일본은행의 본업이 아닌 부수업무 정도로 취급된다. 그 부수업무가 통합감독기구인 금융감독청의 감독권을 침해하지 않는다는 것이 일본 사회의 인식이다.

---

2) 1996년 2월 자민당 · 사회당 · 신당 사키가케의 연립여당은 일본 금융시스템의 위기가 대장성의 금융 · 재정정책 실패에 기인한다는 대내외의 비판을 의식하여 "대장성 개혁문제 프로젝트팀"을 구성하였다. 이 프로젝트팀의 금융행정 개혁안에 따라 1996년 6월 하시모토 수상의 자문기구로 출범한 "중앙은행연구회"가 1996년 11월 일본은행법 개정안을 확정 · 발표하였다.

검사와 공동검사

일반적으로 감독업무는 인가, 규제(규정 제정), 검사 및 제재 등으로 구분된다. 이 중 인가와 규제는 사전적 감독이라고 하고, 검사와 제재는 사후적 감독이라고 한다. 사전적 감독은 전형적인 행정행위이며, 어느 나라에서나 정부가 담당한다.

우리나라에서도 은행 설립인가 등 사전적 감독 권한은 정부가 갖는다. 1997년 이전에는 형식상 금융통화운영위원회가 은행 설립을 인가했으나 실제로는 정부가 인가를 결정했다. 은행업에 매우 강한 진입장벽을 두고 있어서 은행 설립에는 상당한 정치적 판단이 요구되기 때문이다. 따라서 1997년 이전의 한국은행 은행감독원은 사후적 감독, 즉 검사와 제재에 치중했다. 그로 인해 은행감독원은 검사업무에 지나치게 집착하는 성향을 보였다(이에 관해서는 〈참고 5-2〉를 참조하라).

참고 5-2

한국은행 은행감독원의 감독업무

조선총독부, 미 군정청, 과도정부를 거쳐 대한민국 정부가 수립될 때까지 은행감독업무는 정부의 몫이었다. 한국은행법에서는 은행감독업무를 한국은행이 수행토록 했지만, 이것이 실현되는 데는 4년이 걸렸다. 정부가 은행법 시행을 보류하면서 미온적 태도를 보였기 때문이다. 은행법은 1950년에 제정되었으나 1954년 8월에 이르러서야 시행되었다. 한국은행은 그때서야 상업은행에 대한 검사와 제재업무를 시작할 수 있었다.

하지만 제일은행(1958년), 서울은행(1959년), 한일은행(1960년) 등의 설립 · 증자 · 합병 그리고 지방은행의 설립인가 등 중요한 일에서 금융통화운영위원회의 심의 · 의결은 통과의례에 불과했다. 나아가 은행 민영화(1954년)와 국유화(1961년) 그리고 제2차 민영화 추진(1981 ~ 1982년) 등 기존 은행의 지배구조 변경도 사실상 재무부가 주도했다. 상업은행의 '경영실적 평가기준'과 여 · 수신 금리체계도 정부가 결정했다. 한마디로 말해서 한국은행법과 은행법에서 은행감독에 관한 부분은 잘 지켜지지 않았고, 현실과 법이 달랐다. 가장 큰 이유는 금융통화위원회 의장이 재무부장관이었기 때문이다. 은행업에 관한 중요한 감독규정과 정책은 재무부 이재국이 결정해서 한국은행 은행감독원에 일방적으로 통보했다.

따라서 금융통화운영위원회는 외은지점의 설립인가 등 비교적 경미한 사항[1]과 상업은행의 여신규정, 주거래은행제도 등 일부 기술적 부분에서만 주도권을 행사할 수 있었다. 은행감독업무가 이렇게 파행적으로 집행되었기 때문에 한국은행 은행감독원은 검사 및 제재 등 사후적 감독에 치중했다. 그래서 1998년 은행감독기능이 한국은행에서 분리될 때도 신설되는 금융감독원은 한국은행의 현장 접근권을 차단하는 데 크게 집착했다. 통화신용정책의 중요한 줄기 중 하나가 신용경로(여신)이고, 한국은행의 신용 제공을 위해서는 현장조사가 필수라는 점을 망각했던 것이다. 현장조사가 생략된 신용 제공은 채권자와 채무자 간 정보의 비대칭으로 인해서 도덕해이와 부실대출로 연결되기 마련이다. 현재의 한국은행법에는 이런 점이 고려되지 않고 있다.

1) 한국산업은행과 농업협동조합 등 각종 특수은행의 설립은 금융통화운영위원회의 영역 밖이었으므로 당연히 정부가 해당 은행의 감독을 주도했다.

사후적 감독 중에서도 검사는 비교적 낮은 수준의 일이다. 그래서 일부 산업에서는 민간에게 위임하기도 한다(예 : 자동차정비업소의 자동차 검사, 회계법인의 회계 검사). 그런데 금융산업에서는 검사업무를 반드시 감독기관이 직접 수행해야 하는 배타적 업무로 인식한다. 예금자보호법(제21조 제2항)에서는 예금보험공사가 부보금융기관을 직접 조사할 수 있도록 하고 있지만, 현실에서는 현장 접근 여부를 두고 금융감독원과 예금보험공사가 상당한 마찰을 빚는다(그래서 두 기관이 양해각서를 체결했을 정도다). 한국은행과 금융감독원 사이에서도 현장 접근에 관한 마찰이 계속되었다.

한국은행은 은행감독기능이 폐지되고 제재 권한이 없더라도 현장 접근이 필요하다. 여신활동을 하는 한, 채권자로서 채무자의 업무상황을 조사하는 것은 필수불가결하다. 이를 소홀히 하는 것은 채권자의 직무태만이다.

한국은행이 채권자로서 실시하는 현장조사는 금융감독원의 검사와 성격이 다르다. 상업은행이 대출기업을 찾아가는 일을 검사라고 하지 않듯이, 한국은행이 상업은행을 찾아가서 정보를 취득하는 것을 검사라고 할 수 없다. 그러므로 한국은행의 현장조사와 금융감독원의 검사를 동시에 실시할 이유가 없다.

공동검사라는 개념이야말로 비현실적이다. 공동검사는 감독 권한이 있는 기관들끼리 합동으로 검사하는 것을 말하는데, 이론상으로는 가능하지만 현실에서는 거의 실시되지 않는다. 예를 들어 어떤 식당에 대해서 지방 노동청(노무관리), 구청(위생), 소방서(소방시설)가 날짜를 맞춰 함께 찾아가서 검사하지 않는다. 통상적으로 3개 기관은 각자 독립적으로 소관 검사업무를 수행한다.

결론적으로 이 조의 '공동검사'는 허구적 개념이다. 한국은행의 현장조사는 금융감독원의 검사와 무관하다. 한국은행의 현장조사가 금융감독원의 검사업무에 영향을 받을 이유가 없다. 참고로 한국은행은 통계자료를 수집 · 작성(제86조)하고 있지만, 그 때문에 타 기관의 통계자료 수집 · 작성을 금지하거나 수집 · 작성 활동을 반드시 한국은행과 공동으로 수행할 것을 주장하지 않는다. 금융감독원이 유독 한국은행의 상업은행 현장검사에 민감하게 반응하는 것은 사후적 감독에 집중해 온 우리나라 은행감독행정의 후진성만 드러낼 뿐이다.

요 구

제87조의 제출 요구와 제89조의 재의 요구에는 상대기관이 "지체 없이 요구에 따라야 한다"라는 의무가 따르지 않는다. 그런데도 제87조와 제89조의 제목에는 '요구권'이라는 단어가 붙는다. 반면 이 조는 한국은행의 검사·공동검사 요구에 금융감독원이 지체 없이 따르도록 규정하면서도 제목에는 '요구권'이라는 단어가 없다. 무엇인가 석연치 않다.

지금까지 한국은행과 금융감독원은 세 차례에 걸쳐서 정보공유와 공동검사를 주제로 양해각서(MOU)를 체결했다. 그러나 금융감독원이 한국은행의 요구에 따라 상업은행을 검사하는 것은 심부름과 다르지 않다. 규정 위반이나 재무건전성 파악을 목표로 하는 금융감독원의 검사가 "통화신용정책 수행을 위하여 필요한" 자료와 정보 수집에 동원되는 점에서는 청부검사에 불과하다. 그런 검사는 한국은행의 기대 수준에 이르기도 어렵다(공동검사를 위한 양해각서는 상대적으로 논리적 문제가 적다).

놀라운 사실은 한국은행의 요구에 맞추어 금융감독원이 지금까지 몇 차례 검사를 실제로 했다는 점이다. 1999년부터 2011년까지 10여 차례에 걸쳐 한국은행이 검사를 요구했고, 금융감독원은 이를 흔쾌히 받아들였다.[11] 이런 일이 가능했던 것은 금융감독원이 한국은행과의 공동검사보다는 차라리 검사 요구를 수용하겠다는 의사를 보였기 때문이다. 그만큼 금융감독원은 한국은행을 따돌리고 검사현장에서 유아독존하기를 바란다. 즉, 기관의 자존심을 버리고서라도 기관의 실익, 즉 검사업무의 독점성에 집착한다(이 점에 관해서는 〈참고 5-3〉을 참조하라).

11. 2011년 이후에는 한국은행이 검사의 요구를 자제하고 있다.

참고 5-3 한국은행의 공동검사를 둘러싼 금융감독원과의 알력

1998년 한국은행법 개정과 금융감독원 출범 이후에도 한국은행은 한동안 검사와 공동검사를 요구할 수 없었다. 외환위기 직후 은행의 영업정지와 통합 등 중요한 문제들이 산적해 있어 금융감독원이 매우 바빴을 뿐만 아니라 한국은행의 검사 및 공동검사의 요구가 금융감독권 침해라는 피해의식도 있었기 때문이다. 그래서 금융감독원은 한국은행과 공동검사에 관해서 논의하는 것 자체를 기피했다. 결국 2000년 5월이 되어서야 공동검사(한빛은행)를 처음 실시하게 되었다.

그 이후 한국은행법에 따라 한국은행이 공동검사를 요구할 때마다 상당한 마찰이 반복되었다. 오랜 진통 끝에 한국은행과 금융감독원은 "금융기관 검사에 관한 양해각서"(2002년 10월 4일, 제1차)를 교환했다. 금융감독원의 연간 검사업무 일정에 맞추어 한국은행이 정해진 횟수만큼 검사에 참여하는 방식이 합의된 것이다. 그러나 현실은 크게 달라지지 않았다. 한국은행의 검사 요구는 사실상 그 다음 해에나 수용되었기 때문이다. 그래서 2003년 법률 개정 시에는 "금융감독원은 이에 지체 없이 응하여야 한다(제88조 제1항)"와 "이 경우 금융감독원은 이에 응하여야 한다(제2항)"라는 표현을 추가하였다. 금융감독원 실무자들이 그동안 한국은행의 요구에 적절히 협조하지 않았다는 비판을 반영한 것이다.

한편, 2003년 '자본시장과 금융투자업에 관한 법률(제419조 제3항)'과 '전자금융거래법(제41조 제2항)'이 개정되어 금융투자업자(자금이체업무 등)와 전자화폐 발행자의 일부 업무에도 한국은행이 공동검사를 요구할 수 있게 되었다. 그러나 금융투자업자와 전자화폐 발행자에 대한 공동검사도 상업은행에 대한 공동검사 초기와 마찬가지로 지지부진했다. 2007년이 되어서야 새로운 법률을 반영한 새로운 양해각서(제2차)가 체결되었다. 이 양해각서에는 "금융경제 상황의 변화 등으로 금융감독원의 검사계획에 포함되어 있지 않은 공동검사가 필요한 경우"라는 표현이 추가되었지만, 한국은행과 금융감독원 간의 오해와 갈등을 풀기에 충분하지 않았다.

결국 2009년 11월 제3자인 기획재정부가 나서서 자료 요구 및 공동검사 등과 관련한 제3차 양해각서를 체결했다. 여기에는 한국은행과 금융감독원뿐만 아니라 기획재정부, 금융위원회, 예금보험공사 등까지 참여하여 정보공유와 공동검사 개선을 약속했다. 또한 금융감독원이 (공동)검사 요구를 받고 1개월 내에 (공동)검사에 착수하는 내용과 함께 정보공유의 범위를 확대하고 기관 간 이견을 조절하는 의견조정기구("금융업무협의회")를 설치하는 내용까지 추가했다.

제3차 양해각서가 상당히 전향적인 내용을 담게 된 것은 당시 진행 중이던 글로벌 금융위기를 계기로 한국은행의 정보 입수와 현장 접근능력을 향상시켜야 한다는 논의가 국회와 언론에서 제기되었기 때문이다. 2011년 봄에는 저축은행 비리에 다수의 금융감독원 직원들이 연루된 것이 보도되어 금융감독원에 대한 여론까지 크게 악화되었다. 이런 일련의 사건들을 계기로 2011년에는 한국은행법도 개정되었다.

개정 법률에서는 "금융감독원은 지체 없이 응하여야 한다"라는 표현이 "금융감독원은 대통령령으로 정하는 바에 따라 지체 없이 응하여야 한다"라는 표현으로 수정되었다. 공동검사에 관해서는 기획재정부까지 가세하여 금융감독원을 압박할 수 있도록 한 것이다. 이때 기획재정부는 기존의 양해각서에 있던 내용, 즉 금융감독원의 요구 이행기간을 1개월 내로 한다(제15조의 3 신설)는 점을 한국은행법시행령에 담았다. 양해각서의 내용을 법률에 담음으로써 구속력이 커졌다.

돌이켜 보건대, 한국은행의 검사 · 공동검사와 자료제출 요구는 매우 실무적인 문제다. 양 기관 간 실무자들이 협의해서 처리할 정도의 경미한 문제에 국회와 정부까지 관심을 갖고 두 차례에 걸쳐서 법률을 개정한 것은 금융감독원의 태도가 그만큼 비협조적이었음을 반영한다.

한편 이 조에서는 검사 결과를 받아 본 한국은행이 금융감독원에 다시 시정조치를 요구할 수 있도록 한다. 타 기관에 일을 시켜놓고 그 결과를 토대로 왈가왈부하는 것을 법률로써 보장하는 것이다. 이는 금융감독원에 대한 부당한 간섭이 될 수 있다. 금융위원회의 지시 · 감독을 받는 금융감독원이 한국은행의 시정조치 요구를 받아들인다면 지휘체제나 지배구조에 상당한 영향을 초래한다. 이런 점들 때문에 한국은행은 지금까지 검사결과의 송부나 시정조치를 요구한 적이 없다. 앞으로도 요구하기는 어렵다.

결 론

이 조에서 한국은행이 금융감독원을 상대로 검사를 요구하거나 검사 결과의 송부를 요구하는 내용은 삭제하는 것이 타당하다. 양 기관의 갈등만 유발한다.

반면, 한국은행의 현장 접근은 보장되어야 한다. 한국은행법 제28조 제4호에서는 상업은행에 대한 긴급여신과 관련하여 한국은행이 대출과 투자를 제한하고, 해당 상업은행의 업무와 재산상황을 조사 · 확인하는 일을 통화신용정책으로 분류한다. 긴급여신과 관련한 조사 · 확인이 통화신용정책이라면 평상시의 여신활동과 관련한 조사 · 확인도 통화신용정책이라고 보지 않을 이유가 없다. 즉, 각종 자료제출 요구(제88조)와 현장조사(제89조)도 통화신용정책이며, 일본은행법(제44조)에서도 일본은행의 여신과 관련한 현장조사(고사)는 통화신용정책으로 인식된다. 그리고 통화신용정책을 수행하는 데 한국은행이 제한을 받아서는 곤란하다. 한국은행의 현장접근권에 대한 인식을 바꾸려면, 이 조의 공동검사를 '현장조사'로 바꾸어야 한다.

이 조에 관한 필자의 생각은 다음과 같다.

〈필자의 제안〉

제88조(현장조사)

① **한국은행은 제64조 내지 제67조, 제81조 내지 제81조의 3에 규정된 업무를 적절히 수행하기 위하여 해당 금융기관 등**(이 조에서 이하 "거래 금융기관 등"이라 한다)**을 방문하여 조사할 수 있다.**[12]

② **한국은행은 제1항에 따른 현장조사를 실시하기 전에 '금융위원회의 설치 등에 관한 법률'에 따라 설립된 금융감독원**(이하 "금융감독원"이라 한다)**에 그 계획을 통보하여야 하며, 해당 금융기관 등의 사무부담을 배려하여야 한다.**

③ **한국은행은 제1항에 의한 현장조사 후 금융감독원에 그 결과를 제공하여야 하며, 금융감독원에 필요한 시정조치를 요청할 수 있다. 금융감독원은 시정조치의 결과를 조속히 한국은행에 통보한다.**[13]

---

12. 한국은행의 현장조사는 금융감독원의 검사업무와는 달리 대출자로서 실시한다는 점을 밝혔다. 따라서 한국은행은 대출거래 약관 등에 현장조사에 관한 내용을 담을 필요가 있다.

13. 현재는 금융감독원의 검사 결과를 토대로 한국은행이 시정조치를 요구하지만, 필자의 제안에서는 한국은행의 독자적 현장조사를 토대로 시정조치를 요구한다. 이 경우 한국은행의 시정조치 요구는 고발의 성격을 갖기 때문에 금융감독원이 무조건 수용할 필요는 없다. 다만, 한국은행에 그 결과를 조속히 알려줄 필요는 있다.

제89조(재의요구권)

① 금융통화위원회는 금융위원회가 통화신용정책과 직접 관련되는 금융감독상의 조치를 하는 경우 이의가 있을 때에는 재의(再議)를 요구할 수 있다.

② 제1항에 따른 재의 요구가 있는 경우에 금융위원회가 재적위원 3분의 2 이상의 찬성으로 전과 같은 의결을 하였을 때에는 제1항의 조치는 확정된다.

※ 이 조와 함께 읽어야 할 부분 : 제92조

이 조는 금융통화운영위원회가 한때 은행감독업무를 수행했던 흔적이다. 1998년 한국은행에서 은행감독기능이 분리되어 금융위원회로 이관될 때 신설되었다. 결론부터 말하자면, 과거의 기억을 담은 이 조는 이제 삭제하는 것이 타당하다.

다른 나라의 중앙은행법에는 이와 유사한 내용이 없다. 글로벌 금융위기 이후 거시건전성정책(macroprudential policy)이라는 개념이 등장하면서 통화신용정책과 금융감독의 영역이 흐려졌지만 중앙은행이 금융감독기구에 재의를 요구하지는 않는다.

이 조는 실효성도 없다. 1998년 금융위원회가 신설되었을 때에는 '금융위원회 설치 등에 관한 법률(제63조)'에도 이 조와 똑같은 내용이 있었다. 그래서 금융위원회가 금융통화위원회의 요구를 의식해야 했지만, 2008년 그 법에서 해당 내용이 삭제되었다. 따라서 금융통화위원회가 재의를 요구하더라도 금융위원회가 한국은행법에 따라 재적위원 3분의 2 이상의 찬성으로 다시 의결할 이유가 없다. 그냥 재의 요구를 무시하면 그만이다.

이 조에서 금융위원회가 금융통화위원회의 재의 요구에 동의하지 않을 경우 재적위원 3분의 2 이상의 찬성으로 재의결토록 하는 것은 헌법 제53조, 즉 대통령의 법률안 거부권(veto power)과 국회의 대항권을 모방한 것이다. 금융통화위원회와 금융위원회 모두 대통령이 임명하는 위원들로 구성되는데, 마치 입법부와 행정부처럼 상호 견제하는 관계가 되는 것은 매우 부적절하다.

물론 통화신용정책과 금융감독업무는 밀접하게 관련된다. 그래서 상당수 국가에서는 중앙은행이 은행감독업무의 전부 또는 일부를 수행한다. 미국과 영국에서는 일부 위원(총재, 부총재)이 통화신용정책과 금융감독을 담당하는 두 위원회에 모두 참석토록 하여 정책조화를 도모한다. 한국에서는 한국은행 부총재가 금융위원회에 당연직 위원으로 참석[14]하는 한편, 금융위원회 부위원장은 금융통화위원회 회의에 열석 및 발언한다(한국은행법 제91조). 이런 장치가 있는데도 금융통화위원회가 금융위원회의 결정에 관해서 재의를 요구하는 것은 과도한 간섭이 될 수 있다.

이 조에 관한 필자의 생각은 다음과 같다.

〈필자의 제안〉

제89조(재의요구권) **(삭 제)**

14. '금융위원회의 설치 등에 관한 법률' 제4조 제1항 제4호.

제6장 정부 등과의 관계

이 장은 기존 법률에 여러 군데 흩어져 있었던 조항들을 한군데로 모은 것으로서 1998년 개정 시 신설되었다. 그러다 보니 제90조에서 제96조에 이르기까지 각 조의 주어가 총재, 금융통화위원회, 한국은행, 기획재정부장관 등 제각각이다.

한편, 제95조(감사원 감사)와 제96조(국회 보고 등)를 제외하면 이 장의 내용은 외국에서 유래를 찾기 어렵다. 유효성이나 필요성도 매우 낮다. 따라서 제95조와 제96조만 남기고 나머지는 삭제하는 것이 바람직하다.

제90조(총재의 국무회의 출석)

① 총재는 금융통화에 관한 사항에 대하여 국무회의에 출석하여 발언할 수 있다.

② 정부는 총재에게 국무회의에 출석할 것을 요구할 수 있다.

이 조의 내용은 총재의 권한과 의무라고 알려져 있다. 1997년 이전의 법률에서 이 조의 제1항이 총재의 권한을 다루는 조(구법 제24조)에 있었기 때문이다. 그러나 국무회의 출석과 발언은 총재의 권한도 아니고 의무도 아니다. 이 조는 기획재정부장관이 금융통화운영위원회의 의장을 겸임하던 시절의 흔적이며, 주요국 중앙은행법에서는 유사한 규정을 찾기 힘들다. 따라서 이 조는 삭제하는 것이 타당하다. 이 조가 없더라도 총재는 정부의 요구와 관련 법률에 따라 국무회의에 참석하는 데 지장이 없다.

배 경

이 조는 필리핀중앙은행법을 참고하여 만들어졌다. 그러나 내용이 약간 다르다. 필리핀중앙은행법(제21조)에서는 총재가 없을 때 부총재가 정부의 각종 위원회에 대신 참석하여 심의와 표결을 하도록 한다. 필리핀에는 각종 법률에 따라 총재가 당연직 위원으로 참가하는 정부의 위원회가 많은데, 정부의 각종 위원회 의결에서 중앙은행의 의견이 반영될 기회를 보장하는 것이다.

한국은행법 제정 당시 필리핀중앙은행법을 참고한 이유는 재무부장관이 금융통화위원회의 의장이었기 때문이다. 재무부장관이 의장으로서 통화신용정책에 영향력을 미칠 수 있다면 한국은행 총재도 국무회의에 출석하여 정부정책에 의견을 피력할 수 있어야 한다는 것이 이 조의 취지였다. 즉, 한국은행 총재의 방어권으로서 국무회의 참석과 발언 기회를 두었다.[1]

---

1. 블룸필드는 금융통화위원회 의장을 재무부장관이 맡는 것을 매우 불편하게 생각했다. 그는 뉴욕 연준 총재에게 근황을 알리는 편지에서 자신이 구상한 한국은행법 초안을 보고하면서 금융통화위원회 구성의 불가피성과 함께 그 보완책을 소개했다. 총재의 국무회의 참석이 그중 하나였다.

권한으로서의 국무회의 참석

국무회의에 배석할 수 있는 자격은 국무회의 의장인 대통령이 결정한다. '국무회의 규정(대통령령)' 에서는 배석자로서 대통령실장, 국무총리실장, 법제처장, 국가보훈처장, 식품의약품안전처장, 공정거래위원회 위원장, 금융위원회 위원장, 중소기업청장 및 서울특별시장 이외에 '중요 직위에 있는 공무원' 을 규정하고 있다(제8조 제1항). 이외에 중앙행정기관인 청(廳)의 장(고위 공무원)이나 관계 전문가를 참석하게 하여 의견을 들을 수 있다(제8조 제2항). 따라서 한국은행 총재도 관계 전문가로서 국무회의에 참석할 수 있다.

그런데 이 조는 총재가 국무회의에서 "금융통화에 관한 사항에 대하여" 발언하도록 제한하고 있어 실효성이 없다. 국무회의를 주관하는 행정안전부는 국무회의 개회일 2일 전까지 의사일정과 함께 의안을 통상적 참석자들에게 배부('국무회의 규정' 제3조 제5항) 하는데, 이때 금융통화에 관한 사안임을 헤아려서 총재에게 참석을 통보하는 것을 기대할 수 없기 때문이다. 최초의 한국은행법 영문 초안에는 총재의 국무회의 참석에 별다른 조건이 없었다.[2] 그런데 법제처와 국회 상임위원회의 심의과정에서 "금융통화에 관한 사항에 대하여" 발언한다는 제약이 추가되었다. 이는 오늘날 서울특별시장이 국무회의의 안건에 관계없이 배석하여 자유롭게 발언하는 것과 대비된다.

지금까지 한국은행 총재는 국무회의에 단 한 번 참석했다. 그러나 당시 총재의 발언은 이 조에서 언급된 금융통화가 아닌, 외국환업무에 관한 사항이었다.[3] 결론적으로 이 조는 총재의 국무회의 참석을 보장하지 않는다.

---

2. "He shall be entitled to participate in the meetings of the State Council."

3. 1961년 집권한 군사정부는 수출을 통한 경제성장 촉진을 목적으로 프랑스 및 이탈리아로부터 차관을 얻어 이들 국가의 중고 어선을 산 다음, 원양어업을 통해 수산물을 다시 유럽으로 수출하는 계획을 짰다. 이와 관련하여 당시 정부는 한국은행이 외국 정부에 대해서 지급을 보증하고 외환보유액의 상당 부분을 정부에 대출할 것을 요구했다.
그러자 당시 총재(민병도)는 김유택 경제기획원장관을 방문하여 국무회의에서 발언할 기회를 요구했다. 그리고 김현철 내각수반이 주재하는 국무회의에 출석하여 "제가 한국은행 총재로 있는 한 이 차관도입 방안에 절대로 동의하지 않을 것입니다"라고 폭탄선언을 했다(1962년 9월). 이 때문에 정부의 차관도입 계획은 수차례에 걸쳐 대폭 축소되었다. 당시 총재가 국무회의에 참석할 수 있었던 것은, 김유택 경제기획원장관이 한국은행 총재(제2대)를 역임했기 때문이었다. 그런 특수한 사정을 제외한다면 총재가 국무회의 참석을 주도적으로 결정할 수 없다.

의무로서의 국무회의 참석

1997년 이전에는 총재가 국무회의에 출석하여 발언하는 내용만 규정되어 있었는데, 1998년 법률 개정 시 정부가 총재에게 국무회의에 출석할 것을 '요구' 하는 내용이 추가되었다(제2항). '국무회의 규정(대통령령)' 에 따라 참석자는 행정안전부가 관리하고 통보하는데, 재정경제부가 굳이 한국은행법에 총재의 국무회의 출석을 '요구' 하는 내용을 담은 것은 재정경제원의 감정적 보복이었다.

1994년 정부조직법 개정에 따라 경제기획원과 재무부가 재정경제원으로 통합되었다. 이를 계기로 부총리 겸 재정경제원장관이 주재하는 경제장관회의에 참석하는 부처와 논의하는 안건들이 대폭 늘었다. 당시에는 한국은행 총재가 부총리의 부름을 받고 경제장관회의에 참석하는 것이 관행이었다. 그런데 1994년부터 한국은행과 관련이 없는 안건이 워낙 많아지다 보니 총재가 불참하거나 부총재가 대신 참석하는 일이 많아졌다. 이를 한국은행에 대한 장악력 감소로 이해한 재정경제부는 한국은행에 상당한 불만을 가졌다. 이에 한국은행법을 개정하면서 '한국은행 총재는 정부가 부르면 회의에 참석해야 한다' 는 점을 주지시키기 위해서 제2항을 신설했다. 국무회의를 주관하는 부처가 행정안전부라는 점을 고려하면 상당히 엉뚱한 입법이었다.

결 론

이 조는 삭제하는 것이 타당하다. 과거에는 기획재정부장관이 금융통화위원회 의장을 맡았으나, 현재는 그렇지 않으므로 총재가 국무회의까지 참석하여 금융통화에 관한 사항에 대하여 대통령 앞에서 의견을 토로할 이유가 없다.

헌법기구(헌법 제93조)인 국민경제자문회의 운용 경험으로 볼 때도 정부가 한국은행 총재를 부를 이유는 거의 없다. 1999년 제정된 '국민경제자문회의법(제3조 제3항)' 에서는 한국은행 총재를 이 기구의 당연직 위원 7인 중 한 사람으로 포함시켜 대통령의 자문에 응하도록 했다. 그러나 국민경제자문회의를 운영하다 보니 총재에게 특별히 자문을 부탁할 일도 없고, 부탁하는 것도 어색하다는 결론에 이르렀다. 그래서 2년 뒤인 2001년

이 법률을 개정하면서 한국은행 총재를 당연직 위원에서 제외했다.

이런 사례로 볼 때 한국은행법에서 총재가 국무회의에 참석하여 발언하는 것을 굳이 법률에 담을 이유는 없다. 국무회의가 아니더라도 총재가 정부와 협의하는 방법은 얼마든지 있다.

이 조에 관한 필자의 생각은 다음과 같다.

〈필자의 제안〉

제90조(총재의 국무회의 출석) **(삭 제)**

제91조(열석 발언)
기획재정부 차관 또는 금융위원회 부위원장은 금융통화위원회 회의에 열석(列席)하여 발언할 수 있다. 다만, 금융위원회 부위원장의 경우에는 금융위원회 소관 사항에 한정하여 열석하여 발언할 수 있다.

이 조의 핵심어는 '열석(列席)'이다. 결론부터 말하자면, 이 조는 삭제하는 것이 바람직하다.

'열석(列席)'은 한 장소에 나란히 앉아 있다는 뜻이다. 즉, 회의에 참석은 하되 의결에는 참가하지는 않는 것을 말한다. 다른 법률에서는 찾아보기 힘든 생경한 단어다. 한국은행법 이외에는 '즉결심판에 관한 절차법[4]'에서만 쓰이고 있다. 주요국 중앙은행법에서는 외부 인사의 열석을 인정하지 않는다(1997년 이전 일본은행법에서는 정부를 대표하는 위원 2인이 정책위원회에서 의결권 없이 발언할 수 있도록 했다. 그러나 그들은 정위원이었으므로 그들의 참가가 '열석'이라고 할 수 없다). 지금까지 외부 인사의 열석은 당초의 도입 취지에서 완전히 벗어나 운영되어 왔다.

배 경

한국은행법에 열석제도가 있는 것은 최초의 금융통화위원회 구성과 관련이 있다. 최초의 한국은행법에서 금융통화위원회는 7인의 정위원과 7인의 대리위원으로 구성되었다. 대리위원은 정위원의 유고 시에 각자의 정위원을 대리하지만, 유사시 그 역할을 제대로 수행하려면 평소에도 회의에 참석하여 논의의 흐름을 파악할 필요가 있었다. 그래서 열석(列席)제도를 두었다. 즉, 열석은 평상시에는 표결권 없이 대리위원이 정위원을 동반해서 참관하는 것이며, 금융통화위원회 회의 운영 차원에서 보면 유사시를 대비한 안전장치다. 당시 가장 많이 열석한 사람은 당연히 한국은행 부총재였다.

4. 제7조 제2항 "법정은 판사와 법원서기관, 법원사무관, 법원주사 또는 법원주사보가 열석(列席)하여 개정(開廷)한다."

대리위원과 열석제도는 최초의 한국은행법을 만들 때 블룸필드가 필리핀중앙은행법에서 찾아낸 장치다. 필리핀중앙은행법(제6조)에서는 정책위원회의 당연직 위원인 총재와 장관이 회의에 참석할 수 없을 때를 대비하여 각자의 대체위원(alternate member)을 두도록 한다. 의결정족수가 미달하는 경우를 막기 위해서다. 다만, 대체위원은 문자 그대로 정위원을 대체하는 사람이므로 평상시에는 회의에 참가하더라도 발언권이 없다. 이처럼 필리핀중앙은행에서 대체위원의 열석이란, 유사시에 능력을 발휘하기 위한 학습 또는 참관의 기회에 불과하다.

블룸필드도 금융통화위원회 회의에 열석하는 대리위원은 발언권을 갖지 않는 것으로 생각했다. 의결권이 없으면 발언권도 없는 것이 상식이고, 그가 거주했던 뉴욕주에서도 비슷한 방식으로 회의가 진행되기 때문이다. 뉴욕주의 부지사는 유사시 주지사를 대신하지만, 평상시에는 아무 권한과 역할이 없으며, 회의에서 발언권도 없다.[5] 이를 참고하여 1997년 이전의 한국은행법에는 열석하는 사람의 발언권에 관한 내용이 없었다.

변천 추이

금융통화위원회 대리위원은 1962년 법률 개정 시 폐지되었다. 따라서 열석제도를 남겨둘 이유가 원칙적으로 사라졌지만, 재무부 차관과 한국은행 부총재의 열석은 남겨두었다. 이들 두 사람은 재무부장관과 한국은행 총재의 대체위원으로서 사고가 생겼을 때 의장을 맡아야 하기 때문이었다.

그런데 1978년 법률 개정 시 은행감독원장의 열석이 추가되었다(구법 제11조). 은행감독조직을 대폭 확대하면서 은행감독원장의 위상을 높이는 조치의 하나였다(이 점에 관해서는 제1편의 '한국은행법 개정 추이와 주요 개정내용'을 참조하라). 하지만 은행감독원장의 열석을 추가한 것은 실수에 가까웠다. 그 조가 아니더라도 은행감독원장은 이사, 은행감독원 부원장, 감사, 조사부장 등과 함께 금융통화위원회 회의에 출석하여 발언할 근거가 이미 있었기 때문이다(구법 제18조).

---

5. 그래서 평상시에는 출근도 거의 하지 않는다. 이런 배경 때문에 뉴욕주 부지사(Lieutenant Governor)는 다른 주의 부지사(Deputy Governor)와 명칭도 다르다.

은행감독원장의 열석은 재무부차관이나 한국은행 부총재와 달리 유사시에도 의결권이 없는 제3자가 회의에 참석(참관)하는 첫 사례가 되었다(단, 이때는 '발언'을 보장하지는 않았다).[6] 그것이 전례가 되어 1998년 금융통화위원회 위원도 아닌 기획재정부차관의 열석이 삭제되지 않았다. 오히려 '발언'을 보장하는 문구가 추가되었다. 나아가 2003년에는 금융위원회 부위원장까지 열석이 허용되었다. 이런 과정을 통해 현재의 열석제도는 1950년의 도입 취지와 전혀 다르게 운용되고 있다.

결 론

1997년 이전에는 기획재정부차관 등 외부 인사의 열석이 금융통화위원회 회의 운영(제3장)의 문제로 다뤄졌다. 그러나 현재는 정부와의 관계(제6장)로 다루어진다. 이는 외부 인사의 열석이 원활한 회의 운영보다는 정부의 영향력 확보장치로 유지되고 있다는 점을 시사한다. 따라서 이 조는 한국은행의 자주성(제3조)과 근본적으로 충돌한다.

외부 인사가 금융통화위원회의 요청이 없는데도 안건의 심의과정에 참가하여 의결권도 없이 발언하는 것은 의사진행 방해에 불과하다. 민간기업 주주총회장에서 보이는 소위 '총회꾼'은 최소 1주의 의결권으로 회의 진행을 방해하는 데 비해서 금융통화위원회 회의에 참석하는 정부 인사는 아무 의결권도 없이 발언하므로 '총회꾼'보다도 못하다. 그런 점에서 열석제도는 삭제하는 것이 마땅하다.

이 조에 대한 필자의 의견은 다음과 같다.

〈필자의 제안〉

제91조(열석 발언) (삭 제)

6. 이를 통해 볼 때 정부는 이미 1977년부터 은행감독원을 한국은행에서 분리해서 보려는 의도가 있었다고 보인다.

제92조(재의 요구)

① 기획재정부장관은 금융통화위원회의 의결이 정부의 경제정책과 상충된다고 판단되는 경우에는 재의를 요구할 수 있다.

② 제1항에 따른 재의 요구가 있는 경우에 금융통화위원회가 위원 5명 이상의 찬성으로 전과 같은 의결을 하였을 때에는 대통령이 이를 최종 결정한다.

③ 기획재정부장관은 제1항에 따른 요구를 할 때에 대통령령으로 정하는 바에 따라 이를 즉시 공표하여야 한다.

※ 이 조와 함께 읽어야 할 부분 : 제89조

이 조는 1962년에 추가되었다. 1962년 이전에는 장관의 재의요구권이 전혀 필요하지 않았다. 재무부장관이 금융통화위원회 의장으로서 회의소집권과 의안제출권을 갖고 있었고, 캐스팅 보트(casting vote)까지 있었다(구법 제17조 제1항, 제2항). 따라서 재의요구권 없이도 표결에 충분히 영향을 미칠 수 있었다.

이 조는 한국은행에서 은행감독기능을 분리하기 위한 사전조치로서 도입되었다. 1998년 마침내 은행감독기능이 분리되었으므로 이제는 이 조를 삭제하는 것이 마땅하다. 영국 등 극히 일부 국가를 제외하면 이런 규정을 두고 있는 나라는 없다.

배 경

한국은행 설립 이전 은행감독권을 갖고 있었던 재무부는 은행감독기능을 되찾기 위해서 부단히 노력했다. 한국전쟁을 이유로 시행이 늦춰져 왔던 은행법이 1954년부터 발효하고 한국은행의 은행감독기능이 정상적으로 작동하자 재무부는 우선 한국은행법시행령을 통해 은행감독기능을 다시 재무부로 이관하려고 했다. 그러나 한국은행 총재(김유택)의 문제 제기와 항의로 결국 한국은행법을 개정하지 않을 수 없다고 판단하고 여당을 설득했다. 한국은행 총재도 가만있지 않았다. 그는 당시 정치권의 실세였던 이기붕 국회의장을 설득하여 법률 개정의 문제점을 설명했다. 당시 자유당에 대한 여론이 좋지 않았기 때문에 이기붕 의장은 총재의 설명을 듣고 법률 개정안을 철회했다. 이로써 한국

은행법 개정을 둘러싼 1955년의 첫 번째 충돌은 한국은행의 승리로 끝났다.[7]

그런 실패경험 때문에 1961년 군사정변 직후 재무부가 한국은행법 개정을 추진할 때는 상당히 신중한 태도를 취했다. 우선 금융통화위원회의 구성과 명칭을 변경하고 외국환업무의 독점권을 폐지하는 등 한국은행의 위상과 사기를 낮추는 데 주력했다.

즉, 1962년 추가된 재무부장관의 재의요구권은 은행감독기능을 폐지하기에 앞서 한국은행과 금융통화위원회의 저항을 줄이기 위한 장치였다. 한국은행법 개정을 하려면 금융통화위원회의 자문을 얻어야 하는데, 그에 반발할 경우 재무부장관이 재의결을 요구하여 압박하려던 것이다. 그러나 1963년 막상 재무부가 법률 개정을 시도하자 총재(민병도)가 사표를 쓰면서 저항하는 바람에 재무부의 시도는 다시 실패했다(결국 1963년의 개정은 자구수정에 그치고 말았다. 이 점에 관해서는 제1편 50쪽을 참조하라). 이 조는 그런 배경 속에서 만들어졌기 때문에 현재는 삭제하는 것이 마땅하다.

결 론

주요 선진국 중에서 장관의 재의요구권을 인정하는 나라는 매우 드물다. 영국에서는 재무부장관의 재의요구권을 인정하지만, 우리나라와 집행방법이 다르다. 즉, 공익상 또는 심각한 경제적 상황에 따라 필요한 경우 재무부장관이 통화정책에 관한 지시 명령을 발할 수 있으나, 그러려면 영란은행 총재와 협의해야 하고 의회 양원의 승인을 얻어야 한다(영란은행법 제19조).[8] 일본의 경우 정부 인사가 회의에 참석하여 의결의 연기를 요구하는 권한만 인정하고 있다(일본은행법 제19조). 이런 조건 때문에 영국이나 일본에서도 재의요구권이 발동된 적은 없다.

---

7. 김유택 총재의 반발에 관해서는 필자의 『중앙은행 별곡 : 혼돈의 시대』(인물과사상사, 2016년)를 참조하라.

8. 영란은행법 제19조는 1946년 노동당 정부가 영란은행을 국유화하면서 신설되었다. 민간 주주의 지분을 정부가 인수하는 과도기에 정부가 주주로서 유사시 영란은행 경영에 개입하는 근거였다. 그러나 실질적으로는 행사된 적이 없다. 그 이전 보수당 처칠 수상 당시에는 재무부 내부에서도 영란은행의 통화정책에 개입하는 것이 금기시되었다. "The UK Treasury have neither claim to be consulted nor power to enforce our views on the Bank ...... it would be generally recognizes that in order to avoid political influence on monetary matters it is not desirable that we should have any such claim." (처칠 재무장관 앞 재무부 직원의 보고서)

우리나라에서도 아직까지 재의요구권이 발동된 적은 없다. 논리적으로 보면, 기획재정부장관이 재의를 요구하더라도 그 의도가 관철될 가능성은 거의 없다. 예를 들어 정부가 요구하는 금리인하나 영리기업에 대한 여신 의안이 부결되어 재의결을 요구한다면 7인의 위원 중 5인 이상(71.4%)이 찬성해야 가결되므로 안건이 통과될 가능성은 더욱 줄어든다.[9] 그와 반대로 금리인상(0.25%포인트)이나 대출축소(1조원) 안건이 가결되어 장관이 이를 재의결하도록 요구하더라도 금융통화위원회는 사실상 이를 피할 수 있다. 원래의 안건을 5인 이상의 찬성으로 재의결하는 대신 금리인상폭(0.24%포인트)이나 대출축소액(9천억원)을 살짝 변경한 새로운 안건을 의결하면 기획재정부장관의 재의결 요구는 무력해진다. 그런 점에서 이 조는 실효성이 낮고 무의미하다.

한편, 기획재정부장관의 의도가 관철되지 않았을 경우 대통령이 최종 결정토록 한 제1항도 적절하지 않다. 기획재정부장관과 7인의 금융통화위원회 위원은 모두 대통령이 임명한 사람들인데, 이들 사이에 의견이 대립될 때 대통령이 개입하여 어느 한쪽의 편을 들도록 하는 것은 난센스다. 대통령의 입장만 곤란하게 만든다.

이 조에 관한 필자의 생각은 다음과 같다.

〈필자의 제안〉

제92조(재의 요구) (삭 제)

9. 1998년 금융통화위원회가 "금융통화위원회가 정하는 바"에 따라 의사록을 공개(제24조)토록 한 점도 재의요구권의 실현 가능성을 크게 낮추었다. 정부와 이견이 있는 민감한 안건에 대해서 금융통화위원회가 의결결과를 기명(記名)으로 공개할 경우 이는 사실상의 배수진(背水陣)이 되기 때문에 정부가 재의결을 요구하더라도 위원들이 당초의 소신을 바꾸기는 매우 어렵다.

제93조(정책 수립 시의 자문)
정부는 금융통화에 관한 중요한 정책을 수립할 때에는 금융통화위원회의 의견을 들어야 한다.

이 조를 금융통화위원회의 권한이라고 해석하는 경향이 있다. 그런 해석은 완전한 오해다. 결론부터 말하자면, 이 조는 실효성이 없어 삭제하는 것이 바람직하다. 외국의 중앙은행법에서도 이 조와 유사한 내용은 찾기 어렵다.

한국은행법에 이 조를 둔 이유는 과거 금융통화위원회 의장이 재무부장관이었기 때문이다. 재무부장관은 정부조직법상 화폐·금융·국채·정부회계·내국세제와 관세·외국환 등에 관한 정책을 담당한다. 이런 정책의 상당 부분은 필연적으로 한국은행의 업무와도 관련되며, 한국은행의 의견이 재무부와 다를 수 있다. 이때 재무부장관이 재무부 직원들의 의견만 듣게 되면 금융통화위원회 의장으로서 직무를 소홀히 한 셈이 된다. 결론적으로 이 조의 취지는 재무부장관이 금융통화위원회 의장임을 잊지 말라는 데 있다.

현재 금융통화위원회 의장은 한국은행 총재다. 1998년 법률 개정 시 이 조를 삭제하는 것이 자연스러웠으며, 이 조를 삭제하지 않은 것은 실수였다. 정부는 1998년 이후 금융통화위원회에 한 건도 자문하지 않고 있다.

정부의 금융통화위원회 앞 자문실적

1950년대	1960년대	1970년대	1980년대	1990년대	2000년대	계
125건	124건	175건	79건	60건	0건	563건

정부 입장에서는 금융통화위원회에 자문하기도 쉽지 않다. 정부조직법 개편에 따라 현재는 금융통화에 관한 정책 중 상당 부분을 금융위원회가 관장한다. 금융위원회가 금융통화위원회의 의견을 물어야 한다면 그에 앞서 한국은행법의 주무부처인 기획재정부와 협의해야 한다. 그런 번거로움을 감수할 정도로 금융통화위원회의 의견이 중요하다고 보기는 어렵다.

한편, 1997년 이전 정부가 금융통화위원회에 활발히 자문할 때도 그 의도는 순수하지 않았다. 정부는 한국은행법 개정이나 금융감독체계 개편 등 중요한 사안은 한 번도 자문하지 않았다. 대신 한국산업은행이나 중소기업은행 등 특수은행 예산심의와 징계에 관한 사항만 자문했다. 이들 특수은행의 총재나 은행장은 보통 정부 출신의 인물이 맡았는데, 이들 기관을 상대로 재무부가 예산을 삭감하거나 임직원 징계를 요구하는 것은 매우 부담스러웠다. 그 부담을 덜기 위해서 정부는 예산심의나 임직원 징계 검토 등 골치 아픈 문제는 금융통화위원회에 자문하여 처리했다. 결국 금융통화위원회는 정부를 위해서 궂은일이나 도맡는 이이제이(以夷制夷)의 도구였다.

이 조에 관한 필자의 생각은 다음과 같다.

〈필자의 제안〉

제93조(정책 수립 시의 자문) **(삭 제)**

제94조(자료 협조)
기획재정부장관과 금융통화위원회 및 금융위원회는 정책 수립에 필요하다고 인정하는 경우 상호 간에 자료를 요청할 수 있다. 이 경우 특별한 사유가 없으면 이에 따라야 한다.

※ 이 조와 함께 읽어야 할 부분 : 제88조

이 조는 정보공유에 관한 규정이다. 이 조는 1998년 추가되었고, 같은 때 제정된 '금융위원회의 설치 등에 관한 법률(제65조)' 에도 같은 내용이 규정되었다. 금융통화위원회 의장직을 상실한 기획재정부장관, 은행감독기능이 폐지된 한국은행 그리고 신설되는 금융위원회가 서로 협력하라는 의미다.

결론부터 말하자면, 이 조의 취지는 좋지만 표현은 개선되어야 한다. 이 조에서 제시된 정보공유의 주체들 사이에 일관성이 없다. 기획재정부장관은 정부조직법에 의한 행정기관의 장(person)이고 금융위원회는 행정기관(organ)이다. 이에 비해서 금융통화위원회는 한국은행의 내부 조직이다.

중요한 점은 금융통화위원회는 법률행위의 주체가 아니라는 사실이다.[10] 그런 문제 때문에 금융통화위원회는 2009년 9월 유관기관들 간 정보공유에 관한 양해각서(MOU)가 체결되기 직전 '한국은행법 제94조에 따른 자료협조에 관한 규정' 을 제정했다. 이 규정에서는 금융통화위원회가 자료협조 요청 권한을 한국은행 총재에게 위임하고 총재가 각서에 서명(제5조 제1항)토록 했다. 금융통화위원회가 법률행위를 하지 못하는 데 따른 고육지책이었다.

그런데 금융통화위원회는 법률행위의 주체가 아니므로 기획재정부장관이나 금융위원회의 자료협조 요청에 직접 응할 수도 없다. 기획재정부장관이나 금융위원회의 자료요구에 응하는 주체는 결국 "한국은행을 대표하고 업무를 총괄" 하는 한국은행 총재다. 그런 점에서 2009년 금융통화위원회가 양해각서의 체결과 집행을 총재에게 위임한 것

---

10. 따라서 제86조, 제87조, 제88조에서도 타 기관에 대한 요구행위와 요청행위를 금융통화위원회가 아닌 한국은행이 수행토록 한다.

은 금융통화위원회의 소관사항이 아닌 것을 위임한 셈이다.

이 조에 관한 필자의 생각은 다음과 같다.

〈필자의 제안〉

제94조(자료 협조)

기획재정부와 금융위원회 및 한국은행은 정책 수립에 필요하다고 인정하는 경우 상호 간에 자료를 요청할 수 있다. 이 경우 특별한 사유가 없으면 해당 기관은 이에 따라야 한다.[11]

11. 현재의 조문과 비교할 때 '해당 기관'이라는 단어가 추가되었다. 이는 행위의 주체를 분명히 드러내기 위해서이다(금융통화위원회는 자료 요청에 응할 수 없다).

제95조(감사원의 감사)

한국은행은 매년 감사원의 감사를 받는다.

이 조는 감사원 감사에 관하여 규정한다. 결론부터 말하자면 이 조에서는 감사원 감사의 범위를 구체화할 필요가 있다.

한국은행은 설립 이후 감사원 감사를 받아왔다. 다만, 그 범위와 내용은 시대에 따라 변경되었다. 1950년 설립 당시에는 "매년 1회 이상 경리와 소유물에 관하여" 심계원(감사원)의 감사를 받았다(구법 제33조). 감사의 빈도는 현재보다 높았지만 감사의 범위는 "경리와 소유물에 대한 검사(회계검사)"로 국한되었다.

그러다가 1962년 법률 개정을 통해서 "매년 1회 이상 재무부장관의 업무검사와 심계원의 회계검사"를 받는 것으로 변경되었다(구법 제40조). 재무부장관이 한국은행 감사를 임명(구법 제23조)해 놓고 이와 별도로 한국은행을 매년 직접 검사하는 것은 논리적으로 설명하기 힘들었다. 더구나 범위를 특정하지 않고 매년 1회 이상 업무 전반에 걸쳐 검사하는 것은 과도했다. 그래서 1998년 법률 개정 시 재무부장관의 업무감사가 삭제되고 그 대신 "매년 감사원의 감사"를 받도록 수정했다.

감사원법에서는 감사원의 감사를 회계검사와 직무감찰로 구분한다. 회계검사(제22조 제2항)는 수입과 지출, 재산(물품 · 유가증권 · 권리 등 포함)의 취득 · 보관 · 관리 및 처분 등의 검사를 말한다. 한국은행은 정부의 국고금을 관리하기 때문에 한국은행의 회계검사는 감사원 입장에서 당연하며, 대단히 중요하다. 감사원법에서도 감사원의 필수 검사사항으로 '한국은행의 회계검사'를 특별히 지목(제22조 제1항 제3호)하고 있으며, 대통령과 국회에 보고하는 검사보고에 한국은행이 제출한 결산서가 정부의 결산서와 일치하는지 여부를 포함시키고 있다(제41조 제2호).

한편, 감사원의 직무감찰은 행정기관 · 지방자치단체의 사무 및 국가공무원 · 지방공무원의 직무를 감찰(감사원법 제20조)하는 것을 말한다. 따라서 한국은행 직원은 원칙적으로 감사원의 직무감찰 대상에 포함되지 않는다. 다만, 회계 사무나 국가 사무와 관련된 직원(임원 포함)은 직무감찰 대상에 포함된다(제24조 제1항 제3호, 제4호). 감사원은 회계검사와 직무감찰을 실시한 뒤 관계 직원 등에 대한 변상(제31조), 징계(동법 제32조), 위법부당한 사실의 시정(제33조), 법령상 · 제도상 모순의 개선(제34조) 등을 요구한다.

결론적으로 한국은행에 대한 감사원의 감사대상은 첫째, 회계검사이고, 둘째, 회계 · 국가 사무를 수행하는 직원에 국한된 직무감찰이다. 즉, 한국은행의 모든 업무와 직원이 감사원의 직무감찰 대상은 아니다. 한국은행법에서 이를 분명히 할 필요가 있다.

1980년대에는 감사원이 법률을 초월하여 감사대상을 확장하는 것이 바람직하다는 인식이 있었다. 전두환 대통령이 직접 "국가 발전을 위한 올바른 정책방향을 제시하고 통치이념의 구현을 확인 · 점검하는 정책감사"를 주문하기도 했다(1986년 감사원 업무계획보고). 감사원의 감사 범위가 법률과 다르게 운용됨에 따라 1990년대 초에는 국방부의 율곡사업 등 대형 국책사업에 관한 정책감사의 범위를 두고 정부 내에서 상당한 진통과 논란이 있었다(김영삼 대통령과 이회창 감사원장이 정면 대립했다). 이런 점을 감안할 때 한국은행에 대한 감사원의 감사 범위는 법률로써 확정하는 것이 필요하다.

이 조에 관한 필자의 생각은 다음과 같다.

〈필자의 제안〉

제95조(감사원의 감사)

한국은행은 매년 감사원으로부터 감사원법에 따른 회계검사 및 회계 · 국가 사무에 관계된 사람에 대한 직무감찰을 받는다.[12]

12. 행정부처(감사원법 제24조 제1항 제1호)와 달리 한국은행의 일반 사무는 직무감찰 대상이 아님을 구체화했다.

제96조(국회 보고 등)

① 한국은행은 매년 2회 이상 통화신용정책의 수행상황과 거시 금융안정상황에 대한 평가보고서를 작성하여 국회에 제출하여야 한다.

② 총재는 국회 또는 그 위원회가 제1항에 따라 제출한 보고서와 관련하여 출석을 요구하는 경우에는 출석하여 답변하여야 한다.

※ 이 조와 함께 읽어야 할 부분 : 제28조, 제102조

이 조는 일본은행법[13]을 참고하여 1998년 신설되었다. 과거에는 금융통화위원회가 정부에 보고서를 제출토록 하였으나, 이를 한국은행이 국회에 보고하는 형식으로 조정했다.

결론부터 말하자면 총재의 국회 출석과 답변은 총재의 의무에 해당하므로 제34조로 옮기는 것이 타당하다. 또한 총재의 답변 범위를 국회에 제출된 보고서로 한정하는 제한은 비현실적이므로 삭제하는 것이 타당하다.

보고서의 성격

1997년 이전에는 금융통화위원회가 특수한 사정이 있을 때만 정부에 보고서를 제출토록 하였다. 즉, "대책이 실시되어야 할 통화팽창 또는 통화수축 기간 중" 정부에 분기마다 보고서를 제출하고 이를 공표토록 하였다(구법 제99조). 따라서 실제로 보고서를 제출한 사례는 없었다.

그러나 1998년 법률을 개정해 국회에 정례적으로 보고서를 제출토록 하고 제출의 주체를 금융통화위원회에서 한국은행으로 조정했다. 처음에는 통화신용정책의 수행상황에 관한 평가보고서(통화신용정책보고서)를 매년 제출하였으나 2003년부터 제출주기가 연 2회로 늘어났고, 글로벌 금융위기 이후인 2011년에는 금융안정상황에 대한 평가보고서(금융안정보고서)가 추가되었다.

---

13. 정책수행상황보고서를 6개월에 한 번씩 재무장관을 경유하여 국회에 제출하고 총재는 국회의 요구 시 출석하여 설명한다(일본은행법 제54조).

그런데 이 조에서 서술하는 보고서에는 두 가지 문제가 있다. 첫째, 보고서 작성의 성격이다. 1997년 이전에는 국회에 보고서를 제출하는 일이 한국은행의 업무로 분류되었다.[14] 그러나 현재는 보고서 작성과 제출이 한국은행의 고유업무(제4장)에 속하지 않는다. 국회에 제출하는 중요한 보고서의 작성이 한국은행의 고유업무도, 통화신용정책도 아니라는 것은 논리적으로 어색하다. 이것은 한국은행이 타 기관에게 각종 자료 제출을 요구(제28조)하는 것을 통화신용정책에 관한 사항이라고 인식하는 것과 비교할 때 일관성이 없다. 이런 논리적 모순을 해결하려면 국회에 제출하는 각종 보고서 작성을 통화신용정책의 범주에 포함해야 한다(이 점에 관해서는 제28조의 제안을 참조하라).

둘째, 보고서의 책임성이다. 일본은행법(제15조 제2항 제13호)에서는 국회에 제출하는 보고서를 반드시 정책위원회가 의결토록 한다. 한국은행법(제102조)에서도 연차보고서는 금융통화위원회가 의결토록 하고 있다. 그에 비해서 이 조는 매년 2회 이상 각종 보고서를 제출하라고만 요구할 뿐, 그 보고서의 최종 책임이 누구에게 있는지는 밝히지 않고 있다. 틀림없는 실수다.

총재의 자격

대부분의 중앙은행 총재들은 의회에 출석하여 경제 현안에 관한 질의에 답변하고 설명한다. 이때 총재의 자격은 두 가지로 구분된다. 미 연준법[15]에서는 의장이 의회에 출석하여 답변하는 범위를 정책에 관한 보고서로 한정한다. 따라서 답변하는 의장의 자격은 회의체인 연방준비위원회의 의장이다. 기관장이 아니다.

반면, 일본은행법(제54조 제2항, 제3항)과 프랑스은행법(L.143-1)에서는 총재가 의회에 출석하여 답변·설명하되 답변과 설명의 범위는 통화신용정책뿐만 아니라 업무활동 전반이다. 따라서 답변하는 총재의 자격은 기관을 대표하는 최고관리자다.

이 조는 "국회에 제출한 보고서에 관하여" 총재가 답변토록 하는 점에서 미 연준법과 비슷하다. 즉, 이 조에서는 국회에 출석하는 총재의 자격을 금융통화위원회 의장으로

14. '제4장 한국은행의 업무' 중 '제8절 국내의 통화와 신용정책'에서 기술했다.

15. "의장은 연 2회 통화정책보고서를 의회에 제출하고 출석하여 설명한다"(연방준비제도법 Section 2B (a)).

보고 있다. 따라서 금융통화위원회 위원들이 당연히 배석해야 한다. 그러나 현실에서는 금융통화위원회 위원들이 배석하지 않는 경우가 많다.

또한 이 조가 없더라도 총재는 국회법에 따라 상임위원회에 업무를 보고한다. 국회에 출석하는 총재는 보고서와 직접 관련이 없는 사항에 관해서도 상임위원회 위원들의 질의에 답변한다. 아울러 '국정감사 및 조사에 관한 법률(제7조 제3호)'에 따라 총재는 국정감사도 받는다.[16] 업무보고나 국정감사에서는 통화신용정책을 넘어 한국은행 업무 전반과 경제 전체를 다룬다. 즉, 현실에서는 국회에 출석하는 총재의 자격이 한국은행의 운영을 책임지는 관리자다(이 경우 정책의 집행까지 책임지지 않는 금융통화위원회 위원들은 배석할 필요가 없다). 그러므로 국회에 제출한 보고서를 이유로 출석을 요구하는 제2항은 사실상 의미가 없다.

이 조에 관한 필자의 생각은 다음과 같다.

〈필자의 제안〉

제96조(국회 보고)

한국은행은 매년 2회 이상 통화신용정책의 수행상황과 거시 금융안정 상황에 대한 평가보고서를 금융통화위원회의 의결을 거쳐 국회에 제출하여야 한다.

② (삭 제)

16. 국정감사는 헌법(제61조)에 따라 국회가 행정부를 견제하기 위해서 수행하는 중요한 활동으로서 1972년 유신헌법 때 삭제되었다가 1988년 2월 개헌과 함께 부활했다. 그런데 "국정"의 범위가 분명하지 않다. 헌법에서는 국무회의가 국정의 기본계획을 심의하고, 국무위원은 국정에 관하여 대통령을 보좌하므로 이에 따를 경우 한국은행은 국정과 상관없다. 그러나 1988년 제정된 '국정감사 및 조사에 관한 법률(제7조 제3호)'에서는 한국은행이 국정감사 대상기관에 포함된다. 한국은행 이외에 지방자치단체, 정부 출자·출연기관, 농업협동조합중앙회, 수산업협동조합중앙회 등도 포함되어 있다.
참고로 한국은행은 국정감사와 악연이 있다. 1959년 국정감사에서 행정부의 지시와 비호에 따라 한국은행이 자유당에 불법 대출(연계자금대출)을 주선했다는 사실이 밝혀져서 4.19 혁명의 도화선이 되었고, 혁명 이후에는 전·현직 총재와 부총재, 금융통화위원회 위원 등이 대거 구속되기도 했다.

제7장 회계 등

이 장은 1998년 신설되었다. 새로운 내용이 추가된 것은 아니고 이전 법률에서 여러 곳에 흩어져 있던 내용을 하나로 모았다. 그러다 보니 상당히 산만하고 체계적이지 않다(이것 역시 1998년 법률 개정이 급하게 추진된 결과다). 예를 들어 제1절과 제2절은 구분할 필요가 없다. 제2절에서 다루는 대차대조표는 제1절의 회계와 불가분의 관계에 있기 때문이다. 일본은행법(제6장)에서도 대차대조표 등 재무제표는 회계의 한 부분이다.

반면, 제1절과 제2절의 내용 중에는 이질적이라서 솎아낼 것도 있다. 예를 들어 회계를 다루는 제1절에서 이익금의 처분과 손실보전을 다루는 것은 어색하다. 이익금 처분은 중앙은행의 자본금(적립금)에 영향을 미치기 때문에 주요국 중앙은행법에서는 회계와 별개의 문제로 다룬다. 제2절에서 연차보고서의 작성과 공표를 대차대조표와 함께 다루는 것도 어색하다. 연차보고서는 대차대조표와 같은 회계문제를 초월한다. 연차보고서는 기관의 업무성과나 책임성과 관계되는 문제이므로 '제6장 정부 등과의 관계'로 옮기는 것이 타당하다. 중소기업은행법(제49조)에서도 연차보고서의 작성은 회계(제37조)와 분리하여 다룬다. 결론적으로 이 장의 각 조는 재분류되어 그 위치를 옮겨야 한다. 거기에 맞추어 이 조의 제목도 수정해야 한다.

이 장에 관한 필자의 생각은 다음과 같다.

〈필자의 제안〉

제7장 회계, 예산, 결산

제1절 회 계

이 절에서는 회계라는 제목으로 예산과 결산 그리고 이익금 처분을 다룬다. 이 중 결산은 회계기록을 확정하는 작업이므로 회계의 문제이지만, 예산과 이익금 처분은 엄밀히 말해서 회계의 문제가 아니다.

한편 한국은행의 회계는 이 절뿐만 아니라 제2절에서도 다루어진다. 제101조의 대차대조표는 이 절(제98조)에서 다루는 재무제표의 일부다. 이처럼 한국은행법에서 회계는 대단히 비체계적으로 서술되고 있다. 이런 점들을 감안할 때 이 절은 해체하고 각 조를 재배치하는 것이 바람직하다.

이 절에 관한 필자의 생각은 다음과 같다.

〈필자의 제안〉

제1절 (삭 제)

제97조(회계연도)

한국은행의 회계연도는 정부의 회계연도에 따른다.

※ 이 조와 함께 읽어야 할 부분 : 제98조

이 조는 1998년에 신설되었다. 결론부터 말하자면 이 조는 불완전하다. 회계연도를 넘어 회계의 일반 원칙을 다룰 필요가 있다.

1997년 이전의 법률에서는 한국은행의 회계규정에 관한 언급이 없었다. 일종의 입법 미비였다. 이 점을 파악한 재무부는 1962년 한국은행정관(제40조) 개정을 통해 한국은행 회계규정의 승인권을 정부가 갖는다고 규정했다. 상위법규에도 없는데 정부 스스로 권한을 창출한 것이다(회계규정에 관한 정부의 승인권은 결국 1982년 삭제되었다).

현재는 한국은행의 회계규정을 금융통화위원회가 정한다. 그 근거는 한국은행법 제8조와 제29조다. 그런데 금융통화위원회는 한국은행정관(제33조)을 통해 회계연도를 제외한 모든 회계문제를 총재에게 위임했다. 회계를 경리(經理)나 부기(簿記)라는 명칭으로 부르며 소홀하게 취급했던 한국은행의 조직문화 때문이다.[1] 그러나 회계규정은 금융통화위원회가 심의 · 의결하는 예 · 결산(제98조)과 이익금의 처분(제99조) 등의 기준이라는 점을 감안할 때 회계규정을 총재가 단독으로 정하는 것은 적절치 않다.

한편, 민간법인은 정관을 통해 회계연도를 자유롭게 정하지만, 공공기관은 정부와 일치시키는 것이 일반적이다. 한국은행도 회계연도를 정부의 회계연도와 항상 일치시켜 왔다.[2] 예금과 대출잔액 등을 대사(對査)하거나 정부에 이익금을 납입하는데 두 기관의 회계연도가 일치하는 것이 실무적으로 훨씬 편리하기 때문이다.[3]

1. 1962년 이전의 한국은행정관에서는 일본의 영향을 받아 회계를 경리(經理)라고 표현했다. 경리에는 예 · 결산과 이익금 처분까지 포함된다.
2. 구 한국은행법시행령(제5조)에서는 한국은행의 사업연도를 정관에서 다루도록 했고, 한국은행정관의 변경승인권을 가진 재정경제부장관이 한국은행의 회계연도를 항상 정부와 일치시켰다.
3. 정부의 회계연도는 법률로 정해진다. 건국 직후에는 재정법(1951년 9월 제정)을 통해서 4월 1일부터 익년 3월 31일까지가 회계연도였지만, 이 법이 1954년 1월 개정되면서 회계연도가 7월 1일부터 익년 6월 30일까지로 조정되었다. 이후 1956년 6월 매년 1월 1일에서 12월 31일로 다시 변경되어 오늘날에 이르고 있다. 참고로 정부의 회계연도는 현재 재정법이 아닌 국가재정법(2006년 10월)에서 규정하고 있다.

그러나 한국은행의 회계연도를 정부와 일치시키는 것을 법률로 강제하는 것은 어색하다. 대부분의 나라에서는 중앙은행의 회계연도를 법률에서 다루지 않는다. 회계연도는 중앙은행의 운영에 관한 원칙이므로 정관에서 다루는 것이 적절하다고 보기 때문이다. 참고로 일본은행법(제50조)과 유럽중앙은행법(26.1)에서는 회계연도를 정하는 데 특정 날짜를 명시한다.

이 조에 관한 필자의 생각은 다음과 같다.

〈필자의 제안〉

제97조(회계연도 등)

① 한국은행의 회계연도는 매년 1월 1일에서 시작하여 12월 31일에 종료한다.[4]

② 회계연도 중 한국은행의 이익금, 손실, 자산 및 부채 등을 기록하는 데 필요한 기준은 금융통화위원회가 심의 · 의결한다.[5]

---

4. 국가재정법(제2조), 유럽중앙은행법(26.1), 일본은행법(제50조), 필리핀중앙은행법(Section 42) 등의 표현방식을 참조했다.

5. 금융통화위원회가 한국은행의 회계규정을 정하는 근거다. 이 항이 필요한 이유는 제29조 및 제98조의 설명을 참조하라.

제98조(예산 · 결산)

① 한국은행의 매 회계연도 예산은 금융통화위원회의 의결을 거쳐 확정한다.

② 한국은행은 제1항의 예산 중 급여성 경비 등 대통령령으로 정하는 예산에 대해서는 미리 기획재정부장관의 승인을 받아야 한다. 이 경우 지체 없이 국회 소관 상임위원회에 보고하여야 한다.

③ 한국은행은 해당 회계연도 개시 60일 전까지 기획재정부장관에게 제2항에 따른 예산의 예산서를 제출하여야 한다.

④ 총재는 회계연도가 끝난 후 2개월 이내에 외부감사를 받은 해당 연도 결산서(재무제표와 그 부속명세서 및 「공인회계사법」 제23조에 따른 회계법인의 감사보고서를 포함한다)를 국회 소관 상임위원회와 기획재정부장관에게 각각 제출하여야 한다.

※ 이 조와 함께 읽어야 할 부분 : 제97조, 제100조

이 조는 한국은행의 예산 및 결산의 진행원칙에 관한 규정이다. 그런데 이 조는 그 위치부터 부적절하다. 현재와 같이 이 조를 제1절(회계)에 두는 것은 예산과 결산을 회계의 하위개념으로 다루는 것을 의미하는데, 그로 인해서 한국은행법의 해석에 모순이 생긴다(이 점에 관해서는 〈참고 7-1〉을 참조하라).

참고 7-1 예 · 결산과 회계의 관계

예 · 결산은 현실적으로 회계와 불가분의 관계에 있다. 예산의 집행은 회계기록의 수정을 동반하고, 결산은 회계기록을 확정한다. 그런 점에서 현행 법률에서는 예산과 결산을 회계(제1절)의 문제로 인식한다.

하지만 이론적으로 보면, 예산은 회계와 성격이 다르다. 예산은 한 기관의 연간 업무계획을 금전적으로 표현한 것일 뿐, 재무상황을 기록하는 절차(accounting)가 아니다. 재무상황에 관한 기록(financial statement)도 아니다. 그래서 주요국 중앙은행법에서는 예 · 결산과 회계를 분리해서 다룬다. 그 둘을 구별하지 않는 것은 일본은행법과 한국은행법뿐이다. 전통적으로 회계를 경시해 온 풍토 때문이다.

과거 일본에서는 현금출납을 다루는 일 또는 그 일의 담당자를 '경리(bookkeeper)'라고 낮추

어 부르면서 크게 신경쓰지 않았다. 1996년 이전의 일본은행법에서 '경리(bookkeeping)'라는 말은 현금출납, 부기(재무제표 관리), 예·결산 등 여러 가지를 두루 일컫는 모호한 말이었다. 1997년 일본은행법을 개정할 때 '경리'라는 단어가 '회계'로 수정되었으나 그 법에서 회계의 개념은 여전히 다듬어지지 않았다. 일본은행법(제6장)에서는 예·결산과 잉여금의 처분도 회계의 한 부분이라고 본다. 서양의 중앙은행법과 크게 다르다.

일본은행법의 영향을 받아 이 조에서도 예·결산을 회계의 하위개념으로 다룬다. 이는 예산과 회계를 독립적으로 다루는 제8조의 분류기준과 다르다. 참고로 금융통화위원회가 정한 '예산결산규정'에서는 예·결산을 회계와 별개의 문제로 다루지만, 총재가 정한 '회계규정'에서는 예·결산이 회계의 범주에 속한다. 이처럼 한국은행 안에서도 예·결산과 회계의 관계는 뒤죽박죽이다.

이런 문제를 해결하려면 한국은행법에서 분명한 기준을 세워야 한다. 우선 제1절(회계)을 해체하여 예·결산과 회계를 상호 독립적인 관계로 만들어야 한다. 외국의 중앙은행법에서도 예·결산과 회계를 독립적으로 취급하며, 한국산업은행법 등에서도 예·결산과 회계는 별도로 취급한다. 회계에 관한 한, 현재의 한국은행법은 상당히 후진적이다.[1)]

1) 사물과 개념의 분류(taxonomy)를 철저하게 하는 것이 법률을 포함한 모든 학문의 기본이다. 참고로 과학(science)은 사물과 개념을 분과(分科)한다는 의미이며, 영어 science도 자르다(scissor, 가위)는 어원에서 나왔다. 자르고 쪼개는 것이 과학적 사고의 출발점이다.

예산의 범위

어느 조직에서나 예산안은 편성할 때부터 확정할 때까지 단계별로 무수한 검토와 논의가 필요하다.[6] 한국은행법에서는 예산을 확정하는 절차와 주체는 중요하게 다루는 반면, 예산의 범위에 관해서는 언급조차 없다.

한국은행의 예산에는 원칙적으로 한국은행의 모든 수입과 지출이 포함된다. 그러나 금융통화위원회가 예산안을 심의할 때는 연간수입을 중요하게 다루지 않는다. 발권기관인 한국은행은 수입에 구애될 필요가 없는 데다가 대출이자 수입이나 외화자산 운용수입은 국내외 경제상황에 따라 매우 큰 폭으로 변동하여 통제할 수 없기 때문이다. 무엇보다

6. 한국은행정관(제23조 제1항)은 매 회계연도 개시 30일 전까지 한국은행 총재가 예산안을 편성하도록 규정하고 있다. 그러나 예산안을 편성하기 위한 실무작업은 그보다 훨씬 일찍 시작한다(8월경).

도 한국은행은 수익성을 추구하지 않으며, 한국은행의 손익은 정책 운용의 목표가 아니다. 이 점은 지출도 마찬가지다. 통화안정증권의 이자비용이나 화폐제조비용 등은 한국은행이 스스로 통제할 수 없다. 그래서 금융통화위원회는 이들을 소위 '정책예산'이라고 부르며, 예산심의과정에서 큰 관심을 쏟지 않는다.

정부는 한국은행과 다르다. 기획재정부는 예산심의와 통제의 범위를 자의적으로 조절하지 않고 모든 수입과 지출에 신경을 쓴다. 국가재정법(제17조)상 '예산총계주의'라는 대원칙 때문이다. 한 회계연도의 모든 수입과 지출을 국가재정의 통제대상으로 삼는다는 원칙이다. 여기에서 예외가 되는 항목은 법률(국가재정법 제53조)로 엄격히 제한한다. 즉, 정부가 임의로 예산심의의 범위를 조절하지 않는다.

정부의 이런 노력에 비하면, 금융통화위원회가 자의적으로 관심 범위를 좁혀서 '정책예산'에 큰 관심을 기울이지 않는 것은 적절치 못하다. 통제할 수 없다는 이유로 금융통화위원회가 '정책예산'을 소홀히 다루게 되면 직무를 소홀히 했다는 비판을 받을 수 있다. 통제할 수 없는 일부 수입과 지출을 심의 · 검토 대상에서 배제하려면 반드시 법률에 그 근거를 마련해야 한다.

한편, 우리나라 정부와 외국의 상당수 중앙은행들은 예산의 통제를 위해서 복수의 특별회계를 유지한다. 영란은행은 설립 당시부터 지금까지 발권부(issue department)와 은행부(banking department)가 독립적으로 재무제표를 작성한다. 스웨덴릭스방크는 노벨경제학상의 재원을 관리하기 위해서 별도의 특별회계를 유지한다. 미 연준도 공개시장조작에 관해서는 뉴욕 연준이 별도로 장부(System Open Market Account ; SOMA)를 관리한다.

한국은행도 외화자산 운용이나 공개시장조작 등 고도의 전문성이 필요한 부분은 특별회계의 형태로 운영할 수 있다. 특별회계를 마련할 경우 한국은행 경영과 관련한 예산의 심의와 검토는 훨씬 투명해지고 용이해질 수 있다. 이런 가능성을 보더라도 금융통화위원회가 심의 · 의결하는 예산의 범위와 그 예외에 관한 근거는 명문화할 필요가 있다.

예산의 확정

예산은 한 경제주체의 사업 구상이나 목표를 금전적으로 표현한 계획서다. 따라서 예산안의 심의와 승인을 통해서 한국은행 운영에 대한 통제는 물론, 통화신용정책에 대한 간접적 영향력 행사도 가능하다. 그런 점에서 예산의 심의와 승인절차를 합리적으로 조정하는 것은 매우 중요하다.

주요 선진국의 경우 중앙은행의 자주성 보장 차원에서 정부가 중앙은행의 예산을 강하게 통제하지 않는다. 고위 직원의 보수에 관해서만 감시하는 정도다.

주요국의 예산통제장치

중앙은행	예산통제장치
미 연준	연준이사회 및 지역 연준 모두 행정부 또는 의회로부터 심의 · 승인 등 사전적 통제를 받지 않음(내부 의결기구가 결정) 단, 연준 위원의 보수는 공무원보수법의 규제를 받음
영란은행	이사회(Court of Directors)가 의결
일본은행	통화신용정책과 관련이 없는 경비예산은 재무장관이 사전 승인. 단 승인 거부의 요건을 엄격히 제한(재무장관이 승인 거부 시 그 취지 및 이유를 일본은행에 통지하고 경비예산의 내역과 거부이유를 공표하여야 함)
분데스방크	이사회가 의결. 단, 임원의 보수는 연방정부가 승인
캐나다은행	이사회가 의결
호주준비은행	준비은행이사회(Reserve Bank Board)가 의결. 단, 총재 및 부총재를 제외한 준비은행이사회 및 지급결제제도이사회 위원의 보수는 정부 보수심의회가 결정
스웨덴릭스방크	의회가 예산을 승인

이에 비해 우리나라에서는 통제장치가 상당히 강한 편이다. 최초의 한국은행법에서는 한국은행의 예 · 결산을 금융통화위원회가 자율적으로 처리하도록 했으나, 4.19 혁명과 5.16 군사정변 이후에는 정부(각의, 국무회의)가 한국은행의 예 · 결산을 의결 또는 심의했다(예 · 결산 승인권의 변천은 제29조 설명을 참조하라). 이런 점이 한국은행의 운영을 지나치게 제약한다는 지적에 따라 현재는 일부 경비예산(급여성 경비)만 정부가 사전 승인하고 있다.

한편 과거 한국은행법에서는 예산에 관한 금융통화운영위원회의 역할이 의도적으로 모호하게 기술되었다. 최초의 한국은행법(제7조)에서는 '승인' 이라는 표현을 썼다. '승인' 이란, 한국은행이 발행하는 은행권과 주화의 규격과 권종에 관한 정부의 승인(제49조), 상업은행의 대출에 대한 금융통화위원회의 사전 승인(제28조 제19호)처럼 제3자가 허락하는 일을 말한다. 따라서 한국은행 내부 기구인 금융통화운영위원회가 예산을 '승인' 한다는 표현은 부적절했다.

따라서 1998년 '승인' 이라는 표현을 '확정' 으로 고쳤다. 급여성 경비는 기획재정부장관이 미리 '승인' 하므로 그것과 차별하기 위한 표현이다. 금융통화위원회는 기획재정부장관이 급여성 경비를 승인하는 것을 기다렸다가 전체 예산안을 의결한다. 거의 예외 없이 12월 31일이다. 매년 영업마감일에 쫓기면서 금융통화위원회 회의가 개최된다.

이런 불편함을 해소하려면 급여성 경비는 금융통화위원회의 의결대상에서 차라리 제외하는 것이 합리적이다. 즉, 급여성 경비는 기획재정부장관이 승인하는 것으로 끝내고, 금융통화위원회는 그 나머지 부분만 의결토록 할 경우 매년 12월 31일 예산안 의결을 위해 금융통화위원회가 형식적으로 소집되는 불편이 해소된다(이 경우 한국은행 전체 예산은 금융통화위원회가 미리 의결한 부분과 기획재정부가 승인한 부분의 합으로 자동 확정된다).

급여성 경비

예산은 통상 사업단위로 편성된다. 그런데 예산의 통제를 위해서는 사업단위가 아니라 지출의 성격별로도 집계할 필요가 있다. 예를 들어 특정 연구개발(R&D) 사업을 달성하기 위해서 기계를 구입(설비투자)할 수도 있고 연구인력을 더 투입(고용)할 수도 있는데, 그 집행방법의 적정성을 살피기 위해서는 지출성격별 심의가 필요하다. 이런 점으로 볼 때 급여성 경비를 외부에서 승인하는 것은 한국은행 업무수행방식을 정부가 통제하게 되는 것을 의미한다.

그런데 '급여성 경비' 는 법률로 다루기 힘든 회계적 · 기술적 개념이다.[7] 그래서 한

7. 정부가 정한 '급여성 경비 등' 은 일반관리비의 인건비와 급여성 복리후생비로 구성된다(한국은행법시행령 제17조). 일반관리비, 인건비, 복리후생비는 회계적 개념이다.

국은행법에서는 '급여성 경비 등'의 범위를 대통령령으로 정하도록 한다(제98조 제2항). '급여성 경비 등'은 법률상 개념이 아니라 회계상의 기준이라는 점에서 그 범위는 한국은행 스스로 정하는 것이 바람직하다(국내 다른 기관과 비교할 때 금융통화위원회의 판단이 적절한지는 감사원 감사 등을 통해 검증받는다). 이는 지급준비대상 예금채무의 범위를 금융통화위원회가 정해야 하는 것과 같은 이치다(이 점에 관해서는 제55조의 설명을 참조하라).

결산서 제출

한국은행은 정부의 은행으로서 국고금을 수입(제71조)하고, 국채의 발행과 상환 등 국가 사무를 담당(제73조)한다. 이러한 특수성 때문에 감사원법에서는 한국은행의 회계와 함께 결산을 특정하여 언급하고 있다(감사원법 제22조 제1항 제3호, 제41조 제2호).

그러나 결산은 대단히 번거롭고 기계적인 작업이다. 결산은 실무자가 미리 정해진 절차(회계규정)와 증빙에 따라 진행하며, 결산작업에는 재량적 판단이 개입될 수 없다. 외부감사[8]나 금융통화위원회는 결산작업의 결과를 사후적으로 확인 · 검증한다.

결산에는 재량적 판단이 개입되지 않으므로 총재도 결산에 대해 책임지기 어렵다.[9] 그래서 일본은행법(제52조)에서는 결산서를 제출하는 주체를 총재가 아닌 일본은행으로 기술하고 있다. 미국, 영국, 프랑스, 호주, 캐나다 등 주요국 중앙은행법에서도 의회나 정부에 대한 결산서 제출을 총재의 의무로 규정하지는 않는다. 결론적으로 총재에게 결산서 제출의 책임을 묻는 것은 적절치 못하다.

이 조에 관한 필자의 생각은 다음과 같다.

---

8. '외부감사'란 한국은행으로부터 독립된 외부의 감사인에 의한 회계감사를 말한다. 한국은행은 결산서에 대한 외부감사가 법정화되기 전에도 2009 회계연도 결산서부터 한국은행 결산의 신뢰성 확보를 위하여 자체적으로 외부 회계법인의 감사를 받아 왔다.
9. 결산에 관한 책임은 외부 회계감사기관과 한국은행 감사에게 있다고 판단된다.

〈필자의 제안〉

제98조(예산 · 결산)

① 한국은행의 예산은 금융통화위원회가 심의 · 의결한다.[10] 다만, 제3항에 의한 인건비와 급여성 복리후생비는 기획재정부장관의 승인으로 금융통화위원회의 심의 · 의결을 갈음할 수 있다.[11]

② 예산은 모든 지출을 포함한다. 다만, 금융통화위원회가 정관을 통해 별도로 지정하는 지출과 특별회계 등은 제1항에 의한 의결과 분리할 수 있다.[12]

③ 한국은행은 제1항의 예산 중 인건비와 급여성 복리후생비에 대해서는 미리 기획재정부장관의 승인을 받아야 한다. 이 경우 지체 없이 국회 소관 상임위원회에 보고하여야 한다. 인건비와 급여성 복리후생비의 범위는 금융통화위원회가 정한다.[13]

④ 한국은행은 해당 회계연도 개시 60일 전까지 기획재정부장관에게 제3항에 따른 예산의 예산서를 제출하여야 한다.

⑤ 한국은행은 회계연도가 끝난 후 2개월 이내에 외부감사를 받은 결산서[14](재무제표와 그 부속명세서 및 「공인회계사법」 제23조에 따른 회계법인의 감사보고서를 포함한다)를 국회 소관 상임위원회와 기획재정부장관에게 각각 제출하여야 한다.

---

10. 현행 제1항의 불필요한 사족들을 정리했다. 예를 들어 예산은 회계연도를 단위로 편성 · 집행되므로 "매 회계연도"라는 표현은 필요 없다. 또한 예산은 의결하면 당연히 확정되므로 '확정'이라는 단어도 필요 없다.
11. 인건비와 급여성 복리후생비는 기획재정부의 승인으로 금융통화위원회의 의결을 대체할 수 있도록 했다.
12. 발권비용의 처리나 외화자산의 운용을 위한 특별회계의 근거를 마련하였다.
13. 인건비와 급여성 복리후생비는 한국은행 예산의 지출항목이므로 그 기준은 정부가 아닌 금융통화위원회가 정하도록 했다.
14. 결산서 제출의 주체를 총재에서 한국은행으로 변경했다. 총재가 현실적으로 결산서에 책임을 질 수 없기 때문이다. 또한 '해당 연도'라는 표현을 삭제했다. 문장에 "회계연도가 끝난 후"라는 말이 있으므로 불필요하다.

제99조(이익금 처분)

① 한국은행은 회계연도마다 결산상 순이익금을 자산의 감가상각에 충당한 후 나머지가 있을 때에는 결산상 순이익금의 100분의 30을 매년 적립하여야 한다.

② 한국은행은 결산상 순이익금을 제1항에 따라 적립한 후 나머지가 있을 때에는 정부의 승인을 받아 이를 특정한 목적을 위한 적립금으로 적립할 수 있다.

③ 한국은행은 결산상 순이익금을 제1항과 제2항에 따라 처분한 후 나머지가 있을 때에는 이를 정부에 세입(歲入)으로 납부하여야 한다.

※ 이 조와 함께 읽어야 할 부분 : 제100조

이 조는 한국은행의 이익금 처분에 관한 원칙을 다룬다. 이 조에서 이익금 처분을 다루는 이유는 한국은행이 법인이기 때문이다. 법인이 아닌 정부(기획재정부)는 재정수지 흑자의 처분을 법률로 다루지 않는다. 그런 점에서 이 조는 제2조(법인격)와 나란히 위치하는 것이 자연스럽다.[15]

한편, 한국은행의 이익금 처분은 그 성격이 일반법인의 배당정책(dividend policy)에 해당한다.[16] 일반법인은 주주총회를 통해 매년 배당정책(배당률)을 바꿀 수 있지만, 한국은행은 이익금을 일관성 있게 처분하라는 것이 이 조의 취지다.

결론부터 말하자면, 이 조에는 부족한 점이 있다. 순이익금을 어떻게 처분하느냐에

---

15. 이익금의 처분은 회계가 아닌 법인의 자본구조(capital structure)에 관한 문제라는 점에서 제2조의 뒤로 옮기는 것이 타당하다. 과거에도 이익금의 처분은 법률의 앞 부분인 제5조에서 다루어졌다.

16. 중앙은행의 이익금 처분에 대한 시각은 나라마다 다르다. 일본은행법에서는 이익금의 처분(제6장)이 상당히 뒤에서 다루어진다. 즉, 업무(제4장)와 발권(제5장)의 후순위다. 유럽중앙은행설립법에서도 이익금의 처분(제6장)은 통화신용정책(제4장), 감독정책(제5장)보다 뒤에서 기술된다.

반면, 미 연준법에서는 지역연방준비은행의 자본금(제5장)과 이익배분(제7장) 등이 지배구조(제10장), 통화신용정책과 감독정책(제11장), 공개시장조작(제12장A, 제14장), 정부예금(제15장), 발권(제16장) 등보다 먼저 기술된다. 영국, 캐나다, 호주, 프랑스 등의 중앙은행법에서도 자본금과 그 변동에 관한 사항은 중앙은행의 고유업무보다 앞에서 서술되고 있다. 이는 자본금과 손익의 처분 등이 중앙은행의 존립양식(modus essendi)과 직결되는 문제라고 보기 때문이다.

현재의 한국은행법은 일본과 유로 지역의 사례를 따르고 있지만 1997년 이전에는 미국, 영국, 캐나다, 호주, 프랑스 등의 사례를 따랐다. 1997년 이전의 한국은행법에서는 자본금(구법 제5조), 순이익금 처분(제6조), 손실금의 정부보전(제7조) 등이 한국은행의 고유업무보다 우선해서 기술되었다.

초점을 맞추면서도 그보다 더 중요한 문제, 즉 순이익금을 어떻게 인식하느냐는 다루지 않고 있다. 따라서 이 조에서는 순이익금의 인식에 관한 원칙까지 규정할 필요가 있다. 한국은행의 순이익금은 보수적으로 평가하는 것이 바람직하므로 충당금이 필요하다. 충당금 운용 면에서 한국은행은 다른 중앙은행보다 상당히 소극적이다.

감가상각과 충당금

순이익금은 자산의 감가상각 뒤에 계산된다. 그런데 이 조에서는 "회계연도마다 결산상 순이익금을 자산의 감가상각에 충당한 후" 라고 서술하여 마치 순이익금이 감가상각보다 먼저 계산되는 것처럼 서술하고 있다. 회계를 잘 몰랐거나 무관심했기 때문에 생긴 오류다(이 점에 관해서는 제98조의 〈참고 7-1〉을 참조하라).[17]

하지만 더 큰 오류가 있다. 감가상각만 강조되고 충당금은 누락되었다는 점이다. 일반적으로 법률에서는 감가상각보다 충당금을 중시한다. 감가상각이란, 특정 회계연도 중 소모된 자산의 가치를 계산하여 비용으로 인식하는 회계적 조치에 불과하므로 상당 부분 기업의 자율에 맡기는 경향이 있다. 그에 비해서 충당금은 장래에 예상되는 손실에 대비하는 자금이며, 법인의 생존능력을 결정한다. 그래서 충당금의 종류와 적립방법 등은 법률이나 기업회계기준을 통해 엄격하게 규율한다.

이는 외국의 중앙은행법도 마찬가지다. 예를 들어 1948년 개정된 필리핀중앙은행법(제43조)에서는 "충분한 충당금 또는 적립금(shall make adequate allowance or establish adequate reserves)" 을 강조한다. 반면, 감가상각에 대한 언급은 없다. 미국 뉴욕 연준 소속의 블룸필드는 그 법을 참고하여 "각종 자산의 가치하락에 대비한 충분한 충당금을 적립한 후(after adequate allowances are made for depreciation in assets)" 순이익금을 배분하도록 했다.

그런데 번역과정에서 실수가 생겼다. 충당금을 감가상각으로 바꾸어 "충분한 감가상각에 충당한 후" 라고 번역된 것이다. 이런 연유에서 현재의 한국은행법에서는 충당금

17. 한국은행법에서 시작된 이 오류는 한국산업은행(제31조), 한국수출입은행법(제36조), 중소기업은행법(제42조)에서 반복되고 있다. 이는 주무부처와 국회의 부주의 또는 이해 부족을 드러낸다.

이 사라지고 별로 중요하지 않은 감가상각만 언급되고 있다.[18]

상당수 중앙은행들은 여러 가지 명목의 충당금을 자율적으로 보유한다. 예를 들어 스위스중앙은행은 환율변동으로 인한 급격한 평가손익을 완충하기 위해서 외환충당금(provisions for currency reserves)을 보유한다. 일본은행은 외환거래뿐만 아니라 채권거래의 리스크에 대비하여 두 개의 손실충당금을 보유하고 있다. 스웨덴, 네덜란드, 터키, 이스라엘 등의 중앙은행은 충당금과 비슷한 재평가계정(revaluation account)을 운용한다.[19]

유로 지역, 독일, 프랑스, 핀란드는 충당금과 재평가계정을 둘 다 보유한다.[20] 또한 환율과 금리변동 등에 따른 평가손실은 당해연도 손익에 반영하되, 평가이익은 손익에 반영하지 않고 재평가계정에 기록하는 등 이익과 손실을 비대칭적으로 인식한다. 이처럼 상당수 중앙은행들은 순이익금 인식에서 일반 기업보다 훨씬 보수적인 입장을 취한다. 외화자산이 많거나 상당한 적자(자본잠식)를 겪은 중앙은행일수록 그런 경향이 강하다.

한국은행은 외화자산이 매우 많고 상당 기간 적자가 계속되었던 경험도 있다. 그래서 법률에 명시된 감가상각 이외에 재평가계정(외환평가조정금)을 보유하고 있다.[21] 하지만 순이익금을 좀 더 보수적으로 평가하려면 재평가계정에 더하여 충당금까지 보유할 필요가 있다. 결론적으로 이 조에서 필요한 것은 감가상각이 아니라 충당금에 관한 근거다.

---

18. 한국은행법 제정작업에 참가했던 신병현(조선은행 조사부 금융재정과장)과 김정렴(금융재정과 참사) 등은 조선은행의 조사분야에서 근무했기 때문에 경리와 부기를 잘 몰랐다. 관심도 없었다.
19. 충당금은 미래의 손실을 미리 대비하기 위해서 현재 이익의 일부는 부채로 파악하는 데 비해서 재평가계정은 현재 기록해야 할 손익을 미래로 연기(deferred account)한다. 둘 다 손익의 변동을 완충하는 효과가 있다.
20. 이와 반대로 미국, 영국, 캐나다, 브라질, 러시아, 칠레, 사우디아라비아 등은 충당금과 재평가계정을 운영하지 않고 국제회계기준(IFRS)을 따른다.
21. 거기에 더해서 시가평가(mark to market)가 아닌 장부가(book value)로 금융자산의 가치를 기록한다.

순이익금의 적립

중앙은행은 발권기관이기 때문에 회계 면에서 특이성(singularity)을 갖는다.[22] 즉, 순이익금이나 자산을 처분할 때의 회계적 효과가 다른 경제주체들과는 전혀 다르게 나타난다. 예를 들어 일반법인이 순이익금을 처분할 경우 타 기관에 예치하여 운용하던 현금자산을 인출하여 지급하게 되므로 법인의 총자산규모는 축소된다. 이에 비해서 중앙은행의 순이익금은 타 금융기관에 예치되지 않고 장부상에만 존재하는 추상적 개념이며, 외부에 예치되지 않는다. 그래서 중앙은행이 그 순이익금을 정부에 납입(처분)하면 자산에는 변화가 없다. 부채인 정부예금만 늘어난다. 즉, 중앙은행의 순이익금 처분은 부채비율(부채총액/자산총액)을 늘린다.

자산을 처분하는 경우에도 효과가 다르게 나타난다. 상업은행이나 일반법인의 경우 대출을 회수하거나 부동산을 처분하면 고정자산이 현금자산으로 전환된다. 즉, 대차대조표의 크기는 변하지 않은 채 자산의 구성이 달라진다. 그러나 중앙은행이 대출을 회수하거나 부동산을 처분하면 자산의 감소와 함께 화폐발행액(부채)이 감소한다. 그 결과 중앙은행의 부채비율(부채총액/자산총액)이 감소한다.

상업은행이나 일반법인은 적자가 지속될 때 대출회수나 자산처분 등의 긴축경영을 통해 위기를 극복한다. 그러나 중앙은행이 적자를 이유로 대출회수와 자산매각을 실시하면, 화폐발행액을 감소시켜 시뇨리지(화폐발행이익, seigniorage)를 오히려 축소시킨다. 그래서 중앙은행은 적자가 계속되더라도 대출을 회수하거나 자산을 매각하기 어렵다.

이스라엘중앙은행의 경우 자본잠식 상태가 10년 이상 계속되고 있지만 해결할 의지도, 가능성도 보이지 않는다. 중남미와 동남아시아의 일부 중앙은행들도 자본잠식 상태가 오랜 기간 계속되고 있다. 법률상으로는 중앙은행의 손실금을 정부가 보전토록 되어 있지만, 그러려면 정부가 세금을 더 거두어야 하므로 경기가 침체된다.

그렇기 때문에 이익금이 발생했을 때 이를 처분하지 않고 유보하는 보수적 배당정책

22. 중앙은행의 회계적 특수성은 발권기관이라는 데서 출발한다(제4장 제2절의 설명을 참조하라). 정부를 포함한 여타 경제주체들에게는 화폐가 가치저장수단인 반면, 중앙은행에게 화폐는 가치저장수단의 기능이 전혀 없다. 그래서 한국은행이 보유하는 한국은행권은 한국은행의 자산도, 부채도 아니다(제50조).

이 필요하다. 그 이외의 다른 방법은 지금까지 알려지지 않았다. 한국은행의 경우 다른 중앙은행들에 비해 더 보수적인 배당정책이 필요하다. 1977년 한국은행의 총자산 중 외화자산의 비중은 11%에 불과했다. 그러나 2000년대 후반 이후에는 외화자산의 비중이 90%를 초과하는 수준에 이르게 되었다. 즉, 한국은행의 손익은 외국의 중앙은행에 비해서 국내외 금리차나 환율변동 등에 훨씬 크게 영향을 받는다. 한국은행이 통제하기 어려운 국내외 금리차와 환율 수준에 의해 손익이 결정되는 상황에서는 보수적 배당정책, 즉 이익금 처분을 자제하고 내부 유보비율을 높이는 것이 불가피하다.

최초의 한국은행법에서는 이익금 처분이 극히 보수적이었다. 한국은행은 15억원의 자본금과 3억원의 적립금으로 출범했는데, 3억원의 적립금이 5억원에 이를 때까지는 순이익금의 25%를 의무적으로 적립토록 하였다(구법 제5조). 그러나 한국전쟁의 발발로 화폐발행액이 급격히 늘어나면서 5억원의 목표는 설립 3년 만인 1953년에 달성되었다.

그래서 1962년 법률 개정 시 이익금 적립 상한을 200억환[23]으로 상향조정하고, 법정적립비율은 25%에서 5%로 대폭 낮추었다.[24] 이후 빠른 경제성장과 물가상승 등에 의해 200억환의 이익금 적립 상한도 금방 도달했다.[25] 이에 1977년 이익금 적립 상한을 폐지하고 법정적립비율을 10%로 상향조정했다.

이익금 적립에 관한 한국은행법 개정 추이

구 분	1950년 제정	1962년 개정	1968년 개정	1977년 개정	2011년 개정
법정적립금 (적립비율) (적립한도)	100분의 25 5억圓	100분의 5 200억圜	100분의 5 20억원*	100분의 10 –	100분의 30 –
임의적립금	적립 불가	적립 가능	적립 가능	적립 가능	적립 가능

* 통화개혁(圜貨와 원貨를 10 : 1로 교환)에 따른 것으로서, 실질적으로는 개정 전(200억圜)과 차이가 없음

23. 한국전쟁 중 인플레이션이 극심해지자 1953년 2월 17일 '1圜 = 100圓'의 화폐개혁이 단행되었다. 따라서 한국은행법상 200억圜은 2조圓에 해당한다.

24. 이후 1962년 '1원 = 10圜'의 제2차 화폐개혁이 단행되고 한국은행법에서는 적립금의 목표 수준이 20억원(구 200억圜)으로 다시 상향조정되었다.

25. 1970년 말 한국은행의 법정적립금은 8.4억원, 임의적립금은 39억원을 기록했다.

그런데 2000년대 들어 외화자산의 규모가 급격히 늘면서 환율변동이 한국은행 순이익금에 미치는 효과가 대폭 확대되었다. 수년간 대규모의 손실이 계속되면서 유사시를 대비한 한국은행의 이익금 규모는 상당히 위험스런 수준까지 고갈되었다.

이런 분위기 속에서 한국은행 이익금의 법정적립비율을 높여야 한다는 주장이 제기되었다. 한국은행으로부터의 세입을 기대한 정부는 이에 부정적인 의견을 가졌으나, 필자가 협상업무를 맡아 법정적립비율을 30%로 상향 조정했다.[26] 그로 인해 현재 한국은

중앙은행 대차대조표

Asset	Liability
	Capital
ΔAsset	Profit

○ 흑자시(적립비율 α%) 적립비율 :

$$\frac{C+\alpha\Delta A}{A+\Delta A}$$

○ 적자시(적자규모 = β · 흑자규모) 적립금비율 :

$$\frac{C-\beta\Delta A}{A-\beta\Delta A}$$

○ 지속가능한 적립비율

$$\frac{1}{2}\left[\frac{C+\alpha\Delta A}{A+\Delta A}+\frac{C-\beta\Delta A}{A-\beta\Delta A}\right]=\frac{C}{A} \quad \text{또는}$$

$$\alpha=\left(\frac{A+\Delta A}{A-\beta\Delta A}\right)\beta\left(\frac{A-C}{A}\right)+\frac{C}{A}$$

○ 따라서, $\Delta A=\frac{1}{100}A$, $\beta = 28.6\%$ 이면(2000년 이후)

$$\alpha = 29.7\%$$

▲ **한국은행 순이익금의 법정적립비율을 10%에서 30%로 인상해야 하는 이유를 논리적으로 설명하기 위해 필자가 만든 자료** 법정적립비율 인상에 반대하던 정부가 필자의 이 메모를 보고 수긍했다.

26. 법정적립비율 30%는 세계적으로 볼 때 상당히 높은 수준에 속한다. 이는 한국은행의 외화자산 비중이 90%인 점을 고려했기 때문이다. 30%의 비율은 당시 국회의 의견(법정적립비율 50%)과 정부의 의견(10%)을 절충한 것이다.

행의 자산 대비 적립금 규모는 OECD 국가 중 비교적 상위권에 속한다. 다만, 충당금과 재평가계정까지 광의의 자본에 포함시킬 경우 한국은행의 순위는 낮아진다.

소규모 개방경제형 국가 중앙은행의 적립금 비율

(2010년 기준, %)

구 분	대만	네덜란드	핀란드	노르웨이	말레이시아	우리나라(2011년 말)
적립금 비율[1] (5개년 평균)	5.4 (10.8)	5.4 (6.8)	4.7 (6.4)	1.9 (2.3)	5.1 (8.9)	1.4 (1.1)

주 : 1) (납입자본금 + 적립금) ÷ 총자산 규모

이 조에 관한 필자의 생각은 다음과 같다.

〈필자의 제안〉

제2조의 1(이익금 처분)[27]

① 한국은행은 각종 위험에 대비한 충당금 등을 충분히 마련한 후 순이익금의 100분의 30을 적립하여야 한다.[28]

② 한국은행은 결산상 순이익금을 제1항에 따라 적립한 후 나머지가 있을 때에는 정부의 승인을 받아 이를 특정한 목적을 위한 적립금으로 적립할 수 있다.

③ 한국은행은 결산상 순이익금을 제1항과 제2항에 따라 처분한 후 나머지가 있을 때에는 이를 정부에 세입(歲入)으로 납부하여야 한다.

27. 현행 제99조가 제2조의 1로 옮기는 것이 논리적으로 자연스럽다. 그 이유에 관해서는 제2조의 설명을 참조하라.

28. 현행 법률의 "회계연도마다 결산상 순이익금을 자산의 감가상각에 충당한 후"라는 표현에는 논리적 오류가 있어 수정했다. 또한 감가상각보다 중요한 개념인 충당금을 강조하였다.

[보론]

설립 이래 지금까지 한국은행은 충당금 설정을 포함한 회계문제 전반을 대단히 소극적이고 무성의하게 처리하는 경향이 있다. 예를 들어 한국은행은 아주 오랫동안 유형자산은 감가상각(depreciation)하면서도 금융자산은 상각(amortization)하지 않았다(감가상각과 상각의 원리는 같다). 한국은행은 상당히 많은 규모의 외화자산을 보유하고 있는데, 한국은행법에 '상각' 이라는 단어가 없다는 이유로 2013년까지 아무 조치를 취하지 않은 것이다. 그러다가 감사원의 지적을 받고 2013년이 되어서야 처음으로 상각조치를 실시했다(필자가 기획협력국장에 부임한 직후였다).

중앙은행이 금융자산을 상각하지 않는 것은 상식 이하의 일이다. 민간 금융기관까지 포함하여 국내외를 막론하고 이런 사례는 찾아보기 힘들다. 기업회계기준을 따르지 않아도 된다는 중앙은행의 특수성이 회계업무에서 한국은행의 나태와 태만의 구실이 되었던 것이다.

충당금도 마찬가지다. 현행 한국은행법에 충당금이 누락되어 있지만, 그럼에도 불구하고 한국은행이 충당금을 보유하지 못할 이유는 없다. 정관과 금융통화위원회 규정을 통해 여러 가지 명목의 충당금을 얼마든지 보유할 수 있다.[29]

일본은행은 일본은행법에 충당금 규정이 없음에도 불구하고 외환거래손실충당금과 채권거래손실충당금 등 2개의 충당금을 자율적으로 운용하고 있다. 일본은행이 채권거래손실충당금을 보유하는 것은, 일본은행은 주식이나 회사채도 매매할 수 있기 때문이다(일본은행법 제33조 제1항 제3호). 높은 위험에 맞추어 높은 수준의 안전장치를 마련한 것이다.

한국은행은 국채 및 정부보증채 보유액이 크지 않아서 국내 자산의 가격하락, 즉 시장 리스크는 크게 고려할 필요가 없다. 그러나 전체 자산의 90% 수준에 이르는 외화자산에 대해서는 시장 리스크(가격변동 리스크)를 고려하여야 한다. 또한 국제적 추

29. 이런 점에서 회계규정은 총재가 아닌 금융통화위원회가 정하도록 할 필요가 있다. 이 점에 관해서는 제97조의 설명을 참조하라.

세로 볼 때 운영 리스크(operation risk)도 감안해야 한다. 그런 점에서 한국은행은 충당금의 신설이 필요하다.

글로벌 금융위기 이후 국제사회는 충당금 중에서도 대손충당금에 많은 관심을 갖고 있다. 즉, 경기변동에 대응한 대손충당금의 탄력적 조절(dynamic provisioning)을 중요 거시건전성 정책수단으로 부각시켰다. 그런데 상업은행의 대손충당금만 중요한 것이 아니라 한국은행의 충당금(외환손실충당금)도 중요하다. 금융통화위원회가 외환손실충당금을 적절히 활용하면, 경기 순응적으로 변동할 수밖에 없는 재정수지의 움직임을 완충하는 정책수단이 될 수 있을 것이다.

한편, 금융통화위원회가 각종 충당금의 규모를 조절할 수 있다는 것은, 정부로 귀속되는 한국은행 순이익금의 규모와 그 완급을 금융통화위원회가 재량적으로 조절할 여지를 갖는 것을 의미한다. 이는 한국은행 예산 중 급여성 경비를 정부가 사전 승인하는 것에 대한 대응수단이 될 수 있다. 이를 통해 정부와 금융통화위원회 사이에 회계문제를 두고 적절한 견제와 균형(check and balance)의 원리가 작용하게 된다. 그것이 상당수 중앙은행들이 적립금 이외에 충당금과 재평가계정을 운용하는 정치적 이유다.

제100조(손실보전)
한국은행의 회계연도에 있어서 발생한 손실은 적립금으로 보전(補塡)하고, 적립금이 부족할 때에는 「국가재정법」에서 정하는 바에 따라 정부가 보전한다.

※ 이 조와 함께 읽어야 할 부분 : 제98조, 제99조

이 조는 제99조와 대칭을 이룬다. 제99조가 한국은행에서 정부로의 자금이전을 규정하는 데 비해서 이 조는 그 반대로 정부에서 한국은행으로의 자금이전을 규정한다. 다만, 제99조는 거의 상시적으로 실행되는 데 비해서 제100조는 지금까지 한 번도 실행된 적이 없다.[30] 그러다 보니 세부 실행방법이 마련되어 있지 않다.

결론부터 말하자면, 이 조에서는 정부의 손실보전 시기와 절차를 구체화할 필요가 있다. 정부는 한국은행의 적립금이 소진되는 해에 즉각 추가예산 편성 또는 예비비 지출을 통해 손실을 보전해 줄 수도 있고, 적립금 소진이 기록된 결산서를 보고받은 뒤 다음 회계연도에 보전할 수도 있다.

참고로, 이 조는 제98조와도 관련이 있다. 평상시에 정부가 한국은행의 급여성 경비를 승인(제98조 제2항)하는 이유 중 하나는 한국은행의 자본잠식(적립금 소진)이 생겼을 때 정부가 이를 보전하기 때문이다. 태국과 이스라엘에는 이런 상호보완 관계가 없다. 정부가 중앙은행의 예산에 간여하지 않으며,[31] 중앙은행의 자본잠식에도 개입하지 않는다.[32]

그런데 법률에도 불구하고 중앙은행 손실을 정부가 보전하는 것은 현실적으로 불가능에 가깝다. 손실보전을 위해서 세금을 더 거두면 경기둔화로 연결되기 때문이다. 그래서 중앙은행의 자본잠식을 자주 경험한 중남미와 동남아 국가에서는 사실상 분식회계로 해결했다(이 점에 관해서는 〈참고 7-2〉를 참조하라).

---

30. 한국은행의 적립금에는 법정적립금(제99조 제1항)과 임의적립금(제2항)이 있다. 손실이 발생할 경우 임의적립금으로 충당하고, 그것이 부족하면 법정적립금을 동원한다.
31. 태국과 이스라엘에서도 정부가 중앙은행의 내부경영에는 느슨하게 참여한다. 즉, 태국중앙은행 이사회(BOT Board)에는 전직 정부 인사가 참여(태국중앙은행법 제28/1조)하고, 이스라엘중앙은행은 이사회가 승인한 예산안을 정부에 보고한다(이스라엘중앙은행법 제20조(c)).
32. 태국중앙은행법 제3장 및 이스라엘중앙은행법 제76조(b).

참고 7-2 중앙은행의 자본잠식과 화폐 발행

중앙은행이 자본잠식 상태에 있더라도 이를 심각하게 생각하는 나라는 많지 않다. 당장의 기능 수행에 큰 문제가 없기 때문이다. 그래서 태국과 이스라엘 등 일부 국가에서는 중앙은행의 자본잠식 상태를 장기간 방치한다.

중남미와 동남아 국가 일부에서는 중앙은행의 자본잠식을 국채 발행을 통해 해결했다. 즉, 정부가 명목금리가 0%이고 만기가 정해지지 않은 국채(영구채)를 발행하여 중앙은행에 지급하고 중앙은행이 이를 자본금으로 충당토록 하였다. 이렇게 되면 중앙은행의 자본잠식은 해결되는 반면, 정부의 명목부채는 증가한다. 하지만 새로 발행되는 국채는 만기도 없고 지급이자도 없으므로 실물경제에 미치는 효과가 없다.

중앙은행의 자본잠식을 명목금리 0%인 영구국채 발행을 통해 해결할 경우 실물경제에는 영향이 없지만, 화폐제도 면에서는 중대한 변화가 생긴다. 정부가 발행하여 중앙은행에 지급하는 국채는 명목금리와 만기가 없다는 점에서 은행권(화폐)과 아무 차이가 없다. 은행권을 발행하는 중앙은행의 자본잠식을 다른 종류의 화폐, 즉 정부화폐를 발행하여 해결하는 것이다. 즉, 중앙은행의 자본잠식으로 인해서 한 나라에서 사실상 두 가지 화폐가 발행되는 것이다.

결론적으로 중앙은행의 자본잠식을 국채 발행으로 보전하는 것은 회계적 조작, 즉 분식회계다. 그로 인해서 통화정책과 재정정책의 경계가 무너지고, 화폐와 국가부채의 경계가 흐려진다.[1] 이런 진퇴양난의 곤란한 상황을 예방하기 위해서는 결국 중앙은행이 평소 충분한 양의 적립금을 확보하고 있어야 한다.[2]

---

1) 화폐와 채권의 경계가 흐려지는 것은 유가증권에 비해 화폐가 가지는 고유 특성이 흐려지는 것을 의미하는데, 이는 통화정책 및 중앙은행의 존재 이유와도 관계되는 중요한 문제다. 글로벌 금융위기 이후 미 연준을 비롯한 많은 중앙은행들이 지급준비금에 이자를 지급하는데, 이 역시 화폐와 채권의 경계가 무너지고 화폐와 물가 간의 관계가 약화되는 결과를 초래한다.
노벨경제학상 수상자인 루카스는 화폐가 물가수준 결정에 아무 영향을 미칠 수 없는 상황을 '물가수준의 비결정성 문제(price indeterminacy problem)'라고 부른다. 글로벌 금융위기 이후 거시건전성정책에 관한 관심이 높아지는 이유도 지급준비금에 대한 이자지급으로 인하여 물가수준의 비결정성 문제가 가시화되고 전통적 통화정책 개념의 유효성이 흐려지는 것과 관계가 있다.

2) 이 점에 관해서는 「중앙은행 수지 결정요인에 관한 분석」(『조사통계월보』, 2010년 3월호)을 참조하라.

이 조에 관한 필자의 생각은 다음과 같다.

〈필자의 제안〉

제2조의 2(손실보전)[33]

① 한국은행의 회계연도에 있어서 발생한 손실은 적립금으로 보전(補塡)하고, 적립금이 부족할 때에는 '국가재정법'에서 정하는 바에 따라 정부가 보전한다.

② 제1항에 따라 정부가 보전하는 때는 당해연도 예비비를 통해 즉각 보전하고, 예비비가 부족한 경우 추가경정예산을 통해 즉각 보전한다.[34]

---

33. 현행 제100조가 제2조의 2로 옮기는 것이 논리적으로 자연스럽다. 그 이유에 관해서는 제2조의 설명을 참조하라.

34. 현행 한국은행법상 미비절차를 보완하였다. 국가재정법상 예비비는 국회의 사전의결이 필요 없다는 점에서 기동성이 있으나 일반 회계 예산총액의 1%라는 한도가 있다. 따라서 정부보전금이 그 수준을 넘으면 추가경정예산에 의존해야 한다.

제2절 대차대조표와 연차보고서 등

이 절은 세 개의 조로 구성된다. 그중 제103조는 상당히 이질적이다. 그래서 이 절의 제목이 '대차대조표와 연차보고서 등'이다. 틀린 것은 아니지만, 이질적인 내용들을 묶으면서까지 억지로 이 절을 유지할 필요는 없다. 이 절은 해체하고 현재의 제1조와 병합하는 것이 타당하다.

이 절에 관한 필자의 생각은 다음과 같다.

〈필자의 제안〉

제2절 (삭 제)

제101조(대차대조표의 공고)

① 한국은행은 매월 20일 이내에 전월의 최종영업일 현재의 자산 및 부채를 일정한 항목으로 표시하는 대차대조표를 공고하여야 한다. 이 경우 매 회계연도 최종영업일 현재의 대차대조표는 해당 회계연도가 끝난 후 2개월 이내에 공고할 수 있다.

② 제1항에 따른 대차대조표에는 한국은행의 총재 · 감사 및 그 작성 담당 책임자가 기명하고 날인 또는 서명하여야 한다.

이 조는 한국은행 대차대조표의 공고에 관한 규정이다. 결론부터 말하자면, 이 조는 특별히 수정할 내용이 없다. 다만, 그 내용은 제1절의 회계에 속한다.

대차대조표는 상인과 법인의 재무상태를 총괄적으로 표시하는 중요한 기록이다. 상법에서는 결산기마다 이를 작성 · 비치 · 공시 · 공고토록 의무화하고 있다(제447 ~ 449조). 상업은행은 대차대조표의 공시에 더욱 엄격하다. 은행법에서는 대차대조표의 공고 시점을 "결산일 후 3개월 내(제41조 제1항)"로 못 박고 있으며, 그 밖에 상업은행은 한국은행에 매달 대차대조표를 제출토록 한다(제42조 제1항).[35]

한국은행은 총재 · 감사 및 작성 담당 책임자(기획협력국장)가 기명하고 날인 또는 서명한 대차대조표를 관보를 통해 매월 그리고 회계연도 종료 후 2월 이내에 공고한다. 다만, 이 조에서는 손익계산서에 대해 공시의무를 규정하지 않는다. 한국은행의 손익계산서는 이듬해 2월 말까지 국회와 정부에 결산서(제98조 제4항)의 부속서류로서 제출된다. 일반 대중에게는 손익계산서가 연차보고서(제102조)를 통해 공시된다.

35. 한국은행은 상업은행들의 대차대조표를 종합하여 통계월보에 게재할 의무가 있다.

제19359호　　관　보　　2018. 10. 18.(목요일)

대 차 대 조 표

2018년 09월 30일 현재

(단위 : 백만원)

과목		
자산		
Ⅰ.유동자산		477,897,987
1.현금	25	
2.지금은	5,378,276	
3.특별인출권보유	3,945,417	
4.유가증권	381,632,982	
5.예치금	22,184,839	
6.당좌대출		
7.자금조정대출		
8.할인어음		
9.어음대출	14,692,245	
10.증권대출	77	
11.환매조건부매입증권		
12.정부대출금	966,200	
13.국제금융기구대출금	666,379	
14.외국환	117,057	
15.대리점	1,117,177	
16.본지점환		
17.기타자산	47,197,313	
Ⅱ.비유동자산		19,509,406
1.투자자산	18,976,911	
2.유형자산	519,565	
3.무형자산	12,930	
자산총계		497,407,393
부채		
Ⅰ.유동부채		473,877,738
1.화폐발행	116,454,729	
2.통화안정증권발행	174,536,166	
3.통화안정계정	8,000,000	
4.정부예금	2,793,762	
5.예금	130,540,000	
6.환매조건부매각증권	3,500,000	
7.특별인출권배분	3,789,165	
8.본지점환	1	
9.기타부채	34,263,915	
Ⅱ.비유동부채		7,916,511
1.차입금		
2.퇴직급여충당금	163,005	
3.출자증권발행	7,753,506	
부채총계		481,794,249
자본		
1.법정적립금	8,809,634	
2.임의적립금	3,448,235	
3.이월이익잉여금		
4.당기순이익	3,355,275	
자본총계		15,613,144
부채와자본총계		497,407,393

한 국 은 행 총 재

▲ 매월 관보를 통해 공시되는 한국은행 대차대조표

제102조(연차보고서의 공표)

① 한국은행은 매 회계연도가 지난 후 3개월 이내에 해당 회계연도 중의 한국은행의 업무상태와 통화 및 정부의 외환에 관한 정책을 개략적으로 기술하고 금융경제상태를 분석한 연차보고서를 정부에 제출하고, 이를 공표하여야 한다.

② 제1항에 따른 연차보고서는 금융통화위원회의 의결을 거쳐야 한다.

※ 이 조와 함께 읽어야 할 부분 : 제96조

이 조는 한국은행 연차보고서의 공표에 관한 규정이다. 상법을 포함한 상당수 법률에서는 연차보고서의 공표를 언급하지 않는 데 비해서 한국은행법과 중소기업은행법[36]에서는 연차보고서를 일반 대중에게 공표토록 할 뿐만 아니라 거기에 담을 내용까지 구체적으로 제시하고 있다.

결론부터 말하자면, 연차보고서의 제출대상은 넓힐 필요가 있다. 통화신용정책의 수행상황과 거시 금융안정상황에 대한 보고서(제96조), 결산서(제98조) 등을 국회에 제출하는 점을 감안할 때 연차보고서도 국회에 제출하는 것이 마땅하다.

의 의

한국은행의 연차보고서에는 법인으로서 한국은행의 영업활동 기록뿐만 아니라 정부정책과 금융경제상태를 분석한 내용을 담는다. 이런 내용이 법률에 담기게 된 것은 1950년 한국은행법 제정 당시 여건 때문으로 보인다. 대한민국 정부 수립 직후 정부의 인적·물적 자원이 충분치 못하여 정부는 외환사정과 정책을 제대로 정리하기가 어려웠으며, 국민들이 경제상황을 체계적으로 이해할 수 있는 방법도 제한되었다. 이런 점에서 제102조는 한국은행에 대국민 경제교육 기능을 부여한 것으로 해석할 수 있다.

한편, 1997년 이전에는 한국은행 연차보고서의 목차까지 법률에서 정했다. 즉, 한국

36. **중소기업은행법 제49조** : "중소기업은행은 매 회계연도가 지난 후 4개월 이내에 그 회계연도 중의 은행의 업무상태, 정부의 중요한 중소기업 금융정책을 개략적으로 설명하고 그 기간의 금융 실적을 분석하는 연차보고서(年次報告書)를 국회 및 금융위원회에 제출하여야 한다."

은행과 금융기관의 주요 대차대조표 항목, 통화공급, 정부의 세입 · 세출과 부채, 외국무역과 외환거래, 생산 · 임금과 물가 등에 관한 월별통계, 정부와 금융통화운영위원회가 법률상 · 행정상 조치한 주요 문서를 부록으로 첨부하도록 규정했다(구 한국은행법 제43조 제2항).[37] 이런 점에서 한국은행 연차보고서는 경제백서(white paper)의 역할을 한다고 할 수 있다.

제 출

경제백서 성격의 연차보고서를 회계연도 경과 후 3개월 이내에 공표토록 하는 것은 국회가 한국은행에게 정보제공의 의무를 부여한 것이다. 이는 중앙은행의 성격으로 보아 매우 자연스럽다. 그런데 1998년 개정된 한국은행법에서는 연차보고서를 일반 대중에게 공표하는 것에 더하여 정부에 제출토록 하면서도 국회를 빠뜨렸다. 중앙은행 연차보고서를 정부에만 제출토록 하는 나라는 영국과 인도 등 영연방 일부에 불과하다. 의회(미국, 스웨덴)에 제출하거나 정부와 의회에 모두(프랑스, 뉴질랜드, 필리핀, 싱가포르) 제출토록 하는 경우가 훨씬 일반적이다. 이런 점을 감안할 때 이 조에서도 제출대상에 국회를 포함시키는 것이 타당하다.

의 결

금융통화위원회가 한국은행의 업무상태를 기술한 연차보고서를 의결한다는 것은 한국은행의 운영에 책임을 진다는 것을 의미한다.[38] 다시 말해서 제34조 제1항에 의해 총재가 행사한 업무통할의 결과를 금융통화위원회가 추인토록 하는 것이다.

그렇다면 금융통화위원회는 한국은행의 업무수행에 관해 총재로부터 수시로 보고받는 것이 당연하다. 현재 한국은행정관에는 그런 내용이 없으나 금융통화위원회와 총

---

37. 더 나아가 조사부가 연차보고서 작성을 보조(구법 제37조)토록 하여 그 작성부서까지 적시했다.

38. 참고로 통화신용정책 수행상황과 금융안정 상황에 대한 평가보고서는 국회에 제출되지만, 금융통화위원회가 의결한다는 내용은 법률에 없다(제96조 제2항). 명백한 실수다(이 점에 관해서는 제96조의 설명을 참조하라).

재 간에 한국은행의 운영에 관한 시의적절한 정보교환과 보고의 절차를 갖출 필요가 있다(이에 관해서는 제29조의 설명을 참고하라).

이 조에 관한 필자의 생각은 다음과 같다.

〈필자의 제안〉

제102조(연차보고서의 공표)

한국은행은 매 회계연도가 지난 후 3개월 이내에 해당 회계연도 중의 한국은행의 업무상태와 통화 및 정부의 외환에 관한 정책을 개략적으로 기술하고 금융경제상태를 분석한 연차보고서를 금융통화위원회의 의결을 거쳐 국회와 정부에 제출하여야 한다.

제103조(영리행위의 금지 등)
한국은행은 직접 · 간접에 상관없이 영리행위를 하거나 영리기업의 소유 또는 운영에 참여할 수 없으며, 업무수행상 필요한 경우 외에는 부동산을 매입하거나 소유할 수 없다.

이 조의 취지는 한국은행이 방만하게 업무를 확장하는 것을 금지하고 본래의 설립목적에 충실하도록 하는 데 있다.

결론부터 말하자면, 이 조에는 두 가지 문제가 있다. 첫째, 제목이 틀렸다. 한국은행은 영리행위를 중단할 수 없다. 즉, 한국은행은 대출이나 외화자산 운용, 부동산 임대 등의 수많은 영리행위를 하고 있으며, 이 조가 그것을 금지하지도 않는다.

둘째, 한국은행의 준재정활동(quasi-fiscal activity)을 효과적으로 차단하지 못한다. 이 조는 영리기업에 출자하거나 경영에 참가하는 것을 금지하지만 비영리기업에 대해서는 언급이 없다. 따라서 정부가 공익적 목적을 위해 설립하는 비영리기업이라면 한국은행이 출자를 거절하기 힘들다. 실제로 그런 일이 종종 발생해 왔다.

영리행위와 영리기업

영리행위의 대표적인 예는 상업은행들이 대출을 통해 이자수입을 거두거나 주식 · 채권을 운용해 매매차익을 거두는 것이다. 그렇게 본다면 한국은행도 영리행위를 한다. 대출이자를 받고, 외화자산을 운용해 투자수익을 거두고, 부동산을 임대해 임대료 수입도 얻는다. 그래서 외국의 중앙은행법에서는 영리행위를 금지하지 않는다. 그런 점에서 1998년 추가된 이 조의 제목 "영리행위의 금지"는 대단히 엉뚱하고 비현실적이다. 중앙은행 업무에 관한 무지(無知)의 소산이다.

한편, 영리기업은 정의하기가 더 어렵다. 민법(제39조)을 포함한 많은 다른 법률에서 영리법인, 즉 "영리를 목적으로 하는 법인"을 규정하는 경우는 많지만 영리법인의 범위를 구체적으로 규정하지 않는다. 상식에 맡길 뿐이다. 통상적으로 어떤 기업이 영리기업인지 여부를 법률로 정하기는 어려우며, 설립목적, 운영형태, 이익배당 원칙, 잔여재산

여부 등을 근거로 판단한다.[39] 그래서 한국은행의 영리기업 소유만 금지하는 이 조는 지금까지 그 목적을 제대로 달성하지 못해 왔다(이 점에 관해서는 〈참고 7-3〉을 참조하라).

참고 7-3 한국은행의 비영리기업 소유

지금까지 한국은행이 출자한 국내기관은 한국외환은행, 한국수출입은행, 한국주택금융공사 등 3개였다. 역설적으로 한국은행이 이들 기관에 출자한 근거는 한국은행법이 아니다. 해당 기관의 설립법이다.

한국은행은 이들 기관을 영리기업으로 보고 이들 기관에 대한 출자가 한국은행법의 이 조와 상충하는 것으로 이해한다.[1] 그러나 한국은행이 출자할 당시 한국외환은행, 한국수출입은행, 한국주택금융공사는 모두 비영리기업이었다. 그러므로 이들 기관의 출자는 한국은행법과 충돌하지 않는다.

비영리기업도 영리행위는 한다. 예를 들어 의료법인은 민법(제32조)상 비영리법인이지만, 환자의 진료와 치료로 수익을 거둔다. 영리기업과 비영리기업의 차이는 수익추구(profit-taking)가 아니라 수익분배(profit-sharing) 구조에 달려 있다. 의료법인이 비영리기업인 이유는 영업이익을 민간 주주에게 배분하지 않기 때문이다. 한국은행이 출자해 왔던 3개 기관들도 수익을 민간에게 배분하지 않는 점에서 비영리기업이다.

예를 들어 1967년 한국외환은행이 설립되었을 때 한국은행이 100% 출자했다. 한국은행은 한국외환은행으로부터 거둔 배당금을 정부에 납입했다. 그래서 재무부장관이 국회에서 한국외환은행법 제정 취지를 설명할 때 한국외환은행은 영리기업이 아니라고 밝혔다.[2] 현재의 한국주택금융공사도 주주가 정부와 한국은행뿐인 비영리기업이다. 한국수출입은행도 정부(66.3%), 한국산업은행(23.9%)과 한국은행(9.9%) 등 공적 기관들만 지분을 갖고 있어 비영리기업에 속한다.

한국은행이 비영리기업에 대한 출자를 부정적으로 보는 이유 중 하나는 한국은행이 사실상 주주의 역할을 하지 못하기 때문이다. 과거 한국외환은행의 경우 대주주인 한국은행이 주주로서 권

1) 한국은행 법규제도실(2018년), 『한국은행법 해설』, pp. 397~399.

2) 한국외환은행은 1989년 일반 은행으로 전환되고 정부 소유 주식이 민간에 매각되면서 영리기업이 되었다. 다만, 한국은행이 소유하는 주식은 '한국외환은행폐지법률'의 부칙 제8조에 따라 한시적으로 처분이 유보되었다가 2013년 하나금융지주회사에 매각되었다.

39. 대법원 판결, 선고 92누14168(1993.6.29.)

한을 제대로 행사한 적이 없으며, 정부가 이 은행의 경영을 좌우했다. 이는 현재의 한국수출입은행이나 한국주택금융공사도 마찬가지다. 한국은행이 주주라면 그에 상응하는 의결권을 행사할 수 있어야 하는데, 출자금만 납입하고 별다른 목소리를 내지 못한다. 그 점이 문제다. 자본주의의 일반 원리가 작동하지 않는 것이다.

결론적으로 한국은행이 한국외환은행, 한국수출입은행, 한국주택금융공사에 출자하는 것은 한국은행법에서 비영리기업의 소유를 금지하지 않기 때문이다. 그래서 이 조에도 불구하고 다른 법률을 통한 한국은행의 출자 가능성은 항상 열려 있다. 한국은행이 100% 출자하는 기관은 법률상 비영리기업이 되어 이 조의 적용을 받지 않는다. 정부의 요청에 따른 한국은행의 준재정활동을 억제하려면 비영리기업의 출자까지도 효과적으로 통제해야 한다.

한편, 외국의 중앙은행들은 영리기업의 소유가 상당히 자유롭다. 미 연준법에서는 영리기업의 소유 등에 관하여 별도의 규정을 두지 않는다. 정책적 판단에 의해 스스로 영리기업에 출자하지 않을 뿐이다. 참고로 핀란드중앙은행법(제5조), 스위스국립은행법(제12조), 멕시코중앙은행법(제46조 XIII), 브라질중앙은행법(제4조 XX)에서는 해당 중앙은행의 영리기업 소유와 경영 참여를 허용한다는 명시적인 규정을 두고 있다. 캐나다은행법(제23조 (b))은 상업은행의 주식 소유만 금지하고 있어 중앙은행이 상업은행이 아닌 일반법인을 소유하는 것은 허용된다. 일본은행법(제43조)도 재무대신 및 내각총리대신의 인가를 조건으로 영리기업 소유를 허용한다.

이와 반대로 미 연준의 도움으로 제정된 필리핀중앙은행법(제128조)은 영리기업 여부를 떠나서 모든 법인에 출자할 수 없도록 하고 있다.[40] 아르헨티나중앙은행법(제19조 f)도 모든 종류의 주식 소유를 금지하고 있다. 이를 통해 정부를 대신한 중앙은행의 준재정활동이 강력하게 차단된다(다만, 이들 중앙은행법에서는 국제금융기구에 출자하는 것은 허용한다). 그런 점에서 필리핀과 아르헨티나의 중앙은행법이 한국은행법보다 효과적이다. 다만 한국은행법이 필리핀과 아르헨티나의 예를 따를 것인가, 핀란드 · 스위스 · 멕시코 · 브라질 등의 예를 따를 것인가는 판단의 문제다.

---

40. "Prohibitions : The Bangko Sentral shall not ... (중간 생략) ... participate in the ownership or management of <u>any enterprise, either directly or indirectly.</u>"

부동산 매입과 소유

외국의 중앙은행법에서는 비업무용 부동산의 매입과 소유를 금지하는 내용을 찾아보기 힘들다. 우리나라에서는 한국은행법을 포함한 많은 법률에서 비업무용 부동산 매입을 금지하는데, 이는 국토 면적이 좁다는 것과 어느 정도 관련성이 있다고 보인다.[41]

한편, 한국은행이 부동산을 매입 · 소유할 때 업무수행상 필요한지 여부는 금융통화위원회가 예산심의를 통해 판단한다. 이런 점은 미술품이나 골동품 등 고가품(동산)도 마찬가지다. 금융통화위원회는 예산 심의와 의결(제29조)을 통해 미술품이나 골동품 매입의 적절성을 판단한다.

결론적으로 미술품이건 부동산이건 "업무수행상 필요한 경우"에는 매입이 가능하다. 그러므로 이 조에서는 "업무수행상 필요한 경우"에 한정하여 부동산의 보유를 허용한다는 문구가 불필요하다. 그 문구가 없더라도 금융통화위원회는 업무수행과 관련이 없는 부동산 매입은 의결하지 않으며, 감사원과 국회가 그 판단을 평가한다.

출 연

이 조에서는 출연을 다루지 않는다. 출연(contribution)은 금전적 대가를 바라지 않고 지출하는 것을 말하는데, 출자와 달리 출연은 매년 반복되는 경우가 많다. 2017년 중 한국은행이 국내외 기관에 대한 출연금은 760억원을 기록했는데, 그만큼 한국은행의 순이익금은 감소했다.

그럼에도 불구하고 한국은행법에서 출연을 따로 언급하지 않는 것은 한국은행의 자주성(제3조) 때문이다. 한국은행은 정부뿐만 아니라 각종 사회단체, 협회, 학술단체, 국제기구로부터 출연을 요청받는다. 이 요청에 대해 한국은행이 적절히 응하지 못하도록 법적 제한을 두는 것은 한국은행의 입지를 위축시킬 수 있다. 그래서 출연은 원칙적으로

41. 은행법(제38조 제2호), 보험업법(제105조 제1호), 상호저축은행법(제18조의 2), 한국산업은행법시행령(제34조 제2호), 한국수출입은행법시행령(제17조의 8 제2호), 벤처기업육성에 관한 특별조치법(제4조의 4 제2항 제5호), 중소기업창업 지원법(제15조 제1항 제4호) 등.

한국은행의 출자 및 출연 현황(2017년 말 현재)

(단위 : 억원)

	기관명	출자잔액 및 연중 출연액	근거법
출자	한국수출입은행	11,650	한국주택금융공사법 제5조
	한국주택금융공사	6,450	한국수출입은행법 제4조
출연	금융감독원	100	금융위원회의 설치 등에 관한 법률 제46조
	농어가목돈마련저축 장려기금	415	농어가목돈마련저축에 관한 법률 제7조
국제금융기구	출자	91,625	국제금융기구에의 가입조치에 관한 법률 제2조
	출연	245	국제금융기구에의 가입조치에 관한 법률 제2조

한국은행의 자율에 맡기고 있다.

다만, 한국은행의 출연이 비자발적으로 실시되는 경우도 많다. 다른 법률에서 강제하기 때문이다.[42] 현재는 한국은행이 농어가목돈마련저축 장려기금과 국제금융기구에만 매년 비자발적으로 출연하고 있지만, 과거에는 민간법인인 신용보증기금과 신용회복위원회에까지 출연했다. 이처럼 한국은행의 업무와 관련성이 낮은 기관에 비자발적으로 실시되는 출연은 징발(confiscation)에 가까우며, 전형적인 준재정활동이다.

한국은행이 정부를 대신하여 출연하더라도 정부의 재정수지가 개선되는 것은 아니다. 한국은행이 출연하는 만큼 정부에 납입하는 순이익금이 감소하므로 재정수지에는 변화가 없다. 결국 한국은행의 비자발적인 출연은 정부가 국회의 통제를 받지 않고 지출을 확대하는 것에 불과하다. 그로 인하여 국회의 예산심의기능이 침해된다. 따라서 정부를 대신하는 한국은행의 출연은 출자와 같은 수준으로 엄격히 통제할 필요가 있다.

기 타

한국외환은행, 한국수출입은행, 한국주택금융공사 등은 한국은행의 업무수행에 꼭

42. '농어가목돈마련저축에 관한 법률' 제7호 및 '국제금융기구에의 가입조치에 관한 법률' 제2조 등.

필요하지도 않은데 정부의 요구에 따라 한국은행이 소유했거나 소유하고 있다. 현실이 그렇다면 한국은행 업무수행에 꼭 필요한 기업을 소유하는 가능성도 생각해 볼 필요가 있다. 업무수행에 필요한 경우 부동산도 얼마든지 매입하거나 소유하므로 한국은행이 업무상 기업을 소유하는 것을 부정적으로 볼 필요는 없다.

예를 들어 지급결제망(한은금융망)과 직원 연수시설 운영, 각종 간행물 발간은 현재 한국은행이 직접 수행하고 있지만, 한국은행 담당 조직을 분리(spin-off)하여 독립법인 형태로 운영할 수 있다. 전산시설, 연수시설, 인쇄시설[43] 등은 업무수행에 반드시 필요하지만, 그것을 한국은행 직원이 관리할 필요는 없다. 이질성이 큰 업무를 한국은행 직원이 수행할 경우 오히려 전문성이 떨어지고 조직관리에도 애로가 따른다. 따라서 한국은행에서 분리하되 한국은행이 지분의 100%를 소유한 기업의 형태로 운영하는 것이 조직과 인력 그리고 리스크 관리 면에서 훨씬 효율적일 수 있다. 한국은행은 1967년 외국환업무를 수행하던 조직을 분리하여 한국외환은행으로 독립시킨 경험도 있다. 다만, 한국은행의 기업 소유는 최소한이 되어야 하며, 그 범위를 법률에서 한정할 필요가 있다.

참고로 스위스국립은행은 연수시설과 숙박시설을 별도 법인(Studienzentrum Gerzensee)으로 운영한다. 또한 지급결제망(SIC) 운영은 증권거래소(SIX)의 자회사에 위탁하되 이 회사의 경영(이사회)에 참가하여 업무를 사실상 지휘한다. 캐나다은행도 자신이 소유하는 지급결제망(LTVS) 운영을 은행연합회의 자회사(Payments Canada)에 위탁하되 이 회사의 경영에 깊이 개입하고 있다. 홍콩통화청은 지급결제망 운영을 전담하는 법인(HKICCL)을 은행연합회와 공동으로 소유한다.

이 조에 관한 필자의 생각은 다음과 같다.

43. 한국은행 설립 직후에는 우리나라에 변변한 인쇄시설이 없었다. 그래서 한국은행은 일본에서 인쇄기를 수입하여 조사부가 이를 직접 운영했다. 연차보고서와 조사월보 발간에 필수적이었기 때문이다. 1952년 조사담당 장기영 부총재는 정부의 요구로 사직할 때 그 인쇄기를 불하받아서 오늘날 한국일보사를 설립했다. 이처럼 한국은행 운영에 필수적인 시설과 조직을 어디까지로 볼지는 시대에 따라 달라질 수 있다.

〈필자의 제안〉

제103조(소유의 제한)[44]

① 한국은행은 업무수행상 필요한 다음의 경우 이외에는 다른 법률에도 불구하고 직접 · 간접에 상관없이 기업의 지분을 보유할 수 없다.[45]

1. 전산시설 및 소프트웨어의 개발 · 운영
2. 직원 연수
3. 간행물 출판
4. 다른 법률에 의해 이미 보유하고 있는 기업의 지분과 그 지분의 증액[46]

② 한국은행이 이 법과 다른 법률에 따라 출자(출연을 포함한다)하는 경우에는 국회의 적정성 및 긴급성 심의를 위해서 한국은행이 매년 그 내용을 국회 소관 상임위원회에 보고하여야 한다.[47]

---

44. 부동산의 소유와 매매에 관한 내용은 삭제했다. 논리적으로 불필요하기 때문이다.

45. 다른 법률을 통해 한국은행이 비영리법인 소유를 강요당하는 가능성을 차단했다. 다만, 한국은행의 고유업무수행을 보조하는 시설을 분리하여 독립 법인화하는 것은 허용했다.

46. 한국주택금융공사와 한국수출입은행 등 이미 한국은행이 보유하고 있는 법인의 증자 결의에는 응할 수 있다. 그래야 지분구조가 바뀌지 않기 때문이다.

47. 한국은행이 법률에 따라 타 기관에 출연하는 것은 정부를 대신한 준재정활동이다. 재정사정 때문에 일시적으로는 허용될 수 있겠으나 장기적으로는 중단하는 것이 타당하다. 그런 여건을 만들기 위해서 추가했다.

제8장 보 칙

보칙이란, 법조문 기술과정에서 미처 다루지 못한 잡다한 사안들을 한데 모은 것(miscellanies)이다. 거의 대부분의 법률이 보칙을 갖고 있으며, 보통 벌칙(penalties)과 함께 법률의 맨 뒤에서 다룬다. '금융위원회의 설치 등에 관한 법률'의 '제4장 보칙 및 벌칙'이 그 예다. 그러나 은행법은 벌칙이 상당히 많기 때문에 보칙(제10장), 과징금(제11장), 벌칙(제12장)을 각각 따로 두고 있다.

과거 한국은행법에서는 '보칙' 대신 '잡칙(제5장)'이라는 이름을 썼다. 여기에는 한국은행에 대한 비과세, 직원 해임, 비업무용 부동산 취득 제한, 금융통화운영위원회 규정을 위반한 금융기관에 대한 임원 경질 권고 등의 다양한 내용들이 포함되어 있었다. 그런데 현행 법률에서 이 장은 순전히 벌칙만 다룬다. 비밀유지의무 위반, 유사명칭 사용, 주화훼손, 범죄행위 등이다. 따라서 이 장의 제목은 '벌칙'으로 하는 것이 내용과 가장 일치한다.

만일 이 장의 제목을 계속 '보칙'으로 하려면, 벌칙 이외의 내용이 추가되어야 한다. 1980년 삭제된 각종 세금 · 부과금의 면제규정을 추가하는 것이 한 방법이다. 필자가 이를 적극 제안한다(이에 대해서는 본문의 맨 마지막에서 다룬다).

제104조(벌칙)
제42조 제2항(제46조에서 준용하는 경우를 포함한다)**을 위반한 사람은 3년 이하의 징역 또는 2천만원 이하의 벌금에 처한다.**

※ 이 조와 함께 읽어야 할 부분 : 제42조, 제106조

이 조는 1998년 제42조 제2항과 함께 신설되었으므로 두 조는 쌍둥이다. 결론적으로 이 조는 삭제하는 것이 타당하다. 청렴과 비밀유지의 위반뿐만 아니라 모든 벌칙 적용에서 공무원을 의제하는 제106조 하나로 충분하다.

그럼에도 불구하고 이 조를 둔 이유는 공무원보다 처벌 수위를 높이기 위해서다. 즉, 공무상 비밀의 누설에 대해서 형법에서는 2년 이하의 징역이나 금고 또는 5년 이하의 자격정지에 처하는 반면, 이 조에서는 3년 이하의 징역 또는 2천만원 이하의 벌금에 처하도록 한다. 참고로 감사원, 선거관리위원회, 방송통신위원회 등의 관련법에는 비밀유지 위반에 관한 처벌근거 자체가 없으며, 공정거래위원회나 노동위원회의 경우 처벌 수준이 한국은행법보다 훨씬 약하다.[1]

비밀 누설에 관하여 한국은행 관계자가 공무원보다 더 높은 수위의 처벌을 받는 이유는 생각하기 어렵다. 그 처벌에서 금융통화위원회 위원은 배제되는 것도 논리적으로 설명하기 힘들다. 1998년 이전의 법률에서는 금융통화위원회 위원이 한국은행 직원과 동등한 처벌을 받았다.

이 조에 관한 필자의 생각은 다음과 같다.

〈필자의 제안〉

제104조(벌칙) (삭 제)

1. '금융위원회의 설치 등에 관한 법률' 제68조, '독점규제 및 공정거래에 관한 법률' 제69조, '노동위원회법' 제30조.

제105조(벌칙)
제10조를 위반한 자는 1년 이하의 징역 또는 1천만원 이하의 벌금에 처한다.

※ 이 조와 함께 읽어야 할 부분 : 제10조, 제106조

이 조는 한국은행을 사칭하는 데 대한 벌칙조항으로서 1998년 신설되었다. 결론부터 말하자면, 벌칙의 강도가 다소 전근대적이다. 징역형을 폐지하고 벌금액은 상향 조정할 필요가 있다.

공공기관과 유사한 명칭을 사용하거나 사칭하는 데 대해서는 일반적으로 형사처벌이 따른다. 예를 들어 금융감독원에 대해서는 1천만원 이하의 벌금이 따르며, 한국산업은행에 대해서는 500만원 이하의 과태료, 한국수출입은행에 대해서는 1천만원 이하의 과태료가 따른다. 또한 예금보험공사는 200만원 이하의 과태료, 한국자산관리공사, 한국주택금융공사 및 한국투자공사의 경우에는 500만원 이하의 벌금이 따른다. 징역형 없이 벌금만 부과되고 있는 것이 특징이다.

현재의 벌칙 수준은 은행법을 참고한 것이다. 1998년 당시 은행법(구법 제68조 제2항)에서는 유사상호 사용금지를 위반한 경우 1년 이하의 징역 또는 3천만원 이하의 벌금에 처하도록 했다. 그런데 은행법은 2010년 유사상호를 사용한 데 대한 징역형이 삭제되고 5천만원 이하의 과태료만 부과하는 쪽으로 개정되었다.

이런 점을 감안할 때 이 조에서도 징역형은 삭제하고 벌금 수준은 5천만원 수준으로 상향 조정할 필요가 있다.

이 조에 관한 필자의 생각은 다음과 같다.

〈필자의 제안〉

제105조(벌칙)

① **제10조를 위반한 자는 5천만원 이하의 벌금에 처한다.**[2]

2. 제105조와 제105조의 2는 모두 한국은행 직원 이외의 자를 규율한다는 공통점이 있다. 따라서 두 조는 병합하는 것이 타당하다.

제105조의 2(벌칙)
제53조의 2를 위반하여 주화를 훼손한 자는 6개월 이하의 징역 또는 500만원 이하의 벌금에 처한다.

※ 이 조와 함께 읽어야 할 부분 : 제53조의 2, 제105조

이 조는 제53조의 2와 함께 2011년 법률 개정 시 신설되었다. 한국은행법에서 한국은행 직원 이외의 자에 대한 처벌을 다룬다는 점에서 제105조와 성격이 같다. 따라서 제105조와 병합할 수 있다.

다만 이 조에서 벌칙의 대상이 되는 행위는 더 확대할 필요가 있다. 한국은행의 업무에 지장을 초래하는 행위에는 유사명칭 사용과 주화 훼손만 있는 것이 아니다. 금융통화위원회의 규정을 위반하는 것이 더 심각하다. 따라서 1997년 이전처럼 금융통화위원회 규정 위반에 대한 벌칙을 담아야 한다.

이 조에 관한 필자의 생각은 다음과 같다.

〈필자의 제안〉

제105조(벌칙)[3]

② 금융통화운영위원회는 이 법 또는 금융통화운영위원회의 규정을 따라야 하는 기관이 고의로 이를 위반하거나 요구를 따르지 않은 때에는 당해 기관의 주주총회에 대하여 임원의 징계나 경질 등을 권고할 수 있다.[4]

③ 제2항에도 불구하고 제53조의 2를 위반하여 주화를 훼손한 자는 6개월 이하의 징역 또는 500만원 이하의 벌금에 처한다.

3. 현재의 제105조와 병합했다.

4. 최초의 한국은행법(제115조)을 참고하였다. 금융통화위원회는 상업은행을 직접 제재할 수 없으나 주주총회에 중역의 경질을 권고하는 정도는 가능하다.

제106조(벌칙 적용에서 공무원 의제)
① 금융통화위원회 위원과 한국은행의 부총재보 · 감사 및 직원은 '형법' 이나 그 밖의 법률에 따른 벌칙을 적용할 때에는 공무원으로 본다.
② 제1항에 따라 공무원으로 보는 직원의 범위는 대통령령으로 정한다.

※ 이 조와 함께 읽어야 할 부분 : 제13조

이 조는 한국은행 관계자의 불법행위에 대한 처벌의 일반 규정이다. 제104조가 청렴 및 비밀유지 의무만을 다루는 것과 대비된다. 결론부터 말하자면, 이 조는 크게 고칠 부분이 없다. 그러나 제13조에서 금융통화위원회 위원의 신분을 공무원으로 규정한다면, 이 조에서는 금융통화위원회 위원이 제외될 것이다.

공무원 의제

공무원은 그 직무를 수행함에 공공성 · 공정성 · 성실성 및 중립성이 요구된다. 그런데 직무의 특수성 때문에 공무원만이 저지를 수 있는 범죄도 있다. 형법에서는 이를 '공무원의 직무에 관한 범죄' 라고 하는데, 보통 '직무범죄' 라고 한다. 수뢰(뇌물의 수수 · 요구), 직무유기, 직권남용, 불법체포 · 감금, 폭행 · 가혹행위, 선거방해 등이 여기에 해당한다. 공무상 비밀의 누설(형법 제127조)도 직무범죄에 포함된다.

한국은행의 업무도 공공성과 중립성이 요구되기 때문에 금융통화위원회 위원과 부총재보, 감사 및 직원들도 '직무범죄' 가 적용된다. 직무와 관련하여 뇌물을 수수 · 요구하거나, 정당한 이유 없이 직무 수행을 거부하거나, 그 직무를 유기하는 경우가 '직무범죄' 에 해당한다.

한편, 공무원이나 공무원으로 의제되는 사람은 직무범죄에 대해서만 처벌받는 것이 아니라 '여타 범죄' 에 대해서도 그 죄에 대해 정한 일반적인 처벌의 2분의 1까지 가중되어 처벌된다(형법 제135조). 한국은행을 포함한 공공기관 임직원들이 가장 흔하게 노출되는 것도 수뢰죄다.

1966년 제정된 '특정범죄 가중처벌 등에 관한 법률' 에서는 뇌물죄에 대해 가중처벌하는 근거(제2조)를 마련하고 그 시행령(제2조 제1호)에서 적용대상기관의 첫 번째로 한국은행을 지정하였다. 당시 한국은행에는 시중은행을 감독하는 은행감독원이 있었기 때문이다. 실제로 한국은행 직원 중 수뢰죄의 처벌을 받은 직원들은 거의 대부분이 은행감독원 소속 직원이었으며, 현재도 금융감독원 직원들은 수뢰죄로 형사처벌되거나 해임되는 경우가 잦다. 그런데 1998년 은행감독기능이 한국은행에서 분리되었다. 그럼에도 불구하고 한국은행은 '특정범죄 가중처벌 등에 관한 법률 시행령' 에서 여전히 뇌물죄 가중처벌 적용기관 제1호로 남아 있다. 향후 이 법에서 한국은행을 제외할 필요가 있다.[5]

변천 추이

이 조의 원형은 최초의 한국은행법으로 거슬러 올라가지만, 그 적용방법과 대상자는 계속 바뀌어 왔다. 최초의 한국은행법(제28조와 제32조)에서는 국가공무원의 신분을 가지는 직원을 은행감독부장과 은행감독부(후일의 은행감독원) 직원에 국한시켰다.[6] 이는 정부 수립 이후 재무부에 속했던 은행감독업무가 한국은행으로 이관(구법 제109조)된 것을 감안한 것이었다.[7]

그러다가 1962년 법률 개정 시 '국가공무원에 준하는 신분' 의 범위가 확대(구법 제112조의 2)되었다. 동법 시행령에서는 부장, 국장, 수석검사역, 지점장 등을 공무원으로 의제되는 직원으로 지정하였다. 이어서 1966년 제정된 '특정범죄 가중처벌 등에 관한 법률' 의 영향으로 1978년 '한국은행법시행령(제20조 제2항)' 에서는 공무원으로 의제하는 직원의 범위를 과장대리급 이상 직원까지 확대하였다. 1998년에는 수뢰죄(뇌물죄)에

---

5. 1984년 제정된 '특정경제범죄 가중처벌 등에 관한 법률' 에서도 한국은행이 첫 번째로 지정되어 있다. 그 법에서는 재산국외도피, 알선수재, 사금융 알선 등 특정경제범죄를 다루는데, 한국은행은 그런 범죄와 거리가 멀다. 따라서 이 법도 개정할 필요가 있다.
6. '국가공무원의 신분을 갖는다' 는 것은 급여, 복지, 근무조건 면에서 공무원이라는 것이 아니라 처벌에서 공무원으로 본다는 것이다.
7. 최초의 한국은행법에서는 비밀 누설에 대하여 별도의 벌칙을 두고 있었다. 처벌에서 일부 직원들을 공무원으로 의제하는 것과는 별도로 금융통화위원회 위원과 직원(전부)들이 비밀을 누설하거나 정보를 통해 사익을 얻은 경우 한국은행이 손해배상소송을 제기하고, 5백만원 이하의 벌금에 처하도록 하였다(구법 제21조).

한하여 적용 범위를 전 직원으로 확대하였다(시행령 제19조).[8]

그런데 2011년 금융안정을 위한 한국은행의 책무가 강화되면서 공무원 신분을 의제하는 직원의 기준이 직급이 아닌 담당업무로 변경되었다. 즉, 한국은행법시행령(제19조)을 통해서 금융기관에 대한 긴급여신업무, 영리기업에 대한 여신업무, 각종 자료제출 요구업무, 검사 · 공동검사 업무 등을 수행하는 직원들을 공무원으로 의제하였다. 현재 직무와 관련한 처벌에서 공무원으로 의제되는 직원의 범위는 금융감독원과 비슷한 수준이나, 타 공기업이나 특수법인에 비해서는 매우 넓은 편이다.

한편, 1997년 이전에는 금융통화위원회 위원이 '국가공무원의 신분'을 가졌다(구법 제8조). 따라서 이때는 위원들의 불법행위와 관련하여 공무원으로 의제하는 조항이 따로 필요하지 않았다. 하지만 1998년 금융통화위원회 위원들의 국가공무원 신분조항이 삭제되면서 이 조에 금융통화위원회 위원들을 추가하였다. 만일 제13조에서 금융통화위원회 위원이 공무원의 신분을 갖는다는 규정이 복원되면, 이 조에서는 금융통화위원회 위원을 삭제할 수 있다(이에 관해서는 제13조의 설명을 참조하라).

이 조에 관한 필자의 생각은 다음과 같다.

〈필자의 제안〉

제106조(벌칙 적용에서 공무원 의제)

① **한국은행의 부총재보 · 감사 및 직원은 '형법'이나 그 밖의 법률에 따른 벌칙을 적용할 때에는 공무원으로 본다.**

② **제1항에 따라 공무원으로 보는 직원의 범위는 대통령령으로 정한다.**

8. 수뢰죄가 검사업무와 관련한 은행감독원 직원들의 전유물이었다는 점을 고려하면 1998년 은행감독기능을 폐지하면서 수뢰죄 적용대상을 한국은행 전 직원으로 확대한 것은 대단히 불합리하다.

〈필자의 마지막 제안〉

제107조(면제)

한국은행의 재산과 업무에 대한 정부, 지방자치단체의 세금과 부과금은 면제한다.

필자가 제안하는 이 조는 구법 제110조에 있다가 1982년 삭제된 내용이다. 한국은행 직원들조차 까맣게 잊어버린 이 조의 복원을 여기서 제안하는 이유는, 이 조가 한국은행의 정체성과 관련이 있기 때문이다.

현재 한국은행은 일반법인들과 마찬가지로 법인세와 지방세를 납부하고 있지만, 과거에는 법인세를 포함한 각종 세금 및 부과금을 면제받았다. 그러다가 1982년부터 과세공평과 재정수입 확보를 이유로 면제조치가 조금씩 해제되었다.[9] 그러나 이는 대단히 불합리한 결정이었다.

한국은행의 순이익금은 100% 정부로 귀속된다. 그러므로 한국은행에 대한 과세가 재정수입을 더 늘리지 않는다. 한국은행에 대한 법인세·지방세 부과가 재정수입을 늘리지 않으므로 납세자의 부담도 달라지지 않는다. 즉, 과세공평도 틀린 말이다.

법인세 면제 및 과세특례 기관

구분	기관명	근거
법인세 면제	- 국민연금관리공단(국민연금사업) - 건강보험관리공단(의료보험사업) - 안전보건공단(산업재해보상보험 및 예방기금) - 예금보험공사(예금보험기금) - 한국주택금융공사(주택담보노후연금보증제도 운영사업) - 특별법 등으로 설립된 단체의 기금조성 및 급여사업 등	'법인세법시행령' 제2조(수익사업의 범위) 제1항 단서
법인세 과세특례	- 신용협동조합 및 새마을금고 - 농업협동조합 및 조합공동사업법인 - 수산업협동조합 등	'조세특례제한법' 제72조(조합법인 등에 대한 법인세 과세특례)

9. 1982~1998년에는 그나마 일반법인보다 다소 낮은 세율을 적용받았다가 1999년부터는 일반법인세율을 적용받고 있다.

우리나라에서 법인세가 면제되는 기관과 이유는 많다. 우선 국가 또는 지방자치단체가 설치 또는 운영하는 기금(예 : 국민연금사업 및 예금보험기금 등)은 업무활동에서 얻어지는 수입이 궁극적으로 국가 등에 귀속된다는 점에서 법인세가 면제된다. 한국은행이 업무활동에서 얻는 수입도 궁극적으로 국가에 귀속되므로 법인세를 면제받지 못할 이유가 없다.

병원, 학교 및 종교단체 등 비영리법인도 설립목적에 부합하는 비수익사업의 소득은 법인세가 면제된다. 한국은행도 비영리법인이며, 대출 및 공개시장조작 등 일체의 활동은 설립목적, 즉 통화신용정책에서 벗어나지 않는다. 따라서 거기서 얻는 이자 · 배당 · 매매 이익은 비수익사업에 해당된다. 결론적으로 한국은행이 과세 면에서 병원, 학교, 종교단체와 다를 이유가 없다.

참고로 대부분의 선진국에서도 중앙은행들은 법인세가 면제된다. 다만, 영란은행, 프랑스은행, 일본은행처럼 과거에 민간 주주가 있었거나 현재 있는 중앙은행들은 법인세

주요국 중앙은행의 납세 현황

국가	법인세 납부 여부	자본금 출자 형태	배당 여부
미 연준	면제	회원은행 출자	민간 주주에게 자본금의 6% 배당
ECB	면제	회원국 중앙은행 출자	이익금 적립(20%) 후 회원국에 전액 배당
스웨덴중앙은행	면제	정부 출자	이익금 적립(10%) 후 잔여이익금 세입 납부 (환효과 등 일부 추가 적립)
스위스중앙은행	면제	민간 출자	민간 주주에게 자본금의 6% 배당
호주중앙은행	면제	정부 출자	이익금 적립(비율은 재무부와 협의) 후 잔여이익금 세입 납부
독일은행	면제	정부 출자	이익금 적립(20%) 후 잔여이익금 세입 납부
프랑스은행	납부	정부 출자	이익금 적립(5%), 임의적립 후 정부에 배당 (비율은 재무부와 중앙은행 협의)
영란은행	납부	정부 출자	정부에게 이익금의 50% 배당
일본은행	납부	정부 및 민간 출자	정부 및 민간 주주에게 자본금의 5% 배당
한국은행	납부	무자본	이익금 적립(30%) 후 세입 납부

를 납부한다. 반면 미국의 지역 연준이나 스위스국립은행은 민간 주주가 있음에도 불구하고 법인세가 면제된다.

이런 모든 점을 종합해 볼 때 한국은행이 법인세와 지방세 등을 납세하는 것은 대단히 부적절하다. 현재 한국은행이 법인세를 납부하는 것은 과세당국이 한국은행을 영리기업으로 보고 한국은행의 통화신용정책을 이윤을 추구하기 위한 활동으로 착각한 결과다.

그러나 한국은행법 개정만으로는 효과가 없다. '조세특례제한법(제3조)' 에서는 원칙적으로 다른 법률을 통한 조세특례를 인정하지 않기 때문이다. 따라서 한국은행이 법인세를 면제받으려면 한국은행법 이외에 법인세법 또는 법인세법시행령을 함께 고쳐야 한다(입법의 편의상 법시행령을 고치는 것이 훨씬 수월하다). 이는 국회와 기획재정부의 협조가 있어야만 가능한 일이다. 국회와 기획재정부의 도움으로 장차 한국은행이 비영리법인임을 인정받길 바란다.

참고 8-1

한국은행을 법인세 면제기관으로 만들기 위한 두 가지 제안

I. **'법인세법' 을 고칠 경우**(기관의 성격으로 접근하기)

제2조(납세의무)

③ 내국법인 중 국가, 지방자치단체(지방자치단체조합을 포함한다. 이하 같다) 및 한국은행에 대하여는 법인세를 부과하지 아니한다.

II. **'법인세법시행령' 을 고칠 경우**(소득의 성격으로 접근하기)

제2조(수익사업의 범위)

① '법인세법' (이하 "법" 이라 한다) 제3조 제3항 제1호에서 "대통령령으로 정하는 것"이란 통계청장이 고시하는 한국표준산업분류(이하 "한국표준산업분류" 라 한다)에 의한 각 사업 중 수입이 발생하는 것을 말한다. 다만, 다음 각 호의 사업을 제외한다.

8의 2. '한국은행법' 에 따라 한국은행이 수행하는 모든 사업(신설)

[부록] 조문별 한국은행법 개정방향 요약

필자의 제안 일람[1]

	존치(미세 수정)	삭제	보완(소폭 수정)	전면 수정	운용방식 개선
제1조			O		
제2조			O		
제3조				O	
제4조			O		
제5조			O		
제6조				O	
제7조			O		
제8조				O	
제9조				O	
제10조	O				
제11조				O	
제12조	O				
제13조				O	
제14조				O	
제15조			O		
제16조				O	
제17조			O		
제18조			O		
제19조		O			
제20조		O			
제21조	O				
제22조	O				
제23조	O				

1. **존치** : 현행 규정을 수정의 폭이 미미하거나 그대로 두어도 무방
   삭제 : 논리적 모순, 현실과 배치, 경제여건과 부적합 등의 이유로 삭제가 바람직
   보완 : 규정의 취지로 볼 때 위치 변경, 제목 수정 등 소폭의 개정이 필요
   전면 수정 : 규정에 결함이 많아서 전면적인 수정이 필요
   운영방식 개선 : 규정 자체에도 결함(보완이나 전면 수정 필요)이 있지만, 규정의 취지를 살리기 위해서는 한국은행의 업무수행방식 변경도 필요

제24조	O				
제25조		O			
제26조		O			
제27조			O		
제28조				O	
제29조				O	
제30조	O				
제31조		O			
제32조				O	
제33조	O				
제34조			O		
제35조			O		
제36조				O	
제36조의 2				O	
제37조		O			
제38조		O			
제39조		O			
제40조		O			
제41조	O				
제42조		O			
제43조	O				
제44조	O				
제45조				O	
제46조	O				
제47조		O			
제47조의 2				O	
제48조				O	
제49조	O				
제49조의 2	O				
제50조		O			
제51조				O	
제52조	O				
제53조	O				

제53조의 2	O				
제53조의 3		O			
제54조			O		
제55조				O	
제56조	O				
제57조			O		
제58조		O			
제59조		O			
제60조				O	
제61조	O				
제62조			O		
제63조			O		
제64조				O	O
제65조			O		
제66조	O				
제67조		O			
제68조				O	O
제69조				O	O
제70조				O	
제71조				O	
제72조	O				
제73조			O		
제74조			O		
제75조	O				
제76조		O			
제77조		O			
제78조		O			
제79조				O	O
제80조				O	O
제81조				O	
제81조의 2				O	O
제82조				O	O
제82조의 2			O		O

제83조		O			
제84조				O	
제85조				O	
제86조	O				
제87조				O	
제88조				O	
제89조		O			
제90조		O			
제91조		O			
제92조		O			
제93조		O			
제94조			O		
제95조				O	
제96조			O		
제97조			O		
제98조			O		
제99조				O	
제100조			O		
제101조	O				
제102조	O				
제103조				O	
제104조		O			
제105조			O		
제105조의 2				O	
제106조			O		
계(비중)	25개(22%)	26개(23%)	26개(23%)	37개(32%)	8개(7%)

나가는 글

탈고를 하고 나니 허탈하다. 5년 이상 붙들렸던 작업에서 비로소 풀려나는 해방감보다는 공허하다는 느낌이 더 크다. 공허한 느낌이 드는 이유는, 이 책은 처음부터 실패가 예정되어 있기 때문이다.

이 책이 전혀 반향을 못 일으켜서 한국은행법의 오류와 부실이 고쳐지지 않는다면, 이 책은 실패한 것이다. 그와 반대로 이 책에서 제시되는 대안대로 한국은행법이 고쳐지면, 이 책은 쓸모없는 물건이 된다. 어느 경우에나 필자로서는 난감하다. 밀랍으로 만든 날개를 달고 태양을 향해 날아오르는 이카루스처럼, 무모한 욕심을 짊어지고 예정된 실패를 향해 발버둥치고 있다는 생각을 지울 수 없다.

그러나 키케로의 말처럼 모든 실패가 다 어리석은 것은 아니다. 이 책을 읽고 독자들이 '한국은행법에 이런 뜻이 있었구나', '이런 건 고치고 바꿔야 하겠다' 하는 각성을 한다면, 성공이다. 그런 사람들을 통해서 한국은행법과 한국은행의 업무수행방식이 조금씩 달라질 것이다. 그것이 이 책을 펴내는 목표이고, 필자의 희망이다.

이 책에 다른 제목을 붙인다면, 『속(續) 애고니스트의 중앙은행론』일 것이다. 필자가 2007년 처음으로 발표한 책의 연장이기 때문이다. 그 이후 일반인을 위한 교양서적을 여러 차례 발표했지만, 마음속 한구석에는 한국은행이 당면한 문제에 다시 한번 정면으로 도전하고 싶다는 생각이 남아 있었다. 그래서 12년 전 『애고니스트의 중앙은행론』을 발간했던 율곡출판사의 문을 두드렸다. 초심으로 돌아가 중앙은행 직원의 생각을 담았다. 오로지 한국은행의 발전만을 생각하며……

이제 한국은행 생활이 얼마 남지 않았다. 돌이켜 보건대, 중앙은행 직원으로서 끊임없이 그리고 부끄럼 없이 고민했다는 자부심이 한국은행을 떠나는 허탈감과 두려움을 극복하게 만든다. 행복하다.

2020년 2월

著者 識

찾아보기

가

나

다

라

마

바

자

차

카

타

파

하

기타

법으로 본 한국은행

초판 1쇄 인쇄 2020년 2월 24일
초판 1쇄 발행 2020년 2월 28일

지은이 차현진
펴낸이 박기남
펴낸곳 율곡출판사

08590 서울시 금천구 가산디지털1로 84(에이스하이엔드 8차), 803호
전화 02) 718-9872~3
팩스 02) 718-9874
home-page http://www.yulgokbooks.co.kr
e-mail yulgokbook@naver.com
등록 1989.11.10. 제2014-000031호
ISBN 979-11-87897-85-9 93360

값 35,000원